アクセプタンス&コミットメント・セラピー（ACT）
第2版
マインドフルな変化のためのプロセスと実践

著
スティーブン・C・ヘイズ
カーク・D・ストローサル
ケリー・G・ウィルソン

監訳
武藤　崇
三田村　仰
大月　友

星和書店

Acceptance and Commitment Therapy

The Process and Practice of Mindful Change

SECOND EDITION

by
Steven C. Hayes
Kirk D. Strosahl
Kelly G. Wilson

Translated from English
by
Takashi Muto, Ph.D.
Takashi Mitamura, Ph.D.
Tomu Ohtsuki, Ph.D.

English Edition Copyright © 2012 The Guilford Press
A Division of Guilford Publications, Inc.
Japanese Edition Copyright © 2014 by Seiwa Shoten Publishers, Tokyo

バリーとトルーディーへ──
ACBSが重要な時期を乗り切るのを助けてくれて，
取り組みを引き受けて，前へと推し進めてくれたことに対して。
あなたの洞察は魅力的なものであり，感謝の念を忘れません。
── S. C. H.

妻であり，生涯の心の伴侶である，パティへ。
あなたの鋭い知性，絶えない励まし，支え，
そして私をそのまま丸ごとアクセプトしてくれて──
ときおり変化を求めたこと──
そうしたことすべてが，私をよりよい人間にしてくれました。
兄弟のマークへ。
あなたが去ってから一年が経とうとしていますが──
あなたは私の心のなかで永遠です。
母のジョイスへ。
93歳でなお，小説を読み，ヴィオラを奏で，
そして人生にいのちを吹き込むあらゆる要素を実践している──
あなたはなんとすばらしい役割モデルだったことか。
──K. D. S.

娘のサラ，エマ，そしてチェルシアへ…
月まで行って戻ってくるほど，愛しています。
──K. G. W.

はじめに
第 2 版における新たな特徴

　本書の初版として，アクセプタンス＆コミットメント・セラピー（ACT〔アクト〕）がはじめて書籍の形で紹介されたのは 1999 年のことだった。その当時，根底にあるモデルは，まだ一部しか開発されておらず，科学的な知識を発展させていくための方略も，まだ明確に表現できていなかった。我々もそのことを承知していたが，当時 20 歳になろうとしていた我々の「子ども」を正式に世に紹介するべき時期はとうに過ぎていた。そして，関係フレーム理論（relational frame theory；RFT）についての最初の書籍が出版されたのは，その 2 年後であった。

　ところが，それから驚くべきことが起きた。何人かのとても優秀な臨床家と研究者が我々の取り組みに魅了され，次第に彼らがこの作業を請け負いはじめたのである。彼らは胸を躍らせ，RFT 研究の発展も加速した。インターネット上で世界規模の対話がはじまり，学会が結成され，いくつもの本が出版された。国内規模の，国際的な，また地域でのミーティングが定期的に持たれ，以前からあった学会も我々の取り組みを次第に認知しはじめていった。続いて，トレーニングが刷新され，研究データが積み上がっていった。国際的にも，さまざまな言語を話す ACT の専門家たちが生まれた。開発はさらに加速し，応用と基礎の双方から得られたデータが，いっそうの改善のための指針となった。誠意ある批判者たちが現れ，こうした取り組みをさらによいものにした。

　結果として，かなりの概念的，技術的，そして実証的な進歩がこの 12 年間にもたらされた。私たちは，ACT を，「心理的柔軟性」という中心概念のまわりをめぐる 6 つの主要なプロセスとその相互関係にまで洗練し高めたといえる。得られたデータは，ACT が，心理的柔軟性のプロセス――脱

フュージョン，アクセプタンス，「今，この瞬間」への柔軟な注意，文脈としての自己，価値，コミットされた行為——を通じて機能するものだということをまさに示していた。

　期待したとおり，ACTの手法が他の実証的に支持されるアプローチと統合可能であること，また心理的柔軟性が他の重要な行動プロセスを育むことが示されはじめた。実に幅広い問題に対しACTの有効性が示され，心理的柔軟性モデルの守備範囲は目を見張るものだった。抑うつに対して機能するモデルが，喫煙の問題でも機能していた。ヘロイン中毒に対して機能するモデルが，糖尿病の管理でも機能していた。もちろん，トリートメントの手順はそれぞれに大きく違っており，それぞれの対象に対してそれぞれ特異的な部分がある。その結果，ACTの手法の数は，今ではどのような書籍でも1冊では——ひょっとしたら2冊でも，10冊でも——書ききれないほどにまでなっている。それでも，根底にあるモデルとそれに関連する変化のプロセスそのものは，幅広く多様な行動変化の領域を超えて，類似しているように見える。

　こうしたことすべてから，この第2版は，10年以上前に書かれた初版とは趣を異にする。第2版での特徴は，**人間の機能に関する統合モデルである「心理的柔軟性モデル」**に焦点化した点にある。この改訂版は進化を遂げており，このモデルは，いかなる介入的アプローチも超えるものと考えられる。以前のように「ACTモデル」と呼ぶのでは，このモデルが持つ意味をいささか限定し過ぎるように考えられた。また，本書は，順序立てて一歩一歩示した臨床マニュアルというよりも，むしろACTを**自然に**おこなう方法を学ぶための指針に近い。本書は，このモデルを探索しはじめたばかりの人に有用になるとともに，すでに経験を積みモデルを使いこなしている臨床家にとっても有用となることを目指した。実践家は，心理的柔軟性のプロセスを**その瞬間のなかで**見極めながら，モデルと一貫した臨床的な振る舞い方を学んでいく必要がある。本書は，まさに，その助けとなることを目指した。臨床家はACTのアプローチを採用しているつもりがなくとも，自らの手法を心理的柔軟性モデルと機能的に一致する方法で用いているかもしれない。もし，そうならば，その臨床家はACTアプローチに含まれるいくつかの事

柄については，すでにその実施方法を知っているといえる。ひとたび自らの手法とACTの結びつきがよりよく理解されると，臨床家は本書の手法をたった今からでもはじめてみることができる。もちろん，トレーニングと指針はさらに必要だろう。それでも，たった今からはじめられるのである。

　この改訂版では，ACTの基本的な土台，つまり機能的文脈主義とRFTをできるだけわかりやすく伝えるように努めた。理論とモデルについての難解な部分（第2章と第3章）を読者に「飛ばし読みしてもよい」と提案する代わりに，それらをわかりやすく伝えることに労力を注いだのである。そのため単純化し過ぎているかもしれない（そして間違いなくたくさんの細部を省いた）。しかし，ACTの取り組みに関わる人たちには，基礎的土台を持つことでさらなる探求ができるようになってほしい。すでに何百もの学術論文が，ACTについて，基盤のモデルについて，そして基礎的土台について書き記している。つまり，本書は入門書に過ぎないのである。また，本書の特に結びの章では，著者らが抱いている発展のための方略，つまり「文脈的行動科学（contextual behavioral science；CBS）」と私たちが呼ぶものをより明確にした。こうした本書の特徴は，臨床の書籍としては珍しいことかもしれないが，ACTの目的は，何よりもACTそのものではないからである。我々は，ブランド名や有名人を求めているのではない。目的は，**前進**なのである。我々は，知識の発達のためのモデルをさらに精巧にしていくことでこの目的を達成しようとしており，その取り組みのピッチを上げる最善の方法は，すべての人（臨床家，基礎の科学者，応用の研究者，哲学者，または学生でも）が，作業に一緒に参加することだといえる。共通のミッションを抱いた，オープンで価値に基づいたコミュニティは，象牙の塔にこもった数十人の教授たちよりも，はるかに生産的である。発展のためのモデルが最大限によく理解されれば，我々がなぜ，実証的に支持されたトリートメントというゲームを今までのようには（また我々自身がその伝統の一部だと認めるにもかかわらず）おこなわないのかが明らかになるはずである。もちろん，我々も，無作為化試験は重要だと考えている。しかし，重要だと考える事柄は，それ以外にも山ほどあるのである。我々は，実証的に支持された**プロセス**を，有効な**手続き**にしっかり結びつけたいと思っている[201]。我々は，長

期的な前進を生み出すための方略を持っており，それにしたがおうと決意している。それはうまくいくかもしれないし，いかないかもしれない。しかし，何はともあれ，旅路をともにすることへ読者をご招待したい。

　本書の著者らがこの視点を前提としていることは，第一線にいる臨床家たちがRFTにのめり込むべきだとか，実践から離れて研究者になるべきだということを意味しているのではない。ただ，臨床家や他の実践家たちもこのアプローチの発展のために重要な役割を果たしており，彼らにも，行動科学から多くを得る権利がある。そうした利益が還元されるように，基礎科学のみならず哲学的な土台の領域でもたらされる発展が，いかにして実践的な関心への助けになるかを我々は正確に示したいのである。

　ACTの書籍は，今では世界で60冊ほどあげられるに至った。関連する実証的研究についての出版物の割合はますます高まっている。研究と実践的な発展に関する我々のプログラムは，さまざまなレビュー論文のなかで詳細に検証されており（例：文献98, 109, 187），懐疑的な観察者でさえ，我々が前に進んでいることに同意している（例：文献193）。そうした実質的な前進があってこそ，本書のほとんどの部分で文献を引用する頻度を抑えることができた。本書の初版は，実証的また概念的な説明が密接につながっているのだというくだりを特に含んだものだった。その主な意図は，我々のモデルが学術上の真剣な注目を浴びるのに値するものだと示すことにあった。実際，それによって文章は凝縮され，読者にとっては，理解しにくかったり，すらすらと読めるものではなかったりした。一方で，もし読者が本書を超えてさらに多くの文献を読んでいくことに関心を示すならば，本書で取りあげる事柄に逐一，経験に基づいた妥当性を書き添えていく必要もないだろう。本書では，著者らがデータを概念的にどのように眺めているのかを読者が理解するのに十分なだけの広いトピックスと，最小限の労力で他の学術基盤を探し出せるだけの引用を含めた。

　ACTの下地となっている発想のなかには，急速にメインストリームの概念になりつつあるものもある。今では日常的に，批判者たちが，「これは元々我々が言ってきたことだ」と話すようになっている。この種の主張の修正は，長期記憶のあるACTの著者たちにとっては必ずしも心穏やかではな

いかもしれない。しかし，それによって読者が新たな学びを妨げられる必要はない。前進とは，そのようにして起きるものである。それとは別に，こちらで「アクセプタンス」を少し，あちらで「脱フュージョン」をちょっと，という姿勢は，ACTモデルに忠実だとはいえないし，モデルの利点を最大限に引き出すものでもない。私たちは，モデル全体と知識の発展のための方略が全面的に読者に理解されることを願う。なぜなら，そのレベルでモデルに深く馴染むほうが，よりよいトリートメントとは「流行り廃り」の問題だとでもいうかのように，話題の新しい技法や概念を単純にそこかしこで使ってみるよりも，長期的に見てより大きな前進に結びつくと考えられるからである。

　今や，ACTのモデルは，一般的な批判を招くほどまで十分に知られるようになった。これまでに我々は，懐疑論者たちを我々のミーティングへ招待したりもした。彼らの主立った批判に対してはすべてに答えようとしてきており，その際に我々は，オープンな雰囲気をもって，論理立てて，新たなデータを示し，さらなる発展を目指すよう努力を続けてきた。そして，オープンで，協力的で，地位の階層のない状態を維持するコミュニティをつくり，誰もがこの取り組みとつながり，価値を見出したものをそこから持ち帰り，またどんな点であれ不足な部分に貢献できるようにしてきた。ACTは，ACTを生み出してきた伝統の価値を下げるようなものではなく，またそれ自体が万能薬だと主張するものでもない。ACTの実践家としての我々の目的は，苦しんでいる人々に対しできる限り役に立つことで，人間に備わった困難によりふさわしい心理学の実践方法を開発することである。

　結局のところ，我々皆がこの分野にいるのは，そのためではないだろうか？　じきに，我々の名前は，自分たちの子孫によってさえもすべて忘れ去られる。そうしたときに，誰が，いつ，何を言ったかなど重要ではなくなる。重要なのは，この学問の存在意義そのものである人々の人生そのものに対し，変化を生み出せるようなアプローチを築き上げられるかどうかである。我々は，何が最も有効であるのかを学び続け，人々の助けとなる革新的な方法を開発し続けていかなければならない。そのためには皆で一緒になって，ひとつには，臨床現場の創造性と科学的な知識との間によりよいつなが

りを，そして，もうひとつには，実際に有効なプロセスを，それぞれつくり続けていかなければならない。本書は，その目標を直接的に反映したものである。本書がこの目的の役に立てるものと願い信じている。

スティーブン・C・ヘイズ
カーク・D・ストローサル
ケリー・G・ウィルソン

謝　辞

　本書の改訂版を世に出すために尽力してくれた皆さんに感謝申し上げます。Guilford PressのBarbara Watkinsは，実に有用できめの細かいフィードバックと編集上のガイダンスをくれました。Michele Depuyは，文献とその詳細を手伝ってくれました。編集上の有益な提言をしてくれたのはClaudia Drossel, Douglas Long, Robert "Tuna" Townsend, Roger Vilardaga, Matthieu Villatte，そしてTom Waltzでした。著者らの配偶者たち──Jacque Pistorello, Patti Robinson, Dianna Wilson──は，3年あまりにもおよんだ本書の執筆と改訂作業の間，このうえなく心理的に柔軟でいてくれました。そして，ACT／RFT／CBSのコミュニティの多くの実践家と学者たちで，取り組みの知的また実践的な発展に貢献して，本書にもその考えが反映されているすべての人たちにも，感謝申し上げます。

目　次

はじめに　v
謝辞　xi

第Ⅰ部　さまざまな基盤とそのモデル　　　　　　　1

第1章　人間の苦悩をめぐるジレンマ　3

「健康こそがノーマル」論――メインストリームの心理学が基盤としている前提　5
精神疾患をめぐる神話　8
アクセプタンス＆コミットメント・セラピーの視点　14
　自殺の例　15
　「損なわれている状態こそがノーマル」論　18
　ユダヤ・キリスト教の伝統から見た苦悩の起源　19
　人間の言語の持つポジティブな力とネガティブな力　22
　言語を持つ生物だからこそ抱える心理的な痛み　24
　セイレーンの苦悩の唄――フュージョンと回避　28
　認知的フュージョン　29
　体験の回避　32
　セイレーンの唄の持つ影響力　33
ACT――アクセプトし，選び，行動する　34
注意事項　38

第2章　ACTの基盤——機能的文脈主義からのアプローチ　41

科学哲学——そのメインストリーム　42
科学哲学——ACTの持つ機能的文脈主義という基盤　46
　事象全体——文脈のなかの行為　50
　プラグマティックな真理——実践的な有効性　52
　その日その日で実在論を手放していく　55
　機能的文脈主義と臨床的な関心の相性　58
　哲学から理論，そしてセラピーへ　59
ACTの基盤となっている認知の捉え方——関係フレーム理論　61
　言語的，認知的出来事に対する「ことはじめ」　64
　関係フレーム　70
　文脈特性の持つ役割　78
　関係フレームづけの「自己保身的な」性質　83
　ルール支配行動　84
　ルール支配行動と心理的硬直性　88
　言語プロセスが過剰に適用されるとき　91
　関係フレーム理論がもたらす知見と臨床との関連　94
まとめ　96

第3章　人間の機能の統合モデルとしての「心理的柔軟性」　97

統合モデルのゴールとは何か？　98
心理的柔軟性モデルの概略　99
心理的柔軟性モデルの中核的プロセス　106
　オープンな反応スタイル——「脱フュージョン」と「アクセプタンス」　108
　集中した反応スタイル——「今，この瞬間」と「文脈としての自己」　125

モデルの核——心理的柔軟性 155
　ACTの定義 156
　ACTと心理的柔軟性モデルに関するエビデンス 156
まとめ 158

第Ⅱ部　機能分析と介入へのアプローチ 161

第4章　ケース・フォーミュレーション
　　　　——ACTの耳で聞いて，ACTの目で見る 163

臨床で役立つケース・フォーミュレーション 165
　クライエントが示す問題とその文脈についての情報を集める 166
　機能分析——時間，軌跡，文脈 167
　価値についてのインタビュー——愛，仕事，遊び 170
心理的柔軟性のプロセスを見分ける 171
　「今，この瞬間」と「自己」の領域を評価する——クライエントは集中しているだろうか？ 172
　アクセプタンスと脱フュージョンの領域を評価する——クライエントはオープンでいられているか？ 180
　価値とコミットメントの領域を評価する——クライエントは人生に従事できているだろうか？ 191
ACTケース・フォーミュレーション 201
　ヘキサゴン・ケース・フォーミュレーション・ツール 204
　Psy-Flexプランニング・ツール 210
　ACTアドバイザー 215
まとめ 219

第5章　ACTにおけるセラピー関係 221

セラピー関係の持つ力 222

力強い人間関係は本質的に心理的に柔軟である　224
　　役割モデルとしてのACTセラピスト　226
　セラピー関係が持つポジティブな力　234
　　観察者の視点　236
　　知恵は回避ではなく向き合っていくことで得られる　236
　　矛盾と不確実性　237
　　同じ混乱のなかに共にいる　238
　　スピリチュアリティに対してオープンであること　240
　　徹底的な信頼　242
　　多様性とコミュニティを尊重する　245
　　ユーモアと不敬　246
　　クライエントの文脈のさまざまなレベルを追跡する　247
　セラピー関係が持つネガティブな力　248
　　ACTは単に知的なエクササイズではない　248
　　心理的非柔軟性をモデルとして示してしまう　251
　　感情のプロセスに対する過度の焦点化　253
　　セラピスト自身の問題に対処する　254
　まとめ　255

第6章　変化の文脈を創造する──マインド vs. 体験　257

　最初の問い──それは，なぜ今なのか？　258
　文化的に形成された抵抗　260
　部屋のなかの象　262
　何を試し，どう役立ち，そして何を代価としてきたのか？　265
　　「より良い（ベター）」とは何か？　267
　　何を試してきたのか？　271
　　それらは，どのように役立ったのか？　274
　　そのために支払った代価は何か？　278
　トリートメントに関する合意事項の作成　281
　　問題を外在化する　282
　　ギャップから生じる苦痛を当然のものと認める　284

思考や感情との苦闘があることを認める　284
　　　代価が何であるかを指し示す　285
　　　トリートメントの合意事項をつくる　285
　コントロールこそが問題であり，それは解決策ではない　287
　　　心的出来事に関するルール　292
　　　プログラムされたルールへの信頼を弱める　299
　有効性と創造的絶望　302
　　　どこからはじめるべきか？　313
　まとめ　315

第Ⅲ部　中心となる臨床プロセス　317

第7章　「今，この瞬間」の認識　319

　実践的な概説　319
　「今，この瞬間」のプロセスとマインドフルネスに基づく介入との
　　関係　322
　臨床的な応用　324
　　　「今，この瞬間」のプロセスのスキル障害　324
　　　注意の硬直性の源　325
　臨床的な応用　326
　　　「今，この瞬間」に取り組む根拠を示す　326
　　　スキル障害のための注意のトレーニング　329
　　　注意の硬直性への介入　332
　　　セッションとセッションの間をつなぐ　339
　他のコア・プロセスとの相互作用　341
　　　「今，この瞬間」のプロセスと自己　341
　　　「今，この瞬間」のプロセスと脱フュージョン　341
　　　「今，この瞬間」のプロセスとアクセプタンス　342
　　　「今，この瞬間」のプロセスと価値とコミットメント　343

臨床上の注意事項　344
　　　　マインドフルネス方略の目的を強調する　344
　　　　「マインドフルネス」に対してクライエントが持っているかもしれない
　　　　　偏見に敏感であること　344
　　　　セラピー関係にスキルを適用してモデルを示す　345
　　前進のサインを読み取るには　346

第8章　自己のディメンション　347

　　実践的な概説　347
　　　　概念としての自己の防衛　350
　　　　持続的な自己の意識を促す――プロセスとしての自己　351
　　　　視点取得の感覚としての自己を促す――文脈としての自己　352
　　臨床的な応用　355
　　　　概念としての自己に対する執着を弱める　356
　　　　現在進行しているプロセスとしての自己――持続する自己の意識を強
　　　　　める　361
　　　　文脈としての自己――視点取得との接触を強める　362
　　他のコア・プロセスとの相互作用　377
　　　　自己と「今，この瞬間」のプロセス　377
　　　　自己と脱フュージョンとアクセプタンス　377
　　　　自己と価値またはコミットされた行為　378
　　臨床上の注意事項　379
　　　　問題を悪化させる場合　379
　　　　スピリチュアリティを促すのではなく，活用する　381
　　　　複数の問題を抱えるクライエントと自己の消滅　382
　　前進のサインを読み取るには　383

第9章　脱フュージョン　385

　　実践的な概説　385
　　臨床的な応用　390

言語の字義性を取り去る　393
　　　思考は乗客　397
　　　思考が浮かぶ，思考を持つ，思考を買う　400
　　　フィッシング　401
　　　踊りに行かない　403
　　　マインドを観察する練習　405
　　　マインドに名前をつける　409
　　　理由を弱める　411
　　　厄介な言語実践を崩す　416
　　　評価vs.記述　418
　　他のコア・プロセスとの相互作用　423
　　　脱フュージョンとアクセプタンス　423
　　　脱フュージョンと，自己または「今，この瞬間」のプロセス　423
　　　脱フュージョンと，価値またはコミットされた行為　424
　　臨床上の注意事項　425
　　　脱フュージョンについて言葉で説明する　425
　　　メタファーを浴びせる　426
　　　嘲笑ではなくユーモアを　426
　　　脱フュージョンのための脱フュージョン　427
　　前進のサインを読み取るには　428

第10章　アクセプタンス　429

　　実践的な概説　429
　　　回避の影響　431
　　　回避に代わるものとしてのアクセプタンス　433
　　　アクセプタンスは現在進行形のプロセス　434
　　　アクセプタンスは妥協することではない　434
　　　アクセプタンスは失敗ではない　435
　　　アクセプタンスは耐えることではない　435
　　　アクセプタンスはテクニックではなく機能である　436
　　　アクセプタンスはセラピストにも当てはまる　436

アクセプタンスは溺れることではなく，価値に基づいた選択である　437

臨床的な応用　437

　コントロールに代わるものとしてのウィリングネス　440

　ウィリングネスは欲することではない　443

　ウィリングネスは「全か無か」の性質を持つ　445

　ウィリングネスは状況の規模によってしか安全に限定されない　447

　ウィリングネスでないことのコスト──きれいな痛みと，きたない痛み　448

　アクセプタンスは，ただ単にエクスポージャー療法なのではない　452

　セッションのなかでおこなうアクセプタンスのエクササイズ　453

　持ったまま動く　461

他のコア・プロセスとの相互作用　465

　アクセプタンスと脱フュージョン　465

　アクセプタンスと価値づけ　465

　アクセプタンスとコミットされた行為　466

　アクセプタンスと自己あるいは「今，この瞬間」のプロセス　467

臨床上の注意事項　467

　言葉に頼り過ぎる　467

　セラピストが生み出すプライアンス　468

　慈しみと妨害　469

前進のサインを読み取るには　469

第11章　価値とつながる　471

実践的な概説　471

臨床的な応用　473

　行為としての価値づけ──価値は感情ではない　474

　選択としての価値づけ──価値は判断ではない　477

　目的はあらゆるところに存在する　481

　自分の人生にどうあってほしいですか？　483

　「価値の的」の介入　487

価値づけられた方向を選択する──コンパスの方向を合わせる　489

　プライアンスとカウンター・プライアンスに対処する　495

　価値を見失う　499

他のコア・プロセスとの相互作用　500

　価値と脱フュージョン　500

　価値と自己　502

　価値とアクセプタンス　502

　価値と「今，この瞬間」　503

　価値とコミットメント　504

臨床上の注意事項　507

　選択を強制する　507

　価値とゴールを混同する　509

　価値のワークの順序　511

　文化に対して鈍感であること　512

前進のサインを読み取るには　512

第12章　コミットされた行為　514

実践的な概説　515

　ACTでのコミットメントを定義する　516

臨床的な応用　517

　選択とコミットメント　518

　プロセスそのものがゴールとなるとき，ゴールはプロセスである　520

　価値に基づいたゴールと行為を発展させる　524

　コミットされた行為を妨げるバリアを見極め，弱体化する　527

　バリアを持つことへのウィリングネスと，ウィリングネスへのバリア　529

コミットされた行為と従来の行動療法アプローチ　531

　エクスポージャー　532

　薬物療法　536

　スキル・トレーニング　539

ホームワーク　540
　　　随伴性マネジメント　541
　　　刺激性制御の方略　541
　　　行動活性化　542
　　他のコア・プロセスとの相互作用　543
　　　コミットメントとフュージョン　543
　　　コミットメントと「今，この瞬間」　545
　　　コミットメントとアクセプタンス　545
　　　コミットメントと自己　546
　　　コミットメントと価値　547
　　臨床上の注意事項　547
　　　再発しても価値は不変である（価値が変わる瞬間まで）　547
　　　コミットされた行為の主体はセラピストではなくクライエントである　549
　　　何もしないでいることも選択である　549
　　　密かに紛れ込むプライアンス　550
　　　感情的な動揺を扱う　551
　　前進のサインを読み取るには　551

第Ⅳ部　前進し続ける科学的アプローチを構築する
553

第13章　文脈的行動科学，そして，ACTの未来　555

　　文脈的行動科学のアプローチ　556
　　　哲学的な前提や分析の前提を詳しく説明する　559
　　　文脈主義の原理を理論へと体系立てた，基本的な説明をつくる　562
　　　病理，介入，健康に関するモデルで，行動原理と結びついたものをつくる　566
　　　プロセスや原理と結びついた技法や構成要素を構築して，検証する

568

理論的なプロセスおよびそれが病理と健康にどのように関係するかを
　測定する　572

モデルを適用したときの効果を分析する際に媒介変数と調整変数を強
　調する　574

研究プログラムを，幅広い領域のさまざまな分析レベルで検証する
　577

有効性，普及，そしてトレーニング戦略を，早いうちから継続して検
　証する　579

開かれていて，多様で，ヒエラルキーのない，開発のためのコミュニ
　ティをつくる　580

まとめ　582

文献　585
監訳者あとがき　603
索引　605

第 I 部

さまざまな基盤とそのモデル

# 第1章

人間の苦悩をめぐるジレンマ

　この世に，確実に人を苦悩から解放してくれるようなものは存在しない。私たちは普段，人生の成功の印として，魅力的な容姿，愛情に満ちた両親，優秀な子ども，経済的な安定，優しいパートナーの存在をあげる。仮に，ある人がそれら**すべて**を持っていたとしよう。しかし，それですらその人が人生の苦悩から解放されることの保証にはならない。私たち人間には，暖をとり，食料を確保し，雨露をしのぎ，身体の健康を維持することができる。それにもかかわらず，まだ事足りない——高画質テレビ，スポーツカー，異国情緒あふれるカリブへの旅。人は人間以外では考えられないような楽しみを享受することができる。場合によっては，人間社会のなかでさえ，ごく一部の人にしか手の届かない楽しみを享受する人もいるだろう。しかし，そんな人でさえ，激しい心理的苦痛の渦中にいることもある。毎朝どこかで，やり手のビジネスマンが出社するなり部屋のドアを閉め，机の一番下の引き出しから隠してあったジンのボトルをそっと取り出す。今日もどこかで，驚異的な才能に恵まれた人間が，銃を手にとり，弾丸を込め，銃身を口にくわえ，そして，引き金を引く。

　心理療法家や応用領域の研究者たちなら誰もが，こうした現実を映し出す悲しき統計的事実を嫌というほど知っているだろう。たとえば米国の統計では，精神疾患の生涯有病率が今では50％にも届こうとしている。さらにそれ以上に多くの人々が感情的な苦痛に悩まされており，そうした苦悩は，仕事，人間関係，子育て，また生きていれば誰もが経験するような自然な変化などの問題に由来している[139]。たとえば，全米には2千万人のアルコール中毒者が存在する[80]。また何万という人たちが毎年自殺を図っており，た

とえ完遂には至らなくとも自殺を試みた人々の数は無数におよぶ[34]。これらの数字は，何十年も苦しみ続けた人々だけに当てはまるようなものではなく，青少年や若年の成人にも同じく当てはまる。大学生に相当する年齢の人口のほぼ半分が，過去数年の間に，DSMにおける診断基準の少なくとも1つの基準を満たしている[23]。

　発展した世界に遍在する，こうした人間のみじめさを映し出すようなデータは，その気になればいくらでも収集できる。セラピストや研究者は，しばしば，臨床家の人員，メンタルヘルス・プログラムの予算，研究のための支援を得ようとする際に，こうした数値を問題ごとに次々とあげる。その一方で，専門家も一般の人々もこうした統計を全体として眺めたときに，それが伝えるより大きなメッセージを見落としているかもしれない。誰もが，うつ，依存，不安，怒り，自傷，疎外，心配，強迫，ワーカホリック，安全への脅威，耐え難い羞恥，離婚，親密さの回避，そしてストレスなどの何らかを過去もしくは現在に経験したかすることになるだろう。これらの人々の数を足し合わせてみれば，否応なく驚くべき結論にたどり着く。すなわち，人間にとっての心理的な苦悩とは，人として生きるうえで備わった基本的な性質だといえる。

　そのうえ人間は，持続的に互いに不幸を与え合うようなこともしてしまう。人間がどれほど簡単に，人をモノ化したり非人間化したりしてしまうかを考えてみよう。人間社会全体が，すべての人的・経済的コストに伴う物質化の重圧の下で，まさにふらつきよろめいている。私たちは飛行機に搭乗するためには着衣を調べ上げられ，政府の建物に入るときにはベルトコンベアの上に持ち物をすべて広げさせられる。その度に私たちは，モノ化や非人間化にかかわるこの悲しい現実を再認識させられるのである。女性は男性と同じ仕事をしても，7割5分ほどの賃金しか支払われない。人種的マイノリティにとっては，主要都市でタクシーを呼び止めることさえ困難な場合もめずらしくない。超高層ビルは，嫌悪すべき象徴として，飛行機に乗ったテロリストたちの攻撃の的となる。そしてその報復として，下界には邪悪な者たちが住むとの理由で上空から爆弾が投下される。人々は，自らが苦しむに飽き足らず，まるで呼吸をするかのごとく自然に，偏見という形の苦しみを互

いに与え合う。

　心理的な健康や精神病理の基盤として，今日最も私たちにとって馴染みのあるモデルでは，こうした人間の苦悩とそれが他者に与える影響を「人間として当然の問題である」などとは捉えていない。西洋の行動科学や医学はあたかも相当な近視を患っているかのようである。それら行動科学や医学が認めるパラダイムにすっきりと収まらない真実にはほとんど目もくれない。反証する膨大な量のエビデンスがあるにもかかわらず，私たちは，人間の苦悩を，標準からの生物医学的な逸脱の産物であるかのように，あまりにも安易に診断のラベルを使って概念化してしまいがちである。また，そうしたモノ化と非人間化を，倫理的または政治的用語によって扱いたがったりもする。まるで，偏見という問題が，こういった書物の読者や執筆者には無関係で，むしろ無知で不道徳な人々だけの問題に帰せられる，とでもいうかのように。問題は明らかに目の前に存在するのに，誰もそれを認めようとはしない。人間は自ら苦悩し，また苦しみを互いに与え合う，このことを認めようともしない風潮のなかでは，自分自身に対しても，また他者に対しても思いやりを持つことは難しい。人間に備わった基本的な性質を認めない世界では，人間でいること自体が難しいのである。

「健康こそがノーマル」論
——メインストリームの心理学が基盤としている前提

　今日のメンタルヘルスのコミュニティは，人間の命の「生物医学化」に立ち会うとともに，その流れを生み出してきたといえるだろう。西洋文明は，身体的または精神的な苦痛の解放を事実上，崇めたてている。現代医学があげてきた驚くべき成果は「治癒こそが健康の根本であると人々に確信させた」（文献55のp.33）。それも身体的な健康だけでなく，あらゆる形での健康に関してである。この流れのなかで，苦痛を伴う思考，感情，記憶，身体感覚は，主として「症状」であるとみなされるようになった。症状のいずれか，またはそのいくつかを持つことは，何らかの異常（アブノーマル）もしくは疾患を持つことであるとみなされる。実際には，人々の行動や社会環境が，

人々の身体的または精神的な健康に決定的な役割を果たしているにもかかわらず，こうした疾患名のラベルはしばしばその事実を覆い隠してしまうのだ。たとえば，かつて，脂質が多くボリュームのある食事をとったことによる不快に苦しむ人々がいた。今やこういった人々は，単に薬を飲まなければならない障害を抱えただけの人々とみなされるようになった。また，かつて一週間四六時中働き続ける社会のなかで，不健康な行動を選択し続けたがために，睡眠不足になる人々がいた。今や彼らは高額のCPAP（持続陽圧呼吸療法）機器，または何十億ドルもの売上を市場にもたらす数々の新しい睡眠薬のなかから1つを選択することで，症状が一時的に軽くなる障害として治療されている。このようにして，私たちが生活のなかで自然に感じていた苦痛も，疾患名に対応した薬を飲んで治癒すべきものと考えられるようになったのである。そして，精神的な問題が身体の病と同じように広く治療の対象とされるべきだというメッセージは，現代西洋社会の水供給資源にまで浸透するに至った。事実，河川の水や私たちが口にする魚にまで，検出可能な量の抗うつ薬が混入している！[204] 本来，そうした薬物がプラセボと比べて臨床的に有意な効果を持つのは，症状が非常に重いケースについてである[68, 140]。もし，純粋に科学的利益があると判断される場合だけに薬が処方されていたならば，たとえ適切なケースのすべてにきっちりと処方されたとしても，水資源に影響を与える量にははるかにおよばなかったはずである。

　ある見方では，人間の苦悩は，生物神経化学的な異常であるとみなすのが最も理にかなっているとされる。この見方の持つ一見魅力的な側面は，人間にとっては，健康で幸福であるという状態が自然で本来的なのだと思い込ませることにある。この「健康こそがノーマル」論という前提は，身体的な健康に対する従来の医学的アプローチの中心的な発想である。現代医学が感染症などの身体医学の領域で収めた相対的な成功を考えれば，行動科学やメンタルヘルスのコミュニティが，同じくこの前提を採用したことは驚くに当たらないだろう。従来からの発想では，身体的健康とは，単純に疾病のない状態である。つまり，身体はそれ自体を装置として見たとき，本来的に健康であるように作られているとされる。場合により，感染，けが，中毒，身体能力の低下，または身体機能の乱れなどによって健康が妨げられることがある

と考えられているわけである。同じように，メンタルヘルスの分野でも，人間は生来的に幸福で，他者とつながり合い，利他的で，内面に葛藤はなく平和であると考えられている。しかしながら，この精神的に健康であるという典型的な状態は，特定の感情，思考，記憶，過去の経験，または脳の状態によって妨げられることがあるものと理解されている。

健康こそがノーマルという前提からは，自ずと**精神疾患また身体的疾患の根底には異常（アブノーマル）なプロセスがある**という，もうひとつの前提が導かれる。この前提は，症候群的な発想と診断へと発展していく。一般に，疾病を特定するための第一歩は，兆候（観察者に見える事柄）と症状（患者が訴える事柄）を収集することで症候群を特定することにある。なお，疾病とは，健康を妨げている機能的な単位で，病因や経過や治療への反応が既知のものと考えられている。その症候群が何であるかが明らかになれば，次には，それらの症状をもたらしていると考えられる異常なプロセスが探索される。そして，好ましくない結果をもたらす異常なプロセスの変容方法を見つけるための模索がはじまるのである。

こうした前提とそれに基づいて導き出される診断方略は，身体的な健康の領域のなかでは広く理にかなったものであろう。ただし厳密には，その領域内でさえも注意を払うべき限界がある。結局のところ，健康とは**ただ単に疾病のない状態というだけではない**[267]。また，一般的な医学的症状で発熱，咳，下痢，嘔吐といったものについても，症状だけに注意を向けたときには見過ごされがちであるが，きちんと注目すれば，それぞれが適応的な機能を持っていることがわかる[232]。それでもやはり，一定の枠内においては，「健康こそがノーマル」という前提は有用であろう。つまり，生物学的な進化を通しての自然な結果として，今日の人間の身体はある程度理にかなった身体的健康を標準として持つよう設計されていると考えられる。たとえば，子孫を残すにはそれに十分なだけの身体的健康というものがあり，そうした身体を備えるための遺伝子というものが必要とされる。仮に，ある人々がそうした遺伝子を持っていなかったとしたら，その人々の遺伝子または表現型は，進化の過程で徐々に淘汰されていたことだろう。身体的な兆候と症状はこれまで疾病の同定において多くの場合，有用な指標であった。一般に自然淘汰

は，生物の構造的な発達を保証するものであり，その発達によって自己保存と繁殖の機能が支えられている。だからこそ，構造的な逸脱は，しばしば機能不全を意味しており，特定の疾病を同定する際に役立つことが多いのである。たとえば，エイズ流行の初期には，非常にまれな形態の癌が見つかった。そこから研究者たちが特定の患者群に着目し，結果的にウイルスの発見をより容易にしたという経緯がある。以上は身体的な健康についていえることであったが，精神的な健康に関してはどうであろうか。人間の行動についていえば，自然淘汰のみから説明されるような形態と機能の密接な関係は，ここでは保証されない。そのため，生物医学的な診断方略を心理的な苦悩に適用することで，大きなリスクを負う可能性が生じてくるのである。

精神疾患をめぐる神話

今日，私たちが一般に採用している心理的な苦悩に対するアプローチには，その根底に次のような前提が存在する。すなわち，形態的な特徴（兆候や症状，またはこれらの集合）を観察することで真に機能的な疾病単位が同定され，疾病単位が同定されれば，こうした特徴が**なぜ**表れるか，また特徴を変えるための**最善の方法は何か**が自ずと指し示される，という前提である。今日，精神病理学の分野では，この前提とそこから導き出される分析的方略が完全にメインストリームになっているため，その方略を採用せずにいられる心理学者や精神科医はほぼ皆無であろう。それはともかくとして，現状を見る限り，精神疾患（疾病単位）は現実の存在というよりも単に信じられている神話上の存在に近いことがわかる。

異常モデルは，心理学と精神医学の領域で並はずれた注目を集めてきた。それにもかかわらず，事実上，精神衛生上の症候群を正当な疾病単位として確立することがまったくできなかったことは驚きに値するだろう[143]。この分野では，使い古された全身まひの例をひとたび引用してしまえば，それ以外に語るべき成功例はないに等しい。ところが，残念なことに，何の成功もない事実にもかかわらず，科学者たちはいまだに，こうした心理的な症候群がまもなく個別の疾病単位を代表するようになるだろうと主張し続けてい

る。彼らの物語によれば，我々は今まさに曲がり角に差し掛かっており，精神疾患の原因となる遺伝子，神経伝達物質，または神経調節物質を発見しようとしている矢先なのだという。しかしその物語が語られてからそうこうして何十年という時間が過ぎた。当初からその主張に批判的だった人たちの正当性が，そろそろ認められてもよい頃ではないだろうか。実際，世界保健機関（WHO）が作る疾病のリストにざっと目を通すだけで，その物語が蜃気楼に過ぎないということがわかる。最も一般的なメンタルヘルスの症候群のどれひとつとして，正当な病態（disease state）と考慮されるために必要な最も基本的な基準さえまだ満たしていない。統合失調症や双極性障害といった劇的な障害でさえそうなのである。

『精神疾患の診断・統計マニュアル（DSM）』は，これまで版を重ねるたびに，「新しい」症状カテゴリー，サブカテゴリー，そして病理のディメンションを，山ほど追加し続けてきた。DSM-5 のドラフト版を見る限り，この拡張主義の傾向は今も続いていることは明らかである。それは，主要な精神疾病のどれかしらに分類される人の割合が，ますます増え続けることを意味する。もちろん，それでメンタルヘルス・システムの有効性全体が高まったのなら，診断的拡張主義も受け入れてしかるべきだろう。**しかし，その有効性は高まってなどいない**。むしろ，今や私たちはやがては崩されるバベルの塔を築くがごとく，貧弱にしか機能しない疾病分類を新しいディメンション，概念，症状のリストでもって補強し，気づくべきそもそもの失敗に目をつぶってしまっている（文献 69 を参照）。

今日の診断システムには無数の欠陥があるが，本章ではそのうちのごくいくつかを取り上げる。まず，障害ごとの「合併症」率（comorbidity rates）があまりにも高く，分類システム全体の根本的な意義（basic definitional integrity）を揺るがしかねない。たとえば，大うつ病性障害の合併症率は 80% にも達する[139]。この驚くほど高い数値は，「合併症」が真に多く存在することを意味するというよりも，むしろ診断システム側の問題を意味するだろう。また，同じトリートメントが多くの症候群に対して機能することから[143]，そういった診断カテゴリーの持つトリートメント上の有用性は極めて低い[110]。これでは診断をおこなっても，そうすることの機能上の主な目

的は果たされないことになってしまう。つまりトリートメントの選択の適切性を高めるためという目的を診断が果たさないということになる。さらに，診断システムは心理的な苦悩において鍵となる内容（例：人間関係の問題，実存的な危機，行動的な依存）を考慮していない。そのため，診断システムの支持者でさえも，この診断システムがときに悲嘆，恐怖，悲しみなどといった人が生きるうえで普通に体験するプロセスを病理として扱ってしまっていることを指摘している[143]。

米国で普及している「定額医療費前払い式医療保険」の仕組み（保険の適用となるために「診断名をあげる」必要がもはやない状況）のなかでは，心理的トリートメントを受けるクライエントの大部分が，何の疾病と診断できるような状態も示していない[225]。また，仮にクライエントに「広場恐怖を伴うパニック障害」や「強迫性障害」などといったラベルを貼ったとしても，セラピーは依然として，仕事，子ども，人間関係，性的同一性，キャリア，怒り，悲しみ，飲酒問題，人生の意味，といった疾患外の問題も扱わなければならない。ちなみに，悲しいことに，人間の苦悩に対するDSMの見方が世界中に広がったことで，人間として誰もが普通に体験するような困難が，ますます何らかの疾患であるかのように受けとられがちになった。これに伴い，非西洋文化が持っていたような苦悩に対応しながらも行動的また社会的機能を維持するという能力を世界は高めるどころか低下させていっている[247]。

症候群に注目する傾向は，症状を軽減すべきであると過剰に訴える一方で，心理的な健康の持つ機能的，肯定的な側面を軽視するようなトリートメント・アプローチを発展させてきた。実際に，心理療法をおこなったときにみられる全般的な効果は，クライエントの機能や生活の質（QOL）に関して小さく，症状の重篤さに関して最も大きな場合が多い。また，症状の程度や頻度の低減は，社会的機能の改善やより幅広い指標である生活の質といったものとは緩やかにしか相関していない。それにもかかわらず，精神病理学を学ぶ学生は，ほとんどすべての診断カテゴリーとほとんどすべてのそれぞれの特徴を覚えるよう忠実にトレーニングされる。さらに，臨床心理学と精神医学の研究ジャーナルに掲載される内容は，症候群の研究がほぼすべてで

ある。それは，つまるところ，メンタルヘルス関連の科学に資金を出す国のほとんどで，資金はほぼ丸ごとそうした症候群研究に捧げられているということを意味する。

　症候群的な発想が何に注目しているのかだけが問題ではない。たとえば，ポジティブ心理学では，地域社会や個人が繁栄できるようにする力と美徳を研究することで注目する対象を方向づけし直している。そのため，ポジティブ心理学は，多くの点で本書のなかで提唱し発展させていこうというアプローチと共鳴する。しかし，ポジティブ心理学にせよ，症候群的な発想にせよ，人間の苦悩を生み出す中核的なプロセスを探っていくことなしには，現在の診断システムに内在する深い困難を十分に解消することはできない。つまり，私たちはそのプロセスについての**説明**を必要としているのである。

　医療は「健康こそがノーマル」という前提に基づき，メンタルヘルスの領域へは具体的に，また人間の苦悩という領域にはあいまいにアプローチをしてきた。その結果，人が苦悩するという状態は，障害と疾病のサインであるとみなされることとなったのである。この方略が優れて効果的な心理療法の在り方へと実際に結びついたのなら異議を唱える理由はまずない。もしそのように上手くいっているならば，臨床家や応用的な研究者は言うだろう。「そうです，苦悩は普遍的に見られます。でも，それは司祭や牧師やラビ（ユダヤ教の聖職者）たちに任せておけばよい問題でしょう。私たち医療者の仕事は，臨床で症候群をトリートメントして予防することです。結局，クライエントが望んでいるのはそれなのですから。そして，私たちは確かに役割をよく果たしています」

　残念ながら，現状のところ，そうは答えられそうにない。最も一般的な「精神疾患」についてはそれなりに有効なトリートメントが開発されてきたものの，その効果量は大きくはない。また，ほとんどの領域で，もう何年もはっきりとした効果量の増加が更新されていない。「エビデンスに基づくケア」革命は，この問題を繰り返し明らかにしてきたものの，科学コミュニティのなかでそれを気に留める人はほとんどいないようである。助成金が大学や研究機関に流れ続ける限り，誰もがそれに甘んじるままだろう。そして，科学ジャーナルがこのまま疾患モデルだけに注目し続ける限り，より賢

明になる人は出ては来ないだろう。

　経験豊かな臨床家ならそのほとんどが，現在の診断システムに対し深い懐疑の念を抱いている。障害に基づいたトリートメントの強調は，何かとても重要な視点の欠如を感じさせるからである。実際，実践家たちは，現在の診断システムから約束されたものと与えられた結果との間の不一致を日常的に目にしている。すでに，臨床家たちは，学会において，メンタルヘルスの問題が，その形態にとらわれ過ぎており，そうした問題がクライエントの人生のなかでどういった役割をはたしているかについて十分な関心が払われていないことを何度も主張している。その他にも，特定の障害に対するトリートメントと，症状に何らかの意味を与えるような社会的，文化的，文脈的な要因との関係性が切り離されていることへの批判の声が上げられている。

　精神疾患の疾病分類の創始者たちでさえ，症候群的アプローチに対し疑問を示しはじめている。本書の著者らは，講演で症候群的アプローチに本質的に含まれる問題について話すことがあるが，その際，以下に示す引用の出典を隠した状態で，それが誰の発言であるかを聴衆に当ててもらうことがある。すると，普通は，聴衆の誰かがすぐに「あなただ！」と声を張り上げる。しかし，それは違う。以下に示す主張は，米国精神医学会DSM-5のための計画委員会が出した報告からの抜粋なのである[143)][訳注1)]。私たちが今暮らすこのバベルの塔を建設したのと同じ組織が（同じ伝統の中にいながら）次のようなことを報告しているのである。報告書の内容はこれ以上にないくらい辛辣なものだ。以下の引用のなかでも特に心乱される告白の部分は注意喚起の目的でゴシックで示す。

　　これら症候群の同定と，それぞれの共通病因の発見の努力は今なお一
　向に実を結んでいない。各DSM症候群に特異的な生化学的マーカーは，
　候補こそ多数提案されているが，**1つとして発見されていない**。（邦訳書
　『DSM-V研究行動計画』，みすず書房，2008，p.8）

訳注1）邦訳書：デイヴィッド・J・クッファーほか（編），黒木俊秀ほか（訳）『DSM-V研究行動計画』みすず書房，2008．

第 1 章　人間の苦悩をめぐるジレンマ　13

　疫学的および臨床的研究が示すところでは，DSM障害群間には高率に併発の存在することが証明されており，したがってDSM症候群がそれぞれほかと明確に区別される病因の表れであるとする仮説の基盤は危うい。それだけでなく，疫学的研究が証明してきたように，DSM障害には短期診断（の持続性）さえ不安定なものが多い。トリートメントに至っては特異性欠如がむしろ当たり前である。（邦訳書 p.8）

　すべてとはいわずとも大多数の病的状態と症状（中略）は，正常の言動および認知過程の病的逸脱と定義されているが，この定義に恣意性がないわけではない。この問題点のために，その結果，DSM体系は（中略）通常範囲の人間体験を病的としているという批判を招いた。（邦訳書 p.15）

　研究者たちがDSM-Ⅳの**奴隷になったような**適用の仕方をしているために，精神障害の病因研究が**妨げられてきた**恐れがある。（邦訳書 p.8）

　DSM-Ⅳ障害が実体化されて疾病と同等と見なされる行き過ぎにまで至れば，それは研究結果の**理解を促進するよりも阻害する確率のほうが高くなる**であろう。（邦訳書 p.8）

　以上述べた現行診断パラダイムの限界のすべてが示唆する通り，もっぱらDSM症候群の洗練に集中した研究では，DSM症候群の基底をなす病因の解明など**絶対に**成功しないであろう。その解明のためには，現在なお，どういうものとなるのか，わからないが，とにかくパラダイム変換が起こる必要があるだろう。（邦訳書 p.8）

　計画委員会のワーキンググループによる報告の誠意にもかかわらず，公開された DSM-5 のドラフトからは，精神疾患の疾病分類学を支配する人々がこうした問題を解決していないことは明らかである[69]。
　まったく新しいアプローチが必要だとする見解について，ワーキンググ

ループの見解は正しかった。本書では，クライエントのなかに，メンタルヘルスの分野に，また私たち自身のなかに，今求められているパラダイムシフトをどのようにして育んでいくかについて語ることにする。パラダイムシフトは，ある面では推論的，行動的，実証的だけれども，それはまた知的でもある。精神医学の専門分野に必要なのは，統一された診断横断的モデル（unified transdiagnostic model）であり，それは，より有用で統合された心理学を打ち立てようとするもっと幅広い科学的取り組みとつながっている（文献9も参照）。

アクセプタンス＆コミットメント・セラピーの視点

　本書で解説するアプローチは，アクセプタンス＆コミットメント・セラピー，またはACTと呼ばれる。ACTは，個々の文字を読むのではなく，必ず1つの単語として「アクト」と発音する。それは，もしかしたらA-C-Tと読ませるとECT（電気けいれん療法の略語）の発音に似てしまい，間違っても好ましい連合ではないからかもしれない[原注1]。または，もっと積極的な意味では「act（活動）」という用語が，このアプローチが人生に積極的に関与する姿勢を促すものだという点を思い出させてくれるからかもしれない。

　ACTの視点からは，人間の苦悩のほとんどが，人間としてノーマルな心理的プロセスに由来すると捉えられる。特にそのプロセスには人間の持つ言語がかかわっていると考えられる。生理学的な機能不全（例：糖尿病やてんかん）については，「良い医者は病気を治し，偉大な医者は病気を抱えた患者を治す」という格言がある[訳注2]。心理的な機能不全についてなら，なおさ

原注1）心理療法の領域では，それぞれのトリートメント・アプローチを指すときに，ほとんどの場合，略語としての頭字語を使い，その際その個々のアルファベットを読ませる。ACTにおいてそうした読み方をさせないことには，副次的だが実用的なメリットがある。つまり，「エー・シー・ティー」について語る人は，ACTの本格的なトレーニングを受けたり，十分文献を読んだりしたことがない人であるとすぐにわかってしまうわけである。今や，読者のみなさんは，そうした人たちが言うことには，にやっと笑ってやり過ごせるようになったわけだ。

らこの格言は揺るぎない原理だといえるだろう。

ただし，この見解は，異常なプロセスというものが実在しないことを意味するわけではない。それは明らかに存在するというべきだろう。たとえば，仮にある人が脳損傷を患った結果として奇妙な振る舞い方をするとしたら，この行動はノーマルな心理プロセスだけでは説明できない（たとえそこで働いているプロセスが脳損傷の結果に対処するうえでは妥当だとしても，である）。統合失調症，自閉症，双極性障害などについても同じことがいえる。こうした状態については，現時点では特異的で感度の高い生物学的マーカーが明らかになっていないため，単純な器質性病因の実際のエビデンスは非常に限定されている（先に紹介した文献143による「心乱される告白」の第一項目を参照）。それでも，ACTの基盤のモデルは，そうした重篤な精神疾患の場合でさえ，内省的な言語と思考に根差したノーマルなプロセスが働いており，そうした疾病の状態に関連した中核的な困難をそのノーマルなプロセスが増幅するものと考える（この点についてのより詳細なエビデンスは，第13章を参照）。どれほどたくさんの幻聴があり，どれほど多くのパニック発作を体験していたとしても，その人もやはり，考えて，感じて，記憶する一人の人間である。健康に機能するうえでは，たとえば幻覚そのものよりも，幻覚に対してその人がどう反応するかのほうが決定的に重要だろう。そして，どう反応するかは，ACTの視点から眺めると，主にノーマルな心理プロセスによって決まってくるのである。

自殺の例

人間として生きることは人間が苦悩することと深く結びついている。自殺ほどその事実を劇的に示す例は他にはない。意図的に選ばれた死，それは明らかに考えうるなかで最悪の人生の結末である。それにもかかわらず，人間という種のなかでは，たとえたった一度であっても，自らを殺めることを真剣に考えたことのある人の割合は驚くほど大きい。そして，実際にそれを試

訳注2）カナダの内科医，ウイリアム・オスラー（William Osler, 1849-1919）の言葉。

みる人の割合は衝撃的な数にのぼる。

　自殺とは，意識的に，考えたうえで，目的を持って，自らの人生を奪い去ることである。自殺については2つの明白な事実がある。それは①人間社会に普遍的にみられ，また②人間以外の生物ではまずみられない。現存する自殺の理論では，この2つの事実の両方を論理的に説明することができない。1つ目にあげた事実として，自殺そのものは，今も昔も，すべての人間社会で報告されている。アメリカでは，毎年人口10万人当たり約11.5人が実際に自殺し[269]，2007年には3万5千人近くが自ら命を絶った。自殺は，乳幼児には事実上みられないが学齢期初期からは早くもみられはじめる。さらに希死念慮と自殺企図について見てみると，それは人口全体にわたって比較的一般的にみられるといってよい。物質乱用衛生管理局（Substance Abuse and Mental Health Services Administration）の委託のもとで最近おこなわれた研究では，毎年約830万人の人が深刻な希死念慮を抱くこと，また若い成人では同年齢集団の約1.2％で（ちなみに物質乱用が認められる場合の数値はさらに高かった）自殺企図が毎年伴うことが明らかにされた[228]。また，生涯を通じた発生率に関する研究が示唆するところでは，全人口の10％程度が人生のある時点で自殺を企図し，別な20％が希死念慮に苦しんで自殺するための計画や方法を検討する。またさらに別な20％は具体的な計画こそないものの希死念慮に苦しんでいる。このように，人口全体のざっと半分が中程度から重度の希死念慮を人生のどこかの時点で経験する[38]。希死念慮を「異常（アブノーマル）」なものと考えるなら，これは説明を必要とするほど大きな，衝撃的に高い発生率である。

　関連する2つ目の事実は，人間以外の生物では自殺がまったくみられないという点である。この一般的な説に対しては，これまでにさまざまな例外が指摘されてきたものの，実際に調べてみると，そのいずれの例外も間違いであったことが明らかになっている。最も古典的な例外の説としては，おそらくレミング[訳注3]の例があげられるだろう。彼らは集団を維持できないほどまで個体群密度が高まると，群れ全体が乱雑に走り回り，それによって多く

訳注3）レミングは，ネズミ目の哺乳類で大量繁殖と激減を繰り返すことで知られている。

の個体が死亡，一般には溺死する。しかし，「自殺」とは単に死ぬことではなく，そこにはある種の心理的な活動が含まれる。その心理的な活動によって，意図された結果としての死が導かれるのである。ところがレミングの場合，彼らは水のなかに落ちると，水から這い上がろうともがき，水から出るのに成功するとそのまま陸地にとどまっている。こうした振る舞いからは，希死念慮を抱き自殺を企図したとはいえないだろう。それに対し人間では，橋から投身したが一度は命を取りとめたものの，またすぐに同じ橋から飛び降りるといったケースが無数に報告されているのである。

自分自身を消し去ることで果たされる目的としては，さまざまなものが考えられるが，いずれにしても，そのほとんどがその人が抱えている日々の感情，記憶，思考と関連している。たとえば，遺書を調査すると，そこには日々の生活がどれほどの重荷であったかが強調され，そうした重荷から解放された未来の状態（またはそうならなかった未来の状態）が書き記されている場合が多い[129]。遺書には，他者への愛と，自殺する行為を恥じる気持ちが記されていることが多いものの，人生そのものが耐えるにはあまりに苦痛だとも頻繁に記されている[67]。また自殺と関連してよくみられる感情や一般的な心の状態には，罪悪感，不安，寂しさ，悲しみなどがあげられる[17]。

自殺という現象について考えると，純粋に症候群に基づいた視点から人間の苦悩を捉えようとすることの限界と不備が浮き彫りになる。自殺は症候群ではないし，自殺する人の多くが，よく定義された症候群のうちのどれにもすっきりとは分類されない[38]。何よりも，劇的に「不健康」なこういった形態の活動が，ほとんどの人間の人生のなかにある程度みられる一方で，他の生物にはみられないとしたら，そこからはある明らかな結論が導かれる。その違いをもたらす何かこそが，人間が生きるうえでの何か特有のものだろうということである。もっといえば，何らかの人間の心理に固有のプロセスがそこに機能しているはずであり，それこそが，これほど多くの心理的な苦悩をいとも簡単に引き起こしているといえる。現代の精神病理学を支える研究の方向性は，人間の活動のうち，そのありふれた日常の細部まで具体的に焦点を当てていくようなものにはなっていない。そのため，必ずしもこうしたプロセスを見つけ出すには至らないだろう。今後，精神病理学が現在の方

向性で大いに進展し，ほぼすべての人々に1つ以上の診断名をつけられるような時代が到来するかもしれない。しかし，たとえその時が来ようとも，そのこと自体では我々の義務を果たしていくことにはつながらない。我々には，幅広く存在する人間の苦悩に対処し，さらにそれを説明するという義務があるのである。人間は誰もが痛みを抱えている。ある人は他の人よりも多く痛みを抱えているというように，単にその程度に差があるだけのことなのだ。要するに，苦悩があるのは普通なことであり，これまで精神病理学によって「アブノーマル（異常）」とされてきた状態は，むしろノーマル（健常）なのである。

「損なわれている状態こそがノーマル」論

苦悩が人間社会に普遍的にみられるという事実は，そうした苦悩が人間の進化のプロセスに由来していることを示唆する。つまり，人間という種が環境への適応力を高めていくなかで必然的にそういった苦悩をも獲得していったものと考えられる。**「損なわれている状態こそがノーマル（destructive normality）」とする前提**において，これは核となる発想である。つまり，健常で有用でさえある人間の心理的なプロセスそのものが，ときに損なわれた機能不全の結果をもたらし，何であれそこにある異常な生理的また心理的条件を増幅または悪化させる可能性があるというのがここでの発想である。

ACTは，開発当初の1980年代，人間の心理的な苦悩を説明すると考えられる誰もが当てはまるようなコア・プロセスを想定し，それに基づいた診断横断的トリートメント・アプローチを考えるべく設計された。著者らは，次のような比較的シンプルで素直な形の問いを立てることからこの作業をはじめた。

- 聡明で，感受性豊かで，他者を思いやることができ，人生を謳歌するのに必要なすべてを持っているような人が，なぜこうした苦悩を抱えなければならないのだろうか？
- 広くいきわたった苦悩には，何らかの形で共通する，人間の持つ普遍的

なプロセスが存在しているのだろうか？
- 我々には，苦悩が引き起こされるプロセスを的確に説明可能な理論を打ち立てられるだろうか？　またそのうえで，我々はそこで明らかにされた原因となるコア・プロセスに心理的介入をおこない，それを中和または逆転させるようなことが可能だろうか？

こうしたシンプルだが困難な問いに答えるにあたり，我々は1つ大きなヒントを持っていた。そのヒントとは，私たちがただ鏡を覗き込むことで得られたのである。頭蓋骨という固いシールドに守られそこに収まっていたのは，きわめてすばらしいポジティブな側面と，同じほどにやっかいなネガティブな側面を持つ，まさにその臓器だったのである。

ノーマルで必要不可欠な心理的プロセスが，実は両刃の剣のように機能するという発想は，多くの宗教的また文化的伝統では基本となっている。それにもかかわらず，心理学やその他の行動科学の領域ではこうした考え方がほとんど受け容れられていない。それでも，この事実を認識することで，私たちはもっと謙虚になることができる。たとえば，ユダヤ・キリスト教の伝統は，またもちろん洋の東西を問わずにほとんどの宗教的伝統も，人間の苦悩は人生のごくノーマルな営みだと考えている。医学的な症候群への熱狂は，人間の苦悩という課題に関して，その文化的なルーツがなんであったかという記憶をますます忘却へと追い込む。それをもう一度思い起こすという意味では，宗教的伝統について改めて吟味してみることに意義があるだろう。とりわけ，人間の持つ言語，そして人間の持つ苦悩について考察をはじめるにあたっては，すべてのはじまりである『創世記』を振り返ることが妥当な出発点といえるかもしれない。

ユダヤ・キリスト教の伝統から見た苦悩の起源

聖書は人間の苦悩の起源を非常に明確に記している。「神は言った『われらの像に，われらの姿に似せて，人を造ろう』」（創世記1章26節［新国際版］），そしてアダムとイヴが楽園のなかに置かれた。最初の人間たちは知恵を持た

ず，幸せだった——「人とその妻，彼ら二人は裸であった。彼らは互いに恥じることはなかった」（創世記2章25節）。彼らはたった一つの言いつけのみ守っていればよかった——「『善悪を知る木，これから（実を）取って食べてはならない。これから取って食べる日，あなたは必ずや死ぬであろう』」（創世記2章17節）。蛇がイヴに向かって言うには，彼女があの木から実を取って食べても死ぬことはなく，むしろ「『実はね，あなたがたがそれを食べる日，あなたがたの目が開いて，あなたがたが神のように善悪を知るようになる，と神は知っておいでなのですよ』」（創世記3章5節）。蛇は，ある意味では正しかったといえる。なぜなら，果実が口にされ，「すると二人の目が開かれ，彼らは自分たちが裸であることを知った」（創世記3章7節）のだから[訳注4]。

これは，力強くも非常に教訓的な物語である。善と悪の違いを知るのは良いことかと尋ねられたとき，信心深い人たちのほとんどが，そうした知恵があることこそ道徳的振る舞いの典型だと確信をもって答えるだろう。それはそうかもしれない。しかし，『創世記』は，この種の評価的な知識を持つことは，また別なことの典型，つまり無知の喪失と人間としての苦悩のはじまりでもあると示唆している。

聖書の物語のなかで，評価的な知識がもたらす影響は，即座的で直接的である。神によって下される罰としての負の影響は，追加的に後からやってくる。アダムとイヴは，神が彼らの違反を発見する前からすでに苦しんでいたのだ。アダムとイヴが，自分たちが裸であることを発見すると，すぐに，「彼らはいちじくの葉をつなぎ合わせて，自分たちで腰帯を造った」（創世記3章7節［新国際版］）。それから彼らは「園の木々の間に身を隠した。神ヤハウェは，人に呼びかけて言った，『あなたはどこにいるか』。彼は言った，『園であなたの（足）音を聞き，自分が裸なので，おそれて，隠れたのです』。そこで神ヤハウェは言った，『あなたが裸であると，誰があなたに告げたのか。私が取って食べることを禁じた木から（実を）取って食べたのか』」（創世記3章8-11節）。次に起こることもまた印象的である。アダムは，木から実を取って食べるように自分を納得させたイヴに罪をなすりつけ，イヴは悪魔

訳注4）創世記の引用箇所は，邦訳書：旧約聖書翻訳委員会訳『旧約聖書I創世記』（岩波書店，1997）による。

（蛇）に罪をなすりつけたのである。

　人間がはじめて恥を感じ，そしてはじめて罪のなすりつけという形で他者批判をしたというこの記述からは，この物語の持つどこか深いもの悲しさが感じられる。物語は，私たちの奥底にあって自分が無知を失ったことに関連する何かに触れる。人間は，「知恵の樹」から実を取って食べた。それによって私たちは，分類し，評価し，そして判断できるようになった。物語によると，そのときに，私たちの目は開かれたという。ただし，とてつもない代価を支払ってである。私たちは，自分自身について判断し，自分が欠乏していることを知る。理想の状態を想像して，それと比べて現状がいかに受け容れられないかに気づく。過去を振り返ることもできる。どうなるかもわからない未来像を思い描いて，それを達成できるかどうか心配するあまり，自らを死に追いやるほど思いつめるようにさえなる。自分自身も，愛する人々も，やがて死ぬという確かな知識に，苦悩するようになるのである。

　新たに誕生する一つひとつの人生は，あたかもこの古い物語をたどり直すかのようである。幼い子どもたちは，人間の無知そのものといえる。走り，遊び，感じる。そして，『創世記』にあるように，裸でいても恥ずかしさなど感じない。子どもたちは，健康な状態がノーマルという前提のモデルを我々に提供し，実際，彼らの無知とあふれる生命力はその前提があまりにも明らかで正しいものに見えてしまう理由の一部である。しかし，子どもたちが言語を獲得して，ますます大人に近づいていくにつれ，その夢は霧消していく。大人たちは，子どもたちとのかかわり合いのなかで交わす言葉，会話，いくつもの物語を通じて，いやおうなしに，彼らを楽園から引きずり出していく。大人たちは彼らに，話し，考え，比較し，計画し，そして分析することを教える。そうするなかで，彼らの無知が，まるで花びらが一枚また一枚と落ちるように剝がれていき，恐怖，自己批判，嘘の見せかけ，といったトゲやこわばった枝へと置き換わっていく。このゆっくりと進む変化を防ぐことはできないし，それを完全に和らげることもできない。子どもたちは，言語的な知識の持つ恐ろしい世界に足を踏み入れなければならないのだ。彼らもまた，私たち大人のようにならなければならないのである。

　世界にみられる大規模な宗教は，人間の苦悩の問題を解決しようとした初

期の体系立った試みだといえる。大きな宗派には皆，神秘主義的な側面があるが，印象的なことに，そうした伝統のなかには，ある共通の目立った特徴が存在している。すなわち，それらの伝統のなかには，直接的な体験以上に言語による分析的な思考が優位になってしまうのを軽減もしくは変容しようとする実践が共通して含まれている。そして，そこに含まれる実践方法の多様さもまた印象的である。何時間，何日間，何週間，または何年間にもわたって，沈黙を観察するといった方法もある。答えの出ない問答を続けるという方法もある。ときには何日も呼吸を観察したり，呪文を止むことなく唱え続けたりする。また，何時間も立て続けに詠唱をくりかえす方法もある。また，文字と分析的言語に頼るような大きな宗教的伝統の神秘主義的ではない側面でさえ，行為自体としては純粋に分析的でないものに注目する場合が多い。たとえば，ユダヤ・キリスト教神学では，神を信仰するように教える（信仰 *faith* の語源はラテン語の *fides* で，それは論理的，分析的に信じるというよりもむしろ忠誠のような意味合いが強い）。仏教では，執着によって失ってしまうものに注目する。こうしたさまざまな宗教ごとの物語は，細部こそ異なれど，その主題は通常同じといえるだろう。知ろうとする試みのなかで人間は無知を失い，その自然な結果として苦悩する。各宗教での実践の仕方がときに過剰なやり方であるにしても，この視点自体には大いなる英知が含まれるといえるだろう。心理療法の比較的新しい伝統は，今まさにそこに追いつこうと努力しているのである。

人間の言語の持つポジティブな力とネガティブな力

　ACTのアプローチには，その中核に，人間の言語は人間の成功とみじめさの両方をもたらすという発想がある。ここで「人間の言語」というとき，それは単に人間による言葉の発声や，フランス語に対しての英語といった国の言葉という意味ではない。また，飼い犬がエサをねだって吠えたり，プレーリードッグが仲間への警告の鳴き声を上げたりするときのような，単に社会的なシグナルを意味しているものでもない。そうではなく，たとえばしぐさや絵，筆記，音，その他のどんなものであっても，それがどんな形であ

るかによらず「シンボルを用いた活動（symbolic activity）」のことを人間の言語と呼んでいる。

　たとえば埋葬などの行為があったことから考えて，人類はそのごく初期の頃からシンボルを用いることができたというのが通説のようである。しかし，実際には，そうした能力が洗練された形で使われるようになった歴史は驚くほど浅い。確実な証拠があるものに限っていえば，人間が洗練された形でシンボルを用いた最古の記録は，ほんの1万年前の洞窟壁画だと考えられている。今日知られる形で言語が書き記された時期に関しては，5,100年ほど前のものが最古である。さらに，アルファベットが発明されたのはわずか約3,500年前。当時の人々について記された公式な記録のなかにさえ，人間の言語能力が進歩していく様子がはっきりとみてとれる。たった数千年前でも，一般の人々は，内省的な自己対話を，神または見えない他者の発言として経験していた可能性がある[126]。そして，記述された最も古い物語のなかでも「自分で考えること」は危険な行為とみなされていた（例：Jaynes[126]による「イーリアス」と「オデュッセイア」についての分析を参照）。今日では，成人なら誰しもが，この世界のなかで機能しながら，朝から晩までさまざまなシンボル刺激を（顕在的にも比較的潜在的にも）使いこなしている。

　人類の進歩は，こうした人間の言語の進歩と非常に直接的にかかわっている。文字が書かれるようになったことで大文明が発展した。それからほどなくして，大規模な宗教が発展した。科学が次第に発達するとともに，技術を使って身近な環境を変えるといった人間という種に固有の能力が飛躍的に広がりはじめ，それ以来こうした人間という種の持つ能力は目を見張るほどの勢いで高まってきている。

　結果として生じた私たちの進歩は驚くばかりで，めまぐるしく多様な変化は，それを受け止める側の私たちの能力を凌駕する。200年ほど前には，アメリカの人々の平均寿命は37歳だったのが，今や88歳に届くのだ！　約100年前には，アメリカの農民は，平均で，1人当たり自分以外の4人分の食糧しか生産できなかった。それが今では200人分に増加している！　50年前には，『オックスフォード英語辞典』は重量136kgで122cmの棚幅を占めていた。それが今日ではわずか30gのUSBメモリーに収まり，さらには

インターネットを通じて事実上どこからでもアクセスが可能となったのである！

　一方，この種のよく耳にするような「仰天」話は，むしろ見過ごされがちになってきている。それは，今日の人間の言語能力の影響力が私たちの理解を超えるほどに巨大化してしまったからだろう。しかし，人間の進歩の本質とスピードをはっきりと理解しない限りは，人間の抱えるジレンマを正しく認識することはできない。私たちは，人類のこうした達成を改めて見直すことなしに，人間の苦悩とモノ化という課題を適切に捉えることはできないのである。なぜなら，苦悩もモノ化という問題も，それぞれの重要な源泉は同じく，人間のシンボルを用いた活動にあるからである。おそらく心理療法家は，こうした人類の進歩の持つ影の側面について，大多数の人々よりもよく知っていることだろう。

　私たち人間にとって，言語が自分の人生のなかで持つ性質と役割について，疑いを持ちつつ改めて見直すよう求めることは，非常に難しい作業である。それは，大工に金槌の有用性に疑問を差し挟むように求めるのと同じくらい困難な難題である。同じ教訓が，本書の読者にも当てはまるだろう。言葉は正しい，合っている，真実だ，とそのままに受け容れている限りは，効果的なACTのセラピストになることはできない。むしろ，その言葉は「どれくらい**有効**[訳注5]だろうか？」と問う姿勢を持つことこそが必要である。このことは，読者が今まさに読んでいる言葉についても当てはまる。金槌はすべてに対して有効ではないし，言葉もまたすべてに対して有効ではない。言語に呑まれずにそれを用いることを，クライエントのみならず臨床家の側も学ぶ必要がある。言語に振り回されるのではなく，それを使いこなす方法を身につけなければならないのである。

言語を持つ生物だからこそ抱える心理的な痛み

　人間以外の生物の場合，嫌悪的な刺激に曝されると非常にわかりやすい反

訳注5)「有効」とは"workable"の訳である。文脈に応じて「役に立つ」などと訳し分けているが意味はすべて同じである。

応の仕方をする。彼らはすぐさま回避行動を見せ，悲鳴を上げ，攻撃するか，または動かなくなってしまうのだ。こうした苦痛に関する彼らの反応は，通常，時間的に限られていて，また，そこには条件刺激か無条件刺激が関わっている。ひとたび嫌悪的な出来事が取り除かれ自律神経系の覚醒が鎮まれば，苦痛に関連した彼らの行動は元の状態にまで戻るのが一般的である。

　一方，人間は生物の世界ではきわめて例外的な特徴を持っている。それは主として人間にはシンボルを用いた活動が可能であることに由来する。人間は，嫌悪的な出来事を先送りできるし，出来事同士の類似点や相違点を概念化することが可能である。さらに，概念化した類似点に基づき，過去の出来事と現在の出来事との間に関係性を築くことも可能である。まだ体験していない状況を予測することも可能だ。また，嫌悪的な出来事がすでに何十年も前に消失していたとしても，あたかもそれが今も存在するかのように反応することも起こりうる。言語と高次の認知が持つこうした強い，間接的な機能は，直接的な環境的手がかりが存在しないにもかかわらず，心理的な苦痛が存在するという状態を人間のなかに作り出す。それにもかかわらず，こうした認知的な能力こそが人間が発展するうえで最も重要かつ有用だったのである。

　最初期の人類が，こうした認知的能力を，主に自らの不十分さについて考えたり，自分が人生のなかでどこへ向かっているのかに思いをめぐらせたりするために進化させたとは考えにくい。人間の言語は，はるかにもっと実質的な，生きるか死ぬか，または社会的支配にかかわるような結果に基づいて進化してきただろう。人間は，生物種のなかでも互いに最もよく協力し合う部類である。実際に，社会的協力こそが多層的な（個体間および集団間の）自然淘汰プロセスが起きるためにおそらく必要な文脈にあって，そうした多層的な淘汰プロセスのなかから人間の認知能力が進化してきたと考えるのがいちばんもっともらしい[261]。個体としての適応（たとえば大きな歯にしても巧妙なカモフラージュにしても）が一般には利己的な意味で有利なのに対して，より大きな社会的適応は，集団間の競争のなかで個体が属する集団に利益をもたらすように機能するため，より利他的な形をとるだろう。また，

記号言語（symbolic language）は何といってもより大きなコミュニティのなかで役立つものであり，人間に協力し合う習性があることは，言語が進化する背景としての重要な文脈的特色だといえる[124]。人間の認知的能力は，集団への脅威を察知して払いのける能力を高め，群としての行動を調和させ，繁殖の成功を保証するものとなった。その反面，そうした私たちの認知的な道具は，無思慮（マインドレス）な使われ方をすると，その使い手の利益に反する効果さえおよぼしかねない。

　先進諸国では，人間が直接的な生存の脅威にさらされる機会などめったにない。人々は，自らの経歴，容姿，人生で思い描いていたポジションと今いるポジションとの違い，他人の目に自分がどのように映っているかなど，事実上何についてであっても考えるための時間と社会的な動機を持っている。文明化された人間社会は，こうしたシンボルを用いた能力を利用する方向へと進化した。そのため，言語自体も，人間の心や感情のさまざまな状態を説明し，評価するための用語を数多く作り出していった。そして，これらの用語が増えるにつれ，私たちは，自分の体験をカテゴリー化して評価できるようになったのである。ところが，内面の世界へと目を向ければ向けるほど，人生は，存分に体験されるプロセスとしてではなく，むしろ解決すべき問題のように見えてくる。

　自らの外側からはじまって最終的には内面を向くというこの傾向は，今日みられる言語の構造と歴史そのもののなかに表れている。人間言語の最も初期の単語は，ほとんど必ず外部である周囲の世界にあるもの，たとえば牛乳や肉，母，父などといったものに関係づけられている。私たちが「内的世界」について語れるようになったのはもっとずっと最近になってからのことである。つまり，自らの内面で起きている事柄に類似した外的状況の存在に気づき，それに基づいたメタファーとして機能する言葉を発達させてからのことなのである。このように進歩してきた様子は，気持ちの性質を示す用語についての語源学のなかに簡単にみることができる[222]。たとえば，「wanting（欲しがる）」は，「missing（欠如している）」を意味する単語に由来する。また，「inclined（傾向がある）」は，「to lean（寄りかかる）」を意味する単語に由来する。気持ちの性質を示す用語は，事実上すべて同様に外的世

界に由来するメタファーに基づいている。

　こうして人間が自らの内側を向くことを学ぶにつれ，私たちの言語的または認知的能力（「マインド」）[訳注6]は，外的な脅威に対してだけでなく自らの内側にある過去や未来の心理的状態についてまで警鐘を鳴らしはじめることとなった。すると，ノーマルだったはずの心理的な痛みさえもが，有害な結果を伴いながら，日常的に対処しなければならない解決すべき問題として立ち現れる。本来有効な解決のためのプロセスが，不適切な対象に対しても適用されてしまうわけである。こうしたプロセスにはアレルギー反応と似たところがある。つまり，侵入してくる異物から身体を守るための有用な防御プロセスを誤って自らの身体のプロセスに適用してしまうのである。人間の苦悩は，本来は問題解決のためにポジティブに機能するはずの心理的プロセスを，誤ってノーマルな心理的痛みに適用することに主として関連している。つまり，苦悩は自分自身の内的世界への一種の自己免疫反応だといえる。

　苦痛を取り除くことによって苦悩を取り去ることはできない。なぜなら，人間は，必然的な困難を内に抱えた存在だからである。愛する人々は傷つき，身近な人たちは死んでいく。事実，私たちは，誰もがやがては死ぬという現実を幼い頃から認識している。人は病気を患い，機能は衰え，友人や恋人は自分を裏切る。痛みは避けられないし，しかも私たちはシンボルを用いる能力があるがゆえに，そのときの痛みを容易に記憶し，どんな瞬間にでもそれを思い出す。人間は外的世界に存在する痛みのきっかけに対して，それらをコントロールするだけのかなりの能力を持っている。それにもかかわらず，人間は自分でわかっていながらも自らを法外な量の痛みにさらしてしまうわけである。とはいえ，人間の真の苦悩は多大な痛みだけから引き起こされるわけではない。それが起こるときには，もう一歩踏み込んだシンボルを用いた活動が働いているのである。

訳注6）「mind」とは，思考の座としての心のことであるが，本書では「mind」の語がやや多義的に用いられている。訳出にあたっては主に，一般的な意味での「心」と言語または認知的能力としての「マインド」を訳し分けた。また「心の理論」など，定訳がある用語についてはそれにしたがって訳出した。

セイレーンの苦悩の唄――フュージョンと回避

　古代ギリシャの詩人ホメロスによる物語に『オデュッセイア』というものがある。そのなかで，オデュッセウスと彼が率いる戦士の一団は，トロイア戦争を終え，故郷ギリシャへの帰路にあった。彼らは危険なエーゲ海をさまざまな苦難に見舞われながら航海し続けるが，なかでもセイレーンの島を通過するときに遭遇したほどの大きな困難はなかった。セイレーンは美しい生き物で，岸辺の岩陰に身を隠したまま，未来についての知識を授ける唄を歌う。唄は船乗り一人ひとりの知りたいという欲望にささやきかけるため，この上なく魅惑的である。しかし，その唄に聴き耽ってしまった人間は確実に破滅する。しかし，オデュッセウスは，この差し迫った危険についてあらかじめ魔女のキルケから忠告を受けていたのであった。そこで，オデュッセウスは部下の戦士たちに，彼らの耳を蜜蠟（みつろう）でふさぐよう命じた。一方，自分だけはセイレーンの唄を聴きたいと思ったオデュッセウスは，部下に言いつけて，自分をメインマストに縛りつけさせ，船がセイレーンの島の岸から十分に遠く離れるまではどのような状況になっても縄をほどかないようにと命じておいた。そして，いよいよ船が島を通過していく間，オデュッセウスはセイレーンの唄に心を奪われるあまり，部下に縄をほどいてくれるように請い求め嘆願する。しかし，ほどけばオデュッセウスが海に飛び込み死んでしまうと知っている部下たちは，決して縄をほどきはしなかった。

　このオデュッセウスとセイレーンの唄の逸話は，ちょうど人間と人間が持つ精神的な力の影の側面との基本的な関係について，また言語的な知識への巻き込まれがどういった問題を生じさせるかについて物語っている。『創世記』と同様に，この物語も，言語的な知識が持つ両刃の剣としての側面について警告しているのである[訳注7]。それでは，その警告の意味を理解する手はじめとして，2つの重要なプロセス，すなわち，「認知的フュージョン」と「体験の回避」に目を向けてみよう。これら2つは私たち人間が苦悩する際の「セイレーンの唄」だといえる[226]。

訳注7）海の怪物もしくは妖精といわれる「セイレーン」の語は，警告音であるサイレン（siren）と同じつづりであり，いずれも人間の注意を惹く機能を持っている。

認知的フュージョン

　苦悩は，人々がマインド（言語的または認知的能力）の字義どおりの内容を強く信じ込むあまり，自分自身の認知と**フュージョンする**ときに生じる。人は，フュージョンしている状態では，一つひとつの思考とそれに関連する事柄をあまりにも強く結びつけているため，意識（awareness）を認知的な物語から区別できなくなってしまう。意識と認知的な物語がこのように結合した状態は，その人が，言語を通じて社会的に伝達される指示に対し，盲目的に従ってしまう可能性が高いことを意味する。ときには，そうした結果が適応的な場合も存在する。しかし，状況によっては，現実にはネガティブな結果が起きているにもかかわらず，現在の方略が「正しい」と感じられたり「妥当」であるように思えたりするために，効果的でない行動パターンを繰り返してしまうことにもなりかねない。自らの認知とフュージョンしている人は，現実に起きている直接的な体験を無視する傾向にあり，環境からの影響に対しても比較的鈍感になりがちである。そして，多くの場合，それによって引き起こされた感情的な摩耗や引き裂かれるような感覚のために，クライエントは苦痛の軽減を懇願するようにセラピーに訪れるのである。ところが，彼らには自らのやり方がみごとなまでに見えていないため，そもそもこれまでおこなってきた基本的な対処の仕方を変えてみようなどとはつゆも思わない。それはまるで，自らのマインドによって作り出されたルールの檻に監禁されているかのようである。マインドによるルールは，なんの根拠もなくランダムに作り出されたものではない。むしろ，内容的には，個人の健康とそれを達成するベストな方法について，その文化特有の指向に従っている。また「問題の解決には，言語ルールと考え練り上げた対処プランこそがベストかつ唯一の方法である」という前提に暗黙のうちに基づいている。

　たとえば，次のようなクライエントについて考えてみよう。そのクライエントは気分変調性障害であり，その人は日常的に，何かを直接的に体験しようとする際，自らの内的な対話によってその都度，邪魔をされている。たいていの場合，こうした際の内的な対話のなかには，自分が今「良い気分」で

いるかどうかを「確認する」プロセスが含まれている。仮に，クライエントが社交的な集まりに出向いたならば，ほどなくして内的な質問が心のなかに湧いてくる。「ところで，私はうまく溶け込めているだろうか？」とすぐに考えはじめるかもしれない。環境的な手がかりについての捜査もはじまる。近くの人たちを眺めて，視線が合うかどうか，皆がそっぽを向いていないか，自分が無視されていないかの確認をはじめる。それから聴覚刺激についてもチェックし，周囲が自分の品位を貶めたりからかったりするような内容を話していないかを確認する。こうして，クライエントはますます自己内省的な行為にのめり込んでいくのである。「ここにいる人たちとどれほど上手に関係を持てているだろうか？」「私は，自分を偽ってはいないか？」「私は，幸せで普段どおりの素振りをできているだろうか？」「私が見かけほど楽しんではいないことを，彼らは見抜いてはいないだろうか？」「そもそも，自分はどうして他人に合わせて演技をしているのだろう？」「パーティーへは楽しい時間を過ごして幸せになるために来たはずなのに，むしろ余計に嫌な気分になってきた！」。自分の感情の原因と結果に関する自己観察によって，そのクライエントのなかには羽虫がブンブン鳴るような雑音が響きはじめるのである。そうしたことがあまりにも慢性化してしまい，彼らは何をするにも「現在にとどまる」という感覚もしくはあるがままの自然な感覚を一瞬にして散らしてしまう。

　フュージョンしている状態にあっては，気分変調性障害のある人は，そもそも「正しい在り方」というものがあって，「正しく在る」ことこそが幸せであるというルールに従っている。すると，その人は正しい気持ちを感じるために絶えずも・が・き・ 訳注8) はじめるようになる。そして，このもがきは多くのクライエントに共通している。たとえばパニック障害のあるクライエントであれば，不安，死をめぐる思考，コントロールを失うこと，または気がふれることなどが，そうした苦闘の主なテーマとなる。その場合クライエントは，自らのコントロール感を維持するためにも，好ましくない反応が起きつつあるサインを早いうちに発見できるように用心深くなっておかなければな

訳注8)「struggle」を「も・が・き・」もしくは「苦闘」と訳出した。

らない。身体感覚，思考プロセス，行動の傾向，また感情反応を厳密にチェックして，差し迫った失敗（または成功）のサインを見逃してはならないのである。こうした正しい気分になろうとするための苦闘という解決策は，警戒，そして内的・外的環境への監視を強め，自らのコントロールを高めることで成り立っているようである。しかし，そういった自己観察や評価をおこなうこと，感情的に反応すること，コントロールしようと努力すること，そして一層自己観察しようということなど，クライエントたちが自らに課すこういったサイクルは，本当の意味での障害の解決策などではない。むしろ，**それこそがまさに障害なのである**。

　ACTの狙いのひとつは，人々を彼ら自身のマインドから解放することであるが，それは言うほど簡単なことではない。マインドからの自らの解放は，臨床家にとってもクライエントにとっても同じく困難な作業である。なぜなら，人々がマインドに頼るのは，言語と思考が日常世界のなかでは非常に有効な道具だからである。実際に，税金の計算や機械の修理をするとき，交通量の多い交差点で道を渡ろうとするときには，マインドの発言に耳を傾けたほうが間違いなくうまくいくだろう。ただ問題として，私たちは，マインドが有効なときとそうでないときとを区別するトレーニングを受けてはいないということがひとつにある。また，フュージョンしている問題解決モード（problem-solving mode）から，記述的に従事するモード（descriptively engaged mode）へというように，私たちがマインドのモードを切り替えるスキルを発達させていないことがもう一点としてある。新たな装置を開発したり，ビジネスプランを構築したり，日々のスケジュールをまとめたりする場合には，マインドはすばらしい働きをする。しかし，現在にとどまることを学んだり，愛することを学んだり，その人の抱える歴史の複雑さを受け止めるのにベストな方法を見つけ出したりすることについては，マインド単独では有用性がずっと小さくなる。言葉的な知識だけがすべての知識ではない。私たちは，分析的スキルや評価的スキルを用いることで作業がはかどるときにはそれらを用い，それ以外の知識がベストなときにはそちらを用いる方法を学ぶ必要がある。つまり，ACTの最終ゴールは，より機能的な人生を送るために，そういった知識の使い分けができるようクライエントにその

方法を教えることである。

体験の回避

苦悩のサイクルのなかで重要な役割を果たすもうひとつのプロセスは**体験の回避**（experiential avoidance）である。これは，苦痛になると予想される体験を抑制，コントロール，または除去するように促す心理的なルールが内面にあって，意識がそれとフュージョンしていることから生じるものである。体験の回避の目的は，たとえば気分変調性の傾向を示すクライエントでは，自分の在り方は「正しい」という感覚を得られるように努力し，そこからはずれる感情や思考を避けることにあるかもしれない。強迫的な傾向をみせるクライエントなら，特定の思考を抑圧したり，破滅に関連した感情をコントロールしようとしたりすることにあるかもしれない。パニック障害のあるクライエントが克服しようとするゴールは，死をめぐる思考や不安の体験，コントロールを失うこと，そして気がふれることなどを避けるということになるだろう。他方で面接中の臨床家の側もまた，終始，自分は無力だ，まぬけだ，方向性を見失ったなどといった臨床家自身のなかの感情の波に抵抗しているかもしれない。

望まない私的出来事を回避，抑制，または除去しようとする試みには，本質的なパラドックスが伴っており，それらを試みることで，避けようとしている当の体験の頻度と強さをむしろ**急激に高める**ことになる[254]。当然ながら最も苦痛を伴う内容については，随意的な行動によって制御できるようなものではない。クライエントに唯一残された方略が，感情的もしくは行動的に回避することになるのである。しかし，この方略を長期にわたって採用し続けると，その人の生きる空間は縮み，回避すべき状況は膨れ上がり，回避したいと願う当の思考と感情はさらに押し迫ってくる。結果として，その人は，現在の瞬間にしっかりと入り込んで人生を楽しむ力を次第に失っていくのである。

セイレーンの唄の持つ影響力

　認知的フュージョンと体験の回避は，いずれも私たちが自分を何者と考えるかに大きく影響を与える。私たちは，自らで作った物語にますますがんじがらめになっていき，自らで築いた自己概念が脅かされることが人生にとっての一大事となっていく。たとえ，自分自身のルールの外側にはさまざまな可能性が秘められていたとしても，物語の筋に沿わないそういった事実は避けられるか否定されることとなる。この傾向は，その物語がどんなに酷くてもどんなに楽観的でも変わらない。私たちは，物語のつじつまを合わせたいがために，都合の悪い事実を無視しようとして，結果的に新たな事実から学ぶ機会を失ってしまう。たとえば，パニック障害に苦しむ人たちは，しばしば，彼らが抱えている問題が彼らを定義するかのごとく「私は**広場恐怖症**なのです」と宣言する。あたかもそれが生まれつきの権利だとでもいうかのように，病気の特殊性や，自分の悲劇的な経歴の固有性と説得力にしがみつくかのようである。さらに，人々は，セイレーンの唄を聞いた船乗りが海に飛び込むがごとく，自分の心理的なからくりのなかに自ら飛び込む場合も多い（つまり，いくらかの心地よさを感じないわけではないかのように）。しかし，彼らはプライドの波に呑まれ，恥辱の岸壁に叩きつけられることになってしまう。そして，骨折する代わりに，たとえば結婚生活で破たんする。セイレーンの予言的真実に取りつかれた船乗りには，もはやそれしか耳に入らないかのように，たとえ人生のチャンスが目の前に現れようとも，マインドの物語にとらわれた人には，それと一致しないチャンスには気づくこともできないだろう。あまりに熱心にマインドが語る自分自身になろうとのめり込むと，明らかに一歩引いたほうがよいときさえ，そこから抜け出すことができなくなってしまう。

　認知的フュージョンと体験の回避は，人が自分の内外の世界での出来事に対し，柔軟に，そして自発的に対応しようとするときにも影響を与える。たとえば，回避したいと願う内的な出来事に対し，またはそれを引き起こす外的なきっかけに対しても，それらに注意深く向き合おうとすることは，体験の回避の目的に反する行為となる。なぜなら，注意深くそれらに向き合った

結果，すでによく出来上がっているフュージョンされた物語に対して，それと矛盾する恐れのある出来事を見つけてしまう危険があるからである。たとえ，それがほんの束の間であったにしても，物語の矛盾に気づかされた瞬間，その人は自らの物語から足を踏み外すことになる（なんと恐ろしい！）。そのため，認知的フュージョンと体験の回避の下では，そうした予期しない結果を避けておくためにも，注意は狭められ，柔軟性は欠いたままでなければならない。やがて時間とともに，ある種の「人生がまひしたような感じ」が立ち込める。そうなってしまった人々は，日常の動作をこなしつつも，人生そのものとの瞬間ごとの接触はあまり持つことがない。言ってみれば，人生が自動操縦状態になるのである。

認知的フュージョンと体験の回避は，人生における方向感覚とゴールに向けた行動に対しても同じように破壊的なダメージを与える。それら２つのプロセスがあることで，人間の行動は「欲求制御（appetitive control）」よりもむしろ「嫌悪制御（aversive control）」の下で起こるようになる。つまり，自然な誘引よりも回避と逃走により強く支配されるようになるのである。そうなってしまうと，その人にとって人生の最も重要な選択は，深く価値を置く方向に基づいてではなく，むしろ苦痛な内容をいかに引き起こさずに済むかに基づいておこなわれるようになる。結果として，人々は，一つひとつの出来事，相互作用，または状況のはらむ危険性をチェックするのに忙し過ぎて，人生のコンパスが指す方向性を完全に見失ってしまう。

ACT——アクセプトし，選び，行動する

ACTのアプローチがゴールとして目指す健康的な人生とは，**良い気分**を感じることよりも，**良い感じ方をする**ことである。快い思考や感情と同時に不快も持っていることは**心理的に健康なこと**といえる。また，それだからこそ，私たち一人ひとりの個人史の持つ豊かさに，全面的に接触できるようになるともいえる。しかし，皮肉にも，思考と感情が何においても重要性を増し，行動に対し実質的に指図するようになってしまうと，むしろ私たちは心を開いた状態で感情や思考を体験するといったことをしなくなる。結果的に

は思考や感情から学び取るべきことに耳を貸さなくなるのである。またそれは，感情や思考が「**見た目どおりの意味しか持たなくなる**」ときである。逆に，感情が単に感情であり，思考が単に思考であるときには，それらは私たちに対し，**本来伝えるべき**意味を発揮することができる。つまり，そのときどきの文脈に応じて，その人の持つ何らかの過去の経験が，現在の文脈のなかへと影響してくるのである。思考と感情は，興味深くて重要ではあるが，必ずしも次に何をするかを指図するべきものではない。なぜなら，そうしたものが瞬間ごとに果たす特定の役割は，そのときの心理的文脈次第で変わってくるからである。そして，そのときどきの心理的文脈は，マインドの一般的な問題解決モードがあらかじめ生み出せるどのような想定よりもはるかに変化に富んでいるからである。

　フュージョンと体験の回避に代わる建設的で好ましいプロセスは，それぞれ**脱フュージョン（defusion）**と**アクセプタンス**である。この2つのプロセスがACTのなかでクライエントに教えられ育まれる。ただ，脱フュージョンとアクセプタンスの最も基本的な部分は，本来すべての心理療法に暗黙裏に含まれているともいえるだろう。なぜなら，どの心理療法もクライエントとセラピストは，取り組んでいる問題を理解するために，少なくとも，そこで発生する思考と感情の存在に気づくということをすぐに学び取るからである。ACTにおいて特徴となる脱フュージョンでは，そこからさらに入念な方法をとる。すなわち，脱フュージョンでは，思考が生じるままにそれを意識し続けることを学ぶ。また，アクセプタンスでは，自らの深く豊かな感情とつながり，ときにはそれをさらに高めさえするような能動的なプロセスを通じて，心理的にオープンな姿勢，学習，自分や他者への慈しみなどを促そうとする。こうしたスキルは，感情を**単に感情として**，思考を**単に思考として**，記憶を**単に記憶として**，対象そのものを意識的に体験しようとすることなのである。こうしたスキルを身につけることで，自分のマインドが働いている状態を冷静に観察すると同時に「瞬間瞬間を受け止める」ことができるようになる。さらに，もしそうでなければ見落としてしまったかもしれないような潜在的に重要な文脈的手がかりまたはシグナルに，集中し続けられるようになるのである。

スキルが身につくにしたがい，その人の注意は以前よりも柔軟に，そして焦点は定まり，随意的になる。やがて自分自身や他者を互いにつながり合った世界の一部として眺められるようになってくる。そのように視点がマインドフルで柔軟になると，クライエントは回避と巻き込まれの状態から，大切な活動に従事し，行動を拡げた状態へとシフトしやすくなる。

　回避がそれ自体として最終目標であることはまずない。回避がうまくいったということ自体は，アウトカム・ゴール（それ自体に意味のある目標）ではなく，プロセス・ゴール（手段としての目標）でしかないのである。たとえばクライエントに，**なぜ不安**（もしくはその他の不快）を回避しなければならないのかと尋ねれば，彼らは，それによって人生になんらかのポジティブな影響が期待できるからと答えるだろう。クライエントは，たとえば自分が抱いている過度の不安が，昇進の可能性を阻んでいる，ある人との関係を損なわせている，旅行に出かけるのを妨げている，などと信じているかもしれない。このように，体験の回避という方略は，悪い感情を乗り越えさえすれば何か重要で好ましい人生のゴールが達成されるはずだ，という手段としての期待感を反映したものだといえる。一方，ACTでは，セラピーを通して，クライエントは，何か重要で好ましい人生のゴールの達成をもっと直接的に達成に導くことができる。またその際ACTでは，個々のクライエントが抱いている価値を直接的に取りあげ，その価値に焦点を当てながらそれぞれのクライエントの人生をどのように構築していくかについて扱っていく。

　人生での価値に対して効果的に進んでいこうとする際，体験の回避があると，その道のりは不必要に複雑化してしまう。というのは，人が最も価値を置くその領域こそが，最もその人が傷つく可能性の高い領域だからである。たとえば本当は大切なことに関して「どうでもいい」素振りをすることで，人は傷つく不安を回避し，落ち着いた状態を維持できるかもしれない。また，思考とのフュージョンが起こっているときには，論理的なマインドが，保守的なゴールを優先するため，たとえそれに価値があったとしてもリスクを伴うような人生の方向性は選べなくなる。一方，マインドにとらわれない心理的に柔軟な状態であれば，私たちは生きているがゆえに抱える心理的苦痛をそれ自体として受け容れ，そこからさらに何かを学び取るだろう。そし

て，意識の焦点を体験の回避から人生を前に推し進めるための行動へとシフトできるようになるのである。

　ここまでの最後の数ページでは，ACTのモデルの全体像について，特に詳しい説明をおこなわず概説してきた。その一部では，症候学的なアプローチに代わるものとしての「プロセスに焦点を当てた診断横断的なアプローチ」がどのようなものであるかについて読者にその感覚をつかんでもらえるように心がけた。本書のこれ以降の章では，この骨組みをもとに，より具体的な肉づけをおこなっていく。ここから先の本書での旅は，まず理論的な前提の整理，基礎科学と臨床科学についての検討，次いでそれらが持つ臨床上での意味と適用を具体的に示していく。

　本書は，まずは読者がACTの取り組みの基盤を理解することからはじめられるよう体系立てられている（第2章）。本来，活き活きとしたACTのエクササイズだからこそ，一見，無味乾燥にも見えるACTの下地を理解することが大切である。つまり，ACTのモデルをしっかりと捉えているからこそ，ACTを柔軟に活用することが可能になるのである。本書では次に，心理的柔軟性について解説する（第3章）。心理的柔軟性とは，人間の機能と適応性に関する診断横断的な統一モデルである。それから第4章では，ACTのモデルを具体的な事例に適用する。臨床家である読者は，クライエントと自分自身の持つさまざまな心理的な強みと弱みに関して，文脈的な視点から捉えられるようになるだろう。第5章では，読者がセラピストとして持つ最も強力な道具，つまり読者自身がクライエントと，そして自分自身との間に作り上げる関係性について取りあげる。そこでは，アクセプタンス，マインドフルネス，また価値に基づく活動を，セラピー上の関係性に対してどのように方向づけていけるかを解説する。

　第6章から第12章では，具体的な事例の詳細を通じて，どのようにしてクライエントをACTのコア・プロセスに沿って導いていくかについて吟味する。各章では，コア・プロセスがどのように臨床にかかわっているかを解説し，介入法に関連した事例を紹介する。また，それらのうち特定のコア・プロセスを他の残りのコア・プロセスへとどのように統合していけるかについて，その最善の方法について提供する。臨床実践のなかでセラピストがあ

る特定のコア・プロセスに取り組むと，それに連動して他の1つ以上のコア・プロセスが動き出すという傾向が一貫して認められている。そのため「他のコア・プロセスとの相互作用」が起きているサインを見分けるべく，その方法を学ぶことは重要である。また各章には「臨床上の注意事項」についての簡単なリストを示した。臨床実践においては一般的に犯しがちな間違いというものがあるが，この注意事項が，それを避けるための助けになればと願っている。

　第13章では，ACTの過去と未来を眺めながら，トリートメントを開発して評価する際の拠り所となる文脈的行動科学（contextual behabioral science；CBS）のアプローチについて紹介する。我々は現在，科学と臨床実践との間に広がった断絶を埋めるべく力を注いでいる。そうしたなかで用いられるトリートメント開発の主要な原理を取り上げながら，いくらか詳しく見ていく。もし，読者がACTのアプローチに興味をそそられたなら，このACTを生み出し，さらに時間とともに今も影響力を広げ続ける科学的な戦略についても，同じように興味を持たれるのではないだろうか。

注意事項

　禅師の僧璨が好んで語ったとされる言葉に「心を使って心を理解しようとするならば，どうして混乱せずになどおれよう」というものがある。これまでに多くの学派や宗派（なかでも禅宗を筆頭とする）が，人間の言語という名のライオンの牙を抜こうと試みてきた。しかし，分析的な言語を使って分析的な言語の牙を抜くのは本質的に困難である。それは，事実上，火を使って火を消そうとしながら火傷を負わずにいる方法を学ぼうとするようなものである。

　今，著者らは本を書いているのであって，ダンスを踊っているのでも瞑想しているのでもない。また，読者は，今，言語的な素材と接触している。もしもほとんどすべての苦悩の中心に，人間の言語というものがあるのだとしたら，私たちが置かれたこの状況は，実に大きな困難を体現しているといえる。なぜなら，ACTを詳しく説明するにしても，またそれを「理解」する

にしても，そのためにおこなう最善の努力は言語体系そのもののなかにしっかりと根づいていて，それゆえに文化の影響を受けたルール体系にも根づいていることになるからである。ちょっとした例として，本書は，普通は前から後ろへと順番に読まれることだろう。この言語の構造は，本書に書かれたACTのトリートメント・モデルのなかでも，最初に取り上げられた事柄は実際のセラピーでも最初の段階に扱われるべきものであり，最後に取り上げられた事柄は実際のセラピーでも最後の段階に扱われるべきものだと読者に誤解を抱かせる可能性がある。しかし，実際はそうではない。ACTのコア・プロセスは，セラピストがおこなったアセスメントに基づいて，そのどれもが（本書のなかで考察される順番とは関係なく），実際の臨床のなかで最初に取り組まれるコア・プロセスとなりうる。

　より突き詰めて言うと，ACTの最終目標は，人間の言語が私たちにおよぼす支配力を弱めて，クライエントと私たち自身を，直感，ひらめき，世界についての気づきを含めた知識とのより幅広い接触のなかに連れ戻すことである。この最終目標へ向けたプロセスは，本書を読んでACTを理解しようとしているセラピストにとっても，また人生に意味や目的，活力を見出そうと苦闘するクライエントにとっても，まったく変わらない。私たちは，私たちすべてを捕える言語のトラップを見極めなければならないのである。そのためには，矛盾に対してもオープンな姿勢を保ち，どちらかが完全に正しくてもう一方は間違っていると見るのではなく，一見矛盾しているかのように見える側の立場も受け止めることを学ぶ必要がある。

　本書では，言語をパラドックスやメタファーのような形で用いる箇所もあるが，それは，主として人が，言語が持つ字義どおりの意味にはまり込んで身動きが取れなくなるのを避けるためである。こうした呪文のような言葉の使い方は，ときには読者にいくらかの混乱を招くかもしれないが，その点は大目にみていただきたい。それによって，より大きなゴールが達成できるなら，こうした混乱は必要かつ価値があるというものだろう。

　古来，人間社会に建てられた寺院には，無限に続くかのような長い階段があった。しばしば，そうした階段の設計は，それを登りきるとさらなる見晴らしのよい景色が望めるようにできている。おそらく，それは，物事をより

鮮明に見るためには，それ相応の努力が必要であることを象徴しているのだろう。また，そうした階段のふもとには，獰猛な獅子などの恐ろしげな生き物の像が両側に置かれていることが多い。それは，ひょっとすると，慣れ親しんだ視点を手放し，新たな視点を獲得するためには，あらかじめ乗り越えなければならない恐ろしい障害物があることを象徴しているのかもしれない。読者もこれから本書のなかで同じく2匹の獅子に出会うことになるだろう。その2匹の獅子について名前をつけてみてもいいかもしれない。左側にいるのは「パラドックス（Paradox）」，そして右側にいるのが「混乱（Confusion）」としようか。本書の表紙にそういった2匹の獅子を描いてもよかったかもしれない。

　ACTは単に方法論または技法ではない。ACTとは，基礎モデルと応用モデルをリンクさせた多元的なアプローチであり，また科学的発展のためのアプローチでもある。こうしたACTは，クライエントだけでなく臨床家にも応用が可能である。本書の目的は，あるレベルでは，人間の病理と可能性の両方に対してプロセスに焦点を当てた統合的で診断横断的な説明を与えることである。また別のレベルでは，読者自身の人生について，またクライエントの人生について，これまでとは違った世界を探索する旅へと読者を招待することである。

第2章

ACTの基盤
機能的文脈主義からのアプローチ

　アクセプタンス&コミットメント・セラピー（ACT）は，従来の行動分析学に基づき，またそれを拡張した研究方略を用いながら，30年以上にわたり開発が続けられてきた。我々は，その開発モデルと方法論を**文脈的行動科学**（contextual behavioral science；CBS）アプローチと呼んでいる。CBSアプローチは，具体的な哲学的前提，臨床家にとって役立つある種の理論，そして新しい臨床開発に適した検証方法を提唱している。CBSはACTに関連する取り組みのなかでも特に中心に位置しており，文脈的行動科学学会（Association for Contextual Behavioral Science；ACBS）という国際学会では，ACTの開発をさらに幅広く推し進めようと非常に積極的に活動がなされている。

　こうした哲学，理論，検証方法といった事柄のほとんどは，臨床家よりもむしろ基礎科学またはトリートメント開発と評価に関わる研究者たちの関心事といえるかもしれない。そこでCBSアプローチについては本書の最後（第13章）でより詳しく取り上げることにする。本章では，ACTに関する哲学と理論のなかでも，実践の場でACTを学ぶ臨床家にとって最も関連のある側面に絞って触れていく。

　臨床家が哲学と理論に対して，ときに苛立ちを覚える気持ちはよく理解できる。人々を助けるための実践的な内容へとすぐにでも進みたいと考えるのはもっともだろう。読者は，臨床で実際に用いるための新しくて具体的な方法を求めている。また，実践家にとって文献を読むために割ける時間に限りがあることを考えると，読者にとっての優先順位がある意味では実践的だと

いうことも我々は理解している。それでも，ACTをその基礎となる土台から探っていくことには，重要な臨床上の理由がある。それは，**ACTがクライエントに対して，彼らの考え方の習慣をそれまでとは違った新しい視点から眺めるように求めるものだからである。**

　新しい視点をクライエントという他者のなかに確立しようとするにあたって，臨床家自身がそれについてほとんど知らないようでは，専門家として十分なスキルを持っていることにならないだろう。本書のなかで示していくとおり，人間の言語に組み込まれた常識的な前提は，この新しい視点とはいささか馴染まない。そのため，熟練したACTのセラピストになるためには，ACTの基盤となっている極めてプラグマティックな前提を十分に理解し，セラピスト自身がそれに適応しておくほうが，最終的にははるかに近道なのである。また，基盤の原理にきちんと通じていることでACTのプロセスを直接的に体験しやすくもなる。ACTセラピストとして実践にたずさわる人にとって，哲学的な前提を探索していく作業は，決して味気ない机上の課題などにはならない。むしろその作業は，ACTを効果的に使っていこうとする思いを力強く促す原動力となることだろう。

　ACTのアプローチと方法論の骨格は，頑丈な基礎科学の伝統と，よく発展した科学哲学のなかから生まれてきた。これらは，同時代の他の心理療法にはほとんどみられない特徴である。基礎となる土台を完全に理解したならば，ACTの応用領域はセラピストの面接室にとどまらず，明らかにずっと幅広いことがわかるだろう。この射程の広さこそが，人間の苦悩と強さの両者を統一的に取り扱えるモデルとしてのACT特有の特別な機能をもたらしている。それではACTがかかげる基本的な前提をよりメインストリーム寄りの視点と対比しながら見ていこう。

科学哲学——そのメインストリーム[訳注1]

　Kurt Gödel[79]が数学の分野で証明したように，象徴体系（symbolic system）というものはすべて，それが数学であるかどうかにかかわらず体系そのものを超えた前提と命題に基づいている。たとえば，何が真実かを知るた

めには「真実」が何を意味するのかを先に言明しておかなければならない。ひとたびそれを言明すれば，言ってみれば無の状態から何かを作り出したなら，その時点で，その種の真理を探究するための思想体系を構築できるようになる。真理基準（truth criteria）とは，科学的分析の**結果**ではなく，科学的分析を**可能にする**ものなのである。同じ考察は「何をデータと認めるか？」「世界の体系を説明する最適な単位とは何か？」「何が実在するのか？」といった重要な問いについても当てはまる。

　つまり科学哲学とは，その大部分が，知的また科学的な取り組みを可能にするための前提を説明し，そして選ぶことだといえる。前提を検証するという作業のゴールは，前提の**正当化**というよりも，むしろ前提は前提としてひとまず認めてしまったうえで，それを認めた場合に付随的に生じる矛盾を排除していくことだといえる。つまり，哲学的な営みの目標は，前提を明確にし，その責任を引き受けることであって，それ以上でも以下でもない。ここでの最大の目標は「これこそが，まさに私がかかげる前提だ」と言明することなのである。

　心理学者や行動科学分野の精神衛生の専門家たちは，自らの哲学的前提をあいまいにしか認識していない場合が多い。それは必ずしも彼らが何の前提も持っていないということではない。単に，その前提を明確にするためのベストな方法やどの前提が自分たちの立場に適合しているのかを知らないだけかもしれない。たいてい彼らの前提は，言語というものをごく常識的に用いるなかで，暗黙裏に獲得されてきたものである。しかし，行動科学の基礎となる前提には，そういった言語を常識的に使うときの前提とは別種のものもあって，そういった前提の場合には，それらが暗黙裏に獲得される見込みは少ない。ちなみに，私たちが本書でこれから焦点を当てていくのは，後者の種類の前提である。

　コモンセンスに基づく言葉で言えば[訳注2]，世界は言語的に記述できる断片または部分（例：山，木，人々）から構成されているとされる。ところが，

訳注1）ACTの哲学および関連する議論については，次の日本語の文献でその詳細を読むことができる。武藤崇（著）第1章　機能的文脈主義とは何か．武藤崇（編）『ACTハンドブック』星和書店，2011, p.3-18.

このシンプルな発想の裏には，実在と真理にかかわる重要な前提が含まれている。すなわち，現実世界とは，あらかじめ部分の集合によって構成されていて，真理とは，そうした部分が言葉によって正確に地図化（mapping）されたものだ，とされているのである。たとえば何かに名前をつけるというコモンセンスに基づく行為について考えてみよう。小さな子どもは「これはボール」と教えられる。この言明には，ボールは実在するもので，名前はそれに対応して一致する，という前提が含まれている。また，ボールには認識できる特徴（例：丸い，弾む）が備わっている，という前提も含まれている。メインストリームとなっている世界観がかかげるこの種の前提は，少なくとも2種類の科学哲学において，その基盤となっていて，そのどちらもが，部分または要素を現実世界の基本とみなすと同時に，真理とは言葉と実在との間の一致を意味するとみている。

　名前をつけるというコモンセンスに基づく行為は，**形相主義（formism）**と呼ばれる科学哲学の根底にある（たとえばプラトンやアリストテレスといった古代ギリシャの思想家たちがこの見方をしていた）。このアプローチでは，真理とは，言葉とそれが指し示す実在との間の単純な一致である。哲学的な分析の目標は，もののカテゴリーとクラスを知ることである。この哲学における主要な問いは「これは何か？」であり，それは，カテゴリーの定義がどれだけ正確で例外なく適用できるか，によって答えられる。行動科学のなかでは，ちょうどある種の人格理論や疾病分類学が，そうした前提一式のうえに構築されている。

　機械を構成要素に分解することで理解しようと考えるコモンセンスに基づく行為は，**要素的実在主義（elemental realism）**と著者らが呼ぶ科学哲学の根底を成している。哲学分野の古典的な例としては，イギリスの連合主義者たちがあげられるだろう。（この立場を指すより一般的な用語として**機械主義（mechanism）**がある。しかし，この用語は日常語として軽蔑的な意味合いを含んで使われることが多々あるため，誤解を避け，本書では要素的実

訳注2）「コモンセンス（commonsense）」とは「常識」とも訳される用語である。特にここでの「コモンセンス」には，Pepper[192]が「dogmatic claims」を避けて採用した，世界観を整理するうえでの拠り所としての意味がある。

在主義の語を用いている)。たとえば，ねじ巻き時計が分解される様子を眺めていれば，たくさんの構成要素があることが観察できる。これらの要素を再構成するときには，指示書か設計図のような上位からの権威的な計画に従わなければならない。また，時計が機能するためには，さらにねじを巻かなければならない。要素的実在主義において，真理とは，私たちが世界について抱くモデルと，実在する世界に含まれる部分や関係性，力との間の精密な一致を意味している。分析の柱となる目標は，世界を正確に再現するモデルを構築することである。また，主要な問いは「このシステムを機能させているのは，どの要素とどの力だろうか？」である。そして，それはモデルが持つ予測力によって答えられる。心理学の分野でおこなわれている知的作業の大部分は，最終的には要素的実在主義に基づいているといえるだろう。行動科学においてなら，ほとんどの情報処理や認知神経科学がそのよい例といえるだろう。

　実在論（ontology）[訳注3]は，存在，実存，またはその種の実在性についての哲学的領域である。たった今説明した形相主義と要素的実在主義は，どちらもこうした実在論的な観点から真理を眺めるものである。そこでは，真理は，世界についての私たちの見方と現実に存在するものとの間の単純な（形相主義）または精巧な（要素的実在主義）対応関係に基づいている。そこで前提とされているのは，現実世界というものがあらかじめ部分の集合として実在しており，私たちはその現実世界について知ることが可能である，というものである。

　こうした考え方が実際のセラピーのなかでどのように展開されるかを考えてみよう。ある人が面接室に来て，次のように言う「私はひどい人間です。誰も，決して私を愛してくれないでしょう」。クライエントは，何が現実（real）なのかについて主張することで，そうした機能的でない思考を正当化しようとしがちである。彼らは言う，「これはただの考えではありません。これは，真実なのです」。しかし，「真実」だと彼らが言ったとしても，ほとんどの場合，クライエントはこの特定の思考が彼らにとって役に立つも

訳注3) 実在論については，次の書籍を参考にするとわかりやすい。戸田山和久（著）『科学哲学の冒険―サイエンスの目的と方法をさぐる（NHKブックス）』日本放送出版協会，2005.

のである，と主張しているわけでは**ない**。機能的に考えるなら，彼らがしがみついている思考は，まったく逆の影響をおよぼしてきた場合が多い。むしろ彼らは，それが現実と一致するから真実なのだと言っているのである。「何か本質的な部分で，私はひどい人間なのです。だから，他人と関わるのを避けなければなりません。たとえ私がそのように振る舞うことが活き活きとした人生に結びつかないとしてもです」。その発言は，まるで自分で創りあげた実在論的なネットワークに自分自身が巻き込まれているかのようである。彼らは，潜在的には，セラピストに対して，これらのネットワークをほどいてそれが間違っていると証明するか，そうでなければ変化が不可能だと認めるか，そのどちらかを迫っているといえる。

　クライエントが示すこうした問題を取り扱おうとするとき，多くのセラピーでは，クライエントの思考の内容が現実に正しいかどうかについて，また論理的につじつまが合っているかどうかについて，それらを事細かに検証しながら揺さぶりをかける。まるで，実在論的主張が正しくなされているかどうかが問題だとでもいうかのように。しかし，こうした戦術は役立つときもあるかもしれないが，実施するのが難しく，うまくいかないことも多い。そして，そういったトリートメントのやり方の効果は，ほとんどといっていいほど証明されていない（例：文献 48, 153）。ともあれ，形相主義者または要素的実在主義者にとっては，こうした現実についての検討や思考の論理的安定性を問い続ける方法が実証的（empirical）にどうであるかにかかわらず，その習慣を止めることは難しい。なぜなら，彼らにとっての真理とは，言葉と現実との一致にあるからである。そのようなシステムのなかでは，私たちにとっては，何が現実かを知る必要性があり，またクライエントにも同じように問うようにと教えることになる。

科学哲学――ACTの持つ機能的文脈主義という基盤

　ACTは，先のメインストリームとなっているアプローチとはその根本が異なっている。つまり，ACTは，**機能的文脈主義**（functional contextualism）と呼ばれるプラグマティックな科学哲学に基づいているのである[21, 93, 104]。

文脈主義（contextualism）は，Stephen Pepper[192] がWilliam Jamesからの伝統を組む**プラグマティズム**を指して用いた用語である。そこでの中心となる分析単位は「今まさにおこなわれつつある文脈のなかの行為（the ongoing act-in-context）」，つまり「コモンセンスに基づく状況のなかで有機体がとる行為」である[192]。それは，歴史的および状況的文脈のなかで，今まさにおこなわれている行動であり，たとえば狩りをしたり，ショッピングをしたり，愛し合ったりといったことである。

　文脈主義は，全体論的（ホリスティック）なアプローチである。形相主義と要素的実在主義とは異なり，文脈主義では**事象（出来事）全体**[訳注4]が最も重要で，そうすることが有用なときのみ，部分を作り出したり取り出したりする。また，ここでいう全体とは，要素を寄せ集めることによってではなく，文脈との関連によって理解される。たとえば，買い物をするために店に向かっている人について考えてみよう。この人の行為の背景には，近接する歴史[訳注5]（例：食品が底を尽きかけている，親戚との食事会を控えている）と，展開中の状況的な文脈[訳注6]（例：食料品店に行くために今まさに左折して12番街に入ろうとしている）がある。ここには全体性，またある種の拡張された目的感があって，それがこうした事柄のすべてを統合しているといえる。「買い物をするために店に行くこと」という1つの事象全体には，出発の場所と向かっている場所，そこへ行く理由，果たそうとしている目的，が含まれている。もしも途中で道が妨げられていたら，別の道を通ることだろう。また，ここで起きている行為の性質は，行為の形態によってではなく（歩いて行っても自転車で行っても，「その店へ行く」ことには変わりない），

訳注4）これまで行動分析学では「event」を「事象」と訳出し，ACTでは「出来事」と訳出する傾向にあったが，いずれも同じものを意味している。出来事にはさまざまなものが含まれるが，適宜「刺激」や「行動」と読み替えるとわかりやすいかもしれない。

訳注5）行動分析学では，人や動物が積んだなんらかの経験のことを「履歴（history）」と呼んでいる。また，履歴とは行動に影響を与えるものであり，かつしばしば操作が可能な環境的な要因である。本書での「歴史（history）」とはこの学習の履歴に対応した用語として捉えられる。

訳注6）状況的な文脈とは，行動分析学でいうところの「三項随伴性」もしくは「行動随伴性」として捉えることができるだろう。つまり，文脈主義は環境のなかで行動を捉えるという意味で，まさに行動分析学的だといえる。

意図される結果によって定まるものだといえる。出来事全体が果たされたとわかるのは，そこにたどり着いたときである。

　文脈主義ではすべてのことがこの方法で捉えられ，臨床家や科学者が用いる分析も例外ではない。食品を買いに店まで行くことについてなら，店に到着して必要なものを買える状態になったとき，その分析は「達成される」。同じように，事象についての分析が「達成される」のは，その分析が意図したように成し得たときである。このように，文脈主義では真理はプラグマティックなのである。つまり，真理とは，特定の行為（または行為一式）が言明されたゴールを達成するうえで役立ったかどうかによって定義される。この発想の下では，たとえば「真実の」ケース・フォーミュレーションとは，それが有用である場合のことをいう。それを達成したとき，ケース・フォーミュレーションが「真」であったとわかるのだ。

　分析のゴールが明確であることは，文脈主義者にとって決定的に重要である。なぜなら，ゴールこそがプラグマティックな真理基準がどのように適用できるかを明確にさせるからである。ゴールが明言されないままでは，随伴性によって形成されたすべての行動が「真」になってしまう（この点に関する詳細な分析については文献93を参照）。中毒からフェティシズムまで，すべての道具的行動（instrumental behavior）が「真」となるものの，そのような結果は哲学的には意味を成していない。ところが，ひとたびゴールが具体的に言明されると，そこでおこなわれた分析がそのゴールを達成するうえでどの程度役立っているかを評価できるようになる。このようにゴールについて言明することで，そのゴールの達成（successful working）を科学における役立つ道しるべとして機能させることを可能にする。

　ゴールの達成は，文脈主義者がものごとを評価する際の手段である。そして，個々のゴール自体がその基準の適応を可能にしている。ところが，分析的ゴールそれ自体は，最終的に評価または正当化されえない。ゴールとはただ言明されるだけの存在なのである。なぜなら，ゴールの達成という基準に照らしてゴールを評価しようとすると，最初のゴールが目指すべき第2のゴールが必要となり，今度は第2のゴールを評価するためには第3のゴールが必要，というようにこれが**無限に続いていく**からである。もちろん，ゴー

ルには階層があるだろう。しかし，これについての考察は，プロセス・ゴール（手段としての目標）がアウトカム・ゴール（それ自体に意味のある目標）と結びつけられるときのように，必ずやクライエントたちを混乱させる。たとえば，クライエントが自分の「ゴール」は不安を追い払うことだと話す場合がある。ではそれができたらどうなるのかと彼らに尋ねると「もし，不安がなかったら，友達ができると思います」と答える。つまり，不安を追い払うことはそれ自体が目的としてのゴールではなくて，むしろ目的のために役立つと推定された手段だったといえる。一般に，手段（means）とゴール（ends）との関係は評価可能で，究極的なゴールそのものは評価できない。後者は言明されるだけなのである。アウトカム・ゴールは単純に——いってみればありのままに，成り行きにまかせて——主張されて認められなければならない。友達ができることがクライエントにとって価値あることなら，友達ができることがクライエントにとって価値あることなのである。

　文脈主義のなかでも最もよく知られているのは，おそらくさまざまなタイプの記述的文脈主義であろう。これらが「記述的文脈主義（descriptive contextualism）」と呼ばれるのは，この主義のかかげるゴールにある。記述的文脈主義のゴールとは，全体のなかに存在しているものごとの個々の特徴について，その真の意味を個人的に正しく理解することにある。たとえば，ポストモダニズム，社会構築主義，ドラマツルギー，解釈学，ナラティブ心理学，マルクス主義，フェミニスト心理学などのたぐいがあげられる。これらの伝統[93]と比較したとき，**機能的文脈主義**が持つ固有の特徴は，その分析的ゴールにある。つまり，機能的文脈主義は**心理的な出来事に対する，正確性（precision），範囲（scope），そして深度（depth）を持った「予測と影響（the prediction-and-influence）」**を分析的ゴールとしている。機能的文脈主義では，心理的な出来事は，有機体全体が周囲の歴史的および状況的文脈のなかで，あるいはそれらに対しておこなう相互作用であるとみなされる。機能的文脈主義は，第一に，そうした相互作用に対して「予測して影響を与える（predict-and-influence）」ことを目指す。「予測（prediction）」と「影響（influence）」の語がハイフンで繋がれているのは，どちらの側面も同

時に追求されるからである。臨床的な観点からすれば，クライエントに対し，問題についての説明や予測を伝えるだけではほとんど意味がない。どのようにして問題となっているものごとに影響を与え，それを**変容できるのか**も同時に知っておく必要がある。機能的文脈主義もこれと同じ臨床的な観点を持っているのである。ここにあげられた正確性，範囲，深度は，私たちがおこなう説明が，予測して影響を与えるという最大のゴールを達成するうえで実際に役立つかどうかを評価するために用いられる概念的な基準である。「正確性」は，説明が，関連する変数をどれだけ具体的に特定できるかを示す。「範囲」は，説明理論の知的経済性（intellectual economy），つまり，いかにより少ない概念でより多くを説明できるかの程度を指す。そして，「深度」は，奥行の違った分析レベル（たとえば社会学または生物学のレベル）で発展した有用な概念とどの程度一貫しているかを指す。

　より一般的な言葉で表現すると，心理学の分野において我々は，応用研究や介入のための科学を，クリアで，シンプルで，広く適用可能なもの，そして，他の有用な科学が織り成すより大きな体系へと統合可能なものにしたいと願っている。「この種の実用性を達成することは，目的のための手段ではなく，むしろ目的それ自体である」。機能的文脈主義とはこのようなものであり，もはやこのことに議論の余地はない。

事象全体――文脈のなかの行為

　事象全体を「文脈のなかの行為」として眺める哲学的な発想は，ACTのセラピー過程にも直接的に反映されている。では，行動的な出来事をひとつの事象全体として規定するものとは，いったい何であろうか？　それは，あるレベルでは分析をする人にとっての目的であり，また別なレベルでは行動している有機体にとっての目的だといえる。ACTのセラピーでは，自分の行動について断定的な調子で話すクライエントに対し，セラピストが「なるほど。そうすると，それは何のためでしょう？」と質問を返すことは珍しくない。セラピストは，さまざまなレベルから彼らの行動の結果を探り，それに気づくだろう（たとえば，トリートメント関係に，クライエントの普段の

社会的行動の一例として，個人の心理的な力動として）。クライエントの意識をクライエント自身の行為の持つ結果の側へと向けることで，セラピストは，クライエントの行為の全体性を評価すると同時に，それを強調しようともしている。このようにACTのセラピストが常に，それを理解して影響を与えようと心がけるのは，クライエントにとっての人生の目的と，それらの目的がクライエントの周囲の環境と「頭のなかの世界」の両方でどのような形で展開されるのかという点に関してである。

　ここで注意点をひとつ記しておくべきだろう。本書のなかで専門的な意味で**行動**という用語を用いる場合には，それが顕在的行動であるか，もしくは潜在的行動である感情的な行動や認知的な行動であるかによらず，すべて「文脈のなかの行為」を意味する。このように使われる場合，**行動**はただ単に運動，腺の分泌，あるいは周囲から観察可能な行為といったことに限定されない。分析の対象になる行動には，誰かが（ときにはそれがたった一人ということもある）観察可能で，予測可能で，影響を与えられるものなら，**どのようなものもすべて**含まれるのである。では，それに含まれないものは何であろうか？　含まれないのは，**誰一人として**（クライエント自身さえもが）直接知ることができないような行為である。したがって，考える，感情を抱く，感じる，記憶するなどはすべて行動に含まれる[訳注7]。一方で，「魂の旅」といったものは行動には含まれない。本書では，場合よっては一般的な用語を専門的な意味で用いる場合もある。たとえば，感情，思考，行動について論じるときなどである。しかし，より専門的な議論をする場合には，あらゆる形態の人間の活動を「文脈のなかでの行為」，つまり心理学的な意味での行動として扱うことにする。

　文脈という用語は，変容可能な一連の事象で，行動を形成する作用を持つものを指す。また**文脈**は，物体やものごと自体を指すものではなく，機能的な用語であり，それには行動に関連したものとしての歴史と状況の両方が含まれる。**行動**と**文脈**がこのように互いに規定し合うことは，文脈的行動科学の分析単位が「文脈のなかの行為」である点からも，一貫性があるといえ

訳注7）つまり，認知行動療法でいう「認知」も行動として一元的に扱われる。

る。古めかしいけれどもより正確な行動科学の言葉で表現するなら、「刺激（文脈）がないところに反応（行動）は存在しない」あるいは「反応の伴わない刺激はない」ということである。仮にベルが鳴らされてもそれが誰の耳にも入らなければ、たとえデシベル計がどれほど大きな数値を示していたとしても、そこに心理学的な意味での刺激は存在しないのである。

プラグマティックな真理——実践的な有効性

すべての文脈主義、そしてACTでは、有効であるものこそが真である。この種の真理は、いつでも局所的でプラグマティックなものになる。たとえば、私とあなたのゴールが違っていれば、**あなたにとっての真理は私にとっての真理**ではないかもしれない。このプラグマティックな視点から見ると、ある状況について唯一の一貫した考え方をすることの重要性は、とたんに色褪せるだろう。もしも、重要なことが、言明と実在との間の限りない近似としての「真理」を求めることではなく、むしろ、ものごとを成し遂げることだったとしたら？　また、考え方や話し方次第で、得られる結果が異なるのだとしたら？　もしそうなのであれば、何がベストかは文脈次第で変わることになる。そこでは、単に一貫性を求める社会的な要請だけを指針に唯一の真の答えを見つけ出すことよりも、**それがどんな答えであるにせよ、効果的であること**を指針にしながら、認知的に柔軟であることのほうがはるかに重要となる。

　知識を「真理性」の問題としてではなく、まさに「実用性」の問題として眺めることは一見奇妙に感じられるかもしれない。そこで、これを実際的な状況に結びつけて考えてみるとわかりやすいだろう。たとえば、同じ建物を2つの違った方法で表現した場合について考えてみよう。ひとつは遠近法に基づいて芸術的に描かれた絵画で、もうひとつは建物の技術図面である。建物を「真に描写」しているのは、これらのうち、どちらだろうか？　2つの図はいずれもその建物の「表象」であって、文脈主義では、そもそも客観的な意味で「真の描写」などというものは存在しないと考える。どちらがより真の描写であるかは、そこに適用される特定のゴールや目的の文脈のなかで

しか決められないのである。道を歩きながらその建物を探している人にとって，遠近法の図のほうがよりわかりやすくて役に立つという意味で，遠近法の図のほうが「より真」となるだろう。その目的に照らして真であるということである。あるいは，建物を安全に改築する方法を知りたいと思う人にとってなら，おそらく技術図面のほうがより真の表象となるだろう。実は「真理」についてのこうした感覚は，普段私たちが使う言葉のなかにも含まれている。そのため，この発想は私たちにとっていくらか馴染みがあるだろう。たとえば「『真の』矢が放たれた（straight and true）」という表現には，的に当てる目的を達成する仕方で矢が放たれた，という意味が込められている[訳注8]。

　臨床的な成果を評価する基準が「心理的な出来事に対しての正確性，範囲，そして深度のある予測と影響」というゴールに向けての有効性にあるならば，その分析は，行動の周囲にある変容可能な文脈（changeable context）から始められなければならない。そして，その変容を始めるべき文脈の上に実践家は立っている。つまり，実践家自身も，クライエントの行動を取り囲む変容可能な文脈の一部なのである。また，クライエントの行動に意味のある影響を与えたいと考えても，他人の行動を直接操作することは不可能であるため，実践家は文脈の側を操作できなければならない[99]。B. F. Skinnerは，このことを次のように表現している。「実践では，人の心を変えるためのこうした方法は，そのすべてが，言語的であれそれ以外であれ，その人の環境を操作することに還元される（文献220のp.239）」。もし，心理学がこの点についての合意から出発するならば，そこで生み出される原理には「変容を媒介する文脈的要素に対して，私たちはどのように働きかけるべきなのか」という内容が含まれることになる。つまり，そうした心理学の原理は，臨床実践に直結した内容を含んでいるということになるのである。実際，文脈的行動主義の原理（contextual behavioral principles）には，すべてこの内容が含まれている。つまり，文脈的行動主義の原理とは，変容可能な文脈と文脈に囲まれた当の行動との間の関数関係（functional relations）

訳注8）日本の言葉でいえば，日本刀を複数回，打ったなかで結果的に最も優れた回のことを「真打」と呼ぶことも，これと同じである。

だといえる[訳注9]。

　真理に対するこのプラグマティックな見解は，理論と実践を含むACTのすべてのレベルに反映されている。そしてACTの実践では，個人レベルの価値を特定することを非常に重視する。何が有効であるかによって何が真理かも決まるとき，最も重要な基準となるのは，クライエントが抱く全般的な価値とゴールである。また，セラピーにおける相互作用は，すべてクライエントが選択した価値とゴールとの関連から評価される。そして，そこで問われるのは常に，客観的な真理ではなくて有効性，つまり，実践のなかで有効であるかどうかなのである。そのため，価値とゴールがはっきり特定されていない限り，何が機能的に真あるいは偽かを評価する方法は存在しないといえる。

　ACTの開発者たちは自分たち自身の取り組みにも，ゴールを持つことが必要であることを認識している。機能的文脈主義のゴールがこれほどまでにはっきりと特定されているのはそのためなのである。また同じことが，クライエントと実践家についてもいえる。心理的な事象に対する「予測と影響」がいくらかでも意味を持つためには，「予測と影響」というものがクライエント個人の価値とゴールに密接に同調していなければならない。実は，ゴールを重視するこのアプローチは，機能的文脈主義とそれが抱く真理についての考え方を，多層的な進化論的科学（evolutionary science）[259]の土俵上にしっかりと位置づけることになる。進化的な考え方は，生物学的な遺伝子だけに適用されるものではない。それは，一個人の生涯の一時期または全般を通じたエピジェネティクス（epigenetic）のプロセス，行動プロセス，またシンボル活動プロセスにも当てはまる[124, 260]。人間とは，進化し続ける行動システム（behavioral systems）なのである。そして強化による随伴性と言語的な意味のレベルにおいて，そういった進化をもたらす淘汰の基準は，そ

訳注9）ここでの主張は実験的な発想を意味している。「変容可能な文脈」とは独立変数，「行動（思考を含む）」とは従属変数のことであり，独立変数を縦軸，従属変数を横軸にとった図を描いた場合，変容可能な文脈と行動との間には「関数関係（functional relations）」があることがわかる。この関数関係とは，転じて機能的な関係のことである。　参考文献：ウィリアム・T・オドノヒュー & カイル・E・ファーガソン（著），佐久間徹（監訳）『スキナーの心理学　―応用行動分析学（ABA）の誕生』二瓶社.

れが何であれクライエントが最も重視するもののはずである。

　ここまでで解説したとおり，機能的文脈主義の4つの大きな哲学的特徴（事象全体，文脈，真理，ゴール）は，実際のセラピーの場面でも空虚な抽象概念などではない。むしろ，**これらの前提はACTの中心に位置する**といえる。さて，ここで，機能的文脈主義に基づいた場合の大きな特徴として，特に強調しておきたいことがある。それは次に解説する「その日その日で実在論を手放していく」という態度である。一見，奇妙なことかもしれないが，それは，臨床家にとってもクライエントにとっても，変化を促すような力を持っている。ACTセラピストと研究者たちが，ACTの基盤となる科学哲学をこれほどまでに強調するのは，まさにそのためだったのである。

その日その日で実在論を手放していく

　プラグマティックな真理基準にはある種の認識論的な結果が伴う。言い換えると，真理基準は，私たちが自らの信念をどのように正当化するかを決定するともいえる。機能的文脈主義では，信念は，その信念を抱いていることが有用（utility）かどうかに基づいて正当化される。そして，ここでの有用性とは，幅広く解釈できるものであり，人の生涯や，あるいは種というものにさえ反映されるものと考えることもできる。また，他の真理基準とは違って，プラグマティックな真理基準には，実在論の要素が含まれない。プラグマティックな真理基準は，そうした実存や実在といったものの性質についての主張には結びつかないし，結びつくこともできない。プラグマティックな立場からは，何かの言明が「真」だとされるときには，言明の内容が望まれた結果を促すように機能する，つまり，認識論的な要請が満たされることを意味する。しかし，言明が機能するゆえにプラグマティックに「真」であっても，そのことは，経験された結果に対して，そこからさらに「これが機能する**理由**は我々の見解が存在あるいは実在と一致するからである」などと主張する根拠を**何ら**つけ加えるものではない。プラグマティストにとってはそうした実在論的な主張は空虚な，つまり，一種の知的な気取りのようなものでしかないし，何ら付け加えるものがない以上，それはプラグマティストに

とって**無意味な存在**なのである。このように，機能的文脈主義からすれば，実在論について語るべきことはどの道，何もないといえる。

　では，機能的文脈主義の立場に立つことで，どのような役立つ視点の変化が得られるのだろうか。その視点とは，言語と認知に対する常識的な考え方に深く染み込んだ実在論的な前提を手放すというものである。これはACTが難しく感じられる理由のひとつでもあるが，同時に，ACTが変容を促す力を持つ理由のひとつでもある。私たちにとって，常識的な経験に従うならば，実在論を手放すことは難しい。そうしようとすると，私たちのマインドはこんなふうに反論するかもしれない。「部分は実在する。部分が組み合わさって複雑なものを生み出しているのだ。何といっても，月があり，太陽があり，地球があるではないか。これらは実在する」と。文脈主義者は，ただひとつの世界，つまり，私たちが生きる世界しか想定しない。一方で，もしそれを望むなら，世界が実在すると言ってしまうのもまた構わない。なぜなら，文脈主義者は理想主義者ではないからだ。しかし，世界をカテゴリーに分割しようということになると，話はまた違ってくる。世界を分割していくプロセスは，ひとたび人間の言語がからむとステロイド剤の効果のごとく強力に進んでいくが，その詳細については，また本章の後半で解説する。世界を分割していく方法[訳注10]のなかには，確かに他の方法よりも適切なもの，つまり，必ずしも恣意的**ではない**分割の方法もあるけれども，ある目標を達成するという意味でなら，実践的な分割の仕方は他にもたくさんありうるだろう。

　「月があり，太陽があり，地球があるではないか。これらは実在する。これらは存在している」という主張について考えてみよう。普通の文脈のなかでなら，たいていは，太陽を太陽と呼び，それを**モノ**として，つまり時空間

訳注10）私たちはごく素朴に，何かと別の何かとの間にはあらかじめ明確な境界線があり，独立した部分が集まって世界は成り立っていると考えがちである。しかし，そうしたものごとの分割のされ方は多かれ少なかれ恣意的だといえる。たとえば，行動療法においても，「アサーション（適切な自己主張）」と「アグレッション（不適切な自己主張）」は異なったものとみなされてきたが，実際これらの境界線は非常に恣意的である。我々は，自分がおこなっている分割の仕方に意識的になる必要があるのだ。参考：西條剛央ほか（編者）『持続可能な社会をどう構想するか―構造構成主義研究4』北大路書房，2010.

のなかで大きさと位置を持つ物体として扱うのが理にかなっている。ところが，ときには，この常識的な観点さえ，あまり真に受けず軽く捉えておくほうが役立つ場合もある。そもそも，どこからどこまでが「真の」太陽なのだろう？　頬に感じる太陽からの熱は，太陽の一部なのだろうか？　私たちに作用している太陽からの引力も，太陽の一部なのだろうか？　宇宙のどこなら，太陽は存在しないといえるだろう？　たとえば，宇宙的なハサミを取り出して，そこに見える黄色い円盤をチョキチョキ切り取り，全体から切り離した「それ」に名称をつけておいて，そしてさっきまで振り回していたハサミのことは都合よく忘れてしまう。そんなことは，ありえないだろう。もしも私たちが熱だけしか感じない生き物だったら，世界を今と同じような仕方で分割するのだろうか？　感じられるのが，電荷だけ，あるいは重力だけだとしたら？

　このような哲学的な考察は本書全体にこだまのように響きわたる。そして，実際に実在論的な結論を手放せるようになると，それは，読者がACTとつながるための大きな強みとなる。ACTは思考のプロセスそのものに焦点を当てるため，臨床家もクライエントも，思考が展開していくままに再評価を繰り返し，どの場面でもそのときの状況のなかで実践的な有用性を検証することを迫られる。そのようにして，字義的な意味での真理（literal truth）ではなく有効性の視点から思考を眺めることは，それまでとは違った社会的／言語的な文脈，つまり，健康，活力，そして目的がもっと中心的な役割を果たしやすいような文脈のなかへと思考を位置づけることにつながる。

　実在論的な主張（特に本質主義のたぐいはすべて）を手放すと，役に立たない思考について，それが間違っているとか偽だとかの証明を探し求めるといった実りのない困難に煩わされることから解放される。そして，より柔軟な形でクライエントと一緒にセラピーに取り組めるようになる。クライエントやセラピストによる実在論的な主張は，単純に，何の利益ももたらさない。それを手放せば，誰が「正しいか」をめぐって苦闘する必要も減り，代わりに，これが役立つとクライエントの体験が言っていることに対し直に向かっていけるようになる。なお，ACTは，非実在論（a-ontological）であっ

て，反実在論（anti-ontological）ではない。我々は，世界が実在しない，または物体が存在しないなどと言っているのではない。我々はただ単に，すべての言語を（ACTとそれが用いる前提に関するものさえも含めて）文脈のなかの行為として扱うことで，自分自身の認知的な行為に対して責任を持つと同時に行動的な柔軟性を高めようとしているのである。それができれば，行為とその結果がどのように関係するかという実際の体験に基づいて，有効な実践を選べるようになるはずである。

　ここまでの考察は，ACTの原理をよりよく理解するまでは奇妙に感じられるかもしれない。著者らも，本章だけで必要なことをすべて伝えられるとは思っていない。それでも本章は，本書がただ単に新たな技法をもうひとつ追加しようとしているのではなく，むしろ徹底的にプラグマティックな前提に基づいた新たな発想の在り方（new mode of mind）を学ぶことをテーマにしているという点は伝えているだろう。新たな発想の在り方は，既存の臨床の技法袋に簡単に詰め込んで，収まってしまうような代物ではない。なぜなら，それは，人間が生きるということについての基本的な発想に対し，非常に大きな変化を迫るようなものだからである。

機能的文脈主義と臨床的な関心の相性

ほとんどの臨床家が抱える関心は次のとおりである。

1．なぜ人々は苦しむのかについての説明（解釈）を与えること。
2．特定の心理的な問題を抱える人々の振る舞いを予測できるようにすること。
3．特定の心理的な問題を抱えたある特定の人物について，その人物がより良い結果を得るために，一連の出来事に対しどのように影響を与えるべきかを指し示すこと。

　この解釈・予測・影響という3つのゴールは，臨床家の**自然な関心**（natural analytic agenda）であるといえる。クライエントが専門家から聞

きたいと期待しているのも，こうした事柄であり，彼らは一般に「自分はなぜ今のような状態に陥ってしまったのか？ また，それに対して何ができるのだろうか？」ということの答えを知りたがっている。このように，臨床家は，心理的な問題を解釈し，予測し，そしてそれに影響を与えることの自然な必要性を感じている。臨床家を取り巻く実践的な状況が，彼ら臨床家にそうした特定の分析について価値を抱かせるのである。

　機能的文脈主義も，これと同じ３つの価値をかかげている。特にこの「影響」の部分に関して，それは，基礎的な知見の拡張によって結果的に達成が目指されるといった付加的なものではなく，むしろ，応用と基礎の双方の心理学において直接的に目指されるべき基準である。つまり，機能的文脈主義では，臨床家の抱くこの実践的な分析的関心や前提は，もはや臨床家だけのものではなく，研究者，それも基礎の研究者にさえ共有される。ACTの開発者たちは，現在「言語とは何か？」といった難しいテーマから，「セッションのなかで，どういった順にそれぞれの技法を使っていくのが効果的なのか？」などといった実践的なテーマまで幅広く検討している。実は，彼らはこうした極めて基礎的な研究から極めて実践的な考察までをみごとなまでに継ぎ目なく一貫させておこなっている。そうしたことが可能になるのは，まさに機能的文脈主義において，臨床家と研究者とが共通した関心を抱いていることにある。ここで共通して扱われているのが「変容可能な事象」というものであり，これこそがACTの基礎と応用をつなぐ鍵なのである。

哲学から理論，そしてセラピーへ

　機能的文脈主義がかかげる非実在論的な立場，また文脈を非常に重視する姿勢は，古くからの問題に対し新たな光を投げかける。たとえば，クライエントが「私は家からなんて出られません。そんなことをしたらパニック発作が起きます！」と言ったとしよう。要素的実在主義からは，クライエントがなぜパニックに陥りがちなのか，どうすればパニックを軽くできるのか，あるいは，その人の言明は信頼できるかそれとも単に大げさなだけなのか，などと思考を巡らせることだろう。一方，機能的文脈主義では，もっとさまざ

まな選択肢を考える。たとえば，臨床家は以下のように対応するかもしれない。

1. その言明をひとつの行動，つまり，それ自体が行為であると考えて，クライエントがなぜその場で，そのように発言するのかについて，背景にあると思われる文脈を調べる（例：「その考えを私に話すことで，このクライエントはどんな結果を期待しているのだろう？」）。
2. そのクライエントなりの世界の捉え方（家から出る＝パニック）に注目しつつも，描写される出来事やそこで想定されている因果関係についての実在性については保留しておく（例：「それはなかなか興味深い思考ですね」）。
3. 「パニック」と無力感を機能的に関係づけている環境的な文脈を探り，必ずしもパニックそのものを変えようとするのではなく，むしろ，その文脈を変える方向で考えてみる（例：「そうですねぇ。では，次のことを試して，どうなるかを見てみましょう。声を出して『私は立ち上がれない。そんなことをしたらパニック発作が起きる』と言いながら，同時にゆっくりと立ち上がってみましょう」）。
4. 「パニック」と無力感を機能的に関係づけて**いない**環境的な文脈を探り，その文脈を強める方向で考えてみる（例：「それで，その考えを抱いたまま家を出たことはありますか？　そのときのことを教えてください」）。
5. 同じこの言明を含んだ行為の連鎖を考えてみて，この言明がポジティブな行為の連鎖へとつながるパターンを探る（例：「もし，まだ幼いあなたの愛しいお子さんが，家を出られないのだとあなたに話したとしたら，あなたはどうしますか？」）。

つまり，機能的文脈主義者は，クライエントの思考，言明，考えの内容へと即座に入り込むのではなく，行為とその文脈を眺めたうえで，臨床家とクライエントがかかげるプラグマティックなゴールに向けて機能分析（functional analysis）をおこなうのである。

ACTは，思考や感情が他の行為におよぼす影響までを含めて，その文脈を分析する。この哲学的な基本理念は，ACTを他の多くのトリートメント・アプローチから区別する特徴だといえる。それが原因だと推定されるからといって，ACTではその人の体験の**形態**だけを変えようとするわけではない。むしろ，ACTでは，その人の体験の**機能**を変えることを強調する。ACTでは，ある種の行為（思考や感情といったもの）が通常，他の形態の行為（目に見える形での行動など）と関係づけられる文脈そのものを変容することによって，その人の体験の機能を変容させるのである。

　ACTでは，十分に確立された[訳注11]「行動の原理」を拡張することによって，そのトリートメント技法を構成していこうとしている。行動の原理とは，有機体をひとつの全体として眺めたときのノーマルな行為の原理のことである（ここでの「行動」とは，最も広い意味での行動である）。つまり，ACTが行動の原理を唯一の拠り所とすることは，何も新しいことではない。行動療法がそうだったように，応用行動分析学は，分野そのものが丸ごと行動の原理だけに基づいている。ちなみに行動療法は，もともとは「十分に確立された実験パラダイムに沿ったもので，操作的に定義された学習理論」に基づくセラピーと定義されていた（文献71のp.7）。ただ，ACTでは同じ行動の原理でも，特に，それらが拡張された現代的な行動の原理に基づいているという点が特徴である。ACTが基づく現代的な行動の原理には，「認知」，もっと具体的には「関係フレーム理論」というものが含まれている。それでは，この関係フレーム理論というものについて見ていこう。

ACTの基盤となっている認知の捉え方
——関係フレーム理論

　人間の言語と認知の重要性を強調することは，ACTに限ったことではない。過去一世紀の間に，哲学や心理学の分野から人間の言語と認知に焦点を当てた多くの学派（言語哲学一般，論理実証主義，分析哲学，ナラティブ心

訳注11）「十分に確立された（well-established）」とは，実証的な根拠が十分あるという意味である。

理学，心理言語学など，その他多数）が登場し，それぞれが，言語を人間の活動と周囲の世界を理解するうえでの重要な鍵であると捉えた。こうしたアプローチの多くは実に興味深いものであるが，そこでおこなわれる分析が臨床に活かせるかどうかについては定かではない。そうしたなか，関係フレーム理論（relational frame therapy；RFT）[97]と呼ばれる基礎的な科学の説明体系はACTの実践と密接につながっている。RFTは，機能的文脈主義に基づいて人間の言語と認知の理論で，少なくともこの10年間では，人間の行動に関する基礎的な行動分析学の研究が最も活発におこなわれてきた領域である。何よりも，RFTは「変容可能な文脈」に注目するため，臨床に関連する実践的な関心に容易につながる理論なのである。

　RFTは，進化史上で人間が生物種として収めてきた成功について，そして，その成功の裏で抱えることとなった苦悩について，それら双方における認知的な根源を理解し説明しようとしている。また，RFTはその過程を通じて包括的に，言語と高次の認知についての心理学的な説明を提供しようとしている。RFTは非常に幅広く研究がおこなわれている。RFTに関しては，たくさんの書籍が出版されており，たとえば，その本質について[97]，どのようにしてRFTを（ACTだけでなく）心理療法全般に適用していくかについて[231]，あるいは，臨床心理学という枠を超えた特別支援教育といった応用領域にまでどのようにしてRFTを適用していくかについて[195]，などといったテーマが扱われている。RFTに関する研究はあまりにも広範なため，本書では，ACTを理解するうえで必要となる基本的なプロセスを解説するにとどめる。まずは，RFTそのものに焦点を当てる前に，その背景について少し目を向けてみよう。

　言語を科学的に研究している他の多くのグループと異なり，ACTの支持者たちが言語行動の基礎的な分析に対して抱く関心は，心理的な幸福や臨床的な取り組みと関連したところにある。クライエントとセラピストとの会話はいったいどのようにしてクライエントの人生に対し幅広い変化をもたらすのだろうか？　我々の研究はそうした問いからはじまった。そして，さらに我々は，人間の言語についての根本的な問いを実験的に分析していくことに強く関心を持つようになったのである。このようにして，我々の基礎研究

は，語用論の一側面といえる「言語ルールがどのようにして人間の行動を支配するのか」を理解する試みからはじまった。そして最終的に我々は，人間の言語そのものの持つ性質について分析を試みることになったのである。

　ひところは，行動療法家なら誰でもが，決まって「弁別制御」「レスポンデント条件づけ」「強化」といった行動の原理を教育されたものだった。しかし，やがて，こうしたカリキュラムは臨床家の養成施設において，ほとんど教えられることがなくなってきている。それらが教科からはずされた理由としては，一部には，1970年代に認知行動的な伝統が「トリートメントは実験で示された学習の原理に基づかなければならない」という要請を放棄したからだといえる。それに伴って，臨床現場ではクライエントたちは，自分が何を考えているのかをセラピストから尋ねられるようになった。彼らの思考と認知のスタイルは，認知に関するさまざまな理論のなかで検討されたのである。ある意味では，それは当時としては正しい選択だっただろう。なぜなら，1975年ごろの行動の原理は，認知の問題を取り扱うための適切な方法を持ってはいなかったからである。しかし残念なことに，臨床家や研究者たちの焦点が精神的な事象や，究極的には脳と行動の関係性へと移り変わるのにつれ，基礎的な認知科学の研究は，臨床家の関心領域からますます遠のいていった。つまりその陰で，認知や行動，それらのさまざまな相互関係に与える「変容可能な歴史的および文脈的要因」の重要性が見過ごされるようになっていったのである。結局，基礎的な神経認知科学にとっては，臨床家が何を成すべきかをしっかりと指し示すことがどうにもできなかった（のちに進化心理学の分野に登場する「大規模な分派」にしても実践上の同じ弱点があった）。しかし，基礎的な認知科学が隆盛だった当時にあっては，臨床家にとっては，手に入るもののなかでは認知に関する臨床理論がベストな選択肢のように思われたのであった。

　行動の原理を拠り所とする我々のグループも，ここで何らかの方向転換が必要なことには同意していた。しかし，認知を基盤とした臨床の理論やモデルを築いた場合，それが長期的に見込みのある理論となりうるかという点に疑問を感じていたのだった。我々は1970年代後半から1980年代前半にかけて，従来の認知モデルを10個あまり検証してきていたが，その研究のどれ

もが従来の認知モデルを支持しなかった（そのよい例としては文献202を参照）。結果として，我々は，言語と認知に対する新たな行動分析学なアプローチを探っていくことに一層力を注ぐようになった（たとえば，この初期の取り組みについてまとめた書籍としては文献92を参照）。こうした一連の取り組みが，初期のACTの土台を築いたのである。小規模な研究を通じてACTが有効であるとわかった段階で[273]，我々は，研究プログラムを奇抜ともいえる方向へと導いた。ゴールは，ただ単に新たなトリートメントをまたひとつマニュアル化することではなく，プロセス指向の包括的なモデルを打ち立てることだった。そこで我々は，人間の認知と言語について，またそれらがどのようにして臨床関連の行動につながるのかについて，さらにしっかりと行動的に説明できるようになることに焦点を絞った。同時に，我々は，トリートメントの効果に関する研究からは本質的に手を引いたのだった。徹底した基礎領域での研究という，敢えて歩んだこの遠回りには15年の歳月を要した。それでも，そうした一見遠回りにも見える基礎研究が，我々が現在，適切なアプローチと信じるもの，つまり，RFTへとつながったのである。

次の節では，まず，言語的，認知的出来事が，その他の心理的な行為から何によって区別されるのかを解説する。そこからさらに，言語ルールとは何であるかについて議論を進め，その後で，再びセラピーに関する主題へと立ち戻ることとする。ここでの目的は非常に実践的なことにあるため，敢えて文献の参照も最小限にとどめたい。必要があれば，読者は詳細な情報をいくらでも入手することができるだろう。本章では，RFTのプロセスの持つ臨床的な重要性が，読者にいくらかでも伝わるよう努力した。また章の最後のまとめでは，臨床実践と応用領域でRFTが持つと我々が信じる，重要な示唆についてまとめた。

言語的，認知的出来事に対する「ことはじめ」

言語や認知をいかに定義できるかを探っていけば，自ずと，そして即座に，シンボルのシステムという領域へとたどり着く。しかし簡単にその領域にたどり着いたところで，そもそもシンボルが何であるのか，また，それら

はどのようにして発生してきたのかといった問いについては，たいていの場合，明確な答えが出せない（文献124などを参照）。かといって，逆に心理的な機能についてのボトムアップ的でプロセス指向の説明を探究してみても，こちらは道がたどり尽くされている。つまり，そのやり方では，認知に関する既存の臨床的な理論に，何ら新しいものを付け加えられる見込みがない。このジレンマは，一般プロセス学習理論（general process learning theory）[訳注12]がつまずき，失敗することになった原因そのものである。たとえば，Skinnerは，言語刺激を単純に言語行動の産物と定義したが，言語行動の定義は，人間以外の動物のオペラント行動とまったく区別がつかない仕方でしかなされなかった。それらいずれのアプローチについても見込みが期待できなかったため，我々，心理学者はまた別なところへと目を向けることとなったのである（この点についての広範な分析は文献97のp.11-15を参照）。

　元々，RFTは行動的な心理学の分野における，ある驚くべき発見を起源としている。RFTは，そこで発見された知見をさらに，言語と認知全体へと拡張し，その言語と認知のプロセスに関する説明を提案している。まずは，その驚くべき発見を皆さんにも理解してもらうべく，ここで三角形を1つ思い描いてみてほしい（図2.1）。次に，頭のなかで，三角形のそれぞれの頂点に何でもいいので3つの異なったものを1つずつ置いてみてほしい。たとえば，頂上にはボール，左下にはハンマー，右下には木の葉を，それぞれ置いてみよう。このときあなたは，はじめに，たとえば，ボールを目の前に提示されたときには，並べられたたくさんのもののなかからハンマーを指し示すように教えられたとする。次に，今度はさっきと同じボールを目の前に提示されたときには，今度は並べられたたくさんのもののなかから（他のものではなく）木の葉を指し示すように教えられたとしよう。これで，あなたは，2つの「関係性」（頂上→左下，頂上→右下）を学習したことになる。抽象的な言い方をすると，三角形の2辺について，それぞれの一方向を学んだのである。こうした2つのトレーニングを受けただけで，あなたはハンマーまたは木の葉を提示されたとき，ボールかドーナツのどちらかを指し示

訳注12）人間以外の生き物の学習の在り方から人間のそれまでを統一的に捉えようとする理論。

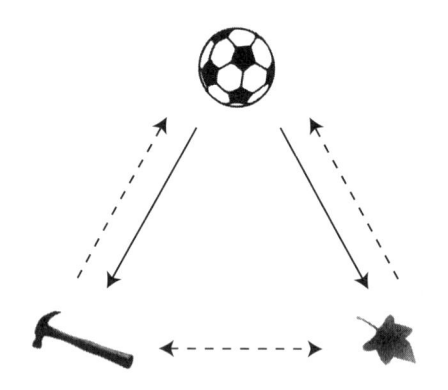

図2.1. 仮にごく正常な人間が，ボールを見せられたときにいくつかのもののなかからハンマーを取るように学び（頂点→左下），次に，ボールを見せられたときに今度は木の葉を取るように学んだとする（頂点→右下）．すると，その人間は，点線の矢印によって示されている派生的な関係性を引き出す可能性が高い．

すよう言われたら，おそらく，あなたはボールのほうを指差すようになるだろう．また，木の葉を提示され，ハンマーか玩具の車のどちらかを指し示すように言われれば，おそらく，あなたはハンマーを指し，逆の場合も同様の反応を示すようになるだろう．つまり，習ってもいない4つの関係性（右下→頂上，左下→頂上，左下→右下，右下→左下）をあなたは**派生（derive）**させるわけである．あなたは，三角形のすべての辺を，すべての方向に向けて学習したことになる．

　ここで示された結果は行動分析学において「刺激等価性クラス（stimulus equivalence class）」[212]と呼ばれている．この現象は40年ほど前に明らかにされたのだが，実際にはもっとはるか以前から知られていた．この三角形の例は，次のような単純な言語に関連した状況に当てはめて考えられる．一般的に子どもは，ある特定の書かれた単語を，発声された名前と関係づけるように教えられ，それからその同じ書かれた単語をある種のものに関係づけるように教えられる．この2つの関係をトレーニングされると，三角形の各頂点（書かれた単語，発声された名前，物理的対象）の間にある他のすべての関係性が，それ以上のトレーニングなしでも生じる傾向にある．トレーニングされないにもかかわらず生じたこれらの関係性は，**派生的刺激関係**

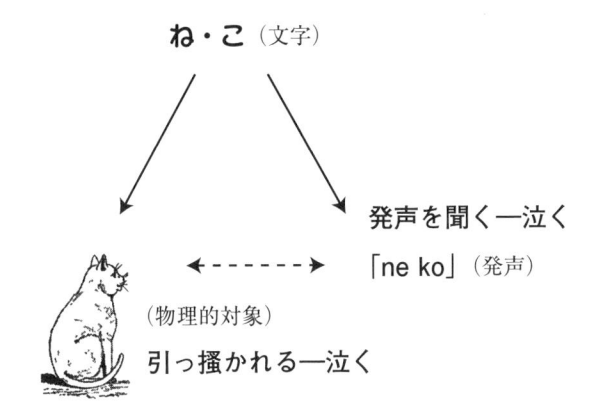

```
                    ね・こ (文字)
                   ╱         ╲
                  ╱           ╲
                 ↓             ↓
                           発声を聞く─泣く
       ◀ - - - - - ▶    「ne ko」(発声)
    (物理的対象)
    引っ掻かれる─泣く
```

図2.2. ある子どもが,「ね・こ (文字)──→毛がふさふさした動物 (物理的対象)」の関係と「ね・こ (文字)──→『ne ko』(発声)」の関係を直接学習したとする。その後, その子どもが, 毛がふさふさした動物に引っ掻かれて泣く体験をしたとしよう。その子どもは, 毛がふさふさした動物と「ne ko」との関係を派生させるため, 毛がふさふさした動物の持つ新しい機能を関係ネットワークの他の事象へと転移させる。その結果, その子どもは「ne ko」からの嫌悪的な体験を直接持たないにもかかわらず,「ne ko」を聞くだけで泣くようになる。

(derived stimulus relations) と呼ばれる。たとえば, ここでのケースでは, 子どもは明らかなトレーニングを受けなくとも, ものの名前をきちんと言うことができるだろう。これは, 私たちが一般に, その子どもがある言葉の意味を「理解している」というときに意味することとだいたい同じだと考えられる。この現象がわかってくると, 私たちは言語刺激の性質についてもう少し明確に捉えられるようになる。つまり, 言語刺激がなぜある特定の効果を持つのかという問いは, 言語刺激における刺激と刺激間に派生的関係性を生じさせるという特徴によって答えられるのである。

　それでは, この刺激等価性はどのように臨床に関連するのだろうか。それは, 等価性クラスを構成している要素のひとつに与えられた機能が, 他の要素にも転移される傾向があることによる。それがどういったことであるかを, 場面をもっと言語に関連した一般的な状況にまで広げて考えてみよう。ここでは, 臨床的な意味を持つかもしれない簡単な例で考えてみたい (図2.2)。たとえば, 今までに猫を見たことも猫と遊んだこともない子どもがい

たとしよう。その子どもが「**ね・こ**」という文字には，この毛がふさふさした動物（物理的対象）が対応していて，それ以外の動物（物理的対象）とは対応していないと学んだとする。また，その子どもは「**ね・こ**」の文字が「ne ko」と発声される（「i nu」あるいはそれ以外のいかなる発声でもない）ことも学んだとする。次に，子どもが，実際の猫と遊んでいるときに引っ掻かれ痛い思いをしたとする。子どもは泣きながら猫から逃げる。そして後になって，その子どもが母親から「あら，見て！『ne ko』よ！」と言われたらばどうなるだろう。再び，子どもは泣きながら逃げ出すだろう。この結末は驚くべきものかもしれない。なぜなら，その子どもには「ne ko」という発声を恐れるに値するような経験は一度たりともないのだから。実際，同じトレーニングを人間以外の動物でおこなっても，このような結果はまず得られない。この子どもにとって，今や発声された「ne ko」という名前は実際の猫への恐怖を喚起するが，このとき発声された名前が持つこの機能は**派生**されたものだったのである。対照群を設けたよく統制された研究からは，実際の猫を通して直接的に条件づけされた恐怖は，直接訓練されていない関係性が派生されるときのみ，発声された「ne ko」という名前へと転移されることが示されている。言い換えるなら，この子どもは単に「文字→物理的対象」と「文字→発声」を学習したわけではない。とりわけ，人間以外の動物の多くでも同じように直接的な条件づけは簡単におこなえるが，派生的な学習というものは認められない。しかし人間の子どもの場合では「物理的対象→文字」「発声→文字」「物理的対象→発声」そして「発声→物理的対象」のそれぞれの関係性も**派生**させるのである。つまり，例の三角形が形づくられるということであり，それができてはじめて，引っ掻かれることで生じた機能（恐怖と回避）が，実際の猫から発声された名前へと転移される。

　このような現象は，随伴性学習の一部としてよく知られた単純な般化のプロセスではうまく説明できない。実際に，般化の例で考えてみよう。赤ちゃんが，オレンジ色の垂れ幕の後ろにはおいしい食べ物があることから，それには手を伸ばし，青い垂れ幕は触ると大きくて怖い音がすることから，そちらからは回避することを学んだとしよう。この赤ちゃんは，おそらく，黄色い垂れ幕には少しだけ用心しながらも積極的に近づくだろう。同じように，

緑色の垂れ幕に対しては，青いものほどではないにしても避ける傾向を見せるだろう。このとき，オレンジと青の垂れ幕に対する赤ちゃんの反応は，直接的な訓練を通じて確立されたものだといえる。一方，黄色と緑の垂れ幕について観察されたような反応が起きるのは，視覚系がよく発達した人間や動物では，オレンジの色彩は緑よりも黄色に近く，また青い色彩は黄色よりも緑に近いという環境のなかで人間や動物が進化してきたからであろう。**刺激般化勾配**（stimulus generalization gradients）と呼ばれるこうした現象は，形態的な類似に基づいて生じるものである。

　刺激等価性はこうした刺激般化勾配に基づく現象とは異なる。「あら，見て！『ne ko』よ！」と聞いて泣く子どもは，形態に基づいた刺激般化を示しているわけではない。なぜなら聞こえてくる発声には，実際の動物に類似する形態的な特徴は何もないからである。同じように，高次の連合条件づけ（higher-order associative conditioning）の基本原理も，刺激等価性という確かな現象を簡単には説明できない。なぜなら，高次の連合条件づけでこの現象を説明しようとすると，この現象に対する再現力がはるかに弱い逆行条件づけやその他の手順に頼らなければならなくなるからである。まさにそれだからこそ，古くから明らかにされていた連合言語学習（associative verbal learning）という手順では，決して人間の言語と認知を完全に説明することができなかったのである。

　とはいえ，刺激等価性がなぜ生じるのかを説明しなくとも，あるいはこの発見を刺激間における他の多くの関係の仕方にまで広げなくとも（RFTではそのどちらも試みるが），この驚くべき行動的な現象は，人間の行動に関する新たな扉を開くことになる。たとえば，広場恐怖症に苦しむ人がショッピングモールで「身動きできなくなった」とき，初期段階のパニック発作に見舞われたと想像してみよう。今や，その人にとっては，発作が起きたショッピングモールについて話をすることは，ちょうど，猫に引っ搔かれた子どものケースと同様，パニックの恐怖を呼び起こすきっかけとなる。さらに，ショッピングモールに直接関係するもの以外でも，「身動きできなくなる」ことに関係づけられた他の出来事までもが同じようにパニックの恐怖を引き起こすようになるのである。そして「身動きできなくなる」状況を招く

可能性のあるものごとはあまりに広範囲におよぶため，もはや単純な形態的特徴に基づいてこのことを説明することはできない。何もない広場，橋，夫婦関係，電話で話すこと，映画を見ること，仕事をすること，あるいは自分自身の身体感覚さえもが，そうしたきっかけとなりうる。つまりは，すべてが，パニックの原因となりえてしまうのである（その人が思いつめていくほどにそうなるだろう）。

　刺激等価性については膨大な数の文献があるが，その提唱者も述べているように，それだけで言語に関する完全な理論を構築できるわけではない(例：文献 213 の p.331)。さらに，刺激等価性はただ単に現象として生じた「結果」であって，現象の生じる「プロセス」ではない。一方，RFT は，この種の関係性をもっと一般的な方法で，またプロセスに基づいた方法によって説明する。RFT は，刺激等価性という結果を生み出すプロセスについて説明するものであり，RFT によって説明される基本プロセスは，事象と事象における**すべて**の関係の仕方について簡単に適用できる。刺激等価性が説明するような「等価」の他にも，「相違」「反対」「階層」「順序」「因果」などの多くの刺激間の関係性が存在しており，それらが導入されると，たった 1 つの基本プロセスだけで膨大な種類の認知的な能力を生み出すことができるようになる。そしてついに，認知についてさえも，一般プロセス学習に基づいた説明が可能になるのである。RFT の観点から捉えると，ある種の状況がパニック発作を起こすような元々の刺激とリンクするのは，単純な刺激の形態だけからではなく，むしろ言語的・認知的な能力によって引き起こされているといえる。

関係フレーム

　RFT に基づくと，言語と高次の認知の本質は，人間の持つ「関係フレーム（relational frames）」を学習し，それを適用できる能力にあるといえる。関係フレームづけ（relational framing）は，学習を通じて獲得される行動であり，恣意的な文脈制御（arbitrary contextual control）の下で，相互的内包，複合的内包，刺激機能の変換という 3 つの主な特徴を示すものである。

3つの属性のうち，相互的内包（mutual entailment）は，ある一方向へ学習された関係性が，その逆方向へ向かうもうひとつの関係性を内包することを意味する。たとえば，ある人が，特定の文脈のなかではAが特定の仕方でBに関係づけられると学んだ場合（AからBへの関係），そこで学習された関係性のなかに，その特定の文脈のなかでのBからAへの何らかの関係性も内包しているということである。たとえば，「湿り気」は「ぬれている」と同じだと（一方向的に）教わったならば，「ぬれている」は「湿り気」と同じだと逆方向にも関係性が派生される。また，サムはフレッドよりも背が高いと学べば，フレッドはサムよりも背が低いことも理解される。

　複合的内包（combinatorial entailment）は，相互的内包関係（mutual relations）において組み合わせが可能なことを意味する。たとえば，ある人が，特定の文脈のなかでAが特定の仕方でBに関係し，Bが特定の仕方でCに関係すると学んだとしたら，これらの組み合わせは，その特定の文脈のなかでのAとCとの関係性を内包する。たとえばもしも誰かがある文脈のなかで，マイクがスティーブよりも体力があり，またカーラがマイクよりも体力があると教わったなら，その人は，カーラはスティーブよりも体力があることを派生させる。

　最終的に，この種の関係性ネットワーク（relational networks）に含まれる事象が持つ機能は，下地となっている関係に基づいて変換されうる。たとえば，あなたが，重い電気製品を動かすための助けを必要としていて，そのためにはマイクが頼りになることを知っているとしよう。あなたは，必ずしもスティーブとカーラについての情報を新しく教わらなくとも，すでに提供されている情報に基づきスティーブは頼りにならず，カーラなら頼りになることを派生させる。

　RFTが提唱するところでは，こうした性質は抽出された関係フレームに備わった特質だといえる。また，関係フレームそのものは，複数の範例による訓練（multiple exemplar training）によって類似性に対する強化がなされることを通して最初に獲得され，そして，恣意的な文脈特性の制御下に入る。私たちは人生のなかで，出来事をある特定の仕方で関係づけるたくさんの範例に曝される（例：「＿＿＿＞＿＿＿」）。そして通常，まずは形態的属性に

基づく関係性の範例に触れる（例：象＞ネズミ，パパ＞ママ，500円玉＞100円玉）。複数の範例のなかからやがて，たとえば大きさの「比較」などといった特定の種類の関係づけがフレームとして抽出されてくるにつれて，その関係づけは「○○は○○よりも大きい」のような恣意的な関係性の手がかり（arbitrary relational cues）の制御下に置かれるようになる。また同時に，私たちは関係性の手がかりを与えられただけで，空欄に何でも入れられるようになり，相互的および複合的内包関係を派生させるようになる。

　子を持つ人ならほとんど誰もが，まさにこれが起きるプロセスを直接目にしていることだろう。それはたとえば次のようなことである。多くの国の硬貨のなかには，相対的に価値は小さいけれども，サイズ自体はより大きいものがある。物理的に見て10円玉は50円玉よりも大きいし，アメリカの5セント硬貨は，10セント硬貨と色や形はほとんど同じだけれども10セント硬貨よりもかなり大きい。たいていの場合，貨幣に価値があると知ったばかりの幼い子どもは，50円玉よりも10円玉（もしくは10セント硬貨よりも5セント硬貨）を欲しがるものである。この傾向はある意味で理にかなっている。なぜなら，子どもたちはそれまでに非恣意的な比較の関係性を，つまり10円玉のほうが物理的に大きいことを学んでいるからである。こうした非恣意的な関係性（例：事象の間の形態的な属性によって規定される関係性）なら，人間のみならず，ある程度の能力を持った生物であればほとんどが学習可能である。ところが，人間の場合，4，5歳ごろになると，新しい種類のスキルを見せはじめるのである。「〜よりも大きい」の**恣意的に適用可能（arbitrarily applicable）**なバージョンとして2つの出来事の物理的属性にはもはや縛られない関係性を学び，人間の子どもたちは，10円玉よりも非恣意的にはより小さい50円玉のほうを欲しがるようになるのである。彼らは実際に，貨幣の価値としては，50円玉のほうが10円玉「よりも大きい」と言えるようになる。さらに，ひとたび一般的な形でこれを学ぶと，子どもは「これは，あれよりも大きい」と耳にしたときに，その特定の対象が何であれ，他の関係反応さえも派生できるようになる。太陽は地球よりも大きいということを一度でも聞けば，たとえ大人でなくとも，その見かけにかかわらず地球のほうが太陽よりも小さいのだ，という追加的な情報を派生させるの

だ。

　名前をつける（naming）という行為は，おそらく関係フレームづけの最もシンプルな例といえるだろう。名前をつけるということは，刺激等価性に直接的に対応した行為で，言語トレーニングでは最初に生じる関係づけである。RFTでは，これを「等位のフレーム（frame of coordination）」と呼ぶ。一般に子どもは何千という名前づけの範例に曝される。たとえば，母親という物理的対象が「ma ma」という発声と等価なら，「ママはどこ？」と聞かれた子どもが母親を指さすことは，近くにいる大人たちからの賞賛を得るだろう。同じように，発声された「i nu」が実際の犬と等価なら，実際の犬を見て「i nu」と発声するときに賞賛される見込みが高い。言い換えると，言語的な関係性を一方向学習することで，逆方向の反応をした場合にも行動が強化されると予測されるようになる。RFTは，関係フレームづけがそのような順序で学習されてくるものと仮定している。つまり，自然な言語の学習過程では，大量の「複数の範例」のセットとして関係フレームづけが学習されると仮定される（文献178を参照）。

　ひとたび相互的内包がしっかりと獲得されると，フレームづけの単純な形として，複合的内包は比較的簡単に生じると考えられる。たとえば，もしも実際の牛乳がポルトガル語で「leite」で，英語では「milk」なら，「milk」と「leite」は簡単に同義語として関係づけられるだろう。この対応を関係づけるには，はじめは直接的なトレーニングが必要かもしれないが，実際の牛乳が持つ特徴のいくつか（例：味，見かけなど）は「milk」と「leite」のそれぞれで相互的内包を通じて簡単に生じるだろうから，それに伴って複合的内包も比較的簡単に生じるだろう。

　潜在的な形で刺激機能の変換は，すべての派生的関係性のなかで起きているといえる（子どもは言葉を聞くだけで「milk」を思い浮かべたり味わったりできるだろう）。トレーニングをさらにおこなうことで，そうした刺激機能の変換をよりしっかりとした文脈制御の下に位置づけられるかもしれない（これから解説していくように，これは応用への可能性を秘めた重要な領域である）。たとえば，適切な手がかりを与えられれば，私たちは牛乳の味ではなくその色をイメージしたり，牛乳の色ではなくその味を思い浮かべたり

することができる。刺激機能の変換を制御する手がかり（例：「milkを味わいなさい」）は，刺激間の関係性の種類を制御している手がかり（例：「『leite』は『milk』である」）とは違っている。この後すぐに解説するように，この発見はACTにおいて非常に重要である。

　RFTの観点からすると，関係フレームづけは言語と高次認知の中核だといえる。また，**ある出来事が関係フレームに関与するがゆえに何らかの効果を持つ場合には，それは言語刺激（「シンボル」）と呼ばれる**。ここから先，読者の皆さんには以下のことを覚えておいていただきたい。我々が**言語的**という用語を使うとき，それは必ずしも言葉を意味しているわけではないし，また，**認知**という用語を使うときも必ずしも言葉という形態をとって生じる思考を意味するわけではない。むしろ我々が「言語的」または「認知的」と言った場合，それは「派生的関係性を生み出すようなトレーニングを経た」ということを意味する。したがって，ジェスチャー，絵，イメージ，踊り，音楽といったものは，言葉が直接的な役割を果たしていなくても，文脈によってはこうした関係的な意味で，そのいずれもが「言語的」にも「認知的」にもなることが可能である。

　RFTの研究者たちは，ヒトが派生的関係を生み出せるようになるには関係フレームづけのスキルを身につけるためのトレーニングを受ける必要があり（例：文献15），そこには幼少期に受けるようなトレーニングが含まれる（例：文献154）ことを示している。最近，我々の研究グループは，幼い子どもたちに恣意的な「比較」の関係性の範例をたくさん見せた。紙で作ったさまざまな模様の「コイン」を指して，「これは，あれよりもたくさん買える」と繰り返した後で，「キャンディーをいちばんたくさん買うには，どれを使う？」と尋ねた。子どもたちは，フィードバックを受けるにしたがって次第に学習し，相互的内包の比較関係，つまり，これがあれよりもたくさん買えるなら，あれはこれよりも少ししか買えない，ということを派生させるに至った。ひとたびこのパターンを学習すると，それ以上何のトレーニングを受けなくても，子どもたちは，次にその知識を，言葉でさまざまなパターンに関係づけられた「コイン」にも適用して，直接教えられたのとは反対方向の関係性をそれぞれで派生させることができた。こうした恣意的な比較の関

係を学習していくと，子どもたちは，キャンディーを買うときには恣意的に「よりたくさん買える」と教えられたコインを「より少ししか買えない」と教えられたコインより好むようになった。さらに，研究に参加したすべての子どもは，それまでに見せられたことのない新しい模様の「コイン」にまでこのトレーニングの効果を般化させ，それだけでなく，新しいネットワークにまでこれを般化させた。たとえば，子どもたちは比較の関係フレームに関するトレーニングを具体的なネットワークのどれか1つについて受けるだけで，「これはあれよりもたくさん買えて，あれはそれより少ししか買えない」というように関係性を組み合わせることを他の具体的なネットワークについても適用できるようになったのである[20]。

　臨床的にみて，関係フレームづけが学習されるというこの発見には意義がある。このことは，比較の関係フレームが他の行動プロセスを変容可能であることを示した次の研究からよくわかる。Dougherらの研究[50]は，成人を対象に実験をおこない，パソコンの画面に表示された3つの恣意的なシンボル（ここでは便宜的にA，B，Cとする）について，一方の群の参加者には，それらの関係性がA＜B＜Cだと教え，他の群の参加者にはシンボルの関係性について何も教えなかった。その後，両群の参加者は，Bが画面に表示されている間はスペースキーを一定の速さのリズムで（1秒に1回というように自ら設定した速さで）繰り返し押し続けるよう教わり，それからAまたはCが表示されたときにも適切と感じる速さで同じようにスペースキーを一定の速さで繰り返し押すように言われた。その結果，シンボル間の関係性について何も教わらなかった参加者は，画面にAとCが示されたときには，ボタン押しのスピードが落ちた。それに対して，シンボル間の恣意的な関係について教えられた参加者は，Aが表示されたときにはスピードが落ちたが，Cが表示されたときにはより速くスペースキーを押したのである。後者の行動は，CがBよりも大きいという派生された関係性が反映されたため起こったものと考えられる。同じ研究の別なフェーズでは，参加者はBが表示されるたびに，緊張が高まり恐怖を感じるのに十分なだけ（皮膚電気反応によって測定）の電気ショックを与えられた。その後で，今度は画面にAもしくはCが表示されたときの皮膚電気反応を測定すると，シンボルの関係性を教

わっていなかった参加者は，AあるいはCが示されたときにはほとんど反応を示さなかった。他方，A＜B＜Cという関係性を教わっていた参加者は，Aが表示されたときにはごくわずかな緊張しか示さなかったが，Cが画面に表示されると，Bが表示された場合**よりも**はるかに強い恐怖反応を示した。なかには，叫び声をあげて計測用のワイヤーを腕からはがしてしまった人もいたほどであった。しかし，こうした反応は，実際に参加者がCの表示後に電気ショックを受けたからではなく，Cという刺激がそれだけ恐ろしいものと感じたからである。この参加者たちは，Cが表示されているときに電気ショックを**一度たりとも**受けてはいない。それにもかかわらず，彼らは，ただ単にCが「Bよりも大きい」と恣意的に教わったというだけの理由で，あたかもCが，中程度の痛みを引き起こす電気ショックと実際に繰り返し組み合わされた刺激Bよりも，さらに大きな電気ショックと痛みを引き起こすかのように反応したのである。

　実は，この関係フレームづけについての単純な例も，関係フレームづけが臨床に関連した問題につながることを理解するうえでの取っ掛かりとなる。私たちは，恣意的な意味で10円玉は50円玉「よりも小さい」と容易に理解する。そうした私たちにとっては，「大成を成し遂げた理想の自分」と比べて「今の自分」はどれくらい小さいのだろうかと恣意的に考えてしまうこともいたしかたがない。かつて，本書の第一著者はパニック障害と格闘していた。彼は，わずか3人の看護師にレクチャーをしている際に強いパニック発作に見舞われ，それがきっかけでパニック障害となった。しかし，そのたった1週間前，彼は何百人もの聴衆を相手になんの困難もなく講演をこなしていた。一見すると，これはパニック障害のきっかけとしては不思議なことに思えるかもしれない。しかし，考えてみてほしい。大きな群衆のなかでパニックを起こすことよりも，小さな群衆のなかでパニックを起こすことのほうが「はるかに異常である」と考えたなら，これがパニック障害のきっかけになったこともうなずけるだろう。ちょうどこれは，先の研究の参加者の反応と同じことである。参加者は，ただ単に「よりも大きい」と恣意的に伝えられただけで，それまで無害だった刺激に対して，実際にいくらかの電気ショックと対提示された刺激に対する**以上の強い**恐怖を示したのである。こ

のように，関係フレームづけは**恣意的に適用可能**（arbitrarily applicable）なのである。そして，だからこそ世界の持つ形態的な属性（聴衆の規模などといったもの）にかかわらず，私たちは関係フレームづけの結果に苦悩することになるのである。

では，我々のいう「恣意的に適用可能」という意味を知ってもらうために，ここで皆さんに2つの具体的な物体を思い浮かべてみてほしい。心のなかで，それぞれの物体にAとBというラベルをつけてみよう。次に，1から4のなかから好きな数字を1つ選んでみよう。そして，それぞれの数字は何らかの関係性についての言葉を示すものだったとする。ここでは仮に，1は「〜より良い」，2は「〜の父である」，3は「〜に似ていない」，4は「〜に似ている」をそれぞれ意味していたとしよう。では，#のところにあなたの選んだ数字と対応する言葉を入れて，次の質問に答えてみてほしい。質問：「どのようにAはB#のか？」[訳注13]。

おそらく奇妙な質問文ができたことだろう。そんな質問などこれまで聞いたことがないかもしれない。それにもかかわらず，あなたがちょっと考えてみれば，何らかの回答が浮かんでくる[訳注14]。たいていの場合，少し頭をひねって答えを出せば，自分自身の出したその回答は，意外にも適切なもののように思えてくるものである。場合によっては，その回答は「物体に内在する」かのように，つまり，はじめから世界に実在していて，ただ発見されるのを待っていた真実にさえ思えるかもしれない。しかし，それは大いなる幻である。このような現象は，代入したものがどのような物体や関係性であったとしても生じるものである。一方，現実にはすべての物体がすべての関係性を持っているなどということは形態的な意味では決してありえない。この現象をもっとうまく説明するためには，やはり，この種の関係性は「恣意的に適用可能」だということになるのである。人間の言語と認知にこういった属性があるからこそ，**私たち**は，あらゆるものごとを他のあらゆるものごとに対して，あらゆる仕方で関係づけられるのである。

訳注13）例：「どのように，きな粉（A）は タクシー（B）より良い（#1）のか？」
訳注14）例：いざというとき，タクシーは燃料がなければ役に立たないが，きな粉なら持っていても邪魔にならないし，もしものときには食べることだってできる。

RFTであれば，どのような認知的な介入方略をも説明しうるような強力なモデルを提供することができる[231]。とはいえ，ここまでのRFTに関する説明のなかでは，ACTそれ自体についてまだほとんど何も説明していない。RFTとACTのつながりをもっとはっきりさせるためには，話をRFTの主要な特徴のひとつである文脈制御へといったん戻す必要があるだろう。

文脈特性の持つ役割

RFTの研究者たちは，文脈特性には，関係的文脈と機能的文脈というはっきりと区別できる2つのものがあり，これらが関係フレームを調節していることを明らかにした。関係的文脈（relational context）は，出来事同士が，いつ，どのように関係づけられるかを決定する。機能的文脈（functional context）のほうは，関係ネットワークのなかでどの機能が変換されるかを決定する。たとえば「サラはサムよりも賢い」という文章のなかでは，「〜よりも賢い」の言葉がたいていの読者に対して，サラとサムの比較という関係的文脈を作り上げるだろう。また「酸っぱい牛乳の味を想像してみてください」という文章のなかでは，「〜の味を想像してみてください」の言葉が，実際の酸っぱい牛乳と，書かれたり発声されたりした名前との等位のフレームを土台としながら，酸っぱい牛乳の知覚的体験を活性化させる機能的文脈となるだろう。

このように文脈制御にはっきりと区別される2つの形態があるということには，臨床的に重要な意味があり，ACTではこの2つが巧みに使い分けられる。まず，関係的文脈について見ていこう。ACTに限らず，言語指向のセラピーでおこなう介入のほとんどは，関係的文脈の操作に頼っている。次のような場合に，この種の操作は好ましい結果を導く。まず，クライエントが情報を必要としているとき。次に，ある種の認知的再評価のような，その操作が認知的な反応をより柔軟にする方向に向けられているときである。しかし，その他多くの一般的な状況では，関係的文脈を操作することには大きな問題が伴う。なぜなら，関係フレームは学習性で恣意的に適用可能なものなので，役立たないような関係性を派生させないように完全に関係的文脈を

制御することはできないからである。たとえば，子どもたちは「自分は，自分が思うほどには，魅力的でも，知的でも，愛されたり，価値のある存在でもない」という考えを派生させるかもしれない。彼らがそういった考えを派生させてしまうだけのきっかけが，生活のあちらこちらに無数に存在しているのである。一般的に言って，私たちには，子どもたちに「自分は粗末な存在だ」と絶対に考えさせないことなどできない。我々には，関係的文脈を操作してあげることで，子どもたちを「自分は粗末な存在であるかもしれない」という恐れから守ってやることはできないのである。どんな言葉で，子どもたちにたくさんの賞賛を浴びせたところで，むしろそういった行為は，利益どころか害を生み出すリスクもあるだろう。さらに，これは学習全般にいえることであるが，ひとたび関係づけという学習が生じれば，それは抑制こそできても，未学習の状態にすっかり戻すことなどできない。「学習解除（unlearning）」と呼べるようなプロセスは存在しないのである。ある子どもが一度でも「僕は愛される存在などではない」という考えを派生させれば，少なくともある程度は，その子どものなかに**常時**，それが刻まれた状態となる。たとえその考えがほとんど何の影響力も持たないほどまで弱まったとしても，それは簡単に再学習されるため，ひょっとすると何十年も後になってから些細なきっかけで再びその思考が引き起こされるかもしれない。

　認知的ネットワークを思うように再構築しようとすることがこれほどまで難しい理由は，記憶というものがいつまでも持続するためである。ネットワークに何かをつけ加えていくというのは比較的簡単な作業であり，ACTでももちろん広くそれをおこなっている。一方で，たとえそれが役に立たないようなものであっても，関係性の派生を妨げることは難しく，いったん派生してしまったならば，そうした思考を心の歴史から完全に消し去ることはできない。

　しかしながら幸いなことに，関係反応の**影響力**を決定づける機能的文脈は，関係的文脈よりもはるかに調節がしやすい。このことは，ACTのなかでも巧みに活用されている。たとえば，私たちは簡単に「オレンジ」をイメージして味わうことができる。それだけでなく，「オオオオオオオ　レレレレレレレ　ンンンンンンン　ジジジジジジジ」を味わうこともできるし，「オ

レンジ,オレンジ,オレンジ,オレンジ,オレンジ,オレンジ,オレンジ,オレンジ,オレンジ,オレンジ,オレンジ」を味わうこともできる。または**ドナルドダックの声で発声された**「オレンジ」を味わったり,「Home on the Range（峠の我が家）」を歌いながらそれを味わったりもできる[訳注15]。こうした変化球的な言い方をすると,普通に「オレンジを味わってください」というのとは違った心理的な効果が生じるだろう。そして,実際にこのいずれもがACTのなかで用いることのできる脱フュージョンの例なのである。

　関係的文脈と機能的文脈の違いを意識することには,単に新しい介入のアイディアを生み出す以上のメリットがある。RFTの観点からこの違いを理解することで,もし,不注意に関係的文脈を操作してしまったりすると,それによって意図せず機能的文脈を好ましくない方向へと変えてしまう可能性があることに気づくことができる。たとえば,精神病的な問題と格闘しているクライエントが,自分の思考が現実かどうかを吟味するために,その思考の合理性を検討してみるように促されたとしよう。ここでの促しは,関係的文脈への介入に相当し,このクライエントの言語的・認知的ネットワークの形態を変容させること（たとえば,「いや待てよ,俺はマフィアに追われてなんかいない。俺はただのホームレスなんだから」などというふうに）が狙いである。実際に,この介入が役立つことはあるだろう。しかし一方でそれは,問題となっている思考の重要性を余計に強め,その思考の存在をより大きなものにしてしまう可能性がある。つまり,そうした介入は,結果的に問題となっているクライエントの行動を狙いどおりに減らすどころか,逆に増やしてしまうリスクさえあるのである。そのうえ,関係フレームは双方向であるため,合理的な思考が非合理的な思考に対して「反対」の関係にフレームづけされると,非合理的な思考が合理的な思考を引き起こしうる（先の例で考えるなら「俺はただのホームレスなんだ。でも,なんでそんな俺をマフィアは追いかけることになったんだ？……」）。つまり,RFTは,思考を

訳注15) 米国の民謡である「Home on the Range」には,タイトルからも想像がつくかもしれないが「オレンジ（orange）」と歌っているように聞こえる箇所がある。音は同じように聞こえても意味はまったく違うという,ユーモラスな脱フュージョンの方法である。

変えようとするいかなる努力も両刃の剣であることを示唆している。ある考えを持たないように，何かについてなるべく考えないように，または１つの考え方しかしないようにするために用いられると，この手法にはリスクを伴うかもしれない。論理的に役立つはずのものが，必ずしも心理的に役立つとは限らないのである。

　著者らの経験からすると，読者のなかには，ここでの主張には反対意見を述べたい方もいることだろう。たとえば「もしもそれが本当なら，従来の認知行動療法（CBT）は認知への挑戦を頻繁に活用するのだから，有効どころか有害になるはずではないか」と。これはよい指摘である。しかし，CBTはとても大きなパッケージで，その大部分が行動的で実証的にも理にかなったものから成っている。さらに，CBTの認知的な介入のなかにさえ，RFTの観点から見てよく筋が通っているものもある（例：認知的再評価の介入のなかでときどきおこなわれる認知的な柔軟性を促す工夫）。それでも，たしかに，構成要素研究（component studies）によって，認知への挑戦技法の効果を検討してみると，それは典型的に役立つとは**いえなかったり**（例：文献125；メタ分析については文献153を参照），ある種のクライエントに対しては実際に有害であるようである（例：文献87）。

　文脈的で行動的な観点からすると，ほとんどの対話療法が関係的文脈への介入法だといえる。関係的文脈への介入は，関係ネットワークを精緻化したり，拡げたり，相互につなぎ合わせたりするかもしれないけれども，以前に学習された認知的な関係づけを取り除くことはできない。精緻化が特に有効なのは，すでにある関係性ネットワークのなかに，まだ必要な関係性が組み込まれていない場合である。たとえば，心理教育が必要なとき，または認知的な柔軟性を高めるために反応の選択肢をもっと拡げる方法を学ぶ必要があるときなどがその例といえる。しばしばACTの介入では，関係性ネットワークの欠如している部分を補ったり，それが狭まってしまっている部分を精緻化したりしながら，ACTの基本的な発想について心理教育をおこなう。また，ACTの介入では認知的な柔軟性を促すのが基本となっている。たとえば，体験の回避をおこなうクライエントに対し，あらかじめ最初のセッションの際に，感情的に辛い状態に陥ったときに彼らがするだろう回避

のパターン（セッションからの脱落を含む）を心理教育的な意味合いであえて予想させておくことは，セッションでの彼らの取り組みを維持させるのに有効でありうる。あるいは，思考抑制の逆説的効果に気づかせるためのエクササイズ（thought-suppression exercises）によって，いかにして回避的な対処方法への不健全な執着を弱めるかをクライエントに伝えることも有効だろう。ただし，技法上は適切といえるような心理教育や介入でも，セラピストの意図しないところで，それがクライエントにとっての排除的また回避的な機能を持ってしまう可能性もある。これについては特別な配慮が必要であることを注意喚起しておきたい（例：「これをもっと詳しく理解できるようになりさえすれば，問題は消えるはずだ！」）。

とはいえ，クライエントがセラピーを通じて特定の認知を未学習に戻せる見込みがほとんどないからといって，クライエントの認知を決して変えようとしてはならないという発想に向かうべきではない。セラピストは立場上，認知を簡単に精緻化し，より適応的にし，そして実際に起きにくくすることができる（結局のところ，それをおこなう最もよい方法は，ひとつには，ただ単に特定の思考をそれほど重要ではないものとして扱う方法を見つけることであり，これはACTで一般に用いられる技法である）。現に，応用的なRFT研究プログラムにはクライエントの認知の改善だけを狙いとして設計されているものも多い。また，RFTはすでに，言語能力の訓練，問題解決スキルの強化，よりしっかりとした自己の感覚をつくる，といったことのために実際に使われている（そうしたプログラムを解説した書籍としては，文献195を参照）。RFTを基盤とするACTでは，純粋な関係的文脈よりも機能的文脈に注目した介入を強調するものの，関係的文脈への介入もやはり含んでいる。たとえば，「私はダメだ」という思考がクライエントに対し，ネガティブな影響を引き起こしているとしよう。その際，「私はダメだ，という思考を持っている」や，「私はダメ，だろうか？」や，「私はダメだ……私がダメでないとき以外は」というように，「私はダメだ」という習慣的な思考に対し，特定の言語形態をつけ加えること自体は，原理的に何の問題もない。そして，ここで付加される言葉のいずれもが「私はダメだ」を消し去るものではない。しかし，このように関係的文脈を調整することは，関連して起こるよう

な関係反応の種類を拡げることで,思考がもたらす機能的影響力を変容する可能性を持つのである。

関係フレームづけの「自己保身的な」性質

　関係フレームづけは,学習されたオペラント行動ではあるものの,それを制御している随伴性があまりにも拡がっていっているため,それを調節することは非常に難しい。言語は幼児期にほぼ完全に社会的条件づけだけを通じて学習される。言語や思考が発達するのと合わせて,子どもは,社会的ルール,習慣,またその時代の文化を反映した信念を学んでいく。この「社会的なプログラミング」は私たちの言語システムのなかにあまりにも定着してしまっているため,それが果たしている機能は事実上,私たち自身では見ることができないといっていい。つまり,文化的に促された信念や経験は,たとえ有用でないものでさえ,それに本人が気づくことは非常に難しいといえる。やがて,そうした子ども時代を経て成熟するにしたがって,直接的な社会的結果はそれほど重要ではなくなってくる。代わって,言語がものごとを意味づけたり,問題を解決したり,物語ったりするために使われるようになるのである。そうなってしまえば,一貫性と使い勝手さえあれば,一度確立された言語的な関係性は十分維持されることになる。矛盾なく説明できる関係ネットワークを派生できていること（例:「正しい」あるいは「筋が通っている」）を検出し,または,関係づけられた事象が有効な結果（例:「問題解決ができた」）や少なくともそれに近いプロセスに結びついていると見極められることで,関係フレームづけのプロセスが継続的に強化される。その結果,ひとたび確立されてしまうと,言語と認知の勢いを止めることは非常に難しい。いったん言語というものが学習されると,少なくとも本書のなかでいう**言語的・非言語的**という意味での,非言語的世界へと完全に立ち戻ることはできない。さらに,ひとたび特定の仕方でものごとを考えるようになると,たとえまれにしか,そういった思考様式をとらなかったときでさえ,それは私たちの関係レパートリーのなかに二度と戻せない跡となり,いつまでもそこにとどまり続ける。つまり,ある分野についてたくさんのことを考

えた経験があればあるほど，それらと何か矛盾するような出来事が起こった際にも，元々のネットワークを再構築し維持してしまうだけの派生的関係性が，すでにいくらでも準備されていることになる。この自己保身的な性質があるからこそ，元々の認知的ネットワークは，矛盾した結果を直接的にフィードバックされてもなお，解体が極めて困難なのである。RFT研究所では，元々あった思考は，一度は消えたかのように見えても，代わりとなる新しい思考方法が困難に遭遇するとすぐに再現されることを明らかにしている[263]。また，RFT研究所は，認知を潜在的に測定するための高度に洗練された新しい方法を開発し，長くとどまり続け，ときに害をもたらしさえするようなある種の関係条件づけ（relational conditioning）の作用が実際に存在することを明らかにしている（例：The Implicit Relational Assessment Procedure；IRAP[12]）。

RFTの基盤となっているこうした発想は，急速に増えつつある研究から実証的な支持を得ている。現在，関係フレームは，幼少時代に発達すること（例：文献152），そして，それはその時期におこなわれる直接的トレーニングの結果であることがわかっている（例：文献154）。この関係フレームづけの能力が低いということは，問題解決能力や知的レベルの低さといった認知的な能力の不足と関連している[186]。逆に，関係フレームづけをトレーニングすることで，IQを含め[32]，高次の認知的スキルを高めることも可能である（例：文献14, 20）。ちなみに，この分野の研究に興味を持たれた読者は，他の書籍からRFTの最近の動向を知ることが可能である（例：文献195, 231）。

ルール支配行動

関係フレームづけは，人間という種の進化を考えたとき鍵となる優れた能力である。おそらく，人間の持つこうした能力は社会的な協同関係という文脈のなかで培われてきた。この能力によって人間は，言語刺激を組み合わせて精巧な言語ルールを作り出し，それによって自らや他者の行動を調節する能力を得たのである。そうした言語ルールによって調節されたルール支配行動（rule-governed behavior）は，現実世界に接触し，そこからの直接的な

結果[訳注16]を反映した種類の行動[訳注17]とは異なっている。むしろ，ルール支配行動は，事象の言語的概念化（verbal formulation）と，そうした概念同士の関係性に大きく基づいている。Skinner[220]によれば，ルール支配行動は，随伴性との直接的な接触によってではなく，随伴性を特定したルールによって支配される。人間は，ルール支配行動によって，直接的な体験を通じて学習するのが有効でないか致死的でさえあるような状況に対して，直接的な体験なしでも正確に，また効果的に反応することが可能である。たとえば，高圧送電線を避けることを直接自分の身体を使いながら少しずつ学習したいなどと誰も思わないだろう。同じように，一般に，人間以外の動物では行動の結果，時間的にかなり後になって何らかの変化が環境に起こったとしても，そうした遠い将来の結果のために行動が影響を受けることはなく，このことは基礎実験から明らかになっている。ところが，人間の場合，このルール支配行動があるおかげで，かなり後になってから起こるような環境の変化についても効果的に対応し振る舞うことができる。たとえば，私たちは，「おじさんと良い関係を築いておきなさい。そうすれば，20年後には遺言にあなたの名前を入れてくれるわよ」といったルールに今からでも反応することが可能である。

　ただし，これらのルールの存在には良い面ばかりがあるわけではない。行動が言語ルールに支配されているとき，そうでない場合と比較して，人はそのルール自体に含まれていないような環境側の変化に対し，鈍感になる傾向にある（文献33, 99, この領域の文献レビューについては文献118を，またこの主題をめぐるトリートメントに関する書籍については，文献92を参照）。行動が言語ルールに導かれるときには，移りゆく環境に対し，その変化のたどり方（track〔トラック〕）が，他の動物と比べて不正確になる。たとえば，「ポイントを獲得する

訳注16）三項随伴性では行動を「先行事象」「行動」「結果」の3つのユニットで捉える。本書で繰り返し使用される「結果」という用語は，この三項随伴性の「結果」のユニットとして捉えることができる。また，この「結果」を基に「行動」の生起頻度が影響を受けることから，「結果」を「環境からのフィードバック」として捉えてもわかりやすいかもしれない。

訳注17）ルール支配行動と対比されるこの種の行動は「随伴性形成行動（contingency-shaped behavior）」と呼ばれる。

ためにはこのボタンを素早く押してください」と伝えられた人は，はじめはそれが効果的な状況だったものの，途中からはそのルールに従っていてもポイントが与えられないような状況に変化してもなお，いつまでも素早くボタンを押し続ける傾向にある（例：文献101）。

　このいわゆる感受性の低下は，臨床的に重要な意味を持つ行動パターンであり，クライエントの示すさまざまな行動のなかにもこのパターンが如実に示されている。つまり，直接的にネガティブな結果を体験したわけでも，またそのような可能性が実際にはなかったとしても，人はルールに従うことである決まった行動パターン（私的な行動であれ公的な行動であれ）をいつまでも続けてしまうのである。こういったケースを理解するにあたっては，なぜ人はルールに従うのか，ということを詳細に見ていくことが役立つだろう。RFTではルール支配行動を**プライアンス，トラッキング，オーグメンティング**の3つに分類している[13,118]。

　プライアンス（pliance；コンプライアンス〔compliance〕の用語に由来する）は言語ルールに従った行動のひとつである。なかでもプライアンスは，その言語ルールと行動の一致が社会的に確認されたことで何らかの結果が生じた，という過去の経験によって生じたものである。たとえば，親が子どもに「コートを着なさい。外は寒いわよ」と言ったとしよう。もしも，その子どもが，以前に自分がそのルールに従った結果，親がどう反応したかという過去の履歴に基づいて，親を喜ばせるため，または反対に怒らせるためにその行動をとったのだったとしたら（つまり，子どもの反応は寒さをしのぐためではない），このルール支配行動はプライアンスにあたる。臨床場面でいえば，あるクライエントが，セラピストを喜ばせるためや自分を他者によく見せたり，正しいと見せるために振る舞おうとする場合に，それはプライアンスとなりうる。このとき，クライエントは本当の意味ではその行動の主体とはなっておらず，その振る舞いはその人にとっての価値にもつながらない。プライアンスは，人の振る舞いを硬直させる傾向にあり，非柔軟な行動パターンを示す人々の間で支配的になっている場合が多いのである。たしかに，子どもたちの成長過程では，プライアンスは重要なルール支配行動である。なぜなら，プライアンスは，何らかの理由で直接接触することに難の

あるような随伴性に対し，適切に彼らが対処できるようなルール支配行動を引き出しうるからである。そして，そのときのルールと行動の一致を社会が評価することで，その随伴性とその行動とがしっかりとリンクされるのである。しかし，成人の場合，プライアンスは言語的な調節の役立つ形態だとして過大評価される反面，実際には，むしろセラピーで直接対象とすべき問題であることのほうが多い。

　トラッキング（tracking）も言語ルールに従った行動のひとつであるが，特にトラッキングの場合，その言語ルールと自然の随伴性が実際につながっていた，という過去の履歴に基づいている。またここでの「自然の随伴性」とは，ある特定の状況での的確な形態の行動によって引き起こされた結果を意味する。先の子どもを例に考えてみよう。たとえば，その子どもは，過去にそうしたルール（「コートを着なさい。外は寒いわ」）が実際に，コートを着たときと着なかったときに起きる結果（外の気温に対し，実際に寒くなくなるのかどうか）が正確だった，という経験をしていたとする。そしてその過去の履歴に基づいて寒さをしのぐためにコートを着たならば，そのルール支配行動はトラッキングにあたる。トラッキングは，クライエントを自分の行動の結果に直に接触するよう導くのである。人は，プライアンスによって，単に社会的な結果（影響力）のためにルールに言われるがままに従ってしまうことがある。一方，トラッキングは，人が自分の行動の直接的な結果に触れることで，その人がむしろ自然な環境に適応できるようにする。結果として，トラッキングは，プライアンスよりも柔軟な行動形態を生み出すことになるのである。とはいえ，トラッキングもまた，あまりにも多くの文脈で有用なために，本来，言語ルールでは上手く対応できないような状況にまで過剰に拡げて用いられる恐れもある。たとえば「もっと自発的にやりなさい」という指示（ルール）は，それに従おうとする側に混乱を起こさせるだろう。なぜなら自発性というのは，単なる言語的な指示によっては少しも引き出されず，むしろ，たとえば面白そうなゲームといった人の興味を引く自然な刺激によってこそ引き出されるものである。

　オーグメンティング（augmenting）は，ある出来事の持つ結果としての機能について，その程度を変えるルール支配行動である。もっと臨床的にい

えば，オーグメンティングは，クライアントがある行動をするうえでの動機づけを言語的に形成する。オーグメンティングという行動に関わるルール（オーグメンタル）には，2つのサブタイプがある。1つ目は，**形成オーグメンタル（formative augmentals）**で，刺激の機能を変容することによって新しい結果を確立するルールである（例：文献106）。たとえば，もしも「good」という単語を耳にすることがもともと強化的だった場合，「bueno」と「bon」が「good」と同じ意味だと学習することは，後の2つの単語にも「good」と同じ機能を持たせることで新たな強化子を確立する。2つ目は，**動機づけオーグメンタル（motivative augmentals）**で，それはある結果がすでに持っている機能の強さを変えるルールである（例：文献130）。宣伝主が自分たちの製品が魅力的だという印象を言語的に喚起しようとする場合には，この形態のルール支配行動を用いる（例：「お腹がすいたらバーガーキング」；そうした宣伝がどのように効果を上げるのかに関する実験的な証明については，文献130を参照）。オーグメンティングは，成人の動機づけの主要な源泉であり，セラピーではこれを有効に活用することが重要である。

ルール支配行動と心理的硬直性

これらルール支配行動についての分類は，過去20年にわたる実験室での研究をみごとに耐え抜いてきたものであり，妥当な分類であると考えられる。そして，これら妥当な原理と考えられるルール支配行動に関する知見は，直接的に臨床実践へと還元することが可能である。以下に続く節では，それぞれのルール支配行動が持つ臨床的意味合いとして特に重要なものをいくつか紹介しよう。

プライアンスの持つ臨床上の意味

ルールによって引き起こされる感受性の低下は，人間の行動全般にわたって影響をおよぼすような心理的硬直性（psychological rigidity）という好ましくない傾向と非常に強く相関している[268]。プライアンスは，この硬直性の特に大きな原因である[16,99]。人は言語的な調整を学ぶ早い段階で，典型

的には，指示を出す立場にある人間からの社会的な命令を受ける。「ダメ！」は，一般に子どもが最初に覚えさせられる言葉のひとつである。この種のプライアンスは，環境内のさまざまな随伴性への感受性を下げるように**意図**されている。つまり，親がその一言によって，子どもに対し，道路へ出て行かないようにと教えるとき，このルールの妥当性が子どもによって検証されるようなことをその親は望まない。言い換えるなら，子どもが親からのルールを破ると実際のところどうなるかを知るために，実際に道路に飛び出してみてほしいなどとはどの親も思わないのである。

　しかし，大人になると，一般的に，プライアンスに頼るよりも，トラッキングやオーグメンティングによる行動をとるほうが効果的である場合が多い[210]。たとえば読者の皆さんも，ずいぶん昔に亡くなった両親との関係と未だに格闘しているような40代や50代の成人を思い浮かべることができるのではないだろうか。そうした人にとって，プライアンスは，その人の行動を不必要に狭めて，行動と，その直接的な自然な結果との関係づけを非柔軟にしてしまう。同じように，子どもであれば，他の子どもに思いやりを示すことを学ぶべきときには，まずは親の賞賛が必要かもしれないものの，大人になってもそのことのために親からの賞賛が必要ということはないだろう。大人になれば，人に思いやりを示すという行動を，自らが選択した価値を表現するものとして（オーグメンティング），または，価値に沿うという意味での有効な行動として（トラッキング），実行することもできる。思いやりを示すという行動の源泉として，社会的な結果は一部に関わってはくるであろうが，プライアンスに頼ってしまうと，その行動の意味全般が社会的な評価のほうへと持っていかれてしまうのである。

トラッキングの持つ臨床上の意味

　トラッキングもまた臨床的に問題となる場合があるが，それはトラッキングのルールが次のような場合である。つまり，そのルールが，検証不可能，予測的でない，自己成就的[訳注18]な場合である。あるいはそのルールが，本人の行動ではどうにもならないような状況に適用されている場合である。たしかに，ときには，クライエントが自らの言語ルールを検証してみることや

効果をあげそうな代替的なトラック（トラッキングに関連したルール）を作ってみることが適当な場合もあるが，もともとACTは，直接的に認知を変えようとする方略を広く適用しようとすることに対しては懐疑的である。そして同じようにACTは，健全だったはずの認知的な変容方略であったとしても，実はそれが損なわれやすいということについても警戒している。不幸なことに，ほとんどの場合，クライエントにとって最も有害なたぐいのルールは，その検証が極めて難しいのである。

つぎに，自己成就的なルールというものについて考えてみよう。この場合，ルールに従うこととその結果との間の自然なフィードバックループが存在しないか，あるいは間違った方向へミスリードするものになっている。そして，いとも簡単に奇妙な循環を作り出すだろう。例を１つあげると「私は価値のない存在だ」というルールに基づくトラッキングは，機能的な意味で，しばしばそのルールを確証するような振る舞いを導き出す。たとえば，もしも私が，本当に価値のない人間で，だからこそ賢く見えるように振る舞ったならば，そのとき私が受ける他者からの賞賛は単に空虚なものに感じられるだろう。つまり，私は見せかけで彼らをだましたということになる。誰が，人をだますような人間を信用したり，その意見に耳を傾けたりするだろうか？　ここでは，たとえ客観的に私が成功しているという証があったとしても，結果的に「自分は価値のない存在だ」という感覚が**持続する**状態へと陥ってしまうことだろう。

直接的な体験を通じて行動を確立していく必要のある領域（例：スポーツ）については，ルール支配行動の結果を見極め，言語ルールの有用性を検証するだけでは足りない。むしろ，そういった領域ではルールにそれほど支配されていない行動というものを考える必要があるのだが，それがどういったものかについては，後に脱フュージョンについての章（第9章）で解説する。

訳注18）それが良いものであれ悪いものであれ，あらかじめ何らかの期待があるときに，故意にもしくは意図せずその自分の期待に沿った行動をとることで，結果的に自分の期待が自分の行動によって達成されるという社会心理学の概念である。

オーグメンティングの持つ臨床上の意味

　ACTのトリートメントでは，クライエントのある種の言語的調節を**強めようとする**。そのなかには，遅延した結果または実際に将来起こりうるような結果によって行動を支配するといった特定のオーグメンティングも含まれている。たとえば，ACTは，クライエントが抱く価値に非常に注目する。価値はオーグメンタルとしての機能を持ち，そのオーグメンタルが形成的か動機づけ的かにかかわらず，価値は選ばれ，言明され，明確にされるものである。たとえば，クライエントは，愛すること，参加すること，分かち合うこと，貢献することに価値を置いているかもしれない。クライエントは，たとえばここであげたような自身の価値という大きな目的に沿うことで，これまでよりも容易に使い古した効果的でないやり方を手放し，新たなもっと有効なやり方を学習する。それとは対照的に，たとえば「糖尿病のことさえ考えなければ，君はもっとずっと気分が良くなるはずだよ」といった逃避や回避的なオーグメンタルは，望ましい結果を導かない典型だといえる。ACTでは，価値に基づいた結果とつながるオーグメンタルに関しては増強されるべきだと考える。また，プロセス・ゴール（例：不安を取り除く，自信を高める）につながるオーグメンタルは，それがアウトカム・ゴール（有効性に基づくたぐいのゴール）にどのように影響するのかに応じて，増強されたり減弱されたりするべきであると考える。

言語プロセスが過剰に適用されるとき

　RFTは文脈的な理論なので，ACTでの臨床介入も文脈がその焦点となる。言語的または認知的なプロセスが過剰に適用されるときには，ある種の文脈が関係している場合が多い。一般に，私たちの社会的または言語的コミュニティは，言語的シンボル，つまり，関係フレームに組み込まれているために何らかの機能を持った出来事をさまざまな「字義どおりという文脈（contexts of literality）」のなかで用いる。ここでの「字義どおりという文脈」とは，言語刺激を慣習的な意味で，または「現実」に対応するものとして用いることを促すような社会的また言語的状況のことである。字義どおり

の文脈は次のような状況で中心的な役割を果たしており，実際に有用な場合が多い。その状況としては，たとえば，理由の説明，語り，意味づけ，問題解決の状況があげられる。これが有用な例として，たとえば，親は「気をつけて！　車よ！」と叫ぶことで，車がまさにそこに来ているかのように，つまり，恣意的な発声（「車よ！」）と車輪を備えた巨大な機械（実際の車）の差し迫った到来との間の一致の関係に基づいて，子どもをその危険から回避させる。こうした問題解決的な操作は，言語のさまざまな用い方のなかでも，ひょっとすると最大にして唯一の有益な形式といえるかもしれない。そのため本書では「字義どおりという文脈」からつくりあげられているマインドのモードを「マインドの問題解決モード」と呼ぶ（関連する視点に関しては文献 205 を参照）。

　ごく少数の基本的な関係フレームさえあれば，私たちには言語的な問題解決作業をおこなうことができる。たとえば「状況 X において，私が P をおこなえば，Q が得られ，Q は Y よりも好ましい」というのも言語的な問題解決作業の例である。ここで最小限必要な関係フレームの種類は，たった 3 つ。1 つ目に，言葉を事象と等位に置くフレーム，2 つ目に，時間的な前後を示すフレーム，そして最後に，比較のフレーム，だけである。マインドの問題解決モードは，目指すべきゴールとの比較で，絶えず今の瞬間を評価し続ける。その際，現状とゴールとの不一致が指摘され続け，同じような問題解決のサイクルが繰り返されていく。

　このプロセスの例として，仮にあなたが大都市のなかで美術館へたどり着こうとしている場面を考えてみよう。そう，あなたが今いる場所を起点にして，この角を右に曲がったら美術館に着くとしよう。もしもその角を左に曲がってしまったら，あなたは，自分がどこから来たのかを改めて思い起こしながら，再び，現状とゴールとの不一致（「美術館に行きたいのに，まだたどり着けていない」という思考）が消える（「着いた！」という思考に変わる）まで，同じ関係的プロセス（relational process）のサイクルをぐるぐるとめぐっていく。

　問題解決はすばらしいスキルだけれども，それがあまりにも幅広く使われ，実際にさまざまな場面で有用なために，むしろ，それがいつ有用でいつ

そうでないかを見分けることのほうが極めて難しい。また，マインドの問題解決モードは，限定的で，未来と過去を指向し，ときに硬直的で，批判的，そしてとても字義どおりなものである。ここで「限定的」というのは，問題解決モードでは，その特定の問題に関連した関係反応しか正当とみなされないからである。また「未来と過去を指向する」というのは，ここでの関係反応が，以前に起きた問題に対する分析の一部であり，将来的な問題の解消についての評価だからである。「ときに硬直的」というのは，人間のあらゆる問題を簡単に取り扱えるものの，言語的な問題解決作業そのものの抱える問題だけは扱えないからである。「批判的」というのは，必ず現状がゴールと比較されなければならないためである。そして，「とても字義どおり」というのは，言語的シンボルが，あたかもそれが指し示す対象であるかのように扱われるためである。

　マインドの問題解決モードが抱える問題は，それが，いつ問題解決作業を止めるべきかを知らないことにあり，問題解決作業はいとも簡単に過剰な用いられ方をするようになることにある。結果として私たちのなかからは，直観，インスピレーション，冷静な記述と観察，関与，感謝，驚き，情動知能，そして，時間的または比較的な形態以外のその他すべての知識と体験が押し出され使えなくなってしまう。進化的な随伴性（有用な方向へと学習を通じて行動を適応させていくこと）は，多様性がないところでは機能しない。そのため，マインドの問題解決モードが過剰になると，多様性のない人生のなかで私たちはあっけなく身動きのとれない状態となり，もはや先へとは進めなくなってしまう。

　自己知識（self-knowledge）を例にして考えてみよう。人が自らの行動に対して言語的に相互作用をおこなうときには，相互的内包のプロセスがあるために，言語的シンボルと行動それ自体の両方の心理的意味合いが変わる可能性が常にある。この双方向の属性があるからこそ，人間の自己意識（self-awareness）は有用にもなるものの，同じ属性が自己意識を苦痛なものにもする。過去の痛みやトラウマについて報告する人が，たとえその自己報告が以前に一度もなされたことがなかったとしても（あるいは**それだからこそ余計**にかもしれないが），その報告の際に涙を見せることはよくある。その人

が泣くのは，言語的な報告が辛い出来事そのものと相互的内包によって関係づけられているからであり，これは普通，報告する行為そのものが以前に嫌悪的な出来事と直接関連づけられたからということではない。

　ごく自然なこととして，私たちは嫌悪的な出来事に対してマインドの問題解決モードを適用する。嫌悪的な出来事について言語的に意識している状態そのものが嫌悪的であり，人間の心は，ごくごくあたり前のことのように，嫌悪的な思考・感情・記憶・身体感覚を回避したり，否定したり，あるいは抑制したりすることで解決しようと反応する。我々は，私たち人間の選択肢を狭めていく主だった2つの心理的プロセスとして，過剰なルール支配と体験の回避の存在をすでに述べた。人間のマインドのほとんど無差別ともいえる非柔軟な問題解決モードは，これら2つのプロセスをますます強めてしまうことになるのである。

　しかしながら幸いにも，私たちには，言語と認知がまた違った機能の仕方をするような文脈を作り出すことができる。私たちは別なマインドのモード，すなわち，マインドフルな取り組み（mindful engagement）というモードを確立させることができる。マインドフルな取り組みモードとは，行為の結果が直接的にまたは言語的に意味があるかどうかにかかわらず，行為の結果に対してより柔軟で開かれた状態のことである。この心のモードにおいて人は，言語と認知を，自分の内外の両方の世界での出来事の満ち引きに気づきそれを感じるために，また，注意と行為を本質的に価値づけられた行為に柔軟に焦点づけるために，用いるようになる。このアプローチが可能となるためには，字義性と字義性から成るマインドの問題解決モードの両方を強めている文脈を見極め，変容しなければならない。どのようにしてそれをおこなうかについては，本書のテーマのひとつである。これから見ていくとおり，その過程でRFTが良い指針となるわけである。

関係フレーム理論がもたらす知見と臨床との関連

　RFT研究プログラムから得られた臨床に関する結論として，ほんのいくつかではあるが本書の目的に沿った範囲でまとめてみよう。以下にあげた結

論のなかには，すでに見てきた内容もあれば，ここではただ言明するだけで，後で詳しく見ていくことになるものもある。

- 人間がノーマルに機能するためには関係フレームが必要である。そうした言語的／認知的体系を取り扱うときには，ほとんどの場合に，臨床家自身も言語的な相互作用を用いなければならない。そのため，その課題をどのようにして成し遂げていくかを臨床家に示すような正確で範囲の広い理論が必要である。
- クライエントが抱える臨床的な問題のなかには，関係レパートリー（relational repertoires）の発達の貧弱さが原因になっているものもある（例：問題解決能力や知的能力の低さ，共感性の欠如，他者視点の理解できなさ）。そうしたケースでは言語スキルを構築することで介入が可能であり，その際，RFTは必要なスキルの同定を助ける（例：文献32を参照）。
- 関係ネットワークは引き算ではなく足し算で機能するため，臨床にかかわる認知的な事象を単純に除去するということはできない。「未学習に戻す」という学習プロセスは存在しないのである。過去の行動や習慣を消そうとするのは，実際には，新たな学習，抑制，反応の柔軟性の問題であって未学習に戻したわけではない。
- 関係フレームづけが発達してくると，他の行動調節を差し置いて関係フレームづけがその人のなかで支配的となる。なぜなら，関係フレームづけは，現実世界のなかで有用で，普遍的で，そして，一部には社会的／言語的コミュニティそのものによって維持される広く普及した字義性と問題解決の文脈を持つからである。
- 関係フレームの属性は有効な問題解決作業を可能にするものの，まさにそれと同じ関係フレームの属性が，硬直的なルール追従と体験の回避を通して，クライエントのレパートリーを狭めることにも同時に荷担する。
- 貧弱な文脈制御のもとで関係フレームづけが起きると，今現在の体験に対して柔軟で，注意深く，自発的な注意を向け続けるのが難しくなる。

- 「字義どおりという問題解決的文脈」だけが，言語的／認知的プロセスが働く文脈ではない。私たちは，「マインドフルな取り組みの文脈」を作り上げることもできる。後者の文脈のなかでは，言語が持つ機能が前者とは違ってくる。
- 言語と認知の違ったモードを文脈制御の下へ引き込む方法を学ぶことは，ACTの中心課題である。それはまた，もっと一般的な意味での心理的健康を維持するうえでも重要なことである。

まとめ

　本章では，ACTの哲学的，理論的，また科学的な基盤のいくらかを紹介した。その主な目的は，読者が，機能的文脈主義と関係フレーム理論の主要なポイントをよく理解できるようにすることだった。それらのポイントは，本書を通じてこれから取り扱っていく臨床に関連した主題に直接かかわってくるものである。次の章では，人間の適応的機能に関する統一的なモデルを紹介し，その後で，RFTを土台としたACTの中心概念を構築しつつ，今日実践のなかでACTの基礎と成りつつある臨床的な概念について紹介する。

第3章

人間の機能の統合モデルとしての「心理的柔軟性」

　本章では，人間の機能と適応に関する統合的なモデルを紹介し，それが臨床とどのように関連するのかを示す。モデルの核となる6つの特徴が，人間の適応力に対して，また裏返せば人間の苦悩に対して，全般的な影響をおよぼしていると考えられる。また，ACTやRFTの研究，そして，領域は異なるものの同じ主題に影響を与えている心理学の他の研究とを関係づけながら，関連する科学的知見についても紹介する。続く第4章では，本章で紹介するプロセスを使ってどのようにケース・フォーミュレーションをおこなったり，介入の計画を立てたりしうるかを示す。

　我々はその「統合モデル」を次のように定義する——**一貫性のあるプロセス一式で，正確性，範囲，および深度を持ちながら幅広く臨床に関連した問題に適用され，また人間の機能と適応の問題にも適用されるもの**。たとえば，公園で見かけるような噴水で，水の噴き出すパターンが時間とともに千変万化するところを思い浮かべてみよう。空中高く水を噴き上げる場面もあれば，綿密に計られた順番でさまざまな水しぶきをあげる場面もある。目にする一つひとつの演出は，それぞれの場面のために固有に設計されていて，だからこそ何とも美しい噴水が造形される。ところが，また別なレベルから分析すると，噴水は，ありふれたパイプ一式と，若干のポンプとモーター，そして一般的な回路盤によって，その背景を支えられている。こうした隠れた配管と電気設備は，噴水が見せるあらゆる噴き出しパターンの土台である。つまり，ごく少数のプロセスから，ほとんど無限に多様な演出が生まれてくるということだ。

さまざまな表情を見せる噴水におけるごく少数のプロセスの側に焦点を当てるように，ACTでは，人間の苦悩が見せる無数の演出パターン（症状と症候群，または症状の集合）の一つひとつにではなく，演出全体を大元で制御しているプロセスの側に焦点を当てる。ACTの基盤をなす心理的柔軟性モデルは，一貫性を持って作用し合う限られた数のプロセス一式に注目する。この少数のプロセスが，人間の適応と，その逆である人間の精神病理と苦悩とに深く関連しているのである。

統合モデルのゴールとは何か？

第1章と第2章で見たように，すべてのトリートメント・モデルに適用される試金石は，モデルが**臨床的に意味のある介入を導く力**を持つかどうかである。ACTでは広く適用できるトリートメント計画を立てることが可能で，実際それを成し遂げていることもエビデンスが示している。しかし，それだけでは我々が掲げる統合的モデルの定義を満たすとはいえない。統合的モデルであるためには，以下の項目を満たすこともまた必要不可欠である。①モデル上で介入効果を説明すると想定されるプロセス（媒介プロセス）が，実際にそれを説明する，②モデル上で介入効果を左右する鍵となる人間のプロセス（介入効果の調整変数）が，実際にそれを左右している，そして③モデル上で重要だと強調されている介入の主要な要素が，**実際に重要**である。つまり，臨床心理学的モデル（clinical psychological models）が成功するか否かは，介入の結果だけに基づくのではなく，**媒介プロセス，介入結果の調整変数，介入の主要な要素**が，それぞれ同定されるかどうかにも基づいており，そうした**項目はいずれもが現在進行中の基礎研究と臨床研究の両方で扱われている**。

また，統合的モデルであるためには，同じプロセス一式が，集団のなかで機能しているメンバーを同じく集団のなかで機能不全となっているメンバーから区別できることを示さなければならない。つまり，**臨床的な機能不全の集団に特定の反応スタイルがあることを示すだけでは不十分**なのである。集団全体のなかで健康なほうに属する人々が，何らかの観察可能な仕方で健康

でない人々とは違うということを，同じ反応スタイルの基準を使って示せなければならない。この要請を言い換えると，**トリートメント・モデルと精神病理のモデルが統合され，それらが共通のコア・プロセスを扱っている必要がある。**

　ACTの臨床上のアセスメントは，ディメンショナルなアプローチ（dimensional approach）に基づいていて，人間の行動の持つ連続性を強調する。ただし，ディメンショナルなアプローチは，ディメンションの数が多過ぎたり，それほど重要でないものまで含まれていたり，また，一貫した全体へと体系立てられていなかったりする場合，混乱を招きかねない。そのため，統合的なモデルは，**多くの可能なプロセスから厳選したうえで，少数のプロセス一式を一貫性のある視点へと体系立てたものである必要がある。**ディメンションが多いときに起きる混乱は容易に想像がつく。たとえば，私たちが，ディメンショナルな特徴を無作為に選んで，人間の心理を体系立てはじめたとしよう。このときに，年齢，信心深さ，自尊心の強さ，外向性または内向性の程度，などといった項目を次々にあげていったらどうなるだろうか？　リストの項目が2桁になるころには，その体系は，臨床で役立つものとしては複雑すぎるようになるだろう。適切な**基盤となる理論**がない限り，そうしたアプローチのいずれもが，膨大なディメンション項目を無尽蔵に生み出すこととなる。機能的でディメンショナルな分類は，この点については，基礎科学を通じて生み出されたもので臨床に関連すると見込まれるディメンションだけに注目することが求められる。ACTの機能的文脈主義的アプローチは，ディメンションの数を制限し，その最小限を基礎的プロセスにつなげ，一貫したモデルへと体系立てることで，アプローチを臨床的に有用なものにしようとしてきた。そして，ACTのモデルは，今ではここで述べた統合的モデルのすべての基準を十分満たすものにまで発展したといえる。

心理的柔軟性モデルの概略

　心理的柔軟性モデルは，本質的に帰納的で，主に研究から導き出された人間の基本的プロセスとリンクしている。モデルはその構造上，精神病理のモ

100　第 I 部　さまざまな基盤とそのモデル

```
              非柔軟な注意

                              価値の混乱
体験の回避                     プライアンス，フュージョン，
                              回避に基づく価値が優位

          心理的非柔軟性

                              行為の欠如，衝動性，
認知的                         回避の持続
フュージョン

          概念としての自己
          に対する執着
```

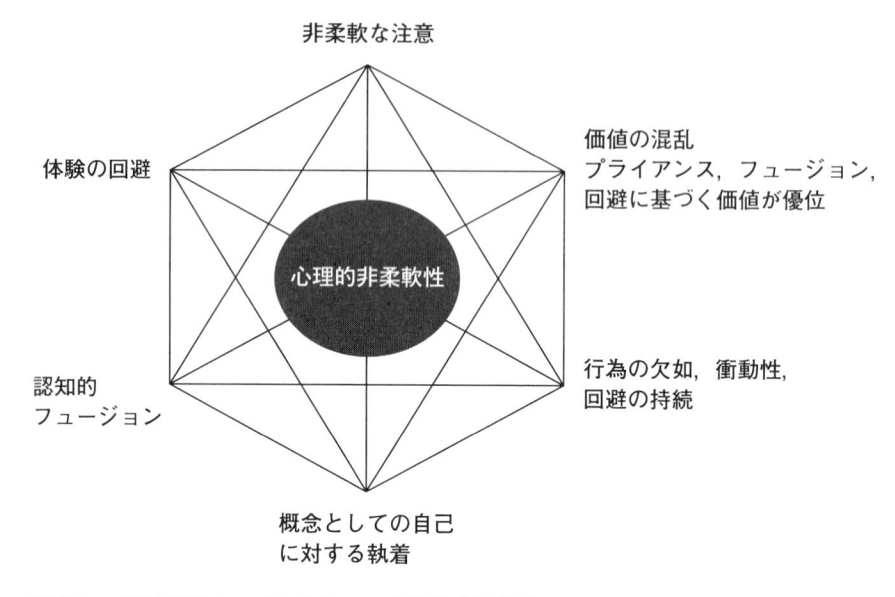

図 3.1．精神病理のモデルとしての心理的非柔軟性（Steven C. Heyesの許諾により使用）

デルであると同時に，心理的健康のモデルでもあり，さらに心理的介入のモデルでもある。**図 3.1** に，心理的非柔軟性に関与する 6 つのプロセス，すなわち「非柔軟な注意」「価値の混乱」「行為の欠如または衝動性」「概念としての自己に対する執着」「認知的フュージョン」「体験の回避」を六角形の形で示す。**図 3.2** には，これと対応する 6 つのコア・プロセスで心理的柔軟性を生じさせるもの，すなわち「『今，この瞬間』への柔軟な注意」「選択された価値」「コミットされた行為」「文脈としての自己」「脱フュージョン」「アクセプタンス」を示す。モデルの形状と心理的柔軟性への着目から，このちょっとユニークな「ヘキサフレックス（hexaflex）」という名称が生まれた。その善し悪しは別として，この名称は今では定着したようである[訳注1]。この用語を口にするとき，読者が少しニヤッとしてしまっても心配はいらない。著者らも，モデルの真面目な目的にもかかわらず，やはりニヤッとして

訳注 1）「hexaflex」とは「hexagon（六角形）」と「(flex) 柔軟性」を合わせた造語。また，
　　ヘキサフレックスは本書の第 1 版ではまだ紹介されておらず，第 2 版より紹介されるようになった。

```
              コミットメントと
              行動活性化のプロセス
```

```
          「今，この瞬間」への
              柔軟な注意

 アクセプタンス                        価値


                 心理的柔軟性


  脱フュージョン                   コミットされた行為


              文脈としての自己
```

```
  マインドフルネスと
  アクセプタンスのプロセス
```

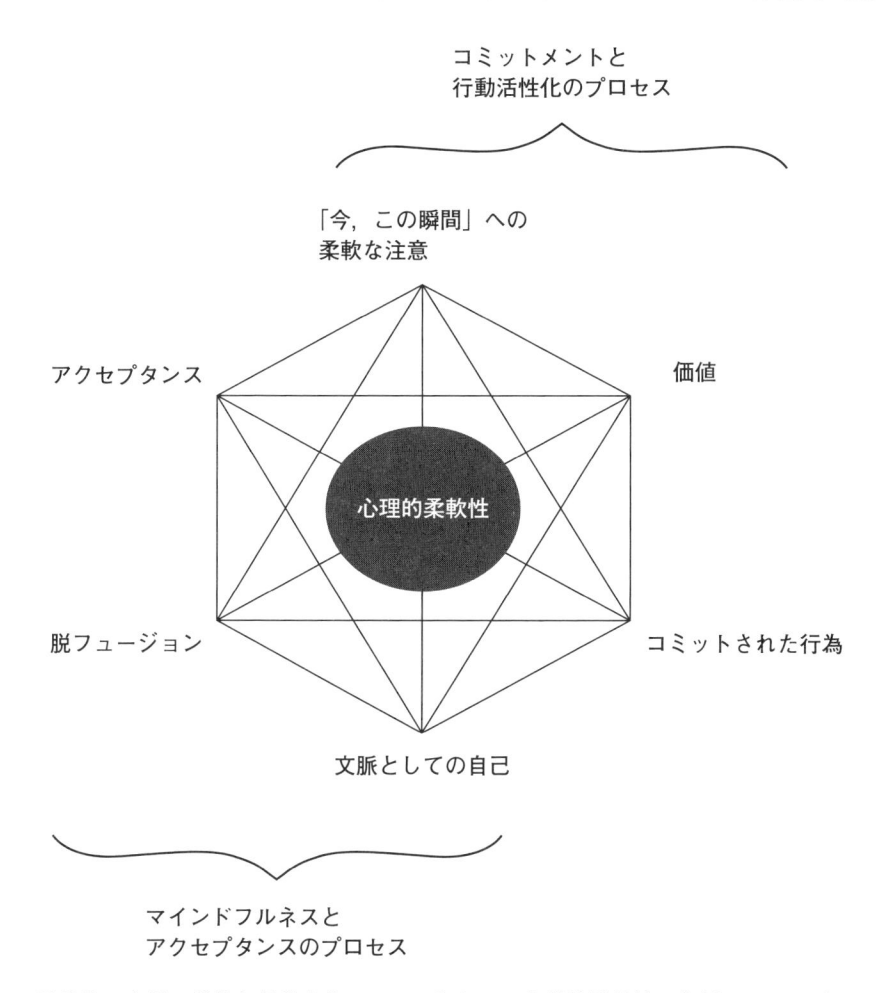

図3.2. 人間の機能と行動変化のモデルとしての心理的柔軟性。左側の4つのプロセスは，マインドフルネスとアクセプタンスのプロセスとみなされる。右側の4つは，コミットメントと行動変化もしくは行動活性化のプロセスである。6つのプロセスすべてが一緒に機能している状態が「心理的柔軟性」である。(Steven C. Hayesの許諾により使用)

しまうものである。

　心理的柔軟性モデルが意味する大きなポイントは，6つのコア・プロセスは心理的柔軟性を促すと同時に，これらプロセスの1つ以上が欠ければ心理

的硬直性のリスクを招きもするということである。さらに，心理的硬直性は人間の苦悩と適応不全の原因であると捉えられることも強調しておきたい。ところで実際のところ，心理療法を受けに訪れるクライエントのうちのいったい何人が，機能しないルールへのとらわれから自分自身を解き放ち，自らの内外の変えられない事柄をアクセプトし，「今，この瞬間」を生きながら適切な事柄に精を出し，視点としての自己の感覚と接触し，そして，大切に抱かれる人生の価値を選び明らかにしたうえで，そうした価値を中心に自分の行動を体系立てられるだろうか？　そんなクライエントはまずいないだろう。

　心理的柔軟性モデルから見れば，苦痛とは人間が生きるうえで自ずと生じるものである。しかし，心理的硬直性のレベルが全般的に高まり，それにより人が内的または外的な文脈に適応するのが妨げられるようになると，その人は必要以上に苦悩するようになる（図3.1）。不必要な苦悩というものは，言語的／認知的プロセスが，認知的巻き込まれと体験の回避を通じて，人生の主要な領域で私たちのレパートリーを狭める傾向を持つようになることで生じる。一般に，機能しない言語ルールとの行き過ぎた同一化，または「フュージョン（fusion）」が起こると，行動レパートリーは狭まり，行動の直接的な結果との効果的な接触も失われる。そうなった場合，ある方略が機能していないときには柔軟に，その方針を変えてみるといったことができなくなってしまう。クライエントは，いつまでも自分が抱える困難を分析し，頭で理解しようとひたすら努力し続ける状態に陥るのである。このときクライエントのなかでは，活き活きとした生き方に取り組むよりも，何が間違っているのかを「正しく」言い当てることのほうが重要となる傾向がある。また「体験の回避（experiential avoidance）」があると，クライエントの行動は嫌悪によって制御された状態になる。つまり，主として思考・感情・記憶・身体感覚を回避したり，抑制したり，またはそれらから逃避しようとしている状態になる。回避は，行動的な締めつけをさらに強め，それと同時に，行動に対してのポジティブな結果との接触を次第に奪っていく。回避のサイクルが優位になると，そのなかで「二次的なダメージ」（例：人間関係が希薄になる，夢や希望を失う）を増しながら，回避を維持する必要性がま

すます高まっていくのである。

　こうしたパターンがあると，柔軟な注意のプロセスも圧倒されやすくなる。たとえば，柔軟で流動的で自発的な仕方で「今，この瞬間」に入り込むことができずに，過去または未来に没頭しているときには，反すう，不安，抑うつといった状態（「非柔軟な注意」）に簡単に陥るようになる。また，自己の物語と同一化し過ぎたり，機能していない自己観に硬直的にとらわれたりすると（「概念としての自己」），多くの場合，自己成就的な予言に沿ってしか振る舞えなくなる。結果として，その人の歴史のなかで起こった過去の辛い出来事が，今現在におよぼしている影響を根拠なく拡大解釈されるようになる。こうした非柔軟なプロセスが過度に優位になると，自らの認知的な能力を有効に活用する力も妨げられる。つまり，ポジティブな意味づけをしたり，自らが選んだ結果に行為を結びつけたりすることが難しくなる。認知的な能力を有効に活用することが妨げられると，動機づけが弱まり，また「価値」に基づいた行為も抑制されるようになる（「価値の妨げ」）。その人が大切にしている価値とのつながりを失うと，行動は，コミットされた行為から離れ，むしろ社会的な服従，他者を喜ばせたり慰めたりする努力，回避といったものに支配されるようになる。そうした行動が長期に亘って続くと，健全さ，活力，生きる目的を生み出すはずの人生の重要な領域が停滞する。やがて，人々は，引きこもったり，孤立したり，または逆の方向として飲酒，薬物使用，自傷，過食，喫煙が手放せない，などといった行動の過剰を示したりするようになる（「行為の欠如，衝動性，回避の持続」）。「負のヘキサフレックス」のこうしたプロセスが合わさると，感情的に死んだかのように感じられる「自動操縦（autopilot）」のような生き方，または逆に，動乱，苦悩，自己注目でいっぱいの生き方へとつながる。どちらのスタイルにしても，そういった人は死んでしまってはいないまでも，活き活きとした感じや目的，人生の意味の感覚といったものの存在しない人生を生きている。

　心理的柔軟性モデルは，一見すると，とても従来的で一般的なものにも見えるだろう。このモデルでは人間の苦悩のほとんどは心（マインド）に原因があると考えるし，精神病理はほとんどがまさに「精神の」障害であって，健康になるためには今までとは違ったマインドのモードを採用する方法を学

ばなければならないと考える点も従来と変わらない。では，何が従来とは違うのだろうか？　ひとつは，ACTの理論家たちが心（マインド）にアプローチするときには，言語的また認知的活動の性質を専門的な観点から理解しようとする点。もうひとつは，言語に対して文脈的行動科学の立場から臨む点である。苦悩を生み出す主な要因は，私的体験の**内容**そのものよりも，言語活動の**文脈**である。思考の内容が間違っていること自体はそれほど大きな問題ではない。むしろ，問題なのは，私たちが，どのような思考であれ，その思考の内容にとらわれること，そして，私たちのコミュニティが，思考を含む字義どおりの言葉や象徴を多用して行動を制御しようとすることに非常に支持的だということである。

　ACTの最終ゴールは，言語的・認知的プロセスをよりよい文脈制御下へ引き込むことで，クライエントが価値ある人生をたどる道筋の一部としての自分自身の行為のポジティブな結果にまさに「今，この瞬間」のなかで接触する時間をより延ばすことだといえる。図 3.2 に示した「正の（positive）ヘキサフレックス」の6つのプロセスが組み合わさることで，心理的柔軟性が生まれ，適応的に機能している人間の状態になる。つまり，このプロセス一式こそが，ACTの介入を通じて促そうとするものなのである。

　正のヘキサフレックスの6つのプロセスは，それぞれが，硬直性と苦悩をもたらす負のヘキサフレックスの各プロセスの対称，または反対としての役割を果たしている。

- 「内容」への過度なとらわれの問題（フュージョン）を解消するために，ACTでは，私的出来事（思考・感情・記憶・感覚）を一歩下がったところから眺め，それが何と言っているか（世界の体系に対応するとされる字義どおりの真実）ではなく，それが実際に何であるか（現在進行形で起きている体験）に注目することを教える。これは「脱フュージョン」のプロセスである。脱フュージョンでは，字義どおりで，評価的で，ルールに基づくたぐいの反応が持つ機能的な優位性から「字義性をはぎとる（deliteralize）」，もしくはその優位性を弱める。このように，脱フュージョンは，主に人間としての体験についての言語的側面に焦点

を当てた取り組みである。
- ACTでは体験の回避の問題を解消するために，望まない私的出来事に対して，それを抑制したり，支配したり，それから逃れようとしたりといったむなしい努力を重ねることなく「それら私的出来事のための場所を自分のなかに作り出すこと」を教える。さらに，そうした困難な体験が満ちては引いていく様子を，純粋な好奇心と自分自身への慈しみの心を持ちながら探索する姿勢（アクセプタンス）を教える。このように，「アクセプタンス」は，人間としての体験の感情的な側面に特に注目する。
- 自分についての物語への過度な執着と同一化（概念としての自己に対する執着）を解消するために，「私／今／ここ」の体験としての自分とのより強いつながりを築けるように助ける。この観察者の視点，または「文脈としての自己」は，ある種の意識状態として，思考や感情から脱フュージョンされたアクセプタンスの姿勢でものごとを探索するための土台を提供する。
- 硬直的な注意のプロセスは，記憶のなかの過去または想像された未来の世界へとその人をさらっていく傾向にある。それに代わるものとして，クライエントが「今，この瞬間」へと戻って来られるようにするための「柔軟な注意」のプロセスを確立しようとする。
- クライエントの振る舞いがその人の価値から切り離されていたり，価値と一貫していなかったりする場合に「価値づけ（valuing）」を促す。つまり，意識的に自分の価値を選び取り，価値とつながりを持った「今，この瞬間」が帯びている有意義な性質とクライエントが接触するのを助ける。
- クライエントが，効果的な方法で振る舞えずに苦しんでいたり，衝動的行為や持続的な回避にしがみついていたりする場合に，ある具体的な行為と選択した価値とをクライエント自身が結びつけるのを助け，さらに，それを出発点にして，価値に基づいた効果的な行為のパターンをさらに大きく構築していけるように助ける（「コミットされた行為」）。これは，伝統的な行動療法でおこなわれるのとまったく同じことである。

実際の臨床では，見るも明らかな障害を 6 つのコア・プロセスのすべてで示すクライエントはほとんどいない。それだからこそ，プロセスの一つひとつに注目しながらそれを評価していく作業が，セラピーの前だけでなく経過中にも継続しておこなわれることが重要となる。また，ACT のコア・プロセスのうちのひとつに取り組むと，まず間違いなくそれ以外のプロセスのいくつかが「活性化」される。著者らの見方では，この現象はセラピストにすばらしいチャンスをもたらすといえる。なぜなら，そのおかげで，クライエントが正のヘキサフレックスのどのプロセスを強みとして示しても，それを足がかりに弱点となっているプロセスを解消していけるからである。第 4 章でさらに詳しく説明するが，このように，ヘキサフレックスは，ケース・フォーミュレーションとして機能すると同時に，介入プランを立て，経過を観察していくための道具としての役割も果たすことができる。

心理的柔軟性モデルの中核的プロセス

心理的柔軟性の 6 つのコア・プロセスであるアクセプタンス，脱フュージョン，文脈としての自己，「今，この瞬間」に対する柔軟な注意，選択された価値，コミットされた行為は，30 年近い基礎研究と臨床研究のなかから浮き彫りにされてきた。人生には，環境の変化や乗り越えるべき課題も多いが，6 つのコア・プロセスの一つひとつが，そうした人生のなかでその人がどれほど上手に適応できるかを左右する基本的な役割を果たしている。どのプロセスも他のすべてのプロセスと関連し合っているものの，それぞれには，より互いに深くつながり合った対となるプロセスがある。反応スタイルとでも呼ぶべき 3 対のプロセスとは，「アクセプタンス」と「脱フュージョン」，「今，この瞬間の認識」と「文脈としての自己」，「価値」と「コミットされた行為」である（図 3.3）。本書では，これらの 3 つの反応スタイルを，それぞれ「**オープンな（open）**」「**集中した（centered）**」「**従事した（engaged）**」と表現する。3 つの反応スタイルは屋根を支える 3 本の柱のごとく，または腰掛けを支える 3 本の脚のように[226]，それらが適切な位置にあ

```
     オープンな         集中した          従事した

                     「今，この瞬間」

     アクセプタンス                       価値


     脱フュージョン                      コミット
                                        された行為

                     文脈としての
                     自己
```

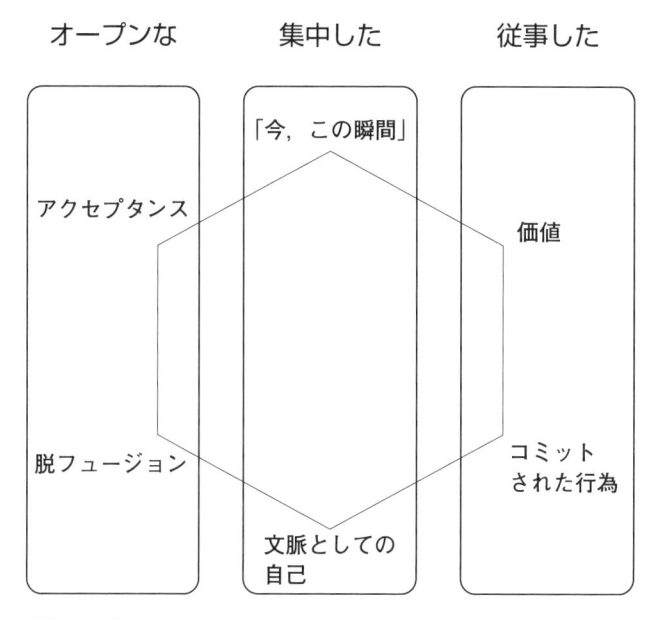

図 3.3. 心理的柔軟性を構成する3つのスタイル（Steven C. Hayes の許諾により使用）

り共に機能する際には，非常に大きな力を発揮する。しかし，その脚の1本以上が弱くなったり位置からずれたりすると，構造全体がぐらついて，ちょっとした負荷でも崩れる可能性がでてくる。Russ Harris[88]が提唱する心理的柔軟性の「トリフレックス（triflex）」モデルのなかにも，これと似た考えが含まれている。いずれにせよ，心理的柔軟性を維持するためには，3つの反応スタイルとその各要素の間のバランスを持続させる必要があり，同時に，これは簡単なことではないのである。

　続く各節では，「オープンな」「集中した」「従事した」という3つの反応スタイルに基づいて，体系的にACTの6つのコア・プロセスをそれぞれ取り上げていく。また本章の後のほうでは，プロセスと手順についての，媒介要因（mediation），調整要因（moderation），そして介入効果のそれぞれに関するエビデンスを検証する。

オープンな反応スタイル
——「脱フュージョン」と「アクセプタンス」

　アクセプタンスと脱フュージョンは，直接的な体験に対してオープンな姿勢でいるための重要なスキルである。脱フュージョンは，人が苦痛で望まないような私的出来事や体験に不必要に没入するのをやめ，批判的ではない見方を通じて，それらを単に進行中の精神的な活動として眺められるようにする。また，アクセプタンスは，そのとき体験している事柄に関心を持ちながら，より全面的に踏み込み，そこから学び，そしてそうした豊かな体験が起こるための場を作れるようにする。前の章では，人間のレパートリーを狭めるような体験の回避と認知的フュージョンについて，その言語的な基盤を考察した。この2つのプロセスは，負のヘキサフレックスの左側（オープンな反応スタイルの領域）を占めている（図3.1参照）。もしも，私的出来事に対して拒否的でフュージョンした姿勢をとることが，心理的柔軟性モデルのなかで病理の礎石となっているなら，心理的にオープンでいることが支援策となり，介入のターゲットとなる。

　ACTについての解説はアクセプタンスというテーマからはじめられることが多いが，本書では，脱フュージョンからそれをはじめることにする。なぜなら，脱フュージョンに関わる言語と認知は，心理的柔軟性モデルのなかで中心的な役割を果たす要素であり，また，フュージョンは体験の回避で要となる役割を果たすものだからである。

フュージョン vs. 脱フュージョン

　私たち人間は，高度に言語化された世界を生きていて，言語の持つ重要性も非常によく認識している。ところが，そうした認知や言語の持つプロセスについては，たいていの場合，十分理解してはいない。一般に，認知や言語とは，私たちの「心（mind）」のなかにある「精神的（mental）」なものであると捉えられている。なお，本書では専門的な観点から，「マインド（mind）」という用語は，評価，分類，計画，理由づけ，比較，参照などといった，個人の関係的（言語的または認知的）活動（relational activities）

のレパートリーのことを指している。本書では「**マインド**」という用語を名詞形で使ってはいるが，それは具体的なモノではない。それは「脳」が灰白質と白質，中脳などといった具体的なモノによって構成されているのとは異なっているのである。また，マインドは具体的な人体の器官ではなく，むしろ行動のレパートリーなのである。もしマインドという名詞型によって混乱を生むのなら，**マインディング**（minding）という動名詞形で理解してもらってもよいかもしれない。

　言語行動は，世界のなかで，また世界そのものと効果的に相互作用をするうえでは，すばらしい道具である。ただ，それは，言語以外のすべての活動を圧倒してしまう恐れもある。なぜなら，言語行動がいったん確立されてしまえば，言語的な関係性は環境からの継続的な支えをほとんど必要とせず，派生させられ続けてしまうからである。それは，これを維持する多くの支えとしての結果，つまり，意味づけ，問題解決作業，語りなどが，はじめから言語と認知それ自体に実質的に組み込まれているからである。つまり，実際的な環境からの支えなしでも，言語行動それ自体が言語行動を維持するための支えを生み出しているのである。人間が体験する世界のなかで，「マインド」が到達できないものはないといってもよい。明らかに最も「非言語的」な出来事でさえ，ただそれについて**考える**だけで，少なくとも部分的にではあっても，いとも簡単に言語的なものとしうるのである。

　専門的には，認知的フュージョンとは，言語的出来事が行動に対して強い刺激性制御（stimulus control）を持つようになり，他の文脈的変数の影響力を締め出すに至るプロセスのことである。つまり，フュージョンは，ある種の行動調節の面で言語が非常に優位になった状態だといえる。言語行動を支える文脈は遍在するため，人間は朝から晩まで言語的に行動しがちである。私たちはいつでもどこでも，説明し，分類し，関係づけ，そして評価している。私たちは普段のマインドのモードにあるとき，世界が持つ実際の機能と思考によって派生された機能とを「フュージョンさせている（fused with）」（語源的には「注ぎ合わされている〔poured together with〕」）といえる。そういった状況で，派生された刺激関係によってその人の行動がますます影響を受けるようになってくると，その人の行動に対しての直接的な体

験が果たす役割はどんどん小さくなる．私たちは，認知的フュージョンによって，ある出来事が派生された刺激関係なのか，それとも直接的な体験なのか区別することが難しくなってしまう．そうすると，私たちは，実際は精神的な構築物でしかない対象に対して，あたかも実際の物理的対象に直接対応しているかのように反応しはじめるのである．

　もちろん，それが必ずしも悪いとはかぎらない．たとえば，何かにぶつかりそうになっている人に向かって「気をつけて！」と叫ぶ場合を考えてみよう．その瞬間，その人には，叫ばれた言語刺激に従うか，それとももっと違う環境側の刺激に従うかで，上手にバランスをとってほしいなどとは誰も期待しない．同じように，確定申告のための計算をしているときなら，心理的な注意を，該当する数字と税金の規定が一致しているかどうかの点に完全に没入させることは害というより有益である．肝心なのは，フュージョンが**役に立たない**ときに，その人が他の方法に切り替えられるかどうかということである．日常の生活のなかで人が自然と脱フュージョンというスキルを学習することはほぼ考えられない．そこで，脱フュージョンを習得するためには臨床的な介入が不可欠となる．**クライエントが認知的フュージョンを自ら制御できるようになることは，ACTのアプローチの主な狙いのひとつなのである．**

　私たちが具体的に何かについて考えるとき，その考えに関連した刺激機能のうち，そのいくつかが表れることになる．仮に，パニック障害のあるクライエントが，数週間後にプレゼンテーションをする予定になっていて，それへの恐怖が極度に高まっている状態を考えてみよう．その人は，何百人もの聴衆を前にステージ上で自分がコントロールを失った場面を想像する．その人がフュージョンした状態では，この不吉な結末は，想像しているまさにその瞬間に目の前で展開するかのように，十分なリアリティを帯びている．コントロールを失うことのイメージが頭のなかを目まぐるしく流れていくかもしれないし，ショック，恐怖，また自分の振る舞いが引き起こす聴衆からの嘲笑を想像するかもしれない．目の前に嫌悪的な出来事があれば不安が生じるのは自然なことである．フュージョンによって生々しく嫌悪的な思考が生じれば，それによって不安やパニック症状が引き起こされるのも自然であ

る。さらに，そうして起こった不安やパニックは，苦痛なイメージをいっそう持続させることになる。恐怖に怯える人は，言語の力を使い自分自身で恐怖を引き起こすような環境を作り出してはフュージョンするかもしれない。そういった人は，そこまで世界が恐ろしいのは，自分がそれを作り出したからなどとは考えない。むしろ，あたかもそれがあらかじめ現実に実在していて，たまたま自分が今それを発見したかのように反応する。実際には，そうした恐ろしい出来事は，単に自分で想像しただけのことであって起きてなどいない。それにもかかわらず，言語的シンボルと出来事とがフュージョンすると，起きてもいない出来事の持つ機能的な属性のいくつかが，心理的な意味ではあたかもその瞬間に存在するかのような状態を作り出すのである。つまり，そうしたクライエントは，パニック発作が起こるかもしれないプレゼンテーションのような状況に，わざわざ実際に足を踏み入れるまでもなく，フュージョンの力によって，いとも簡単に，すでにパニック発作が起こってしまっている「プレゼンテーションの真っ只中」へと引き込まれてしまうのである（そもそも，そういった人には，そうしたプレゼンテーションを実際におこなった経験すらないかもしれない）。ACTの観点から見ると，問題は思考そのものではない。むしろ，実害をもたらしているのは，思考との非自発的なフュージョンと，その結果として起こる回避行動である。

　フュージョンとはある程度，人間の言語に内在し，進化的にも意味のある役割を担ってきた。この能力は，はじめ，社会的・対人的な制御や協力，また警告のシグナルなどの形で進化し，その後，次第に一般的な問題解決ツールへと拡張されたと考えられる。「エサを逃すほうが，エサになるよりもまし」とでもいったところだ。だからこそ，言語は，危険を察知してそれを避ける能力と，社会的な助け合いを引き出す能力とを大きく伸ばしてきたのだろう。他方で，言語が，私たちの自己実現，幸福，または審美的な好みを促すために進化してきたとはほとんど考えられない。なぜなら，言語を使って，安全で満ち足りた気持ちになったり，美しい夕日を見たときの感動を高めたりすることは，生物の生存上，進化論的に何の有利な点ももたらさないからである。いずれにしても，このようにして発達してきたと考えられるマインドの問題解決モードは，私たちにとって計り知れないほど強力な道具で

ある。それは，人間がなぜ地球を支配するようになったのかを少なくとも部分的には説明するだろう。

　ところが困ったことに，マインドのこのモードはそう簡単に止めることができない。たとえば，誰かが道に迷ったときのことを考えてみよう。道に迷った人は，正しい道順を見つけ出し，自分がどのようにしてその場所に至ったのかを把握できるまで，辺りを見回し続け，また，現在の位置と目的地との距離を把握しようとし続ける。マインドフルネス認知療法の開発者の一人であるMark Williams[257]は，こうしたマインドの傾向を「マインドの不一致に基づくモード（discrepancy-based mode of mind）」と呼んだが，こうした評価し，判断する試みは，不一致が解消されたと納得されるまでは自然には止まらない。このプロセスに関わっている言語機能のほとんどは，ありのままの「今，ここ」とはほとんど関連することなく，むしろ，予測と比較に基づいている。問題解決プロセスの一環として生み出される思考は，いつでも問題を解決できるというわけではなく，ときには生産的でない場合もある。マインドの問題解決モードでは，思考の「内容」が感情と行為により密接に関連している。また，思考が実践的にどう役立つかには目が向けられず，思考によって真実であるとされたものにばかり注意が集中する。そのため人は，マインドの問題解決モードによって，より思考に巻き込まれ，いっそう頭のなかの世界に引きこもりがちとなる。現代のメディアはこういったマインドによるフュージョンした状態を実に奨励しているかのようで，大衆は，感情的で判断的な言葉にさらされる機会がますます多くなっている。ひょっとしたら，電子メディアに触れる機会が多くなった結果として，未来の社会では偏見のような偏ったものの見方が増えるかもしれない[83]。

フュージョンと脱フュージョンが持つ臨床上の意味

　先に紹介したようなフュージョンに関連する現象は，さまざまな形態のセラピーのなかで介入の対象となっている。振り返ればそうした現象は，行動療法のなかから認知革命が起きてきた理由そのものでもあった。当時の主要な理論家たちは「思考→行動」の好ましくない関係は，ネガティブな思考の

形態，頻度，また状況に対する感受性を変えることで修正されるはずだと結論した。一方，ACTでは，クライエントの訴える問題の深刻さを認めながらも，代わりとなる解決策，すなわち，認知的な柔軟性を高めることで「思考→行為」の関係を維持する自己フィードバック的な文脈を切り崩す方法を提案する。言語が生み出すある幻を打ち破らない限りは，認知的な柔軟性を高めることは難しい。通常の言語プロセスに備わっているそうした幻とは何であろうか。その幻とは，思考は思考自体がそれであると訴えかける対象そのものであって，いうなれば思考は現実の鏡であり，そして，この世のどのような問いにも唯一の「正解」で「真実」というものが存在するといった幻である。

　従来の認知行動的アプローチとは，歪んだ思考の内容をつきとめて，歪みを修正しようとするものだった。それに対し，脱フュージョンとは，マインディングのおこなわれる機能的文脈を変えることで，思考や感情といった活動の「内容」だけでなく，その「プロセス」にもクライエントの意識が向けられるように促すものである。RFTの用語でいうなら，フュージョンには，言語と認知が持つ刺激機能を変換する文脈が関わっている。では，脱フュージョンとは，その逆のプロセスを臨床的に応用していくことだと考えてみよう。脱フュージョンは，フュージョンを支えている手がかりと文脈（cues and contexts）を変容することで，問題を引き起こしている刺激機能の変換を弱める。特定の思考の「形態」ではなく，その「機能」を変容する目的で，脱フュージョンではしばしば，クライエント自身が今まさに世界を言語的に構築しようとしていることに気づけるよう導く。そのときクライエントは，ときに相互に矛盾さえしている複数の思考の存在に気づく（もしくは入念にそのような状態へと導かれる）かもしれない。クライエントは，これらの思考にただ気づくだけでよく，どの思考が正しいのかを判断したり，間違った思考に反論したりする必要もない。また，脱フュージョンは，思考の内容と考え方のスタイルに徐々に影響をおよぼしもする。それは，理屈の組み直しによってではなく，むしろ認知的な柔軟性とオープンな姿勢から育まれた新しい学習体験に曝されることによって起こるのである。

　脱フュージョンの技法については，さまざまなものが開発されていて，本

書の第 9 章でもその多くを詳しく見ていく。そこでも解説するが，ACT の古典的な脱フュージョンの技法のひとつに，Titchener（文献 229 の p.425）によってはじめて用いられた「ミルク，ミルク，ミルク」エクササイズがある。このエクササイズでは，はじめに何か 1 つ単語を選び，その単語が意味する対象の物理的な属性を一つひとつ探っていく。たとえば選んだ単語が「ミルク」なら，白く，クリーミーで，冷たい，などといった属性をあげながらイメージしていく。次に，セラピストとクライエントの両者が，その単語を，約 30 秒間，素早く繰り返して発音する。この作業をおこなった結果，たとえばこのミルクの例では，**ミルク**という単語が急速にそのすべての意味を失って，最後にはなんだかおかしな音の羅列だけが残る。読者も実際に試して，自分自身の**ミルク**のイメージや体験にいったいどんな変化が起こるのかをやってみてほしい。実際の臨床では，このエクササイズに続いてさらに同様のエクササイズがおこなわれることが多い。その場合には，クライエントの問題の核となっているような思考について取りあげ，それを簡潔に表す単語で，かつ，クライエントにとって手放す準備ができているものを選ぶ（例：「意地悪」「馬鹿」「弱い」「負け犬」）。クライエントの問題に関連した思考を選びこのエクササイズをおこなうことで，思考に対する主観的な確信度（believability）と一緒に，思考が生み出していた苦痛がはぎ取られていくことが研究から示されている[166, 167]。

　この奇妙な手続きは，なぜそのようにうまく作用するのだろうか？　それは，普通，言葉の連なりは，一つひとつの単語がそのなかで意味を持つような 1 つの文脈だからである。では読者には，次のことを試してみてほしい――**あなたは「ジャズワズ」の意味をご存じでしょうか？　もしご存じでなければ，拍手してみてください。では，少し時間を取りましょう。**――あなたが，たった今，拍手しようかどうしようかと少しでも迷ったのなら（または本当に叩いてみたなら），あなたは認知的フュージョンの「引き」の力を感じたということである。「**拍手してみてください**」と「**少し時間を取りましょう**」は，ただ単に紙の上のインクか，パソコンなどの画面上の電子に過ぎない。その文脈次第では「**拍手してみてください**」という単語の連なりは，実際にそのような手の動きを引き出すように機能する。そして，たとえ

今のあなたの状況が，そうした動作をするような文脈ではないとしても（普通なら，何かを理解するために本を読んでいる状況は，一般にはそうした筋肉の動作を必要としないだろう），それでも，あなたは引きの力を感じることができるのである。ところで，そうした「引き」の力を弱める方法がある。「拍手」という単語を素早く100回繰り返して発音したり，書いたり，またはタイプしたりすると，単語が持つ機能はいくらか弱まるだろう。また，拍手をカタカナで書くと「ハクシュ」で，さらに文字を逆にならべると「ュシクハ」だと意識してみることによっても，やはりその機能が弱まるだろう。さらに，10秒もかかるほどゆっくりと発音する方法を含め，他にも10通り以上の方法が考えられる。こうしたエクササイズによって，言語コミュニティとそのなかでの習慣によって維持されている字義性の幻というものが弱められるだろう。著者らの経験では，ひとたびクライエントが言語的な幻を打ち破って，脱フュージョンが何であり，どんな目的のためにそれを使うのかを理解すると，彼らは，簡単に新しい方法をセラピーのなかで生み出せるようになる。また，最近おこなわれた研究では，クライエントが紙に書かれたある言葉を声に出して読み上げながら部屋のなかを歩き回ることで，痛みに対する強い脱フュージョン効果が得られることが見出された。さて，読者は，そこに書かれた言葉とは何だったと思われるだろうか。その答えは「**私はこの部屋のなかを歩き回れない**」である[175)]。

　人は，自らの行動についてあれこれと言語的に理由づけ（reason giving）するものである。こうした理由づけを支えるような文脈は，フュージョンを助長する傾向にあり，何かと理由を述べたがるクライエントの介入が難しいのはそのためだろう（例：文献1）。それでも，セラピーを通して，そうした理由づけに対してのクライエントの動機づけを弱めることはできる。また，認知的再評定を通じてポジティブな心理的効果を引き出そうとするときでさえ，心理的柔軟性のプロセスに頼ることが示唆されている[134)]。つまり，たとえ認知の内容を直接取り扱う必要があるときでも，機能と文脈に対する感受性が高い方法で私たちはそれをおこなうということである。このように，人間が直面する認知的な問題に対しては，別な文脈から眺めてみるという，言語ならではの方法があるのである。

体験の回避 vs. アクセプタンス

　関係フレームは相互的または双方向的である。関係フレームが持つこの特徴は，自己知識をいとも簡単に自己格闘（self-struggle）に変える。なぜなら，私たちはいつでもあまりにも自動的で自然に，自分の経歴，身体感覚，思考，感情，また行動的傾向を記述して評価し続けるからである。そうしたなかで，言語的な出来事が嫌悪的な出来事に関係づけられると，言語的な出来事も嫌悪的に体験される機会が多くなる。たとえば，拒絶されたことを思い出すことは，本来，それ自体は拒絶されることではない。それにもかかわらず，そうした私的出来事（言語的な記憶）に対して直接的な行為に出てしまうことで，私たちはそれを結果的に自分の敵に変える。たいていの場合，クライエントはセラピールームのなかで，周りを見回すように言われると，ものの数分で，部屋中にネガティブに評価されたものを見つける。この絶え間ない評価の流れは，部屋のような外部の環境だけでなく，自分自身に対しても簡単に向けられる。しかし，嫌な感じのドアや不愉快な絨毯（じゅうたん）を目にするのと，嫌な感じの思考や不愉快な感情と接触するのとでは，それがおよぼす効果は違っている。なぜなら，部屋からはすぐに立ち去れるけれども，自分の身体や体験からは自分自身でも離れられないからである。言語は，私たちが自分の内面の世界と格闘するような状況をもたらすのである。

　体験の回避（experiential avoidance）が起きるのは，人が特定の私的出来事（例：身体感覚，感情，思考，記憶，行動的傾向）と接触したままでいるのを嫌がり，差し迫った必要性がないにもかかわらず，これらの体験の形態・頻度・状況に対する感受性を変化しようと振る舞うときである。著者らがこの用語を用いるようになったのはかなり前のことで[115, 117]，内面の世界に対して心理的に閉じて硬直的で防衛的なアプローチをとることの危うさを強調した。それ以来，この用語は心理学の文献で一般的に用いられるようになり，何百もの研究がこのテーマについておこなわれるようになった。ときには，その個人が逃れたり，回避したり，または修正しようとしたりしている私的出来事の種類に応じて，**感情の回避**（emotional avoidance）や**認知の回避**（cognitive avoidance）などの用語が，体験の回避に代わって用い

られる場合もある。

体験の回避が，驚くほど幅広く多様な精神病理や行動上の問題と関連していることを示す膨大なエビデンスが，今も増え続けている（レビューについては文献37を参照；より幅広い視点からの心理的柔軟性については文献137を参照）。あるメタ分析[109]では，Acceptance and Action Questionnaire（AAQ）という尺度によって測定された体験の回避の程度は，行動上の健康問題全般について，その分散の16%から28%を説明することが示された。体験の回避は，昨今の文献に登場するほかのいくつもの概念で，感情調節不全（emotion dysregulation）[82]，苦痛に対する不耐（distress intolerance）[30]，不確実性に対する不耐[51]，認知的および感情的抑制（例：文献254），マインドフルネス[8]などといったものとも関連する性質にある。研究者たちは，これらの概念間の違いを整理したり，それぞれの概念の持つ有用性を比較したりすることに余念がない[133, 134]。しかし，複数の包括的レビューの結論としては，それぞれの概念の違いを超えた鍵となる行動的要素を体験の回避が統合的に扱っているという点では，意見が一致しているようである（例：文献37）。

体験の回避に伴う代価と危険は，潜在的にも顕在的にも，ほとんどのセラピーの体系で認識されている。行動療法家たちは「不快な出来事を無視したり，歪めたり，忘れ去るという感情の回避の持つ一般的な現象は，よくみられることである」と認識している（文献61のp.34）。クライエント中心療法では，クライエントとセラピストが一緒に取り組むことを通じて，クライエントが「自分自身の感情や姿勢を，あるがままに，もっとオープンな状態で認識」できるようにすることを強調する（文献200のp.115）。ゲシュタルト療法は「機能不全は，感情が，認識される以前に妨げられるときに起こる」と主張する（文献85のp.20）。そして，実存主義心理学者たちは，死の恐怖の回避に注目する――「こうした恐怖に対処するために私たちは防御を巡らせるが……それが適応不全となったときに臨床的症候群に結びつく……」（文献271のp.47）。

我々は，体験の回避が常に有害だと主張しているわけではない。いくつかの限られた文脈（例：救命救急室のナースとして働く場合）では，私的出来事を回避する姿勢は，適応的とさえいえるかもしれない[177]。つまり，回避

的方略そのものよりも，それが無差別に適用されることのほうが，人間の適応に大きな影響を与えるといえる[24]。回避的方略の問題点は，それがなかなか消えないことにある[155]。なぜなら，回避は，不安，恐怖，悲しさ，または怒りといった嫌悪的な内的状態が一時的に減ったように感じられることで維持されるからである。しかし，こうして回避された体験は，残念ながらまたすぐにその人の元に戻ってくる場合がほとんどで，しかも戻ってきたときには前にも増して苦痛も影響力も大きなものとなっている。回避的行動は，そういった内的な嫌悪制御の下で学習されるため，現在の状況に関係なく，かたくなに生じる傾向にある[62]。このように，体験の回避はごく限定された状況では機能する可能性もあるが，むしろこの方略は過剰に適用され，また，有効でないか有害でさえあるような状況にまで適用されるようになる可能性が高い。たとえば，物質的な豊かさを求めることそれ自体は本質的に有害ではないけれども，それが体験の回避と結びつくと，有害なものとなるだろう[135]。

　関係フレームの持つ相互性または双方向性の存在によって，体験の回避は人間存在にとっての土台ともなっている。たとえば，性的被害のサバイバーが，トラウマについて話すよう求められたところを想像してみよう。実際，そのサバイバーが話をはじめると，その報告とトラウマ的な出来事との間で刺激機能の変換が起こる。そのサバイバーが，何が起きたのかを描写するとき，元の出来事（トラウマ）が持っていたいくつかの機能が現れる。そのため，出来事を語る行為そのものが嫌悪的に体験される。つまり，苦痛だった体験について語ることには痛みが伴うことになるのである。

　感情もまた，それがネガティブに評価されたり，嫌悪的な出来事から派生されたりした場合には，回避されがちになる。たとえば，不安の感情について考えてみよう。不安は，嫌悪的な出来事に続いて起こる自然な反応である。言語を持たない生物にとっては，不安はそれ自体としては悪いものではない。なぜなら，その生物にとっては，反応とそれを引き起こした出来事とは，一方向に学習されただけで，相互的に関係づけられたりはしないからである。動物を対象とした実験研究からは，言語を持たない生物が，嫌悪的出来事に対する自分自身の**反応**を自然に回避するようになることを示唆する知

見は存在しない。むしろ，それらの生物は，嫌悪的な出来事それ自体（またはそうした出来事をほぼ確実に予測させる状況）を回避する。それらの生物は，嫌悪的な出来事の到来を予測したりすることはなく，決まって嫌悪的な出来事またはそれに関係する事柄の後に感情反応を起こす。ところが，人間の言語は双方向的であるため，そうした生物とは反応の仕方が異なるということである。つまり，人間は，一度困難な感情を経験するだけで，それ以後は，そうしたどんな困難な感情の背後にも避けるべき対象が存在していることにできてしまう。不安はよくない。不安を除去することがよいことだ，と振る舞うようになるのである。

　体験を回避しようとする私たちの自然な傾向は，言語コミュニティによってさらに増幅される。他者がネガティブな感情になっているのを見かけるのは，誰にとっても嫌悪的な出来事となる。子どもたちの周囲にいる親や他の人々は，子どもたちのネガティブな感情の表現を減らす（なぜならそれは親たち自身にとって嫌悪的だから）方法として，長らくプライアンスを用いてきた。しかし，親たちの発言は，感情の表現だけでなく，感情そのものを変えるように求める場合が多い。たとえば，夜を怖がる子どもは，「寝なさい！　怖いことなんて何もありません！」と言われる。おそらく，子どもはそこで，自分は恐怖を意識的に除去できるはずだし，実際にそうするべきなのだ，と結論するだろう。つまり，ネガティブな感情それ自体が悪者に仕立て上げられるのである。子どもたちは，ネガティブな感情状態はコントロール可能なもので，そうするべきだと，日ごろから頻繁に言われ続ける。赤ん坊でさえ，ネガティブな感情状態を表出しないことを評価されることがよくある（例：「この子は全然泣かないのね。なんて良い子なのでしょう」）。言語コミュニティのなかでは，嫌悪的な感情状態をどれだけ制御して抑制できるかに応じて，弱化子と強化子が頻繁に与えられる。少なくとも嫌悪的な感情状態を表に出すかどうかについては，確実にそうである（例：「泣きやみなさい。さもないと，ほんとうに泣くようにさせるよ」）。兄弟や学校の仲間も，人が思考・記憶・感情を意図的にコントロールし続けられることを支持する。「どうか泣かないで」や「Xのことはもう忘れなさい」などといった言葉は，社会的な結果（例：からかわれること，恥とみなされること，押し

忍ぶことが賞賛されること）によって一層支持されている。

　インターネットを含む現代のメディアもまた，苦痛や恐怖を避けたり忘れて，もっと楽に生きようというように体験の回避を明らかに支えている。それらはインターネットを含む現代のメディアは，恐怖やトラウマに私たちをますます曝すと同時に，薬やビール，きらびやかな車，または単純な現実逃避などといったさまざまな形での体験の回避を日々提案しているのである。またそれらは，個々人のなかにある体験の回避という心理的プロセスが，社会レベルへ拡張したものだともいえる。こうしたプロセスは取り立てて新しいものなどではなく，ただ単純にインターネット時代の到来により，より効率よく促されるようになったというだけのことである。

体験の回避とアクセプタンスが持つ臨床上の意味

　回避のプロセスが臨床に関連していることは明白である。ほとんどのクライエントが，セラピーへ来ては感情について訴えつつ，顕在的にしても潜在的にしてもそれをコントロールできないことを懸念していることからもよくわかる。臨床でよく聞かれる「気分の落ち込みをコントロールできない」や「あまりにも不安なのです」といった訴えは，それぞれ体験の回避のひとつの形態だといえる。実際には，そうした私的出来事は簡単にコントロールが利くものではないし，むしろ，それをコントロールしたり変えたりしようともがくことで，当然のごとく，その人の行動が抑制されたり，行動のレパートリーが狭まるといった有害な作用を持つようになる。私的出来事を意識的に，また計画的に回避しようとしても，臨床場面でよくみられる以下のような状況では失敗する見込みが高いのである。

　1. 意図的にコントロールしようとするプロセスが，期待したのと矛盾した結果を引き起こす場合　回避しようとすることで，そこで言明されているゴールとは逆の状況が引き起こされることがある。これについてはさまざまな例があげられる。何らかの思考または感情を抑制するように言われると，それ以降，そう言われた人は，そう言われていない人と比べて，抑制しようとしているはずの思考または感情をより多く思い浮かべるようになる[254]。

このリバウンドが最も甚だしいのは，抑制がおこなわれた文脈，または，抑制が最初に起きたときに持続していたのと同じ心理状態のときである。

この現象がなぜ起きるかについてはまだ一致した見解が出されていないものの，抑制する行為が，抑制された対象と関連している手がかりを際立たせることがよく知られている。また，抑制しようというルールには，抑制される対象が必然的に含まれてしまう。「赤い車について考えないように」というルールは，「**赤い車**」という単語を含んでいて，ルールを声に出すだけでも，対象について考えるように仕向けることになる。さらに，抑制しようというルールは，それ自体が，顕在的にまたは潜在的に抑制される対象を意識の前面へと押し出す場合が多い。たとえば，「不安になるな。なったら殺すぞ」という警告または脅しは，それ自体が，誰かが銃口を向けながら近づいてきて「殺すぞ」と言うのと同じだけの不安（抑制される対象）を引き起こす。

2. 制御しようとしている出来事がルールに支配されるものではない場合
私的出来事が直接的に条件づけされたものであった場合，それを言語ルールによって簡単に除去してしまうということはできない。その場合，根底にあるプロセスが言語的に調節されるものではないため，意図的にルールに基づいて制御しようとする努力は無駄に終わるだろう。場合によっては私的出来事が変化することもあるかもしれないけれども，必ずしもそれが意図したとおりであるとはかぎらない。たとえば，ある人が，ひどいパニック発作に見舞われたときの記憶に極度に苦しんでいて，それを取り除くためなら何をするのもいとわなかったとしよう。記憶は，幅広い範囲の刺激によって引き起こされる自然発生的な私的出来事である場合が多く，少なくとも健全な方法によってはそれを消し去ることはできない。そのため，そのような私的出来事を完全に抑制するための方略は，ほぼ必ずといっていいほど自己破壊的で（つまりアルコールまたは薬物による感覚まひであり），いずれはそれ自体が問題を生み出すことになる。

3. 回避可能だが，大きな代価が伴う場合　仮に，ある記憶を回避することが，それをよみがえらせるかもしれないすべての状況を避けることで達成されたとしよう。このやり方は，記憶がよみがえる頻度を減らすかもしれな

いけれども，その人の人生を恐ろしく狭めてしまう。たとえば，性的虐待またはドメスティック・バイオレンスの被害者なら，すべての親密な関係を避けることになるかもしれない。

4. **対象となる出来事が，そもそも変えられるたぐいのものではない場合**
ときには，体験を制御しようとする努力が，変えることのできない出来事に対してなされる場合がある。たとえば，ある人が，「（私には）父が死んだことが受け容れられない」という認識のもとで，悲しみをやわらげるために薬物を使うかもしれない。悲嘆は，喪失に対する自然な反応だけれども，薬物をいくら摂取しても，状況も喪失そのものも変わるわけではない。ここで必要なのは，私的出来事を減らしたり変容したりするための努力ではないのである。変えることのできないこうした喪失が起きた場合，そこでの健全な振る舞いとは，自分が抱いている感情を全面的に感じてみることである。そこには，喪失と悲嘆のプロセスや他にもたくさんのプロセスが含まれているかもしれない。たとえば，亡くなった人がした面白いことをめぐって笑い合ったり，人生のなかで一緒に築き上げたものに対して感謝したりすることなどである。こういったこともまた，柔軟性ということと深く関わっている。

5. **変わる努力そのものが，何のために変わる努力をしているかのゴールと矛盾する行動形態になっている場合**　何かをコントロールしようとする行動自体も，何かしらの意味を持つ。ときには，努力すること自体が，そうする目的の反対を意味する行為となっている場合がある。たとえば，もっと自発的になろうとしている人の努力は，実際には，まったくもって自発的ではない。また，自信についても，とても多くのクライエントが，それがないといって，持ちたがっていて，しかもなかなかそれは叶えられないようである。「*confidence*（自信）」の語源について見てみると，これがなぜなのかが見えてくるかもしれない。「*con-*」は，「with（共に）」を意味する。「*-fidence*」のほうは，ラテン語の「*fides*」からきていて，それは*fidelity*（忠実）と*faith*（信頼）の語源でもある。つまり，「*confidence*」は字義的には「忠実に」や「信頼して」を意味する。いうなれば，それは自分自身に忠実であることを意味するのである。もっと自信を持ちたいといって恐怖から逃げるならば，まさにその行為は自己への忠実さや自己への信頼のなさの証明であるた

め，回避は自信のある行為にはなりえない。恐怖が表れた瞬間にその人が振る舞うことのできる行為のなかで，機能的に最も自信に満ちたものとは，それらの感情を全面的に感じることである。つまり，体験のアクセプタンスこそが，真に自信に満ちた**行動**なのである。

　上にあげた状況は，いずれもが，体験する内容を意図的にコントロールしようとする対処方略が禁忌となる状況である。人間の感情反応とは，自分自身の歴史がそのときの文脈によって「今」へと引き入れられてきた・こ・だ・まに過ぎない。もしも私たちの反応が自分自身の歴史に根ざしたものであって，私たちの反応が私たちの敵であるならば，私たちにとって自分自身の歴史は敵だということになってしまう。しかしながら，個人の歴史を取り消してしまうような効果的な方法は存在しないし，少なくとも，取り消したいものを選んで取り消すようなことはできない。時間も人間の神経系も二方向に進むことはなく，常に一方向にしか進まない。新しい経験はいつでも**足し算**であって，決して**引き算**されることはない。歴史に根差した自動的な感情反応を避けようとすれば，心理的には，自分自身の歴史と接触しないような方法で人生を歪めなければならなくなる。それだから，体験の回避があると，ネガティブな感情が制限されるだけにとどまらず，ポジティブな感情も失われ[134]，健全な感情的区別と柔軟性も欠くようになるのである[136]。実行するのは難しいけれども，体験の回避に代わるのは，くるりと向きを変えて，その瞬間の体験に対しては，判断を加えずに，格闘することなく，受け止めることである。そのように，自らの歴史のすべてを招き入れるような開放的で包み込むような仕方によって，少しずつ自らの感情を変容していける可能性が生まれる。

　アクセプタンスという用語を本書のなかで使う場合，行動的ウィリングネスと心理的アクセプタンスの両方を意味する。行動的ウィリングネス（willingness）は，**価値に基づいた自発的な選択で，私的体験またはそれに伴う可能性が高い出来事との接触を可能にしたり維持したりするもの**である。心理的アクセプタンス（acceptance）は，**その瞬間ごとに体験する事柄に対して意図的に，オープンで，受容的で，柔軟で，批判的ではない姿勢を**

とることである。
　ウィリングネスが伴わない限り，本書で用いる意味でのアクセプタンスが起こる見込みはない。アクセプタンスは，あきらめや我慢ではなく，能動的なプロセスである。Harris[88]が**アクセプタンス**の代わりに**エンハンスメント**（促進；enhancement）という用語を使っていることからも，この違いがよくわかる。もちろん，私たちも臨床ではウィリングネスという用語を用いることで，特に**アクセプタンス**が，健康上のポジティブなアウトカムにつながらない（むしろ我慢に近いかのような）受動的な性質に結びつかないように注意している[42, 142]。**ウィリングネスとアクセプタンス**のつながりはあまりにも強いため，2つの用語は，ACTの文献のなかで同義語として使われていることも多い。それでも，有用な区別はつけられる。たとえば，クライエントは，ウィリングネスを示しつつも（例：社交恐怖を苦しんでいる人でも，社交的な状況にわざと入っていくかもしれない），アクセプタンスを実践していない（不安が現れると即座にそれを抑制しようとする）ということがありうる。
　アクセプタンスは，簡単にルールに支配されない。「オープンで，興味を示していて，しかも柔軟な姿勢をとるべきだ」という指示自体が一般にはすでに問題解決的目的を含んでいるものの，それはまさしくアクセプタンスではないものである。クライエントは，はじめのうちは「アクセプタンス」を，コントロールのための，または望まない心理的出来事を取り除くための，さらに別な方略のひとつとして用いようとさえするかもしれない（「体験を追い払わずに十分長くそのままにしておきさえすれば，それはなくなるはずだ」というように）。アクセプタンスがこの種のマインドの問題解決モードとリンクされてしまうと，もうそれは，まったくアクセプタンスではなくなってしまう。アクセプタンスを学ぶときには，単純に言葉による教示によってではなく，むしろ，メタファーやエクササイズ，そしてシェイピングが必要と考えられるのは，まさにそういった理由からであろう[175]。

集中した反応スタイル
──「今，この瞬間」と「文脈としての自己」

「集中する」ということなくして，人生に対してオープンで深く従事した姿勢でいることはできない。「集中する」とは，自分の意識の面で，また，社会的・物理的・心理的な「今」のなかに集中することである。ヘキサフレックスの中央の列は，「今，この瞬間との柔軟な接触」と「意識」からなり，これらは左半分のアクセプタンスと脱フュージョンと，右半分の価値と行為をつなぎとめるものである。左半分のプロセスも右半分のプロセスも，「今，この瞬間」の文脈のなかで「意識的」に振る舞っていなければ成り立たない。セラピーは，ほとんどいつでも，これから構築していく関係の中心に2人の人間を位置づけるところからはじまる。「今」に対して意識的にまた柔軟に注目する姿勢は，必要なときには脱フュージョンとアクセプタンスのスキルを活性化できるように，または価値に基づいた行為に従事できるように，その人をエンパワーする。こうした要素の間を自由自在に行き来できる能力は，心理的柔軟性の試金石であり，それは集中するプロセスによって力を得るといえる。

「こころ，ここにあらず」vs.「今，この瞬間との柔軟な接触」

多くの時間をマインドの問題解決モードで過ごすということは，それだけ「今，ここ」と接触している時間が少なくなるということである。たいてい，「今，ここ」と接触できないクライエントは，そのときどきの社会的な文脈のなかで必要な振る舞いをするということができない。「今，この瞬間」と接触するということは，今展開している事柄に対して，注意深く，自発的で，柔軟な姿勢で向き合うことを意味する。外的な出来事のなかには，あまりにも強い刺激性制御を持つため，その人が「今，この瞬間」と接触するのを阻害してしまうような出来事もある。たとえば，あなたが今いる部屋のなかで銃声を聞いたなら，そのときあなたは，決まりきったような非柔軟な驚愕の反応をするだろう。なかにはその程度では驚かないような僧侶もいるかもしれないけれど，ほとんどの人の反応はそのようになるだろう。幸い

なことに，この種の驚愕反応をしたからといって，とりたてて弊害があるわけではない。他にも外的な出来事によって非柔軟な反応を引き起こす例はある。たいていの親なら，子どもがテレビやテレビゲームに夢中になってしまっている姿を想像することができるだろう。彼らは，テレビ画面が映し出すこと以外には目もくれない。一方，思考，感情，記憶，身体感覚，衝動，資質といった内的な出来事もまた，人間の行動に対して支配的な力を持つことがあって，柔軟な注意のプロセスに対して弊害をもたらすものである。人間が自然な随伴性に対して効果的に振る舞うためには，心理的に「今，この瞬間」にいて，そうした随伴性と直接接触できるようでなければならない。これは人間の適応に関するひとつの主要な原理である。

　どのような出来事も，それが起きているのがいつかといえば「今」である。存在するのは「今」だけだといえる。その観点からすると，「今，この瞬間との接触」などといって，まるでそれ以外との接触があるかのように語るのは，ある意味で妙な話ではある。「今」は常に「今」である。だから，何かと接触するということは，いつも「今，この瞬間」との接触になるはずなのだ。それに代わるものとして考えられるものがあるならば，それは言語機能に基づいた心理的な意味での「今」である。言語的な出来事の世界では，人々はまるで現在の瞬間から「消えて」，マインディングのプロセスのなかへと「迷子」になっているかのようである。シンボルが持つ意味には，その性質上，直接的体験と比べ，必ずやいくらかの時間的遅れがあるといえる。たとえば，**私は「今」について語っている**，という言葉もしくは文章について考えてみよう。私が本書を通して語っている「今」は，読者がこの文章を理解する「今」とも，私が文章を書き終えたときの「今」ともすでに違っている。この言語的な意味での「今」という感覚を，実際の「今」以外ではありえない直接の知覚的体験と比べてみてほしい。私たちは，言語的な意味の世界に足を踏み入れたとたんに「今，この瞬間」との接触を失うリスクを負うことになるのである。そして，言語が問題解決のために用いられるときには，そのリスクは甚だしく大きくなる。

　ある意味，問題解決とは，過去がどのようにして今につながっていて，そこからどうすると好ましい未来を作り出せるかについて考えることである。

第 3 章　人間の機能の統合モデルとしての「心理的柔軟性」　127

たとえば,「なぜこんな気持ちになるんだ (Why do I feel like) ?!」といった,感情を帯びた思考とフュージョンすることについて考えてみよう。「なぜ (why)」は,私たちの注意を,柔軟ではない仕方で過去と未来に向けさせる。また,ここでは何らかの回答が求められる。そのため,その人の頭のなかでさまざまな可能性が描き出され,比較されなければならない。さらに,「こんな (this)」という単語は,この問いが一見,現在に注目しているかのように見えながらもそうではない。この単語は,実際には,今の気持ちを,別ないつかどこかで感じられたか,感じられるかもしれない想像上の気持ちとの比較から参照されている(つまり,意味としては「**あんな (that) ではなく,こんな (this)**」になる)。人が「今,この瞬間」に注目することを身につけるには,注意が非柔軟になるときのこうした自動的で習慣的なプロセスのすべてを打ち破らなければならない。注意が硬直的になっていて,現在にうまく入り込めない状態は,トラウマ[123],心理的な反す[45],痛み[204]を含めて,多くの種類の問題と関連している。

　一般的に,何かに注意を向けるということは,何かにお金を使うかのように,まるで何かを何かに分配するかのように捉えられがちかもしれない。一方,行動的な観点からは,何かに注意を向けるという行為は,単純に何かと相互作用することにほかならない。注意を向けるということは,むしろ汎用性のある一種のスキルと考えてもらうほうが適切かもしれない。つまり,人は,ある特定の出来事にとらわれることなく,柔軟かつ自発的に焦点を当てながら,現在の出来事と相互作用することができる。そして,人はそういった相互作用の仕方を学習していくことができるということである。ほとんどの人が,そのような仕方で相互作用ができる事柄とできない事柄とを自分のなかに持っていて,その違いは,自発的に生まれるのではなく,むしろ単純に習慣的に生まれる場合が多い。心理的に柔軟であるということは,非常に社交的な状況といった複雑で不安を誘発するような状況にあっても,自分の注意をコントロールする能力を持っているということである。たとえば,社交不安のある人が,今まさに公的な場でスピーチをしようとしていて,頭のなかで,破局的な結果についての恐ろしい思考をめぐらせているとしよう。思考の持つ刺激性制御の力は圧倒的で,その他の膨大な量の出来事が意識か

ら押し出されている．はじめは，このような状況のなかでは「今，この瞬間」に注意を向けようとしても，注意を定めることなどできないと感じるかもしれない．それでも，それをしようと選択することで，実際に注意を自発的に定めるだけの余地を生み出せるかもしれない．その人は，「今，この瞬間」のなかで，恐ろしい思考の存在に気づくだろう．しかし，同じ瞬間に，息を吸って吐く感覚にも気づくかもしれないし，聴衆のざわめきにも気づくかもしれない．または，何かを達成して他の人々に貢献したいという自分のなかの強い思いにも気づくかもしれない．恐ろしい思考とは，他にもたくさん生じている出来事のなかのひとつだったに過ぎないのである．その事実に気がつくことで，その人は，たとえば，意義あるスピーチをするためには次の部分で言葉を慎重に選ぶのがよいなどと，もっと大切なことに焦点を定められるようになるだろう．仮にここで恐ろしい思考が割り込んできても，さっきと同じように，注意を拡げて，同時に起きているさまざまな出来事に気がついて，それから自発的に焦点をしぼるこのプロセスを通じて，自分のスピーチに注意を向け続けやすくなるだろう．

　エビデンスが示すところでは，こうした焦点づけられて，自発的で，柔軟な注意のプロセスは，教えたり，学習したりすることができる（例：文献4,5）．いわゆる瞑想的な実践も，ある部分は本書で扱っている「今，この瞬間」に焦点を当てるトレーニングだといえる．たとえば，ある人がマインドフルネス・エクササイズの一環として自分の呼吸に集中しているところを考えてみよう．数秒後に，別な出来事（そう，たとえば家で起きていることについての思考）がその人の注意を奪うかもしれない．でも，そうしたときには，注意を「今，この瞬間」の呼吸へと優しく戻すことができるだろう．この種の活動はマインドの問題解決モードを必要としないのである．

　ところで，私たちのマインドは，働かずじっとしていることを嫌う．数日間一言も発さずに合宿生活を送るというサイレント・リトリートをしたことのある人なら，マインドがどのようにして消去バースト（extinction burst；強化子が与えられなくなったときに一時的に反応が高まること）を起こすかを知っている．つまり，普通なら言葉に出したくなるような，すばらしくて独創的なアイディア，心配事，身体に関する懸念などといったものが次から

次へと頭に浮かび，マインドが訴えかけてくるのである。しかも，その思考のどれもが，「もっと私に注目して」とばかりに押し寄せてくるのである。この種の合宿の参加者は，そうした精神的な活動の流れが押し寄せてきたのに気づいたときには，注意を自分の呼吸へ戻すようにと教えられる。つまり，消去中のフュージョンされたマインドの問題解決モードから距離を取り続けることを習う。このとき，一方のマインドは，ほとんど悪魔のように，その人をマインドの問題解決モードとフュージョンするようにと誘う。たとえば，マインドは「私はこれを正しくおこなえていない」と割り込んできたり，ときにはもっと魅惑的に「いいねえ，今日は我ながらとても上手に瞑想できている！」などとささやいてくる。こうした思考が起きたときに，それに気づくことで再び注意を呼吸へと戻すことができる。けれども，もしもそれに続く反応が，「瞑想の先生はさっきなんと言ってたかな？」や「この調子でどんどん上手くなりたいなぁ」などというようなものになったとしたら，「鳥はすでに籠から逃げている」。つまり，その人の注意は，「今，この瞬間」そして「今，この瞬間」に起こる思考の流れからすでに離れて，フュージョンされた言語の流れに向けられてしまっている。この難問への解決策は実践を重ねること，つまり，注意が逸れたことに気づいて，そっと注意を戻し続けることに尽きる。それをきめ細かく繰り返していくことで，体験の内容を越え，その先へと応用できる汎用性ある注意のスキルが学習される。

　科学的な視点からは，アクセプタンスとマインドフルネスの手法が，基本的な注意のスキルを有意に変えられることが知られている[35, 127]。実際に，マインドフルネス認知療法は，はじめは「注意コントロール・セラピー（attentional control therapy）」と名づけられようとしていた。（もしそうなっていたなら，頭文字がACTとなって，なんと紛らわしかったことだろう！）。また，メタ認知療法[252]では，注意を制御するスキルを教えるための巧みな方法を数多く開発している。こうして開発された介入法は心理的柔軟性モデルと完全に一貫しているため，ACT（アクセプタンス＆コミットメント・セラピー）の提供者たちは，それを受け容れることには前向きで熱心である（例：文献189, 190）。

「概念としての自己に対する執着」vs.「持続する意識」と「視点取得」

　心理学には，自己という体験（self-experience）を説明する理論を発展し，検証しようとしてきた長く，しかしいくぶん歯切れの悪い歴史がある。**自己概念**や**自尊心**などといった用語は，これまでにさまざまな使われ方をしてきていて，行動をその特性に基づいて説明しようとする際に頻繁に関連づけられてきた。一般に，こうした理論は，私たちがパーソナリティ特性をモノであるかのように扱いがちなのと同じように，自己という体験をある種の「モノ」的に扱っている。そして，セラピーについての多くの伝統が，心理的な健康を促すためには自己概念を変えなければならないと強調している。こうした見方が暗に前提としているのは，自己概念というものは，言語行動を通して直接的にアクセス可能な存在であって，直接的または合理的な介入に反応するという考え方である。たとえば，自尊心が低いのは非合理的な思考の結果だ，などというように理解される。

　ところで，多くのクライエントは，自己を言語的に構築して報告することにはよく馴染んでいるけれども，持続する自己意識（ongoing self-awareness）に関してはあまり馴染みがないものである。まして，自己のよりスピリチュアルな側面，つまり，意識的体験の「私／今／ここ」を基盤にした「視点取得としての自己（perspective-taking self）」については，ほとんど馴染みがない。ACTでは，「自己という体験」の種類として，3つの主要な自己を区別する[11, 103, 112]。他にも種類があることは間違いないけれども，本書が関心の対象とするのは，自己関与性の形態（forms of self-relatedness）のなかでも，さまざまな自己知識（self-knowledge）を生み出すものに限ることとする。その3つの自己とは，「概念としての自己」（または「内容としての自己」），「持続する自己意識」（または「プロセスとしての自己」），そして「視点取得」（または「文脈としての自己」）である。

概念としての自己

　言語を獲得しはじめる時期に，子どもたちは，自分や自分自身の反応を分類するように教えられる。自分は，男の子か女の子か，幸せか悲しいか，お

腹がすいているかすいていないか，などというように。そうしたトレーニングの結果，2つのことが起きる。1つ目として，子どもたちは，自分の反応と行動的傾向を他の人のそうしたものから区別して分類しながら（これが自己意識の土台となる），自分の人生のさまざまな特徴を，統合された物語へと紡ぎ上げる（これが自己の物語の土台となる）。2つ目として，子どもたちは，たくさんの言語的報告をいつも同じ視点からおこなうことで，やがてその固有で一貫した自分自身の視点を他者の視点から区別するようになる。

概念としての自己は，こうしたネーミング，分類，評価のトレーニングのなかから生まれてくる直接の副産物だといえる。概念としての自己は，最もフュージョンした状態になりやすい種類の自己関与性である。人間は，世界のなかでただ単に生きているわけではない。私たちは世界と言語的に，また認知的に相互作用をしている。世界について，解釈し，物語を紡ぎ，評価する。クライエントたちは，例外なく，個人的な特徴をAdlerが「私的論理（private logic）」と名づけたものへと定式化している。物語を話し，人生の歴史を定式化し，自分の主な特徴を定義し，その定義を評価し，他者のそれと比較し，そして，そうした自分の歴史と特性との間に因果関係を作り上げる，などといったことをしている。第2章で解説したように，世界との相互作用の過程で言語的に派生されてくるこうした刺激関係は，他の行動プロセスに対していとも簡単に優位となる。

マインドの問題解決モードでは，「自己」は，一種の概念的なモノとして認識される。人々は，自分自身のことを，役割，経歴，傾向，性質などに基づいて，「私はいいやつだ」「私はうつだ」「私はハンサムだ」などと説明する。そうした言明が無数に寄り集まって，「私」が誰なのかについての，一種の物語（または物語一式）となる。「私がこのような人間になったのは，虐待されたからだ」「私は，父と同じように批判的な人間だ」など。「私は……である」といった簡単なフレーズからは，何十もの，もしくは何百さえも，こうした確かに的を射たような自己説明が生み出される。また，概念としての自己（自己の物語）について話すときには，それを単数形で扱うほうが簡単だけれども，実際には，人生のさまざまな文脈のなかでそれぞれの社会的な目的に合うように，多くのバージョンがつくられていることを念頭に

置いておくのがよいだろう。たとえば「あなた自身について少し聞かせてください」と促される場合，質問者が就職面接の人事担当者か，社交的な集まりで知り合ったばかりの人かで，答える人の自己の物語はその状況に応じて大きく違ってくるだろう。

　私たちが語る自己の物語には，評価，原因と結果，感情，また物語そのものへの反応などといった多くの事柄が含まれている。こうした特徴の多くは，広範にわたっていて，また，変えるのが難しい。そして，因果関係が歴史に基づいて説明されると，言語的な視点からは，それは「事実」とみなされはじめる。そして，言語コミュニティの他のメンバーも，そうした「事実」を支持するようになる。その理由のひとつは，そういった人々もまた，それぞれが，やはりその人自身の歴史によって描かれた「事実」とされるものに基づいた自己の物語を持っていることが多いからである。時間が経つにつれて，フュージョンに促されて，私たちは自己内省的な分類と評価のプロセスからは自分を切り離しては考えられなくなる。まるで，こうした物語が，私たちが誰であるかを規定するかのように。フュージョンされた状態では，自己の物語が脅威にさらされるということは，それがどんなことであれ生きるか死ぬかの大事となる。私たちは，**言語的**に構築された自分自身の姿を，その構築されたとおりに生きようとする。そして，自分の秘密を，他者から，または自分自身からさえも隠そうとする。物語が壮大なものであろうが恐ろしいものであろうが，とにかくそのなかで生きようとする。自分で自分が何者であるかを言明して，それになりきろうとする。いうなれば「隊長！『概念としての自己』確立しました！」とでもいったところだろうか[訳注2]。

　多くの要因が，物語として一貫したこの種の自己知識の言語的優位性を高める方向へと作用する。第一に，関係反応に派生性が伴う点があげられる。

訳注2) 原文は「そして，ヒューストン，こちら『平静の海』基地，イーグルならぬエゴは，概念としての自己の確立に成功！」と直訳できる。この原文は，アポロ11号の月着陸船イーグルが，微調整を繰り返しながら「静かの海」と呼ばれる地点に初めて月着陸に成功したときの第一声 "Houston, Tranquility Base here, the Eagle has landed" のパロディだと考えられるが，わが国では，その背景が常識となっていないと考えられたため意訳した。

この点は，他にもいくつかある含みのなかでも，一貫性のある関係ネットワークのほうが本質的に自己支持的なことを意味する。なぜなら，一貫性があることで，ネットワークの各部分が，そうでなければ時間とともに弱まったかもしれない他の部分を派生して，結果としてネットワーク全体を強めるからである。その意味では，認知的に損傷のある人々の場合には，本当はわからないはずの事柄について，すでに知っている自己の物語の断片を使って，平気で作話的に溝を埋めてしまうことができる。第二に，私たちには，一貫性を見出してそれを維持するということに関しての膨大な学習の歴史がある。マインドの問題解決モードにとって，「意味づけ（sensemaking）」というゴールの達成は中心的課題である。そして，自分が誰で，どのようにして今の人間になったのかについて，唯一，一貫した社会的に説得力のある説明を築き上げることだけが「合理的」とみなされるのである。第三に，社会的コミュニティは，この種の物語が語られることだけでなく，起きた事柄と発言との間にも，また発言と行動との間にも，いくらかの一致があることを期待する。社会的な結果は，それに応じて与えられるし，社会的コミュニティは，そうした一致の状態を「正しい」「自分をよく理解している」などと称する。そして，幼いころから，正しいことや，自分をよく理解していることを示す行動は，周囲から強力な支持的結果を引き出すのである。第四に，「私は……である」といったフレーズは，存在の宣言だともいえて，まるで「私は親切である」が「私は生きている」と同じ種類の言明ででもあるかのように扱われる。RFTの言葉でいえば，この状態は「階層」のフレームによって，「私」がそれらの構成された概念に**含み込まれる**こととは違っている。むしろ，「一致」のフレームが使われることで，「私」というものが，そうした構成された概念と同じ言語クラスのなかへと組み込まれるということである。この状態は，スピリチュアルな伝統では「執着（attachment）」と呼ばれるたぐいのプロセスと同じである。

　最後に，ある人が特定の自己概念と同一化するときには，他の選択肢が見えなくなりがちになる。そのため，唯一のものに思われる「概念としての自己」の一貫性の崩れは，ほとんど死活問題にも感じられるかもしれない。ここで作用している関係フレームは，おそらく「私＝概念としての私」と，そ

れに内包された派生的な関係の「概念に対する脅威＝私の抹殺」だろう。こうした「一致」のフレームを通じて，私たちは，まるでそれが身体的な私でもあるかのように，概念としての自己を守ろうと衝き動かされる。ひょっとしたら，この理由から，概念としての自己を危うくする出来事が強い感情を引き起こして，自己の物語の一貫性を保つために体験の回避を高めるのかもしれない[176]。

　ACTでは，概念としての自己（または複数の概念としての自己）は，心理的柔軟性を妨げる可能性が高いことからとても大きな問題とみなされている。概念としての自己とのフュージョンがあると，出来事が自己の物語と一貫しないように感じられるときには，出来事を歪めたり再解釈したりすることで一貫性を保とうと努力することにつながる。仮に，ある人が自分のことを親切な人間だと信じ込んでいたとすると，自分が不親切に振る舞ったときには，それに対して直接的で開かれた姿勢で向き合う余地が少なくなる。また，自分には能力がないと信じ込んでいたら，スキルを学んで受け容れる余地が少なくなる。このように，概念としての自己は，自分自身への偽りを育てる。そして，変化のために必要なプロセスに向き合うことは偽りと向き合うことを意味するので，やがては，変化への一層の抵抗を生み出すようになってしまう。

　実証に基づく臨床心理学のメインストリームは，メンタルヘルス上の問題を抱える人たちが往々にして自分自身を厳しく評価し過ぎる，という理由から，概念としての自己を変えたほうがよいと強調してきた。残念ながら，そうした介入は，効果が弱いか，逆効果にさえなるかもしれない。実際に，科学的文献の包括的なレビューによると，臨床介入や学校プログラムを通じて意図的にポジティブな自己イメージを作り上げようとすることは，改善される結果と同じほどに，不健康なナルシシズムも促す可能性があることが示されている[18]。皮肉なことに，自己肯定が効果を発揮するのは，高い自尊心をすでに持っている人たちの場合だけなのである。ポジティブな言明（例：「私は愛される人間だ」）は，それをいちばん必要としている人々によって無差別に用いられると，むしろ実際に有害になる[265]。ACTがゴールとして目指すのは，自己の物語の内容を直接的に変えることではなく，物語への執着

を弱めることである。有害なのは，行き過ぎた執着だという点を強調しておきたい。なぜなら，それこそが，行動を狭めて硬直化し，心理的柔軟性を妨げるからである。

持続する意識としての自己

　セラピーにおいて，自己意識（self-awareness）とは重要な要素であり，それは健康で心理的に活き活きとした人生と深く関連している。この見方がある意味では正しいといえるのは，人生のさまざまな場面でどのように振る舞うべきかといった社会性を身につけることの大部分が，持続するプロセスとしての言語的な自己意識と関連するからである。そのことは，感情的な対話を例にとってみると，いちばんはっきりするかもしれない。それぞれのクライエントの怒り，不安，悲しみが，どのようにして発生したかの歴史は，個々のケースごとに実に多様である。しかし，ひとつの感情の種類としてそれが社会的に，また心理的に意味する内容は，かなり似通っている。そのため，自分自身の行動の状態を持続的に意識できない人は，社会的な日常生活のなかで起きるとても多様で不安定な状況をうまく切り抜けていくことができない。仮に，ある少女が何年にもわたって父親から性的虐待を受けてきた状況を考えてみよう。そして，その何年もの間ずっと，その子の嫌悪的な体験についての感情表出は，周囲の兄弟姉妹，親戚，親によって，別なものに再解釈され，無視され，または否定されてきたとしよう。たとえば，加害者は，その子が実際に動揺しているときに，ほんとうはそれは動揺ではないのだと彼女に思い込ませようとしたかもしれない。または，自分が愛されているなどとはまったく思えないようなときに，自分は愛されているはずだと思い込ませようとしたかもしれない。そのような経験のもとでは，社会的習慣に従った言語的弁別の多くが損なわれているため，少女の持続する自己意識は歪められるか，弱められるかしているだろう。つまり，感情の状態を正確に表す言葉を使えるかどうかという意味で，その子は，自分自身が何を感じているのかを「知る」ことができないだろう。その状況は，その子に強い感情体験がなかったことを意味するのではなく，むしろ，彼女が自分の感情体験を理解し，伝え，反応し，そして自己調整するための，社会的習慣に従っ

た言語的シンボルを使えなかったことを意味する。このような場合，何らかの深い意味では，彼女は，その欠落が（たとえばセラピー関係の文脈のなかでより健全な自己意識を発達させるのを助けられるなどして）修正されるまでは，心理的にはわけもわからない状態でいるともいえる。

　持続する意識としての自己について，また別な言い方をするならば，その基盤は素朴に継続的な言語的記述（スキナー学派が「タクト」と呼ぶもの）にある。概念としての自己の場合には，観察と記述を評価的な自己の物語へと統合していく作業が含まれていた。それとは対照的に，ここでのプロセスとしての自己（持続する意識としての自己）は，フュージョンや不必要な防衛を伴わないで，今起きている事柄に気がつくだけの単純な関係的行為に基づいている。ACTの介入を通じて育もうとするのは，後者の意味での自己である。

　行動的な観点からは，自己認識は，自分自身の反応に対して反応することだといえる。そこで，Skinner[221]は「見ること（seeing）」についての例をあげている。人間以外の動物のほとんどは単にものを「見る」けれども，人間だけは，自分が見ているという状況さえも見る。

　　　行動することと，自分の行動を報告すること，あるいは自分の行動の原因を説明することとの間には違いがある。ある人が自分の住む公的または私的な世界について周囲の人に記述できるようになるための条件が整えられたとき，コミュニティは「知る（knowing）」と呼ばれるとても特別な行動形態を生み出すのである。……自己知識は，人間の社会に由来する行動なのである。(p.30)

　自己知識は，社会／言語コミュニティから次のような質問を投げかけられ，人がそれへの答えを求められ続けることで，重要な存在へとなっていく。「ご機嫌いかがですか？　何が好きですか？　昨日，何があったのですか？　どこへ行ったのですか？　何を見たのですか？」。Skinnerが言うように「ある人の私的世界は，それが他者にとって重要なものとなるときにだけ，その人自身にとっても重要なものとなる」（文献221のp.31）のである。

臨床的にいえば，自分が感じていることや考えていることを記述するスキルを学習するための機会は，その人の生活環境によって簡単に損なわれてしまう。つまり，そうした環境とは，感情的に貧困な環境，その人の実際の体験と食い違った答えを求める機能不全な社会環境，体験の回避が促され個人がそもそものはじめから苦痛な私的体験との歪んだ接触しか持たない環境である。

文脈としての自己

　自己関与性の3つ目は，西洋文化では最も無視されがちなもので「文脈としての自己（self-as-context）」，または別な呼び方としては「視点取得（perspective taking）」である。心理学の文献には，自己の超越的な感覚，観察者としての自己，気づいている自己，意識の持続，純粋な意識，純粋な認識など，この自己に言及する用語や概念が無数にある。また，スピリチュアルで宗教的な伝統のなかにも同じように，スピリチュアリティ，無我（"no-thing"self），大きな心，賢明な心などさまざまな関連する用語が認められる。この種の体験を表現する用語がこれほど多様であることは，こうした自己の側面がマインドの問題解決モードからいかに掛け離れているかを反映しているといえる。ここで主題となっている自己の側面は，比喩的に表現すれば，「見られる（be looked at）」ことがなくて，代わりに「**そこから見られる（be looked *from*）**」だけのものである。裏返して眺めれば，それはちっとも「それ（it）」と呼ぶべき対象が存在しないかのようで，現に多くの呼び方があることは，このプロセスが，簡単に認識できるような「モノ的（thing-like）」な属性を何も持たないゆえに，名前をつけることがいかに難しいかということを物語っている。意識の境界に意識的に完全に接触するということは不可能なのである。

　この自己の感覚がまさに存在しているということが，人生のパラドックスのひとつといえるだろう。つまり，心理的な自由にとって鍵となるこの自己の感覚が存在するというまさにそのことが，人間の苦悩を生み出すのと同じ言語プロセスから生まれる副産物なのである。子どもたちは，周りから自分自身や他の人について「あなたのお姉さんは，昨日は何を食べていた？」な

どと質問されることを通じて自己意識を獲得しはじめる。子どもたちは，現在，過去，未来について質問される。また，ここで起きていること，あそこで起きていること，そして実質的にあらゆるところで起きていることについて質問される。一貫した言語的な答えを返すために，子どもたちは，視点（そこから眺める立ち位置）の感覚を発達させて，さらに自分自身の視点を他者の視点から区別することを求められる。他者に向けてする回答や描写の内容が子どもたちのなかに概念的な自己の物語（自分を限定するもの）を紡ぎはじめる間にも，視点の感覚（自分を自由にする可能性をもたらすもの）が発達していくのである。

　視点取得が発達するときに関連する主な言語的関係（verbal relations）は，「直示的（deictic）」なもので，これは「具体的にやって示すことによって（by demonstration）」学習または理解される性質を持つ。一般に，言語的な関係性のほとんどについては，はじめ，関連する出来事の形態的属性に基づいて実際の見本を示すことができる。その場合，学ぶ側は，話し手の視点の位置を知らなくても，たとえば2つの物体のうちのどちらが物理的に大きいかなどを教えられる。子どもが「パパ」は赤ちゃんよりも大きいと学ぶとき，はじめの比較の関係性は，その物理的な属性に由来している。「パパ」は赤ちゃんよりも大きいだけでなく歳もずっととっていると学習するときのように，関係性を派生的に適用しなければならない難しい課題に取り組むようになるのは，もっと後になってからのことである。ところが，直示的関係は，はじめから視点との関係のなかでしか意味を持たないため，上記の例とは違ってくる。そのため，それらはまた別な方法で教えられなければならない。

　たとえば，「ここ（here）」と「そこ（there）」の関係性について考えてみよう。幼い子どもにとっては何とも厄介なことに，「ここ／そこ」はモノを使った見本を示してあげることができない。それは，「具体的にやって示すことによって（by demonstration）」しか学習させられないのである。たとえば，母親が箱を持っていて，子どもがボールを持っているものとしよう。子どもは「ボールはここで，箱はそこ」というような形で学ぶ必要がある。しかも，まったく同じ瞬間に，母親のほうは「箱はここで，ボールはそこ」

と言っているにもかかわらず，である。子どもが，母親が立っているところまで走ると，「そこ」は突然「ここ」になり，自分が立ち去ってきた元の場所は「ここ」ではなくて今や「そこ」になる。この関係性は，何千回でないにしても，何百回と繰り返すなかで学習される。そうした範例のすべてを通じて一貫しているのは，答えの**内容**（content）ではなく，**文脈**（context），もしくは答えが発せられる立ち位置の視点である。これは，他の直示的フレームで，私／あなた，私たち／彼ら，今／そのとき，といったものすべてについて当てはまる。

　ここ数年で，RFTの研究者たちは，視点取得がどのように発生するのか，それはどのように測定可能か，また，それをどのように作り出せるか，について多くを学んできた。直示的関係フレームを教える手順は，実に巧妙である。3つの主要な直示的関係である「私／あなた（I/you）」「今／そのとき（now/then）」「ここ／そこ（here/there）」を取り上げてみよう。直示的関係の練習は，「私は箱を持っていて，あなたはボールを持っています。では，あなたが持っているのは何ですか？」といった簡単な質問からはじまる。それから，質問は，文脈的な柔軟性が求められるものへと発展していく。単純反転（simple-reversal）の質問の例としては，「私は箱を持っていて，あなたはボールを持っています。もしも，私があなたで，あなたが私だったら，あなたが持っているのは何ですか？」がある。質問はもっと複雑にもなる。二重反転（double-reversal）の問いなら，「今日，私は箱を持っていて，あなたはボールを持っています。昨日，私はペンを持っていて，あなたはカップを持っていました。もしも，私があなたで，あなたが私で，今日は昨日で，昨日が今日だったとしたら，今日，あなたが持っているものは何ですか？」というようになる。さらに複雑な質問（例：三重反転；triple reversals）も，直示的フレームを複数組み合わせると可能になる。質問を慎重に設定することで，時間，場所，人だけでなく重要な内容（例：モノ，感情，行動）のなかからさまざまな組み合わせが可能である。

　研究では，このような方法で評価される直示的関係を扱う能力は，子ども時代を通じて強まり，学童期のはじめ（middle childhood）くらいからは実際に有用なものになってくることが示されている[171]。この能力は，他の人

には他の人の「心（mind）」があって，自分自身の視点は他の人の視点とは違うのだと理解するために重要である。直示的フレームは「心の理論（theory of mind）」のスキルで中心的な役割を果たすことが示されている[171]。たとえば，ごまかしを理解したり[173]，他者が嘘の信念を持つかもしれないことを理解したりする[172, 174]といった場合である。また，直示的関係**を扱う能力**は，セラピーの対象となる集団のなかで，自閉症スペクトラム障害[196]を含めて自己の感覚に問題を抱える人々では弱いことが知られている。さらに，「社交的快感喪失（social anhedonia）」，つまり社会的な相互作用がもたらす喜びが感じられないという症状に悩む成人は，直示的フレームづけに困難があると示されている[242, 243]。とはいえ，直示的フレームづけは教えることができるし，それが学習されたときには視点取得と心の理論のスキルが向上することも知られている[250]。

　RFTの理論家たちは，視点取得する自己の感覚を生み出す，言語的な構成単位をほぼ正確につかんでいる。そこで彼らには，視点取得の感覚をモデル化し，測定し，そして訓練することができる。むしろ，子どもたちが自然言語コミュニティのなかでおこなわれるいいかげんともいえるトレーニングを経てこのスキルを獲得できることのほうが驚きかもしれない。通常，直示的トレーニングは，間接的な形でおこなわれる。仮に，たくさんの「私（は）」という言明（"I" statements）を通じてトレーニングがおこなわれるなら，すべての内容的な違いがそぎ落とされていったときにただひとつ残される何らかの意味を持った「私」の感覚が「場」という**存在**として浮き彫りになる。たとえば，「昨日，どんなことをしましたか？　何を見ましたか？　何を食べましたか？」といった質問に対するそれぞれの答えのなかで，一貫している要素とは何であろうか。普通なら，私たちは，「昨日，私はこんなことやあんなことをした」「私はあれやこれを見た」「私はこんなものやあんなものを食べた」と答える。もっと他者中心的な文化や言語では，同じようなトレーニングが「私たち／彼ら（we/they）」の形でおこなわれるだろう。ここで指し示されている「私」は，ただ単に身体的な，生物学的な意味としての私ではない。それは，座標（locus），場所（place），または視点（perspective）でもある。ところが，RFTの研究は，こうした「私（は）」の言

明のたぐいは，他者の視点というものが存在することについての他者自身からの確かであてになる言明が伴わない限り，正しい区別を作り出せないことを示した。ちょうど，「そこ」がない限り「ここ」が，「そのとき」がない限り「今」が，「彼ら」がない限り「私たち」がそれぞれ存在しないのと同じように，「私」の視点ができるためには「あなた」の視点が完全に形成されていなければならないのである。

　文脈としての自己を，私／あなた，今／そのとき，ここ／そこ，などといった直示的関係の主要なクラスが寄り集まってきて成立するようなもの，と考えてみよう。図 3.4 に，そのイメージを表した。楕円軌道をまわる物体のように，子どもたちは，自分について，「ここ」または「そこ」から，「今」または「そのとき」から，「私の視点」または「あなたの視点」から反応しているところを，さまざまに想像するようになる。図の上の部分で示したように，それぞれの行為は重なり合うこともあるけれども，はじめから完全に統合されているわけではない。ところが，こうした反応のクラスが 1 つに寄り集まったときに，統合された出来事として，視点の感覚が生まれる。そして，ひとたびそれが起きると，すべての自己知識が，ひとつの意識的な「私／今／ここ」の視点から発生するようになる。そのときの状態を，図の下の部分に比喩的に示した。たとえば，そう，他者の目を通して眺めているところを想像するときでさえ，私たちは，依然として他者のなかの「私／今／ここ」の座標から眺めている感覚を持ち続ける。今や，意識の内容は，その知識を統合的に眺めることのできる一貫した座標または視点から見た文脈のなかで認識される（known）ようになる。それとともに小児健忘は次第に薄れていく。出来事は，記憶のなかに，言語的に時系列で保持されるようになる。やがて，そこに，意識ある，つまり，内省の対象としてではなくて，認識がそこを拠点にして生まれることのできる視点としての，人間が立ち現れてくるのである。

　このように視点取得の中心的プロセスが理解されると，臨床で一般に使われるエクササイズについても，それらが持つ意味がより捉えやすくなるだろう。たとえば，自分が他人に与える影響についてあまり理解していない若者に対しては，「あそこの空いている椅子に自分が座っているところを想像し

142 第 1 部 さまざまな基盤とそのモデル

直示的関係フレームづけ

あなた
今
ここ
私
そこ
そのとき

文脈としての自己の「私／今／ここ」

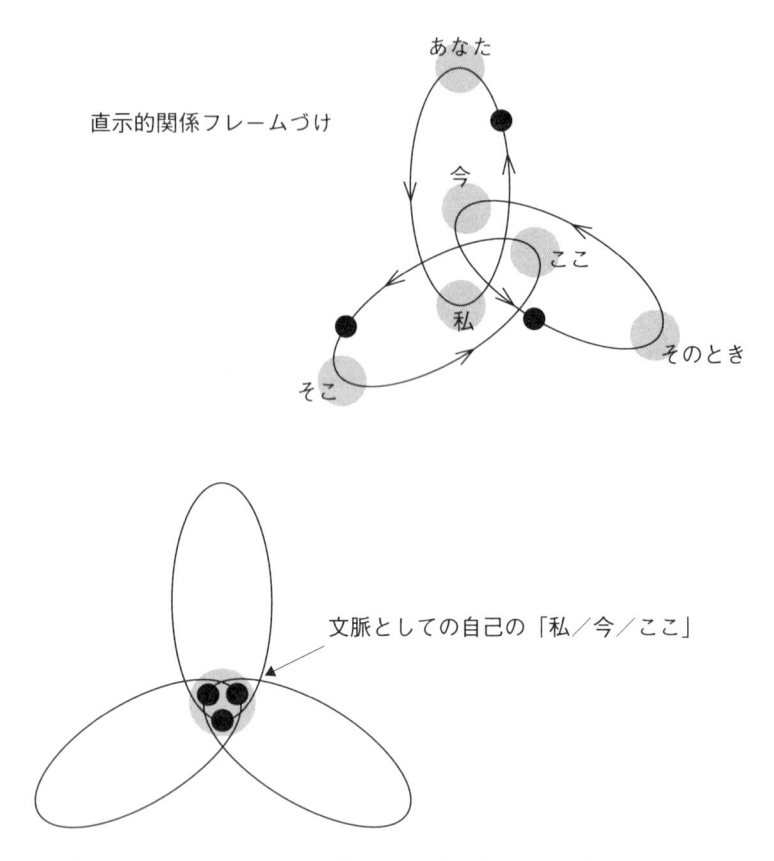

図 3.4. 直示的関係フレームが寄り集まって「文脈としての自己」——視点取得の一種としての社会的につながり合った自己の感覚——を生み出す様子のイメージ (Steven C. Hayes の許諾により使用)

てみてください。もしも，あなたが自分のお母さんだったとしたら，あなたは，あなた自身に向かって何を話したいですか？」と問いかけるとよいかもしれない。また，社会的な振る舞いが下手な子どもになら，「自分がスーパーマンだったらと考えてごらん。スーパーマンなら，何と言うかな？」などと促せるだろう。視点取得が柔軟なとき，統合された「私／今／ここ」の感覚は，時間，場所，人に限定されずに，自由に設定されるようになる。今の自分に宛てて，より賢くなった未来の自分から手紙を書くこともできるし，別な誰かの視点から世界を眺めてみることもできる。そのような能力

は，自己知識を，時間的，社会的，また空間的にも広い文脈のなかに位置づけるため，臨床的に重要である。この柔軟性は，自分の行動の結果が，遅れて返ってくる場合や，どこか別な場所で生じる場合，または主に他者によって感じられる場合にも，それに対して私たちが反応できる能力を高めてくれるのである。

この自己の感覚とその認知的な基盤に関しては，応用的にも理論的にも，たいへん意味深い示唆が得られている。以下に，そのうちの3つを記すことにする。

1. **スピリチュアリティと超越する感覚**　視点取得の感覚が形成されるにつれて，言語的出来事の内容と，そこからすべてが観察されるという場の感覚との間に，根本的な区別がつくようになってくる。ひとたびこの「場から眺める視点」としての意識が出現すると，その意識の限界は，決して意識的には捉えられない。人間が経験することのなかで，唯一この次元だけは，それが「モノ」的でないという意味で固有である。つまり，その経験にははっきりとした縁も，限界も，区別もない。どこへ行っても，あなたはそこにいる。言語的に何を知っていようと，あなたはそれを言語的に知っている状態でそこにいる。私たちは，あらゆる事柄の限界について知ることができるけれども，たったひとつの例外が，この自分の意識というものなのである。

この性質があるために，視点としての自己は，時間にも場所にも束縛されない超越的な性質を持っている。モノを構成しているのは「物質（matter）」であって（それはもとはといえば「素材（timber）」を意味する言葉に由来する），視点としての自己は，「モノ」的ではない。そのため，それは「非物質的」または「スピリチュアル」である。実質的にすべての人間文化のなかには，物質と精神の区別というものが存在していると考えられるが，その体験的な起源が，ここで論じてきた「言語的に認識される内容」と「文脈としての自己」との区別にあると我々は考えている[89]。こうした区別は，人間文化のなかで科学的な視点が優位になるよりもはるか昔から存在していた。ACTとRFTでは，この区別を否定するのではなく，むしろ，それを有用で，科学的にも理にかなったものとして捉えている。

この自己の感覚を最も多く取り扱ってきたのは，スピリチュアルな，または宗教的な伝統である。それはおそらく，そうした伝統自体のものの見方が超越的な性質を持つためであろう。東洋の伝統では，スピリチュアリティについて，**全と無**などの用語を使って語り継いできた。仏教と道教は，誕生を起源とする「未彫刻の石（uncarved block）」のイメージを提唱してきた。未彫刻の石は，意識そのものの素朴な全体であり，私たちの体験の「土台」である。ユダヤ・キリスト教の伝統では，スピリチュアリティについては神性の共有とみなし（例：人間は，神の像に，神の姿に似せて，つくられている：創世記1章26節），また神の特徴（例：遍在性，全知性）は，文脈としての自己が持つ「無物（no-thing）」的な性質の拡張として理解できると考えられる[89]。

　心理学的介入の伝統（例：アルコホーリクス・アノニマスの12ステップ・プログラム）のなかにも，スピリチュアリティの重要性を強調するものがあるけれども，一般的にイメージされる以上に，スピリチュアリティが具体的に何を含むのかについては定義も説明もされてはいない。それに対して，エビデンスに基づくACTでは，同じくスピリチュアリティの重要性を強調しつつ，その核となる特徴について基本的な説明を提供している。

　2. 社会的で，拡張的で，相互につながり合ったものとしての意識　視点取得が直示的関係フレームのなかから現れてくるという発見は，人間の意識の性質について，何か奥深いメッセージを伝えてくれる。文脈としての自己は，孤独で切り離されたような自己の感覚ではない。概念としての「私」がそうでありうるのとは対照的に，文脈としての自己として語られる「私」は，自己に焦点が絞られた，処理的な感覚ではない。それは，本質として社会的で，拡張的で，そしてつながり合ったものである。なぜなら，フレームづけは相互的また複合的に内包されたものだからだ。つまり，私は，**あなた**を意識ある人間として体験しはじめるまさにそのときから，内包的また複合的に派生される関係を介して，自分自身を意識ある人間として体験しはじめる。私が1つの視点から眺められるようになるのは，あなたが別な1つの視点から眺めていることを理解するからである。意識はそのような形で**共有される**。さらに，「今，ここ」で完全に意識的であるためには，他の時間に他

の場所にいる他者との関係性を意識している必要がある。意識は，時間，場所，そして人々の間を拡がっていく。最も深い意味でいえば，意識それ自体のなかには，時間と場所を超えて**私たち**が意識をしている，という心理学的な性質を含んでいるのである。

3. **慈しみとアクセプタンス，偏見（スティグマ）と脱フュージョン**　ここまでに解説してきたところでは，アクセプタンスと脱フュージョンは一見すると心の内側の問題のように見えるけれども，文脈としての自己は本質的にもっと広がりを持ったものである。視点取得は社会・対人的な行為なのだから，自分自身に対して慈しみ深く，オープンで，受容的で，能動的な視点を持つためには，他者に対してもそういった視点を必ずや持っている必要がある。その本質として視点取得は，自分自身の苦痛を意識できるようにするけれども，同時に他者の苦痛を意識するようにもするため，それは二重に苦しい状況をもたらす。このように，他者への慈しみと自己のアクセプタンスは，理論上関連し合っているといえる。そのため，自分自身が，批判的な自己関連の思考から脱フュージョンする習慣を身につけることは，他人に対しての批判的な思考から脱フュージョンする実践なしでは，決してなしえないのである。他者批判とフュージョンした状態というものは，両刃の剣を振りかざすことと同じで，遅かれ早かれ，自分自身の性質や特徴にもその脅威は向けられる。さらにいえば，他者の嫌いな部分が，実は，自分自身の側の何らかの経験や行動と関連していたということは多い。人が他者に対して抱く偏見の多くは，それに関連したその人自身の持つ個人的な心理的苦痛と関連するといわれる。ACTのモデルは，この実証的な知見についてもいくらかの説明を与える。興味深いことに，フュージョンと体験の回避による影響を修正していくにつれて，個人的な苦痛と偏見的な思考とのリンクも解消するのである（例：文献168）。この発見は，偏見それ自体が，自己参照的な体験の回避から勢いを得ていたことを示唆する。また，いちばん問題なのは，思考の内容そのものよりも，むしろそうした思考に対しての執着のほうだという点も示唆している。ただ，この観察結果は，必ずしも評価と批判を一切やめるべきだということを意味しているわけではない。評価と批判といった思考は依然として問題解決モードのなかでは有用なツールとなりうる（「彼女は

優秀な法律家だ」などというように）。ただ，そうしたツール一般についていえるように，それを用いるにあたっては，取り扱いに注意しながら，使用上の限界を認識しておかなければならないということである。

社会的で，拡張的で，相互につながり合った意識の感覚は，アクセプタンスと脱フュージョンを，偏見よりもむしろ慈しみの方向へと自然に向かわせる。その意識の感覚はまた，ACTのプロセスを時間的にも空間的にも拡げるだろう。なぜなら，ある価値観が局所的にだけ適用されるとは考えにくいからである。たとえば，他者への思いやりが，家族限定で適用され苦しんでいる他の人々には適用されないとか，「今，ここ」にいる人にだけ適用され将来の世代には適用されない，などとは考えにくいからである。こうした有益な傾向は，ACTの取り組みそのものが持っている幅広い適用可能性にも関わってくる。ACTが，トリートメントを求めてくるクライエントたちの自分自身への偏見に対して（例：文献151, 162）だけでなく，人種や民族集団に対する偏見[151]や，精神科的な障害のある人々に対する偏見[165]にも適用されてきたのは，偶然ではない。さらに，ACTは心理的柔軟性モデルの持つ拡張性を通じて，臨床家自身がクライエントに対して向けてしまう可能性のある偏った見方に対してさえも，それを解消する方向へ作用するのである[98]。

マインドフルネスと自己関与性

「第三の波」といわれる認知的・行動的トリートメントの最も注目すべき特徴は，マインドフルネスが行動療法の分野に取り入れられたことである[95]。それによって，この10年の間には，それまで埋もれていた宝ともいえるマインドフルネスに基づいたさまざまな手法が，行動療法と認知療法に流れ込んできた。ただ，この発展は，いささか複雑な授かりものだともいえる。我々はこれにより，役立ちそうな新たな技法をリストに追加することになった。しかし同時に，またもや，それがなぜ，どのように有用になるのかについて，これまで積み上げてきた知見と一貫した科学的な説明ができないような技法を新たに加えるリスクを負ったことにもなった。マインドフルネスに関する分野での基礎科学と臨床実践の隔たりは，決して小さくはない。

実際に，心理学において，マンドフルネスについての合意された定義がない。さまざまな定義に関するレビュー（例：文献22, 132, 145）は，マインドフルネスが，心理的プロセスとして，何らかの結果として，幅広い技法またはその集合としてなど，さまざまな説明のされ方をしている[116]。

　我々はマインドフルネスを臨床レベルのみならず，基礎的な行動学的レベルでも，十分に理解しておく必要がある。特に，マインドフルネスは，進行中のプロセスとして，セラピーへの反応に対する媒介要因または調整要因として，また，それ自体を人生の一部として，しっかりと理解しておく必要がある。実際，こうしたさまざまな形のマインドフルネスが定義されることで，マインドフルネスを十分に研究するのは難しくなる。もともとは一般の言葉として使われていて，後に学問的な関心を集めた概念の多くがそうであるように，マインドフルネスについても，権威的になされた定義が心理学のなかで合意に至ることは決してないのかもしれない。とはいえ，問題はむしろ，そうした定義に関する意見が一致するかどうかではない。大切なのは，**基礎**の研究者も臨床の研究者も，共にそれぞれが出発点とする前提について，より詳しく全体的に示し合い，これからの研究者やその他の人々が，マインドフルネスの分野において，何がどこまで明らかになっているのかがわかるようにしておくことである。マインドフルネスは，心理的柔軟性モデルのなかの中央から左側，つまり，「オープンな反応スタイル」と「集中した反応スタイル」に該当する。この2つの反応スタイルに含まれる4つのプロセスが，どのようにしてマインドフルネスを定義するかについては，FletcherとHayesが文献59のなかで詳しく触れている。また，著者らのこの見解は，最近おこなわれたマインドフルネスのプロセスに関する神経生物学的エビデンスによっても裏づけられている[60]。本書の副題は，こうした具体的な意味での「マインドフルな変化のためのプロセスと実践」である。ACTのセラピストとクライエントは，六角形の左側の4つのプロセスを用いながら，右側の価値に基づいて行動を変化させようというプロセスを進めていく。

従事した反応スタイル――「価値」と「コミットされた行為」

　「オープンな反応スタイル」は行為のレパートリーをより柔軟にして，「集中した反応スタイル」はその人の意識を「今，この瞬間」のなかにしっかりととらえる。そして，人生を意味深いものにするのは，日々の暮らしのなかで，一つひとつの行為を通じて大切に抱かれた自分自身の価値とつながり合うということである。つきつめると，心理的な健康は，現実世界のなかで有効である（効果的に振る舞える）ことから生まれるといえる。そして，有効であることからは，活き活きとした感じ，人生とつながる感じ，また健康と幸福の感じが生まれるだろう。この高揚感や何かに取り組んでいるという感覚は，人が今ここでの，有意義な人生を生きるうえで本質的に強化的な出来事に触れることで生まれる。

「待つ，受ける，そして楽しむ」vs.「価値づける」

　認知的フュージョンと体験の回避は，先に記した事柄の他にも，人生に長期的な負の影響を与える場合がある。この2つのプロセスは，主に嫌悪制御のもとで発達するさまざまな行動パターンを生み出す。そのため，それがあると，普段であれば活き活きとした感じを生み出すような日常の活動を動機づけ，体系立て，方向づけるような人生の方向感覚が失われやすくなる。臨床的には，この現象は一種の，目標が欠如した感覚となって表れることが多い。人生が平凡，空虚，無意味だという不満，または，やり甲斐のなさや何らかの活動を短期にしても長期にしてもゴールの達成まで続けられなかったことへの不満，あるいはその両方を含む形をとる場合が多い。「中年期の危機」は，ひょっとするとそうしたケースの一例といえるかもしれない。その典型的なパターンとしては，良い仕事に就き，結婚していて，子どももいて，成功した中産階級として何不自由ない暮らしを享受しているようなクライエントが，それまで拠り所としていたものを突然手放して，人生のもっと深い何らかの意味を探しに出かける。日常からのこの脱走は，浮気や安定した立場からの突然の辞職などといった社会的にはタブーとされる行動を伴うこともよくある。これは，人が個人の価値との接触を保つことではなくてむしろ社会的に指示された「いかに生きるべきか」のルールにあまりにも長く

従い過ぎた結果，ずっと後になってから人生が狭められてしまったという例かもしれない。古くから言われているように，「行動を伴わないビジョンは夢想だが，ビジョンを伴わない行動は悪夢である」。

　ACTの特徴はクライエントにとっての価値を強調する点にある。それこそがACTを，他の認知行動的なトリートメントの多くからは具体的に区別し，またもっと幅広い意味でのセラピー全般からはより一般的な形で区別する。ACTにおいて，行為，アクセプタンス，脱フュージョンが合わさって意味のある全体となれるのは，価値が作り出す文脈のなかだけである。ルール支配行動の用語でいえば，価値は，形成および動機づけオーグメンタルである。それらは，数ある人間の言語の使われ方のなかでも，最も重要なもののひとつといえる。

　「ACTでは，価値とは，自由に選ばれるものであり，進行中で，動的で，徐々に展開していく活動パターンがもたらす言語的に構築された結果である。そして，それは，価値づけられた活動パターンに従事すること自体に本質的に備わっている，その活動に対する優勢な強化子を確立するものである」(文献262のp.66)。WilsonとDuFrene[262]によるこの定義は，複雑で理解しにくいものである。そこで，この定義をもっとわかりやすくするために，主な構成要素へと分けて見てみよう。

自由に選ばれた価値

　ACTで重視するのは，自ら自由に選び取ったものとして体験される価値で，他者から押し付けられたり，そのときの状況によって迫られたりしたものではない。これは，ACTでおこなう介入が，クライエントによる「意思決定（decision-making）」ではなく，クライエントによる個人的な「選択（choice）」に注目する最大の根拠である。選択は，特定の行為をしたりしなかったりするための，理由が**存在するところで**なされはするけれど，そうした理由に**基づいて**なされるわけではない。それに対して，意思決定は，マインドの問題解決モードを起源とする傾向にあり，理由が変わるたびに，それに基づいて決意も左右される。価値が自由に選ばれているならば，人は「今，ここ」で価値と接触するときにこそ，それを最も健全に構築していけ

るだろう。他者や自分自身に対する慈しみなどといった価値は，その人が「今，この瞬間」を生きていて，視点取得としての自己とうまく接触しているときにこそ，はっきりと意識されやすい。「今，この瞬間」に注目するマインドフルネスの伝統のほとんどで価値や慈しみがごく自然に焦点となっているのは，おそらくそのためだろう。ただし，「自由に選ばれた」価値は社会的に押しつけられるものではないけれども，そのことは，価値が，社会的に確立されるものではないとか，社会的な事柄に注意を向けない，といったことを意味するわけではない。自由な選択とは個人主義のことを言っているわけではない。それはむしろ，誰が行為の主体かという，心理的な質の問題なのである。

言語的に構築された結果

　ACTの介入では，価値の構築と選択に注目することが多い。**価値の明確化**と言ったほうがより一般的な表現かもしれないけれども，**明確化**という用語は誤解を招きかねない。それだと，まるで，あらかじめ完全な形で仕上がった価値が，どこかで発見されるのをただ待っているかのような意味に理解されやすい。そのため，本書では，**明確化 (clarification)** よりも**構築 (construction)** を使いたい。また，価値づける行為 (valuing) がACTのなかで持つ能動的な性質を強調するためにも，後者の用語を使うことにする。マインドと同じように，価値も，「モノ」的というよりも，むしろ言語的関係づけの持続的なプロセスである。たとえば，クライエントは，はじめのうちは，「力を発揮できる仕事でキャリアを積むこと」という価値と，「良い親であること」という価値との間に，つながりを見出せないでいるかもしれない。しかし，長期的な子どもたちの人生の充実を育むうえで，自分が親としてどのようなモデルを子どもたちに示したいのかを模索するうちに，2つの価値の間に言語的に構築されたつながりを見出すかもしれない。

進行中で，動的で，徐々に展開していく活動パターン

　「進行中で，動的で，徐々に展開していく活動パターンがもたらす言語的に構築された結果」が意味するのは，価値はその人に選択肢をもたらすとい

うことであり，その選択肢とは言語行動によって機能的に定義された特定の行動パターンに従事するというものである。そこで選ばれた行動パターンは，過去の経験とその場の状況が許す範囲で，その瞬間，瞬間を生きることであるため，「動的で，徐々に展開していく」ものとなる。また，「言語的に構築された結果」は，正確には，専門的な意味での強化的な出来事とはいえない。なぜなら，それは決して完結できないかもしれないし，接触さえできないかもしれないからである。たとえば，「ジェンダーの平等」を価値づける人がいたとしたら，その人は最終的に，ジェンダーの平等を決して目にできないかもしれない。それにもかかわらず，それを自らの行動のための構築された結果または機能として選び，それに向けて取り組んでいける。強化子が行動を強化するのはそれが接触されたときだけれども，価値は，決してそのような仕方で成り立つものではない。価値の役割は，他の出来事を強化子として確立することである。そのため，専門的には，価値はオーグメンタルなのである。

本質的な強化子が優勢になる

　WilsonとDuFrene[262]は，価値によって強化子として確立される出来事を，次のように説明している。「価値づけられた活動パターンに従事すること自体に本質的に備わっている，……優勢な強化子」。価値は，未来についてよりも，むしろ「今，この瞬間」を生きながら個人的な価値を含んだ活動に従事することにより多く関連している。そうした活動は，言語的に構築されたその人の持つ人生への願いとつながっているおかげで，強化的な特性を備えるようになる。つまり，強化的なのはやはり価値そのものではない。そうではなくて，本質として強化的なのは，「価値と結びついている」という行為の質なのである。ある意味では，私たちが自由に選んでいるのは，その行為の質だといえる。

　ある人が，自分は愛情深い父親であることに，つまり子どものためにその子のそばにいることを価値づけると選んだとしよう。そのときの行動パターンをイメージするなら，子どものために，時間をかける，丁寧にかかわる，安全を確保する，勉強を励ますなどいくつものパターンが描けるだろう。愛

情深い父でいることのプロセスは，決して終わりのあるものではなくて，子どもたちと父親が一緒に月日を過ごすうちには行為のパターンも徐々に展開するかもしれない。父親が急に寝たきりになれば，この価値は，それまでとはまた大きく違った形で日常生活に含まれるようになるだろう。そこでの強化子は，言語的に概念化されたどこか遠い未来にあるわけではない。むしろ，物語を聞かせたり，鼻を拭いたり，擦りむいたひざを手当てしてあげたり，といった絶え間ないプロセスのなかでこそ，愛情深い父でいることの価値が実践されるし，実践によってさらに強化されもする。逆に，そうでなければ罪悪感を抱くことになるから，またはそうしないと他の誰かが失望するから，という理由で愛情深い父親になろうとするのは，ここで言おうとしている意味での価値づけることとは違う。実際に，価値についての文献[54, 208, 209]は，価値が好ましい臨床的な結果と有意に相関するのは，それが，社会的コンプライアンスまたは罪悪感の回避の問題としてではなく，個人的な選択とみなされている場合だけだと示している。

　まとめると，価値づける行為は，クライエントの注意を，心理的な目的と意味を生み出すほうへ向けると同時に，マインドの問題解決モードからは逸らすものである。アリストテレスの用語でいうなら，価値は，行為が「それのためになされるところの（for the sake of which）」非常に強い目的だという点で，行動の「目的因（final causes）」として機能するといえる。より技術的な意味では，価値は，淘汰の基準を提供することで，多様性と選択的保持が原因プロセスとして作用して行動の展開が起きるようにするともいえる。価値は，苦痛な体験が価値ある行為への妨げとなるときに，脱フュージョンやそれらをアクセプトする作業に尊厳を与える。ACTは，決して，クライエントを終わりのない感情的なのたうちまわりへと導くものではない。むしろ，ACTは，価値ある人生を生きるうえで，人生が差し出してくるものを「取り込んでいく（taking in）」方向へと導く。価値については膨大な文献があって，価値への短期的な介入をおこなうだけでも有意な行動上の変化が表れることが示されている（例：文献41）。

「行為の欠如／衝動性」vs.「コミットされた行為」

　フュージョン，回避，また価値との接触の喪失の行き着く先は，狭く硬直化した非効果的な反応パターンである。硬直性は，行動の回避（行為の欠如，受動性，引きこもり），または行動の過剰（衝動的な行動，また飲酒，薬物使用，過食，自傷などといった感覚的なまひをもたらす行動の濫用）のいずれかによって特徴づけられる。こうした行動のすべてに共通するのは，それが嫌悪的な状態を減らすか排除するかしようとするものだという点である。多くの場合に，人々は，ある苦しい状況を完全に回避することで，恐れている結果とそれに関連した苦痛な私的体験を避けられると信じている。また，衝動的に行動して，実際には状況を一層悪くしている人もいて，この行動パターンは自滅的なものである。さらに他のケースで人は「手っ取り早い」解決策を用いるけれども，長期的にはひどい結果を招いているかもしれない。いずれにしても，こうした行為は，その形態にかかわらず，嫌悪的な結果を制限しようとする機能を持っていて，人生のなかでポジティブな何かを見つけようとするものではない。このような生き方を続けると，人生の空間が収縮されてくるのが感じられて，いずれは，うつ，不安，中毒などといったさまざまな臨床上有意な症状を発症するのは避けられない。つまり，心理的に硬直していると，随伴性に応じて敏感に行為を起こして維持していくのが難しくなりがちで，変化していく状況に適応する能力が低くなってしまうのである。

　ACTのモデルでは，**コミットされた行為**は，**価値に基づいた行為**で，**それ自体として価値に基づいた「行為のパターン」を形成する**ようにデザインされたものを指す。つまり，行動は継続的に方向づけし直されて，価値に基づいた柔軟で効果的な行動パターンを，絶えずより大きく再構築していこうとする。コミットされた行為は，認知的フュージョンと体験の回避がもたらすレパートリーを狭める作用への解毒剤となるのである。ACTが本質的に「筋金入りの」行動療法だといわれるのはこのためである。本書で**コミットメント**という場合，それは，将来についての約束というよりも，価値に基づいた行動パターンを，行動する人自身がそれに責任を持ちながら実際に刻々と生きることである。コミットされた行為がくじけだしたときには，その責

任を引き受けてもう一度価値に基づいた方向へと努力を向け直すことが，新たなコミットメントとなる。自らの行動を時間の流れのなかで繰り返し方向づけし直す力のある人は，行動パターンに対して弱いコントロールしかみせない人々と比べて，計り知れないほどの強みを持つといえる。心理的柔軟性の土台となる能力とは，高度に体系立てられていて，しかも随伴性に対して感受性を持つ目的のある行動に従事できる能力である。

　コミットされた行為は，価値の拡張だといえる。一方で，価値は，進行中の活動パターンに続いて起こる「自由に選ばれた結果」を含んでいる。また，そうした自由に選ばれた結果によって強化される行為であれば，どんなものでも，それは価値に基づいた行為となる。他方で，コミットメントし続けることは，こうした目的（自由に選ばれた結果）を維持することをゴールにかかげながら，瞬間ごとに，行動をより大きなパターンへと方向づけし直していくことである。ある人が自分の行動が価値から逸れていると気がついて，行動を価値に沿うように方向づけし直そうと選んだ瞬間に，その人はコミットされた行為に従事しているといえる。

　ここで行為や行動という場合，必ずしも物理的な行為を意味するとは限らない。コミットメントが，完全に私的で精神的な活動を意味することも十分にありうるからだ。たとえば，V. E. Franklが第二次世界大戦のときにナチスの強制収容所のなかでおこなったコミットメントのひとつは，心のなかの妻に関するものだった。彼は，心のなかで，妻への愛は，死と隣り合わせの収容所生活の苦悩にさえも耐え忍ぶに値するだけの意味を与える，と強く信じた。そして，妻が自分の心のなかに存在し続けるようにするために，数えきれないほどの方法を考え出した。全収容期間を通じて，妻がまだ生きているのかさえも，再会できる日が来るのかどうかさえも知る由がなかったにもかかわらずである。Franklは，古代イスラエルの王ソロモン（ダビデの子で，イスラエル・ユダ複合王国2代目の王）の歌を引用する——「私を刻みつけてください，あなたの心に印章のように　愛は死のように強い」（文献70のp.50）。Franklは，絶望が誘惑してくるのをはっきりと感じたけれども，妻のイメージを心のなかに抱き続けるほうを選んだ。そうするたびに，彼は，選択して，自分の価値へのコミットメントに従事したのである。

価値そのものは決して形として達成されないのに対して，価値に沿った具体的なゴールなら，コミットされた行為を通じて達成可能になる。ACTの介入手続きには，ゴール設定と行動変化のための方法論の全範囲が含まれる。しかし，広い意味でのさまざまなセラピーで使われる方法論が全般的に，また行動療法で使われるものに関しては特にしっかりと含まれている。反対に，既存の行動的アプローチが，ACTモデルからの方法論を取り入れて効果を高めることもよくある。また，いくつかのデータからは，価値に関するもの以外のコア・プロセスによって，既存の行動的な手法が促進されることも示唆されている。たとえば，ウィリングネスとアクセプタンスのプロセスで起きる変化は，パニック障害の人がエクスポージャーに対してより開かれた姿勢になるのを助け[149]，慢性疼痛の患者が行動を変化させるのを助けるようである[43]。

モデルの核──心理的柔軟性

心理的柔軟性とは次のように定義できる。すなわち，心理的柔軟性とは，意識ある人間として，全面的に，不必要な防衛がない状態で「今，この瞬間」と，それが何と言われるかということではなく，あるがままのものとして接触しながら，自らが選んだ価値のために，行動を維持または変化させていくことである。著者らは，心理的柔軟性とは，6つのコア・プロセスから構成される3つの反応スタイルが1つになることで生まれると考える。

ヘキサフレックスの6つのコア・プロセスの間には，方向性を持った30の関係がある。**図3.1**と**図3.2**で，6つの構成要素の間に引かれた線は，飾りではない。一本一本の線が，要素の間に理論的な関係性があることを示している。ACTの個々のプロセスは，そのどれかだけを取り出してモデル全体の他のプロセスから切り離すとほとんど意味を持たなくなる。それはあたかも，ヌクレオチド対がないDNA二重らせんくらい無意味だといえるだろう。たとえば，アクセプタンスのプロセスは，価値または行為のプロセスが伴わなければ，一種の我慢またはあきらめとなってしまう。また，アクセプタンスまたは脱フュージョンが伴わなければ，価値というのは構築されにく

い。なぜなら，たとえば価値に基づいた思いやりのある行為に取り組むには，同時に傷つきやすさから脱フュージョンする必要があるかもしれないし，また，アクセプタンスではなくて体験の回避がある状態は，価値づけられた行動パターンがもたらす活き活きとした感覚をむしろまひさせてしまうからである。本書では，この後，心理的柔軟性モデルのコア・プロセスについて，このモデルの他の側面を参照しながら定義し，明確にしていく。それぞれのコア・プロセスは，それぞれとの相互の関係性が明らかになってこそ意味をなす部分があるのである。

ACTの定義

ACTでは，アクセプタンスとマインドフルネスのプロセス，そしてコミットメントと行動活性化のプロセスを用いて，心理的柔軟性を生み出す。ACTは，人間の言語と認知をよりよい文脈制御のもとへ引き入れることで，マインドの問題解決モードにあまりにも頼り過ぎることから起きてくるレパートリーの狭窄効果を克服しようとし，また，人生に対する，よりオープンで，集中して，従事したアプローチを促そうとする。ACTのアプローチは，人間の適応と苦しみを機能的文脈主義の観点に基づいて捉えるもので，関係フレーム理論によって拡張された行動の原理から引き出される。ACTは，科学に基づいた種々の技法を含んではいるものの，それはただの技術の集合ではない。機能的な定義に基づくなら，心理的柔軟性を確実に生み出すものであれば，ACTは何の技法で構成されていてもかまわない。また理論的にいうならば，ここで解説した心理的柔軟性モデルに基づいている限り，用いる人がそう呼ぶと決めたなら，どんな方法も「ACT」と呼ばれてかまわないものなのである。

ACTと心理的柔軟性モデルに関するエビデンス

この10年の間に，RFTとACTに関して出版される研究の数は飛躍的に伸びている。1999年に，心理的柔軟性のモデルが包括的なスタイルではじ

めて解説された当時，RFTを紹介する書籍は一冊もなかった。ACTについては，実証的な研究は一握りにも満たなかった。ACTのプロセスを測るための標準化された尺度はなく，ACTのプロセスとその介入効果との関連についての縦断的研究も媒介的研究もなかった。しかし，状況はまったく変わった。今日では，最も少なく見積もっても，RFTのプロセスを実験的に検証する研究が40件以上（RFTの理念に関連したものなら，さらに100件はあるかもしれない）あがっていて，しかも，理論の基礎をなす原理を否定するようなデータは何一つあがっていない[52]。Ruiz[203]は，心理的柔軟性とうつ病の相関関係（重みづけ$r=.55$）についての研究を22件，また，心理的柔軟性と不安の相関関係（重みづけ$r=.51$）についての研究を15件見出していて，どちらの種類の研究でも，参加者（N）の合計はそれぞれ3,000人を超えていた。また，30件以上の縦断的または媒介的な研究について，相関を使って，ACTのプロセスが長期的な介入効果に与える影響を検証したところ，実質的にすべての研究で，本書で解説する心理的柔軟性モデルから期待されるような結果が得られた。Levinら[148]は，ACTの構成要素の単独または2つ以上の組み合わせた40件の研究について分析し，その結果，介入についての効果量は$d=0.70$（95％の信頼区間：.47-.93）だった。Ruizは，介入効果の研究を，臨床心理学の分野で25件（$N=605$；18件の無作為試験），健康心理学で27件（$N=1,224$；16件の無作為試験），またその他のスポーツ，偏見，組織，学習などといった分野で14件（$N=555$；14件の無作為試験）見つけている。手に入るすべての文献を通じて，グループ間の効果量は0.65程度であった[109, 187, 193, 194]。無作為化試験のうちの3分の2近くについては媒介分析がおこなわれていて，そのすべての研究で$p = .10$かそれよりも有意な値で，ACTの媒介要因は介入効果の半分程度を説明していた[108]。

　おそらく最も目を見張るのは，こうした研究のなかで扱われている問題の幅広さだろう。この広範さは，統合的で診断横断的なモデルと認められるために，科学的側面から求められる主な条件のひとつである。これまでに，対照群を設けたACTの研究が，以下のテーマについておこなわれている——仕事上のストレス，痛み，喫煙，不安，抑うつ，糖尿病の管理，物質乱用，回復途上の物質乱用者に対する偏見，癌の告知への適応，てんかん，精神病

へのコーピング，境界性パーソナリティ障害，抜毛癖，強迫性障害，マリファナ依存，皮膚のかきむしり，人種的偏見，メンタルヘルスの問題を抱える人々に対する偏見，むちうち症に関連する障害，全般性不安障害，小児の慢性疼痛，体重管理と自分への偏見，臨床家によるエビデンスに基づいた薬物療法の採用，そして，ACT以外の臨床家へのトレーニング。これまでで唯一の辛口の注意喚起は，ACTをそれほど主要ではない問題に適用したときに，既存の技法のほうがACTと比べていくつかの尺度で有意に効果的だった，ということくらいである（例：文献272）。

　心理的柔軟性モデルの視点から眺めたときに最も重要なことは，1つまたはそれ以上のコア・プロセスが変容できれば（普通は変容できるわけだが），よい介入効果が得られるという点である。これまでのところ，この知見に例外は知られていない。このことは，研究者や臨床家のなかでも，実証に基づくトリートメントを実現するための長らく唱え続けられてきた夢として**実証に基づくプロセス**（ただ単に実証に基づくパッケージやマニュアルではない）に注目する人たちには，この上ない創造性を発揮するためのターゲットを提供する[201]。人々が自分の取り組みをACTと呼ぶかどうかは，もはや関心の対象とされなくてよい。実際に，著者らが**心理的柔軟性モデル**という用語を使う理由のひとつは，このモデルがさまざまな技法についてやブランド名などといった問題を通り越していることを強調するためでもある。**心理的柔軟性**という用語でさえ重要ではない。重要なのは，アクセプタンス，マインドフルネス，そして価値のプロセスが，人間の苦悩と適応性についての一貫したモデルを提供するかどうか，またそのモデルが，効果的な介入，また介入要素へと，そして変容のための調整変数と媒介変数へと，常に導くかどうかである。この問題へは本書の最後の章で立ち戻り，心理的柔軟性モデルについて，基礎の理論的側面と臨床の方略的側面を眺めて，エビデンスをさらに見ていく。

まとめ

　本章では，6つのコア・プロセスから体系立てられた3つの主な反応スタ

イルを含む心理的柔軟性のモデルを紹介した。紙幅の都合で，多様な各研究分野からすべての文献を網羅した包括的なレビューはできなかったものの，モデルの説明を裏づけるいくつかの研究領域については記すように努めた。さらに，この診断横断的アプローチが確かに見込みのあるものだということを示すために，ACTとRFTの研究コミュニティ内の実証的データを強調した。とはいえ，心理的柔軟性モデルに基づきさえすればすべての疑問点や検証への答えが得られる，と主張しているわけではない。本書のはじめの部分でモデルを詳細に説明したのは，関心を持つ実践家と臨床と基礎の研究者たちに，臨床的に重要な問いを検証できるようにする枠組みを提供するためである。こうした問いを投げかけるプロセスを通じて，このアプローチの強みと限界を見極めていくことになるだろう。文脈的行動科学の前進（プログレス）モデル（第13章参照）によるなら，それこそが在るべき姿勢といえる。著者らは，心理的柔軟性モデルは，比較的適切で，統合的な診断横断的説明に求められる条件を満たしていると考える。つまり，人間の成長を育み，人としての苦悩を軽くするうえで実際に役に立つと信じている。次の章からは，それがACTのなかでどのように実践されるのかを見ていこう。

第 II 部

機能分析と介入へのアプローチ

第4章

ケース・フォーミュレーション
ACTの耳で聞いて，ACTの目で見る

本章で学ぶこと：
- クライエントが示す問題を探っていくときの臨床家の姿勢
- 心理的な硬直性また柔軟性をもたらしている要因をどのようにして突き止めるか
- セラピーの対話のなかに表れるACTに関連したプロセスをどのようにして見分けるか
- ACTのケース・フォーミュレーションにおける主な特徴

　本書の第Ⅱ部ではACTで用いるアプローチを解説するが，まずは，ケース・フォーミュレーションについての章からはじめよう。ここから話をはじめる理由は簡単で，ケース・フォーミュレーションは，一人ひとりのクライエントのニーズを満たす効果的なACTの介入をおこなうための重要な前提となる場合が多いからである。ACTの視点からケース・フォーミュレーションをおこなうためには，クライエントが示す問題を，機能的に分析し，心理的柔軟性モデル（第3章で解説）の枠組みのなかに位置づけていく必要がある。著者らはこれまでに，セラピストがACTの介入をおこなう高度なスキルを持っているにもかかわらず，クライエントが置かれた状況の「大

注：本章は，エミリー・K・サンドーズ（Emily K. Sandoz, Ph.D.：ルイジアナ大学ラファイエット校の心理学准教授）との共著である。

枠」を捉えるのに手こずったり，またそのためにセラピーの方向性が的外れとなってしまったりしているケースを数多く見てきた。実践家である読者が「ACTの耳」で聞く力を身につけたなら，得られた言語的な手がかり（ほとんどの場合，臨床での相互作用のなかにすぐに表れてくる）を上手に聞き分け，クライエントが本当は何に苦しんでいるのかを明らかにできるだろう。ACTの耳によって，読者は最適なACTの介入法を巧みに選択できるようになる。また，クライエントが見せる，苦しい状況や苦痛な私的体験に対する一見わかりにくいものの重要な言語的あるいは行動的なシグナル（例：視線を落としたり悲しげな表情を浮かべたりする，拳を握りしめる，唇を嚙む，手を擦り合わせる）には，彼らの心理的な姿勢が反映されている。「ACTの目」でものを見ることが可能になれば，読者は実践家としてそうしたクライエントの反応に対応できるようになる。本章では心理的柔軟性モデルについて臨床的な側面から考察していくが，このモデルは人間の機能全般に関するものであり，狭い意味での精神病理のみに関連するものではない。たしかに，いくつかの特殊な状況（例：企業内コーチング）でケースの概念化（ケース・フォーミュレーション）をおこなう際には，ここで考察するものとはいくらか違ったツールが必要になるかもしれない。また，状況によっては，特定の個人に対する詳しいケースの概念化をおこなわないまま，ACTの取り組みを進めてしまってもかまわないこともあるだろう（例：大規模で組織立った公衆衛生や教育での取り組みの場合）。それにもかかわらず，そうした特殊な状況のなかでさえ，ACTの目と耳を持つことは，実践家としての読者の力を高め，ACTの手法を不適切な方法で用いてしまうリスクを抑えるはずである。概していえるのは，本章で考察する一般的な原理は個々の状況の違いとは無関係に適用できる，ということである。

　心理療法の文脈のなかでは，ケース・フォーミュレーションまたはケースの概念化は，以下の作業を含むといえる。まず，最初のインタビューで必要な情報を収集し，集めた情報を心理的柔軟性モデルを用いて分析し，セラピーをどこから開始するかの導入点を見定め，そして，セラピーが展開するなかで得られた新しい情報に基づきフォーミュレーションを適宜修正していく。本章では，アセスメント，ケース・フォーミュレーション，そしてト

リートメントのそれぞれの要素間にある非常に直接的な関係性に注目していく。また，ケース・フォーミュレーションの過程で不可欠な構造化の作業を助けるために，ACTのケース・フォーミュレーション用のツールであり，読者自身が臨床実践のなかですぐに使うことができる道具をいくつか紹介する。本章では臨床におけるインタビュー方略に特に注目するが，そのことは，それ以外の自己評定尺度や，行動シミュレーションなどのアセスメント形式を併用することの重要性を弱めるものではない。また我々としては，それが正確に適用されればACTの統合モデルのほうが，症候群に基づく既存のアプローチよりも，トリートメント上で有用だと考えている。しかしながら，ここではACTでのケース・フォーミュレーションをよりわかりやすく伝える目的で，DSMでの分類も適宜用いながら解説をおこなうこととする。

臨床で役立つケース・フォーミュレーション

　セラピストの置かれた状況とクライエントの個性はそれぞれ多様であるが，ケース・フォーミュレーションの狙いはいつも同じである。すなわち，それはクライエントにとって有益な変化をもたらしうる介入へと実践家を導くことである。もしも，すべてのケース・フォーミュレーションがまったく同一の文脈のなかで実施されるなら，臨床的に有用なある特定の実証的に支持されたケース・フォーミュレーション手法というものを提案することもできるだろう。たとえば，研究機関附属病院の専門家チームがトリートメントにあたる文脈で，かつ，あらかじめ一連のアセスメントをおこなうことが介入プランに組み込まれており，そのための時間が確保されている文脈，といったようには，各セラピストの置かれた文脈は限定されない。唯一のケース・フォーミュレーション手法といった理想的な段取りなど，現実にはまず存在しないことは誰もがよく知っている。本書の読者のなかには，ケース・フォーミュレーションの構築と改良のために何時間も割くことのできるセラピストもいれば，クリニックでのプライマリーケアや救急治療室の現場でクライエントと対面し，実践的なケース・フォーミュレーションを15分以内

に組み上げなければならないセラピストもいるだろう。また，子どもを対象とするセラピストもいれば，成人を相手にするセラピストもいる。また対象が，知的障害のあるクライエントの場合もあれば，高度に機能的なクライエントの場合もある。

　読者が何を必要としているかにかかわらず，構築しようとしているケース・フォーミュレーションを実際に臨床で役立つ見込みがより高いものにするためには，そこに作用している主要な柔軟性のプロセスを，クライエントについてのより広い文脈（家族歴，文化，社会的随伴性を含めて）のなかで，また「問題」の行動に最も大きく影響している先行事象と結果についてのより広い文脈のなかで，検討することが適切である。ACTのアプローチは，実践家が素早くそれまでの「常識の枠」から出て，高度にプラグマティックな仕方で人間が抱える問題を検討するのを助けるように方向づけられている。とはいえ，実践家にとっては，機能的，行動的，文脈的に思考することに完全に馴染むまでは，ACTは常にどこかしっくりこないものに感じられるだろう。それだからこそ，他の理論からACTへと移ってきた実践家にとっては，文脈主義のより幅広い側面についての教育とトレーニングが追加的に必要となることが多いのである。

クライエントが示す問題とその文脈についての情報を集める

　本書で解説する心理的柔軟性モデルの中心にある「文脈的アプローチ」は，クライエントを，環境的文脈や私的文脈のなかで，またそれらを通じて，相互作用する人間として理解しようとするアプローチである。この言明から示唆されるのは，モデルの6つのプロセスは，それぞれ文脈から独立させて個別的に眺められるべきものではないということである。むしろ6つのプロセスは，クライエントの周囲の社会的，文化的，環境的，生物学的環境に対してとても敏感なものなのである。臨床に関連する問題とその解決策は，ただ単に生体の内側だけで展開しているわけではない。そうした事柄は，周囲の環境と広く相互作用しているといえる。たとえば，心理的柔軟性について新たなACTセラピストにいくら教育をおこなったとしても，そこ

での利点は，新しいアイディアが提案されて試みられることを容認しない仕事環境では妨げられてしまう[25]。価値は一般に文化的な文脈（例：集団主義的な文化や個人主義的な文化）に敏感である。心理的柔軟性モデルは，心理的健康を維持するうえで重要とされるプロセスや原理にそれぞれの文化に固有の知識を当てはめられるようにすることで，さまざまな文化のなかでも適用可能になるよう設計されている。また，クライエントを取り巻く文化は，必ずしもクライエントの心理的に健全なプロセスだけでなく，心理的に不健全なプロセスも支えていることがある。そのため，特定の文化の知識だけに基づいたクライエントの文化的適応を促すよりも，文化の要素を組み込んだうえでのこうしたモデルに基づくほうが，むしろより安全なアプローチだと考えられる。

　ACTのアセスメントでは，機能的に関連し合ったごく少数の変数に絞って注目するため，より伝統的な情報収集の方法論を用いた場合よりも，インタビューにかける時間を大きく短縮できる。行動療法を提供できるマンパワーが不足している現状を考えると，それだけでもACTのアセスメント方法は非常に好ましい特徴を持っているといえるだろう。典型的には，以下の2つの主要な問いが，ACTのケース・フォーミュレーションに必要な情報を引き出してくれる。第一に，クライエントはどのような人生を自ら構築し生きたいと願うのだろうか？　第二に，そう願う人生に実際にクライエントが従事するのを妨げたり，それに干渉したりしているのは，どのような心理的および／または環境的プロセスだろうか？

機能分析――時間，軌跡，文脈

　最初のインタビューにおいて，一般的にクライエントは特定の問題に焦点を当てて話すことが多い。実践家は，そのようにして示された訴えから分析をはじめるのが通例である。心理的柔軟性モデルは，それ自体が，そうしたクライエントの訴えを形態，頻度，またはそれが起きる状況などだけではなく，機能も重視した分析へと体系立てる役割を果たす。ただし，この機能分析をおこなうためには，クライエントが抱える問題の経過と文脈についての

情報が必要となる。

　実践家はまず，問題の**時系列**を理解しなければならない。問題が最初に起きたのはいつか？　これまでにクライエントが問題を抱えていなかった時期，またはそれについて明らかに今ほどひどくはなかった時期はあったか？　また，問題が進行したときの性質もしくは**軌跡**を理解しなければならない。現時点での問題は，それがはじめて生じたときと比べて，強さ，頻度，持続時間の面でほぼ同程度か？　以前よりも軽くなっているか，またはひどくなっているか？　問題がおよぼすネガティブな影響は，クライエントの生活のなかで，拡がりつつあるか，狭まりつつあるか？　問題は時間とともによりコントロールしやすくなってきているか，それともますますコントロール不能になっているか？　さらに，行動の**先行事象**と**結果**に注目することや，私的，公的双方の事象について注目することも重要である。クライエントの外的および内的世界のそれぞれで，この問題を引き起こしているものは何なのか？　クライエントがその問題となる行動に従事するときには，何が起きているのか？　ポジティブな結果とネガティブな結果は，短期的と長期的にそれぞれどのような影響を生活におよぼしているのか？

　こうした問いは，臨床家にとって必要な情報をもたらすだけでなく，臨床家が問題をどのように捉えるかという意味では，すでにそれ自体が介入となっている。たとえば，あるクライエントが危険ドラッグを乱用していて，あるACTセラピストから見れば，その行為の一部は，そのクライエントが自らの不安を緩和しようとしていることに由来すると考えられたとしよう。そのセラピストが，クライエントに対して次第により詳しい質問を投げかけ，薬物を用いることで軽減されているクライエントの苦痛な体験や，実際に体験された短期的また長期的な結果について尋ねていくことで，体験の回避とそれによって失うものについてのクライエント自身の認識も高まるだろう。高められたこの認識は，次にACTの介入をおこなうための土台となるかもしれない。

　一般的に，クライエントがどのような私的体験に苦しんでいるのかについて，それを質問することは役立つことが多い。どのような内容について話すときにクライエントが苦しそうにするかということよりも，むしろ，苦しそ

うにしているその瞬間にクライエントの内面で具体的にどのような思考，感情，記憶，または身体感覚が起きているのかを知るほうがさらに役立つ。クライエントのそうした私的体験を知るには，臨床家は「適度な関心」を示す必要がある。適度な関心とは，いくつかの話のテーマについてクライエントの私的体験のなかへと少しだけ踏み込んで探りつつも，得られた情報のなかで臨床家自身が方向性を見失わないでいる能力のことである。ここでの臨床家のゴールは，関連する私的プロセスに触れてみて，それらがどのように相互につながり合っていそうかをひとまず理解することである。ここで得られた情報は，後にケースの概念化とトリートメント・プランの立案の両方で活用されることになる。

　なかには特定の種類の私的出来事に偏って情報を探りがちになる臨床家もめずらしくないが，こうした傾向は，クライエントについての情報に「盲点」をつくってしまう恐れがある。たとえば，認知再構成法を専門とした背景を強く持つ臨床家では，「不快な思考」をより多く探そうとして，クライエントが体験している記憶や身体感覚といったことについてはあまり質問しない傾向にあるかもしれない。著者らは，臨床家には，クライエントの私的領域での多様な体験について，常に幅広く質問することを勧めていて，関連する思考，感情，身体感覚，そして記憶もそうした対象に含まれる。網をこのように大きく張ることで，臨床家は，クライエントの私的体験に関連しているかもしれない多様な側面のいずれにも適切に注意を向けることができる。外部の環境（家族のメンバーや影響力のある他者も含めて）についてもまた，内面と外面の間に位置づけられるような関係性と併せて，十分に調べておく必要がある。

　なお，インタビューをおこなっている間に臨床家自身のなかに起きる反応にも注意を払う価値があるだろう。クライエントにインタビューをしているときに，あなた自身はどのような思考，感情，連想，記憶，そして身体感覚を体験するだろうか？　そのときに体験する事柄は，その後の指針として役立つ可能性がある。たとえば，もしもあなた自身が明らかな理由もなく怒りを感じているとしたら，怒り，痛み，または傷つきやすさといった問題にクライエントがどのように対処するか，またはクライエントが今何を感じてい

るのかなどを探ると有用な情報が得られるかもしれない。

価値についてのインタビュー——愛，仕事，遊び

　ケースの概念化には，クライエントが生活している文脈がどういったものであるか，また日常生活でのクライエントの基本的な欲求はどういった方法で満たされているかという点が含まれていなければならない。そのため，クライエントにとっての価値ある人生に関連した，各領域でのクライエントの生活の様子について，いうなれば，スナップ写真を撮ることが重要となる。Robinsonら[198]は，「仕事・愛・遊び」のアセスメントというものを提唱している。また，本書の価値についての章（第11章）で詳しく紹介する「価値に基づいた人生」の各領域は，どれにしても，セラピーのはじめにクライエントの強みと弱みを評価するために用いることができる[262]。クライエントの生活についてのスナップ写真を撮るという意味で，まずこのアセスメントがおこなわれるわけだが，それにどれくらいの時間を要するかは，セラピーがおこなわれる状況によって違ってくる。典型的な外来での心理療法なら，インタビューのために初回のセッションのほとんどを費やすかもしれない。それに対して，プライマリーケアでの診察や，救急治療室を訪問する際などは，わずか数分でおこなうことになるだろう。

　しかし，それがどういったセラピーの状況かによらず，クライエントの主訴に関連したクライエントの日常生活の主要な領域について探るべきである。クライエントは，「今，この瞬間」における有意義な活動を止めてしまったのだろうか？　クライエントは，社会的に孤立してはいないだろうか？　職場での状況や同僚たちとの関係はどうか？　人生のパートナーとの関係はどうなっているか？　子どもたちとは？　友人たちとは？　スピリチュアルな生活のためには何をしているか？　健康を維持するためにどんな習慣を実践しているか？　飲酒はしているか？　薬物は？　喫煙は？　過食は？　定期的な運動はしているか？

　インタビューのこの段階において，クライエントが訴える問題の理由を，セラピストが価値の文脈へと枠づけし直すことも比較的簡単にできるだろ

う。たとえば，社会的に引きこもっているクライエントが以下のように話した場合を考えてみよう。「私は独りでいたくはありません。誰もいない家に引きこもった世捨て人の人生を好き好んで選んでいるわけではないんです。でも，よく知らない他人のそばに行くと，どうしても居心地が悪いんです。彼らは，私のことが好きではないかもしれない」。臨床家は，クライエントのこの答えを，その場で，以下のように少し違った形へと言い直すことができるだろう。

「私が正しく理解できているかどうか，ちょっと確認させてください。私には，あなたのおっしゃることを，こんなふうに理解しました。つまり，あなたは，実際には周りの人たちに関心がある。つながりを持って，輪のなかに入りたいと思っている。でも，他人が周りにいるときにあなたが感じがちな不安を和らげるために，あなたは引きこもってしまう。彼らがあなたのことを好きではないかもしれないと考えているときは特にそうであると。そして，そのような振る舞いは，あなたのなかで孤独感とむなしさにつながっている。今まで起こっていたのは，こうしたことでしょうか？」

心理的柔軟性のプロセスを見分ける

　セラピーにアートというものがあるとしたら，それは，展開していくセラピーのセッションのなかで，今何が起きているのかをその場，その場で読み取る臨床家の能力のことだろう。なかには，これをごく自然におこなってしまえる，生まれながらの才能を持つかのような臨床家も確かにいる。しかし，私たちのほとんどにとっては，そうした方法を学習するためのいくらかの枠組みが必要になるだろう。インタビューにおけるクライエントの柔軟性のプロセスの評価は，それ自体ではケース・フォーミュレーションを構成するものではない。それはむしろ，ケースの概念化，トリートメント・プランの立案，そして進行中のセラピーの方向性の修正，といったことのためのデータを提供するものである。以下に続く各節では，心理的柔軟性モデルを

探りつつ，インタビューに含まれる言語的要素で，特定のコア・プロセスの機能レベルの高さまたは低さを示すと思われるものを強調していく。また，臨床家である読者のために，それぞれのコア・プロセスについて，その領域の柔軟性のレベルが高いか，中程度か，低いかを測るための行動的な基準を提供する。その後で，同定したプロセスをケースの概念化のための一貫した枠組みに統合していく方法について立ち戻ることにする。心理的柔軟性モデルはマルチ・ディメンショナルで統合的であるため，原理的にはモデルのどこから焦点を当ててもよく，その順番についてはそのときどきで変わってくるだろう。本書では，「集中した」反応スタイルの評価からはじめることとする。

「今，この瞬間」と「自己」の領域を評価する ——クライエントは集中しているだろうか？

集中した反応スタイルには，「今，この瞬間」の意識と「視点としての自己」が含まれる。これらのプロセスを評価するためには，この2つの要素を最も基本的なレベルから理解しておかなければならない。

1. クライエントは，自分の人生を，マインドが人生について語る物語の**内容**からは多少なりとも異なった体験として眺めることができているだろうか？
2. クライエントは，柔軟に，自発的に，また目的を持って，今の瞬間にここにいるだろうか？

言い換えるなら，「あなた」と「私」が「今，ここ」にいるという状態で目の前の課題に一緒に取り組んでいるとき，クライエントはどの程度，柔軟な注意を向けられているのだろうか？

「今，この瞬間」のプロセスを評価する

「今，この瞬間」のプロセスの評価は，インタビューのなかでは，むしろ

自然な流れでなされることもある。過去や未来についての話をしているときも含めて，そもそも，いつも人生は「今，この瞬間」に起きているといえる。そこで，アセスメントの際に重要な問いは，「クライエントは，今の瞬間に起きている出来事に対して，柔軟で，注目していて，自発的で，目的を持った方法で接触できているだろうか？」ということである。

「そのクライエントが現在のまさにこの特定の時期にセラピーへ訪れたのはなぜだろうか」。通常，この種の最もシンプルな質問内容にも，クライエントが「今」にいるかどうかを探る役割が自然と含まれている。また，クライエントが訴える問題について聴いていくなかで，自然と，クライエントのどの心理的柔軟性のプロセスから探っていくのがいいかが決まってくるだろう。そのクライエントは，問題がはじめて起きた時期や，問題が悪化した時期または軽快した時期へと柔軟に意識を移せるだろうか？　それとも，容易に気が散ってしまったり，特定の話題に固執してしまったりして，非柔軟な態度を見せるだろうか？　もし，さまざまな時期について，意識が柔軟に向けられるのであれば，そのことはクライエントの「今，この瞬間」のプロセス領域が機能していることを意味している。さらに，質問していくペースに緩急をつけて，いくつかのテーマには時間をかけて，また別なテーマはさらりと触れるだけで先へと進むといったインタビューをすることもできる。この方法を使うと「今，この瞬間」，動的に展開していく文脈に対して，クライエントがどの程度接触できるかを，刻一刻と観察することができる。

「今，この瞬間」のプロセスにおける一般的な機能不全

「今，この瞬間」のプロセスでの機能不全は，さまざまな形をして表れる。比較的よくみられる例は，心配と反すうである。もちろん，心配と反すうを強く示すクライエントに対してでも，インタビューでは一連の質問の筋道をたどることは可能かもしれない。しかし，彼らの反応が将来の懸念または過去の出来事の検証へと繰り返し陥ってしまうこと（すなわち，心配および反すうすること）は，はじめのいくつかの質問ですぐに明らかになるだろう。たとえば，アスペルガー症候群と診断されていて，野球選手のカードについて以外はほとんど話題にしないクライエントでは，注意の硬直性がみら

れる。そのクライエントの注意を特定の話題に導こうとするセラピストの働きかけは，クライエントから抵抗や苛立ちを引き出すかもしれない。他にも，自身の特に強い感情を伴う話題を避けるために，何かしらの説明や分析をすることに固着するクライエントもいるかもしれない。

　注意の逸れやすさも，一般的な機能不全のひとつの形態である。注意の集中を維持できない状態は，注意欠如・多動性障害（ADHD）など，ある種の診断における中心的な特徴であるが，不安と抑うつに苦しむクライエントでそれがみられることがある。こうしたケースでは，さまざまな情景，音，話題が，その人を容易に脱線させてしまう。トラウマ体験があるクライエントは，体験の回避の目的で，このたぐいの話題のすり替えを示すことがよくある。ただし，私たちは，その話題の内容が実際に起きていた時期に対し，クライエントが単に注意を向け続けることと，私たちが意味するところのクライエントにおける「今，この瞬間」のなかにいる能力とを混同しないように気をつけなければならない。たとえば，臨床家が，クライエントに，過去に経験したとても辛い出来事で，配偶者の死などといったことについて質問したとしよう。場合によってクライエントは，自分の意識を，出来事そのもの，出来事についての記憶，また出来事を今になって思い出したときにはどのように感じられるか，などのそれぞれに対して慎重にシフトさせ，さらに次の話題へと意識を移していけるかもしれない。しかし，そうではなくて，質問を払いのけて，急いで前の話題に戻すか次の話題へ進むかしてしまう可能性もあるし，逆に，今されている質問に強くとらわれてしまい，注意をシフトさせる能力を失うことも考えられる。クライエントにおける「今，この瞬間」のプロセスは，今の話題に引き続いてなされるセラピスト側からの質問に対し，どの程度クライエントが柔軟に反応するかによって明らかになることが多い。たとえば，過去に経験した困難な出来事との接触をしたところで，臨床家は次に，出来事を思い出している今の時点でどのような感情が「表れてきているか」，また出来事が実際に起きた当時に感じたことと比べて今の感情は何が違っているか，について尋ねるかもしれない。出来事が起きた当時から今へ，あるいは今の主題から次の主題へと注意を移していける流動性は，たとえ話の内容が「過去について」であったとしても，「今，この

瞬間」のプロセスの能力の高さを示す。つまりは，クライエントが過去や未来を自発的に話題にしたとしても，ただ単にそれだけでは，その人が「今，この瞬間」のプロセスに困難を抱えていることを示すとはいえないのである。

「今，この瞬間」のプロセスがうまく機能していない状態は，クライエントが話をする際の言葉づかい，またクライエントにおける話の聞き取り方の注意深さといった側面から明らかになることも多い。クライエントが心理的に「今，この瞬間」にいるときには，目，身体の姿勢，感情の調子，またセラピストのペースに対する反応性が，何かしらその場にいる感じを帯びるものである。逆に，クライエントの注意が硬直的になっていて「今，この瞬間」との接触を失っているときには，その場で他の出来事（例：部屋の外からの物音）が起きるままに注意が逸れたり，あるいは，セラピストの質問から離れずに随時反応し続けることができなかったりするかもしれない。これらの領域に困難がある場合，セラピストの側では，ある種，クライエントと切り離されているような感覚を覚えたり，まるでクライエントと同じ会話に取り組めていないかのように体験されたりすることがある。そういった際の会話では，セラピスト側が，クライエントの反応を引き出そうとさまざまな試みをしているにもかかわらず，気だるいか，活気のないものに感じられるだろう。実際に，クライエントは話すというプロセスからいくらか切り離されているように見えるかもしれない。または，逆にクライエントがそのプロセスとあまりにも非柔軟に結びついているため，セラピストとの相互作用という側面についてのクライエントの意識が，すべて失われているように感じられるかもしれない。

「今，この瞬間」のプロセスを探るアセスメントは，一部にはコミュニケーションのペースを観察することとも関連している。ある人が何かとても苦痛なことを体験しているときには，その人の話し方には，どこか急いでいて，追い立てられるような感じが伴うものである。こうしたときには，臨床家は，会話のペースをわざと落として，あえてゆっくりとした調子を保ってみることもできるだろう。なかには，セラピストがペースを変えたことに自然に応じるクライエントもいるが，そうではない人もいる。臨床家が話をと

てもゆっくりとするか，またはちょっと立ち止まってじっくり考えてみるように穏やかに伝えるかしたとき，果たしてクライエントは，自分の会話のペースを適切なものに変えようとするのだろうか？

「今，この瞬間」のプロセスにおける極端なかたちでの機能不全

このプロセスでの機能不全のなかでも特に極端なものとしては，クライエントが質問にまったく応じられない状態というものがある。解離は，その著しい例といえる。そうした場合，セラピスト側としては，クライエントの注意の焦点がどこに絞られているのかを探り，それについて質問し，そして，注意が他の関連する，あるいは関連しない話題へと誘導できるかどうかを探らなければならない。クライエントから反応を引き出せるような何らかの要素が今の環境のなかにないかどうか，いろいろと試みてもよいだろう。別な例としては，クライエントの幻覚がはなはだしい状況も考えられる。この場合，注意のプロセスの柔軟性と焦点がどのような状態になっているかについては，その問題自体とそれとは直接関連しない事柄の両方について評価されるべきである。たとえば，その人に対して幻覚そのものについて聞いてみることもできるし（「何が聞こえるのかを，お話しいただけませんか？」），あるいは，別の事柄での注意の柔軟性を探ることもできる（「あなたを今日，面接室に連れて来られたのはどなたですか？」）。

自己のプロセスを評価する

ACT のケース・フォーミュレーションをおこなうときには，自己関連性（self-relatedness）についてのアセスメントがとても重要となる。昔から臨床場面で典型的にみられる自己関連性の問題は，言語的な自己知識（verbal self-knowledge）の内容とのフュージョンであり，たとえばこれにはクライエントが「私はうつだ」と発言したときに「うつ」がその人自身のアイデンティティの性質を帯びてしまうといったことがあげられる。自己が持つこの側面，つまり概念化された自己は，「ポジティブ」にも「ネガティブ」にも，またはその両方にもなりうるが，その最大の特徴は，それが硬直的で，評価的で，誘発的な点にある。自己のこの形態がクライエントの日々の精神的な

生活のなかで優勢になると，それは，他のすべての自己体験を圧倒してしまいやすい。そうすると，「正しくある」，自己の物語を防衛する，そして個人的な苦しみの起源を理解する，といった事柄がクライエントにとって最重要なゴールになってしまう。全般的にACTでは，自己知識のこの形態については，大きな弱点となるばかりか，クライエントの人生の活力に対して大きな脅威になるとみなしている。

自己のまた別な側面は，私的体験の持続する流れとの接触，あるいは「プロセスとしての自己（self-as-process）」がある。ここでの接触とは，体験を「今，この瞬間」のなかで観察して描写できる能力と関連している。たとえば，「私は，今，怒りを感じている」といった発言からは，クライエントが，持続する意識（ongoing awareness）の内容に気づいていると同時に，その内容を観察しているまた別なプロセスにも気づいていることがわかる。自己関連性のこの側面は，「『今，この瞬間』との接触」の重要な要素なのである。

自己関連性の最後の領域を特徴づけるのは，意識の内容を特定の視点から眺める能力，または「視点としての自己（self-as-perspective）」である。意識にそなわった「私／ここ／今」（I/here/nowness）」の性質は，自己のひとつの側面ではあるが，意識に含まれる個々の内容すべてを超越している。それは，言語的な知識（verbal knowing）の文脈そのものなのである。RFTの研究者たちは自己のこの感覚を測るためのアセスメント・ツールを開発しているが[171, 196]，インタビューのなかであれば，クライエントが，視点を「今」から「あのとき」へ，また「ここ」から「そこ」へと移す能力，また，他者の視点を想像する能力をどの程度持っているかに基づいてアセスメントすることができる。この能力は，言語的または非言語的な自発行動で，たとえば，自らの苦痛な人生の状況についてユーモアを交えてコメントする行為や，クライエントが自分自身を振り返っているかのような沈黙の瞬間，などとして示される場合が多い。

文脈としての自己を評価する効果的な方法は，インタビューそのもののなかでクライエントの視点取得の柔軟性を検証してみることである。たとえば「この話を聞いて，私が今何を感じていると思いますか？」のような質問に

よって，クライエントの持つ他者の目から見た世界を想像する能力について探ることができる。臨床家はよくこうした質問を通じて，クライエントにおいて，視点取得のプロセスの障害によるある種の感受性や自身の体験との意識的なつながりの欠如があるかどうか，ということを知ることができる。また，クライエントに，自分が年齢を重ねさらなる知恵を身につけた姿を想像してもらい，苦闘のただなかにいる今の自分に対して，どのように進むべきかのアドバイスをしてみてもらう検証方法もある。この方法では，クライエントの「今の-私」を「そのときの-私」の視点から眺める能力について探っている。これらに似た実にさまざまな臨床上の技法（例：エンプティ・チェア，ロールプレー，他者が何を感じていると思うかを尋ねる，メタファーや物語を理解できるかを尋ねる）が，多少なりとも文脈としての自己と関連している。そのため，セラピストはそういったさまざまな技法を臨床での相互作用で起きるACTのプロセスをアセスメントするために用いることができる。

自己のプロセスの一般的な機能不全

　自己のプロセスで最も起こりやすい，その原型ともいえる問題は，クライエントにおける言語的な自己概念とのフュージョンである。それによってクライエントは，持続的な自己プロセスと接触し続けることができなかったり，人生の困難な問題に対して視点取得ができなくなったりする。クライエントにおけるそうした概念としての自己とのフュージョンは，彼らにおける自己の物語に没頭する傾向と，特定の自己イメージを防衛しようとする傾向から明らかになる。その物語が「良い」か「悪い」かが問題なのではない。自己の物語に没頭するクライエントは，ともかく物語と矛盾するような情報や解釈に直面すると，何とかして元の説を維持する方法を見つけ出そうとする。そうしたクライエントの場合，概念としての自己がゆさぶりを受けると，まるで「私が私自身の語るとおりの人間でなかったとしたら，私はいったい何者なのだ？」とでもいうかのように，脅威に直面した際のような反応を示す傾向にある。

　概念としての自己とのフュージョンは，「私＝問題」の形式の言明から明

らかになることが多い。「私は…」の形で答えることになるような質問をされた際に，フュージョンが強いクライエントでは，言語反応はあっという間にフュージョンした内容に引き込まれていく。「あなたは何を感じましたか？」や「何を覚えていますか？」といった簡単な質問でさえ，この種の反応を引き出すだろう。概念としての自己とのフュージョンの程度がはなはだしいときには，実際に問われた話題とは関係なく，すべての質問に対する反応が，自己に関連してフュージョンした定型的なテーマへと必ずと言っていいほど，からめとられていくことになる。

　価値に関連した質問は，クライエントにおける自己の物語とのフュージョンをアセスメントするのによい方法である。臨床家は，次のような簡単な質問をしてみてもよいだろう。「これまでにあなたが実際におこなったことで，あなたの兄としての立場や役割が私にもわかるような，何か具体的な振る舞いについて話していただけませんか」。この質問は，一般的に「私は…」の形ではじまる反応を引き出すことになる。仮にクライエントが「私は，4，5年前に弟に車を貸しました。ところが，弟は事故を起こした際の修理代を未だに支払っていません。まったくもって彼らしいですよ」と答えたとしよう。クライエントのこの反応は，ここでは不適切だといえる。なぜなら，その答えでは，質問した側のセラピストの意図が実際には考慮されておらず（つまり視点取得がされておらず），また，クライエントの自己の物語の一部分が呼び起こされ，結果的にクライエントが自分自身の大切な社会的価値と接触することを抑制しているからである。

　さらに重篤なレベルになると，臨床家がたとえどのような質問をしたとしても，それに対して注意を向けることがまったくできないクライエントもいるだろう。別の例として，インタビューしているセラピストから見て，「クライエントその人」と，その人が体験しているだろう幻覚との間に，まったく距離がとれていないかのように見えることもあるかもしれない。「今も声が聞こえますか？」といった質問に対してさえ，「声が聞こえる」ではなく，「やつらに殺される！　やつらに殺される！」といった訴えが返ってくる場合がそれにあたる。こうした状況では，クライエントは，「私は？」を引き出すたぐいの質問に対して，体験されている特定の症状から自由に反応する

ことができないだろう。そして,「私」が弱まるとともに「あなた」も弱まるので,こうしたクライエントには,臨床家側の役割,感情,また視点についての認識はほとんど,あるいはまったくないことも考えられる。

アクセプタンスと脱フュージョンの領域を評価する ——クライエントはオープンでいられているか？

　なかには,注意を今の瞬間に移し,視点を集中させ,価値とのつながりを取り戻して,コミットされた行為をはじめるということが,それほどは問題とならないクライエントもいるだろう。むしろ彼らには,オープンな反応スタイルに関連した体験の回避とフュージョンの問題のほうが,価値に基づいた人生を生きようとする際に実質的に大きな妨げとなっていることが多い。先に,私たちは,体験の回避とフュージョンを苦悩にまつわる「セイレーンの唄」と呼んだ。クライエントの行動パターンが体験の回避に伴う嫌悪制御的な随伴性のもとで発達すると,その人の人生は「特定の私的体験は有害で自分自身の健康を直接おびやかすものだ」という信念に基づいた,体験の回避ゲームへと変わる。もちろん,苦痛は表面的にしか回避できないものの,それでもそのゲームは,心地よいことを奨励する文化に促され,どこかに勝ち目があるように感じられるのである。

　この領域をアセスメントするときには,フュージョンと体験の回避がクライエントの人生をどこまで振り回してしまっているのかに注目しなければならない。クライエントの存在そのものが,その人が受け容れられないと考える事柄をいかに避けるかを基準にして成り立っているだろうか？　クライエントは,不愉快な感情または記憶によって人生の方向性を大きく左右されるがままになっているだろうか？　クライエントが生きる世界は,どの程度まで「しなければならない」や「べきである」や「してはならない」から成り立っているだろうか？　クライエントは,ものごとがこのような状態になっている理由を巧みな言い訳で塗り固めたような世界にどれくらい深く浸かっているのだろうか？　つまり,変えることなど不可能であり,仮にそれができても「今」ではないといった考え抜かれた言い訳の世界にどれくらい浸っ

て生きているだろうか？

　強い嫌悪制御の下にあるクライエントの人生は，しばしば，ある種の型にはまった行動パターンに特徴づけられる。フュージョンと体験の回避は，いずれもが抑制された行動パターンとして示される。会話のなかでは，声の調子，ペース，また話の内容に最もはっきりとそれが表れる。そういった場合，クライエントは本質的には同じ内容を何度も繰り返して話すことがある。声の感じも，そのトーンとペースの両方で広がりがない。抑うつ状態のクライエントの話し方は，低いトーンで，弁解的になるだろう。怒りを感じているクライエントでは，声がもっと大きく，早口かもしれない。抑うつと怒りのいずれかを持ったクライエントも，話し方に多様性や文脈への感受性といったものがほとんどみられず，たとえ促されたとしても，いつものようになってしまうのである。そして，クライエントの話の内容も，硬直的で幅の狭いものになってしまう。

アクセプタンスのプロセスを評価する

　アクセプタンスのプロセスをアセスメントする際に最も重要な問い掛けは，クライエントが，直接的な体験のなかで起きることを，たとえ内容が嫌悪的で苦痛なものだったときにも，絶えず，積極的に受け止められるかどうか，である。あるいは，クライエントの私的体験のどの側面が，価値に基づいた人生を生きようとするときに妨げとなっているだろうか，である。クライエントが助けを求めるのは，一般に，人生のなかで何らかの苦痛を彼らが感じているからだといえる。その苦痛な事柄について，また苦痛に直面したときに彼らが何をするかについて詳細に尋ねていくことは，それ自体がアクセプタンスを指向する介入をおこなっていくという作業そのものになる。

アクセプタンスのプロセスの一般的な機能不全

　アクセプタンスを評価する際には，回避されている内容とクライエントが示す回避行動のレパートリーの両方の評価が重要である。ときには，クライエント自身が，何が受け容れがたいのかを直接あげて，たとえばパニック発作，抑うつ気分の発作，自分についてのネガティブな思考，罪悪感，恥ずか

しさ，アルコールや薬物への欲求，というように示すことがある。回避の内容がこのようにはっきりと説明される場合には，そうした受け容れがたい出来事が起きるたびに，クライエントがどう対処するのかについてもっと詳しく尋ねることができる。パニックを起こしやすいクライエントは，自宅から出ないようにしているのか？ クライエントは，不快に感じられるほどの不安，寂しさ，罪悪感を引き起こすかもしれない機会や活動に参加することを回避しているだろうか？ 社交的な状況のなかでは，純粋にその場に参加しているのか，それとも自分のなかの不安のレベルを観察することに意識を奪われているのだろうか？ 次の対話が示すように，クライエントの回避のレパートリーを明らかにするためには，回避される内容が起きたときに彼らが何をしているのかについて，以下のやりとりのようなごく簡単な質問をすることが役に立つ。

セラピスト：では，お酒を飲みたいという欲求がここしばらくは特にひどかったのですね。

クライエント：はい。頭がおかしくなりそうです。まともにものが考えられません。

セラピスト：その欲求は，弱いときもあれば，強いときもありますか？

クライエント：ええ，もちろん。それについて考えないときさえあります。そういうときは万事順調です。でも，それから——ほら，また欲求が湧いてきました，他は何も考えられなくなります。

セラピスト：私にもその状況が理解できるように，その欲求がそれほど強くないときと，とても強いときとについて，お話しいただけますか。まず，その欲求がそれほど強くない場合，あなたは何をしていますか？

クライエント：そうですね，それについてともかくあまり考えないようにします。忙しくして気を紛らそうとします。

セラピスト：他には？

クライエント：まあ，ときどき心配します。欲求がもっとひどくなったり，決してなくならなかったりしたらどうしよう，というように。60歳になってもまだおかしかったらどうしよう？ そんな状況はとても耐

えられそうにない！（声のペースが少し上がり，声はふりしぼられる）
セラピスト：おや，なんだか，心配しはじめるとそれが雪だるま式に膨らむことがあるみたいですね。心配がひどくなってくる様子がまるで目に見えるようです。
クライエント：そう，けっこうひどくなるときもあります。
セラピスト：それで，心配がとてもひどくなったときには，どうするのですか？
クライエント：ただもう，**何を**したらいいのかわかりません！　頭が変になります。しまいには周囲の人たちに向かって怒鳴ったり，妻に怒鳴ったり，電話越しに怒鳴ったり，バカみたいな運転をしたあげくに通行人や車を怒鳴りつけたり。

　この対話のなかにはっきりと表れている体験の回避のパターンは，飲酒について考えないようにして，欲求から注意を逸らすために他のことで忙しくしていようとする行為である。一方，クライエントの怒りの爆発については，それが強い欲求自体の持つ嫌悪性から引き起こされた副産物だと考えられる。しかし，そうした爆発も，多忙にするのと同じように，もともと受け容れがたい体験である欲求そのものにさらにその欲求が「決してなくならない」という思考とが組み合わさった，いわばとても苦痛な状態からクライエント自身の注意を逸らす機能（体験を回避する機能）を果たしているとも考えられる。臨床家は，クライエントがひどく怒ったり口論をはじめたりしたときに欲求がどうなるかを，価値判断（judgment）を加えずに探ることができるだろう。また，怒りの爆発が，不快な欲求がいつまで続くのかがわからない不確かさに関連した嫌悪的な心理状態を食い止める役割を果たしている可能性も十分に考えられる。いくらかの例外はあるものの，一般的にいって，受け容れられない内容に引き続いて必ず起こることは，なんであれ，回避反応の連鎖の一部である可能性がかなり高いといえるだろう。
　回避が一段と激しくなるタイミングや場所を評価することも役立つだろう。回避のパターンが激しくなれば，価値に基づいた人生を妨げている可能性は高い。たとえば，離婚経験のある父親なら，自分の子どもに会うとき

や，また，他の子連れの家族を見かけるときでさえ，結婚生活の失敗をめぐる悔恨を感じ，それを回避しようとするかもしれない。こうした関連する先行事象（結婚生活への悔恨）をターゲットにしたアクセプタンスへの介入は，その父親であれば子育てを価値づけられた行為の領域と感じてそれに対してもっと心をオープンにできるように，クライエントを助けるかもしれない。

　クライエントがセッション内で見せる行動は，アクセプタンスと体験の回避のどちらについても有力な情報源である。クライエント自身は，自分が何を回避しているのかを自分自身で気づいていなかったり意識していなかったりするかもしないし，またそのため，それについて直接話すことができないのかもしれない。慢性的で複合的な問題のあるクライエントについては特に当てはまるだろう。一方，臨床家は，インタビューを進めていく間に，話題がいつの間にか変わっていることに気づき，後になってからクライエントが会話を別な方向へと導いていたことを知るかもしれない。こうしたことがもしも繰り返し起こるなら，そこから回避のパターンが明らかになる。また，困難な状況を視覚的にイメージしてもらって，そのときに湧いてくる思考，感情，記憶，そして身体感覚に気づくようにと伝えるというシンプルな方法も有用である。直接的に話し合うという方法ではクライエントにとって説明が難しい回避の内容が，それによって，むしろより詳しく伝わってくる場合もある。クライエントによっては，そうしたエクササイズをおこなおうとしたときに，たとえごく短いエクササイズすら耐えられないということがあるかもしれない。とはいえ，このような形での潜在的な拒絶もそれ自体が回避の程度を示す指標となるため，それによってアセスメントが妨げられることはない。他にも，セラピストの指示に従って情景を視覚的に思い浮かべることはできるもののエクササイズは続けられない，というクライエントもいるかもしれない。彼らは，エクササイズをそれ以上続ける代わりに，恐れている内容との接触を避けようとして，セラピストをエクササイズそのものについての（つまり恐れている内容からはポイントがずれた）会話へと話を逸らそうとするかもしれない。またさらに別なクライエントでは，落ち着いてエクササイズに取り組むことができて，苦痛な内容を直接描写して，そして臨

床家がやめるようにと指示を出すまでエクササイズを続けることができるかもしれない。考えられるこうした反応のどれにしても，回避からアクセプタンスへと連続的に変化していく程度の勾配のなかのさまざまな点を示しているといえる。

アクセプタンスの測定尺度

　体験の回避とアクセプタンスを測る質問紙尺度は，今ではだいぶ一般化し，普及してきた。最もよく知られているのはAcceptance and Action Questionnaire（AAQ）[26, 95]で，これは公に手に入る評定尺度で，クライエントが数分で記入できるものである。AAQは，さまざまな形態の精神病理を予測するうえで実際にとても役に立つ[109]。またAAQは，喫煙[77]，肥満[151]，精神病性障害[207]，慢性疼痛[170]，てんかん[157]，そして糖尿病[86]といった領域のそれぞれにより特化したバージョンもいくつも開発されている。

　アクセプタンス，マインドフルネス，また「第三の波」に属する介入法が広がりを見せるなかで，アクセプタンスのプロセスをアセスメントするためのさまざまな尺度が開発されている。それらには，Self-Compassion Scale[185]，White Bear Suppression Inventory[249]，Cognitive-Behavioral Avoidance Scale[188]，Thought Control Questionnaire[253]，Distress Tolerance Scale[214]，the Emotional Nonacceptance subscale of the Difficulties in Emotion Regulation Scale[82]など，あるいはKentucky Inventory of Mindfulness Skills[6]やFive Facets of Mindfulness Questionnaire[8]といった多種多様なマインドフルネスに関する尺度がある。ただし，これらのアプローチのすべてで，アクセプタンスの定義が違っている点には注意が必要である。

　こうした尺度は，ケース・フォーミュレーションのための情報収集に便利である。また，個々のクライエントに特化させた簡便な尺度で，たとえばウィリングネスについて毎日おこなったことを10段階で自己評価させるといった方法についても，その有用性が示されている[236]。個々のクライエントに特化させたアクセプタンス尺度を即興で作ることも可能であり，ACTの実践家であれば，それがケース・フォーミュレーションのための情報収集に有用である限り，そうした方法も積極的に活用すべきである。

脱フュージョンのプロセスを評価する

　脱フュージョンのプロセスをアセスメントするときには，フュージョンの具体的な内容を同定するだけでなく，その内容がクライエントの人生の各領域にどのような影響をおよぼしているかも見極めるように努めなければならない。反復的で，単調で，分類的で，評価的なクライエントの発言の仕方は，そこにフュージョンがあることを示す一般的な指標である。クライエントは，同じ話の内容を何度も繰り返すだろうか？　クライエントは，自らの境遇，その状況に至った経緯，またそこから先へ進むため自らの人生に必要な変化についてなど，使い古したかのように語り続けてきた物語を，気づけばまた語りはじめているのだろうか？　ACTの各プロセスが互いに関連し合っていることには，フュージョンを検証するときには特に考慮しておく必要がある。たとえば，心配と反すうの無益な繰り返しは「今，この瞬間」のプロセスが機能していないことを示す例ではあるが，同時にその内容はフュージョンされたものでもある。同じように，価値のプロセスのアセスメントのなかで，あるいはコミットされた行為での困難を話し合っているときに，フュージョンが主要な障害物として浮上してくることもあるだろう。

脱フュージョンのプロセスの一般的な機能不全

　思考の内容とフュージョンしている状態は，臨床家にとってもクライエントにとっても，インタビューのなかでよく起こることである。そこで，臨床上で問題となりがちなフュージョンについては，その主な特徴を知っておくことが役立つだろう。以下にいくつか列挙しよう。

　比較と評価　クライエントの話のなかに，単に出来事を記述する（description）のとは違った過度な比較と評価が含まれていないかどうかを聞き取るようにしよう。フュージョンがあることを示すそうしたパターンの強さは，やっかいな状況とそれがどういう結果を招いているのかについて「評価を交えないでただ記述するように」と伝えることでアセスメントすることができる。フュージョンの度合いが高いクライエントは，その促しに対して

まったく反応できなかったり，あるいは，進行中の対話に個人的な評価を差し挟みつつあっという間に再びフュージョンした状態に陥ったりするだろう。

複雑さ・忙しさ・混乱　フュージョンした語りは，とても忙しそうな，まるで，その人が何かの問題を解こうと非常に努力しているかのような雰囲気を帯びていることがよくある。フュージョンが高まっているときには，この必死な問題解決の流れを中断するのは特に難しい。

自分自身との対立　フュージョンした語りには，対立し合う要素が頻繁に含まれる。ときには，あたかもその人は，自分が何かをするかしないかの意思の決定権をめぐって，自分の内面でもう一人の自分自身と論争しているかのようである。ブラック・ユーモアともいえるような以下の自分自身との対話が示すように，こうした内的な討論には決して勝者がいない。それはあらかじめ，人間のシンボル活動の本質から決定づけられているのである。主張の一方を支持するどのような訴えに対しても，人間のマインドは，ほとんどの場合に，それとは逆の訴えを生み出すことができるのである。

　私：運動プログラムをはじめなければ。
　私：でも，運動するのは好きじゃないな。
　私：でも，運動は私にとって良いことじゃないか。
　私：でも，今は忙し過ぎる。
　私：でも，君はいつでも忙し過ぎるだろ。
　私：でも，書き上げないといけない章がある。
　私：で，そうじゃないときなんてあるの？
　私：でも，今回は本当にそうなんだ。ヨーロッパから帰ったらはじめよう。
　私：その台詞をこのあいだ聞いたのは，どこでだったかな？

そして延々と続いていく。

正当化する訴え　ときには，フュージョンした訴えが，論争というよりもむしろ正当化，説明，または理由づけのように聞こえることもある。そこに共通する要素は，その訴えにみられる相対的な不浸透性（impermeability）と非柔軟性である。理由づけがどこまで根を張っているのかを評価しようとする場合には，ACTの脱フュージョン・エクササイズの簡易版で役立つものがいくつかある。たとえば，クライエントがあげる理由を単語カードなどに書き出してから，クライエントに対して「これからカードを上に向けた状態で，1枚ずつあなたの膝の上に置いていきます。そのあいだ静かに座っていてください」と伝える。そしてクライエントに，それぞれのカードに書かれたことを声に出して，ただ読み上げるように促す。フュージョンの強いクライエントの場合，このエクササイズの実施を避けようとすることが多く，エクササイズの目的そのものについて，または，エクササイズの途中で自分の語った何らかの理由の正当性について議論をはじめる傾向にある。その一方で，ほとんどフュージョンしていないクライエントなら，ほぼ何事もなくそれぞれの内容を声に出してただ読み上げることができる。場合によっては，そうした人の場合，それらの言葉が声に出されたときには，ただその言葉を見ていたときとはまた違って感じられるなどとコメントさえするかもしれない。

　正当化する訴えには，言語的な問題解決モードが高まった状態も関連しており，これも相まって，価値と一貫した行為の機能不全を引き起こす。内面での自己論争や理由づけは，何らかの解決策を模索する行動である場合が多いのである。ダイエットをはじめるのか，はじめないのか？　抑うつになるだけの十分な理由が私にはあるのか？　将来について最悪のシナリオを思い描いてしまうだけの，もっともな理由がやはりあるだろうか？　また，クライエントが何かについてセラピストに説得にかかったり，セラピスト自身がクライエントと論争したくなったりしたのなら，そうした傾向は，相互作用のなかにフュージョンされた内容が大量に浮上してきていることの兆しである。このときに訴えられた主張や理屈に対して，セラピストが反論する必要はない。むしろ，そのときには柔軟性と，そしてフュージョンが行き着く先

の体験の回避，行動的な回避について，セラピストはアセスメントをすべきである。

固執性　注意の固着（fixation）が「今，この瞬間」の気づきを妨げるのと同じように，固執性（perseveration）は，脱フュージョンを妨げるものであり，フュージョンの強いクライエントが示す大きな特徴である。事の本質としては，クライエントは，自分の意識のなかで優勢になっているテーマと，臨床上で重要な他のテーマとの間を，柔軟に行き来する能力を失っているといえる。クライエントが人生のなかで価値を置く領域について話題にすることは，フュージョンをアセスメントするときの的確かつ実践的な方法となる。非柔軟性はフュージョンの特徴であるため，セラピストは，まずクライエントにとっての人生で意味深い価値づけられた領域について質問することからはじめ，反応としてのクライエントの語りがどの方向へと展開していくか（固執している何らかの主題へと引き戻されはしないか）を観察するのである。

　極端なケースでは，クライエントは，質問に対してまったく無反応かもしれない。他のケースでは，話題を変える質問に対して部分的に反応しつつも，反応パターンはフュージョンした内容を組み込みがちかもしれない。さらに他のケースでは，臨床家の質問は，パターンの繰り返し（例：うつ病についての心配について）をほんの一瞬妨げるだけで，語りは，あっという間に元の状態へと，以前と同じトーンとペースをしばしば伴って戻るかもしれない。このときにクライエントが話した内容を注意深く検証すると，同じ発言内容，言い回し，そして思考が，何度でも繰り返し表れていることが明らかになることが多い。

脱フュージョンの測定尺度

　脱フュージョンについての標準化した尺度の開発をしようとの関心が高まってきている。ただし，脱フュージョンの概念が，思考の内容ではなく個人とその人自身の思考との関係性についてのものであるのに対し，クライエントの自己報告というものは主に思考の内容についてのものである。そのた

め，自己報告を用いて脱フュージョンを測定するのはなかなか難しい。しかし，そうはいってもこの試みには進展もみられている。

　脱フュージョンを測定可能なひとつの一般的な方法としては，クライエントに対し，ある思考が起きたときに，「思考の内容にどれくらい確信を持っているか」と，思考を俯瞰して眺めた場合での思考の内容の確信度（believability）について質問することである。この2つの概念は，構造的に異なっている。たとえば，「私は死ぬことになる」という思考の内容は誰にとっても確信が持てる。しかし，私たちはこの思考から脱フュージョンしている（確信度が低い）状態にも，あるいはそれに巻き込まれている（確信度が高い）状態にもなりうる。思考が生じたときにその内容が確信されたということと，ある思考が生じたということとを区別してクライエントに尋ねるという方法は，自分自身の特定の思考に対してクライエントがどのような姿勢をとっているのかを理解するうえで有用なのである。

　思考の内容に注目する尺度ならほぼどんなものでも，その人が思考とどのような関係性にあったか尋ねる評定に書き換えることで，脱フュージョンの尺度として使用することができる。たとえば，すでに確立されているAutomatic Thoughts Questionnaire（ATQ）[122]などに「思考の確信度の評定」を追加することで，「思考の頻度の評定」だけではなく，それらの思考がどの程度信じられているかを尋ねることができる（興味深い歴史的事実として，確信度は当初ATQの一部だったにもかかわらず，公表の前に開発者たちによって除外された経緯がある）。このように既存の項目を修正すること，もしくは評定の箇所を追加することで，「ATQ-Believability（確信度）」尺度ができるのである。こうした尺度は，ACTの研究の初期から使われ（例：文献273），この尺度の得点がACTの介入効果を媒介することが繰り返し示されてきている（例：文献109, 238, 275）。

　領域によってはその分野により特化したフュージョン／脱フュージョンの尺度が開発されており，たとえば，Avoidance and Fusion Questionnaire for Youth[84]や，Psychological Inflexibility in Pain Scale[255]にフュージョンに関する下位尺度がある。マインドフルネスの尺度のなかにも，フュージョンに関する下位尺度を含むものがある[6,7]。理由づけに関するさまざまな尺

度で最も初期のACTの研究で使われたもの[273]は，いくつかの特定の領域で，たとえばReasons for Depression Questionnaire[1]などへと改訂されている。RFTの研究者たちもまた，潜在的な認知についての測定方法で，特定の種類のフュージョンされた内容に焦点を当てた，個人内での反復測定を目指した方法の開発において成果をあげつつある（例：文献10）。また，認知的フュージョンの全般的な尺度も開発中である（文献47，http://contextualpsychology.org/CFQからダウンロード可能）。

価値とコミットメントの領域を評価する
——クライエントは人生に従事できているだろうか？

「オープンでいること」と「集中していること」に困難があるとき，それらが人生に「従事すること」に影響していることが多い。ACTの目的は，クライエントが，価値に基づいた人生の方向性を選択し，価値に沿った行為に従事し，そして価値と一貫した行為のより大きなパターンを意識的に作り出しながら，最終的には価値と一貫するコミットされた行為の継続的なパターンを構築できるように支援することである。心理的柔軟性モデルからは，そうしたパターンを構築できるかどうかは，人生に従事していることだけでなく，オープンでいることと，集中している能力とを基盤とする部分もあることが示唆される。実際に，価値およびコミットされた行為を調べていくと，価値とコミットメントの領域だけでなく他の2つの領域（オープンな反応スタイル，および集中した反応スタイル）での中核的な問題がすぐに明らかになる場合が多い。ただし，価値とコミットされた行為へ介入をおこなうときには，他の領域での作業が絶対に必要というわけではない。ケースによっては，価値とクライエントが接触できるようにして，コミットされた行為のための簡単な計画を立てるだけで事足りることもある。同じように，コミットされた行為の面での困難をアセスメントすると，結果的に，その人にとってのゴール設定や行動変化といった価値やコミットメントの面でのスキルの障害を解消する素朴で簡単な方法が明らかになることもあるだろう。このような理由から，それぞれのコア・プロセスを個別にアセスメントして，

個々の結果をケース・フォーミュレーションに組み入れていくことが常に重要なのである。

価値のプロセスを評価する

　価値のプロセスをアセスメントする際に，最も重要なのは次のような問いである。すなわち，クライエントは，人生をただ単に押しつけられたものとして体験しているのだろうか，それとも意味深く進行している主体的な人生として体験しているのだろうか？　自分が抱く価値を高く評価してそれを実現に向けて振る舞うこと（コミットメントのプロセス）がうまく機能しないときには，典型的にはフュージョンと回避が妨げになっている。方向を定めるはずの価値のプロセスそのものがうまく確立されない状態については，典型というものがなく，無数の形が考えられる。そうした状況のなかで私たちセラピストが知りたいのは，クライエントが生きたいと願っている人生がいったいどんなものであるかである。そのイメージがつかめれば，それに基づきACTのトリートメントの方向性を定めていくことができるようになる。人生の方向性の感覚が欠けてしまっていると，クライエントの苦痛と，人生をエンパワーするように計画された介入とに，意味を与えられるものはほとんど何も残らないだろう。

価値のプロセスの一般的な機能不全

　価値のプロセスで最もよくみられる機能不全は，クライエントのなかで心理的問題が持つ役割が大きくなるあまり，人生のなかで価値を感じる領域との接触が失われることである。人生で何が重要かは，内面で戦争がおこなわれている間は「棚上げ」されてきたため，クライエント自身でさえそれを完全には理解していないかもしれない。たとえば，クライエントは，不安または抑うつにあまりにもはまり込み，価値に基づいた人生の方向性との接触を完全に失っているかもしれない。そうなると，人生は，不安と抑うつをコントロールすることと，そうした不快な感情をそもそも引き起こしているのは何かを解き明かそうとする日々の試みに帰着する。皮肉にも，抑うつや不安の問題を何とかして解消しようとする強い執着は，まさに望んでいる人生

からクライエントを引き離す恐れがあるといえる。

　フュージョンと回避は価値に基づいた人生を生きるうえで最大の障害となるため，価値の方向性をアセスメントする際には，フュージョンの兆候がどれくらいあるかに常に注意を向けておかなければならない。ときには，強いフュージョンがあることをクライエント自身が直接語る場合もある（例：クライエントは自分が何かを大切に「しなければならない」と言明し，それからその必要性をフュージョンした理由に結びつける場合）。あるいは，もっと間接的な手がかりが存在することもある。インタビューのなかでクライエントが抱いている価値について話題にしようとするとき，その人は，心理的な困難についての話題へと執拗に立ち戻ってしまうだろうか？　価値づけられた領域が話題にあがると，人生のその領域について反すうまたは心配しはじめるだろうか？　逆に，防衛的になって，価値づけられたすべての領域で人生は問題なくうまくいっていると主張するのか？　どのような人になりたいかと尋ねられたときに，さまざまな価値づけられた領域から具体的な出来事を活き活きと描けるだろうか？

　フュージョンした語りは，具体的なことよりもむしろ分類的なことで占められていて，流れるようなトーンではなく，繰り返しが多くなりがちである。セッションから抜粋した以下の対話では，子育てに大きな価値を感じている女性クライエントが，その領域に関する出来事を具体的に話すようにと促されている。

セラピスト：Valued Living Questionnaireを拝見すると，あなたにとって子育てはとても重要だということがわかります。

クライエント：はい，人生で何よりも大切です。

セラピスト：あなたにとってその子育ての領域がどのように大切なのかを私ももっと知りたいので教えていただけますか。一緒に取り組んでいくうえで役に立つのです。あなたが息子さんと一緒にしたことをいくつか具体的にお話ししていただけますか？　そうすれば，私にもあなたにとっての子育ての領域の感覚がつかめますから。

クライエント：そうですね，息子は私にとってとても大切なのですが，私

はただもうどうしようもない人間なのです。息子は私を必要としているのに，私は朝ベッドから出ることさえできません。ただそこに寝ていて，起きなければとわかってはいるのですが。動きはじめなければならないのはわかっていて，夫が息子を学校へ送り出す準備をしているのが聞こえても，どうしても動き出せないのです。

　注目したいのは，この対話のなかで，セラピストが子育ての具体的な例を尋ねているにもかかわらず，クライエントのほうは，今も続いている心理的困難と，過去にあった親としての失敗についての一般的なコメントで反応している点である。クライエントの反応もよく理解はできるものの，実際のところ質問への的確な答えにはなっていない。クライエントのフュージョンが特に著しいときには，質問を何回かしてみても，問われている内容についての直接的な反応を引き出せないこともあるだろう。セラピストからのこうした質問に対してクライエントがどのように反応するかは，アセスメントであり同時に介入にもつながる。もしも，クライエントの注意を「今，この瞬間」へとシフトさせ，価値に基づいた人生を主体的に生きている時間をある程度作り出すことに一度でも成功すれば，それはフュージョンが少なくとも瞬間的には弱まったことを意味する。そうなれば，セラピストが，クライエントが価値と一貫したゴールを構築するのを支援できる見込みも高まってくる。

　価値は，選択の問題であって，ただの従順ではない。そのため，罪悪感を回避したり社会的な承認を得たりするための手段として価値が使われると，価値のプロセスの機能不全がまたひとつ生まれることになる。こうした問題ある動機は，インタビューのなかで評価できる場合がある。たとえば，教育に価値を置くクライエントに対しては，「あなたが教育を受けていても，誰もそのことを知らないとしたらどうですか？　それでも教育はあなたにとって大切ですか？」と質問してもよいだろう。価値づけのように見えても実際には社会的な従順さや体験の回避によるものだったときには，こうした質問によって，価値と言われたものが，実は行為そのものにとって本質的でも真に自由に選ばれたものでもないことが明らかになる。

価値の測定尺度

　価値を測定するアセスメント・プロセスや尺度はいくつもある。たとえば，「価値の的（Bull's Eye）」[157]や，the Personal Values Questionnaire（文献208の研究に基づいた文献39），あるいは第11章で詳しく考察する「価値に基づく生活調査票-2（the Valued Living Questionnaire-2；VLQ-2）」[262]などがある。こうした尺度のほとんどは15分から20分以内で記入できるもので，大体において時間効率が比較的よいといえる。VLQだけは例外だが，VLQの場合，慢性疼痛などの領域には，その分野により特化したVLQ-2が開発されている[244]。時間が許すなら，価値の明確化のための構造化されたツールをインタビューに導入することも，価値に関連した問題をよりはっきりとさせるうえで役立つだろう。特定の価値づけられた領域で，クライエントの語りの柔軟性が特に高まる領域はあるだろうか，または，逆に特に強い制限の感じが伴う領域はあるだろうか？　価値づけられた領域でクライエントが理にかなった柔軟性を見せるときには，先へ進んで，価値をさらに綿密に絞り込み，実践可能なコミットされた行為を検討してよいだろう。クライエントがかなりの制限された感じや著しいフュージョンと回避を示すときには，集中することと，注意を「今，この瞬間」に持ってくることの取り組みへと戻るのが適当である。

　話が複雑になるのは，他人中心（allocentric）の価値を助長する文化の場合である。人間は生物としては社会的な種属といえて，著者らの経験からすると，すべての文化のほとんどの人々が，何かしらの強い社会的価値観を持っている。ところが，他人中心の文化では，集団の善があまりにも強力に促されるため，主体的に選ばれた個人の社会的価値からフュージョンした価値を区別するのが難しいときもある。いずれにしても，肝心なのは，価値が他人中心か個人主義的かということではなく――ACTの意味ではどちらの価値もありうる――そうした選択に対してその人が責任を引き受けるかどうかである。さまざまな違った文化的条件のなかでこうした区別をおこなうベストな方法については，さらに研究が必要とされる。

コミットメントのプロセスを評価する

　コミットメントのプロセスをアセスメントするときに私たちが問うているのは，クライエントが，自分自身の価値と一貫する特定の行為のパターンを自ら構築して実践できるかどうか，という点である。コミットメントのプロセスを妨げる主な要素は，フュージョンと回避，そして動機づけの欠如である。特に最後の動機づけの欠如とは，行為のパターンが，価値とは異なった自己の物語と結びつけられてしまったときに起きるもので，自滅的な行動パターンの慢性化につながるものである。コミットされた行為の領域で起きる問題は，行為の欠如，継続性の欠如，または体験および行動の回避を目的とした行動の過剰がみられることではっきりする場合がある。そうしたとき，アセスメントの過程では，むらのあるおおざっぱにしか秩序づけられていない生活状況が明らかになることがよくある。重要な活動は，ある領域では盛んでも他ではみられないかもしれないし，ときどきは起きてもいつも起きるわけではないかもしれない。このように，クライエントが行動スキルを**いくらか**持っているように見えたとしても，その人はやはり，行動パターンを，もっと大きく，より統合された，そして衝動的な中断に流されがたいものへとしていくことに真剣に取り組むべきだろう。たとえば，特定の感情か思考がコミットされた行為を中断するのをクライエントが許し続けているなら，コミットメントを維持する一方で，そうした脆弱な箇所に取り組むための段階的なプロセスを踏むことが間違いなく適切である。

コミットメントのプロセスの一般的な機能不全

　コミットされた行為のプロセスの機能不全につながる最も一般的な要因は，衝動性，行為の欠如，そして持続する回避である。コミットメントのプロセスをはじめてアセスメントするときには，価値と一貫した具体的な行為で，クライエントがそれまでに実際におこなったこと，あるいはおこなおうと将来考えるかもしれないことについて，例をあげるようにと伝える場合が多い。あるいは，可能性として考えられるコミットされた行為のリスト——その日のうちに達成できるようなささやかなコミットされた行為から，もっとずっと長い時間がかかるものまで——を作るようにと伝えてもよいだろ

う。そうすると，クライエントによっては，例をあげるだけならほとんど促されずにいくらでもできるものの，実際に行為する段になると立ち往生するかのようになることがある。この反応は，フュージョンした内容に関連する問題があることを示している場合もあれば，個人的なゴールを設定するスキルの不足を示している場合もある。要因はこのようにさまざまに考えられるため，臨床家は，クライエントが特定のコミットメントをして（価値に基づいた行動パターンの責任を引き受けて），それを維持していく，そのプロセス全体を検討しなければならない。プロセスを停滞させる要素としては，何が起きているのだろうか？　何らかの恐ろしい内容が突然表れて，クライエントがプロセスをたどりきるのを妨げているだろうか？　クライエントには，計画された行動をさらに細かい単位に分割して一歩ずつ進めていく能力があるだろうか？　クライエントは，環境からの抵抗の兆しが少しでもあったら，コミットされた行為をすぐに止めてしまっているのだろうか？　基本レベルでは，コミットされた行為のプロセスの機能不全は，フュージョンなり，別な具体的なスキルの欠如なり，必ず何らかの他のプロセスを指し示している。ケースの概念化をおこなう際には，どの要素がそこに作用しているのかを正確に把握することが非常に重要である。

　フュージョンと回避のレベルが高いとき，クライエントは，それが過去のものか将来のものかによらず，価値を指向する行為の具体例をあげることがまったくできないかもしれない。以下の対話が示すように，そうしたクライエントの場合には，コミットメントをしてそれを守るということについて尋ねられたときに，心配，反すう，そしてフュージョンした語りのパターンに陥りさえする可能性がある。

セラピスト：先ほど，私たちは子育ての重要さについて話しました。あなたが親としてしたいと思うことを，いくつか話してもらえないでしょうか？

クライエント：ええ，私はただ，子どもたちのためにそこにいたいのです。

セラピスト：もちろんですね。ただ，あなたがするかもしれないことで，

本当になりたいと思っている母親にあなたがなったときの様子がわかるような具体的な活動について，いくつか話してもらえませんか？

クライエント：そうですねぇ，子どもたちが学校から帰ってきたとき，私はそこにいるべきです。つまり，ただ家にいるというのではなくて，ほら，私の母が私のためにいてくれたように。でも，どうしても動き出せないんです。あまりにも動けなくて。うんざりした気持ちになります。そして，こんな状態が子どもたちに与える影響を心配しています。これでは母親がまったくいないのと同じですから。いや，もっと悪いかもしれません。とにかく何とかしなければ。

クライエントの語りのなかに「しなければ」と「べき」が散りばめられていること，また，話の具体性も欠落していることに注目しよう。クライエントは，彼女自身の母親がしてくれたことについては，ただ「そこにいる」と言うだけで具体的な事柄については何も話してはいない。臨床家のこうした質問に対してクライエントがどれほど柔軟に，また流れに沿って答えられるかは，アセスメントでは決定的に重要な点である。もしも親としての具体的な行動をあげるように求める質問を何回か繰り返してもフュージョンした反応しか得られないようであれば，クライエントにとっては，行動することについて考えるだけでまひに陥る状況になっている可能性が高い。この種のやりとりが起きたときには，セラピストは，行動することをいったん話題から保留することで，フュージョンがいくらかでも和らぐかどうかを見るのがよいだろう。

セラピスト：今ここであなたに今までと違う何かをしてほしいとは，**まったく思っていない**のです。私は，ただ，あなたがどのような母親になりたいのかの感触がつかめるような，ちょっとした振る舞いをいくらかイメージしたいだけです。母として**行動すること**については，また後で話しましょう。今は，ただ，あなたが願う人生について思い描いてみたいのです。それで，あなたは，子どもたちが学校から帰ったときにそこにいることについてお話ししましたね。そして，あなた自身のお母さんに

ついてもお話ししました。お母さんは、どのようなことをしてくれていたのですか？

クライエント：それほど大したことではありませんでした。よく覚えていません。でも、母がそこにいてくれたことだけは覚えています。

セラピスト：そうですねぇ、では、私にも理解できるように力を貸してください。まず、少しのあいだ目を閉じて、学校から帰ってくる自分自身を思い浮かべていただけますか？　子ども時代の家の玄関の前に立ったところを想像して、建物の形や庭の様子に注意してください。そして、玄関に入って行くと、お母さんがそこにいます。ただ想像してください、あなたは入って行って、お母さんの細かい仕草にも気がつきはじめます。そのまま、しばらくの間、ただそこに居続けてください、穏やかに息をしながら、何もかもを受け容れながら。では、目を開けて、何が見えたかをお話ししてくれませんか？

クライエント：母は、キッチンにいました。私を座らせて、おやつを作ってくれました。母がよく作ってくれた小さなサンドイッチです。それから、母はキッチンのなかを動き回りながら、私が今日はどんな一日を過ごしたのか、何を勉強したのか、そして誰と遊んだのかについて、尋ねてきます。

セラピスト：いいですね。

クライエント：母は、いつも、ただそこにいてくれました。とりたてて言うほどのことではありませんでしたが、私は母を頼りにできました。

　この一連のやりとりのなかで、セラピストはコミットされた行為の可能性に、かなり間接的に、脅威にならない方法で触れている。クライエントが彼女自身の母親について話題にしたことによって、語られた母親の行為が、クライエント自身も振る舞いたいと思うかもしれないコミットされた行為のある種のシンボル的な代理（symbolic proxy）として機能している。さらに、この対話には、クライエントに対して「集中する」ように求める要素が含まれていることにも注目してほしい。その要素とは、この学校から帰ってくる場面についてのささやかな体験的エクササイズのなかで、今の瞬間に注意を

向けるという部分である．少しでも今の瞬間に意識を向けることができれば，フュージョンと回避のレベルが高いときでも，コミットメントのプロセスの周囲に柔軟性を生み出す助けになるのである．

　コミットメントのプロセスの機能不全のなかでも，「行為の欠如」と「衝動性」は一般に見つけやすい．一方，多くの場合に見つけにくいのは，「持続的な回避のパターン」である．これらのパターンは，一見すると価値に基づいているかのように見えることがある．たとえば，ワーカホリックの父親は，自分が家族を養うために働いているのだと固く信じ込んでいて，より詳しく探ってみてはじめて，実際には親密な関係を回避していたことが明らかになるといった場合もある．ここでは，価値を追求するにあたって柔軟性が重要だといえる．そのため，コミットされた行為は，ときに努力よりもむしろリラクセーション，遊び，または社会的なつながり合いのように見えることもある．

　ACTのモデルのなかのコミットされた行為にかかわる部分は，そのときに焦点となっている具体的な問題行動に応じて，最も多様性を示す部分である．そのため，コミットメントのプロセスへの全般的な助言も，必ず，そのときの行動の具体的なゴールと採用される方法に合わせて調節されなければならない．たとえば，喫煙の問題に取り組むときなら，コミットされた行為には，たばこの量を減らす，時間を決めた喫煙，マインドフルな喫煙，禁煙日，刺激制御の手続き，周囲への宣言，そしてまだ他にも具体的な手順が含まれるかもしれない．うつ病に取り組む場合なら，行動活性化，社会的な活動への取り組み，家族の問題の解消，運動，あるいは仕事に関連した問題に向き合うこと，などが含まれるだろう．さらに，不安に取り組むときには，段階的なエクスポージャー，社会的な活動を増やすこと，睡眠衛生，などが含まれるだろう．ACTは，行動療法の一環としておこなわれる．そのため，ACTの心理的柔軟性モデルが提供する機能分析は，特定の臨床的問題に取り組む際に，より大枠の機能的な論点一式に情報提供することを目的としている．

アセスメント・アンカー ——アセスメントの拠り所

　心理的柔軟性の6つのコア・プロセスの変化について，数量的に，また時系列でモニターするための簡単な手法を紹介しよう。これは，それぞれのプロセスの領域に含まれる主要な反応ディメンションの一つひとつについて，その起こりやすさ，文脈的柔軟性，および行動的柔軟性に注目する方法である。各プロセスのディメンションを，図4.1 の柔軟性評価シートに示した。10段階評価にした場合，0（非常にまれにしか起きない，または，まったく起きない）から10（柔軟に，また機能的な意味での必要に応じて起きる）までの数値をとって，真ん中の5は，その反応ディメンションが（必要で有用なときですら）ときどきしか，あるいは促されてしか起きないことを示す。一つひとつのディメンションの数値をセッションのなかで，またはセッションに続いて見積もったうえで，領域ごとにそこに含まれるディメンションの数値を平均すると，心理的柔軟性のプロセスの全体的な評価点が得られる。このようにして得られた評価点は，次に，以下の節で解説するケース・フォーミュレーションに組み入れることができる。

ACTケース・フォーミュレーション

　心理的柔軟性モデルは，行動変化のための介入手法を人間の言語と認知に組み込まれた一般的な機能プロセスの変容手法へと方向づけるものである。そして，ACTのケース・フォーミュレーションは，心理的柔軟性モデルの純粋な拡張だといえる。ケース・フォーミュレーションでは，以下の点を明らかにしていく。①外的および内的な事象で，クライエントの行動レパートリーを狭めるプロセスに，以前から結びついていて，現在もそうしたプロセスを維持し続けている要因は何か，②ACTの各プロセス間のどのような相互作用が，問題となっている現状を持続させているのか，③変容を引き起こすレパートリーの拡大プロセスには，どの程度の強みがあるか。つまり，臨床家はプロセス群のなかから，最も弱点となっているのはどれで，要となっていそうなのがどれで，そして他のプロセスに変化を起こすために利用できそうな強みとなっているプロセスはどれか，を見極める。ケース・フォー

プロセス	クライアントが示す行動の主要な特性（ディメンション）	0 まったくないか，非常にまれ	5 ときどき，または，促されて	10 流れに沿い，柔軟
今，この瞬間	今，まさに生じている内的な出来事や外的な出来事を気づき，それらを利用することができる	0	5	10
	柔軟な注意：必要に応じて，何かに注意を向けたり，注意を別なものに向け変えたりすることができる	0	5	10
	心配したり，未来について不安になったり，過去を反すうしたりしていない	0	5	10
自己	超越的な自己の感覚を持っている	0	5	10
	他者の視点からものごとを見たり，別な時間や場所からものごとを見ることができる	0	5	10
	概念としての自己から自由である	0	5	10
	効果的なアクションを増やすために視点を変えてものごとを捉えることができる	0	5	10
	深い共感や思いやりを示す	0	5	10
アクセプタンス	痛みを伴う体験に対しても，オープンであり，好奇心を持って近づくことができる	0	5	10
	失うことに対して過度な恐怖を示したり，それにとらわれたりせず，ポジティブな感情を楽しむことができる	0	5	10
	受け入れがたい思考，感情，記憶，あるいは身体感覚を持ったまま，活動的で柔軟であることができる	0	5	10

図 4.1. 柔軟性評価シート。心理的柔軟性の各プロセスの主要な反応ディメンションを評価するために用いる。

ミュレーションでは，どのケースも，歴史的文脈と状況的文脈が考慮される。また，アセスメントとトリートメント・プランの立案は密接に関連しているといえる。なぜなら，トリートメント・プランの立案作業は，その大部分が，より弱点となっている領域をどのような方法でターゲットとしていくかについて，アセスメントに基づいて戦略的に検討することにほかならないからである。

プロセス	クライエントが示す行動の主要な特性（ディメンション）	0 まったくないか、非常にまれ	5 ときどき、または、促されて	10 流れに沿い、柔軟
脱フュージョン	正しくあること，あるいは他人から良く見られることから自由になることができる	0	5	10
	効果的なアクションをとろうとするときに，いろいろなストーリーや理由にとらわれない	0	5	10
	字義どおりの「正しさ」ではなく，「実際に機能的であるかどうか」に重きを置いて，自分の思考を評価できる	0	5	10
	考えることによって構成された世界だけでなく，考えるということが今まさに生じているプロセスであるということにも気づいている	0	5	10
	オープンにものごとを考えたり，突き詰めてものごとを考えたり，ときには柔軟にものごとを考えたりすることができる	0	5	10
価値	自分がどのような価値を選択しているかということについてしっかりとした自覚がある	0	5	10
	その価値は，誰かから言われたから持っているわけでも，何かから逃げたり避けたりするために持っているわけでも，何かを正当化するために持っているわけでもない	0	5	10
	その価値が「今」に意味を与えている	0	5	10
	価値とゴールを区別している	0	5	10
	価値を貫き続けることの「たいへんさ」に対してオープンである	0	5	10
コミットされた行為	そのアクションのなかに，軽やかさ，よどみなく流れるような，活き活きとした感じがある	0	5	10
	クライエントは，価値に基づいて人生の方向性を変えることに前向きである	0	5	10
	そのアクションは，回避ではなく，選択された好良的な目的とリンクしている（そのアクションは，負の強化ではなく，正の強化で維持している）	0	5	10
	衝動的に何かをしたり，何もできなかったり，受身であったりするのではなく，効果的なアクションのパターンがずっと拡大し続けている	0	5	10
	クライエントはコミットメントをずっと維持している	0	5	10

図 4.1. （つづき）

ケース・フォーミュレーションとトリートメント・プランの立案手順を構造化し，合理化する目的で，いくつもの革新的なアプローチが開発され，利用可能になっている。ここではそうしたツールをいくつか取り上げて解説するが，開発が日進月歩であることから，次の重要な点をあらかじめ注意しておきたい。本章で特定のツールを紹介したとしても，そのことは，読者が，他のケース・フォーミュレーションのツールを用いたり，臨床の現場で特定の要請を満たすツールを新しく発明したりすることを否定するものではない。本章でいくつかのツールを取り上げて紹介するのは，ただ単に，ケース・フォーミュレーションを構造化することがコア・プロセスどうしの関係を明確化して達成可能なトリートメントのゴールを明らかにするのを助ける，という点を示すためである。本章の残りの部分では3種類のケース・フォーミュレーション手法を解説して，ツールを適用した際のケースをそれぞれ記す。また，本書で紹介するプリント形式のフォームとツールは，いずれもがwww.contextualpsychology.org/clinical_toolsから簡単にダウンロードできる。著者らが見出したところでは，こうしたフォームは，日常的に使い続けることで，ケース・フォーミュレーション，トリートメント・プランの立案，経過観察，そして個人またはグループでのスーパービジョンの際に有用な指針を提供できるものとなる。

ヘキサゴン・ケース・フォーミュレーション・ツール

　心理的柔軟性モデルは，機能的でディメンショナルな診断体系（この考えは最初にWilsonとDuFrene[262]によって広められた）のための基盤を提供する。「心理的柔軟性は人間の機能と行動変化のための統合モデルのなかで中心的な役割を果たす」という重要なコンセプトに基づくなら，クライエントの心理的柔軟性の面での強みと弱みをヘキサゴン（六角形）モデルを用いて描き出すことで，主な弱点がターゲットに設定されて，主な強みはさらに強められるようになる。ヘキサゴン・ケース・フォーミュレーション・ツールのひとつであるヘキサフレックス・ケース・モニタリング・ツールは，シンプルな図式ながら，クライエントの心理的柔軟性の現在の状態を視覚化し

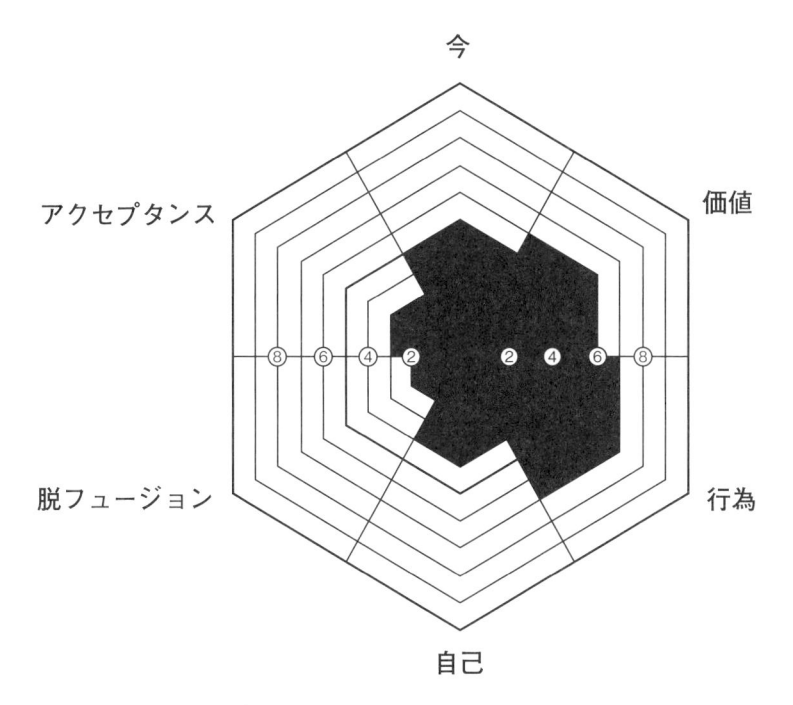

図 4.2. 心理的柔軟性の各プロセスについてのジェニーの評価を，ヘキサフレックス・ケース・モニタリング・ツール上に示したもの。

て，それが時間とともにどのように展開していくかを追跡するのに使える。図 4.2 は，以下に紹介するジェニーというクライエントにヘキサフレックス・ケース・モニタリング・ツールを適用したものである。図の六角形は，パイのように 6 つの領域に分けられ，心理的柔軟性の 6 つのプロセスをそれぞれ表している。六角形の内側に描かれた同心線は，各プロセスの強さを示すための 10 段階の尺度に対応する。最も外側の線（番号が振られていない）は，最大の強さの 10 を表す。六角形の中央の 0（これも番号が振られていない）は，心理的柔軟性が最も弱いことを示す。中央にある水平の線分は，10 と 0 以外の同心線の尺度を示す。図 4.1 に示した柔軟性評価シートの各プロセスに含まれる主要な特性の評価数値をプロセスごとに平均することで，クライエントについてのプロセスごとの全体的な評価が得られる。ヘ

キサフレックス・ケース・モニタリング・ツール上でそれぞれのプロセスを示す領域を六角形の中心から評価数値まで塗りつぶすことで，総合的な評価がよりよく理解できるようになるだろう．

事例——ジェニー

ジェニー^{原注1)}は，52歳の白人女性で，離婚歴があり，家族関係の問題とうつ病を主訴としている．成人した2人の息子がいるが，どちらも独立していて，彼女とは離れて住んでいる．今は88歳の母親と一緒に住んでいるが，母親の世話を主に手掛けているのは彼女である．ジェニーが言うには，彼女自身はいつも「面倒見役」で，自分自身のニーズを主張するのが困難であり，母親との関係のなかでは特にそうだった．ジェニーは，母親のことを，とても要求が多くて介護者としての彼女の能力に批判的だという．ジェニーによれば，彼女の母親は信心深いクリスチャンで，母親自身の面倒をみることが何をおいてもジェニーの主要な義務だと彼女を教育したそうである．また，母親は，ジェニーが他人のことを悪く思ったり，自分の欲求を他人の欲求よりも優先したりしたら，それはジェニーが悪い人間で善良なクリスチャンではないことを意味する，とも教育したという．ジェニーは，母親に家にいてほしくないと思っていることと，表現するのが困難なたくさんの感情が自分のなかで「塊になって」いると訴える．彼女は自分自身の持っている，もっと独立や自律して自由になりたいという願望について自ら口にするたびに，罪悪感と利己的な感覚に何度も苛まれてきたと話す．特に，母親からの批判と母親に注意を向け配慮せよとの容赦ない要請を前にして，ジェニーが自分の独立性を主張しようとして失敗したときには，必ずといっていいほどジェニーは落ち込み，自己批判的になるという．ジェニーは，初回のインタビューの間に，偽りのない誠実な関係を築きたいと，何度も口にし

原注1) ジェニー（図4.2 - 4.4に図式化）は，実在のクライエントをモデルにしているが，匿名性を守るためにいくらか修正が加えてある．このクライエントとのセッションの記録は，DVDとして入手できる⁹⁶⁾．また，心理的柔軟性のプロセスの評価を定めるための反応性に関するアンカー（拠り所）として，図4.1に示したものよりもさらに詳しいものが，www.contextualpsychology.org/clinical_toolsにユーザー登録することで入手可能である．

た。彼女は，母親に対して彼女自身の願望を話すことに非常に大変な思いをしてきたのである。ジェニーのAAQの得点からは，高いレベルの体験の回避が示された。図4.2に，臨床家がそれぞれの領域の平均値を出して見積もったジェニーのACTプロセスの強さを示した。最も問題となっているのは脱フュージョン（2点）とアクセプタンス（3点）の領域（それぞれオープンな反応スタイル）にあることがわかる。価値（6点）と行為（7点）は，相対的に強みである（それぞれ従事する反応スタイル）。今（5点）と自己（4点）は，中程度に評価されている（それぞれ集中する反応スタイル）。このように，図式を詳細に吟味していくと，それぞれのクライエントが抱える個別の問題の感触が伝わってくる。シンプルな図の形そのものが多くの情報を詰め込んでいるといえるだろう。

　クライエントの状況に作用している内的また外的な影響力の可能性について検討していくときには，図4.3に示すように，先のものとはまた少し違った形式のツールを使うこともできる。見かけが亀に似ていることから通称「タートル（the turtle）」[訳注1]と呼ばれるこのツールは，日本人のACT専門家である武藤崇によってはじめて開発された。彼は，**六角形**の意味を持つ日本語の単語（亀甲）が「カメの甲羅」の印から派生したことを指摘した。そして6つのコア・プロセスが，六角形の頂点に置かれた円によってそれぞれ

訳注1）この「タートル」というケース・フォーミュレーションのためのツールは，監訳者の武藤が2007～2008年にネバダ大学リノ校の客員研究教授として，S・C・ヘイズ教授の研究室に所属していたときに，研究室の定例ミーティングにて，最初に発表された。その後，2008年にボストンで開催された第4回のAct Summer Institute（文脈的行動科学学会の前身）のシンポジウム（そのときの企画者が，本章の共著者であるエミリー・K・サンドーズであった）にて，"Shift OS !：*TUETLE* for Clinical-Psychological OS."というタイトルで，このツールが紹介された。

　米国でも，日本に本社がある醬油メーカーの名称およびロゴは一般的に知られていたが，それが「亀甲」という六角形に由来することはまったく知られていなかった。そこで，その「起源」についての意外性が印象的であったようだ。

　また，この視覚的意匠は，主体的輪郭という錯覚になっている。これは，心理的柔軟性が，仮説構成概念であって，心的実体ではないことを含意している。つまり，心理的柔軟性が高まるにつれて，六角形がよりはっきりと「浮き出て見える」工夫が凝らされていたのである。しかし，その部分は，あまり彼らの印象に残らなかったらしく，各頂点が線分でつながれて使用されてしまっている。

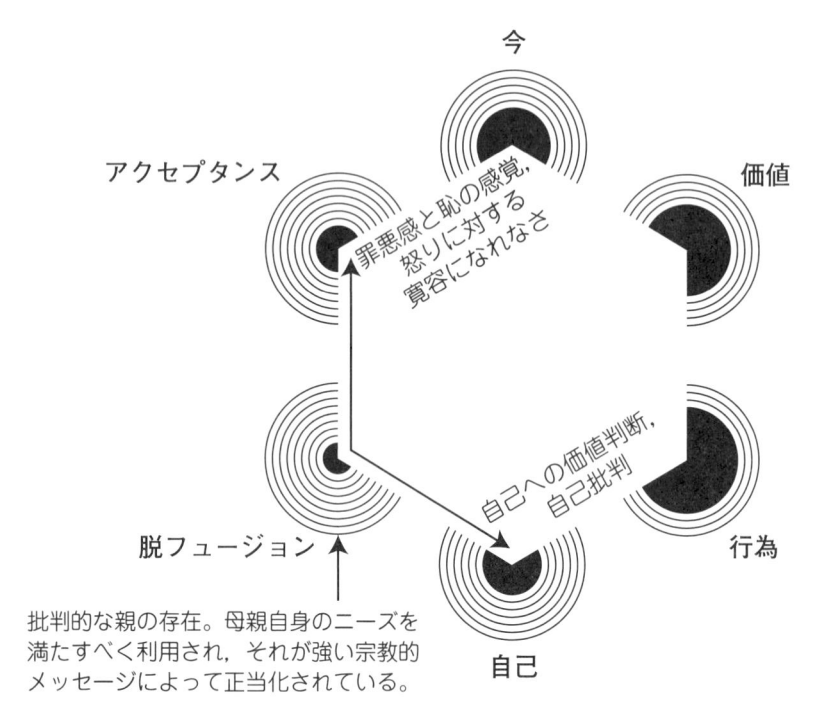

208　第Ⅱ部　機能分析と介入へのアプローチ

図4.3．ジェニーの最初のケース・フォーミュレーションを「タートル」ツールに表したもの。

示されている。一つひとつの円は，内側が十重の同心円に構成されていて，プロセスが取りうる強さの評価を示す。これらは，**図4.2**で示したものと同じ10段階尺度に基づいて記入できる。「タートル」は，特にスーパービジョン・チームで有用で，配布したり，拡大してフリップ・チャートにしたりするのが簡単なため，チーム全体にケース・フォーミュレーションを視覚的にイメージしやすくする。

　ジェニーの症例では，セラピストは，このケースの大きな特徴はレパートリーを狭めるフュージョンによる影響だと考えられる。このフュージョンは，おそらく元はといえばジェニーの母親が娘のなかに育んだもので，母親の欲求だけを満たすようにと，母親自身の要請を従順さと宗教的信念に基づいた道徳的評価とに結びつけて教えられたことによるものと思われる。結果

として，クライエントは，自分自身の欲求について考えるたびに自分のなかに湧き上がる，怒りの感情と罪悪感に対して脅威を感じるようになっている（アクセプタンスの領域の機能不全）。さらに，ネガティブで自己批判的な「概念としての自己」（たとえば「自分は利己的だ」といった自己概念を含む）に不本意ながらに従ってもいる（自己の領域の機能不全）。臨床家は，ジェニーは自己の領域で他にも脅威を（「深いところでは，私は善良な人間ではない」と）感じているのではないかと疑っている。その他のコア・プロセスの領域の強さは，ばらつきはあるものの少なくとも中程度以上といえて，「思いやりがあって，開かれた誠実な関係を息子たちだけでなく母親との間にも築く」ことに関連した価値は特に強い。また，行動し通す能力は良好と考えられる。

　ジェニーのフュージョンのレベルがとても高いことはトリートメントの焦点となる一方で，彼女が強みとする領域の力を借りることで，それに影響を与えることもできる。このケースでは明らかな強みは価値の領域にあるため，おそらくジェニーは，「開かれていて，誠実で，愛情深く，思いやりのある関係」に価値を置いていることに同意するだろうし，そうした性質を促すためのステップを踏むことにも前向きだと予想される。この価値の方向性は，もちろん，要求の多い老齢の母親にどう接するのがよいかを彼女に示してくれるだろう。しかしそれだけではなく，きつく狭められてしまうような状況や自己自身を認められなくなってしまうような事態を引き起こしうる，フュージョンした言語的な障壁に対しても，彼女がどのように向き合っていけばよいのかについて方向性を指し示してくれるかもしれない。たとえば，自動的におこなってしまう「自己への価値判断（self-judgment）」のプロセスに自分自身で気づけるだけの心理的なスペースを生み出すということも，価値に基づいた努力の一環となるかもしれない。つまり，自身の体験に余計な価値判断なしで丁寧に耳を傾けることにつながるからである。同じようにして，母親に耳を傾けることもまた，価値に基づいた努力の一環となるだろう。また，ジェニーの履歴のなかの苦痛な部分は，この取り組みのなかで味方の勢力となりうる。ジェニーは，かつて，母親から「私のことを気づかわない悪いクリスチャンだ」と咎められた際，幼い子どもとしていかに恥ずか

しかったかを思い出すかもしれない。そうしたときに，セラピストは，アクセプタンスと，よりポジティブな人間関係の構築に結びつくことを願いながら，苦痛とその源泉に脱フュージョン・スキルを適用してみることもできるだろう。たとえば，ジェニーに対して，苦しんでいた子どものころを思い出して，大人としてそのときの子どもと対話をしてみるように，と伝えてもよいだろう。あるいは，大人として今考えている自己への価値判断的な事柄で「私は悪い人間だ」などといったことを，当時の子どもの言葉で声に出していくつか言明するようにと伝えることもできる。脱フュージョンのためのこの介入は，ジェニーの「自己への思いやり（self-compassion）」と「自己へのアクセプタンス（self-acceptance）」を活性化するように設計されていて，彼女が価値を置くたぐいの関係性（「開かれていて，誠実で，愛情に満ちて，同情的なもの」）が起こることを可能にする。図 4.4 は，ジェニーのために出来上がったトリートメント・プランである。

　トリートメント・プランがうまくいくと，ターゲットとされたプロセスに変化が表れてくるはずである。クライエントの脱フュージョン・スキルの変化をセッションのなかで，またセッションとセッションの間に繰り返し測定していきながら，介入の経過を追ってトリートメントの進展を観察するために，ヘキサフレックス・ケース・モニタリング・ツールを用いることができる。

Psy-Flex プランニング・ツール

　第 3 章で詳しく見てきたように，心理的柔軟性モデルを効果的かつ実用的に活用するためには，それぞれが 2 つのコア・プロセスによって構成される 3 つの基本的な反応スタイル，すなわち，集中した（「今，この瞬間」，文脈としての自己），オープンな（アクセプタンス，脱フュージョン），従事した（価値，コミットされた行為）に分けて考えるとよい。Patricia Robinson（熟練した ACT の臨床家で，研究者，かつ執筆者でもある）は，自らが「Psy-Flex プランニング・ツール」と呼ぶ簡単な手法を開発した。このツールは，インタビューで得られた情報を，ACT のケース・フォーミュレーションと

第4章 ケース・フォーミュレーション 211

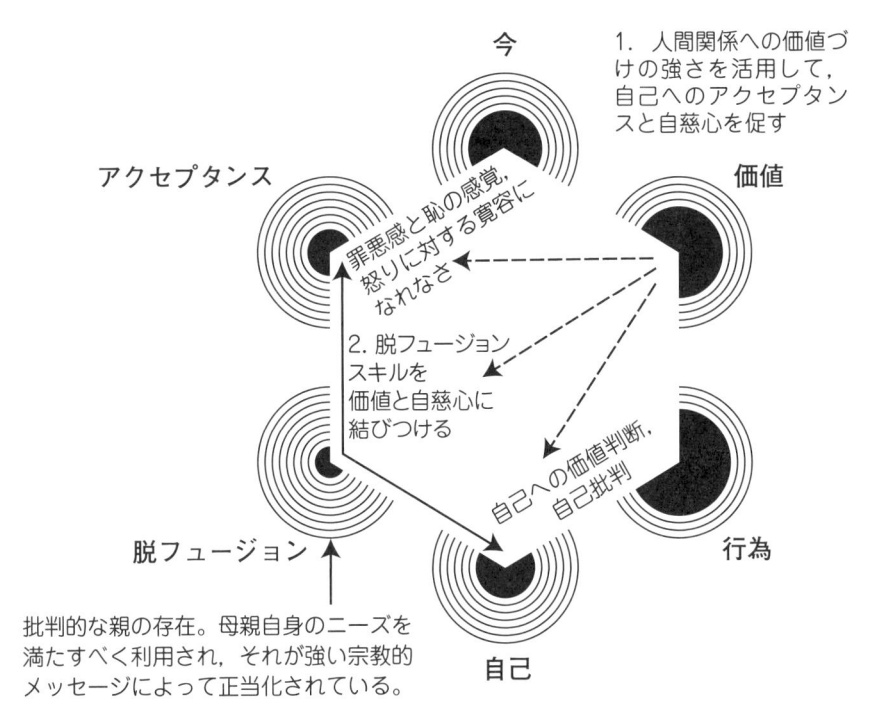

```
                            今
                                        1. 人間関係への価値づ
                                          けの強さを活用して，
      アクセプタンス                            自己へのアクセプタン
                    罪悪感と恥の感覚，           スと自慈心を促す
                    怒りに対する寛容に     価値
                    なれなさ

                    2. 脱フュージョン
                      スキルを
                      価値と自慈心に
                      結びつける
                                    自己への価値判断，
                                    自己批判

      脱フュージョン                          行為
    
    批判的な親の存在。母親自身のニーズを
    満たすべく利用され，それが強い宗教的    自己
    メッセージによって正当化されている。
```

図 4.4. ジェニーの最初のトリートメント・プランを「タートル」ツールに表したもの。

トリートメント・プランの立案のための見やすいフォーマットにまとめることで，解釈を容易にするものである。

　Psy-Flex プランニング・ツールを使ったケース・フォーミュレーションでは，3つの反応スタイルのそれぞれがアーチ状に，そこに含まれる2つのコア・プロセスを2本柱として，その上部をつなぎ合わせた形で示されている。インタビューと追加的なアセスメントのためのエクササイズがすべて済んだ段階で，臨床家は，クライエントのコア・プロセスのそれぞれについて，「低い」から「高い」までのレベルを，アーチの柱に書かれた線の上にマークをつけながら評価する。これは，私たちがすでに見てきたツールでおこなったのと同じ作業である。それぞれのアーチの下には，ケース・フォーミュレーションとトリートメント・プランの立案の際に，その反応スタイル

について中心となる臨床家に対しての質問が記載されている。これらの質問は，臨床家が，その反応スタイルが介入の焦点となったとき，重要な役割を担うことになるプロセスに対して，臨床家が意識を向けるのを助けてくれる。質問への答えは，インタビューから収集された情報とその他の手に入る情報に基づいてまとめられ，フォーマットに記入される。たとえば，「集中した」のアーチの下では，臨床家は，「今，この瞬間」と柔軟に接触するうえでクライエントにとって障壁となっている事柄と，どのような方略が「今，この瞬間」の体験を促す助けになるか，を見極めるように問われている。さらに，臨床家は，他のどのコア・プロセスで観察されたどのような妨げに対するものでも，効果があるかもしれない具体的な介入のすべてを記入するよう問われる。以下に，Psy-Flex プランニング・ツールを使った症例を紹介しよう。

事例——サンドラ

　サンドラは，42歳の女性で，慢性的な心配と日々の不安に苦しんでいる。彼女は，以前に，別な症状で精神科を受診したときに全般性不安障害と診断されたことがあった。臨床家から見て，彼女は周囲の世界に対して部分的にしか注意を払っていないようであった。また彼女自身は，自分は常に何かを心配していると話す。インタビューのあいだ彼女は，ひとつの話題から次の話題へと頻繁に話を移していく。臨床家からは，それが話の流れに沿ってではなく，ともかくそのときの話題に関連づけられたネガティブな感情の高まりに反応してのことだと明らかに見てとれた。サンドラは，現在抱えている不安に関連した困難に接触しているほかには，自分自身との接触がほとんどない。インタビューのなかでは，臨床家があえて一歩さがったところから心配に関する思考について話をしようとしても，彼女が，ネガティブな自己評価や思考の主題に対し価値判断や評価に陥らず話をすることはなかった。彼女は，自分自身のことを「心配性」と表現して，あいまいな出来事に対しては，あたかもそれが潜在的な脅威か危険ででもあるかのように反応する。未知なものに耐えられず，彼女の心配する行為は，根底にあるこうした強烈な恐怖から彼女の注意を逸らしているかのように見えた。サンドラの心配の多

くは，起こるかもしれない出来事を「良い」か「悪い」に分類し，それらにどう対処していくべきかの計画に関連していた。彼女にとって頻繁にフュージョンのきっかけとなるのは，2人の娘の身に起きるかもしれない何か「悪い」出来事であった。サンドラは，親としての役割に非常に価値を置いていた。ときには，自分の心配を一時的に脇に置いて，13歳と15歳の娘たちとの関係のなかで役割を果たせることもあった。しかし，彼女は，注意とエネルギーが頻繁に心配事に支配されてしまう現在の状況には満足しておらず，娘たちがときおり，彼女が「そこにいなくて」遠くにいるようだとコメントしたこともある，と語った。サンドラは，今では，自分が心配している状態が娘たちや夫との関係に与える影響について心配している。

図 4.5 からわかるように，このケースは，「オープンな」と「集中した」アーチでの問題が支配的になっている。サンドラは，アクセプタンス（将来についての不安な思考やイメージを受け容れられるだけの余地をつくること）とマインドフルネス（心配を通じて注意が未来へと引き込まれるのではなく，今の瞬間に注目し続けること）の両方でトレーニングが必要になる。そして，トレーニングの過程では彼女の最大の強み，すなわち，娘たちへの気づかいが大いに助けになると期待される。彼女は，娘たちとの関係への気づかいを，心配に結びつけるのではなく，価値を感じるようなポジティブな人間関係の行動に結びつけられるようになるかもしれない。ただし，それをするためには，サンドラは，将来起きる恐れのある喪失や後退についての思考，イメージ，また関連した感情を，彼女自身のなかで体験して受け容れられるだけの余地をつくらなければならない。つまり，彼女の価値づけられた行為（気づかい）は娘たちとの関係のなかでは娘たちの身を案ずることからフュージョンされた内容を生みやすく，それが「今，この瞬間」から彼女を引き離すようになっていると考えられる。もしもサンドラが彼女自身の価値に沿って振る舞おうと思うなら，そうした不安な瞬間に，彼女はもっとオープンに集中した様式で行為しなければならない。なお，介入では，フュージョンされた内容のなかでも最も困難なものをすぐにターゲットとするよりも，むしろ，行動の階層のなかの低い位置にあってフュージョンされた内容を強める役割を果たしているものからはじめ，次第に困難さのレベルを上げ

214 第Ⅱ部 機能分析と介入へのアプローチ

集中した			オープンな			従事した		
今、この瞬間	文脈としての自己		脱フュージョン	アクセプタンス		選ばれた価値	コミットされた行為
高い			高い			高い	
×	×			×		×	×
低い			低い			低い	
非柔軟な注意 未来または過去	概念としての自己		フュージョン	体験の回避		明確でなく、フュージョンされた、追従的な価値	衝動性、行為の欠如

「今、この瞬間」の体験を助けるために、セラピーのなかで何ができるか？ また、五感を使ったエクササイズは？
注意を引きつけているのは何か──クライエントにとって反芻されているのは、過去すること、または未来の何の要素か？
将来を向いた思考？彼女自身または娘たちにとって何か悪いことが起こるかもしれないというもの。

視点取得と観察者としての自己の体験を促すために、セッションのなかで何ができるか？ また、実生活では？話の主題を変えるたびに何かの物体を動かすなど──チェスの駒を示すにはクライエントによいかもしれない。
自己の物語のどの部分が、セラピーのなかで問題を引き起こしているだろうか？また、実生活では？「私は心配性である。以上」

クライエントが脱フュージョンするのを助けるために、何ができるか？ 脱フュージョンすることに有用性や意味を与えるのは何か？マインドに名前をつける。「名前」が心配している間にも行為を引き続けることを学ぶ。
クライエントはどフュージョンしているだろうか？クライエントが事実に気づいているのは、どういうルールだろうか？悪い結果を未然に防ぐためには、心配していていなければならない。

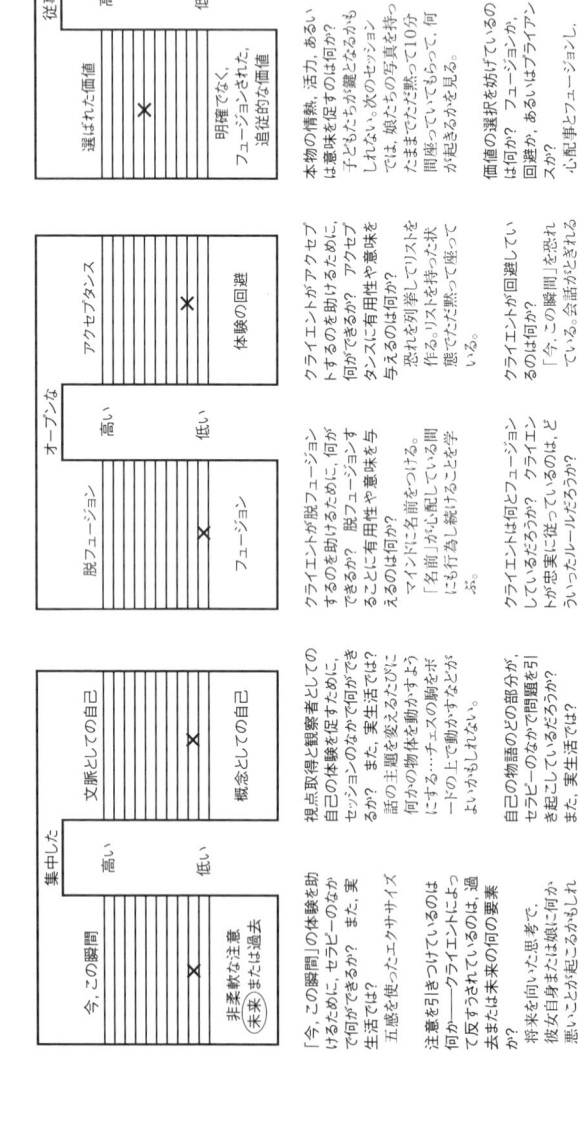

本物の情熱、活力、あるいは興味を促すのは何か？子どもたちが鍵となるかもしれない。次のセッションでは、娘たちの写真を持ってきてもらって、何分間黙っていられるかを見る。
価値の選択を妨げているフュージョンか、あるいはプライアンスか？「この瞬間」を恐れ回避している。会話が途切れるとき、とのようなと恐れを感じ、次にまた別な心配事を引き起こすことで、回避している。

コミットされた行為を促すのはどういうスキルか？恐れが伴うものを一貫した仕方で振る舞えるような経験をさせるか？音声のコミットメント。
価値と一貫した行為を続けることを妨げているのは何か？どのような恐れがあり、何らかの取り組みか？接触。

臨床所見：
ここはなぜか困難な領域になるだろう。しかし、先に進むためには脱フュージョンが決定的に重要である。

臨床所見：
ここはなぜか困難な領域になるだろう。彼女がもっている能力を助けるような経験をすることに取り組めば、彼女かセラピーに来るたびにチェックインする。

臨床所見：
この領域での取り組みは、他の2つのアプローチのいくらかと結合できる。これを再発防止の取り組みに加える。

図 4.5. サンドラのケース・フォーミュレーションとトリートメント・プラン立案のためにPsy-Flexプランニング・ツールを用いた場合。(Patricia Robinson, Ph.D. の許諾により使用)

ていくほうが理にかなっているだろう。このように工夫することで，サンドラは，今の瞬間のなかにとどまって価値とつながったままでいながら，同時に，フュージョンされてはいてもそれほど強くは不安を呼び起こさない内容と向き合いつつコミットされた行為を練習できるようになる。

　最近のACTケース・フォーミュレーションのほとんどについていえることだが，Psy-Flexプランニング・ツールも，ケース・フォーミュレーションのツールとしてだけでなく，臨床家がセッション内で指針にできるアセスメントのエクササイズとして，またクライエントの前進の経過を観察する道具としても機能する。Psy-Flexプランニング・ツールが特に有用な点は，クライエントの強みと弱みをそれぞれのコア・プロセスについて評価するための客観的で体系的な枠組みを提供することや，中心的な問題に対するクライエントの反応を書き出しながら紙の上で考えることを臨床家に要請する点，などである。

ACTアドバイザー

　イギリスのACT実践家David Chantryは，ACTに関する考察をまとめた興味深い本[36]の編者でもあるが，外来診療のあらゆる文脈で使うことができるACTアドバイザーとよばれる手軽なアセスメント・ツールを作成した。ACTアドバイザーを図4.6に示す（次に紹介する症例のもの）。このツールは，ACTの教材としても，また進捗状況の自己評価をセラピーのなかでクライエントと一緒におこなうツールとしても便利である。このツールを使うときには，臨床家またはクライエント自身，もしくはその両者が，「ACT ADVISOR」の頭字語を記憶法のようにして意識しながら，6つのコア・プロセスのそれぞれに評定点を与える（「ACT ADVISOR」のそれぞれの文字の意味する内容は，まさにACTの意味することとぴったりと当てはまる。唯一の例外といえなくもないのは，価値の明確化のプロセスのところで「見極め（identification）」という解説をしている点である。なぜなら，価値は，どちらかというと見極めるというよりも，むしろ選択するか所有するものに近いからである）。ACTアドバイザーに特徴的なのは，個々の評価

点が合算されて，0点から60点までの柔軟性の総合得点が示されるところにある。また，総合得点のみならず個々の評価点についても，時間を追って再評価をおこなっていくことで，臨床上の変化を定量的に測定可能なケース・マネージメント用の尺度となる特徴がある（ただし研究用としては検証されていない）。ACTアドバイザー・ツールは，クライエントと短いやりとりしかおこなう余裕がなく，トリートメント・プランを急ぎで立案しなければならないような状況でも有用だろう。以下は，ACTアドバイザーを使っておこなった10分間のインタビューを基にしたケース・フォーミュレーションの例である。

事例——マイケル

　マイケルは，27歳の既婚の白人男性である。彼はバーの外で見知らぬ男と殴り合いのけんかになり，何カ所もけがを負い，救急治療室に運ばれてきた。彼の報告によると，職業はフリーランスのライターだという。彼は，治療室のインタビュアーと視線が合うのを避け，繰り返し時計や床に目をやっていた。彼の姿勢からは身体が緊張していることがわかり，インタビューの間中ほとんどずっと貧乏ゆすりをしていた。マイケルは，短く破裂させるような音で，早口で話した。そのトーンは，怒っているようにも聞こえ，インタビューを通じてほとんどその調子は変わらなかった。彼の話しぶりは，自分自身についての「善い／悪い」の価値判断に濃厚に彩られていた。たとえば，彼は，自分は「根っからの悪人などではなく」て，自分を侮辱してきた男性に対して殴り合いのけんかを仕掛けたとき「おとなげなかった」だけだった，と繰り返し主張した。この種の攻撃的な振る舞いは結婚生活のなかでも起こっていて，妻に対する暴力がいくらかあったと述べた。妻はこれまでのところ一緒にいてくれてはいるが，彼は，妻に対する自分の振る舞いを恥じていて，それがいつかは彼女を自分から引き離すのではないかと心配していた。

　マイケルは，他人から見下され屈辱感を覚えるような事態にさらされるのは，自分にとって受け容れがたいことだという。彼の話によれば，そうした感情を体験すると，彼は自分を感情的に傷つけた相手に対し，自分に敬意を

第4章 ケース・フォーミュレーション　217

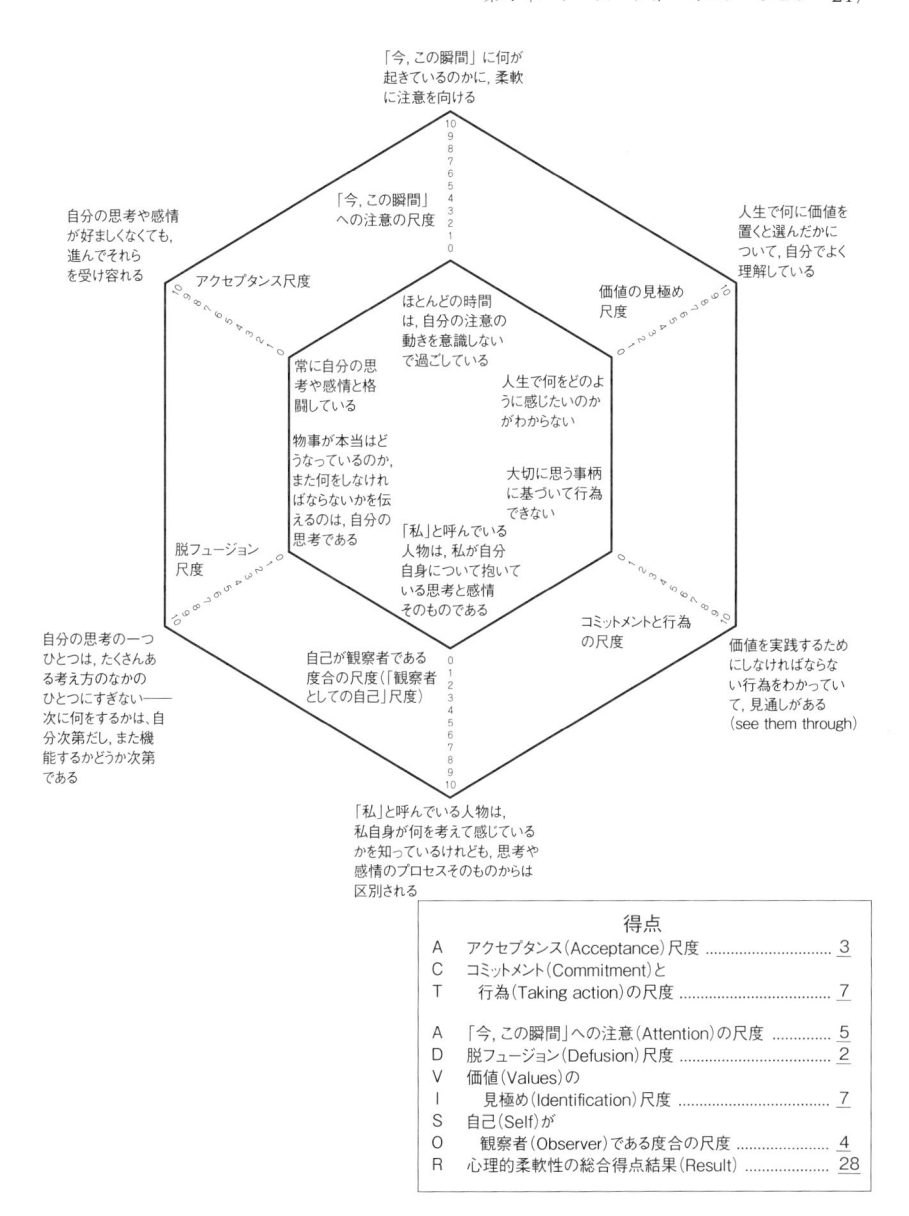

図の周囲のラベル（上から時計回り）：

- 「今,この瞬間」に何が起きているのかに,柔軟に注意を向ける
- 人生で何に価値を置くと選んだかについて,自分でよく理解している
- 価値を実践するためにしなければならない行為をわかっていて,見通しがある (see them through)
- 「私」と呼んでいる人物は,私自身が何を考えて感じているかを知っているけれども,思考や感情のプロセスそのものからは区別される
- 自分の思考の一つひとつは,たくさんある考え方のなかのひとつにすぎない——次に何をするかは,自分次第だし,また機能するかどうか次第である
- 自分の思考や感情が好ましくなくても,進んでそれらを受け入れる

内側のラベル：
- 「今,この瞬間」への注意の尺度
- 価値の見極め尺度
- コミットメントと行為の尺度
- 自己が観察者である度合の尺度（「観察者としての自己」尺度）
- 脱フュージョン尺度
- アクセプタンス尺度

中央のラベル：
- ほとんどの時間は,自分の注意の動きを意識しないで過ごしている
- 人生で何をどのように感じたいのかがわからない
- 大切に思う事柄に基づいて行動できない
- 「私」と呼んでいる人物は,私が自分自身について抱いている思考と感情そのものである
- 物事が本当はどうなっているのか,また何をしなければならないかを伝えるのは,自分の思考である
- 常に自分の思考や感情と格闘している

	得点	
A	アクセプタンス(Acceptance)尺度	3
C	コミットメント(Commitment)と	
T	行為(Taking action)の尺度	7
A	「今,この瞬間」への注意(Attention)の尺度	5
D	脱フュージョン(Defusion)尺度	2
V	価値(Values)の	
I	見極め(Identification)尺度	7
S	自己(Self)が	
O	観察者(Observer)である度合の尺度	4
R	心理的柔軟性の総合得点結果(Result)	28

図4.6. ACTアドバイザーを使ってマイケルの心理面での強みと弱みを把握する。
(David Chantry の許諾により使用)

示すように命令したり強要したりすることで対応するようであった。しかし結局のところ，けんかによって後に残るのは，勝ち取った尊厳などではなく，自分を尊敬しろなどと要求してしまったという恥の感情ばかりであった。彼は，「尊敬 vs. 軽視」のこうした分類は絶対的なものだと主張し，同じ状況に置かれた相手の気持ちについて想像する能力は非常に乏しかった。彼は「人は自分の敵か味方か，そのどちらかだ。それくらい単純なことだ」と，自分の信念をきっぱりと言い放つのだった。

　マイケルは，ライターとしての仕事を非常に大切に思っている。書くことこそが，彼が人生において情熱を注ぐことだという。彼が書くのは癒しのための前向きな自助本で，皮肉にも彼にとっての目標は，自信と人生の方向性を見失った人々を助けることだったのである。彼が最近手がけた仕事と，それが人々にとって好ましい影響をもたらすものであってほしいという彼自身の願いについて語ったとき，彼の声のトーン，姿勢，そして感情がわずかに変化した。仕事については，どのような困難も認めようとしなかったが，ただ過去には書いたものが却下されたことが何度かあったことをほのめかした。彼は，これまでに自分の攻撃的な衝動を抑えるために使ってきた方略について，いくつも自分であげることができた。そこには，長い散歩に出かける，聖書を読む，問題が起きそうな状況から物理的に離れる，などが含まれていた。

　臨床家がマイケルについておこなったACTアドバイザーでの評価が，図4.6 の右下の部分である。マイケルの場合，フュージョンが全体のなかで最大の弱点となっているようである。彼のフュージョンされた内容には，自分がどのように扱われるべきかについての，白か黒か，また良いか悪いかの強い評価が含まれている。この視点は，さらに，もうひとつのフュージョンした思考で，「自分に敬意を払うように人々に強制しなければならないのは自分が尊敬に値しないことを意味する」という考えによって一層曇らされていた。アクセプタンスの得点が低いことは，彼が自分自身の究極の「無価値さ」と接触するときに発生する恥辱の感情を拒否していることからきている。彼は，この心理的侮辱のメッセージを伝えてくる人に対しては，それが誰であるかにかかわらず（妻であれ，バーにいた他人であれ）攻撃的に反応

する。一方，ポジティブな側面として，彼は，他者を助けることに対する価値と，よりよい夫になりたいという願いを持っていた。これらは，彼が，現在の自己概念から脱フュージョンしてもっと多くのポジティブな評価に対してアクセプタンス的になれるよう取り組むうえでの助けとなるだろう。彼は「尊敬されること」にまつわる問題にいくらか気づいてはいるようであるが，攻撃性を呼び起こすような出来事に直面するたびに，それの気づきはあっという間に霧消してしまう。マイケルのための脱フュージョンの方略には，「尊敬 vs. 軽視」をめぐるフュージョンした内容の絶対的な性質と，根底にある無価値な存在としての感覚をターゲットにする必要があるだろう。また，「今，この瞬間」の気づきに関する方略として，攻撃性を呼び起こしやすい内容が潜在的にある状況下でも「今の身体のなかにとどまる」ことを助けるようなものが，マイケルにとって有用かもしれない。

まとめ

　心理的柔軟性モデルは，ノーマル（健常）についてのディメンショナルなアプローチである[117]。私たちは皆，言語を有した人間であるという意味で，誰もが本書でこれまでに検討してきたプロセスを共有している。したがって，そのゴールは，人々を「修理する」ことではなく，エンパワーすることなのである。心理的柔軟性モデルは，変えることの可能な鍵となる特性を描き出すものではあるが，そうした特性と学習の履歴を具体的にどう結びつけるのかを示したり，介入の仕方を一歩一歩正確に示したりはしない。本書の残りの大部分では，ACTのこうしたより専門的な特徴を，事例，エクササイズ，そして特定の方向性を持った考察によって詳細に見ていく。本章のゴールは，たった6つのコア・プロセスが生み出す実に多彩な発想を臨床家である読者につかんでもらうことだった。実際のセラピーのなかでこれらのプロセスを，その瞬間に臨床家が体験することができれば，そこで何をするべきかは，クライエントを通して読者は徐々につかむことになるだろう。
　ACTは心理的柔軟性を生み出すために，アクセプタンスとマンドフルネスのプロセス，そして，コミットメントと行動変化のプロセスの両方を用い

る。アプローチ全体としては，強みとなっているプロセスを用いて弱点となっている別のプロセスをターゲットとする，クライエントの価値を用いてセラピーに意味と焦点を与える，そして，セラピー的な関係性を用いてACTに一貫したロールモデルを示し，クライエントのなかにプロセスを生み出し，それを支えていく。こうしたプロセスが時間とともに構築されてくるにつれて，心理的柔軟性が高まり，意味のある行動変化へとつながっていく。クライエントが自力で意味深い変化を達成できるようになったとき，セラピーは終了し，それから先は人生そのものがクライエントのセラピストとなる。次の章では，さらに多くの心理的柔軟性のプロセスについて，セラピー的な関係性を使ってロールモデルを示し，クライエントのなかにそれを生み出し，そしてそれを支えていく方法を探る。

第5章

ACTにおけるセラピー関係

本章で学ぶこと：
- 力強いセラピー関係を築くうえで，セラピストとクライエントの双方に心理的柔軟性が必要となる理由について
- 心理的柔軟性のコア・プロセスを，セラピー関係のなかでどのようにモデルとして示していくかについて
- トリートメント的対話のなかから，どのようにポジティブな「てこの原理」を見つけて活用し，クライエントのなかにより大きな心理的柔軟性を育んでいくかについて
- セラピー関係を損なうかもしれないネガティブな「てこの原理」をどのようにして回避するかについて

　ACTは行動の原理とエビデンスに基づくアプローチであるため，一見，非常に機械的かつ知的なセラピーだと思われるかもしれない。しかし実際は，そのまったく逆である。ACTは，その本質からして，クライエントにとって親密で，かつ体験的な心理療法だといえる。実際にACTのセッションを目にした人は，セッションがいかに深く心を打つものだったかを言及することもしばしばで，クライエントにとっての問題が扱われる際のセラピストとクライエントの強いつながりに，いくらか驚きをもって注目する。
　セラピストとクライエントの間にあるこの深いつながりの感覚は，何と説明できるだろうか。それは，何よりもまず，両者の目線を同じ高さに置くこ

とで生まれ，心理的柔軟性モデルを元に広がっているといえるだろう。もともと，ACTはノーマルな状態についての心理学に基づいている。クライエントもセラピストも，ごく普通に生きていくなかで同様のたくさんのジレンマに直面している。そして，クライエントもセラピストも，同様の言語的なトラップに直面しているのである。しかも，そうしたジレンマやトラップは，セラピストであるという我々の役割を超えて，我々臨床家の私生活のなかにも存在している。ACTは，クライエントとセラピストが抱えるこうした共通の課題を意図的に利用することで，クライエント，そしてセラピストさえもが，人生を前進させられるように支援していく。

　真にトリートメント的な関係性を築くことは，セラピーを成功させるための重要な要素であると古くから考えられてきた。また実際に，それは介入の効果を引き出すための重要な媒介要因なのである。ACTについても例外ではない。ただし，ACTでは，他のセラピーと異なる点が存在する。それは，ACTには，ターゲットとするコア・プロセスに密接に関連した，セラピー関係についての洗練されたモデルが存在することである。本章では，心理的柔軟性モデルがどのようにしてセラピー関係そのものに対しても，直接的に適用されるのかを考察する。また，ACTの介入をおこなうなかで明らかになってくる，セラピー関係によるポジティブな，またネガティブな「てこの原理」をいかに活用していくかについても見ていく。

セラピー関係の持つ力

　クライエントが抱える問題のすべてが明らかに社会・対人的であるというわけではないが，心理的柔軟性（または非柔軟性）の下地となるコア・プロセスは，すべてが社会・対人的なディメンションを持っている。たとえば，フュージョンと回避は，ある部分で社会・対人的に獲得され，維持されるものである。自己の視点取得も，ただ単に「私」なのではなく，「私-あなた」の感覚なのである。価値も，社会化に基づく側面がある。それとともに，心理的介入も，一般には「セラピー」と呼ばれるひとつの社会・対人的な形式のなかでおこなわれる。クライエントの抱える問題の持つ社会・対人的な性

質と，心理療法のプロセスとの間には直接的な結びつきがある。このことは，臨床的に非常に大きなメリットである。それというのも，クライエントが抱える問題もクライエントの成長のための機会も，いずれもが，面接室のなかで出現しうるものだからである。つまり，もしそうならば，臨床家は面接室のなかでクライエントの問題を直接的に扱うことが可能なのである。セラピーが持つこの社会・対人的側面は，1980年代半ばにACTと並行して開発され，ACTと姉妹関係にある機能分析的心理療法（functional analytic psychotherapy；FAP）[141]を通して我々が学んだ，非常に有用なポイントである。実際に，本書でも，ACTのセラピー関係の持つ性質と役割について考察する際に，FAPの基本原理をいくらか援用している。

　心理的柔軟性を生み出すスキルのなかには，言語的なルールを通してでは学習できず，体験を通じてしか学習されないたぐいのものもある。行動的な心理学者たちは，この種の学習を「随伴性形成（contingency shaped）」と呼んでいる。そして，こうした随伴性形成学習を面接室のなかで起こし，維持していくためには，セラピストの行為と反応こそが，クライエントのなかに必要な体験を生み出す主な源泉になると考えられる。柔軟性モデルは，臨床家のなすべき課題を非常にシンプルに描き出してくれる。それは柔軟性モデルが，目の前の問題について，非柔軟性の一側面としてモデルに位置づけ，さらに，モデルからクライエントの柔軟性を高めるためのプロセスを浮かび上がらせてくれるからである。それぞれのクライエントによっては，親密な関係からの回避が主な課題かもしれないし，自己への価値判断が課題かもしれない。それでも，それぞれの問題の根本は同じだということである。

　ACTの介入技法の多くは，一種の揺さぶりだともいえる。つまり，それまでのクライエントの示すパターンのうち，非柔軟でレパートリーを狭めていくようなパターンをあえて不安定化して，今までとは違う方法を試していく。そして，その試すなかから，クライエント自身が価値づける結果によって維持される新たなレパートリーを見つけ，確立するように設計されている。セラピストとクライエント間のセラピー関係は，クライエントの新しい社会・対人的行動が，進化論的な多様性と選択的保持に基づいて変化していくうえでの強力な基盤となる。一般に，人間関係において何か新しいことを

試みることは，機能性の高いクライエントにとってさえも不安を生みやすい。私たちのマインドは，予測可能性を求めるからである。しかし，きっちりと形作られた言語的なルールへと何もかもを委ねてしまいたくなる衝動に従ってしまうならば，そこに，成長と人とのつながりのための道はない。そこで，面接室では，安全でアクセプタンス的な環境を提供することで，クライエントの不安をトリートメントのなかで活用できるようにする。そして，クライエントにおけるそれまでの非柔軟な反応パターンを一旦崩して，価値づけられたパターンに関連したより大きな柔軟性を作り出すように促す。セラピーは，一種のシャーレのようなもので，そのなかでおこなわれる小さな「実験」のなかで，種が蒔かれ，芽が育てられる。そうしたプロセスがやがてクライエントの大きな変化へとつながっていくことになる。そして，そのプロセスの中心にあるのが，クライエントとセラピストが共有するセラピー関係なのである。

力強い人間関係は本質的に心理的に柔軟である

あなたが人生のなかで実際に築いている人間関係で，力強く，元気づけられ，感動的で，支持的で，場合によっては変容を生みさえするかもしれないものについて考えてみよう。それは，いったいどんな関係だろうか？　その関係において，あなたは，モノ扱いや価値判断されているのだろうか，それともありのままにアクセプトされているという深い手応えがあるだろうか？　相手はいつも自分が正しいという姿勢で，あなたがいかに間違っているかを示そうとしているだろうか？　それともあなたのアイディアや思考はオープンな関心とともにアクセプトされているのだろうか？　その人は，物理的にも心理的にもあなたと一緒に「そこ」にいるのだろうか，それともその人だけの世界に閉じこもって接触できないでいるだろうか？　その人は，あなたの目から見た世界を一緒に感じてくれていて，あなたには深く理解されている感じがするのだろうか？　それともあなたの視点は無視され，理解されない感じがするのだろうか？　その人から，あなたにとって最も大切な価値は認められ，支持されているのだろうか？　それとも，その人との関係性は，

あなたが本当に大切にする何かからあなたを切り離しているように感じられるだろうか？　その関係性は，大小さまざまな意味深い行為に満ちているか，それともお決まりのパターンの繰り返しや自動的な感じ，もしくは慢性的な停滞感，または絶え間ない衝動性などで特徴づけられているのだろうか？

　前の段落の質問は，心理的柔軟性の6つのプロセスに関してのものである。もしも，読者が多くの一般的な人々とそれほど違わないとしたら，それぞれの質問に対する答えのいずれもが，心理的柔軟性モデルをそのまま裏づけるかのようなものになるだろう。それは驚くにはあたらない。なぜなら，心理的柔軟性は，すべての形態の人間の行為とその変化に関連しているからである。力強くて，元気づけられて，感動的で，支持的で，変化を生み出すような人間関係は，アクセプタンス的で，脱フュージョンされていて，今の瞬間に注意が向いており，意識的で，価値に基づいていて，そして柔軟で活発である。つまり，そうした人間関係は，心理的柔軟性の特徴をそなえているのである。それはセラピー関係にも当てはまる。心理的柔軟性モデルは，クライエントに変容をもたらすような深く親密な関係性の構築を導くということである。さらに，若干の修正を加えれば，同じことが，社会的なグループ，組織，またはコミュニティのなかでの人間関係について当てはまることだろう。

　セラピー関係に関するこの概念を図式化したものを**図 5.1** に示す。一般に，2人の人間の間に起きるすべての相互作用に，お互いの柔軟性プロセスが関与している。セラピー関係におけるそうした相互作用のあり方は，柔軟性のプロセスが，単にセラピーの**ターゲット**であるのみならず，むしろセラピストが効果的なセラピーをおこなううえでの鍵となる**文脈**であることを意味する。この図は，セラピーのなかでの効果的な相互作用は，それ自体が柔軟性のプロセスであることも示している。たとえば，相互作用は，アクセプトされ，脱フュージョンされていて，価値に基づいていて，そして他にもさまざまに多様であるだろう。または，その逆であるだろう。この発想を探っていくことが本章の主な目的のひとつである。

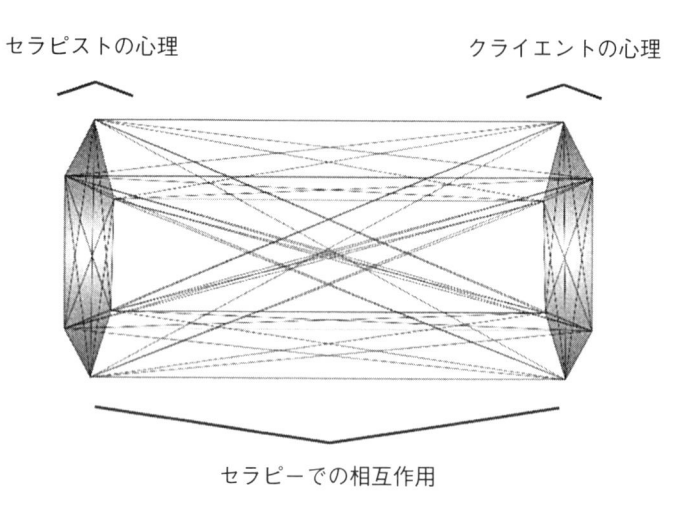

図 5.1. トリートメント関係のモデル。心理的柔軟性プロセスが，セラピスト，クライエント，および両者の相互作用のなかに反映されている。(Steven C. Hayesの許諾により使用)

役割モデルとしてのACTセラピスト

　たとえば，クライエントが抱える困難が，クライエントにとってのみならず，セラピストにとっても困難なテーマであった場合を考えてみよう。場合によって，クライエントは，子どものころに体験した性的虐待をめぐる深い恥辱の感覚と苦闘しているかもしれない。そのテーマは，セラピストにとってもさまざまな形で困難を生む可能性が考えられる。セラピスト自身も同様の出来事を経験しているかもしれないし，または家族のなかでの同様な出来事を目撃している可能性もある。もしくは，セラピスト自身にはそうした履歴がなくても，セラピストの側に発生する加害者やサバイバーに対する価値判断的な思考が不快に感じられたり，逆にクライエントが抱いている奥底の恥の感覚に一体化できなかったりするかもしれない。また，セラピスト自身の自分の子どもたちの身に起こる何かを恐れて，テーマにあまり客観的に取り組めないということもありうる。こうしたセラピスト側の反応はいずれも本質的にそれ自体害があるものではないものの，もしもセラピストがテーマ

に対してマインドレスに，回避的に，フュージョンして，または心理的に非柔軟な仕方で反応したら，それは問題を生じさせる可能性が高い。苦痛を押しのけたり，苦痛を回避したり，自己に対する価値判断とのフュージョンがあったり，またはそれに飲み込まれるほどまでに恐れの感情が高まったりすると，セラピストからはクライエントの姿が次第に見えなくなって，臨床上の重要なタイミングを逃したり，それに対して請け負うでも賢明になるでもなく，非柔軟な姿勢で反応するようになってしまう。

　この場合にクライエントは，セラピストが何かにもがいていること，何かを「締め出そうとしている」こと，または価値判断的になっていることを徐々に感じとるだろう。セラピスト自身の姿勢が柔軟ではない場合（つまり，アクセプタンス的で，脱フュージョンしていて，今の瞬間に注目していて，意識的で，価値に基づいているものではない），困難な話題に直面したセラピストが効果的に振る舞えず，結果として，クライエントに見捨てられ感や喪失感を味わわせてしまうことになるだろう。また，そのときセラピストがモデルとして示してしまっている振る舞いは，ACTでは禁忌とされるものである。モデリングは随伴性に影響を与える学習（contingency-influenced learning）を支える主要な要素であるため，そういったセラピストの姿勢はトリートメントを難航させる。こうした相互作用を通してクライエントは，非柔軟な振る舞いを学習してしまう。またそれだけではなく，場合によっては，自分にとってのトリートメントが失敗するリスクを負ってでも，自分が持ち出した問題からセラピストを救出しなければとクライエントが動機づけられてしまう可能性すらある。さらに，セラピスト側の柔軟性スキルが欠如していると，取り組む際のセラピスト自身の負荷も増大する。セラピーでの困難な課題に対し，マインドレスで，回避的で，フュージョンしていて，心理的に非柔軟な仕方で反応するセラピストは，時間とともに，より大きなストレスを抱え，燃え尽きやすくなるのである[98, 241]。

　こうしたすべての理由から，クライエントのなかにある心理的柔軟性のプロセスを**ターゲット**とするだけでなく，そうしたスキルをセラピスト自身が**モデルとして示す**ことが重要だといえる。とはいえ，これは，ACTセラピストが，心理的柔軟性の完璧な図像（icon）でなければならないことを意

するわけではない。実際に，たとえセラピストが個人的にそうした問題に苦しんでいたとしても，むしろ，その取り組みがいかに大変なものかを自分自身の体験として知っているならば，その体験がセラピストをクライエントと同じ土俵へと導くことで，セラピストの目線をクライエントと同じ高さへと合わせやすくするだろう。そこで生まれるクライエントとの等価の感覚は，セラピストがクライエントに共感する機会を増やし，自分のほうがACTについて「正しい」と上から目線になるのを抑える。肝心なのは，セラピストが柔軟性スキルの重要性を積極的に受け止め，個人的にも専門家としても，それに向けて献身的に取り組もうとすることである。そうしたコミットメントがあれば，どのようなセラピスト個人の困難も，より一層力強いセラピー同盟（therapeutic alliance）へと変えていけるのである。

　仮にセッションの途中でセラピスト側が混乱してしまった場合を考えてみよう。セラピストが「とらわれる（hooked）」^{訳注1)}ような何かをクライエントが言って，セラピストがそれを字義どおりに受け取ってしまったのかもしれない。セラピストは，不安になりはじめ，部屋のなかには，危険な感じが立ち込める。慌てたセラピストは，どう対処しようかと，メタファーやエクササイズ，または何らかの対処法を必死に考える。ACTの観点から見ると，このときのセラピストは，100％歓迎ではない感情（例：混乱，不安，無能に見えることに対する恐れ）を体験しているといえる。セラピストは，クライエントの言語表現を字義どおりに受け取り，また，自身のマインドが語る自己評価（例：「私はへまをしでかそうとしている」）も，字義どおりに受け取ってしまっているのである。そして，結果的に，そうしたセラピストの振る舞いがセッションの方向性と流れを逆転させてしまう。つまり，セラピストは，自分を有能なセラピストであるように見せようと，クライエントの前で演技をしている状態になってしまうのである。そうなってしまうと，もはや両者は同じ目線で土俵にいるとはいえない。

　セラピストが何かにとらわれてしまうこと自体が悪いわけではない。それ

訳注1)「hooked」はそこに囲い込まれてしまうという意味で「囚われる」とも，それに引っかけられてしまうという意味での「捕らわれる」とも訳出することができる。ここでは双方の意味を込めて「とらわれる」とかなで訳出した。

は「よいACTセラピストなら決してしないこと」というわけでもない。実際に，そう考えるのだとしたら，むしろそのような非現実的な姿勢こそが思考にとらわれている一例といえるだろう。とらわれることは**誰もが**する体験で，「クライエント」と呼ばれる人々も「セラピスト」と呼ばれる人々も例外はない。セラピストがそれに巻き込まれることがあるかどうかが問題なのではないし，むしろ，それは必ず起きることであるといっていい。問題は，その次にセラピストが何を起こすかなのである。もし，何かにとらわれたのならば，そのとき，セラピストは，しばらくの間黙って座り，自分自身がおこなっている価値判断を観察するとよいかもしれない。そしていくらかの沈黙の後で，以下のなかから（または何百通りもの似たようなもののなかから）何を話してもよいだろう。

- 「私のマインドも，この問題について興味深いことをささやいています。では1，2分の間，このままここにただ座って，私たちのマインドがこの状況にどう反応するのかを一緒に観察してみませんか」
- 「なんと，この問題にはさすがにとらわれざるを得ませんね！　あなたもこれにはとらわれてしまいますか？」
- 「私には今，自分のなかに不安と混乱という感覚，自分の無能感があります。でも，私を助けようとはしないでください。それくらいのゆとりはあるので大丈夫です。それにしても，こうした感情をどこかへ押しやってしまうために思わず何かしたくなってしまうところが興味深いですね。でも，それをしてしまうと，何の成長もないことを私は知っています。だから，ちょっとの間一緒に不安なままでいて，どんな感じがするかを見てみませんか」
- 「このことについて，私自身のなかの思考を信じると，無力感に襲われます。まるで，何かをしなければいけないのに，何をしたらいいのかさえわからないような感じがします。あなたがご自分の思考を信じるとき，心のなかにはどんな考えが浮かんできますか？」
- 「視点としての自分の感覚をつかむために，あなたがおっしゃったことを1個か2個の単語にまとめて，それを素早く何回も繰り返し声に出

してみませんか？　そうですね，たとえば30回くらい。私も一緒にやってみます。やってみるとたぶん，ちょっとふざけた気分になってくると思います。それから何が起きるかを見てみましょう。それでは，よろしいですか？」
- 「これはずっしりときますね。私にとってもそうです。ここで，ちょっとしたエクササイズを一緒にしたいと思います。目を閉じてするたぐいのものです。その思考を取り出して，テーブルの上に置いておきます。それから，私があなたをガイドしますので，その思考が表れるときにあなたの身体がどうなるのか，感情がどうなるのか，そしてマインドが何をささやくのかを，一緒に見ていきます。それでは，よろしいですか？」

　このリストには，他にいくらでも項目を増やすことができる。つまり，ACTと一貫する姿勢でセラピストがその瞬間に臨む限り，ほとんどどのような技法であってもそれはACTの介入として受け容れられるのである。逆に，いわゆる「ACTの技法」がトリートメント・モデルと根本的にくい違った方法で用いられる危険性もある。たとえば，セラピストは，クライエントとのやりとりのなかで，不安にもがきその不安を抑え込みながら，「マインドさん，その考えをありがとう」と皮肉っぽく無理やりな言い方で言うかもしれない。そうしたモデルを見たクライエントは，自分の発言や思考には，何か問題があったのだと受け取るかもしれない。または，その瞬間の居心地の悪さをセラピストが回避するために，クライエントの前で何か芝居を打ったり，ACTのメタファーやエクササイズで繕ったりして，セラピストという役割を盾にセラピスト自身を守ろうとするかもしれない。他にも，クライエントに一歩先んじようとして，問題を知的に処理しようとしたり，ACTの専門用語を使って解説したりすることで，クライエントの目をごまかそうとしてしまうことも考えられる。

　セラピストは，自分自身にとって苦痛な状況に直面するとき，クライエントとまさに同じ立場にいるといえる。そうした状況はセラピストにとっての成長のための機会となるが，それにとどまらない。それはクライエントに

とっても成長のための機会となりうるのである。セラピストがきちんと苦痛な状況に対してもオープンでアクセプトする姿勢で取り組んでいたならば，セラピストはクライエントを価値判断する自らの思考を字義どおりに信じ込んでしまったり，セラピーをただのアドバイス提供の場や何が「正しい」のかを示す場にしてしまったりする問題は起きにくいだろう。クライエントは，苦痛な出来事にオープンに向き合おうとするセラピストを見て，そうした姿勢で苦痛な出来事に挑むことは自分にとってもやはりそうした努力を要するのだと理解するだろう。このとき，セラピストが回避やフュージョンしている姿を見せたのでは，そうはいかない。セラピストは一切の「問題」から解放されていなければならないわけではない。大切なことは，むしろセラピスト側に問題を抱えながらも前へ進もうとする動機があれば，それこそがACTたりうるということである。実際，研究によるエビデンスがそれを裏づけている。Lappalainenら[146]は，初心者セラピストによるACTとCBTを比較する効果研究をおこなった。その研究によれば，わずか12時間かそれ以下のトレーニングしか受けていない初心者セラピストにおいては，ACTをおこなう場合のほうが従来からのCBTをおこなう場合よりも，セラピーの実施に関して有意に自信がなかった。さらに，初心者セラピストが抱くセラピー実施についての不安は時間とともに減少するのだが，その減少の度合は，実施するのがACTの場合だとCBTの場合よりも少なかった。それにもかかわらず，ACTを実施された患者のほうが良好な介入効果を示したのである。つまり，たとえACTを実施することにセラピストが心地良さを感じなかったとしても，そのことは必ずしもACTの実践がうまくいっていないことを意味しない。実際のところ，その心地悪さがかえって，ACTセラピストの取り組みをより人間的なものへと変え，セラピーをより力強いものにするかもしれない。

　肝心なのは，単に何をターゲットにするかということだけでなく，どのような姿勢で挑むかということにも意識を向けることである。たとえば，クライエントのアクセプタンスの領域をターゲットとしようというときも，上滑りしてしまったメタファーやクライエントとの間に誤解が生じていたことに対してセラピスト側がアクセプタンス的な姿勢で向き合うことが有効であ

る。このように，心理的柔軟性モデルは，困難や成長の領域を見つけ出すための機能的な案内図であるにとどまらず，面接室のなかで力強い相互作用を生み出し，結果として新しい柔軟性スキルを促すような機能的な案内図でもある。

　仮に，感情を回避しているクライエントで，また批判的な両親に育てられた人について考えてみよう。その人が，長きにわたるこの仕打ちに対して，歪んだ形で適応したとしよう。つまり，自己批判的になることで，また，すべての親密さや人とのつながりの感情や兆候について，後で裏切られることのサインと受け取り，そこから回避するという形で適応したとしよう。この場合，持続するフュージョンまたは回避が非柔軟性を引き起こしている可能性が高い。それでも，このクライエントが，今，このセッションのなかで感情的によりオープンな姿勢を見せはじめたとしよう。前へ動き出そうとするはじめの数歩がセラピストによって強化され支持されるべきことは確かだが，進化論的な観点からは，成功の選択基準が袋小路（「適応ピーク（adaptive peaks）」）に陥った，それだけで完全に満足した状態にしてしまわないことも重要である。心理的柔軟性モデルは，こうした領域のすべてにおいて指針となる。たとえば，セラピストが近々休暇をとろうと考えていることについて話をした際に，それについてクライエントが気分を害したことを表明してきたとしよう。クライエントのそれまでの履歴を考えるなら，この反応は，感情的にはネガティブであるにもかかわらず，むしろ前進に向けてはポジティブな一歩といえるかもしれない。その感情表出は，苦痛を感じ，またセラピストから拒絶される可能性を冒してでも，袋小路を抜け出て感情的に他者とつながりを持とうとする，より大きなウィリングネスを表していると考えられる。賢明なセラピストなら，それに対してアクセプタンスの姿勢で応じるだろう。たとえば，「私が休暇をとることを不愉快に思ったことを教えてくれたあなたのウィリングネスを嬉しく思います。その振る舞いは勇気のいるもので，私たちの関係があなたにとって大切だということを伝えてくれました。もちろん，私にとってもこの関係は大切なものです」と応えるかもしれない。セラピストによる的確なタイミングでの柔軟な対応は，クライエントの柔軟な振る舞いを強化し，それによって変化のプロセスを育み維持

していく。
　もしもセラピスト側の心理的柔軟性スキルが力強いセラピー関係の土台となっているならば，セラピー同盟に関する尺度の得点はACTという介入法で特に高くなるだろう。今のところ，エビデンスはこの見方と一致している(例：文献237)。さらに，クライエント側の心理的柔軟性の尺度はこうしたプロセスを理論上反映すると考えられ，実際そのようである。たとえば，ACTの介入効果を予測する媒介要因として，クライエントの柔軟性尺度の得点とセラピー同盟の尺度の得点を同時に用いると，ACTの介入効果は，クライエントの柔軟性尺度の得点によってより多く説明される[76]。このことは，ACTではセラピー関係が重要ではないためではなく，むしろセラピー関係がクライエントに柔軟性スキルを伝えるための手段となっているためではないかと考えられる。セラピー関係がアクセプタンス的で，脱フュージョンされていて，今の瞬間のなかにあって，意識的で，価値に基づいていて，そして機能的な意味で積極的で柔軟なものになっていることの最大の指標は，そうしたセラピー関係がクライエントの心理的柔軟性のなかに生み出す変化だといえるかもしれない。これまでのところ，この考え方については，ACT以外の介入法に関して検証されていない。それが他の介入法にも適用できるかどうかを評価することは，それ自体，セラピー関係における心理的柔軟性モデルの意義を検証する重要な研究となるだろう。
　ここまでで，セラピー関係についてのさまざまな側面として，変化を生み出す基盤，モデルを示す役割，前に進むためのステップを生み出して強化する役割について考察してきた。ACTのセラピー関係でのこうしたさまざまなポイントは，シンプルな頭字語「I'm RFT With it[訳注2]」にまとめることができる。頭字語の意味は「（心理的柔軟性のプロセスを）起こそう（Instigate），モデルを示そう（Model），強めよう（Reinforce）——そこから（From），それに向けて（Toward），また，それとともに（With it）」となる。図5.1に示されるとおり，実践家とクライエントとの間のすべての相互作用が，セラピーの当初から，心理的柔軟性を促す機会になっている。そう

訳注2）RFTについては第2章を参照。

した柔軟性を実現する最善の方法は，専門家としてではなく，同じ人間として，それを具体的に振る舞ってみせることであり，またそれを体現した人間関係を築き上げることだといえる。

適切に実施されれば，よきセラピー関係はセッションのなかに人中心のディメンション（humanizing dimension）[訳注3]をもたらす。セラピストは，クライエントを何らかの診断ラベルとしてではなく，自分と同じく人生の問題をいくつも抱え苦しんでいる一人の人間として接するのである。このようにアプローチしていくことで，セラピストは，面接室のなかでの言葉の打ち合いから一歩下がって，言葉は言葉として（ACTの理論にある言葉でさえも！），感情は感情として受け止められるようになる。そして，セッションのなかで起こる行動を観察者としての効果的な視点から眺められるようになるのである。

セラピストには，クライエントとの誠実な絆を築き上げていくためのいくつもの方法がある。逆に，セラピストがそうした絆を築き上げるのをだめにしてしまう方法もいくつもある。それは，クライエントが取り組むべき課題を扱うことに対してセラピストがウィリングネスを欠いているような場合にいえる。セラピー関係は，ときにポジティブに，そしてときにネガティブに，それ自体がわずかな力であっても「てこの原理」として，大きく介入効果に対し影響を与える。本章の残りの部分では，こうしたセラピー関係によるポジティブな，またネガティブな「てこの原理」のなかから，ACTセラピストにとって特に重要なものを，いくつか検討する。

セラピー関係が持つポジティブな力

ACTセラピストとしての有能さは，セラピーで展開するクライエントの行動に対して，セラピストがどれだけ敏感でいられるかにかかっている。単に機械的にメタファー，エクササイズといったものを用いるだけでは，クライエントの行動を的確に見極めることはできない。一般的に，はじめて

訳注3）人間の「モノ化」とは反対に，人を人として適切に扱うということをいっている。

ACTの方法論や技法を目にしたセラピストは，ACTの介入技法という見た目に対し，強く注目する。そうしたセラピストは，メタファー，体験的エクササイズ，ホームワーク，また常識に挑戦するかのような因習打破的な雰囲気といったものに非常によく引きつけられるようだ。実際には，ACTのプロセスとは，こうした介入技法や方略をはるかに超えている。特に，「機能」を重視するアプローチである行動分析学についてトレーニングを受けていないセラピストにとっては，ACTの理論的土台を理解するまでにはさらに時間がかかるだろう。また哲学的な前提，存在論的主張を手放そうとするウィリングネス，有効性（workability）への注目といった感覚をなかなかつかめないことも多い。しかし，おそらく何よりも難しいのは，クライエントとの人間的な関わりについてだろう。ACTのさまざまな介入技法が本来意図されたように機能するためには，クライエントとの間に，オープンで，アクセプタンス的で，筋が通っていて，ACTの原理と一貫した人間関係を築くことに，セラピスト自身がウィリング（前向き）[訳注4]でなければならない。ACTを踏み外した状態でACTを整合的におこなうことはできない。つまり，セラピストが，その取り組みのなかへ，またセラピー関係そのものに対し，何をもたらすかが重要なのである。

　有能なACTセラピストの大きな特徴は，自分自身のおこなっていることを要約して人に説明できるだけの，ある種の視点を持っていることだといえる。この視点を言葉にするのは，まさにそれが持つ特徴ゆえに難しい。この視点を特徴づけているのは，言語についての脱字義化と脱フュージョン，そして，セラピスト自身の自己へのアクセプタンスと，ウィリングネスと，たとえどのような刺激を受けたとしてもクライエントのために「そこにいる」ことへのコミットメントなのである。なお，ACTで扱われるテーマはクライエントに対してと同じくらい，セラピストに対しても強く影響をおよぼす。そのため，セラピストが自らをACTの視点から捉えることなくして，

訳注4）ウィリングと訳した箇所の原文は"be willing to"である。これは単に「前向きに／積極的に」と訳すこともできるが，ACTの概念である「ウィリングネス」を理解することによって，より的確に理解できると考えられる。「ウィリングネス」については，第10章を参照。

クライエントをACTの視点から捉えることはできない。

観察者の視点

　ACTセラピストは，習熟するにつれ，言葉による合理化，説明，また正当化のプロセスにはほとんど直観的といっていいほどの無関心な，とらわれのない態度を育んでいく。代わって，ACTセラピストは，あらゆる私的出来事に対するマインドフルで，体験に対してオープンなアプローチを好むようになっていく。つまりは，観察者の視点を取るようになっていくのである。そうしたACTセラピストは，クライエントが示すものの「内容」を問わない。むしろ，その示されたものを観察しながら，それがどのように「機能」しているのかを検討する。もちろん，セラピストのこうした姿勢は，セラピストがクライエントに対し伝えようとしている，人生の苦闘のただなかでクライエントが取るべき姿勢，とパラレルな関係にある。まずはセラピスト自身が，認知的または言語的プロセスに対して観察者の視点を取ることのモデルをクライエントに示すことが必要なのである。もしそれができないのならば，セラピストがこのスキルをクライエントに対し，うまく転移させることはできない。このことは直感的にも納得できるだろう。たとえ回避のほうが簡単な選択肢であるはずのときでさえ，セラピストがその場にとどまって何らかのリスクを冒すか個人的な弱みを隠さずに開示する，そうした姿をクライエントにもはっきりと見せるとき，モデリングは特に効果的である。

知恵は回避ではなく向き合っていくことで得られる

　選ばれた価値とそれに基づいて設定されたゴールへのコミットメントには，単なるエクササイズ以上の意味があるとACTでは考えている。そのようにものごとを捉えるセラピストの力もまた，ACTのセラピー関係を効果的にするうえでの特徴のひとつといえる。セラピーでは，人生での失敗や後戻りといったセラピスト自身の個人的な体験の力を借りざるを得ないことも少なからずある。そうしたときに，ACTセラピストは，障害物，障壁，ま

た個人的な後退を，成長や経験を積むためのしかるべきものだと考え，それらと向き合っていくのである。ACTでいう「コミットメント」とは，こうした目の前に現れた障壁を跨いだり迂回したりするのではなく，それらに触れ，むしろ抱き止めて，それら障壁のなかを，またはそれら障壁とともに先へと進んでいくことなのである。

　もしも，セラピスト自身の今の人生が苦痛な内容を回避する行動で彩られていたならば，クライエントに健全な振る舞いをモデルとして示すことはまずできないだろう。繰り返しになるが，セラピーが成功するかどうかは，つきつめると，価値づけられた結果を達成するために，クライエント（そして，セラピスト）が不快な障害物へと敢えて（ウィリングに）向かっていけるかどうかという点に行き着く。セラピストの側に，そうした自らの障害を乗り越えることで健康で活き活きとした感覚を得た実体験があるのであれば，セラピストがこの確信をクライエントに伝えることはずっと簡単になるだろう。

矛盾と不確実性

　パラドックス，混乱，対立があると，人は言語行動や言語的理由づけを使ってそうした食い違いを解消したくなるものである。しかし，その衝動に衝き動かされることなく，そのままそこに居続けようというウィリングネス（willingness）は，ACTの「フィールド（field of play）」の持つ大きな特徴だといえる。人生は，矛盾，皮肉な結末，また論理だけでは説明しきれない事柄で満ちている。まさに，ほとんどの人が直面するトラップ（解消したいという衝動）の存在によって，人は大きな真実へと戻ってくる。その真実とは，活き活きとした人生を築く作業とは必ずしも論理的ではないというものである。もしもACTセラピストがこの体験的な真実を自分自身の人生のなかで実際に見てきているならば，誤って，前進するためにどの矛盾点から解消するかを決めるように，などとクライエントを促すことはまずないだろう。つまり，人生の真実を目にしたセラピストなら，こうした矛盾が紛れもなく存在することを知る一方で，それらを解消しなければ先に進めないわけ

ではないという事実を体験的に知っているのである。

　不確実なこの世界において，ACTセラピストはクライエントに対し，ネガティブな結果の生じるリスクが相当に高い冒険にコミットメントするように誘っているといえる。それは「人生」と呼ばれる冒険である。新しい方向へ進むことが何らかの特定の結果を生む保証はない。また，ACTセラピストは，そうした結果が保証されないという事実からクライエントを「救済」しようとしたりもしない。生きるプロセスとは，とても長い旅路を行くようなものだ。目的地は重要かもしれない。しかし，それ以上に，日々，体験される旅そのものこそが最も尊いのである。

同じ混乱のなかに共にいる

　多くの心理療法のオリエンテーション（学派）では，セラピストはクライエントとの間に境界線を引くべきであり，セラピストはクライエントと同じであってはならないと強調する（例：セラピストは，クライエントよりも賢明で，専門的で，経験を積んでいて，バランスが取れていて，自我がしっかりとしていなければならない）。こうしたアプローチは，有能なセラピストであるためには適切な「境界」を設定しなければならないことを強調する。そして，その境界がトリートメント・プロセスの一環としてきちんと定義されればされるほど，クライエントにより多くの利益がもたらされると考えている。しかし，この姿勢は，セラピストがクライエントに対して「一段上」の立場をとる状況を容易に招きかねない。つまり，セラピスト側は，健康な生き方が何であるかを知っていて，それを知らないクライエント側は，教育者から学ぶ役割を取ることが当然であるといった状況を招きかねないのである。こうしたアプローチでは，境界が越えられセラピストが「カーテン越しの」ただのひとりの人間になってしまうと，セラピストは何か根本的な失敗をしたものとみなされる。

　ACTセラピストが歩むべき道はそれとは異なっている。すなわち，ACTでは，クライエントもセラピストも，私的体験のための余地を設けて，そのときどきの置かれた状況のなかで最もうまく機能することを実行するという

道を選択する。何が効果を生み出すようなACTセラピストの姿勢であるかははっきりしている。そうしたACTセラピストなら次のような発言をするかもしれない。「私たちは，この同じ混乱のなかに一緒にいるのです。同じトラップにはまっています。何かがわずかに違っていれば，私があなたの側に座っていて，あなたが私の側に座っていたことでしょう。お互いの立場が入れ替わっていたかもしれませんね。あなたが抱える問題は，あなた自身が学ぶための特別な機会ですが，同時に私が学ぶための機会でもあるのです。私たちは別々な生地から仕立てられたわけではありません。むしろ，**同じ生地から仕立てられているのです**」。ACTでのこうした姿勢は，セラピストの行動と，結果としてのセラピー関係に，2つの劇的な効果をおよぼすと考えられる。

効果1．共感的で，柔らかく安心感を与えるような姿勢　セラピストがクライエントの苦しみに一体化（identifies）すると，クライエントにとって，それまで自分だけのものと思っていた問題が，はるかに一般性を帯びた問題であったと捉えられるようになる。クライエントが，自分ひとりがこの問題を抱えているという確信から憂うつに感じているときに，セラピストは，「柔らかく安心感を与える（soft reassurance）」という誠実な姿勢（genuine position）で応えることができる。一般的な意味での安心感の与え方だと，それが暗に「私が強者であなたは弱者だ。私があなたを助けるのだ」というメッセージになり，クライエントの自尊心を傷つけてしまいかねない。そうした姿勢はACTとは本質的に一貫しないのである。一方で，柔らかく安心感を与えることとは，一人の人間が自らウィリングにもう一人の人間の感情的な痛みに触れ，そのとき，絶望したり，救済したり，字義どおりに信じたり，逃げたりすることなく，それを認め，ノーマライズすることで生まれる支援だといえる。クライエントが直面するのとまったく同じ感情的，認知的，行動的トラップに，他の人々はもちろん，当のセラピスト自身も直面する。クライエントの苦しみに対する思いやりと共感のある見方は，有能なACTセラピストの持つべき基本的な特性だといえる。この視点を，ただ単にメタファー，体験的エクササイズ，また言語ゲームを通じてクライエントに伝えることはできないし，表面的に繕うこともできない。セラピストにお

けるこの視点が強まったとき，エクササイズやメタファー，そしてその他のACTのやりとりは，それまで発揮できなかったような力と質を帯びはじめる。

効果2. 選択的に自己開示することへのウィリングネス　セラピストがクライエントに寄り添い一体化することの2つ目の効果は，次のようなものである。すなわち，セラピスト側に，それが助けになるときにはいつでも自己開示しようとするウィリングネスが引き出される点である。自己開示は，セラピー関係も含め，力強い人間関係を育むうえでの必須要素である。もちろん，セラピストがクライエントよりも多くの時間を自己開示に費やすべきだということではない。むしろ，自己開示は，クライエントのためになるような自然で人間的なプロセスとしてその場に漂うものである。クライエントが苦闘しているのと同じテーマにセラピストも同じ人間として苦闘している。ひとたびこのことをクライエントが十分理解したならば，彼らとセラピストとの間に強い絆と，共に作業するうえでの仲間意識が育まれる。こうした仲間としての感覚は，クライエントに安心をもたらすと同時に，セラピストの側をアクセプタンスとコミットメントについてのより信頼できるモデルへと発展させる。加えて，他人と違っていることや普通ではないといったクライエントが抱える恐れの多くが，社会的コントロールの媒介（agent of social control），つまりセラピストが，自分と似たような問題に苦闘した経験があるのだと認めることで軽くなる。

スピリチュアリティに対してオープンであること

スピリチュアリティは，実証に基づくオリエンテーションを志向する臨床家にとっては，驚くほど難しい問題といえるかもしれない。多くの臨床家がこのテーマ全体を徹底して敬遠している。あたかも，それが本質的に信頼できないか臨床的取り組みの範囲外のものであるかのように扱っているのである。一方，ACTセラピストでスピリチュアルな面もウィリングに扱っていこうとするセラピストたちは，クライエントのアクセプタンスと変化のプロセスを支えるにあたって，より広がりのある作業空間と，より多くの選択肢

を持っているといえる。ACTを経験したセラピストのなかで東洋の宗教またはマインドフルネスに基づいた個人的な成長の機会が以前にあった人の多くは，そうした種類の体験的な活動と，ACTのなかで起きるプロセスのいくつかについての明らかな類似に気づく。一般に，この種のスピリチュアルな背景を持つセラピストのほうがACTという場に適応するのを簡単と感じる。また，彼らはACTをただ単に仏教の一形態かそれと似たようなものと誤解することなく，ACTが持つ科学的で臨床的な特性ゆえに，ACTがそれらと区別されることを説明することができるのである。

　介入のモードとしてのスピリチュアリティは，ACTでは高く価値づけられている。スピリチュアリティは，必ずしも体系立った宗教や有神論的な信念の採用を意味するものではない。むしろ，それは，人間の体験に超越的な性質があること，そして，人間のありようの持つ普遍的な側面を認め，クライエントの価値と選択を尊重するような，ひとつのものの見方を採用することを意味する。言語の脱字義化と観察者の視点を取得することを通じて，ACTは，苦闘が持つ個人的な側面から一歩離れて，オープンで防衛的ではない姿勢でそれらと向き合う。この種の視点取得は，決して単に論理的な産物ではありえず，超越的な自己の感覚についての実体験に基づくものである。その意味で，それは本質的にスピリチュアルなプロセスなわけである。

　とはいえ，ACTセラピストがスピリチュアルなまたは宗教的なドグマに頼るようではいけない。実際に，スピリチュアリティや宗教が面接の場で話し合われるのは，それらのテーマをクライエントがセラピー・セッションに持ち込んだときだけである。にもかかわらず，ACTには，言葉では説明しきれないようなスピリチュアルな性質が本質的に備わっている。「あなたはいったい誰なのでしょうか？」や「人生にどのような意味を持たせたいですか？」といった問いを投げかけることに，はじめは抵抗感を覚えるセラピストもいるだろう。しかし，ACTセラピストはそうした抵抗感を乗り越えなければならない。さらに，もしもクライエントがこうしたテーマをスピリチュアルな，また宗教的な言葉を使って話したいと思うのならば，それがACTの主要なステップにつながっていく限りは，セラピストにそのプロセスを拒否する理由はない。多くのACTの概念については，主要な宗教的伝

統のなかに何らかの対応するような概念がある。そこに概念間の翻訳的なつながりがあるかどうかはまったくもって問題ではない。たとえば信仰の概念を理解しているキリスト教徒のクライエントなら，コミットメントのエクササイズを理屈はわからないながらも，「論理を超えた信仰（a leap of faith）」であると考えたくなるかもしれない。

徹底的な信頼

　徹底的に信頼する姿勢（posture of radical respect）は，ACTセラピストの備えるべき最も重要な特徴のひとつである。その姿勢を通じて，一人ひとりの人間が本来的に持っている，価値づけられた最終的な目標を探し出すという基本的能力がACTセラピストによって守られる。ACTはその本質として，クライエント中心（client-centered）なのである。

　セラピーには，潜在的な形でさまざまな社会的影響力が多分に含まれている。なかにはクライエントの価値づけられたゴールにつながっていくような社会的影響力がある一方で，クライエントの価値や選択に取って代わってしまうような社会的影響力もあり，双方はまったくの別物である。**選択や価値**といった言葉を使うセラピストの多くが，クライエントのためになるとセラピスト自身が信じる結果へと向けて，クライエントを微妙に誘導している。こうした誘導が目に見える形で起こりやすいのは，家庭内暴力，慢性の酒浸りといったたぐいの社会的に受け容れられない行動をクライエントがおこなっている場合である。こうしたクライエントと面接をおこなうとき，セラピストにとってのゴールは，クライエントがどのようなその人個人のゴールを面接で扱いたいかとは無関係に，とにかく社会的に容認されない行動を排除すること，となっている場合が多い。たとえば，セラピストは，クライエントがまたしても酒を飲みに出かけようとしている状況を受けて，次のように言うかもしれない。「まあ，あなたが今回も飲みに出かけることを選ぶのなら，間違いなく起こるだろう結果についてもあなたは甘んじて引き受けるおつもりなのでしょうね」。ここでセラピストが言っているのは基本的には次のようなことである。「あなたの選択は間違っています。飲酒をやめるほ

うを選ぶべきなのです。あなたが間違った選択をするのであれば，それに続いて起こる結果も当然，あなたが引き受けるべきです！」。このような形でセラピストが「選択」という言葉を使うことで，クライエントの恥の感覚が引き出され，一時的にクライエントを節酒というゴールへと動かすかもしれない。しかし，そうしたクライエントの行動は，実態としては威圧的な社会的支配に従ったに過ぎず，自らの価値に基づいた「選択」として自然に発生したものではない。これと似ていて，また同じように誤った状況が，さまざまな文化（例：ジェンダー，宗教）のなかで生きるクライエントにも起こっている。どのような理由であれ，クライエントを強制する目的で「選択」という言葉を用いることは，ACTで目指されるセラピー関係とは根本的に食い違っているといえる。

　本当にクライエントにとって機能する方向へと彼らを導くためには，ACTセラピストは，自分があらかじめ持っている信念を重視するのではなく，むしろ，ウィリングにクライエントの実際の体験を当然のこととして重視する立ち位置に立つ必要がある。効果的なACTセラピストであるためには「潔白」な状態でトリートメント的相互作用に臨まなければならない。そうでなければ，クライエントとセラピストとの間は，不平等で不誠実な関係となってしまう。たとえば，広場恐怖に対するACTにおいて，クライエントはすぐにでも家から出掛けることをはじめなければならない，という自動的な前提は何ら含まれていない。結局，ACTセラピストは，クライエントと言語を戦わせるマインド・ゲームをしたいわけではない。むしろ人生での体験やクライエントに対する徹底的な信頼に基づきながら，思いやりをもって，家に閉じこもるのに代わる行動を探すことにACTセラピストは取り組んでいるのである。家に閉じこもるのを禁止する法など存在しないのだ。むしろ，ここでの重要な問いは，閉じこもることがクライエントの人生のゴールと価値にとって最も役に立つかどうか，である。

　通常，この体験的な真実が意味するのは，成功した人生を送るうえでの方程式は一人ひとりの人間に固有だ，ということである。人生を生きるのに唯一の間違った，または唯一の正しい方法などというものはない。あるのは，人間にとってのその行動に続く結果だけである[訳注5]。この考え方をACTセラ

ピストが維持し続けるのは必ずしも容易ではないかもしれない。特に，駆け出しのACTセラピストにとって，クライエントが社会的には受け容れがたい振る舞いを見せるときには，非常に難しいことだろう。とはいえ，ACTセラピストがこの立場をとるということは，実際には機能していない振る舞いを機能していると主張するクライエントに対し，それにセラピストが無理に同意することは意味していない。たとえば，薬物中毒のクライエントが薬物使用のために配偶者を失いかけているとき，そのクライエントがそれでもなお配偶者との関係に大きな価値を感じているならば，薬物使用がそのクライエントの価値づけられた最終目標に与えている大きな影響力について，セラピストが見て見ぬ振りをする必要はない。いずれにしても，どれだけ常習化した中毒患者の瞳の奥にさえ，自分の人生のなかで何か建設的なことを起こそうとする人間としての精神が必ずや息づいている。この精神が持つ力をセラピストが認め信頼し，人生とは主体的に選択していくことにほかならないと強調することで，セラピストはクライエントとの間に誠実な同盟関係を築くことができる。万が一，セラピスト自身が同意しがたいような人生の結果にクライエントが価値を置いているなら，セラピストはトリートメントから身を引き，どこか他のセラピストにクライエントをリファーすべきである。しかし，そうしたことは滅多に起こらないと思ってもらっていい。なぜなら，たとえクライエントによって初めに選ばれたゴールが受け容れがたく逸脱したものであったとしても，ほとんどの場合，それは真にクライエントによって選ばれたものではまったくもってないからである。ときにクライエントは「私はただ酔っぱらいたいだけだ」などと口では言うかもしれない。しかし，その言葉の持つ意味をさらに深く吟味していくと，多くの場合，それは単に何らかの手段に過ぎず，最終目標などではなかったことが明らかになる。価値を提供するのはセラピストの役割ではないが，専門的また科学的な知識とスキルに基づいて価値と何らかの手段を選り分けること自体はセラピストの役割である。セラピストがクライエントの想定していることを尋ねていくことで，当初，価値の葛藤だと考えられていたものの99％は，実は

訳注5）「行動の結果，何が起こるか」という随伴性こそが，人間の行動を本来の適応的な方向へ導くということをいっている。

手段の葛藤でしかなかったことが判明する。理論とエビデンスに則ったそうしたセラピストの対応は，結果的に，代わりとなる道をクライエントに提供しているともいえるだろう。

多様性とコミュニティを尊重する

　ACTのセラピストは，人間の多様性を尊重し，それを育むと同時に，それぞれの人が置かれた社会的文脈を考慮した形で対応する。クライエントは，その人自身の置かれた社会的文脈から世界を眺めているといえる。クライエントの視点から見たこの世界を，セラピスト自身も，じっくりと時間をとって，謙虚でオープンな仕方で眺めることが重要である。おそらく，この点は他のセラピーのオリエンテーションと何ら変わらないであろうが，ACTにおける統合モデルでは，価値と超越的な自己の感覚の領域において，こうした発想に対し特別な力を持たせている。後者の超越的な自己の感覚について，ここでざっと扱ってみよう。

　クライエントは，その瞳の奥深くでセラピストと意識を共有している。これはつまり，ACTモデルに沿うならば，他者の痛みは拒否しながら自分自身の痛みだけを受け容れることは不可能であることを意味する。同じように，私たちの意識の根底には直示的フレーミングがあるために，「今」は「そのとき」と不可分に関連しているし，「ここ」は「そこ」と関連している。つまり，今の世界を大切にしながら，子どもたちに残す未来の世界を大切にしないということはできない。また，私たち自身のコミュニティを大切にしながら，どこか遠くで苦しんでいる人々と心理的につながらずにいることもできない。

　人間の基本的なプロセスである心理的柔軟性には，多様性と向社会性を尊重することが含まれていることを我々は主張しておきたい。性差別，人種差別，環境破壊，経済的・社会的不均衡，こうした問題はいつも人間のコミュニティを取り巻いていて，何かしらの微妙な仕方で，私たちと共に毎回のセッションの場に漂っている。クライエントの視点を通して世界を眺めようとするときには，多様性とコミュニティの問題に対するどれほど小さな配慮

さえ，セラピーでの取り組みに影響する。

多様な集団にACTをどのように適用していくかについては，私たちはまだまだ多くを学ばなければならない。ただ，心理学的な手法を使って向社会性を高めて偏見や不誠実を減らそうとする取り組みの第一線にACTの研究者たちがいたことは偶然ではない。たとえば，人種的偏見[151]，性の志向性[270]，心理的または行動上の問題を抱える人々に対する偏見[98, 165]，そして他にも多くの似た要因に関してACTの研究がある。とはいえ，これは，ACTが文化や価値から自由で独立していることを意味するのではない。むしろ，ACTは，多様な文化的適応をセラピーに組み込むために，プロセス焦点型の方法を提供しているのである（この主題をめぐるトリートメントに関する書籍としては，文献164を参照）。

ユーモアと不敬[訳注6]

クライエント同様，ACTセラピストもそれまでに同じような落とし穴にはまった多くの経験をしてきている。その意味で，ACTセラピストは，いくぶん不敬（irreverent）で冗談まじりにクライエントの状況を受け止めながら，それによって共通の体験をうまく活用する機会を作り出すことができる。不敬とは，クライエントを見下すことではない。ACTセラピストの不敬とは，私たちすべての人間を取り巻いている世界の無常さ（craziness）と言語によって私たち人間が問題をもつれさせてしまうという事実を素直に受け止め，認めることに由来する。

ACTの概念，技法，またはそこで使われる言葉には，本質的に不敬といえるものが多く含まれている。たとえば，ACTセラピストは，以下のように言うかもしれない。「ここで問題なのは，あなたが問題を抱えていることではありません。……問題は，問題がいつも**同じ**だということです。あなた

訳注6）弁証法的行動療法では，「温かな（reciprocal）コミュニケーションスタイル」とこうした「不敬（irreverent）なコミュニケーションスタイル」とでバランスをとる方法が戦略的に組み込まれている。参考：Linehan, M. M. (1993). Cognitive-behavioral treatment of borderline personality disorder. New York：Guilford Press.

には，何か**新しい**問題が必要ですね！」。ACTセラピストの姿勢が他の面でもしっかりと確立されていれば，セラピストによるこうしたコメントは，批判的にも軽蔑的にも受け取られはしない。セラピストが冗談交じりに刺激しているのは，単にクライエントだけの問題などではなく，むしろ，私たち人間**全員**を縛りつけているシステムのほうなのである。たとえば，ブラックユーモアや皮肉を交えながら問題をいくらか不敬に扱うことで，セラピストはクライエントを，彼らが問題を深刻に考え過ぎているのかもしれないと自問するように導けることが多い。「人生は危険や脅威や不確かさに満ちている。だから非常に深刻な問題としてアプローチしなければならない」という信念とのフュージョンが問題となっている場合も多い。そこで，タイミングを捉えたユーモアは，本質的に脱フュージョン的なのである。ひょっとすると，この見解もまた，ACTの脱フュージョン手法がそれ自体としてしばしばユーモラスなわけを説明するかもしれない。

クライエントの文脈のさまざまなレベルを追跡する

　心理的柔軟性モデルは，セラピーでの体験に対し，3つのレベルで適用可能である。まず，クライエントがセッションで取り上げようとする特定のテーマにおける内容と機能のレベル，次に，セラピーの外でクライエントが示す社会的行動の一例としてのレベル，そして最後に，セラピストとの関係性のなかでなされる発言のレベルである。たとえば，クライエントが自宅での問題をテーマとしてあげたなら，そのように自宅での問題を取り上げるという行動そのものを自宅での問題として検証することには意味があるだろう。つまり，クライエントによる言語報告そのものに注目し，その内容と機能を検証するのである。しかし，それだけではなく，その問題は，クライエントの社会的行動全般に関わる問題の一例なのかもしれない。また，それはセラピストとのセッションのなかである瞬間にも顔を覗かせるようなもので，その文脈のなかで特定の機能を有しているのかもしれない。そのようにセラピストが注意を払っておくことも有用なのである。有能なセラピストは，クライエントが話す内容を必ずこれら複数のレベルで追跡し，そのなか

の最も重要なレベルに常に注目する。たとえば，クライエントが，見捨てられ感を残して終わった恋愛の苦痛について話すならば，こうした話す行為が他の社会的文脈のなかでも起きている可能性を追跡し，それがどのような機能を持ちうるかを検討する必要がある。場合によっては，それは，世界は不公平で人々は信頼できないというもっと全般的なものの見方に由来しているのかもしれない。または，その語りはセラピー関係そのものについて間接的に言明していて，その語りを通してクライエントは，セラピストが自分を見捨てる可能性への恐れを表現しながら，それが起きたときに生じる恐ろしい結果をセラピストに警告しているのかもしれない。セラピストがどのレベルに注目するべきかについては，臨床的な有用性そのものがそのときどきの指針となるが，大事な情報を見落とすことのないよう，セラピストはすべてのレベルを心理的柔軟性モデルのなかで追跡し検討しておく必要がある。

セラピー関係が持つネガティブな力

　ACTは，多くの場合にクライエントの最も深い部分にある思考，感情，価値，または自己観を詳しく探っていく。それでいて，クライエントとの間に強く感情的でトリートメント的な絆を築いていく。そうした点を考慮して，セラピストは，ACT方略の間違った使い方へとつながる最も陥りやすいトラップを意識しておく必要がある。

ACTは単に知的なエクササイズではない

　ACTには，哲学，方略，技法一式が，複雑に組み合わさって成り立っている。セラピーは言語的なコントロールによる非生産性を弱めようと試みられるわけであるが，ほとんどの場合，はじめはACTの原理と技法についてセラピストは言葉を使って伝えなければならない。そうしたときに，ACTに含まれる哲学的な発想，基礎的な理論研究，巧みな言い回し，メタファー，またエクササイズは，多くのセラピストを知的に引きつける。その際，セラピストは，この魅力がACTを単に，または主に，クライエントと

の知的なエクササイズとみなす方向へと変換されないように十分注意しなければならない。セラピストが言語的な内容を強調し過ぎると，言語的な説得に力を注ぐことになってしまい，正しいのはセラピストでありクライエントはこれまでずっと「わかっていなかった」のだ，との合意をクライエントに強要するような結果に陥ってしまう。当然，この種の相互作用は，有効なACTセラピー関係とは正反対である。なぜなら，それは本質的に，クライエントの次のような考えを強化してしまう。すなわち，自分は，これまでは間違った対処法を採用してきたが，人生には，やはり「正しい」言語的な方程式というものが存在していたのだ，というクライエントの考え方を強化してしまう。まるで，その際のセラピストの言葉は「それはそれは。正しくない方程式にあなたが従った結果得た，正しい結果ですね」とでもいうふうになってしまうだろう。

　セラピストが，ACTの原理を信じるようにとクライエントを説得することは必要ない。仮にセラピストがACTに沿って「私が話す言葉を鵜呑みにしないでください」と言ったのなら，それは誠実でなければならないし（つまり，まさにこの一連の発語そのものも鵜呑みにされてはいけない），またクライエントだけでなくセラピストにも同じようにそれが適用されなければならない。

　セラピストがACTを過度に知性化（overintellectualizing）しはじめると，セラピストの発言が必要以上に増加し，クライエントは相対的に受け身的になり，そして言語的巻き込まれを打破できたはずのノンバーバルな体験的エクササイズが欠落するようになってしまう。過度に知的になっているセラピストは，自分が伝える事柄や自分が達成しようとしている事柄に対し，クライエントが理解できていないようなそぶりを見せると，頻繁に苛立ちで反応する。そうなってくると，セラピストはますます，説教をしたり，講義をはじめたり，また説明を重ねたりするようになるという悪循環に陥ってしまう。

　こうした過度の知性化の問題は，ACTのスーパービジョンで最も多く扱われるテーマのひとつである。このとき，セラピスト自身の言葉が，セラピーでの問題の本当の要因を明らかにする場合が多い。つまり，過度の知性

化をおこなっているACTセラピストとのスーパービジョンでは，セラピストは「アクセプタンスについて**話し合いました**」「コミットメントの概念を**考察しました**」「彼の回避の問題を**話題に出しました**」または「クライエントに○○ということを**示そうと努力しました**」といったことをよく口にする。太字で示した言葉は，知性化が起きていることを示唆しているのである。ACTを実践することは，何らかの概念を採用することではない。「今，ここ」でおこなわれる作業なのである。たしかに，ACTは言語という問題そのものに関わっていて，言語を用いている。しかし，それは，クライエントが直接的また体験的に関連している何かと接触するための手段に過ぎないのである。

　もしも，豊かな人生というものが知的な方法で容易にたどり着けるようなものであれば，クライエントは間違いなく人生をとうの昔に「正しく」理解し，豊かな人生を歩んでいただろう。しかし皮肉にも，ACTを知性化すること，そして次にそれをセラピーのなかで理想化することは，こともあろうに，クライエントが機能的な感性を発達させるのを妨げる最大のプロセスなのである。そのようなわけで，クライエントが何かを理解していなかったり，混乱した思いを抱いているからといって，セラピストがACTの論理的な前提を説明したり，威圧的に振る舞ったりするのは無益で非生産的である。

　ひとたび知性化がセラピーのなかで本格的にはじまってしまうと，そのプロセスを修正するのは難しくなる。なぜなら，クライエントはしばしば，ACT的に「正しい」答えを口にすることで，セラピストを喜ばせようとする役割を演じるようになってしまうからである。そうする間に，クライエントのなかの活き活きとした感覚やセラピーとのつながりは薄れていく。問題の見極め方としては，適切なACTは直面化でありながら思いやりがあるのに対して，知性化されたACTは非難がましくて嘲笑的な傾向にある。

　一般に，こうした知性化の問題を避ける方法は，セッション内でのセラピストの発言の割合を抑えることである。状況の改善を目指した大まかな目安としては，セラピストがACTの原理や概念について明示的に言葉で解説する時間の割合は，セッション全体から見てせいぜい20％程度とすべきであ

る（この目安さえ多すぎるかもしれない）。代わりに，セラピストはメタファー，エクササイズ，また「今，この瞬間」のなかのプロセスを，いずれもクライエントに直接関係する実生活のなかでの出来事に結びつけて用いるべきである。もしも知性化にはまり込んでしまったら，セラピストは，スーパービジョンを追加で受けて，同僚にもセッションを1，2回見てもらうほうがよい。セッションが軌道に戻っていけば，こうした指針は解除され，セラピーはもっと自発的に進められるだろう。

　また，ACTの技法に対するセラピストのコミットメントがACTそのものを妨げている場合にも，似た問題が起こるかもしれない。セラピーのなかでは，単純で，純粋で，自然なセラピストの反応といったものも，メタファーやエクササイズとまったく同じように重要である。ACTのプロセスを含んだ自然な相互作用だけに基づきながらも，メタファーやエクササイズを一切使わずにセッションをおこなうことも，十分に可能である（例：トラウマ的な出来事が物語られる間もセラピストがそのままクライエントと一緒にそこに居続けることでウィリングネスのモデルを示す）。セラピストは機能的な切り札をどの領域についてでも生成することができる。それを活用できるように，機能的な変化を見失わずに追跡する柔軟性を持つことこそが，有能なACTセラピストの証だといえる。

心理的非柔軟性をモデルとして示してしまう

　セラピストが非柔軟性をモデルとして示してしまうこともあるだろう。より重い問題を抱えたクライエントとのセッションでは，そうしたことが最も起きやすい。自殺傾向，自傷，奇妙な行動などといった彼らの示すハイリスクな行動によって，セラピストが恐怖を抱いたり，不安になったりするからである。しかしだからといって，セラピストが，そうしたクライエントを，現実を生きるからこそついてくる正当で敬意を払うべき葛藤を抱えた一人の人間としてアクセプトできないのだとしたら，そのクライエントは，いったいどのようにして自らの葛藤をアクセプトし，前進すればよいのだろうか？

　この問題は，ACTを進めるなかでさまざまな形で表れる可能性がある。

たとえば，セラピストは，クライエントの思考または行動のうちの社会的に好ましいものを選択的に強化する一方で，ネガティブに評価される体験は無視したり，それに対して反論したりするかもしれない。つまり，そうしたセラピストは，ポジティブな出来事はアクセプトし，ネガティブな出来事は拒否するような振る舞いをクライエントに対し，モデルとして示してしまっている。こうした振る舞いは，まさにクライエントがこれまでずっと繰り返してきた振る舞いそのものだろう。

ときには，クライエントのネガティブな行動，認知，感情の一式に対して，セラピストは「どこでそのような考え方を学んだのだろうか」と探ろうとする場合があるかもしれない。しかし，クライエントの特定の思考や感情一式がどこから来たのかを，まるでそれを除去する方法を見つけ出そうとするかのように，クライエントに対し尋ねることは，ほぼ確実に問題を引き起こす。臨床の場で，「**なぜ**」の語を使うのは，ほとんど常に間違いだといえる。それは，クライエントが何らかの理由づけ（reason giving）や物語をはじめる呼び水となってしまい，たいがいの場合，クライエントとセラピストの双方を袋小路へと導く。一般に，より生産的な働きかけは，クライエントにとっての困難なテーマに関連して浮かんでくる内的な事象（その人個人の履歴についての思考も含めて）を記述するよう伝えることである。取り組むべき課題は，その人の人生自体を問題とみなし「解決」することではなく，その人の人生のなかに何があるのかを「眺める」ことなのである。

セラピスト自身のこうした困難を取り扱う方法は，その存在を認め，脱フュージョンし，そしてトリートメントの取り組みの中心へと戻ることである。セラピーのなかでセラピストである自分自身がどのような価値を持っているのかを見つめ直し，それから次のセッションへと挑むのがよいだろう。クライエントのなかに起きる何らかの恐怖，嫌悪，または苛立ちの感情は，それ自体として悪いものではない。同様に，セラピストのなかに起きるそうした感情も，それが語る文字どおりのことを意味しているわけではない。セラピストにとっての解決策に関しても，クライエントにとってのそれと同じである。この種の困難の存在は，伝えられたことを実行に移すことがクライエントにとってどれだけ大変であるかを，セラピスト自身がより適切に理解

するための機会になるという意味で大切である。謙虚さを面接室へと取り入れることで，セラピーそのものがさらに有効で人間的なものになり，目線を同じ高さに置いたセラピー関係が育まれるのである。

感情のプロセスに対する過度の焦点化

　ACTについて比較的よくみられる誤解として，「ACTの中心的ゴールは，クライエントを『自分自身の感情と接触させる』ことである」というものがある。この種の誤解は，人は鬱積した感情と過去の欲求不満を解放するべきとの，広く信じられている文化的な信念と結びついている。そして，この種の誤解は，「クライエントの心理的苦痛の全体が，特定の感情を回避する機能を果たすものとして説明できる」という二次的な信念を派生させる。そのため，セラピストがこうした誤解を抱いている場合，セラピーでは，はじめにクライエントに対して，何を回避しているのかを多かれ少なかれ直接的に尋ねることとなるだろう。ここで暗にほのめかされている前提は，「回避されている事柄と接触できさえすれば，クライエントの人生は自動的に良い方向性を帯びるはずだ」というものである。

　感情の回避（emotional avoidance）訳注7) が，ACTで中心的に取り組んでいくテーマであることに違いはない。しかし，それは，そこでの回避が，クライエントがコミットされた人生の方向を追求するのを妨げる限りにおいてのことである。さまざまな私的出来事のなかでも，本来ACTセラピストが最も関心を向ける私的出来事は，クライエントが価値づけられた行為に従事しはじめる際に，表面化しはじめるたぐいのものである。実際に，クライエントが活き活きとした人生のプロセスを確立する方向へと動くにつれ，回避されていたネガティブな感情・思考・記憶が表面化しはじめる。感情それ自体は本質的に健康なものと考えられる。しかし，ただそれだけでは，「自分自身の感情と接触する」作業は，何の深遠なエクササイズにもならない。そうした私的出来事へと触れる体験は，ACTというミルで挽くための穀物で

訳注7)「体験の回避」とほぼ同義語であるが，特に，回避している体験のなかでも感情を強調した表現。

あり，目的はそれ自体ではない。つまり，ACTのゴールとは，行動的柔軟性と価値づけられた行為を創り出すことなのである。

　セラピストは，最初のセッションの開始からものの数分でクライエントが見せる感情の回避に飛びつきたい思いに駆られるかもしれない。しかし，そのときにそうしたセラピストが口にするだろう台詞は，感情を発見すること自体を目的としてそれを強調するたぐいのよくある心理療法家の台詞（「自分の感情をただ感じればよいのです！」）と奇しくも同じである場合が多い。ACTセラピストが犯すかもしれない間違いのなかでも，この間違いが，おそらく最も魅惑的だろう。なぜなら，それは昨今の文献の多くと一貫しているし，賞賛に値するようなACTの取り組みとほとんど見分けがつかない場合もあるからである。クライエントが流した涙の量で臨床での前進が測られるかのようにセラピストが考えてしまうこともあるかもしれない。セッション内におけるこの種の感情的なもつれ合いへの誘惑を確実に区別して切り離すことは，経験を積んだセラピストにとってさえも難しい。こうした間違いへの打開策は，セラピストが価値と行動変化に結びついた能動的なエクササイズに立ち戻ることである。実際に感情面での取り組みが本当に必要であれば，そうした能動的なエクササイズのなかで自ずとそれがはっきりするだろう。

セラピスト自身の問題に対処する

　セラピストが身動きが取れなくなりやすいのは，セラピストとクライエントが，双方にとって同じように顕著な問題につまずくときである。セラピストがクライエントのある種の行動一式（例：自殺行為）に対して特に強い道徳的信念を持っているときや，クライエントの葛藤が，セラピストが自分自身の人生のなかでうまく対処できなかった問題と非常に似通っているとき，いつセラピスト側に問題が起きようともおかしくはない。こうした場合，通常，セラピストが何らかの感情を帯びた話題を避けたり，助言したり，またはセラピスト個人の経験に過度に頼ってしまったりするといった間違いを犯すことになる（例：「私が経験したのと同じ過ちをあなたには犯してほしく

ないのです！」）。

　良きセラピストであっても，その人自身の問題や，恐れている心理的な何かしらを持っている。そうしたセラピストであっても，一般に「逆転移」と呼ばれるものを引き起こし，臨床実践や経験をいくら積んでも，**セラピストも結局は人間であり**，この問題を完全になくすことはできない。人間として避けられないこの問題に対して何がなされるべきかは，心理的柔軟性モデルそのものが示唆するとおりである。すなわち，問題が存在していることを認め（まずはセラピスト自身のなかで認め，臨床上有用そうならクライエントにも伝える），問題に対して心理的にオープンになり，そして，セラピスト自身の価値に基づいていてクライエントのためになすべき行為に注目するのである。場合によっては，直接クライエントの葛藤を解消する助けにならないようなセラピスト側の個人的問題がセラピーの場であがってくることもある。そうしたときには，ゴールは純粋にセラピストの自己アクセプタンスとなるだろう。この経過をたどった場合，ACTセラピストは，クライエントにするようにと伝えていることを，自らそのままモデルとして示すことになる。つまり，たとえどのような感情が呼び起こされたとしても，価値づけられたステップを進み続けるのである。また，別な場合には，セラピストがセラピーでのテーマと個人的につながることが，クライエントが前に進むためのさらに多くの方法を示唆することもある。

まとめ

　ACTのセラピー関係は，力強く，オープンで，アクセプタンス的，相互的，敬意が払われ，そして愛情に満ちたものである。一言でいえば，理想的なACTのセラピー関係は心理的柔軟性の縮図といえる。同時に，セラピー関係それ自体は，セラピーの最終目的とはみなされない。むしろ，それは変化のための力強い輸送手段（vehicles）である。強力な「輸送システム」なら，他にもあるにはある。実際に，経験科学のエビデンスは，どのような人間関係も必要としない方法で，たとえば自助本[184]を通じてや，コンピューターを利用したトリートメントといった方法でも，ACTのモデルが機能す

ることを示唆している。とはいえ，やはり人間関係は力強い変化のための同盟関係であり，こうした人間関係を必要としない介入の効果量は，一般にいくらか小さい。

　ACTの取り組みは，一個人としては困難な作業だといえる。しかし，それはすべてのクライエントにとっての取り組みでも本質であり，だからこそ誠実なセラピストにとっても同じく困難な作業なのである。ACTは，力強い介入となることもできるが，その本質からして侵襲的であり，価値，意味，また自己同一性にまつわる根本的な問題を呼び起こしもする。ACTをその形態（トポグラフィ）で定義するにせよ，機能で定義するにせよ，それはセラピストの取り組みの本質と目的とに関係しているべきである。ACTのセラピー関係は，適切に育まれたときには親密で，個人を尊重するもので，意味深いものとなる。セラピー関係の境界は，自然で，非恣意的で，有効性と結びついている。セラピーが適切におこなわれたときには，この人間関係は，ACTモデルの目的と心理的柔軟性の本質そのものをモデルとして示すことになるのである。

第6章

変化の文脈を創造する
マインド vs. 体験

本章で学ぶこと：

- セラピーに訪れる行動そのものが，クライエントが抱いている変化のアジェンダ（change agenda）訳注1）の延長線上にあるといえるのはなぜか
- 根底にある「変化のアジェンダ」を浮き彫りにするには，クライエント自身の「より良い（better）」の定義をどのように用いるとよいか
- クライエントがそれまでにおこなってきた変化の努力と，感情面で支払っている代価を評価するために，有効性（workability）の概念をどのように用いるか
- 有効性についてクライエントのマインドがこうすべきと主張することとクライエントが実際に得た結果との重要な相違点を，どのように取り扱っていくか
- 自分のあらゆる短所を非難するよりも，むしろ自分自身の体験を信用してみることへのウィリングな感覚，つまり創造的な感覚を伴った絶望をクライエントのなかにどのようにして育むか
- 最初にターゲットとするACTコア・プロセスを，初期のセッションから得られた情報を用いながらどのようにして決定するか

最初の問い――それは、なぜ今なのか？

　経験を積んだ臨床家がよく知っているように、はじめてクライエントに会うとき「それは、なぜ今なのか？」という問いを念頭に置いておくことは重要である。クライエントが支援を求めてきたのは、なぜ1週間前でも、ひと月前でも、1年前でもなく今日だったのだろうか？　クライエントの人生の何が変化し、支援を求めようと彼らに決意させたのだろうか？

　一般に、こころの問題に関してトリートメントを受けることや服薬することに対しては、文化的な偏見が存在するものである。そうした背景を考えたとき、臨床家は、そのクライエントが自分の前に訪れたことの持つ重みを考慮しなくてはならない。クライエントがこの一線を越えるとき、そこには多くの場合、彼らにそうまでさせるだけの何かが起こっているものである。

　一般に、クライエントはそれまでにすでに、一定期間にわたって問題と取り組み、苦闘し、検討し、計画し、評価し、熟考し、そして対処しようとしてきている。たいていは、さまざまな解決策が試みられたものの、ほとんど成果をあげていない。友人に相談したかもしれないし、他にも家族やパートナーと話し合い、祈り、自助本を1、2冊読み、ラビか司祭か牧師に話し、そして他のセラピストを訪ねさえしているかもしれない。また、あまり役に立たない対処として、友人や家族を避けたり、車の運転を拒否したり、飲酒、薬物使用、過食、自傷、などといった解決策も試したかもしれない。

　こうしたクライエントの反応の仕方のそれぞれを検討すれば、あるものは「ポジティブ」と呼ばれ、他のあるものは「ネガティブ」と呼ばれるだろう。しかし、クラスとしてみるなら、こうした方略はみな「同じ穴のムジナ」なのである[訳注2]。なぜなら、こうした反応は、そのいずれもが問題を解消しよ

訳注1）本書において「アジェンダ（agenda）」という言葉は、明確な形では定義されていない。おおよその意味としては、その人にとって、これまでの履歴のなかで培われ、今もその人が置かれる文化的な状況によって維持されている、ある意識的もしくは無意識的な「発想」もしくは「習慣」のこと、といっていいかもしれない。

訳注2）行動分析学では、見た目は違っても同じ機能を持つ（同じ結果を伴う）行動を「反応クラス」として分類する。詳細は『臨床行動分析のABC』（日本評論社）を参照。

うとしてクライエントが従っている，ある文化的に形成されたアジェンダに由来するからである。通常，そうした方略のゴールは，心理的苦痛をコントロールまたは排除することである。基本的に，クライエントは気分がより良くなる方法を探そうとしているといえる。たとえば，身体の外側の世界では，真っ赤になった渦巻きコンロから手を引っこめると即座に痛みがなくなって気分がマシに（より良く）なる。まるで，これと同じであるかのように，クライエントはこうした外の世界での「**より良い**（better）」の定義を，自らの内側の心理的世界にまで適用する。このとき，「**より良い**」とは，クライエントが体験している苦痛を伴う感情，思考，記憶，または感覚からの解放を意味している。

　クライエントのこうした反応は，非常に系統立っている。つまり，困ったことに，それらはランダムにはおこなわれないのである。もしもそれがランダムにおこなわれるならば，機能しない解決策は早々に手放され，より機能するアプローチが試行錯誤のなかから発見される。そのため，クライエントは今よりもはるかにうまく振る舞っていただろう。多様性と選択なしでは，生物学的な進化のシステムが機能できないのと同様，健全な行動的な進化も，心理的柔軟性と，有効性に基づいた選択があってはじめて促される。ACTの狙いは，逆説的な（paradoxical）方法を通して，より多様であるための能力，「結果」にもっと耳を傾ける能力，そして徹底的に実験的である能力を，クライエントが再獲得できるよう助けることである。もっとも，当初のクライエントにとっては，この行程はそれほど長く続けられない。なぜなら，マインドの言語的な問題解決モードはあまりに強力で，クライエントは，やはり，そのモードを適用するのに没頭し執着してしまうからである。マインドは，たとえそれが実際には到達不可能な目標であっても，それを達成すべきだとクライエントに対し強調する。

　ある時点でクライエントは，マインドに従いながら，これ以上，感情的な苦痛をコントロールしたり排除したりするためのポジティブな勢いを生み出し続けるのは不可能だ，またはそれを維持し続けるのは不可能だと気づく。クライエントは，ほとんどの場合，問題に対しさまざまに取り組んではみたものの，いよいよ「行き詰まり身動きが取れなくなった」という感覚を伴っ

てセラピーへ訪れるのである。一般に，はじめてやってきた際の彼らは，これまでも彼らが従ってきた既存のアジェンダを手放そうなどとは思っていない。つまり，今度こそ，より良い気分になるための何らかの洞察か実践的なテクニックをこのセラピストなら提供してくれるだろうと強く信じセラピーを求めている。とはいえ，経験豊かな実践家なら，クライエントが支援を求めてやってきたという事実だけでは，必ずしも，その人が真の行動変化を起こすことにウィリング（前向き）だとはいえないことを知っている。ウィリングではないクライエントは，「抵抗性のクライエント（resistant）」と呼ばれることもある。ただし，本当のところは，事実上すべてのクライエントが，何かしらの意味では抵抗性のクライエントであるといえる。

文化的に形成された抵抗

　もしもある人が，感情的な苦痛を減らすために実に多くの努力をしてきたにもかかわらず，いまだに助けを求め続ける状態にあるとしよう。その場合，次のいずれかの状況が当てはまることになるだろう。①その人は，問題を解決するための正しい方法を知らない，または②そもそも「期待される結果」自体が，その状況に対して不相応で有効でない志向性に基づいている。クライエントが，自分が当てはまると信じるのは，ほぼ例外なく前者のほうである。しかしながらACTでは，それに代わる後者の視点からスタートする。一般に，クライエントは，自分が解決のための正しい公式を発見できていないことについて，自分自身を非難しているものである。そして，彼らはセラピストに対し，彼らの土台となっているアジェンダを正当なものとして認めてもらいつつ，そのアジェンダに沿っておこなった彼らのこれまでのアプローチに足りない要素を明らかにしてもらいたいと望んでいる。ここで考えられるセラピストの進む方向性は，2つに1つである。文化的に形成されたクライエントにとっての土台となる「変化のアジェンダ」をそのまま承認するか，そうでなければ，クライエントの発想そのものを思わぬ方向へと転換させるかのどちらかである。臨床家が，これらどちらの道を進むかが大きな分かれ道となる。

ACTの視点では，クライエントによって掲げられた目標（苦痛から解放された健康でノーマルな状態になる），すなわち前提とされる解決策（苦痛をコントロールすること）が，多くの場合にそれ自体として問題だと考える。ほとんどのクライエントが本来，知的で，感受性豊かで，思いやりのある人であり，チャンスさえ与えられれば，おそらく有効な解決策を思いつくと思われる。問題は，彼らを取り囲んでいる文化的な環境が，成功するための素直な機会を彼らに提供してはくれない点である。代わりに彼らの問題解決の努力は，文化的に権威づけられたルール・システム[訳注3]によって干渉を受け，問題をどのように同定し，分析し，そして解決すべきなのかについて，型をあてがわれる。こうした心理的な指針と文化的な前提は，どの心理的な結果（状態）あるいは人生の結果（状態）が重要で，どのようにしてそれらを達成するかを指し示す。こうした不備のある「変化のアジェンダ」の重要な特徴については，先にも触れたとおりである。すなわち：

- 心理的な問題は，「不快な感情，思考，記憶，身体感覚，またそれに類するものが存在する状態」と定義される
- こうした望まれない体験は，クライエントの何かがおかしくなっていて，何かが変わらなければならないことを示す「シグナル」とみなされる
- こうしたネガティブな体験が排除されない限り，健康的な生活の実現はありえない
- クライエントは，それの原因となっている自分自身にとってのある欠落（例：自信の欠如，人間関係に対する信頼のなさ）を補正することで，ネガティブな体験を排除しなければならない
- 困難のそもそもの元となっている要因（例：過度に批判的な両親に育てられた結果としての自信のなさ，性的虐待から引き起こされた不信感）

訳注3）「システム」という言葉についても本書では明確な定義はないが，いうなれば，本章のテーマとなっている「アジェンダ」を生起させ，維持させるような文脈全般を幅広く指している。特に「ルール・システム」といった場合には，その人に影響を与えるような言語（ルール）の組織だった集合のことを指していると理解できる。

を理解または修正することで，これは最も効果的に達成される

　この問題解決アプローチをたどることで，多くのクライエントが有害な結果を招いている。それにもかかわらず，彼らは，このアプローチは有効だといとも簡単に主張する。セラピストがそのアプローチの有効性に対して直接疑問を投げかけると，彼らは，信じられないといった表情でセラピストを見返すことも多い。彼らは目の前のセラピストに対し，「コントロールと排除」のサイクルの努力を今度こそ成功へとつなげるための特効薬の処方を期待しているのである。

部屋のなかの象

　文化は，個人の健康の在り方とその達成の仕方についてのモデルを形成する。我々臨床家が，苦しんでいるクライエントを助けようとするとき，そうした文化的に形成されたモデルが，まさにクライエントの苦境の中核として，我々セラピストの前に立ちはだかる。そのモデルが本質的に訴えかけてくるのは次のようなことである。すなわち，個人的な健康を達成するためには，内的な事象（辛い感情，苦痛を伴う思考，恐怖を引き起こす記憶，不愉快なイメージ）もしくは不快な悪い身体感覚といったものをコントロールまたは排除しなければならないというものである。しかし，それらは本来コントロールできないものである。クライエントのそういった方略は，間違っても，望まれない内的体験に耳を傾け，有効な行為を動機づけるために活用しようなどというものではない（ちなみに，そもそも**感情**〔emotion〕の語源はラテン語で「動き〔movement〕」を意味するものであった）。むしろ，文化的なモデルは，そういった感情というメッセンジャーを殺せと訴えかける。**機能的**な意味でいえば感情が「悪（wrong）」であることはまずないのだが，クライエントはそうと認める代わりに，慣習的に，ネガティブな感情は「有害」で，そのため解消されるか排除されるべき問題だと学習している。この単純だが致命的な文化からの指示は，クライエントにおける問題解決の努力を引き出し，そして，それを間違った方向へと一連のドミノ倒しのごとく連

鎖させることで，結果としてクライエントを身動きの取れない状態へと追いつめてしまう。こうした問題解決の努力が直接的な体験を上回る状態が許されている限り，クライエントはいつまでもそれによって苦しみ続けることになる。ところが，このような慣習的な文化におけるルールは，そもそも，私たちが使用している言語それ自体に組み込まれているため，クライエントにとってもセラピストにとっても，当然ながらなかなか気づくことができない。

　セラピーをはじめるにあたっては，セラピストが何らかの仕方で向き合わなければならない根本的な問題がある。その問題とは「健康とは，感情的な苦痛がない状態であり，苦痛を支配するための意図的な努力があれば，健康の維持・向上はおのずと達成されるはずだ」という考えとクライエント自身とのフュージョンもしくは過度な一体化である。いうなれば，クライエントは「部屋のなかの象」に目が向けられていない。つまり，明らかに目の前に存在する大きな問題の存在をクライエントは認められずにいるのである。そのため，単にセラピストが「そこに象がいる」と指摘するだけでは，彼らが自ら思い描く変化のアジェンダに沿って振る舞おうとすることに歯止めをかけることはできない。ACTの実に多くの側面がそうであるように，セラピストは，言葉を巧みに操りながら，ほんの少しずつであっても，そこに仕掛けられている言語的なトラップをクライエントが認識できるよう導かなければならないのである。

　どうすればセラピストは，変化の努力が失敗したことに関する自己批判的で，かつ変化のアジェンダを強化するような説明（例：「自分の意志が弱い」「そのために必要なだけの自信がない」「虐待を受けた経験があるから自分を主張できない」「こういうふうにして，私はいつも自分にとって大切なものをどんどん失うのだ」）から，それ以外のものへと，クライエントの意識を導けるだろうか？　どうすれば，クライエントが慣習的な変化のモデルそのものの妥当性を疑問視しはじめる（例：「ひょっとしたら，ゴールは，感じ方や考え方，または何を記憶するかをコントロールすることではないのかもしれない」「ひょっとしたら，ゴールは，自分が抱いている価値を今の状況のなかでしっかりと支えて，たとえ苦痛でもそれに向けて行動すること

かもしれない」「ひょっとすると,それこそが,健康と充実した感じを高める方法かもしれない」)ように導けるだろうか? もしも,苦しむ人々を文化による条件づけから完全に自由にする特効薬があったなら,本書ははるかに薄い書籍になっていただろう。しかし実際には,人生における非常に多くの重要な教訓を学ぶのと同様に,クライエントは,この問題についても険しいほうの道を進みながら学ばなければならない。

　クライエントは,たとえどれほど一生懸命に「コントロールと排除に基づく変化のアジェンダ」に従ってきたにせよ,結局は,期待した結果を得られなかったわけである。行動的に見るならば,クライエントがセラピーを受けはじめるという行為自体が,クライエントがその事実を受け容れることにほかならない。クライエントのそれまでのやり方では何の成果も得られなかったという事実は,むしろ,臨床家である我々にも明らかに力を与えてくれる。その理由は,我々が臨床家として,クライエントが「この場で体験している結果」と「文化に由来する変化のアジェンダが約束する結果」との比較へと繰り返し立ち戻れるようにするだけで,それ自体が,人間に内在する自然な動機づけを引き出すためのツールになるからである。通常,クライエントは,自分が機能しない心理的なルールに従っていることにさえ気づいていない。もちろん,クライエントのなかにはこの点についてセラピストが言葉で直接説明し,気づかせるだけで,大きな変化を引き出せるような高い機能を維持している人もいる。そうしたクライエントの場合,その人の抱える問題がすでに詳細に記述できていれば,すぐにもセラピー契約の段階へと進めるかもしれない。しかし,ほとんどのクライエントについては,たとえ洞察と変化への動機がかなりある人たちでさえ,そう簡単にはいかないものである。彼らは,健康とは顕著な苦痛がもはや感じられなくなることだと,自説を強く主張し続けるのである。そのため,セッションでは多くの場合,まずは,マインドと体験を比較していくという作業からはじめる必要がある。

　本章は,一般にはセラピー契約が結ばれる前になされる作業について解説している。ときおり,特にアクセプタンスの姿勢を持つクライエントではこれらのステップのいくつかを駆け足で進められる場合もあるものの,多くのクライエントではそうはいかない。また,それぞれのステップをおこなうう

えでの厳密なタイミングと順番は，問題について描き出す段階でクライエントがどれほど積極的であるかと，これまでクライエントを巻き込んできたシステム（the system）に対し，セラピストがどれほど緊急に立ち向かわなければならないかによって変わってくる。

何を試し，どう役立ち，そして何を代価としてきたのか？

　セラピーをはじめる際の差し当たってのゴールは，クライエントがこれまで疑うことなく従ってきた文化的なルールに対するクライエントのこだわりを和らげ，そうしたルールに従うことの有効性にクライエントが疑いを抱きはじめるための下準備をおこなうことにある。こうしたクライエントが拠って立ってきたシステムを扱う最良の方法は，あらゆる話し合いのなかで，何が有効（working）で何が有効でないかの対比に繰り返しクライエントの目を向けさせることである。こうなるはずだと文化的なルールが主張する事柄と，実際に起きている事柄との対比が，いままでとは異なった新たな変化への文脈を創り出すうえでの足場を築いてくれる。
　典型的にはACTセラピストは，クライエントがこれまで従ってきたシステムを浮き彫りにする作業から取り掛かる。そして，そこでの対話は，次の4つの質問へと焦点づけながら進められることになる。

1. クライエントが望む最善の結果とは何か？
2. すでにクライエントが試みてきた方略にはどんなものがあるのか？
3. それらは，どのように役立った（worked）のか？
4. その方略を使うことでクライエントが支払った代価は何か？

　読者がこれら4つの質問をおこなうことに関する理論的根拠を押さえておくことは重要である。すなわち，クライエントは次のように展開する「（陸上競技場の）トラック」のレーンのなかで振る舞っているといえるのである。そのトラックとは，問題（例：「悪い」思考や感情）を同定せよ，問題

を排除せよ（例：「悪い」思考や感情などを排除する），そうすれば人生は改善される（例：「満ち足りた仕事，結婚，……といったものを持てるようになる」）というルールである。

　クライエントが採用してきたさまざまな方略をここで浮き彫りにしておくのは，クライエントが，自ら抱えるアジェンダを認識し，そのアジェンダに従うことで自らが支払っている代価に直接目を向けられるようにするためである。そして，ここでの目的は，クライエントがこのアプローチの有効性（workability）に関する体験にしっかりと目を向け，新たな選択肢に対してオープンな姿勢を育めるようにすることである。さらには，クライエントに，これまでにおこなってきたさまざまな対処方略が持つ類似性に気づいてもらい，その類似点である「私的体験をコントロールまたは排除しようとすること」に対し，疑問を抱いてもらう方向へと進める。クライエントが，個々の瞬間におこなってきた多くの対処方略をまとめて，より大きなひとつのクラス[訳注4)]として捉えられるようになると，そのクラスに含まれるほんのいくつかの対処方略を弱めるだけでも，クラス全体の影響力を弱められる可能性が出てくる[49, 53)]。ACTセラピストが本質的に目指しているのは，それまでにクライエントが採用してきた「解決策」のすべてでないにしてもおおかたを「私的体験をコントロールできれば人生は成功する」というひとつのクラスにまとめあげ，最終的にはこの「解決策」のクラス全体を，その妥当性を検証したうえで廃棄することである。つまり，それらが有効でないことへの気づきを促すことである。

　自らの内側の世界において，「コントロールと排除」のアジェンダが実は有効ではなかったという事実に目を向けるうちに，クライエントは自分が次に何をすべきなのかがわからなくなってくるだろう。前進に向けてのクライエントにおけるこうした時期は「創造的絶望（creative hopelessness）」[訳注5)]と呼ばれる。変化に向かうこの過渡期において，クライエントは古いルールからなるシステムの制約を逃れて完全に新しい方略を発達させることができ

訳注4)　すでに解説をつけた「反応クラス」のこと。p.258の訳注2参照。
訳注5)　『ACTをはじめる』（S・C・ヘイズ，S・スミス〔著〕，武藤崇ほか〔訳〕，星和書店，2010）では「絶望からはじめよう」と訳出している。

る。ただし，そのためには，クライエントが，古くから従ってきた変化のアジェンダに従い続けることが相当な代価を伴っているということを，この時期に十二分に理解している必要がある。「コントロールと排除」の方略は有害だったのである。それは，クライエントの状況を物理的に悪いほうへと追い込んでいる。コントロール方略の使用は，意図せず内的世界の苦痛をいっそう増幅させるにとどまらず，必然的に外的世界での問題までも引き起こしていく。なぜなら，体験の回避の主だったもののひとつが，状況の回避または行動的な回避だからである。クライエントが状況の回避（situational avoidance）に取り組むたびに，現実世界には必然的にその行動に沿った結果が伴うこととなる。彼らの夫婦関係は悪化し，仕事の効率は低下し，そして健康を維持する行動（例：適切な食習慣，快眠，運動）が減少していく。このように，クライエントは，内面ではますますコントロール不能な心理的苦痛を増大させ，そして外的世界では回避行動が引き起こすネガティブな現実に見舞われるという，二重の苦悩に直面することになる。クライエントによっては，自らの対処方略が有効でない事実を「頭のなか」で理解するだけで変容へと向かえる人もいるかもしれない。しかし，こうした方略がもたらす実際の代価に現実世界で接触するほうが，より効果的だといえるだろう。何が効果的でないのかを実際に目にすることこそが，クライエントを新しい解決策を探そうとする方向へと動機づけるのである。

「より良い（ベター）」とは何か？

　クライエントは，これまでランダムにではなく，ある目的を持って苦闘をおこなってきている。クライエントの持つその目的を理解するには，クライエントが考える「根本的な問題が解消したら状況はどうなっているのか」について，こちらがイメージをつかんでおくのが最善である。たとえば，次のようにクライエントに質問するのもよいだろう。「人生がもっとうまくいくようになったとしたら，何からそうわかりますか？　今までとは違ったどんなことをあなたはするのでしょうか？」，または，「奇跡が起きてこの状況が解消されたとしたら，あなたは何に気がつくでしょうか？」。こうした一連

の質問を通して，1つ目のゴールとしては，クライエントが訴える問題がどのようなものであれ，それに対してクライエント自身が抱いている「解決策」の定義を引き出すことができる。ここでは，セラピストが「ACTの耳」で聞くことが非常に重要となる。そうした質問を受けたクライエントは，一般に**プロセス・ゴール**，すなわち，人生の前進を妨げていると考えられる何らかの望まれない私的出来事が取り除かれた状態をもって回答するものである（「目が覚めたときに，気分が憂うつではない」「彼氏と親密な関係になっても，フラッシュバックが起きない」「誰かに非難されても，自分がそれほど無価値になったようには感じない」「飲酒したい衝動を感じずに一日を過ごせる」）。こうした回答は，クライエントが，抑制したり，コントロールしたり，または回避したりしようとしている私的体験を明るみに出す傾向がある。また，こうした発言は，行動の回避そのもの，つまり，望まない内的体験のきっかけとなる状況や出来事や相互作用を避けることで，それらを引き起こすのを避けようとする試みについて改めて見直す足がかりともなる。そして，クライエントが語るこうした感情的な障害は，今もなおクライエントにとっての懸念事項であり続けているため（だからこそ，クライエントはあなたの助けを求めている），セラピストは，質問を裏返して次のように質問することもできるだろう。

セラピスト：朝起きたときに憂うつな気分を感じるということが，いまだ克服できない問題のひとつということですね。では，朝起きて気分が憂うつだと気がついたら，次にどうなるのですか？
クライエント：そうですね，仕事へ行くかどうかを決めなければなりません。憂うつな気分が本当に重いときには，病気だから休むとだけ電話をして，ベッドへと行こうとします。
セラピスト：では，あなたが自分の憂うつをコントロールしようとして使う方略は，ひとつには，エネルギーを温存するために仕事へ行くのを止めることだと。それで間違いないですか？

こうした短いやりとりから，クライエントが克服しようとしているさまざ

まな感情的障壁についての「スナップ写真」を得ることができる。

問題が解消したら状況がどうなるかに関する一連の質問の第二のゴールは，そのクライエントにとっての価値について，また，人生で何を得たいのかについて，クライエントと一緒に手短に話し合っておくことにある。ここで示されるより良い（ベターな）人生についてのビジョンこそが，**アウトカム・ゴール**なのである。本書の後のほうで考察するが，アウトカム・ゴールのなかには，真のゴールもあれば，むしろ価値（オーグメンタル）のように機能するものもある。ただし，セラピーの初期になされるこのやりとりは，もっと後になってからなされるだろう本格的な価値のアセスメントやゴール・プランニングとは異なっている。この初期の段階では，ただ単に，クライエントがこうであってほしいと望んでいることに触れようと試みているに過ぎない。

セラピスト：もしも，あなたがパートナーと親密になろうとするときに，フラッシュバックや不安発作を起こさなかったとしたら，あなたの振る舞いは，今とはどのように違ってきますか？

クライエント：リラックスできるし，親密な瞬間を楽しめるし，彼のニーズにも応えられるようになります。私がどれほど彼を愛しているかを，彼と共有できるようになります。

セラピスト：なるほど，人生のパートナーとしてこのようにありたいと思っているその姿を，あなたは心の底からこの関係に反映させたいと思っているのですね。とても素敵なことです。そうすると，どうも，フラッシュバックや不安が，あなたが思い描く関係の実現を邪魔しているようですね。

上記のやりとりでは，セラピストは，クライエントが抱く価値を認めたうえで，彼女が望むことと，感情的な障壁に対ししなければならない対処との間に葛藤がある点を単に指摘しているだけである。ここでの作業はいうなれば，スナップ写真を画びょうで張り付けていくようなもので，セラピストは，重要な価値とそれに関連する障壁にここでは単に注目するにとどめ，後

のセッションで取り扱うために，ひとまずそれらをコルクボードに留めていっているのである。

一般に，クライエントを締めつけているシステムには，アウトカム・ゴールとプロセス・ゴールを間違って結びつけたルールが含まれている。たとえプロセス・ゴールを達成しても，それによって関連づけられたアウトカム・ゴールが実現することは，実際には保障されない。ところが，慣習となっている変化のアジェンダは，その2つが結びつくという前提に基づいているのである。セラピストは，クライエントの発言のなかで，プロセス・ゴールの達成とアウトカム・ゴールの実現を直接的に結びつけたものに注意しておく必要がある。

次の対話でのクライエントは，抑うつと不安，そして何年も上手くいっていない家族との関係に苦しんできた。そして今，自らが切り出したことによってはじまった不愉快で延々と続く離婚協議のただなかにいる。

セラピスト：あなたはこのセラピーに，何を望みますか？
クライエント：私は，自分自身のことをもっと良く思えるようにならないといけないのです。ときどき，自分が本当に大嫌いになります。だいたいいつも，自信がないのです。物心ついてからずっとそうでした。まだ小さな子どものころでさえ，何をしても下手くそで，絶対にうまくできないと思っていた記憶があります。本当の意味で自分が成長して，自分に起きている何らかの責任を引き受けられたことなんて，一度もないと思います。結婚生活は，結局うわべだけでしかなかったし，子どもたちは私と一緒にはいたがりません。私が台無しにしてしまったのです。何年もの間，ただお酒を飲むことで対処してきて，当然ながらそれは事態を余計に悪くするだけでした。でも，お酒を飲むのを止めた今では，ほんとうに悪い気分で毎日の時間を過ごしています。もしもお酒を断つことがこれほどまでに辛いことだと知っていたら，決して止められなかっただろうと思います。

ここでのクライエントの発言は，アウトカム・ゴールとプロセス・ゴール

の入り乱れた状態を示している。クライエント自身でも，どちらがどちらなのかの認識がはっきりしていないようである。彼女のアウトカム・ゴールには，自分の人生を自分で引き受けること，有効で親密な人間関係を持つこと，そして，子どもたちとの良好な関係を築くことが含まれている。これらのアウトカムは，自分が嫌い，自信がない，悪い気分，そして「私は何をしてもうまくいかない」と考えるといったさまざまな心理的障害によって妨げられている。セラピストは，この何気ない質問によって，クライエントにおける機能しないシステムの核心，すなわち，自信のなさと悪い気分がなくなれば，より力強くて価値のある人生を生きられるようになるというアジェンダを浮き彫りにしているといえる。彼女にとって，「悪い気分を変えること」はプロセス・ゴールであり，「良き人生を生きること」はアウトカム・ゴールである。また，この回答は，システムをなんとか有効にしようとしてクライエントが試みた努力のいくつかも明らかにしてもいる。つまり，クライエントは飲酒した際には「より良い気分になった」ものの，より良い気分になることは，より良き人生へは結びつかなかった。事実，飲酒という行為は，彼女の人生をはるかに生きにくいものにしていた。つまり，プロセス・ゴール（より良い気分になること）は，実際には，アウトカム・ゴール（価値のある人生を生きること）とは負の関係にあったことになる。

何を試してきたのか？

　ほとんどのクライエントは，あるシステム，すなわち望まれない私的体験を活き活きとした人生への障壁とみなすシステムのなかで問題に取り組んでいる。これに対し，セラピストは労を惜しむことなく（必要であれば多大な労力を投入してでも），これまでにクライエントが用いてきたさまざまな対処方略すべてと，それらがもたらした結果を整理していくべきである。この情報収集をおこなう際，セラピストは，クライエントのさまざまな問題解決の努力に対して，労いを示しつつ，客観的で価値判断のない姿勢を保つべきである。セラピストは，クライエントの一つひとつの対処方略について，いくらか詳しく説明をしてもらってから，次に，それらの対処方略をクライエ

ントが拠り所としている変化のアジェンダの一つひとつとして関連づけていく作業をおこなう。たとえば，以下は，慢性的に心配を抱えたクライエントとのやりとりである。

セラピスト：他には，どんなことを試してきましたか？
クライエント：そうですね，ときどき，「それはばかげている。つまらないことを大げさにし過ぎなのだ」などと自分自身に言い聞かせたりしています。
セラピスト：言ってしまえば，自分を非難して，責めるということでしょうか。そうだとして，その非難の目的とは………？
クライエント：自分を止めさせるためですね。
セラピスト：自分を変えるため，つまり，心配するのを止めるため。
クライエント：そう。……心配の内容がばかげている。つまり，頭に浮かぶもののいくつかは，まったくもってばかげているのです。
セラピスト：そして，あなたの目論見としては，そうした心配事，つまりそうした思考，それらを排除できれば，不安が減って，日常の状況にもっとうまく向き合えるようになると。
クライエント：そのとおりです。でも，心配するのを止めるように自分を納得させるのは，なかなか難しいです。だから，うまくいくときもあるけれど，うまくいかないときもあります。
セラピスト：では，もしもあなたが心配しなくていいことを自分自身に納得させられさえすれば，心配はなくなって，ものごとは先へと動きはじめるのですね。わかりました。では，ここまでで，これまでの対処方法として，非難，責めること，そして，心配するのを止めるように自分を納得させようとすること，があげられました。他にはどんなことを試しましたか？

この例のなかでセラピストは，いくらか加工された鏡のように機能しており，クライエントが話していることの重要な点を，若干のひねりを加えてから投げ返している。あげられた解決策を，クライエントが望むアウトカムに

沿った視点から枠づけし直すことで，セラピストは，クライエントが以下のことを認識するのを手伝っているのである。すなわち，①たくさんの解決策が試みられてきたこと，②そうした解決策は，普通はプロセス・ゴールの達成を狙いとしていて，そのときにアウトカム・ゴールとの正のつながりが前提とされていること，そして，③それらの解決策が基盤となる方略は共通で，望まれない私的体験をコントロールまたは排除しようとする振る舞いと結びついていること，についての認識を助けているのである。

さらに，まさに今おこなわれている「セラピーを求める」という振る舞い自体についても，この種の解決策になっていないか検討してみるのもよいだろう。セラピーにやってくるのがどういった意味であり，それ自体として変化の努力のひとつとみなせるのかどうかをクライエントと共に考えてみるのである。セラピストがあえてこういった提案をおこなうことは，クライエントの変化のアジェンダにセラピスト自身もその一部分として含められることに対して，セラピストが防衛的ではないことを示す意味で効果的である。

以下は，先にも紹介した，うつを抱えた離婚協議中のクライエントとのセッションからの例である。

セラピスト：そして，ここへいらっしゃったことについてですが，これも，悪い気分を変えようとする努力の一環ですか？

クライエント：もちろんです。ここで何を得られるかは，正直なところわかりませんが，自分自身について少しでも良く思えるようになれば，来た甲斐があったというものです。

セラピスト：では，あなたは，悪い気分をいくらか取り除いてもっと良い気分になりたいと思っている。そして，その理由は，そうすれば先へと進めるからなのですね。

クライエント：(少し間を置いてから) そうだと思います。

セラピスト：では，これもまたひとつの試みになりますね。わかりました。それでは，「このセラピー」もリストに追加しましょう。これは，あなたがより良い気分になろうとしておこなったひとつの方略ですから。

クライエント：気分を良くするために，思いつくことはほとんど何でも試しました。

セラピスト：もちろん，そうですよね。ここでのセラピーもまたひとつの試みということですね。

クライエント：まるで，他に選択肢があるかのような言い方ですね。

セラピスト：それは，わかりません。今は，ただ，あなたが何を試してきて，それがどのように役立ってきたかについて，ちゃんと理解しておきたいだけです。

それらは，どのように役立ったのか？

臨床家にとっては，以下の基本的な原理に由来する明らかに有利な点がある。その原理とは，もしもものごとが「宣伝されたとおりに」役立っていたのなら，クライエントがたった今あなたの目の前に座っているはずがないということである。クライエントがそこにいるからには必ずや何らかの不具合が存在している。ここでのゴールは，何が根本的に問題なのかをクライエントが理解するのを助けることである。ACTでは，ある2人のプレーヤーたちによって競われるある種の対戦にクライエントを取り組ませようとする。プレーヤーの一方はクライエントのマインドであり，他方はクライエントの実体験に基づく知恵である。クライエントは，ある種の結果を直接的に体験している。クライエントが苦しむとき，そこには，マインドと実体験との根本的な食い違いが存在しているといえる。マインドが言うには，特定の方略（例：自信を高めるようにすること）に従うことで望むアウトカム・ゴール（例：皆に好かれる）が得られるとされる。それに対し，実際には，そのシステムはそうした結果を生み出してくれてはいない。しかし，そのときにクライエントがすることは，システムの側を疑うことではなく，マインドによるその方略がうまくいかなかった理由についての解説（例：「自信をつけるための努力が足りなかったからだ」「成功するには不十分だったのだ」）を信じることなのだ。私たちは自分のマインドとの間に心地よい関係を築き上げているため，大体において，ここで繰り広げられているゲームを私たち自身

が認識するのは非常に難しい。マインドに従うことに対する最初の疑念をクライエントのなかに生み出す唯一の道筋が，「有効性」に関する問題を繰り返し取り上げる方法なのである。クライエントは，マインドのアドバイスに従ってどんなことを試しても，結局はうまくいった経験がない，といった状況に置かれている。だからこそ，彼らは最終的にセラピーへ訪れることになったのである。セラピストにとって課題となるのは，いかにして，クライエントを防衛的な抵抗の姿勢へと走らせてしまわないようにしながら，これまでの方略の失敗へと向き合わせるかである。先にも登場した慢性的に心配を抱えるクライエントとの次の対話は，ルール・システムがどのくらい有効であるかを評価するための方法を示している。

セラピスト：では，ちょっと質問させてください。あなたのマインドが言うには，あなたの心配の内容がばかげていることを自分自身で納得できれば，心配はなくなり，不安も小さくなって，もっとうまく行動できるようになると，そういうことですね？

クライエント：そうです。

セラピスト：わかりました。そして，それはどれくらいうまくいきましたか？ あなたの体験は何と言っているのでしょう？

クライエント：うまくいくときもあります。でも，いつでもその心配を言い負かせるわけではありません。

セラピスト：では，うまくいったときもあるわけですが，時間枠をもう少し長くとって振り返ってみましょう。長期的に見て，マインドがあなたのためにアドバイスしてくれたルールに従ってみたところ，心配事は全体として減ったでしょうか，それとも増えたでしょうか？

クライエント：……全体としては，増えました。

セラピスト：それはなんだか逆説的ではありませんか？ つまり，あなたは自分のマインドが言うとおりに振る舞ってきて，ときにはうまくいったように思えたものの，どうしたわけか心配事は小さくなるのではなく，むしろ大きくなっているようだと。心配事はますます重要な問題になってきている。ささいな問題などにはなっていない。

クライエント：では，私はどうすべきでしょうか？
セラピスト：あなたのマインドは，どうしなさいと言っていますか？
クライエント：もっと努力するようにと。
セラピスト：興味深いですね。それで，実際に，もっと努力をしてきたのでしょうか？
クライエント：もっと，もっととがんばってきました。
セラピスト：それで，**それ**はどのように役立ちましたか？ 長期的に見て，または根本的な意味で，割に合いましたか？ 努力することで，状況が変わって，もはや問題がなくなったのでしょうか？ それとも，信じられないことに，努力すればするほど，もっと深く「どつぼ」にはまっていったのでしょうか？
クライエント：……もっと深く「どつぼ」にはまっていっています。
セラピスト：もし私たちが投資顧問を雇っていたとして，その人がこんな成績を出したとしたら，とうにクビにしているところですよね。でも，このとおり，あなたのマインドは，実際には収支の合わない努力をずっとあなたにさせ続けている。それなのに，あなたのマインドはいまだに「ああだこうだ」とあなたに付きまとってくるので，結局，毎回彼に「最後のチャンス」を与えずにはいられない。私が言いたいのは，マインドがするように言ってくること以外に，どんなことをあなたはできるだろうかということなのです。でも，ひょっとしたら，私たちは「どちらに従うか——マインドか，それとも体験か？」と問うところまで来ているのかもしれません。いままでのところ，答えは「マインド」でした。でも，それがどれほどうまくいっていたかについて，あなたの体験が言うことに，まずは気づいてほしいのです。

　システムがどのように役立っているかに注目することには，2つのメリットがある。1つ目のメリットは，クライエントに対し，マインドとの過度な一体化が引き起こす結果を一歩離れたところから「目撃する」きっかけが暗に促されることである。本質的に，これは最もシンプルな脱フュージョンの形だといえる。セラピストが「あなたのマインド」という表現を使うとき，

クライエントは，世界をマインドの視点から眺めるよりも，むしろ心理的な活動自体を眺めるように促されている。私たちの言語習慣は，日常的に「話し手」と「聞き手」の役割の区別を強調している。そのため，自己対話（self-talk）をモノ的な事象として扱ってしまうほうが，「自己対話」と「自分自身」を区別し，そこから距離を取りやすくなる[訳注6]。そして，たとえクライエントが，セラピストの使う**マインド**という言葉に，奇妙さを訴え，すぐにそれがなんなのかを把握できなかったとしても，彼らは，潜在的には「話すこと」と「聞くこと」の違いを理解しており，おのずと一歩離れたところからの視点をもたらす効果がある。2つ目のメリットとして，セラピーをおこなっていくうえでの力強い文脈を創り出すことがあげられる。なぜなら，クライエントがどれほど厳重に防御を固めていても，セラピーに来ている事実それ自体が，何かがうまくいっていないという，疑いようのない証拠だからである。失敗から生まれる痛みは，セラピーのなかで私たちにとって最強の友となる。それは，クライエントの参照枠（frame of reference）を変えるし，「箱のなかから踏み出す」解決策を探すための前提条件となることも多い。また，そのときの客観的でありながらも，評価的ではない方法で結果を考察しようというセラピストの態度は，患者に対する一種のアクセプタンスをモデルとして示すことにもつながる。

　ここでは，クライエントとのはじめの1,2回のセッションを例にあげてはいるが，この「有効性についての原理」（すなわち，「それはどのように役立っていますか？」）は，クライエントが袋小路にはまってしまうのをうまく避けながら進めていくための，セラピー全体を通じて用いることができる基本的な方略である。ときにはACTセラピスト側が，クライエントの持つ，思わず注意を奪う自滅的な人生の物語に対し巻き込まれてしまうこともあるかもしれない。そうしたセラピストにとっては，有効性に注目することが，より本来的に重要な問題に注意を戻すための確実な方法となる。たとえば，もしもクライエントが，このような事態になっている理由について論理

訳注6）自分の頭に浮かんだ思考を何かモノ的（例：小川を流れる葉っぱ）に捉えたり，もしくは擬人化することで（例：マインドさん），話している自分の考え（思考）と聞いている自分自身の意識とを区別しやすくなるということ。

的に「説明」しようとする場合には、セラピストは少し間を置いてから、次のように言うとよいだろう――「なるほど。では、事態がどうにも変わらない理由を論理的に説明する、こうしたやり方は、どのように役立ってきましたか？ あなたの体験は、何と言っていますか？ そのやり方は、この問題について、あなたがいくらかでも身動きするだけの余裕を確保できるようなものの見方を提供してくれていますか？」。

そのために支払った代価は何か？

　ここまでクライエントの置かれた状況の検討を進めると、次の作業は、クライエントがマインドのアドバイスに従うことで支払ってきた代価について、クライエントと一緒にアセスメントすることである。先にも記したように、コントロールと回避の方略は有害であるにもかかわらず、ほとんどのクライエントは、そうした不都合な結果を、あたかも苦痛な私的出来事のコントロール法を探求していくうえで必要な「仕方のないダメージ」と考えている。彼らの視点では、私的出来事をコントロールするためなら極端な方法さえも正当化される。セッションの初期におこなわれるこの検討作業では、セラピストによって、こうした不都合な結果に与えられた「仕方のないダメージ」というラベルから「引き起こしてしまった結末」というラベルへの張り替え作業が試みられる。実際に、「コントロールして排除する」アジェンダは、苦痛な内容を和らげないどころか、クライエントの心理的空間と外部の世界に対して大損害を与える。この大損害こそが真にクライエントが支払ってきた代価なのである。この事実をクライエントが甘んじて受け容れるようセラピストが支援することで、他の選択肢を探してみようというクライエントの動機づけが高められる。すでに見てきたように、この最初の作業では、あえてごく表面的にしかクライエントの価値に触れていない。その主な理由は、クライエントが想い描く夢と、実際に起きていることとの間に不一致があるため、そこから多くの不安が生まれるからである。次に示すのは、先に紹介した性的虐待のサバイバーとのやりとりである。ここでの対話からは、鍵となるいくつかの重要な要素を見てとれるだろう。

セラピスト：お聞きしたいのですが，あなたは，あなたが夜ベッドに入る支度をしているところにパートナーが近づいてくると，最も不安になるとおっしゃいましたね。恐怖さえ感じて，叔父さんがあなたにしたことを思い出しはじめると。さぞ，恐ろしくて苦痛な状況だと思います。そのとき，あなたはどのようにその場に対処するのですか？

クライエント：私が不安をコントロールするにはもう，その場から去って，散歩に出掛けるかテレビの部屋へ行くかして，意識を逸らすしか方法がありません。

セラピスト：それは，とても辛いですね。つまり，あなたは基本的にパートナーから離れることを強いられているわけですが，そこであなたが引き裂かれているパートナーは，明らかにあなたが強く愛している人ですよね。この状況は，ふたりにどのような影響を与えていますか？

クライエント：これが私にとってどれほど辛いかは誰にも想像できないと思います！　私は木の葉のように震えます。何をしたらいいのか，まったくわかりません！　彼が私に対して苛立ちをすごく募らせていることにも落ち込みます。彼は，別々な部屋で寝ようとさえ提案してきましたし，自分の家で**一人で**過ごす夜をもっと増やそうかとさえ言っています。

セラピスト：なんと！　それはよくないですね。言いようによっては，あなたは，「彼との親密な関係」というあなたの想い描く夢をあきらめることで，不安の解消という結果を購入している，ともいえそうですが，どうでしょうか？

クライエント：はい，悲しいですが……自分自身の問題がふたりの関係を壊すままにしてしまっています。

セラピスト：しかし，どうでしょうか，あなたの問題自体が悪さをしているわけではないようにも思えるのです。あなたの生活を荒らし回っているのは，問題が生じたときのあなた自身の振る舞いのほうなのではないかということです。不安を弱めるために，あなたはベッドルームを去るわけですよね。不安のコントロールがあなたにとって第一の優先課題と

なってしまっていることが，あなたが体験しているそういった辛い代価を支払うことの理由なのではないでしょうか。

クライエント：もしも，ベッドルームに居続けて不安を野放しにしたら，そのまま自制を失うのが心配なのです。

セラピスト：まさに，あなたのマインドは，大急ぎでそこから脱出しないともっと悪いことが起こるぞと，ひっきりなしに訴えているわけですね。ところがなんだかおかしなことに，部屋を去ると，長い目で見てもっと悪い結果になりませんか？　あなたのマインドは，あなたがパートナーとの関係と，それに対してあなたが抱いていた夢とを失ってしまうことについては，何と言っていますか？

クライエント：その質問には何と答えてよいか，わかりません。

セラピスト：あなたのマインドは，この質問には答えられないということでしょうか？　では，あなた自身にこのように質問させてください。あなたにとって今いちばん大切なのは何ですか？　ベッドルームで不安を感じないことでしょうか？　それとも，大切な男性との関係を続けていくことでしょうか？　あなたのマインドは，不安が人生の最重要課題だと言っていますが，私は，**あなたが**どのように思うのかを知りたいのです。

クライエント：私にとって大切なのはふたりの関係です。

セラピスト：それでは，これからもあなたのマインドのアドバイスに従い続けると，どうなっていくと思いますか？

クライエント：彼がこの状況に疲れ果てて，私のところから去っていくと思います。でも，どうしたらいいのか，わからないのです！

セラピスト：なるほど……わからないということが重要かもしれませんね。

不安と恐怖のコントロールを最重要課題とするクライエントのアジェンダによって，不安と恐怖のコントロールのためなら大切な関係を失うことすら受け容れるべき「仕方のないダメージ」であるとの発想が維持されている。その裏で，本当の代価は，クライエントにとって取り返しのつかない生涯に

わたる結末へと膨れ上がっている。そこで，上記のやりとりでセラピストは，クライエントが抱くそうした理屈を弱めようとしている。なお，コントロールと回避に伴う代価についてのこうしたやりとりをクライエントに対する批判へと発展させることがあってはならない。セラピストは，隠れた結果を引き出すというセラピスト自身の主眼を維持しつつも，同時にクライエントを「優しいまなざし」で見つめることを忘れてはならないのである。

トリートメントに関する合意事項の作成

どのような項目をインフォームド・コンセントとトリートメントの合意事項（treatment agreement）に含めるかは，実践現場の状況によって異なってくる。たとえば，外来での心理療法，プライマリーケア，職場でのプログラムなどで，それぞれに違った実践上の制限があるだろう。合意事項の作成にあたっては，一般的に，そこでの介入に関する原理とプロセスについての説明が含まれる。また，選択肢として他の介入法についての可能性とそれぞれの介入法の性質，それらのエビデンスについても，重要な説明項目として含まれる。

ACTはかなり根本的で苦痛な個人的問題を引き出す可能性があるため，クライエントには，ACTでのトリートメントの流れにコミットメントしてもらうことと，トリートメントの成果を性急に判断してしまわないように合意を求めておくのが賢明である。また，クライエントと一定回数の面会をおこなった段階で定期的に，さらに先のセッションへと進むにあたっての，その時点でのトリートメントの成果を振り返ることについても項目に含めておく。クライエントには，調子の良いときと悪いときとの波があるだろうことと，トリートメントの成功は苦痛がない状態のことではないこととを理解しておくよう伝えておくことが必要である。

有名なACTの解説者で，ACTセラピストの養成家でもあるRuss Harrisは，ACTにおけるセラピーでの合意（therapeutic agreement）までの手順を早める方法を開発している。その手順には，以下が含まれる。すなわち，クライエントの問題を比較的客観的な言葉で表す，起こっていることと望ま

れていることとの間のギャップから生じる苦痛を妥当なものと認める，そして，思考，感情，価値づけられた行動の欠如とのクライエントの苦闘に着目する，という手順である。そして，最終的に，今までとは根本的に違った選択肢，つまり，困難な思考と感情の影響を緩め，価値づけられた行為を追求することへとつながる選択肢を選び取ることへの合意を得る。この最後の合意を得ることは非常に重要である。なぜなら，しっかりとACTを支持するような形で契約が結ばれない限り，文化的に支持された反ACT的な発想が，契約のなかに容易に，かつ潜在的に紛れ込んでしまうからである。そして，それが起こってしまうことで，不必要な混乱と意見の衝突が後のセッションで起こるようになってしまうからである。

問題を外在化する

　クライエント自身による問題の見立てには，クライエント自身が設定した最終ゴールはもちろん，クライエント自身が設定したわけではない手段またはプロセスも紛れ込んでいるものである。「私は憂うつだ」という言葉は，通常，憂うつな気分は消え去ら**なければならない**ことを暗に意味する。しかし，もっと詳しく検証してみれば，この要請は，手段またはプロセスなのであって，最終ゴールではないことがわかる。では仮に，クライエントの抑うつが**実際に消え去って**しまったとしたら，クライエントの人生が以前よりもうまくいっていることを表す行動として，クライエントは何に取り組んでいるのだろうか？　この問いにクライエントが答えたなら，その答えは「憂うつを消し去ること」以外の，もっと重要な何らかの結果について語ったものとなるはずである。つまり，このことから，抑うつ気分の排除自体は，クライエントにとっての最重要課題ではなかったことが明らかになるのである。

　セラピストは，より行動的な用語を使ってクライエントの問題を記述することで，クライエント自身のおこなった有効ではない見立てに引っ張られてしまうトラップにはまることを回避できる。実際にセラピストにとって有効なのは，クライエントの問題を，苦痛な思考や感情に由来するものとしてではなく，その人の履歴と状況に由来するものとして記述することである。た

とえば，セラピストが次のように話すのもよいだろう。「では，私が正しく理解できているかどうか，ちょっと確認させてください。あなたは数々の困難に直面してきました。まず仕事を失い，それからお父様が亡くなって，そして最近は健康上の問題も患うようになりました。あなたにとって，人生を前に進むのがどんどん大変になってきています。そして今度は，家族との関係についての問題まで引き起こされました」。ここでのポイントは，セラピストはクライエントの問題を網羅的に記述はするものの，問題に関してクライエントが見立てた原因と結果についての関係性は鵜呑みにしていないことである。クライエントの問題を要約するなかで，診断名，あるいは苦痛な思考や感情が問題の原因になるかのような発言はあえて含め**ない**点が重要なのである。おおかた，クライエントは，こうした苦痛な思考や感情が問題の根源であるとして，因果関係を捉える傾向にあるが，実際には，そうしたクライエント自身の**見立てのほうこそが変容すべき問題**なのである。いくつかのクライエントの行動については問題のサマリーに含められるとよいのだが，主に焦点を当てるべきポイントは，やはりクライエント固有の履歴と状況のほうだといえる。結局は，クライエントにおけるそうした履歴や状況こそが，彼らの行動に最も影響を与える文脈的な要因だからである。

　しかしながら，臨床家のゴールがクライエントのそれに取って代わるわけではない。あくまでも，セラピストはクライエントの**ために**働いている「雇われ手」である。しかし同時に，臨床家は，どの手段がどの最終ゴールへと結びつくかについて専門知識をより多く持つ者でもある。仮に，水漏れが起きたため配管工を呼んだ人が，その人自身は，トイレが壊れているものと間違って確信していたと考えてみよう。配管工は，トイレとは無関係なパイプが破損していることにすぐに気づく。しかし，ここで，クライエントが問題を間違って見立てたというだけで配管工がトイレを修理するのは，非倫理的である。問題は水漏れであって，配管工には，水漏れの原因を探し出す専門家としての責任があるといえる。同様に，心理療法家には，クライエント自身や文化によって変化のために必要だと信じられているが効果的ではない手段を採用するのではなく，実際に有効な手段を採用するだけの専門家としての義務がある。クライエントは，生きるうえでのある特定の問題を抱えてい

る。それに対し，セラピストにはクライエントが抱える問題の元と解決策をプロとして分析する責任があるのである。

ギャップから生じる苦痛を当然のものと認める

クライエントが抱く苦痛と人生がうまくいっていないという感覚は，自然で当然のものと認められなければならない。クライエントの体験をセラピストが認証（validation）することが，クライエントが苦痛な感情や思考をノーマルなものと受け止める助けになる。

　　「こうあってほしいという人生と，実際の人生を比べてみたときに，胸が苦しくなるのですね。あなたは，憂うつさを感じて，自己批判的になってしまう。でも，今の現実のありようと，あなたが望む人生との間のギャップを考えれば，あなたがそのように反応することは，ごく自然なことでしょう」

思考や感情との苦闘があることを認める

フュージョン，回避，また非柔軟な注意といった苦闘があることを認めつつ，そうしたものを包括的に含めたメタファーをつくったり，介入のために役立つ視点を示すようなやり方で状況を要約したりするのも有用だろう。

　　「まるで，人生がいかにうまくいっていないかを，あなたのマインドが繰り返し念押ししてくるかのようですね。あなたが悲しみを感じる。すると，あなたのマインドが，あなたを価値判断しはじめる［ここに，*反すう，不安を感じる*など，*他にも何であれクライエントがしていることを挿入*する］。まるで，あなたは「内なる戦争」に巻き込まれているかのようですね。困難な感情や思考につかまった状態で，それらがあなたの意識のなかでますます大きな比重を占めるようになってきています。あなたは，憂うつや自己批判的な思考とは何度も果敢に闘ってき

て，ただもう打ちのめされるだけのこともありました。戦闘地帯で生きようとするのは，決して楽しいものではありませんよね！」

代価が何であるかを指し示す

セラピストは，クライエントが現に直面している困難を認めたうえで，次に，それらの意味と結果の吟味へと進む。

　「そして，こうした思考や感情に完全につかまってしまうと，あなたの人生は足止めを食っているかのようでもありますね。ほとんど役に立たないか，気力を消耗するか，または時間の経過とともに事態をさらに悪くさえするような振る舞い方で結局は終わってしまう。あえて寝てしまったり，回避してしまったり［*それ以外にもクライエントがしていることを何でも挿入する*］。たしかにそうした対処法は，ごく短期的には苦痛をいくらか和らげます。でも，長期的には，あなたが望んでいたような人生は，むしろ，さらに遠のいています。あなたが大切に思っているものは，苦しい状況にさらされています。たとえば，今となっては，もう友達と一緒に過ごす時間はそれほどなくなってしまいました。教会の聖歌隊で歌うのもあきらめました。そして，そうしたことが事態を一層厳しいものにしていくので，今いる地点と目指している地点とのギャップはますます広がって，ネガティブな感情はさらに強まり，苦闘はいよいよ激しくなっていきます。何かがうまくいっていないものの，何をしたらよいのかがはっきりとは見えてこない。だから，あなたは私のところへやってきた。私の理解は合っていますか？」

トリートメントの合意事項をつくる

セラピストは，クライエントの葛藤の全体を概観したら，トリートメントの合意事項をまとめる作業へと進む。

「さて，私たちには，するべきことが 2 つあるようです。1 つ目として，こうした困難な思考や感情があなたを追い回さないようにするために，それらを取り扱う別な方法を見つける必要があります。そして，2 つ目として，あなたの人生をあなたの主だった価値の領域［クライエントの価値と行為を具体的にここであげる］で改善させていくように取り組み，困難な思考や感情［実際に，妨げになっている具体的な事柄をここであげる］が，あなたの人生を支配したり，あなたが大切に思うものを取り上げたりできないようにしていく必要がありますね。では，この 2 つの方向で，今までとはまったく違う何かに，私たちが一緒に取り組めるとしたらどうでしょう？　あなたは例の内なる戦争に力を注ぐのではなく，もしかしたら，戦いの外側の世界で何かに力を注げるかもしれません。そうすれば，自己批判的な思考と悲しい感情は今までほど，あなたが前進するうえでの邪魔にはならなくなり，私たちは，あなたが本当に大切に思うことに向かって進んでいけるかもしれませんね。そんなまったく違ったやり方を試してみる価値があると思いますか？」

クライエントがこれに同意すれば，セラピストが次に伝えるべきは，トリートメントのいくつかの側面は，クライエントに混乱を引き起こしうるもので，クライエントが苦痛への対処法としてそれまでに学んできたこととの間に矛盾を感じさせうるという点である。なにしろ，これからおこなおうとしているのは，これまでとは違った，新しいアプローチだからである。また，トリートメントにコミットすることに対してクライエントがためらいを感じるのもめずらしくないと念押ししておかなければならない。セラピストは，新たなアプローチに対するこの種の恐れは普通にあることであって，クライエントはどのようなためらいや不安でも，セッションのなかで自由に話題にしてよいことをかなり強調して伝えておく必要がある。それでもクライエントは回避や硬直性を見せることがあるだろう。そのときは，それ自体を，これまで違った新たな方法に挑戦してみるためのサインとして受け止めるべきである。たとえばセラピストは次のようにこれに触れることができる。

「また，一般に，人は苦痛を感じると回避しがちになることが知られています。ですので，それはおそらくここでも起きてくるでしょう。たとえば，あなたが不安を感じはじめたら，セッションを休むか中断するかしたいと思うかもしれません。でも，むしろそれは，まさにその反対の行動にでるべき時期が来たと示すサインかもしれませんね。私たちが今までとは違ったどこかにたどり着こうとしているサインであって，また，その不安自体を扱っていけるように，あなたがその不安をこの部屋のなかに連れてくる必要があるというサインかもしれません」

なお，クライエントには，まだ準備の整っていない行為に，セラピストが無理に取り組ませるようなことは一切ないと伝えておくのがよい。セラピーの一つひとつの段階で，選択権を握るのはクライエント自身なのである。

コントロールこそが問題であり，それは解決策ではない

セラピーのこの段階では，クライエントを締め上げている「アジェンダにキャッチフレーズをつける」ことが重要である。一般的にクライエントは，はじめの1，2回のセッションからすでに，自分自身がおこなっている何かが自分の苦しみに荷担しているらしいことに薄々気づいているかのような発言をする。それでも，たいていの場合，その問題となる自分の行動が何なのかまでは気づいていない。先に見てきたステップの一つひとつが重要な足場となって，それを踏み台にクライエントは，有効でないいくつもの解決策を個々に扱う姿勢から，それらをまとめて反応クラスとして扱う方向へと移っていく。ACTのアプローチの中核となる原理は，次のようなものである。すなわち，望まれない私的体験をコントロールまたは排除しようとするクライエントの試みは「健康とは望まれない私的体験から解放されることだ」と明示する文化的なルールに衝き動かされている。実際に，ほとんどのクライエントが，以下の4つの根拠を基に，意図的なコントロールが私的出来事に対する有効な対処方略だと主張する。

1.「意図的なコントロールは，外的な世界で私にとってとても効果的です」
2.「それは，自分の内側の体験についても有効だと教わってきました」（例：「大丈夫，怖がらないで……」）
3.「それは，私の周りの人たちにとってもうまくいっていると思います」（例：「お父さんが，何かを怖がっているところなんて見たことがない……」）
4.「それは，私自身にとっても，辛かったある特定の体験について有効だったと思います」（例：「回避は，私の不安症状をしばらくの間は軽くする」）

　私たちの皮膚の外側の世界は，「悪い出来事が取り除かれれば，悪い結果も回避できる」との言語的なルールに沿うことでうまく回っている。文化的な視点からいえば，社会に適応するうえで，このコントロール指向の問題解決策が重要な役割を荷っていることは否定できない。しかし一方では，この基本的なアプローチが私的体験の世界では機能不全に陥ることも事実である。残念ながら，ほとんどのクライエントは，この言語ルールの妥当性と正確性を無条件に信頼している。確かに，コントロール指向の変容方略は領域（外的世界か内的世界）にかかわらず，常に理にかなっているかに見えるかもしれない。しかし，実際には，それが適切でない領域（内的世界）において適用されると，クライエントが回避しようとしているまさにその問題を再び生み出したり，むしろ強めてしまう傾向にある。私的出来事は，操作可能な物質ではない。むしろそれは，歴史的で自動的であり，かつ，抑圧や回避，排除をしようとしてどうにかなるものではない。そうした私的体験を本来の性質に反して無理に「クローゼットに仕舞い込む」努力（すなわち，感情的回避，逃避，まひ）は，それらをそのまま放っておいた場合よりも，もっと大きな代価を伴うこととなるのである。先にも登場した性的虐待のサバイバーのケースにおいて，セラピストはこの事実に触れている。

セラピスト：つまり，あなたは今，いうなれば人生の「分岐点」へと差し

掛かっているわけです。一方の道の標識には「不安をコントロールする」と書かれています。そしてもう一方の標識には「パートナーとの理想の関係を生きる！」と書かれています。さて，私たちはあなたのマインドが前者の道へと進んでほしいと考えていることを知っています。実際に，あなたは，そちらの道をとても勇敢に進んできました。ついには，パートナーを，あなたからいくらか距離をとりたいと話を切り出すところまで消耗させつつあるわけですが。それにもかかわらず，あなたは頑張ってその道を進み続けてきました。思うのですが……そう，たとえば半年前と比べて，あなたは自分自身の恐れと不安とフラッシュバックを前以上にコントロールできるようになっていると感じますか？

クライエント：いいえ。まあ，「不安をコントロールする」が何を意味するかにもよるかもしれませんが。

セラピスト：私たちは，短期的に見ると，ベッドルームを去る振る舞いがあなたの不安を軽くする助けになると知っています。対人的な場面を回避すれば，より安全に感じられると知っています。そしてまた，外出を避ければ，こうした不安が引き起こされる可能性が低いことも知っています。私がお聞きしたいのは，つまり，あなたの人生のなかで不安，恐怖，またフラッシュバックといったものが占める割合を考えたとき，その割合は，大きくなってきていますか，それとも小さくなってきていますか？

クライエント：不安と恐れが増えてきていて，以前にも増して色々な状況で問題が起こるようになってきました。

セラピスト：では，お話では，恐れと不安を軽くするためのあなたのやり方は，実際には不安をもっと生み出しているということですね。ひょっとすると，あなたは今ここで何らかの奇妙なサイクルにはまり込んでいて，不安をコントロールしようと努力すればするほど，余計にコントロール不能になっているという可能性はありますか？

クライエント：まあ，私にわかるのは，状況はよくならずにますます悪くなっているということだけです。ひょっとしたら自分で悪くしているのかもしれません。

セラピスト：なんと，不思議ですね！　あなたのマインドは，不安に対処する方法は「きっかけとなる状況を回避することだ」とあなたに向かってささやきます。でも，あなた自身は，私に向かって，実際に対処してみた結果，「より多くの状況のなかでより多くの不安に対処しなければならなくなった」とおっしゃっている。

　ここでは，セラピストは，「何を試してきたのか？　それらは，どのように役立ったのか？　そのために支払った代価は何か？」のアセスメントから明らかになったことを拡げていっている。クライエントがこれまで用いてきたさまざまな対処方法には，それらの多くをまとめあげるようなあるひとつの大きなカテゴリーがあるかもしれない。セラピストは，そうした可能性については，ここでは単に示唆するにとどめている。より高い機能を維持しているクライエントでは，この逆説的な結末を指摘するだけで，即座に変化がみられる場合もある。しかしながら，ここでのやりとりの臨床的な効果を高めるには，言語的な理屈に頼るだけではなく，メタファーとアナロジーを用いるのがよいだろう。メタファーは，コントロールしようとすることの持つ問題点を伝えるうえで強力な道具になる。たとえば，以下の「嘘発見器」のメタファーのように：

　　「仮に私が，いまだかつてないほど高性能な嘘発見器にあなたをつないだとしましょう。これは完璧な機械で，これほど感度のよいものは世界初です。機械に完全につながれてしまえば，あなたが感情的に高まったり不安を感じたりした際，確実にそれを検出します。さて，課題はとても簡単です。あなたはリラックスしたままでいればよいだけです！ただし，もしちょっとでも不安になったなら，私にはそれがわかってしまいますからね。あなたが一生懸命，不安にならないための努力をしようとしているのはわかっているのですが，あなたの動機づけをもうひといき高めて差し上げたいと思います。そこで，私が持っている44マグナム銃をあなたの頭に向けて保持することにしましょう。あなたが，リラックスしたままでいさえすれば，あなたの脳みそを撃ち抜くようなこ

とはいたしません。でも，もしもあなたが不安になるようであれば（そしてあなたはこの完璧な機械につながれているので，私にはそれがわかってしまいます），私はあなたを撃ち抜かなくてはなりません。だから，とにかくリラックスしてください！　……さて，そんなことをすると何が起きると思いますか？　……結果はどうなるでしょうか？　……もちろん，おわかりになりますよね。こういった状況では，ほんのわずかな不安を起こすことさえ，大きな恐怖を引き起こすきっかけになります。この状況では，ごく自然な反応として『どうか神様！　ああ，私は不安になりはじめている！　ほら，来るぞ！』，バン！　そうならざるをえないですよね?!」

このメタファーを用いると，コントロールと回避というシステムがネガティブな感情に対し適用された際の逆説的な結果を浮き彫りにすることができる。また，ここでのメタファーのなかで用いている言葉を差し替えることで，エクササイズの効果はそのままに，クライエントのさまざまな問題を取り扱うことが可能である。たとえば以下の筋書きがそれを示している。

1. 「言語ルールでコントロールできる行動」と「言語ルールではうまくコントロールできない行動」とを対比する

    「このように考えてみてください。もしも私が『床に掃除機をかけてください。さもなくば，あなたを撃ちます』と言ったとしたら，あなたはすぐに掃除機をかけはじめるでしょう。私が『家にペンキを塗ってください。さもなくば，撃ちます』と言えば，あなたは間もなくペンキを塗っていることでしょう。それが，皮膚の外側の世界で有効なやり方です。ところが，私が何の気なしに『リラックスしてください。さもなくば，あなたを撃ちます』と言ったとしたらどうでしょう？　私の指示は効果が**ない**どころか，逆効果にさえなるでしょう。私が出した指示そのものが，あなたをとんでもなく不安にするのです！」

2. 苦痛な私的体験をコントロールしようとするクライエント自身の苦闘にメタファーを当てはめる

「実は，あなたはすでに完璧な嘘発見器につながれているのです——それは，あなた自身の神経系です！　人間の神経系は，人類がこれまでに作ったどんな機械よりも優れています。実際，あなたが何かを感じれば，間違いなく神経系がそれを感知します。そして，あなたは，どんな銃よりもはるかに脅威となるものを自分自身に向けて保持しているのです——あなた自身の自尊心，自分への信頼，人生の成功といったものです。このように，あなたは，現にこのメタファーととてもよく似た状況に置かれています。あなたは，銃を自分自身の頭に突きつけ『リラックスするように！』と言っている。さて，結果はどうなるでしょう?!　バン！」

3. **一見，コントロールと回避の方略がうまくいく試みでさえ，長期的には有効でないことを示す**

「では，こんなことは言えないでしょうか——あなたが何をしてきたかというと，苦しい場面から逃げることです〔*もしくは何であれクライエントがしていることで，お酒を飲む，回避する，否定するなど*〕。そして，そうやって逃げると自分自身の気分を操作できることを発見しました。でも，それから効果がだんだんと薄れてきて，そのうちにうまくいかなくなってきました。それでも，あなたは，実際には希望のない無意味なゲームをそうとみなす代わりに，むしろそのゲームで勝利しようとしてきたのです。そして，そのゲームのなかで自分自身を殺しかけてしまっているのです！」

心的出来事に関するルール

「嘘発見器」のメタファーが示すように，望まれない私的反応を意図的にコントロールまたは排除しようとする試みは，せいぜい期待に反する結果になるのが「おち」である。これまでのステップでセラピストは，クライエントのマインドが言うようにはコントロールと回避の試みが功を奏しないことを明らかにしている。そうしたコントロールと回避の方略は，実際にはむしろ，事態をさらに悪くするのである。それは，感情・思考・記憶・イメー

ジ・感覚といったものを意図的に抑制またはコントロールしようとする試みは，その意図とは逆の効果をもたらすからである。クライエントが，その点について理解しておくことが重要である。本質的に，望まない私的思考を締め出そうとクライエントが努力すればするほど，そうしたものは一層強力で，支配的になってくる。

　ここまでのやりとりには，もうひとつのテーマとして，後に詳しく検討するべく，セラピストのなかで「画びょう止め」しておいたテーマが含まれている。そのテーマとは，コントロール不能な不快な私的体験に対してのクライエントにおける「ウィリングネス（willingness）の姿勢」，そして，その反対の姿勢である「拒絶の姿勢」である。セラピストは，この時点では，あえてその詳細には踏み込まず，これらの姿勢のさわりだけ話しておくのがよいだろう。ちなみに，ここではACTの介入に注目しているため，以下に続くいくつかの対話では，セラピストが話している時間の比率が若干大きくなっている（この対話全体を知りたい場合は，文献235を参照）。

セラピスト：あなたがこれまでに何を試してきたのかが，私にも理解できたように思います。他にも，こうした苦痛な体験が現れたときに，それを何とかしようとして試してきた方法がありますか？
クライエント：いいえ。それくらいです。
セラピスト：わかりました。実際にはセラピーを進めていくうちに，これまでおこなってきた別の方法も色々と思い出されることと思います。ただ，今の時点ですべてを知っておく必要はありません。そうした対処法の全体像を感触としてつかんでおければいいだけのことです。そこで今日は，こうした事柄一式について，さらにはっきりとした感触をつかみたいと思います。これまであなたがどのような発想[訳注7]をたどってきたのかについて，一緒に，さらにしっかりと理解したいのです。そして，そうしたこれまでの発想にキャッチフレーズをつけたいと思います。ただし，それを知的に解決するのが目的でそうするというわけでは

訳注7）原文では"agenda"であるが，「アジェンダ」といってもクライエントには普通通じないため，ここでは「発想」と意訳している。

ありません。ただ単に，セラピーの場でそれについて話しやすくするためにキャッチフレーズをつけたいのです。

クライエント：これまでの発想に，キャッチフレーズをつけたいと。

セラピスト：そうです。少なくともあなたのマインドと私のマインドに従うなら，あなたがしてきたことのほとんどはそれなりに筋が通っていて，もっともなもので，理にかなっていると思います。得られた結果こそあなたが望んでいたものとは違いますが，私には本当に，あなたがしてきたことはいたって自然なことのように思えます。あなたは，実によく努力し，闘ってこられました。たった今あげてもらった対処行動にしても，人がごく一般にするたぐいの振る舞いだと思います。

クライエント：普通の人はしないかもしれませんが，私みたいな人間なら間違いなくするでしょうね。まるで，私が通っている例の支援グループみたいです。ほんとうに笑ってしまうくらい，そこに来る人たちは，誰一人として例外なく，同じような物語を抱えているのです。つまり，その参加者が口を開く前から，どんな物語が語られるかがわかってしまうのです。

セラピスト：そうですね。どうしてわかるかというと，私たちはみんな，人間の「システム」がどのように働くかを知っているからです。こんなふうに考えてみてください。誰の物語も似ている（しかも，あなたの物語に似ている）。なぜなら，あなたの振る舞いは，私たち全員がそうするように文化的に教え込まれたものだからです。人間の言語は，私たちに生物の種としての計り知れない有利な点をもたらしました。というのも，それによって私たち人間は，ものごとを部分に分け，計画を立て，そして経験したこともない将来を思い描けるようになったからです。そして，人間の言語は実際になかなかうまく働きます。私たちの皮膚の外で起きていることだけに目を向ければ，すばらしく役立っています。部屋を見回してみてください。目にするもののほとんどすべて──プラスティックの椅子，明かり，エアコン，私たちが着ている服，あのパソコン──が，人間の言語と合理性なくして存在しえなかったものです。私たちは快適な温度を保ち，雨にも濡れませんし，明かりも手にしていま

す。もしも，犬か猫にこうしたものすべて——快適な温度，身を寄せる場所，食べ物，社会的見通し——を与えれば，彼らは，それ以上はないほど満ち足りるはずです。でも，飼い主である人間がいなければ，彼らは冬には外で寒さに震えることになるでしょう。つまり，私たち人間は，言語を持たない生き物たちが直面する問題をみごとに解決してみせたのです。それにもかかわらず，彼らのほうが幸せで，私たち人間のほうが惨めな思いをしているようにも見えます。では仮に，人間におけるこれら2つの事柄，つまり問題を解決しようとする行為と惨めさの間に何らかのつながりがあるとしたらどうでしょうか？　まず，私たちの皮膚の外側の世界で有効なルールがあります。「何かが嫌なら，それを取り除く方法を探し出せ。そして，それを取り除け」というルールですね。そして，そのルールは，私たちの生活のほとんどの領域ですばらしく効果的です。ところが，可能性として次のことを考えてみてください。ただ考えるだけでかまいませんよ。このルールが，あなたの頭のなかの世界では実は効果的でないという状況です。そして，人生が満たされた感覚というものは頭のなかの世界に生まれるものなので，頭のなかというものは，かなり重要な世界です。さて，あなたの論理的なマインドからではなく，あなたの体験に基づいて眺めてみましょう。これまであなたの身に起こってきたことからいえる真に役立つルールとは，次のようなことではないでしょうか。皮膚の内側の世界では「それを持つことに積極的（ウィリング）でないならば，むしろ，それを持つことになる」。

クライエント：持つことに積極的（ウィリング）でないと，持つことに……（沈黙）

セラピスト：ではですね，たとえばあなたは，不安，フラッシュバック，恐怖，そして自信のなさに苦しんできましたね。

クライエント：ええ，まさに。

セラピスト：あなたは，そうしたものを持つことに対して積極的（ウィリング）ではない。

クライエント：絶対に嫌です。

セラピスト：でも，もしも不安症状を持たないことが，本当に，本当に重要だったとしたら，不安になりはじめると，それ自体が不安の対象になります。

クライエント：持つことに積極的（ウィリング）でないと，持つことになる……。

セラピスト：さて，あなたがこれまで抱いていた発想にこんなキャッチフレーズをつけさせてください――「外の世界では，予測とコントロールに対するマインドの心酔はすばらしく効果的」。何かを取り除く方法を予測して，マインドにコントロールの仕事を任せて，あとは成果を眺めておけばいいのです。ところが，不快についての思考，感情，記憶，または身体感覚についてとなると，意識的で，目的を持った意図的なコントロールは，また違った効果を持つかもしれません。

クライエント：つまり，不安になることに対して私がそれほどには何とかしようと思わなければ，不安が減るという意味でしょうか？

セラピスト：ただし，ここにパラドックスがある点に注意してください。仮に，「持つことに積極的（ウィリング）でないならば，持つことになる」が本当だとします。そうだとしたらどうでしょう？ もしもあなたが何かを排除するために積極的（ウィリング）になるとしたら……。もし，そうだとしたら，あなたはあるものを持つことに積極的（ウィリング）ではないことになるので，結局，それを持つことになります。このように，これに関して自分自身をごまかすことはできないのです……。

クライエントは，**コントロール**という言葉を非常に便利に使うものである。たとえば，「コントロールできていないときには，いつも問題を抱えていました」「夫は私のことをコントロールしないと気がすまない人だ，と言います」「私はものごとを比較的うまくコントロールできます」。もしもそうした状況になったら，ACTセラピストは，コントロールのテーマをセラピー的なアジェンダに結びつけるとよいだろう。たとえば，以下のように反応してもよい。「私たちは**誰もが**コントロールしないと気がすまないのです――私たちには，コントロールが万能の解決策だ！ という考えを，どうに

も手放せないマインドがあるのですから」。

　心的出来事をコントロールしようとする努力が引き起こす逆説的な結果を示すときには，以下の**チョコレートケーキのエクササイズ**のような体験的エクササイズやメタファーを使うとよいだろう。

> 「仮に，私がたった今，あなたに対して，あるものについて思い浮かべないでください，と言うとしましょう。何かは，すぐに言いますからね。そして私がそれを口にしたら，1秒たりともそれを思い浮かべないでください。いきますよ。いいですか，思い浮かべないでください。だめですよ，……焼きたてのチョコレートケーキ！　オーブンから取り出したばかりのその香りを知っていますね……思い浮かべないでください！　まだ温かいスポンジをはじめてかじるときのアイシングシュガーの味……思い浮かべないでくださいよ！　温かくて，しっとりとした一切れがほろりと崩れて，ケーキのくずがお皿にこぼれ落ちます……思い浮かべないでください！　思い浮かべないことが重要です——こうしたことを一切思い浮かべないでください！」

　ほとんどのクライエントが，すぐにこのエクササイズの要点を理解し，苦笑したり，うなずいたり，微笑んだりするだろう。それでも，なかには何も思い浮かべなかったと主張するクライエントもいるかもしれない。次の対話で示されるように，ACTセラピストは，このエクササイズを用いて，心的コントロールまたは思考抑制といった方略の無益さをさらに強調できる。

セラピスト：さて，思い浮かべずにいられましたか？
クライエント：はい。
セラピスト：どのようにしたのですか？
クライエント：他のものを思い浮かべるようにしただけです。
セラピスト：けっこうです。それでは「うまくできている」と，どのようにしてわかったのですか？
クライエント：どういう意味ですか？

セラピスト：課題は,「チョコレートケーキを思い浮かべないこと」でした。そこで, 何を思い浮かべたのですか？

クライエント：レーシングカーを操縦する場面です。

セラピスト：すばらしい。それで, レーシングカーを思い浮かべれば課題をうまく達成できると, どうしてわかったのですか？

クライエント：そうですね,「いいぞ, レーシングカーを思い浮かべている……」と自分自身に話していました。(沈黙)

セラピスト：はい。続けてください。レーシングカーを思い浮かべることによって, 思い浮かべずにいるのは……

クライエント：チョコレートケーキ。

セラピスト：そのとおり。ですので, うまくいっているようなときでさえ, やっぱりうまくはいっていない。

クライエント：まさにそうです。素早く押しのけたので, ほとんど思い浮かべなかったものの, 一瞬, ケーキを思い浮かべてしまいました。

セラピスト：そして, これはあなたが自分の不安症状に対してしてきたことと似ていませんか？

クライエント：頭のなかから押し出そうとする。

セラピスト：では, 問題点に目を向けてみましょう。実際のところあなたの対処法は, チョコレートケーキにレーシングカーを追加しているだけに見えます。チョコレートケーキを100％完全に意図的に消し去ることはできません。なぜなら, それを意図的にするためには, ルールを作らなくてはなりませんが, それを作ると, 締め出そうとする対象もルールに含まれてしまうからです。結局, 持つことに積極的(ウィリング)でないならば……

クライエント：……持つことになる。

セラピスト：これは, あなたの体験と重なりますか？

クライエント：私の人生の物語そのものです……。

セラピスト：そして, 今度はどうなるかよく見てくださいね。私が「レーシングカー」と言うと, あなたの頭には何が浮かびますか？

クライエント：なるほど！　……チョコレートケーキです。

これと同じことを，身体的な反応と結びつけた形で伝えることもできる。たとえば，クライエントには，次のように伝える。「レモンのかけらをかじったところを想像してください。ただし，唾液は出さないでください。出さないでくださいね，さあ，レモンの汁が唇，舌，そして歯につくのを想像してください……」。こうしたエクササイズは，クライエントが，私的な領域では意識的に目的を持って何かをコントロールしようとする試みが無益であるという事実に，直接触れるための助けとなる。

プログラムされたルールへの信頼を弱める

　役立つエクササイズは他にも，無関係で何の機能も持たない私的反応がいかに簡単に条件づけされるかに注目させるものもある。そのように条件づけが起きる様子を観察するには，心理的健康を得るための手段としての私的反応の内容に対して，クライエントの信憑性を弱める効果がある。もしも，特定の感情，思考，態度などといった個人の反応のほとんどが，完全にその個人のコントロール外にあり，偶然で気まぐれな状況のなかで作り上げられるものだとしたらどうだろう。その人自身の持つ価値を，そうしたコントロール不能で気まぐれなものに基づいて定義するのは何とも不合理だといえるはずである。「**その数字は何ですか？**」エクササイズは，個人の履歴の持つ恣意的な特徴を浮き彫りにするために設計された介入技法である。

> **セラピスト**：私があなたに歩み寄って，こう言ったとしましょう——「今から，あなたに覚えておいてもらいたい数字を3つ言います。あなたがそれを記憶しておくことはとても重要です。というのも，何年か経ってから，私があなたの肩を叩いて『その数字は何ですか？』と尋ねるからです。もし正しく答えられたなら，百万ドルを差し上げます。ですので，覚えておいてください，これは重要なことですよ。これらの数字を忘れてはいけません。なんといっても百万ドルの価値があるのですから！　さあ，次がその3つの数字です。よろしいですか？　……1,

……2，……3」。さて，……数字は何ですか？

クライエント：1，2，3。

セラピスト：けっこうです。では，それを忘れないでください。もし忘れたら，多大な損失ですよ。数字は何でしたっけ？

クライエント：(笑) はい，1，2，3。

セラピスト：すばらしい。ずっと覚えていられると思いますか？

クライエント：たぶん。あなたを本当に信じたとしたら，覚えています。

セラピスト：では，信じてください。百万ドルです。数字は何ですか？

クライエント：1，2，3。

セラピスト：正解です。実は，私は嘘をつきました。百万ドルなんて，ありません。でも，あなたは数字が何かを，まだわかっていますね？

クライエント：もちろんです。

セラピスト：来週はどうですか？

クライエント：もちろん覚えています。

セラピスト：ひょっとして来年も？

クライエント：覚えているかもしれません。

セラピスト：でも，それはばかげていませんか？ つまり，どこかのしょうもないセラピストが話のポイントを伝えたかったというだけで，あなたには，これから数カ月，数年，あるいは残りの人生をずっと「1，2，3」がついてまわるのですよ。それがあなたに関わってくる理由なんて，何一つありません。本当に，ただの災難です。くじ運と同じです。あなたはたまたま私をセラピストとして，そして次に気がついてみると，頭のなかを数字がめぐりめぐっています。しかも，いつまでめぐり続けるかは，神のみぞ知る。さて，数字は何ですか？

クライエント：1，2，3。

セラピスト：そのとおり。そして，それがひとたび頭のなかに入ると，去っていくことはありません。私たちの神経系は，足し算で機能していて，引き算ではないのです。いったん何かが組み込まれると，組み込まれたままです。確かめてみましょう。私がこう言ったとしましょう——あなたにとって，数字が1，2，3ではない経験をするのはとても重要

です。よろしいですか？　そこで，今から数字について聞きますので，1，2，3とは一切関係ない方法で答えてほしいのです。よろしいですか？　さて，数字は何ですか？

クライエント：4，5，6。

セラピスト：それで，私がお願いしたとおりにしましたか？

クライエント：「4，5，6」を思い浮かべて，それを言いました。

セラピスト：そして，それは私が設定したゴールを満たしていましたか？ 質問をこういうふうにしましょう──4，5，6が正しい答えだと，どうしてわかるのですか？

クライエント：(含み笑) それらは1，2，3ではないから。

セラピスト：そのとおり！　ですので，4，5，6もまだ1，2，3と関連していて，私はそれをしないようにとお伝えしました。では，もう一度やってみましょう。何でもよいので，1，2，3以外のことを思い浮かべてください──では，あなたの答えが，1，2，3とは完全に無関係だと確認してください。

クライエント：できません。

セラピスト：私にもできません。神経系は足し算でしか機能しないのです。ロボトミーのような手術でも受けない限り。4，5，6は，ただ単に1，2，3に**追加している**だけです。あなたが80歳になったとき，私が歩み寄ってきて「数字は何ですか？」と聞き，あなたは実際に「1，2，3」と言うかもしれません。ただ単に，どこかのおかしなセラピストがそれを覚えておくようにと言っただけのことで！　ところが，こうしたことが起きているのは，1，2，3についてだけではありません。周りでは，いろんな人がいろんなことをあなたに言います。あなたのマインドは，あらゆる種類の体験を通じてプログラミングされてきているのです。[ここで，クライエントに関連するかもしれない例をいくつか入れるといいだろう。たとえば，「だからこそ，あなたは『私は悪い』とか，『私はうまく馴染んでいない』というように考えるのです」など] これらが単に1，2，3のまた別な例ではないと，どうやって見分けるのでしょうか？　ときには，こうした思考が，自分の両親の声で話され

ていたり，または他の人があなたに話した内容とつながっていたりするのに気づいたりはしませんか？　もし，あなたが，自分自身の反応以外の何者でもないとしたら，困ったことになります。あなたは自分の反応を選んだわけではないので，何が現れるかをコントロールできませんし，反応のなかにはあらゆる種類のものがあって，ばかげたもの，偏見に満ちたもの，意地悪なもの，忌まわしいもの，恐怖，などといったものもいくらでもあります。あなたは，このゲームに決して勝てないのです。

　私たちの思考や感情といった私的反応が，大いにプログラムされていたものだと理解することで，「望まない心理的内容との苦闘にいつかは勝てる」という考えの信憑性が弱められる（そうした心理的内容は自動的に条件づけされた反応なのだから）。さらに，思考とは必ずしもそれが言うとおりのことを意味するわけではないと理解されるため，そうした思考と苦闘する必要性も小さくなる。つまり，「私は悪い」という思考もまた，本質的には「1, 2, 3」という思考以上の意味は何ら持たないのである。

有効性と創造的絶望

　「創造的絶望（creative hopelessness）」は，ACTの概念のなかでも最も理解が進んでいないもののひとつであり，論争の的にさえなる概念である。日常一般の言葉では，「絶望」とは受け容れがたい心の状態をいう。心理療法に関する多くの理論において，絶望は，心の機能不全であり，自殺未遂や自殺そのものといったハイリスクな行動を予測させる状態として捉えられている。この種の絶望とは，自分自身について意味のある将来を描けないところに，さらにその苦しみが永続するとの信念を伴った状態を指している。多くの場合，セラピストたちは，この種の絶望に対抗し，将来への楽観主義を徐々にでもクライエントに注ぎ込もうと苦心するものである。

　ACTでの創造的絶望とは，Paul Watzlawickによる方略的セラピー（strategic therapy）についての一般書 *"The Situation Is Hopeless, But Not Seri-*

ous"[248] 訳注8)の内容とおおまかには似たものである。すなわち，もしもこれまでうまくいって**こなかったやり方をあきらめられれば**，何か他にできることがあるかもしれない，という発想である。このように，ACTでは，クライエントが，自分自身の体験を信じ，変容をもたらす代替策へと開かれていくよう支援を試みているといえる。ゴールは，絶望の**感覚**や，絶望への**信念**を引き出すことではない。そうではなくて，創造的絶望のゴールは，たとえ次にどうなるのかがわからなかったとしても，**その方略が有効でないとクライエント自身の体験が教えてくれるときには**，それをあきらめることである。それは，何か新しいものを生み出すような，自己をしっかりと保持した行為であり，それに伴う感情の状態は多くの場合ある種の逆説的な希望，あるいは新しい可能性への予見なのである。

　有効でない状態に対峙するひとつの方法は，それをそうしたものとして，そのまま記述することである。セラピストは，すでに，クライエントがコントロールまたは排除しようとしてきた事柄，すなわち，感情的な居心地の悪さ，心を乱す思考，その他の心理的体験についての長いリストをここまででまとめている。クライエントが過去に試みた主要な方略をすでに知っているのである。クライエントが思考や感情を操作しようとして試みたさまざまな手法（例：薬物，アルコール，目に見える回避，性行為，他者に対する攻撃，逃避，社会的引きこもり）は列挙して詳細に検討されている。そして，そうした方略が最終的には有効でないことを，やんわりと，しかし直接的に検証してきている。まだ直面されていないことといえば，アジェンダそのものが欠陥を含んでいる可能性だけである。以下の対話は，先にも登場した性的虐待のサバイバーとのやりとりであり，どのようにして創造的絶望をセラピーの対話に導入するかを描写している。

セラピスト：では，ちょっとここで立ち止まって，あなたが直面している葛藤について考えてみましょう。あなたは，自身の不安，恐怖，そしてフラッシュバックをコントロールするために，あなたのできる限りのこ

訳注8) 邦訳書：ポール・ワツラウィック（著），長谷川啓三（訳），『希望の心理学—そのパラドキシカルアプローチ』法政大学出版局，1987．

とは実質的にすべて試してきました。その対処方法について，これまで長い間一生懸命考え，何とかして問題の手綱を握ろうと，本当によく努力してきました。でも，その結果として，不安が今までよりいっそう強まってしまったようです。それどころか，仕事，友人，そして恋愛関係の基盤まで揺らぎつつあります。どうでしょう，将来を覗いてみると，そこで起こっていることはいったい何なのでしょうか？

クライエント：同じことの繰り返しですね。たしかに，不安症状を改善できてはいませんが，だからといって，他に何をしたらよいのかもわかりません。

セラピスト：それはなんだか，頭痛に対処するのに，自分の頭をハンマーでたたいているのと似ていますね。そのやり方は頭痛に対処するにはあまりよいものではないのでは，と誰かから指摘されても，あなたは，『でも，この治療法しか知らないし……だから続けます』と答えているかのようです。

クライエント：（笑）そこまで悪くないといいのですが。私はただ，何をするべきかについては自分の知恵の限界に来ている，と言っているだけです。

セラピスト：このまま，不安と恐れをコントロールするための今までと同じやり方を続けたら，どうなると思いますか？

クライエント：たぶん，事態はさらにひどくなり続けると思います。

セラピスト：ひょっとしたら，あなたはここで，ごまかされているのかもしれません。あなたは，幸せへの道は，不安，恐怖，そして記憶をコントロールすることで，それができれば仕事もできて，友達とも，恋人とも良い関係をつくれるのだ，と信じるように教育されてきました。でも，それが仕組まれたものだとしたら？

クライエント：仕組まれた？　何のために私が仕組まれるのでしょう？

セラピスト：体験に耳を傾けてください，あなたのマインドではなく。毎日，不安をコントロールまた回避しようとするにつれて，そうした不安はひどくなって，人生の質が低下する。もしも，努力が足りないのではないとしたら，あるいは，やがてあなたを成功へと導くはずの何らかの

ous"[248) 訳注8)] の内容とおおまかには似たものである．すなわち，もしもこれまでうまくいって**こなかった**やり方をあきらめられれば，何か他にできることがあるかもしれない，という発想である．このように，ACTでは，クライエントが，自分自身の体験を信じ，変容をもたらす代替策へと開かれていくよう支援を試みているといえる．ゴールは，絶望の**感覚**や，絶望への**信念**を引き出すことではない．そうではなくて，創造的絶望のゴールは，たとえ次にどうなるのかがわからなかったとしても，**その方略が有効でないとクライエント自身の体験が教えてくれるときには**，それをあきらめることである．それは，何か新しいものを生み出すような，自己をしっかりと保持した行為であり，それに伴う感情の状態は多くの場合ある種の逆説的な希望，あるいは新しい可能性への予見なのである．

　有効でない状態に対峙するひとつの方法は，それをそうしたものとして，そのまま記述することである．セラピストは，すでに，クライエントがコントロールまたは排除しようとしてきた事柄，すなわち，感情的な居心地の悪さ，心を乱す思考，その他の心理的体験についての長いリストをここまでまとめている．クライエントが過去に試みた主要な方略をすでに知っているのである．クライエントが思考や感情を操作しようとして試みたさまざまな手法（例：薬物，アルコール，目に見える回避，性行為，他者に対する攻撃，逃避，社会的引きこもり）は列挙して詳細に検討されている．そして，そうした方略が最終的には有効でないことを，やんわりと，しかし直接的に検証してきている．まだ直面されていないことといえば，アジェンダそのものが欠陥を含んでいる可能性だけである．以下の対話は，先にも登場した性的虐待のサバイバーとのやりとりであり，どのようにして創造的絶望をセラピーの対話に導入するかを描写している．

セラピスト：では，ちょっとここで立ち止まって，あなたが直面している葛藤について考えてみましょう．あなたは，自身の不安，恐怖，そしてフラッシュバックをコントロールするために，あなたのできる限りのこ

訳注8）邦訳書：ポール・ワツラウィック（著），長谷川啓三（訳），『希望の心理学―そのパラドキシカルアプローチ』法政大学出版局，1987．

とは実質的にすべて試してきました。その対処方法について，これまで長い間一生懸命考え，何とかして問題の手綱を握ろうと，本当によく努力してきました。でも，その結果として，不安が今までよりいっそう強まってしまったようです。それどころか，仕事，友人，そして恋愛関係の基盤まで揺らぎつつあります。どうでしょう，将来を覗いてみると，そこで起こっていることはいったい何なのでしょうか？

クライエント：同じことの繰り返しですね。たしかに，不安症状を改善できてはいませんが，だからといって，他に何をしたらよいのかもわかりません。

セラピスト：それはなんだか，頭痛に対処するのに，自分の頭をハンマーでたたいているのと似ていますね。そのやり方は頭痛に対処するにはあまりよいものではないのでは，と誰かから指摘されても，あなたは，『でも，この治療法しか知らないし……だから続けます』と答えているかのようです。

クライエント：（笑）そこまで悪くないといいのですが。私はただ，何をするべきかについては自分の知恵の限界に来ている，と言っているだけです。

セラピスト：このまま，不安と恐れをコントロールするための今までと同じやり方を続けたら，どうなると思いますか？

クライエント：たぶん，事態はさらにひどくなり続けると思います。

セラピスト：ひょっとしたら，あなたはここで，ごまかされているのかもしれません。あなたは，幸せへの道は，不安，恐怖，そして記憶をコントロールすることで，それができれば仕事もできて，友達とも，恋人とも良い関係をつくれるのだ，と信じるように教育されてきました。でも，それが仕組まれたものだとしたら？

クライエント：仕組まれた？　何のために私が仕組まれるのでしょう？

セラピスト：体験に耳を傾けてください，あなたのマインドではなく。毎日，不安をコントロールまた回避しようとするにつれて，そうした不安はひどくなって，人生の質が低下する。もしも，努力が足りないのではないとしたら，あるいは，やがてあなたを成功へと導くはずの何らかの

方法を逃しているとしたら。あなたは聡明で，感受性豊かで，思いやりのある人です。このやり方が本来有効だったとしたら，あなたならそれをうまく使えていると私なら思います。もしも，人生での体験が次のようなメッセージを伝えてきているとしたら，いかがでしょう？「このやり方は決してうまくいかないでしょう。なぜなら，それはもともとうまくいくようなものではないのだから。あなたの努力が足りなかったということではありませんよ」

クライエント：では，私はどうしたらいいのでしょうか？
セラピスト：それこそ，私たちがここで学ぼうとしていることのひとつだと思います。でも，先に，あなたが身をもって学び取ったことから見てみましょう。あなたは，**確かに何かを知っています**。何を**するべきではないか**を知っているのです。その知識を得るためにあなたは多くを支払いましたが，体験から得たその知識に導かれてみようと積極的になるなら，それは貴重な体験になるといえるでしょう。

　ここでのセラピーの作業には，クライエントが拠って立つコントロールしようとするアジェンダの支配力を弱めるくらいの効果しかない。強くとらわれているクライエントに対しては，アジェンダそのものに欠陥があるかもしれないというテーマを伝えるのに，1セッション丸ごとか，それ以上必要となることもあり，またセラピーの過程を通じて繰り返し伝える必要があるだろう。一方，より若くてそれほどとらわれてはいないクライエントとの面接や予防的な臨床場面であれば，むしろ率直な心理教育的介入のようなやりとりですむかもしれない。

　メタファーは，一般常識的な例を引いてきて，通常の直接的な指示よりもむしろクライエントの体験に関連したものを示すため，それほど大きな抵抗を生まずに要点を伝えられる場合が多い。研究によれば，適切なメタファーは，少なくとも2つの条件が整って生成されることが示されている。まず，メタファーにおけるターゲットとそこでのヴィークルは，主要な特徴を共有していなければならない[訳注9]。次に，ヴィークルは，ターゲットにはない，ある特定の強力な要素もしくは機能で，臨床家が変容させようとしている要

素もしくは機能を含んでいなければならない。適切なメタファーとは，クライエントにとってすでに馴染みのある知識，感じ方，また行動をヴィークルから引いてきて，適応的な行動機能が欠けている領域（ターゲット）へとそれをマッピング（写像）する。ある意味で，メタファーは通常の分析言語を迂回し，より体験的な学習をするために使われるともいえる。この性質のおかげで，クライエントは，セラピストを喜ばせるように，もしくはセラピストが正しいとみなすように反応する（プライアンス）のではなく，直接的随伴性に対してより多く反応できるようになる（トラッキング）。

　RFTから得られるこうした洞察を用いると，新しいACTのメタファーをその場でつくることも可能であるが（詳しい例は文献120を参照），そのテーマは本書の領域からははずれる。また，それとは別に，メタファーを使うときに，その体験的な性質を強めて活用する方法もある。**穴のなかの人**メタファーは，セラピーの最も初期に用いる中核的なACTの介入技法である。以下に例として示すのは，メタファーの特徴がより具体的で誘発的となるように設計された体験的な技法である。本書の中や他で用いるもっと直示的（didactic）なメタファーについても，読者がひとたびACTの主要な原理を理解しさえすれば，そのいずれもが次のメタファー同様に，より体験的な形態で提示することが可能である。以下の対話は不安に苦しむクライエントとのやりとりである。ACTの主要な原理については［　］に入れて示している。

セラピスト：あなたが置かれている状況をさらに理解するために，思考を使ったエクササイズ（thought exercise）をしてみたいと思います。想像してみてほしいのですが，あなたは，目隠しをされた状態で原っぱにいて，さらに道具の入った小袋を渡されていたとしましょう。そして，あなたの仕事は目隠しをしたままこの原っぱを走り回ることだ，と

訳注9）ヴィークル（もしくはベース）とはその人にとって既知のもの，ターゲットとは新奇のもののことである。たとえば「『不安をコントロールしようとすること』は『底なし沼でもがくこと』と同じである」といった場合，「不安にもがくこと」がターゲット，「底なし沼でもがくこと」がヴィークルとなり，「底なし沼でもがくこと」の持つ「余計にどつぼにはまる」という機能が，「不安にもがくこと」へと転移すると考えられる。これらについては『関係フレーム理論（RFT）をまなぶ』（星和書店）の第5章も参照。

伝えられたとします。人生とは，そのようなものなのです。そこで，あなたは言われたとおりにします。さて，あなたはまだ気づいていませんが，この原っぱには，間隔を広く開けて，かなり深い穴がいくつも開いています。あなたは，そのことをはじめは知りません。未経験なのです。そこで，あなたは走り回りはじめ，遅かれ早かれ，その大きな穴に落ちてしまいます。穴のなかで手探りをしてみても，間違いなく這い上がれないことがわかります。泥だらけで滑りやすくて，どのような抜け道も見つかりません。さあ，頭のなかでその情景を思い浮かべられますか？ そんな状況のなかでどんな気持ちがするでしょう？ ［セラピストは，状況をより差し迫って感じられる，現在形を使っている。この工夫により，クライエントは抽象的な側面よりも，むしろ状況の具体的な側面に反応しやすくなる］

クライエント：たぶん，ショックを受けて，かなり慌てることと思います。［クライエントが条件時制で答えはじめることも多いが，そうしたときには，それとなく現在形へと連れ戻すとよい］

セラピスト：ええ，この穴に落ちて慌ててしまうのは想像できます。私だって，そうなります！ ［セラピストは，クライエントの反応を正当なものと認証して，それが自然な反応だというメッセージを伝える］ですので，自分がそこにいると想像してください。では，何をしますか？

クライエント：まあ，たぶん，この穴から出たいと思います。ここから出る方法を見つけたい。

セラピスト：あなたは，道具の入った袋を受け取っています。そこに何が入っているかを見てみたくありませんか？ ひょっとしたら，穴から出るために使えるものが入っているかもしれません。あなたは目隠しをされていますが，袋のなかを手探りします。何か道具が入っていますが，与えられたものは，そうシャベルです。どうやら，それしかないようです。

クライエント：これは，穴から出るのに最適な道具ではない……

セラピスト：でも，あなたは何としても穴から出たいと思っていると考え

ましょう。すでに，何時間も，泥の壁を上ろうとして徒労に終わっていると。……そのときにシャベルを見つけたら，どんなことを考えるでしょうか？

クライエント：掘って抜け出すことも試せる。階段を掘ってみるとか。

セラピスト：いいですね。そこで，あなたはそうします。掘って，掘って，と。ところが，泥は，いつも崩れ落ちてきます。あなたは，泥を邪魔にならないところへよけようとし続けます。小さな階段を作ろうとします。でも，それも崩れて，上りはじめるたびにその階段はあなたの足元へと崩れ去ってしまい，そうするとまたそれを掘り出さなければならなくなります。あなたはだんだん疲労してきます。汗をかいていて，疲れていて，息が上がっています。そして，それだけ掘った後でも，あなたは，どうしたわけか穴のさらに深いところにいます。ちょっと時間をとって，それがどんな状況かを感じてください。*[不安に似た質感を強調することで，セラピストは，メタファーとクライエントの私的体験とのつながりをより体験的なものにしている]* どんな感じがしますか？

クライエント：絶望的な感じです。この作業は，どこへもつながっていません。

セラピスト：まるで，ますます深くなっているようですね。……こうした努力と作業のすべてをかけても，穴は，大きく，もっと大きく，さらに大きくなっただけです。外に出る方法はありません。そして，これはあなたの体験と同じではありませんか？　私が思うのは，もしもあなたが私のところへやってきたのが，「彼なら本当に巨大なシャベルを持っているかもしれない——金ぴかのショベルカーを」と考えたからだとしたら。私はそんなものを持っていません。そして，仮に持っていたとしても，それは使いません。なぜなら，掘る作業は，穴から出る方法ではないからです——掘るのは，穴を作る行為です。ですので，もしかすると，不安をコントロールしようとする発想全体が絶望的なのかもしれません。それはまやかしなのです。掘っては出られません。掘れば，ただ埋まっていくだけです。*[セラピストは，メタファーからの言葉とクライエントが実際に生きている状況からの言葉を意図的に混ぜて用いるこ*

とで，2つの状況の間の等価性（equivalence）を潜在的に強調する］

　このメタファーは非常に柔軟である。そのため，さまざまなテーマを導入する際の取っ掛かりとして用いることが可能である。また，クライエントとのやりとりのなかで，クライエントが抱えている特定のテーマやセラピスト自身が関連していると考えるテーマをメタファーにつけ足して扱うこともできる。以下に示すいくつかの筋書きにあるように，さまざまなクライエントの反応を展開していくメタファーのなかへと統合してみることも有用である。

1. 私はただがまんするべきなのかもしれません

　「あなたは，他のことも試しました。穴のなかでの暮らしに耐えようともしてきたのです。そこに座って，指をいじりながら，何かが起きるのをじっと待つ。でも，それではうまくいかないことを経験してきましたし，だいたい，人生を穴のなかで過ごすのはまったくもって楽しくありません。だから，あなたが『がまんする』とか『あきらめる』などと言うとき，あなたは，本当は同じ発想（掘って出ようとすること）自体を手放したわけではなく，ただ，それがうまくいかないからもう努力をしていないだけのようです。私が提案しているのはもっと別な方法です。発想を変えてみるのです」

2. 私は自分の過去を理解しなければなりません

　「また，あなたは，なぜ自分が穴に落ちたのかについて考えてきたかもしれません。たとえば，あなたは『ええと，たしか左へ行って，小さい丘を越えて，そこで落っこちたんだ』と自分自身に向かって言うかもしれません。もちろん，実際そうだったことでしょう。あなたがこの穴のなかにいるのは，まさにそのように歩いたからです。あなたの経歴（履歴）そのものが，あなたをここに導きました。でも，別な点にも注意を向けてみてください。どのように歩いたのかを一歩一歩，頭で理解してみたところで穴から出るうえでは何の助けにもなりません。それに，そもそも，あなたが目隠しをされていたということを思い出してく

ださい。仮にそのとおりに歩くことなく今とは別な場所へ行ったとしても，別な穴に落っこちていたかもしれません。だって，出あう可能性のある穴なら他にもたくさんあるのですから。たまたま，あなたは「不安」という穴に出くわしましたが，ある人は「薬物乱用」，ある人は「人間関係の悪化」，そしてまたある人は「抑うつ」という穴に，それぞれ出くわしているのです。ところで，私は，あなたの過去が重要でないと言っているわけではありませんし，過去に関連したテーマは取り扱わないと言っているわけでもありません。もちろん過去は重要なのですが，それは過去を理解することで感情的な痛みから逃れられるといった理由からではありません。私たちが過去を取り扱わなければならないのは，それが「今，ここ」に現れてきたときだけです。そして，それは，あなたが人生を先へと進もうとする文脈のなかで立ち現れるでしょう。実際にそうなったときに，私たちはそれを取り扱います。でも，過去に，すなわち死んでいる過去に今，対処するのは，穴から出る方法にはならないのです」

3. **私には責任があるのでしょうか？**

「このメタファーのなかで，あなたには責任がある点に注意してください。責任は，自分がおこなうことと，それによって得る結果との関係性を認識することです。**責任 (responsible)** という言葉は，元は，『反応 (response) - できる (able)』と書かれることをご存じですか？責任があるとは，反応できることにほかならないのです。だから，そうです，あなたは反応できるのです。そして，そう，自分自身の行為の結果としてあなたは穴に落ち，それに対して自分自身の行為によってそこから這い上がれるのです。責任 (response-ability) を引き受けるとは，自分が**反応できる**と認めることで，それができれば，結果は違ってきます。責任を回避しようとすると，苦痛に満ちた代価を伴います。反応できなければ，何事も決してうまくはいかないでしょう。私がお伝えしたいことは，掘るという行為，つまり今までの発想が絶望的だということであって，『あなた自身が絶望的だ』ということではありません。だから，どうかご自身の責任から尻込みしないでください。反応する力

があれば，できることがあります。あなたの人生は回りはじめるでしょう」

4. **私は自分自身を責めるべきでしょうか？**

「責めるという行為は，誰かに対して何かをするように，つまり，何かを変えたり，正しく行動したりするように動機づけたいとき，私たちが一般にすることです。でも，私には，あなたはもう十分に動機づけられているように思えます。これ以上ご自分を動機づけることが必要でしょうか？　『私には落ち度がある』と信じる必要がありそうですか？　責める行為は，穴の縁に立って，なかにいる人の頭の上から土を投げ入れながら，『掘って出てこい！　掘って出てこい！』と言っているのと同じことです。この状況で責めることの問題は，それが何の役にも立たない点です。なかにいる人が頭上から土を投げかけられても，それは，何ら，その人を穴から出やすくするものではありませんよね。助けにはならないのです。あなたのマインドがあなたを責めはじめたときに，それを信じることであなたはもっと強くなりますか，それとも弱くなりますか？　あなたの体験は，何と言っていますか？　ですので，あなたのマインドが責めてくるときの言葉をあなた自身が信じるのもかまいませんが，それに責任（response-able）を持つよう意識してください。マインドが責めてくるときの言葉を信じるということは，あなたは，自分の体験がうまくいかないぞと教えてくれている振る舞いを，それにもかかわらずしていることになります」

5. **私はどうすればここから出られるのでしょうか？**

「私にもわかりませんが，何がうまくいっていないかを整理することからはじめましょう。想像してみてください。もしもあなたが今でも『死ぬまで掘り続けろ』という発想に頼り続けているとしたら，出る方法が実際に提供されたときに，いったい何が起きると思いますか？　たとえば，誰かが鉄の梯子を下ろしてくれたとしたら？　あなたがまず先に，掘るという発想を手放さない限り，あなたはその梯子を使って掘り続けようとすることになります。そして，梯子はシャベルとしては勝手がよくありません。シャベルがほしいのなら，あなたはすばらしくいい

ものをすでに持っていますしね」

6. 「まず手放すこと」の必要性

「あなたがシャベルを手放すまでは，何か他のことをするだけの余地がまったくありません。そのシャベルが手から離れない限り，あなたの手は，本当の意味では，他の何もつかめません。手放すことが必要なのです。さあ，手放してみましょう！」

7. 信仰の飛躍（leap of faith）訳注10)

「他に選択肢があるかどうかは，シャベルを手放してからでないとわかりません。そのことに気づいてもらいたいのです。つまり，これは信仰の飛躍なのです。他に何があるかどうかもわからないまま，今手にしているものを放すことです。このメタファーのなかで，結局，あなたは目隠しをされています。他に何があるかは触ることでしか知りえません。そして，あなたが他の何かに触ってみることができるのは，シャベルが手のなかからなくなってからなのです。ここでのあなたの最大の味方は，自分が感じている痛みです。それが，あなたの友であり，協力者です。あなたが，唯一持っている道具を手放すほど思い切ったやり方を検討するのは，ひとえに，今の方略が有効でないと，あなた自身の痛みの体験が教えてくれるからなのです」

8. 苦悩が与えてくれる機会

「あなたには，ほとんどの人が決して学ぶことのない何かを学ぶチャンスがあります。それは，穴というものから出る方法なのです。今の穴に落ちなければ，あなたがそれを学ぶことは決してなかったことでしょう。ただ合理的なことをして，苦痛な場面場面を何とか切り抜けていくだけでした。でも，もしも今の状態のまま踏みとどまることができれば，あなたは，人生を変えるような何か新しいことを学ぶことができま

訳注10)「信仰の飛躍」は，キルケゴールが『死に至る病』，『キリスト教の修練』などのなかで伝えている概念と考えられる。つまり「自己とは理性的につきつめていく限り罪深い存在でしかなくて，そのため理性的存在である人間は誰でも絶望した状態になる。そこで，とても不安なことだけれども理性を手放して，信仰へと飛び込むことができれば，絶望から救済される」というような考え方を述べているものと考えられる。

す。自分自身を自分のマインドの束縛から解き放つ方法です。苦悩から逃げることに成功してしまっていたなら，そんなことを学ぶ機会など決してなかったことでしょう」

穴のなかの人のようなメタファーは，クライエントにおける問題解決と理屈を通そうとすること（例：「私は苦しむに相応しい人間だ」「私には成功するのに必要な自信がない」）の傾向を弱めるものである。とはいえ，こうしたクライエントの傾向は，強力で，外的な世界では実際に役立つレパートリーでもある。そのため，それらを長期間にわたり完全に追い払っておくことはできない。また，それらは，コントロールと排除のアジェンダが引き起こすネガティブな結果についてのクライエントの体験を圧倒する傾向にもある。こうしたことから，ACTセラピストは，クライエントとの初期のやりとりを通じて，何度も何度も，クライエントが依拠している変化のアジェンダと現実生活の結果との間にうかがい知れる矛盾に，クライエントの注意を向け直す必要がある。それでも，「人生を−コントロールするために−私的出来事を−コントロールする」というプロセス・ゴールとアウトカム・ゴールの問題ある連なりに対し，クライエントが現実世界の随伴性にほんの瞬間的にでも接触することができるなら，それが強力な楔を打ち込むことにつながって，やがてはその連なりを崩すことになるだろう。

どこからはじめるべきか？

第4章では，ケースの概念化とトリートメント・プランの立案における比較的シンプルな方法を心理的柔軟性の統合モデルに基づき紹介した。マクロレベルでは，確立するべき3つの基本的な反応スタイルとして「オープンな」「集中した」「従事した」があった。ミクロレベルでは，これらの主要な反応スタイルを規定する6つのコア・プロセスがあった。

ACTにまだ不慣れなセラピストにおいては，ときに，目の前のクライエントの持つ具体的な強みや弱みにかかわらず，一連の介入手順に従わなければならないものと思い込んでいる場合がある。実際は，多くのクライエント

にはそれぞれの「アキレス腱」があり，その領域をターゲットに介入してこそ即座の反応が得られるものである。たとえば，高い機能を維持したクライエントで精神衛生上のまたは物質使用の問題を抱える人や，生活習慣の変容（例：喫煙，糖尿病の自己管理，体重管理，フィットネス）が必要なクライエントでは，ひとつの反応スタイル，さらにはひょっとしたらたったひとつのコア・プロセスに注目した概略的なACTの取り組みで十分かもしれない。つまり，ACTセラピストにおいては，すべてのクライエントですべてのコア・プロセスへの介入が必要と考える必要はない。

初期の段階でクライエントとおこなうやりとりでは，第4章で検討したケース・フォーミュレーションの手法を活用することで，セラピストが特定の方向へ目を向ける助けとなるはずである。本章で先に紹介した，性的虐待のサバイバーのケースを例にとってみよう。彼女については，**従事した**反応スタイルのディメンションは比較的強みであると評価できるだろう。なぜなら，彼女は，ボーイフレンドとの関係性に，はっきりと価値を置いていたからである。このディメンションで彼女に不足しているのは，親密さの面でのコミットされた行為であって，恐れを感じながらもパートナーと共に居続けることであった。またこの行為は，彼女にとって，それこそが理想的な自分自身の振る舞いであると認識してもいた。**集中した**反応スタイルのディメンションについては，彼女は比較的自己意識が良好で，インタビューの間も「今，この瞬間」にとどまり続けられていた。また，この領域での彼女の課題は，不安や恐怖を誘発する私的体験が現れたときに「今，この瞬間」に居続けられずに，衝動的に振る舞ってしまうことであった。彼女のアキレス腱は，**オープンな**反応スタイルのディメンションにあるといえる。彼女は，不安，フラッシュバック，そして恐怖は有害な性質のものだという評価とフュージョンしており，そのために，そうした私的体験をそれ自体としてアクセプトすることにウィリングではなかった。彼女は，不快な体験のきっかけとなる行為を回避することでそれらの出現をコントロールしようとしていたのである。このケースでのセラピストの主な役割は，彼女が有害性の評価から脱フュージョンし，代わって非価値評価的なアクセプタンスを用いられるように支援することである。ほとんどのACTの介入についていえるよう

に，ひとつのプロセスをターゲットにすると，他のプロセスにも派生的効果が現れる。そのため，もしもフラッシュバック，不安，また恐怖がある状態をクライエントがアクセプトできるようになれば，場合によっては，彼女は「今，この瞬間」にとどまったまま，自らが強く価値づけている親密さを促すようなコミットされた行為へと，エネルギーを集中できるようになるかもしれない。

続く章では，次の約束事に沿いながら，1つ以上のコア・プロセスをターゲットとした技法を紹介することとしよう。これらの約束事は，ヘキサフレックスの図式の空間的レイアウトに従って，集中した反応スタイル（「今，この瞬間」への気づきと，視点としての自己）を中心もしくはスタート地点と捉えて使用するものである。

- 左へ行く：アクセプタンスを高めること（左上）または脱フュージョンを高めること（左下）に注目せよ
- 右へ行く：選ばれた価値とつながること（右上）または行動活性化とコミットメント（右下）に注目せよ
- 中央へ行く：柔軟な姿勢でそこにいること（中央上）と視点取得（中央下）に注目せよ

これからの各章では，こうした反応スタイルと具体的なプロセスをさらに詳しく見ていく。書籍という制約上，私たちはこれを直線的な順序でおこなっていくが，実際のセラピーでは，右へ行ったり，左へ行ったり，あるいは中央へ戻ったりと，むしろダンスを踊るかのような柔軟な手順で進められる。続く章でも，そういった雰囲気をできる限り伝えられるよう心掛けている。

まとめ

本章では，ACTの介入をおこなうにあたっての重要な原理と方略を検討してきた。これらは，苦痛な私的体験をコントロールまたは排除しようとす

ることで生じるネガティブな結果に対し，クライエントが直接接触するのを支援できるよう計画されたものである。ほとんどのクライエントで，この種の認識を先に確立しておくことが，その人がウィリングネスやアクセプタンスといった新たな選択肢に対してオープンになるために必要である。本章で紹介した介入法は，一人ひとりのクライエントの特定のニーズを満たすように柔軟に適用可能である。クライエントによっては，より多くの介入を必要とすることもあるだろう。これら介入の目的は，クライエントの行動のレパートリーを狭めているプロセスを弱める取っ掛かりをつくり，新たな行為や結果によってクライエントが動きはじめられるようにすることにある。そして，ひとたび変化への文脈が生み出されると，いよいよ具体的なコア・プロセスへの取り組みへと本格的に取り掛かる段階となる。次の章からは，それぞれのコア・プロセスを強めるように計画されたACTの介入をどのように適用するかを示していく。また，ひとつのコア・プロセス領域に対しておこなわれた介入が，他のコア・プロセスと相互作用していく様子についても検証する。そして各章の最後では，それぞれのコア・プロセスに取り組む際の注意事項について実践的な助言を提供することとする。

第Ⅲ部

中心となる臨床プロセス

第7章

「今,この瞬間」の認識

……彼女はかつてないほど今,この瞬間に対する心の痛みを感じた。たとえ彼の元を去らなくても,最終的に今,この瞬間は消えていく。人が憂鬱を感じない夜は決してないのである。それは排水口に吸い込まれてゆく水のように流れ去る今の瞬間そのものへの一種の郷愁である。
　　　——キム・スタンリー・ロビンスン（*The Martians*, 2000, p.91-92）

本章で学ぶこと：
- 「今,この瞬間」の認識を持つための基本的なスキル
- 意味深い人生を妨げるような「今,この瞬間」のプロセスの機能不全をどのように扱ってセラピーをしていくか
- 「今,この瞬間」との接触をセッションのなかでどのように促すか
- 「今,この瞬間」のプロセスでのクライエントの進歩をどのように読み取るか

実践的な概説

基本的な意味では,ACTのコア・プロセスは,いずれも「今,この瞬間」

注：本章も,第4章と同様,エミリー・K・サンドーズとの共著である。

のプロセスとつながっているといえる。トリートメントの効果を得るためには，クライエントは，身体的にだけでなく精神的にも，その瞬間にいなければならない。また，人生のなかで起きる出来事から何かを学ぼうとし，自分自身の考えを方向づけようとするなら，全面的に「その瞬間にいる」必要がある。本章では，「今，この瞬間」への気づきが果たす役割と，ACTの介入を使いながらそれをどのように発展させるかを見ていく。はじめに注意事項を記しておこう。ACTのコア・プロセスは，どれか1つが他に「優る」ということはない。本書の第Ⅲ部が「今，この瞬間」のプロセスの章からはじまっているとしても，セラピーをはじめるにあたって，読者もこのプロセスを最初にターゲットにしなければならないことを意味するわけではない。どこからはじめるかは，必ず，事例ごとに決められる。本書で「今」の問題からはじめる理由のひとつとして，これがトリートメント全体を通して関連してくるプロセスであることが挙げられる。「今」は，アクセプタンスと脱フュージョンが可能になるところであり，価値づけとコミットされた行為がいちばん深く関与してくるところである。

　「今，この瞬間」のプロセスは，「今」と「ここ」のなかで柔軟に生きることに関連している。このプロセスのなかで「今」が意味するのは，「過去」や「未来」の間としての今ではない。「過去」や「未来」は，ただ単に私たちが変化について話すときの方法に過ぎない。そうした表現は，まるで時間がモノであるかのように，一連のビーズをつなぐ糸であるかのような印象を生む。しかし，それは言語のからくりでしかない。「それは過去の出来事だ」や「それはもっと先になってから起こるだろう」といった表現は，「これは椅子だ」や「それはビーチボールだ」ととてもよく似た響きで，あたかも，空間がボールや椅子を含むように，時間が過去や未来を含んでいるかのような感じを与える。しかし，ACTの実践家は，過去は永遠にここから去っていて，未来はまだここには到達していない，という前提に基づく。この視点では，時間はモノではなく変化の尺度に過ぎない。あるのは，今と，今と，今だけ。今以外の体験は，過去についての物語や記憶，または未来についての構築物から成り立っている。そして，そうした記憶，物語，構築物は，今のなかに存在しているが，過去や未来は決して今のなかにはない。

心配や反すうといった問題に伴う困難は，クライエントが過去や未来を生きているということではない。むしろ，過去や未来の物語があまりにも注意を引きつけるため，クライエントが周囲で起きつつあることに気がつかなくなる点である。そうする間にも，本章の冒頭のエピグラムが嘆き悲しむように，今の瞬間は排水口に吸い込まれるように流れ去るのである。過去と未来についてのこうした物語は，マジシャンの「片方の手」にも似ている。マジシャンがトリックを演じるときには，片方の手が動き続けて聴衆の注意を引きつける。この手が私たちの注意を逸らしている間に，もう一方の手が，本当に重要なことが起きるようにする。クライエントが過去や未来に引きつけられて，それを繰り返しイメージしている間に，人生は流れ去る。重要な出来事が見逃される。

　過去と未来というものが実際にはない以上，「今，この瞬間」のプロセスは，注意を巧みに，意図的に，差し向けることにほかならない。いちばん一般的な意味では，私たちは，焦点と柔軟さを兼ね備えながら注意を割り当てる能力を通じて，周囲の世界によって自分自身の考えを方向づけ，周囲の世界を作り上げていく最善の機会を持てるようになるといえる。それにはただ単に出来事に物理的に曝されるだけでは不十分な場合が多い。つまり，瞬間ごとの反応に積極的に関与することこそが必要なのである！

　「今，この瞬間」のプロセスの機能不全には，比較的よくみられて，重複することも多い2つのカテゴリーがある。1つ目のカテゴリーは，注意を焦点づけるスキル不足の結果である。この障害は，若いクライエントや，単純に能動的な反応の範囲を自然に発達させるような人生経験を積んでこなかったクライエントに特によくみられる。たとえば，発達障害（自閉症とアスペルガー症候群を含む）の人たちは，今の瞬間に注意を向け続けるのに必要なスキルを欠くことが多い。2つ目のカテゴリーは，より広くみられるもので，固まってしまった注意のコントロールの結果である。この場合，その個人には今の瞬間へと注意を持ってくる能力があるものの，通常は他の何かによって注意の焦点が逸らされるために，それを維持できない[224]。たとえば，うつ病の患者で過去の挫折について過剰に反すうする人は，「今，この瞬間」を瞬間的には垣間見るかもしれないが，彼らの注意は，それから急速

に過去に焦点づけられた状態に引き戻される。同じように，不安を抱える患者も，将来起きるかもしれない何かの大惨事を知らぬ間に反すうし，同じ運命を経験する。「今，この瞬間」のプロセスの機能不全は，どちらのカテゴリーにしても，今の瞬間に戻る能力を促す介入が必要になる。そしてそうした介入は，どのような形態のものでも，まさしく**マインドフルネス方略**と呼べるのである。もっとも，ACTの開発者たちは，もともとはこの用語を使うのを避けていたのだが（我々は人々にどのようにしてマインド**から出て**今の瞬間に**入る**かを教えようとしていた）。

「今，この瞬間」のプロセスと
マインドフルネスに基づく介入との関係

　ACTは，アクセプタンスとマインドフルネスに基づくセラピーをおこなう大きなグループの一部であり，しばしば「文脈的な認知行動療法」[114]と呼ばれ，さまざまな方法を使ってより良い注意のコントロールと「今，この瞬間」の気づきを育もうとしている。こうした能力が発達するにつれてさらなる新しい考えと相互作用が起きると期待されている。たとえばメタ認知療法は注意の柔軟性やメタ認知的信念の変容[251]といったものを発達させることに焦点を当てているが，そこで用いられる注意のトレーニングは，どれにしても，特に修正しないでそのままACTの一部として使える。

　ACTモデルの要素のなかでも，「今，この瞬間」のプロセスは，こうした他のマインドフルネスを基盤とした介入といちばん強く結びついている。ただし，ACTの視点から眺めれば，六角形の左側のプロセスはどれもマインドフルネスと関連しているともいえる[59, 262]。Jon Kabat-Zinnが代表著書 *Full Catastrophe Living*[131]（『マインドフルネスストレス低減法』[訳注1]）のなかで示した**マインドフルネス**の定義は，「今，この瞬間」のプロセスがより大きなプロセスの「特定の方法で注意を向ける——故意に，今，この瞬間に，価値判断せずに」（p.4）とどのようにつながっているかを見るための手

訳注1) 邦訳書：ジョン・カバットジン（著），春木豊（訳）『マインドフルネスストレス低減法』北大路書房，2007.

堅い出発点となる。「今，この瞬間」のプロセス，アクセプタンス，また脱フュージョンのプロセスは，いずれもが，Kabat-Zinn の定義のなかではっきりと直接的に示されている。

また，定義されてはいないものの『マインドフルネスストレス低減法』の教え全体を通じて紛れもなく伝わってくるのは，心が思考で溢れているということ，すなわち価値判断し，過去の懸念に固執し，今の瞬間に入るのを避けようとする私たちの傾向に気がつくというテーマである。過去を評価して未来を予測するこうしたプロセスは，行動を体系立てて私たちを「今，この瞬間」から連れ出すけれども，それらは ACT モデルのフュージョンの側面を通じていちばんよく捉えられる。また，私たちが出あうフュージョンのなかには，自分の何が悪いのか，どのようにして今とは違ったより良い，より賢い，より親切な自分になるべきなのか，など自己についての物語に関連するものもある。こうしたごった返しのなかで，オープンで，アクセプトして，「今，この瞬間」に注目した姿勢をとりながら，思考，感情，記憶，身体感覚などが来ては去っていくままにそれらに対して何もしないでいると，意識の内容からはどこか区別される自己の感覚，すなわち文脈としての自己，または自己の超越的な感覚が立ち現れてくる。

メタ認知療法，マインドフルネスストレス低減法[131]，マインドフルネス認知療法[205]といった瞑想の実践を含むトリートメントが，メンタルヘルスに大きな効果をおよぼせることが知られている。マインドフルネスの実践を正式に取り上げている 39 件の研究について最近おこなわれたメタ分析では，参加者全般については不安（Hedge の $g = 0.63$）と気分症状（$g = 0.59$）で中程度の効果量であり，不安障害および気分障害と診断された参加者では不安（$g = 0.97$）と気分症状（$g = 0.95$）で大きな効果量を認めた[121]。

ACT で用いる手続きのほとんどは，瞑想の実践を正式に含んではいないものの，マインドフルネスを促すような体験的エクササイズ，メタファー，またその他の介入を豊富に含んでいる。マインドフルネス・プロセスが ACT のなかで占める位置についての科学的理解が理論的にも実践的にも深まるにしたがって[102]，いくつものより新しい ACT 手続きが瞑想の実践を取り入れるようになってきている（文献 66, 111, 116, 262 を参照）。

臨床的な応用

　本章では,「今, この瞬間」のプロセスの詳細に注目しながら, 後の章で扱う自己, アクセプタンス, また脱フュージョンの主題にも目を向ける。はじめに, クライエントのなかに育みたい注意の特質についていくらか詳しく考察する。それから,「今, この瞬間」のプロセスで起きる機能不全で比較的よくあるものを２種類見ていき, セラピーの方法をいくらか描写する。そして,「今, この瞬間」のプロセスを扱う際の注意事項について, ACT のなかでおこなわれる正式な瞑想の実践も含めて, 概略的に取り上げる。

「今, この瞬間」のプロセスのスキル障害

　「今, この瞬間」のプロセスのトレーニングは, ほとんどの人にとって, 社会的環境のなかである程度おこなわれているといえる。子どもたちが学校や自宅でうまくやっていくためには, 柔軟に注意を焦点づけることがある程度要求されるからである。そうした注意の矯正と形成は, さまざまな形でおこなわれる。私たちは, 子どもたちに向かって「何が聞こえる？　パパの声が聞こえる？」と尋ねて, それから注意深く耳を傾ける。そして「何が見える？」と尋ねる。自分自身の考えを方向づけるには, 叱責の形のものもあれば, フィードバックの形のものもある。いずれにしてもその目的は, 何が起きているかに気づく（注意の焦点づけ）だけでなく, **他にも何が**同時進行しているかに気づくようにして（注意の広がり）, そして注意の広がりと焦点づけを状況に応じて適切に適用できるように（柔軟に差し向けられた注意）, 子どもをトレーニングすることである。こうした指示とフィードバックは大抵とても具体的になされるが（「スティービー, ママの言うことを聞きなさい！」）, 子どもたちはさまざまな状況に曝されていくなかで, より全般的な注意のスキルを学習し, そのことが, 特定の刺激を多かれ少なかれ際立たせるのに役立つ。私たちは, 日頃から注意力そのものに的を絞ったトレーニングを受けることがほとんどないため, 注意のスキル全般については

身についていて当然なものと受け取りやすい。実際には，注意のスキルがどのレベルにあるかは0から100までの全範囲で可能性が考えられて，ほとんどの一般的な集団で，そのなかの個々の人がこの領域で持つ力と障害はそれぞれ大きく違っている。

　注意の基本的なスキルでの著しい障害がいちばん多くみられるのは，子ども，発達障害のある人，または重い行動障害のある人である。また，考えの方向づけがおこなわれる環境が不適切で，それが長期間続いた場合にも，結果として重い障害が起きることがある。子どもが注意のスキルが未発達なのは，ただ単に必要な社会的訓練と考えの方向づけを経験するにはまだ十分長く生きていないという事情を反映しているのに過ぎない場合もある。また，重いスキル障害は，個人が行動上の問題（幻覚，躁，妄想）を抱えていて，そうしたものが，有効な注意を今の瞬間に向け続けるのを助けるたぐいの相互作用を排除してしまうことから起きる場合もある。そうした行動上の問題があると，社会的環境の目が，柔軟に注意を焦点づける能力を発達させることよりも，むしろ行動の管理を促すほうに向きがちとなる場合もあるだろう。それほど重くないスキル障害については，私たちの日常経験の一部として注意それ自体のトレーニングが含まれているのがまれで，その個人がたまたまマインドフルネスの実践またはその他の注意のトレーニング法に馴染んでいない限り，そうしたスキルを高めるチャンスがないことが典型的な理由だろう。

注意の硬直性の源

　第3章と第4章で記したように，ベストな状態の注意のプロセスは，柔軟で，流動的で，自発的である。そうした性質が備わっているかどうかは，クライエントの発言内容だけからでは評価したり観察したりできない。たとえば，クライエントは，形式的な意味では完全に今の瞬間に注意を向けていながら（身体感覚に持続的に気づいている，セラピストの反応について質問している，など），我々がここで意味する意味では，「今，この瞬間」のプロセスに十分な範囲を持ち備えていないかもしれない。「今，この瞬間」のプロ

セスが機能不全になっている証拠には，注意の不健康な狭まりで，特定の主題に執着する，別な主題に注意を移すのが困難，または主題から主題へとたえず飛躍する，などといったことがある。その他のサインとしては，早口で自動的な語り，感情の鈍麻，またアイコンタクトを避けたり，視線を逸らしたり落としたりするなどの非言語的な行動も含まれる。こうしたサインは，クライエントが「チェックインしている」よりもむしろ「チェックアウトしている」ことを示す。「今，この瞬間」は，動的で持続的なプロセスだから，セラピスト自身も常に「チェックインして」いて，クライエントの言語的また非言語的な行動の両方に注意深く取り組んでいなければならない。

　もしも，「今，この瞬間」のプロセスがある文脈では機能するけれども他ではしない場合，表れている機能不全は，「今，この瞬間」とはまた別な，心理的硬直性の他の要因が関連したものかもしれない。なかでも，特にフュージョンと回避は，「今，この瞬間」のプロセスがうまく機能するのを妨げる。過去または未来の物語（心配と対をなす双子のような反すう）とのフュージョンと，そのフュージョンとつながった体験の回避は，ごく普通の注意スキルを持つ人でも，簡単に注意の硬直性を生む恐れがある。心配と反すうは，どちらも，ある機能的な契約を含んでいる[262]。すなわち，心配は，心配する人に対して将来への備えを契約し，反すうは，過去の過ちが繰り返されないと契約する。しかし，こうした契約は守られない。まさに，その逆こそが真実である[27]。心配と反すうが高まった状態は，好ましい心理的適応がなされていないことの予測因子だといえる。

臨床的な応用

「今，この瞬間」に取り組む根拠を示す

　注意についてどのようなトレーニングをするにしても，それに先立って，なぜ柔軟な注意のコントロールを身につける必要があるのかをクライエントが知っていなければならない。クライエントには，あまりにも忙しかったり何かに気を取られたりしていて人生のなかで重要な何かを逃していた時期に

思い当たらないか，と尋ねると効果的だろう。

　セラピストは，よく引用される「立ち止まってバラの香りを嗅ぐ」アドバイスからはじめてもよいだろう。この引用は，広く知られると同時に，広く無視されてもいる。すなわち，私たちには，イメージを深めて楽しむための時間をたった今割かない理由，先延ばしにする理由が，いつでも存在するようである。残念ながら，「後で」はいつまでたってもやってこないらしい。立ち止まるための時間づくりを人生に任せておくと，私たちは大いに失望することになるのである。ほとんどのクライエントは，「今，この瞬間」のプロセスの改善に取り組むためのこの論理的根拠を理解して受け容れる。根拠を示したあとで，セラピストは，クライエントが何を期待してよいのかについて，もう少し踏み込んで伝えてもよいだろう。マインドの「問題解決」モードと「夕陽」モードをクライエントに紹介することで，経験が持つ，重要で理解しやすくもある側面に触れられる[262]。

　「ここでは，立ち止まって自分が何を体験しているのかに注意を向ける練習もします。周りでたくさんの動きがあるにもかかわらず，私たちがそれらに気づかないままになるときがあります。ですので，ここでは，特に**気づくことを練習**します。なぜなら，このスキルは誰でも身につけられるからです。ただ，「他の何か」が周りでいつ起きるかや，どの場面でこのスキルを使いたいと思うかは，決して厳密にはわかりません。そこで，私たちが一緒に取り組んでいくなかのそこかしこで練習したいと思います。また，ご自身で，生活のなかでも試してみてください。このように考えてみてください——私たちが使っているマインドのモードは2つあります。1つは，マインドの**問題解決モード**です。このモードは，極端に自動的です——そして，それは良いことです！　なぜなら，スピードが出た車を避けたり，セールストークのもっともらしさを判断したりするときには，準備ができているととても助けになるからです。どのように機能するかを見てみましょう。2たす2は？（*休止*）3ひく1は？（*休止*）［*最後の2つの質問は早口で言われる*］このマインドのモードは，ものごとを分類して評価するのに役立ちますが，

その働きが素早すぎて，何が起きているのかを私たちが認識さえしない場合がよくあります。マインドの問題解決モードにまつわる問題は，それがあまりにも自動的なため，役立たない場面でも頻繁に適用されてしまう——または適用されるのが早すぎる——点です。

　私たちが関心を持つマインドのモードにはもうひとつあり，こちらは**マインドの夕陽モード**と考えるとよいでしょう。私たちは，問題を見つけるとそれを解決しますが，夕陽を見たときには，どうするでしょうか？　または美しい絵画を見たときには？　あるいは美しい音楽が聞こえてきたときには？　マインドのこのモードでは，主に，注意を向けて，味わいます。私たちの誰もが自分の人生のなかに見いだす傾向は，問題そのもの，またマインドの問題解決モードにあまりにもとらわれるあまり，たくさんの夕陽を逃してしまうことです。

　私たちは，マインドの夕陽モードを，セッションのなかで何通りかの形で練習していきます。気持ちを落ち着かせるためだけですが，何分間か目を閉じることからセッションをはじめるときもあるかもしれません。そうした時間には，その日一日に気がかりだったことをほんの何分間か手放して，息が吸い込まれて吐き出されるのと同じくらい単純な何かに注意を向ける練習をします。また，対処するのが困難な状況になるときもあります。そうすると，できるだけ早く問題解決したいと思うかもしれません。でも，急ぎ回ると，解決するよりももっと多くの問題を引き起こす場合もあります。そこで，問題が起きたときには，もうひとつの方法として，私たちはぐんとスピードを落として，マインドの夕陽モードに入ります。これは，問題解決を一切しないという意味ではありません。問題解決の努力は**します**。ただ，それを**反射的な**方法ではしないということです。私たちは，**マインドフルに**問題を解決します。また，何か美しくて大切なものが表れたときにも，私たちはスピードを落として，マインドの夕陽モードに入ります。ですので，あなたが，何かご自身にとって本当に意味深い——価値に触れるような——ことを話したら，しばし動きを止めてその大切さを受け止めるようにとお伝えするかもしれません。

私自身がこの仕事を何年もしてきて気がついた点のひとつは，少しスピードを落としてみると，愛おしさと悲しみはかなり頻繁に入り混じって見いだされるということです。人生のなかで愛おしく感じている何かで，悲しみの色合いをまったく含まないものを探すのは，なかなか難しいです。マインドの問題解決モードは，私たちに悲しみに背を向けさせますが，そうすることで，私たちは愛おしいものにも背を向けている場合があるのです。では，取り組んでいくなかで，それを一緒に確かめてみましょう」

　トリートメント・セッションのはじめに，1，2分かけて短いマインドフルネス・エクササイズ（たとえば，息を吸って吐く感じを観察する，身体感覚をメンタルにスキャンする，深呼吸を何回か繰り返す，五感に注意を集中するなど）をおこなうと，「今，この瞬間」に注意を向ける力を，内面と身体の外の世界との両方で助けられる。こうしたエクササイズは，マインドフルな認識を持ちながらセラピー・セッションに取り組むことの大切さを強調する追加的なメリットがあるうえに，「余談」から本格的なセラピーの取り組みへの移行を促すため，トリートメントの効果を大きく高めもする。

スキル障害のための注意のトレーニング

　注意障害のトリートメントがゴールなら，注意はあらゆる形式の注目にその側面として含まれているので，さまざまな臨床介入が工夫できる。たとえば，行動療法の標準的な手続きで，一つひとつの筋肉のグループを緊張させたり弛緩させたりする漸進的筋弛緩法といったものは，刻々と注意を向け続ける練習になる。ポイントは，注意の焦点づけ，広がり，そして柔軟性をクライエントに教えることである。そのため，クライエントは，手順の最中にも時折，注意を移行してどのような思考が同時にあるかに注目するように，そしてどこにしてもそのときに緊張と弛緩を繰り返している身体の箇所へと再び優しく注意を戻すように，と指示してもよいだろう。ボディースキャン[131]といったマインドフルネスのエクササイズも，この種の注意の調節を教える

うえですばらしい手段となる。こうした方略が教えられる際には，エクササイズの目的が，ストレス，不安，またその他の不快な気持ちをコントロールする必要性をクライエントが「手放す」のを助けることだと，明確に掲げられる場合もある。というのは，「今，この瞬間」のエクササイズは，リラクセーションをもたらしもするけれども，それが主な目的ではなくて，むしろ，目的は，「今，この瞬間」の認識を育て，注意を焦点づける力を高め，そして注意がいつどこへ向けられるかについての柔軟性を生み出すことだからである。とはいえ，そうしたスキルは，一度に身につくものではない。それらは，時間をかけて練習しなければならない。つまり，臨床家は，ここでのゴールがひとつの考えの方向づけであって，そのため，小さくはじめて，より複雑な行動へと接近するたびにそれを強化しながら進めていく必要がある点を忘れてはいけない。実践家は，クライエントがどこの段階にいるのかにたえず注意していて，どのエクササイズも，クライエントの反応に応じていつまで続けるかを調整しなければならないのである。

　クライエントの注意スキルが不十分に見える場合には，セラピストは特定の感覚的体験（音，光景，感触，味，におい）に注意を向けて識別するように促して，ひとつ，また次のひとつと，注意の焦点を移していくのがよい。特定の感覚一揃いを選んで，そのなかで注意を移行し，狭め，そして広げるようにと伝えてもよい（たとえば，音楽のなかでも低音域だけに注意の焦点を絞り，それからホルンの音に移行し，そして両方に同時に注意を向ける，など）。また，折を見ては，「ただ注意を向けて」，「ただ観察して」などと，立ち止まるようにクライエントに指示してもよいだろう。心理療法のセッションの途中で30秒から1分程度の短いエクササイズをおこなうのは難しくない。たとえばクライエントに，目を閉じた状態で身体がこの瞬間にどのように感じられるか，身体のなかに緊張した感じはないか，呼吸は普段どおりかなどにただ注意を向けるように，それからそっと目を開けてそれまでおこなっていた取り組みに戻るように，と伝えてもよい。セラピーのなかでおこなったのと同じ方法をセラピーセッションの外でもおこなうように指示することで，人生のさまざまな典型的状況で広く用いられるスキルの発達を促せる。

注意のトレーニングは，ほとんどすべてのACT手続きに含めておこなうことができる。しっかりと押さえるべき重要なプロセス要素は，はじめに今起きている事柄に注意を向け続けられるようにして，それからそっと注意を移行して，焦点を絞ったり広げたりと，クライエント自らが注意のスキルを道具として使いこなせるようになるまで練習することである。外来で取り組む大人のクライエントで，マインドフルネス・エクササイズと格闘している人なら，目に入る色，形，人，そして物体に注意を向けるといった「マインドフルな散歩」から練習しはじめるのも効果があるかもしれない。

　子どもは，かなり幼いころからすでに，内面の世界と外の世界とで**自分が今何に注意を向けているか**についての質問には答えられる。子どもと一緒に取り組むときには，立ち止まり，注意を向け，そして答えるといった作業をゲームにしてもよいだろう。また，発達障害のある人々の集団でも，たとえ単純なものでも注意のトレーニングがもたらす効果の広がりは注目に値する。幼い子どもや発達障害のある人々が心理療法，特に，ACTのように当初は抽象的すぎるかのように見える手法の恩恵を受けられないと考えるのは正しくない。実際には，まったくその逆だといえる。なぜなら，マインドフルネスも，また今の瞬間へと入ることも，抽象的で分析的な活動**ではない**からである。たとえば，発達障害のある人，素行障害のある思春期の若者，または慢性の精神疾患のある患者に対して，足の裏に意識を集中することを教えると，攻撃性やその他の社会的行動にポジティブな影響が表れる[215, 216, 217]。ACTは，その他の発達障害のある人々でも機能することが示されている[191]。著者らの一人（ケリー・G・ウィルソン）が指導したガーデニングのプロジェクトで，発達障害のある成人を対象にしたものでは，クライエントたちは，立ち止まって注意を向けることを求められる質問を繰り返された。「今，手のなかの土はどのような感触ですか？」「ちょっと止まって，何が聞こえるかを教えてください」。時間が経つにつれて，こうした促しは，比較的急速に，明らかにより大きな注意の柔軟性へと結びついたように見える。

注意の硬直性への介入

　先にも記したように，クライエントは，注意のスキルを持っていてもそれを使えないでいるかもしれない。そうしたケースでは，フュージョンと回避がクライエントの行為の範囲を狭めていると考えられる。その場合，脱フュージョンとアクセプタンスのエクササイズ（より詳しい考察は第9章と第10章を参照）が，「今，この瞬間」に注意を向けるのを助けるだろう。また，逆に，「今，この瞬間」に思考の内容がどう体験されているかに注意を集中するようにと伝えても，それ自体が脱フュージョンとアクセプタンスの効果を持つと考えられる。たとえば，「私は，なぜこんなに不安なのだろう？」という思考とクライエントが完全にフュージョンしているところを考えてみよう。クライエントが，目を閉じた状態で，まずその問いに触れて，次に足先からはじめて，どのようなものでも身体のなかにある緊張または不安に注意を向けてみるように，と伝えるとよいだろう。少しずつ部位を上げてきて身体全体を感じていくときに，不安をどこでいちばん強く感じたかだけでなく，どこでそれほど強くは感じなかったかについても，そして特にそうした部位の端での詳しい感じについて，尋ねるとよい。「私は，なぜこんなに不安なのだろう？」という問いからは，身体感覚とのこのような絶え間のない詳しい関わりはおそらく自然には引き起こされないため，このエクササイズには，思考からの脱フュージョンと，クライエントをもっと「今，この瞬間」のなかへ連れてくることの，両方の効果があるといえる。

ペースを落とす

　クライエントたちは，急なマインドレスな活動の流れの勢いのままでセラピーへ飛び込んでくることも多い。そのようなときには特に，セラピストの話のペースは，クライエントの「今，この瞬間」のプロセスを促すうえでの重要な道具となる。ペースは，多くのスキル・レパートリーとそれらに備わった自動的な機能のなかで，重要な役割を果たす要素である。ペースを変えると，そして特にスピードを落とすと，古いパターンが崩れてそれらが果たしていた機能が見えるようになる場合がある。たとえば，もしもクライエ

ントが急いでいるようなら，ペースを変えるとどうしてクライエントが急いでいるのかわかるかもしれない。クライエントたちが十分にスピードダウンすれば，彼らが何を追いかけているか明らかになり，彼らを追いかけているものには追いつかれる。

　比喩的にいえば，フュージョンと回避行動は，走っている状態に似ている。クライエントは，耐えられないことから逃げるために走っている。また同じように，彼らは，耐えられることについての，そしてそれらすべてをマネジメントするためにしなければならないことについての，自らが描いた世界の物語に追いついていこうとして走っている。ペースは，要素をつなぎ合わせる糊（のり）に似ている。ペースを妨げると，そのレパートリーが果たしている機能も妨げられて，回避またはフュージョンされている事柄がしばしばクライエントに「追いつく」。以下の臨床例について考えてみよう。

クライエント：まるで，周りの世界全体が私の上に閉じかかってくるようです。仕事では何千もの締切に追われて，追いつく方法なんて絶対にありません。先に進んだと思うたびにもっとたくさんの仕事が降ってきて，振り出しに戻ります。あとどれくらいこの状況に耐えられるかなんて，わかりません！

セラピスト：では，困難は主に職場で感じるのですか？

クライエント：いいえ，どこででもです。自宅では，未払いの請求書が机の上で山になっています。自分の何がおかしいのかがわかりません。支払うお金は十分あるのに，どうしても処理できないのです。留守電には10件以上もメッセージが録音されています。返事をしないままになっているものです。友達は，私のことをただのまぬけだと思っているでしょう。仕事も友達づきあいもうまくできません。自分のめんどうさえみられないのです。だって，スポーツジムの会員にはなったけど絶対に行きません。自転車を買えばガレージに置きっぱなし。自分のどこがおかしいのかもわかりません！　いつもずっとこうでしたし，いつまでたっても変わるとも思えません。ただ続いていくだけです。

セラピスト：なんとまあ！　それはたくさんですね。考えるだけで疲れて

しまいますね。
クライエント：ごめんなさい。そう，わかります。
セラピスト：いえいえ。ただ，私たちは，そのリストをあまりにも駆け足で目を通しているようで，重要なことを私が聞き逃しているのではないかと心配なだけです——あなたにとっての，重要なことを。速さについていくのが大変と感じるだけです。ちょっと，スピードを落としても，いいですか？ あなたの言うことを，確実に聞き取れるようにしたいのです。

この対話のなかで，セラピストの最後の反応は，比較的ゆっくりと，慎重な調子で話される。セラピストがここで変えはじめようとしているペースは，おそらくクライエントにとっては，とてもよく確立されて，持続的で，染みついているともいえるパターンである。このパターンにはリズムがあり，そのリズムを変えると，新しいことが起きる余地が生まれるかもしれない。

セラピストは，話をしてから十分な間を沈黙することで，話された一つひとつの言葉を両者が本当の意味で聞き取れるようにして，新しいペースをつくる。沈黙は，芸術作品の「間」に似た働きをする。それは，セラピストとクライエントのどちらの発言にも，注意が向くようにする。

セラピスト：おっしゃったことを，もう一度，もっとゆっくりと振り返ってみていいですか？ とても重要なことが聞こえたように思うのですが，私がそれをしっかりと吸収するには，あまりにも速く通り過ぎてしまいました。
クライエント：ええ，いいですよ。
セラピスト：では，あなたが最初に話したことからはじめましょう。仕事についてから。（休止）仕事で起きていることを，何か1つ，具体的に話してくれませんか。具体的な，締切について。
クライエント：わかりません。無数にあって。
セラピスト：もちろん，でも，1つだけあげてください。具体的に，何か

1つ。(*休止*) 昨日は，どうでしたか？
クライエント：たくさんのことがありました。
セラピスト：わかりました，それについて考えてみましょう。あなたが「たくさんのこと」と言ったとき，どこか絶望的な感じが含まれているように聞こえました。それについて，少しの間だけ，一緒に注目してみませんか？
クライエント：いいですよ。
セラピスト：(*ゆっくりと話しながら，「……」の箇所では数秒間休止する*) では，そっと目を閉じて，椅子のなかで身体を落ち着かせてください。……そして，まずはご自分の呼吸に注意を向けてみるといいかもしれません。……とても大きく息ができるかどうか，はじめてみてください。無理するのではなく……ただお腹が膨らむように……胸が静かに膨らむように……そして，胸が膨らむにつれて，力を抜いて肩をわずかに落として柔らかくできるでしょう……さて，今度は，少し時間をとって，自然な呼吸のなかでそっとリラックスできるかどうか試してください。あなたは，いつも，とても努力しているので，ほんの少しの間，静けさの贈り物をご自分に授けてみてはどうかと思います。(*15 から 20 秒の休止*) 息を吸って吐く一つひとつの動きにそっと注意を向けながら，注意が逸れたと気づいたら，そのまま素直に呼吸へと戻るようにしてください。息を吸うたびに鼻孔の辺りが涼しくなり，吐くたびに同じ辺りが暖かくなります。

　さて，これから私が，あなたがたった今おっしゃった言葉を，とても，とてもゆっくりと，繰り返します。一つひとつの音を，すごく慎重に聞き取ってほしいのです。「た……く……さ……ん……の……こ……と……」(*15 から 20 秒の休止*)。そして，息を吸って。そして，私が今からその言葉を言うときに，ご自分の身体のなかで起きることに注意を向けられるか，試してください。どんな微妙な変化でもかまいません。「たくさんのこと」(*ゆっくりと，慎重に，休止は入れずに，一つひとつの音の重みを声の調子で表現しながら。それから，再び5秒から10秒の休止*)。目を閉じたままで，ごく簡単にでかまいませんので，

身体のどこにこの言葉の影響が感じられるかを，そっと教えてください。言葉を言いますよ——「たくさんのこと」。

クライエント：胸のなかです。

セラピスト：締めつけるような感じですか？

クライエント：はい。

セラピスト：ちょっとの間，いちばん強く感じる場所に注意を向けられるか試して，その場所の辺りに，優しく手を置いてください。

クライエント：(手をみぞおちに当てる)

セラピスト：手は，そこに優しく置いたままにしてください。呼吸と合わせた上下の動きが手に伝わってくるか，感じてください。息を吸うときに手を置いた場所の感じに注意を向けられるかどうか……心臓の鼓動を感じられるか……認識が逸れて漂いだしたと気づいたら，私の声に，私がここにあなたと一緒に座っていることに注意を向けてください……そして，そっと身体の感覚へと戻ってきてください。……少しの間そうした感覚を抱いたままでいて，それぞれ個別に注意を向けては，しばし立ち止まり，それから他の感覚に注意を向けるようにしてください。あなたが身体のなかに抱えているそうした緊張，抵抗，拒絶といったものに注意を向けられるか，また，ほんのちょっとの間だけでもそうしたものを和らげられるか，試してください。ほんのわずかな瞬間でもそうした抵抗感をそっと手放すとどんな感じがするかに，注意を向けられるか。そうした抵抗に，柔らかさを吹き込むところをイメージできるかどうか，試してみてください。(20秒から30秒の休止)

さて，質問をさせてください。一人の人間として，セラピーに取り組む「あなた」がいます。その同じ「あなた」が，まさにこの瞬間に，こうしたことすべてにそっと注意を向けています。この柔らかい感じ，この優しさを，仕事をするあなた自身にも授けることができると，想像してほしいのです……贈り物として。その贈り物は，あなたにとって，どんな意味を持つでしょうか？　あなたにとっての仕事を，どのように変えるでしょう？……もうすぐ，目を開けるようにお伝えしますが，その柔らかさとペースを，あなたの仕事についての対話にいくらかでも持ち

込めるかどうかを，試してほしいのです。……では，目を開けて，仕事についてのお話に戻りましょう。

　この対話は，心理的柔軟性モデルの複数の要素を含んでいて，「今，この瞬間」に注目するプロセスが自然に広がって他のコア・プロセスを含んでいく様子を示している。このやりとりのなかで活性化されたプロセスは，脱フュージョン，アクセプタンス，文脈としての自己，そして「今，この瞬間」への柔軟な注意の取り組み，すなわち心理的柔軟性モデルの視点から見た，マインドフルネス4つ組である。これらのプロセスをより詳細に検証するのは，役に立つだろう。

フュージョンを弱める

　この対話にみられるクライエントの話し方のパターンは，フュージョンのレベルが高いことを示唆している。対話のはじめの部分では，患者を圧倒している具体的な事柄についてセラピストが何度も探るものの，分類的で具体的ではない答え——「すべて」「どこででも」「たくさん」「いつも」「いつまでも」——が繰り返される。苦痛についての説明も，語り尽くされたような自動的な印象がある。もしもこうした思考を以前にも抱いていたかと質問をすれば，答えは「はい」になるはずである。きしるようなこのフュージョンは，クライエントを「今，この瞬間」から連れ出す。セラピストは，この状況に対して，2つの方法で切り崩しを図る。1つ目は，何か具体的なことをさらに追及していく方法である（すなわち，「例として，あなたを煩わせている事柄を1つだけあげてください」）。2つ目のアプローチ（対話のなかでセラピストがとったのはこちら）は，普遍的な主題として「たくさんのこと」をつかんでおいて，その状態のまま，とても具体的な一連の感覚にたえず注意を向ける作業へと入る方法である。ここでは，クライエントの注意は，はじめに呼吸に向けられ，それから「たくさんのこと」の思考へ向けられ，そして，「たくさんのこと」との関連で体験される身体の反応へ，再びセラピストの声へ，などと導かれた。発言された言葉を言い換えたり繰り返したりする，言葉と一緒にそこにとどまる，想像のなかで反応してみる。こ

うしたことは，どれもが，フュージョンを減らして「今，この瞬間」のなかの注意の柔軟性を高めるものである。

アクセプタンスを促す

　体験の回避はフュージョンとつながっている場合が多く，そのどちらにしても注意の硬直性をもたらす。この対話のなかでおこなわれるマインドフルネスの介入には，アクセプタンス指向の要素がいくつも含まれている。セラピストがクライエントに教えるのは，柔らかくなる，抵抗を手放す，静けさがもたらす恩恵を比喩的に授ける，といったことである。こうした提案は，いずれもが，まさにこの瞬間にクライエント自身の文脈のなかにあるものをそのままアクセプトする方向へ促すように設計されている。

自己に触れる

　自己の要素は，このエクササイズのなかではそれほど目立たない。それでも，セラピストは，「注意を向けているあなた」に注意を向けるようにと伝えている。「注意を向けているあなた」に注意を向ける指示がいちばん効果的なのは，さまざまなことに注意を向けた直後に出される場合である。たとえば，セラピストの声に注意を向けるように，またセラピストが「ここにあなたと一緒にいる」ことに注意を向けるように，などと伝えられて対象に注意を向ける私／あなたといった要素に注目する場合である。こうした指示は，どれにしても，積極的に**注意を向けるあなた**が現れるのを促す。

価値に触れる

　価値の要素は，エクササイズの最後に，自分の仕事とのもっと親切で優しい関係を考えられないかとクライエントに尋ねることで，つけ加えられている。セラピストは，価値の要素を少なくとも2つ促している。第一に，仕事そのものの直接的な価値。そして，第二に，姿勢をもっと柔らかくして自分自身にメタファー的な贈り物をする指示のなかには，自分への思いやりの価値が含まれている。

　「今，この瞬間」のプロセスへの取り組みは，学習がいちばんよく成立す

るのはそれが今の瞬間のなかで起きて直接的に体験されたときだ，とする比較的率直な考えに基づいている。そのため，もしもフュージョンと回避のレベルがとても高いと感じられたら，価値に取り組んでいる途中でも，意識，社会，身体，心理的な現在に集中した反応スタイルのプロセスに触れてみるのは手堅い頼りの綱である。先の対話のなかで紹介した「今，この瞬間」のための介入は，クライエントが持ち込んだ問題の種類によらず，用いることができる。時間としては，20分から30分かけてもよいし，4，5分の短さでもかまわない。介入の仕方をわずかに変えることで，心理的柔軟性モデルのなかのさまざまな要素，または同じ要素のなかのさまざまな強調点を促せる。たとえば，もっと多くの質問をそこから観察する視点を持つことや価値に集中してもよいだろう。いずれにしても，常に変わらない要素は，「今，この瞬間」のプロセスへの注目である。ときには，このようにフュージョンされた特定の内容をめぐってスピードを落とすことで，それに続く対話の自由度を高められる場合がある。

　もしも，フュージョンまたは体験の回避，あるいはその両方のなかにクライエントが「見失われた」かのように見えたら，セラピストは，「今，この瞬間」のプロセスへの介入で，先の対話のものと似た何らかの簡単な取り組みをはじめるべきだろう。最初は，ペースを落としてただ呼吸に注意を向けるといった穏やかな内容からはじめるとよい。そこから，次に，自分自身の思考，感情，記憶，そして身体感覚を妨げているのは何かに注意を向けるようにクライエントを導く。このときもたらされる効果としては，セラピストは，クライエントがスピードを落として認識のなかで刻々と起きていることにたえず注意を向け直すのを助けている，といえる。

セッションとセッションの間をつなぐ

　「今，この瞬間」のプロセスを焦点にしたエクササイズは，短いものも長いものも，ホームワークにするにはとても適していて，クライエントは自然な日常の文脈のなかでプロセスを練習しやすい。もしもクライエントが，何らかの形の祈り，瞑想，ヨガ，またはその他のマインドフルネスの実践にす

でに従事しているのなら，そうしたことが，注意を向けて焦点を絞るスキルの練習を追加できる自然な機会になるだろう。ときには，セッションのなかでおこなった特定のエクササイズで，5分間だけ呼吸に注意を向けるといったものを，自宅でも，たとえば日に2回おこなうことにクライエントが同意するかもしれない。クライエントに伝えられるべきメッセージは，「今，この瞬間」のプロセスはスキルであり，それらが発達するためには練習あるのみ，という点である。練習をしない限り，人生のなかのストレスフルな場面で柔軟に注意を差し向けるのはとても難しい。また，クライエントは，この姿勢を，ストレスフルな状況が起きたときにだけ用いる万能薬としてではなく，生涯を通じた「ライフスタイル」の修正と考えるように促されるべきである。

　自宅での練習に取り組みやすくするために，今ではたくさんのACTの手続きがあり，iPodやその類似品を利用したオーディオ形式の簡単なエクササイズで「今の瞬間に来る」ことを焦点にしたものも含まれている。クライエントが，そうしたものに似た簡単なエクササイズを，自分で工夫しておこなうように促してもよいだろう。たとえば，一日に数回アラームが鳴る設定にしておいて，それが鳴るたびに，動きを止めて，散漫になった注意を手放して，10回分の呼吸の感覚として吸って吐く呼気の流れに注意を向けるように指示してもよい。また，皿洗いやアイロンがけなどといった簡単な日常の作業に従事するときに，スピードを落として，感覚的な体験に注意を向けるようにと伝えてもよいだろう。エクササイズが不快な気分をコントロールまたは排除する目的となりにくいように，クライエントは，エクササイズを苦しいときだけでなく，**リラックスしているときにもおこなうように促されるべきである。**なお，広がりのある「今，この瞬間」の活動で正式なヨガや瞑想といったものはもちろん利益をもたらすけれども，「今，この瞬間」とマインドフルネスのささやかなエクササイズでも効果がある。実際に，マインドフルネス手法についてのメタ分析から得られたエビデンスは，たとえごく小規模なもので，しかも定期的におこなわれない場合でさえ，そうした手法が有効だということを示している[121]。

他のコア・プロセスとの相互作用

「今，この瞬間」のプロセスへの取り組みは単独の介入としておこなうこともできるが，先にも考察したように，ひとつのプロセスを促すと，他のプロセスへの取り組みも同時に活性化される場合が多い。以下の節では，他にも，「今，この瞬間」とそれ以外のプロセスとの間に起きる相互作用を簡単に見ていこう。

「今，この瞬間」のプロセスと自己

自己に関連してフュージョンされた思考は，頻繁にみられる問題である。先にも考察したとおり，一般に，フュージョンがあると，その人が「今，この瞬間」と接触できなくなる恐れがある。「今，この瞬間」のエクササイズの多くは，感情，思考，身体状態を刻々と追跡するように伝えてから，次に，そうしたさまざまな意識の内容すべてを超越した自己の感覚と接触するように指示する。また，フュージョンとの関連でさらに全般的にいえるのは，「今，この瞬間」のプロセスは，クライエントがあまりにも強く抱いている自己の物語から脱フュージョンするための解毒剤だということである。

「今，この瞬間」のプロセスと脱フュージョン

脱フュージョンのエクササイズのなかには，本章で描写したエクササイズや介入に備わったマインドフルな特質がないものもあるが，それらには，ごく短い「今，この瞬間」のエクササイズを添えておこなうことができる。こうした応用がときには妥当かもしれないという点は，以下に続く章を読み進めるときにも，覚えておくと役に立つだろう。たとえば，言葉の繰り返しのエクササイズで，フュージョンの内容をいくらか取り出して（例：「私はひどい」），それを何度も何度も，素早く，言葉が行動を強いる力を失いはじめるまで，声に出して繰り返すようにとクライエントが指示されるものについ

て考えてみよう。この方法は，文脈によっては臨床的に有効だと示されていて（例：文献166）本書の後半でも再び取り上げるが，急速な繰り返しの途中にごく短い静止の時間と呼吸の認識を差し挟むことで，すばらしいコントラストと認識の感じを引き出せる。文脈によっては，このように変化させることで，特定の思考一式から必ずしも脱フュージョンされないままに，思考のプロセスからはより脱フュージョンされた姿勢へとつながるようである。

　また，ACTエクササイズの多くは，心理的内容と接触して，何かをつけ足したり差し引いたりしないで，それを単純に描写することだけをトレーニングする。クライエントたちが，そのまま感情を感情として，思考を思考として，などと名前をつけるように伝えられるとき，彼らは，基本的に，認知，感情，身体的体験の持続する流れをマインドフルに観察しているといえる。そうしたときに，セラピストがペースおよび「今，この瞬間」への注意の焦点に変化をつけていくことで，言葉の繰り返しに静止と呼吸の認識を差し挟むエクササイズと同じ原理で，名前つけエクササイズの効果を高められる。

「今，この瞬間」のプロセスとアクセプタンス

　ある意味では，**ただ注意を向ける**ようなエクササイズには必ずいくらかのアクセプタンスと脱フュージョンが組み込まれているといえる。困難な思考と感情の文脈のなかで「今，この瞬間」への取り組みをたっぷりと用いると，アクセプタンスを促すことができて，強い感情を感じているときでさえ，**他に何があるか**にクライエントが注意を向けるのを助ける。一般に，苦痛な私的体験は注意を引きつけて固定しがちである。実際，この効果は，おそらくある部分は進化に由来するものだろう。「今，この瞬間」の取り組みで，そうした苦痛な出来事と，より優しい感覚で息を吸って吐く感じといったものとの間を行き来するものは，クライエントが注意の焦点を移行させる練習になるはずである。また，望まれない苦痛な私的体験のただなかで注意の焦点を移行させる体験は，注意を向けることが私たちの行動のすべてに含まれるという点も，クライエントに教える。同じように，もっとオープン

で，アクセプトする姿勢へクライエントを方向づける．セラピストがおこなうコーチングは，その人の価値，またその瞬間に何が重要かの点へ，より多く注意を向ける力も育む．もしも，クライエントが，アクセプタンスの見通しに圧倒されているなら，呼吸のようなものに注意を向けてマインドフルで静止した瞬間をつくることで，プロセスへの取り組みをはじめるために必要なだけの心理的空間を確保できるかもしれない．

「今，この瞬間」のプロセスと価値とコミットメント

　心理的柔軟性モデルが開発されたことで，一方では価値とコミットメントとその他の行動活性化の取り組みの間の相互的関係が，また，もう一方ではマインドフルネス・プロセス同士の相互的関係が，それぞれわかりやすくなった．「今，この瞬間」のプロセスと，価値とコミットメントの取り組みとの間には，互恵的な相互作用がある．価値の小さな要素でも，それを使って，「今，この瞬間」の取り組みを促せる場合がある．たとえば，困難な感情に関連して「今，この瞬間」に注目する取り組みをおこなうときには，マインドフルな視点から価値についての質問をすることで，今の瞬間にとどまって問題とつながったままでいようとするウィリングネスを育める．

　クライエント：娘のことを考えると，苦しくてたまりません．私は，あまりにも何度もあの子を失望させてきた．
　セラピスト：もしも，ほんの少し……こうした困難な事柄を抱いたまま黙って座っていることで……なりたいと思う父親像にあなた自身が近づきやすくなるとしたら……そうすることをいとわないですか？（ゆっくりと，慎重に，休止しながら言う）

　この反応のなかで，セラピストは，今の瞬間に居続けることへのウィリングネスを動機づけるために価値の質問をする．また，セラピストの質問のペースもたえず注意を向け続けることを助けるもので，それによっても「今，この瞬間」のプロセスが育まれる．

臨床上の注意事項

マインドフルネス方略の目的を強調する

　ACTには，穏やかなマインドの状態と対立する要素は一切ない。しかし，だからといって，「今，この瞬間」を焦点とした介入は，感情的な安心を生み出すための道具としてのみ見なされるべきではない。大衆文化のなかでは，マインドフルネスは，「健康」な感じへの王道と考えられるようになっている。たしかに，呼吸に注意を集中して瞑想したり，浮かんでくる思考や感情を優しく手放したりするのは，ポジティブな気持ちの状態を生み出しやすい。しかし，そうしたことは，ほとんどの瞑想の伝統で本来の目的ではない。そして，そうしたことはACTでの目的でもない。「今，この瞬間」のプロセスは，「気分よくなる」ための強壮剤ではない。セラピストは，「今，この瞬間」の取り組みを，注意を柔軟に差し向けていくクライエントの能力を高め，また広げるために設計されたものとして，一貫して強調するべきである。ポイントは，硬直的な注意が特定の思考，感情，記憶，または感覚に固着するのを防ぐことである。「今，この瞬間」のプロセスは，健康の源泉ではあるけれども，それはネガティブで望まれない内容を排除するからではなくて，むしろ，それらが，クライエントのなかにある種の「余地」を作り出して，ネガティブな内容が注意と行動を支配することなくただ体験されるようにするからである。しっかりと確立されれば，「今，この瞬間」のプロセスは，「しなければならない」の姿勢よりもむしろ「したい」の姿勢でクライエントが行動できる（またはしないですむ）ようにする。

「マインドフルネス」に対してクライエントが持っているかもしれない偏見に敏感であること

　セラピストは，マインドフルネスで使われる用語と，クライエントの多くが持つ体験や偏見との相性の悪さも認識していなければならない。原理主義

の宗教的伝統に従うクライエントは多いが，そうした思想は，東洋的精神性やニューエイジ的考え方の香りがするものに対して懐疑的，または敵対的でさえあるかもしれない。これが問題となるときには，マインドフルネスの実践を「注意のトレーニング」と呼ぶほうがよいだろう。たとえば，クライエントには，価値づけられた人生はときに焦点を絞った柔軟な注意が必要となるもので，こうしたスキルを練習しておくことで，私たちは，人生で必要なときに反応する用意を整えておけるのだ，と提案してもよいだろう。このアプローチのほうが，クライエントが，自分が仏教徒になることを促されているとか，僧侶の人生を送るように促されている，などと考えるようになるよりもよい。ACTは仏教ではないけれども，ACTの手法や考え方のなかには仏教のそれととてもよく似たものがあるため[94, 211]，多くのクライエントが，セラピーを通じて望まない宗教的な考え方を取り込むことになるのではないかと恐れる。こうしたことから，セラピストは，クライエントたちが持つ民族的また文化的な多様性を大切にして，それぞれの介入を説明する用語を，一人ひとりのクライエントの好みに合うように調整しなければならない。

セラピー関係にスキルを適用してモデルを示す

「今，この瞬間」に注意を向ける行動をセラピスト自身がモデルとして示すのは有用である。そのためセラピストは，こうしたスキルをセラピー関係そのものに適用することも忘れてはいけない。心理的柔軟性の主要プロセスのなかでも，「今，この瞬間」への注目は，おそらくセッションのなかで持続させるのがいちばん難しいものだろう。それはセラピスト自身にとっても同じで，苦痛な感情の内容，疲労，臨床的な問題解決への巻き込まれ，そしてその他，実に多くの要素に反応して，セラピストも「チェックアウトする」ほうへ走りがちになる。経験から得られた賢明な方法は，「疑わしいときには，まず中心に戻る！」である。そうすることでセラピストは，生産的ではないかもしれない反射的な仕方で反応するのではなく，スピードを落として，そこに表れてきたどのような障壁とも接触できるようになる。ただ

し,「今,この瞬間」のなかにとどまることが,セラピストとしての役割をより多くこなすのを避けるためだったり,感情的に困難な内容を避けるためだったりするのは,有用ではない。また,中心にくるのは第一ステップで,それ自体が最終ゴールではない。

前進のサインを読み取るには

「今,この瞬間」のプロセスに従事するクライエントの能力は時間とともに発達するはずである。そのため,セラピストは,前進のサインを読み取れるようにならなければならない。「今,この瞬間」のエクササイズは,はじめのうちは,セラピストがもともと想定していたよりも多くの時間と構造化を必要とするかもしれない。しかし,クライエントが前進するにつれて,セッション内でおこなう特定の技法で,呼吸に注意を向けるように繰り返し伝える,今の瞬間のなかへ来るようにと言語的に伝えるなどといったものは,次第になくしていけるだろう。読者は,やがて,一人ひとりのクライエントが前に進むにつれて,その人が以前よりも簡単に,立ち止まり,スピードを落とし,それが有効なときにはセッションの方向性を変えたりできるようになること,あるいは必要ならエクササイズや困難な内容と一緒にそこにとどまれるようになることに気がつくだろう。そうした変化は,通常は注意の柔軟性が獲得されていることを示す。また,思慮深く立ち止まったり,スピードを落としたり,セッションの方向性を変えたりといったことを,クライエントが自発的にするようになれば,スキルが般化されたとわかる。クライエントの注意の柔軟性が高まるとともに,「今,この瞬間」は,認識と行為の拠り所として,いつでもそこにあるしっかりとした土台の機能を果たすようになる。

第8章

自己のディメンション

色即是空　空即是色

——禅の言葉

本章で学ぶこと：
- 問題解決モードのマインドが，自己の体験にどのように影響をおよぼすか
- 自己の体験の3つの側面は，どのように相互作用をしながら心理的柔軟性を促したり弱めたりするか
- 概念としての自己に対する執着をどのようにして弱めるか
- 視点取得としての自己との関わりをどのようにして促すか
- どのようにしてクライエント自身をその人の自己の物語から区別するか
- 自己に関連する問題を，どのように読み取って，扱っていくか

実践的な概説

　視点を持ち，今の瞬間にとどまることで中心に居続ける能力は，心理的な健康と柔軟性を維持するうえで重要な役割を果たす。心の調節機能が過剰になったときには，この能力を使って対処しなければならない。私たちは，もつれた有害な自己評価，意に介さないルール追従，また社会的に支持される

けれども実際には自己破壊的でしかない対処反応，といったものから自分を守るための，ある種の聖域を必要としているといえる。その聖域とは，「単純な認識」の経験，つまり自分こそがさまざまな私的体験を含むと同時にそうしたものを眺めている主体だと感じる体験そのものなのである。

　ACTでは，人間が苦悩するのは，恣意的な言語的関係が過度に適用されることと，そうした精神的な絡まりを丸ごと含むはずのより大きな自己の感覚が相対的に弱いことの結果だと考える。このバランスの悪さを直すために取り組まれなければならない主要なプロセスは2つある。ひとつは，マインドの問題解決モードの支配を弱めるプロセスである。マインドのこのモードは，主に意味づけ，予測，物語る行為といったものに注意を向けさせる。また，このモードは，環境からの入力に対して自動的で過剰学習された様式で反応するように進化してきたために，本質的によく反応する[226]。

　ACTはさまざまな異なった種類のマインド，今の瞬間のなかに位置づけられて単純な気づきそのものの中心にあるものを促す。「単純な気づき」それ自体が，批判的にならずにマインドが生み出すものを今の瞬間のなかにそのままにしておく能力を助ける。思考と考える人，感情と感じる人，記憶と覚えている人，などがそれぞれ明確に区別されると，注意が柔軟になり，「今のなかに」居続ける状態を支えることができるようになる。

　私たちは，精神的に入力される情報を，それがどれほど差し迫って自分と関連しているかに応じてふるい分けることに慣れている。この機能は，あまりにもごく普通に使われているため，私たちはそうするのを当たり前と考えている。また，実際に，その能力がないと人間はいつでも「情報過多」になるだろう。たとえば，交通量の多い交差点を渡ろうとするときに，近くのレストランから漂ってくるおいしそうな匂いを認識するかもしれないが，匂いの情報は自分に向かってくる車のスピードに気がつくほど重要ではない。ところが，マインドの主観的な要素，たとえば自己評価，比較，これから何が起きるかについての予測，可能性をいくつか挙げることなどについてとなると，私たちが何を認識しているかと，誰がそれを認識しているのかとの間の文脈的な関係が見失われる場合がある。結果として，私たちは，入力情報を関連性に基づいてふるい分ける力を失って，簡単にこうした入力情報のえじ

きとなる。私たちは本当のところ自動操縦状態になるといえる。

　ACTはクライエントに多くを求める，ともいえる。まず，言語的な防衛を弱めるように求める。また，心理的な怪物に直面するようにも求める。しかし，もしも心理的苦痛に直面する結果が（たとえメタファー的な意味でも）自己破壊だと予想されるとしたら，誰もそんなことは望まないだろう。そのため，心理的な怪物に正面から対峙しようとするなら，それを可能にするような，安全な領域を確保しておかなければならない。そこで，クライエントは，「今，この瞬間」のなかにとどまって，思考内容に脅かされないようなより大きな自意識と接触できるようになることも求められる。集中するこの能力（今の瞬間のなかにとどまって視点を持つ能力）は，オープンな反応スタイルの能力（内容から脱フュージョンして，今あるものをアクセプトする）と人生に従事する反応スタイルの能力（価値を選んで，コミットされた行為に従事する）をつなぎ合わせる蝶つがいのようなものと考えるとわかりやすい。

　また，次のようにもイメージしてみよう。人生は，車の運転に似ている。雨の日もあって，そんなときはフロントガラスに泥がはね上がる。先を見ようとすると，ワイパーを動かさなければならない。体験の回避と認知的フュージョンがあると，それはワイパーが1カ所に凍りついているようなもので，硬直して非柔軟になってしまう。アクセプタンスと脱フュージョンは，行為を自由にして，私たちが，今の瞬間に全面的に入り込んで，自らの価値とコミットされた行為の方向へ動いていけるようにする。さて，ワイパーが動くとフロントガラスはきれいになるけれども，嵐が激しいときには，一瞬ののちにもフロントガラスはふたたび曇って，きれいにする作業がもっと必要になる。このプロセスを支えるのが超越的な感覚としての自己（transcendent sense of self）である。このように，脱フュージョンとアクセプタンスのプロセスは，生きたエネルギーが今の瞬間に流れ込めるようにして，そこで活力に満ちた行為に変換されるようにする。しかし，こうしたことすべてを，ひとりの人間の行為として可能にするのは，気づいていること，それ自体である。

　ACTセラピストは，人生の活力，目的，そして意味は，その人が自発的

にある種の概念的な自殺に繰り返し従事するなかから生まれてくる，と考える。概念的な自殺を繰り返すことで，概念としての自己の境界が柔らかくなって，過去のこだまでしかない体験に対して，もっとオープンな姿勢でアプローチできるようになる。ACTでこれを表現するフレーズは，「自分自身を毎日殺しなさい」である。また，直接的な体験に対して観察者としての自己の視点から接触することを強調すると，より柔軟な注意のプロセスが育まれる。そして，それがやがて，現在進行中の自己の気づきと環境についての気づきの出現につながる。私たちセラピストは，クライエントたちが本当はすでに授かっているのだけれども，言語と思考が支配的になった結果として今は失っているもの，すなわち内面世界でおこなわれる戦争に**参加しない**で，それをただ観察するための拠点としての意識そのものを，彼らのために取り戻すのである。

概念としての自己の防衛

　セラピーに来るときのクライエントは，言語的に構築された自己観でマインドの問題解決モードに根差したものと硬くフュージョンされたうえで，その自己観をしっかりと防衛できる態勢を整えていることが多い。ケースによっては，他の自己の形態との接触があまりにも少ないために，自分が何を感じて何を体験しているのかがわからずに，マインドの内容と自分自身とを区別できなくなっていることもある。ACTでは，こうした概念としての自己への巻き込まれは，私たちの行動範囲を不必要に狭めるため，だいたいにおいて問題とみなされる。概念としての自己とのフュージョンがあると，その概念の内容と一貫しない出来事が歪められたり再解釈されたりすることにつながりかねない。また，臨床では，取り組んでいる自己概念がネガティブな場合にだけこのプロセスを扱う流派が多いけれども，実際には，自己概念がポジティブでも，フュージョンは同じように問題となりうる。たとえば，仮にある人が自分を親切な人間だと信じているとしたら，「冷淡」といわれやすい行動に対して直接的な開かれた姿勢で取り組むための余地が少なくなる。このように，概念としての自己は，自分をだますことにつながる恐れが

あって，結果として，変化に対する抵抗を強めるかもしれないのである。

　皮肉にも，ほとんどの人が，特定の自己概念を**守ろう**としてセラピーに来る。彼らは，たとえその自己概念が，ひどく不快なものだったり，有害だったり，またはそもそもセラピーを求めはじめた理由そのものだとはっきりわかっていたりするときでさえ，それを守ろうとする。クライエントのなかでは，何度も繰り返されてお馴染みとなった自己についての考え（ポジティブでもネガティブでも）は，当然正しいとみなされるものとして扱われている。はじめは，ほとんどのクライエントが，この概念的な牢獄にあまりにも強くとらわれていて，自分が牢獄のなかにいることさえ知らない。また，信じようともしない。彼らが生きる概念化された世界はお定まりのものになっていて，その世界では，特定の思考は理にかなっているけれども，他は不合理となる。ある感情は良くて，他は悪い。特定の信念は高い自尊心を意味し，他は低い自尊心を示す，など。この種の分類は，私たちのところへ来るクライエントには比較的よくみられる。それは，彼らが（またセラピストも！）これまでの人生を通じて，し続けてきたことなのである。セラピーでは，ほとんどの流派がこうした概念的な戦争に勝てるようにクライエントを助けようとするわけだけれども，ACTでは，むしろ，概念化された自己の内容がどれほど良いか悪いかにかかわらず，クライエントがその内容から自分自身を区別できるように助ける方向へ取り組む。ACTのこのアプローチは，行動的に健全な多様性と柔軟性を促す。なぜなら，自己の物語は，本質的に，行動範囲が本来必要とする以上に硬直的だからである。進化的な立場から見ると，行動範囲の進化は，行動のバリエーションを広げたうえで，そのなかから価値づけられたパターンの方向へうまく機能するものを選択的に維持することで起きるといえる。ACTは，それが実際に起きるように，行動パターンが，人生そのものに基づいてポジティブな方向へと進化するように助けるのである。

持続的な自己の意識を促す——プロセスとしての自己

　ACTでは，自己のアイデンティティを何らかの概念化された内容に縛り

つけることは，概念がどのようなものであれ，本質的に抑圧的だと仮定しており，また，同時に，健康な人間には，「今，この瞬間」の自己についての持続的で柔軟な言語知識が必要だとも仮定している。つまり，ACTの介入は，概念に縛られずに柔軟に今の瞬間のなかに居続ける力と，瞬間ごとの即座の自己の気づきを強めることを目指すといえる。他方で，私的内容に対するその瞬間の評価は重要ではない。そうしたことは，むしろマインドの問題解決モードと，その終わることのない，分類して評価して予測する試みの範囲に入る。問題は，思考，感覚，または記憶の内容が良いか悪いかではない。そうではなくて，ACTの臨床家が促そうとするのは，クライエントが，そこにあるものを不必要に判断したり正当化したりしないで，**見えるものを見えるとおりに見ること**である。このアプローチは，社会的随伴性のなかから，概念化された自己を守るために自己を偽ることへつながるようなもの（「私は決して他人を怒ったりはしない。だからこの感情は怒りのはずがない」など）を，突き止めて弱めるのを助ける。皮肉ともいえるのは，自己の気づきに対する評価の内容がそれほど問題ではなくなったときに，流動的で有用な自己の気づき（「私は今怒りを感じているけれども，それは彼女がした発言に対するものだ」）が育まれやすくなる点だろう。また，ACTの臨床家は，このような自己の感覚（「プロセスとしての自己」と呼ばれる）を，モデルとして示しもする。彼らは，そうするのが有用なら，セラピーのなかで，クライエントのなかで，あるいは彼ら自身のなかで，そのときに何が起きつつあるのかを率直に，批判的ではない仕方で描写する用意ができている。そして，要となる瞬間に質問をして，そこで注意が向けられたものに対しては開かれた姿勢を維持することで，この自己の感覚を，クライエントのなかに呼び起こして促せるのである。このように，ACTで用いるエクササイズの多くが，心理的な内容と接触したうえで，何かを付け加えたり差し引いたりしないで，それをただ単にそのまま表現することをトレーニングする。

視点取得の感覚としての自己を促す——文脈としての自己

　第3章では，RFTに関連したいくつかのエビデンスとして，ある種の視

点の感覚が,「私」だけでなく「あなた」といった他の視点からも生まれてきて,そのときに「ここ-そこ」,「今-そのとき」といった直示的関係が,視点取得をおこなううえで重要な役割を果たしている,ということを概観した。基本的な意味で,「私／今／ここ」の視点から何かを眺めるのは,視点取得の**行動**だといえる。なぜなら,視点がいつでも必ずそこから眺められるような精神的な定位置などというものは存在しないからである。これは,継続的な流れるようなプロセスである。ひょっとしたら,「私は…している」のほうが,言い回しとしてはやっかいだけれども,このプロセスを適切に表現するといえるかもしれない。一般に,人物,時間,また場所について質問された経歴が豊かな人のほうが,答えのなかに含まれる不変な要素をより抽象化し,視点取得をおこなうことになるだろう。逆に,質問をそれほどされてこなかった人にとっては,この自己の意識と接触するのがより難しいはずである。このため,他の体験的なアプローチの伝統と同じように,ACTでも,「私は」の言明を使うことを奨励して,幅広く多様な文脈のなかでそうした言明を育んでいく。なお,このときに,問題点だけでなく,願望についても話題にすることが大切である。それは,そこにいるのが全体としての一人の人間だからというだけでなく,そうすることでより柔軟な視点取得が確立されるからという意味もある。

歪んだ学習履歴があると,視点取得をおこなううえであらゆる種類の問題を引き起こす可能性がある。たとえば,幼いころに他人の顔色を見て,自分の欲求,状態,願望を言うように強制され続けたクライエントは,子どもとして,素早く歪んだ学習をして,「私」とは「ここから」よりも「そこから」のものだと思い込むだろう。臨床でも,特定の症状がこれと同じ現象を示す。たとえば,セラピストが休暇でいなくなる,またはパートナーがいなくなると,その人の全体性または個性が消えるかのように見える人は,他者の視点に強く結びつき過ぎた自己の感覚が,その他者が不在となることで失われた状態を示している。また,暴力があり,虐待的で機能不全な家族のなかで育った子どもは,自分の力ではどうにも言語的に処理して統合できない精神的な動乱を生き抜くために,自己の感覚のさまざまな側面を切り離すことを学んでいる場合が多い。こうして断片化された自己の気づきの感覚は,の

ちになって，ネガティブな感情が高まる状況で，解離状態につながるかもしれない。

　RFTがもたらす深い洞察からは，「私」が現れるのは「あなた」が現れるのと同じ瞬間で，視点取得の際の柔軟性が重要だと示唆される。ACTのなかでおこなわれるエクササイズの多くが，クライエントに対してさまざまな視点を採用するように求めるのは，まさにそのためである。たとえば，クライエントは，イメージのなかで「より賢くなった」未来まで行って今の自分を振り返って眺めるように，そしてときには，今の状況にどのように従事するのが健全かについて，未来の自分の視点から自分自身に手紙を書くように，とさえ言われるかもしれない。同じように，空いた椅子に自分を座らせて，他者の視点から自分自身に話しかけるようにと伝えられる場合もあるだろう。また，臨床的な題材をいくらか新しく聞き出した後で，セラピストであるあなたが何を考えていると思うか，とクライエントに尋ねてもよい。

　今日の自分が去年の自分と本質的につながっていることをクライエントが認識できるようにするのは，それほど難しくない。かつてティーンエイジャーだったときのその人自身，そして4歳だったときのその人自身についても，同じである。人々は，以前にも今と同じ瞳の奥から世界を眺めていたことを思い出せる場合が多くて，今でもそのときの「その人」と接触できる。この視点取得の感覚としての自己との接触は，ある聖域を提供するもので，アクセプタンスの取り組みのなかではとても重要となる。なぜなら，その聖域から眺める限り，人生がもたらす苦痛や苦労のなかに踏み込んでも，自己の存在そのものは脅威にさらされないからである。この聖域からの視点は，たとえ何が起きても「私」は脅かされないと，眺める人自身が真に経験的な仕方でわかるようにする。なぜ脅かされないかというと，「私」が永久に存在するからではなく，「私」が物的ではないからである。「私」は，言語活動がそこから眺められるところの視点なのである。Baba Ram Dassによるメタファーを借りていえば，言語の雲の背後にはひとかけらの青空がある。青空があることを再確認するために，人間がたえず雲を吹き払う理由はない。なぜなら，雲そのものを包み込んで含んでいるのが青空なのだから。このように，自己のこの側面との接触は，人間としての全体性，超越性，相

互のつながり合い，そして存在といったものの感じとの接触なのである。
　ACTのセラピー関係は，緊密で，セラピストとクライエントの間で価値や弱さを共有する感じが伴うことが多い（第5章参照）。セラピー関係のなかで自己開示をするのもめずらしくない。そうしたときに，セラピストは，マインドの問題解決モードが支配的になっているなかで視点を取得することの本質的な難しさに取り組むにあたって，オープンな姿勢をモデルとして示す（たとえば，「痛みを感じているときには，私も，今のあなたとまったく同じように，ただ一歩下がって痛みをそのままにしてそれを自分自身の一部として眺めることを難しいと感じます」）。こうした関係や姿勢が理にかなっていることを説明する理由は，ACTのモデルのなかにたくさんある。とはいえ，今のこの文脈では，クライエントが「私／今／ここ」の視点取得を学ぶ方法のひとつは，セラピストのものも含めて他者の視点について学ぶことによってだ，という点を特に強調しておく価値があるだろう。

臨床的な応用

　自己のコア・プロセスに取り組む際には，臨床上でターゲットとする主要なゴールが3つある。1つ目は，概念としての自己への執着を弱めること。2つ目は，持続する経験の流れに注意を向ける能力の発達または改善あるいはその両方を助けること。そして3つ目は，視点取得の能力の発揮されやすさと柔軟性を高めることである。
　自己への取り組みが必要だと示唆する兆候のなかには，活力が欠けていたり自己の正しさに固執したりする感じ，また日々の在り方にどこか急いた感じや自動的な雰囲気が伴うといったことがあり，これは，どちらにしても，概念化された自己へのある種のとらわれを反映している。セッションのなかで，普段の自己の物語からはみ出すような問題と接触していくにつれて，クライエントが抵抗や居心地の悪さを示すようになる場合もある。クライエントたちにとっては，まるで自己の物語の他には拠り所となるものが何もないかのように，体験の内容が自分の存在そのものを脅かすように感じられるかもしれない。また，自分の環境のなかの他人やセラピストも含めて，他者の

視点に対する感受性が欠如しているときがある。あるいは，逆に，他者の観点を過度に気にかける振る舞い，または一人になったときの混乱した感じがみられる場合もある。こうした兆候は，「私は…している」ものとしての自己の問題を示唆している可能性が高い。そして，スピリチュアリティまたは他者とつながる感じの欠如，あいまいな状態に対する心地悪さ，個人的な硬直性，内面の空虚な感じ，また解離に関連した問題といったものは，いずれも，より大きな自己の感覚と接触する能力を高めなければならないことを示しているだろう。

概念としての自己に対する執着を弱める

　ACTで扱うどのプロセスについてもいえるように，自己に関しても，それに関連した困難な問題に取り組みはじめる用意ができているクライエントもいれば，できていないクライエントもいる。また，クライエントが，これまであまり成果を得られないままこうした問題にすでにある程度取り組んでいるケースもあれば，自己の問題の要点を素早く捉えるなりあっという間に進展を見せはじめるケースもある。ACTが自己と苦悩を重視して取り組むアプローチだという点も，幅広くさまざまな臨床上の問題を扱う際になぜACTがうまく機能するのかを説明する。ある意味では，人間の苦悩の本質ともいえる，内容と文脈との間の苦闘は，時間を超越して「人間としての条件」そのものと密接に結びついている。それは何千年もの歴史を持つ苦闘なのである。セラピストとクライエントは，そのような言語的混沌のなかに一緒にいる。この事実から，親密なセラピー関係の絆が生まれる。

　概念としての自己に対する執着を弱めるための初期の取り組みは，比較的率直でわかりやすい。多くのクライエントが，セラピーとは，悪い，制限された自分に対する信念を取り除くのを助けて，すぐにも純粋で完全な自信を作り出してくれるものだと信じている。彼らは，配管工が水漏れや錆びついた箇所のあるパイプを直すように，セラピストが必要な修理をしてくれるものと期待する。そこで，ACTセラピストは，信念の良し悪しそのものは問題ではなくて，むしろそうした信念への**執着**こそが問題かもしれない，とい

う考え方を紹介する。

　執着を解いていくプロセスをはじめる際に，手はじめに，信念がとてもポジティブなときでさえそれに執着することで周囲が見えなくなる例をいくつか示してもよいだろう。たとえば，世界は善に満ちたところだという考えにとらわれている人は，不徳な行為の餌食になりやすい。また，自分は良い親だという考えに傾倒している人は，自分が実際にはどのように子どもたちを傷つけているかが見えていないかもしれない。セラピーでは，関連する個人的体験を検証してポジティブとネガティブな考えにとらわれた結果が有害だった状況をそれぞれ挙げてみるように，とクライエントに指示してもよいだろう。

　「**全体，完全，完璧**」のエクササイズは，執着を扱ううえで，とてもすぐれた体験的エクササイズである。多くの場合に，クライエントは，言語の強い弁証法的性質，またそうした特徴がどのように自分に対する概念化に恣意的な影響をおよぼすかを理解していない。このエクササイズのなかでクライエントに与えられる課題は，アイデンティティについてのどのようなポジティブな言明もそれ自体とは逆の思考を自動的に引き出す点に注目すること，また（エクササイズを延長しておこなうなら），アイデンティティについての非常にネガティブな言明も，やはりその逆を自動的に引き出す点にも注目することである。ポイントは，マインドの平穏は内容のレベルでつかめるものではないため，私的な評価的思考の内容にとらわれるとすぐさま心地悪さと脅威の感じにつながる，ということである。目を閉じておこなうこのエクササイズでは，まずは集中する簡単なエクササイズとして，次のようなものからはじめるのがよいだろう。

　　「では，はじめる前に，まず集中するために，そしてあなたの注意が部屋のなかにしっかりと入れるように，ちょっと立ち止まってもよろしいでしょうか？　けっこうです。では，気持ちを落ち着けて，すべてをいったん手元に置きましょう。気持ちのよい深呼吸をして，息を吸い込むのがどのような感じかに注意を向けてください……（*休止*）……そして用意ができたら，もう一度同じことをしてください……（*休止*）……

そしてもう一度，今度は，呼吸の頂点であなたは息を吸い込みも吐き出しもしないことに注目してください。息を吐きはじめる前には，ある種平坦な点があるはずです。それに気がつくかどうか，それがどこからはじまってどこで終わるかに注意を向けてください……（休止）……［他にも，音や感覚など，注意を向けられるものをここに加えてもよい］」

次に，セラピストであるあなたが言葉をいくつか言う間に何がマインドに浮かんでくるかに注意を向けるように，と伝える。それから，ゆっくりと，ただ4つの言葉を言う。

「私は，全体……完全……完璧」

数分したらエクササイズを終えて，クライエントがどのような体験をしたかについて一緒に考察しよう。何が思い浮かんだか，どの言葉がいちばん苦しかったか，などといったことを尋ねるとよいだろう。一般には，言葉がよりポジティブであればあるほど，クライエントの体験はよりネガティブになる。たとえば，「私は欠けているものはないかもしれませんが，完璧ではありません！」というふうに。よりネガティブな言葉一式をエクササイズにつけ加えることもできて，その場合，クライエントはしばしば，沈黙のうちに極端にネガティブなものとも論争するようになる。ここでも，ポイントは，内容のレベルではマインドの平穏は得られないということである。なぜなら，片方の極が強調されると，もう片方が引き寄せられるからである。マインドの平穏を得るには，他を探さなければならない。

追加的に，**完璧**（perfect）の語源を伝える価値もあるかもしれない。単語のはじめの部分"**per**"は，「全面的に」を意味する用語からくる。後半の"**fect**"は，**工場**を意味する"factory"と語源を共有していて，「つくられた」という意味である。現代の用い方では「全体性」や「完璧性」は，評価にまつわる主題のように思える。しかし，もしも完璧であることが全面的につくられたことを意味するなら，ひょっとすると，完璧性は，むしろ存在することや，全体性と関連する主題だといえるかもしれない。どれかの瞬間が他の

瞬間よりもより活き活きしている，などということはない。どの瞬間にも，いつでも絶対的に全体である。たとえ，その瞬間に「私には何かが欠けている」という思考が浮かんでいる瞬間でさえそうである。

　注目に値する点が，もうひとつある。このエクササイズをおこなうと，ほとんど誰もが，「**私は**」の言葉に注意を向けないのである。エクササイズのなかで，セラピストは以下のようには言っていない。「これらの言葉をあなた自身のことだと考えたときにどのような感じがするでしょうか——私は，欠けているものがなく，完全で，完璧である」。これらの性質を自分自身に適用するようにという指示はない。それにもかかわらず，99％の人が4つの言葉を自分自身に適用して，そんなことをする必要はなかったとすぐに気がつく人はほとんどいない。これは，思考によるコントロールがいかに誘惑的で自動的かを示すもうひとつの例として——通常はほとんどのプロセスをひもといた後で——気づく価値があるだろう。

　さらに別な介入としてよくおこなわれるのは，筆記による**筋書き**のエクササイズである。このエクササイズでは，クライエントは，人生を形成して今日の自分をつくりあげることになったこれまでの個人史上の主な出来事を，筆記で描写するように伝えられる。1ページほどが書き出されたら，次に，記されたすべての客観的な事実（例：「高校の卒業記念ダンスパーティーの最中にパニック発作が起きた」）に下線をつけ，またすべての心理的反応（思考，感情，記憶，感覚，衝動，傾向などで，たとえば「死ぬのではないかと思った」など）を丸で囲むように伝えられる。それから，たった今下線と丸をつけた内容のすべてをそのまま含んだ物語をもう一度書くように，ただし，先の物語とは違った主題と違った結末にするようにと伝えられる。

　新しくできた物語を調べるときには，すべての要素が含められていて主題と結末が前のものとは違っていることを確認する。新しい物語が古いものに対してより良いか，またはより正確かの観点から比べる必要はない。クライエントには，エクササイズの目的が，元の物語が間違っていると示してより良い物語を見つけることではなくて，彼らが見ていないときでさえマインドがどのように機能するのかに気がつくためだ，ということを強調して伝えるべきである。その点をしっかりと伝えた後で，またさらに別な物語を，今度

は下線をつけた出来事(客観的出来事)だけを使って書くように伝える。ただし,そのときに,心理的反応または評価や判断に関しては,どのようなものでもかまわないのでさっきとは違った内容にするようにと指示する。前と同じように,ここでも結果を調べるときの焦点は,新しい物語の内容にではなくて,エクササイズをしているときのクライエントの体験に絞られる。クライエントは,「どれほどひどい思いをしたかを表現するための別な方法を考えようとしました」などと言うかもしれない。それへの反応として,セラピストは次のように答えられるだろう。「興味深いです。では,違った形容詞または描写を思いつけるかどうかを一緒に試してみましょう。あなたのマインドにそれをさせられるかどうか,やってみましょう」。全体として,筋書きのエクササイズは,ある種の脱フュージョンのプロセスを促すことで概念化された自己の物語への執着を弱めて,現在進行中の判断のプロセスを明るみに引き出して見分けやすくする。クライエントとセラピストさえ耐えられるなら,同じ客観的な出来事一式について幾百通りもの物語が描かれることも可能で,実際に我々ACTセラピストは,このエクササイズをクライエント個人と一緒に何回でも通して繰り返しおこなってきた。このエクササイズをおこなうときには,講義をしたり,「物語の教訓」を教えたりしないことが重要である。クライエントに感じ取ってほしい意味は,潜在的な形で課題に含まれている。そのため,もしもクライエントが,「つまり,あなたが私に教えようとしているのは,私の人生の経歴はただの物語に過ぎないのでそれを信じるべきではない,ということですね?」などと尋ねた場合には,次のように答えるとよいだろう。「このエクササイズは,私たちのマインドがどのようにしてものごとを意味づけるのかを眺めて,どういった事柄が個人の物語に取り込まれていくのかを見るための機会に過ぎません。それはまた,ものごとについて考える方法が実際にはたくさんあるなかで,私たちがどのようにしてひとつの人生の物語の特定の側面にとらわれて没頭するようになるのかに気づくチャンスでもあるのです。そうしたプロセスは,良いか悪いかといったものではなくて,ひとまず認識しておきたい事柄なのです」。なお,この古典的なACTエクササイズは,ACTが認知的柔軟性のひとつの形態としての認知の再構成に反対するもの**ではない**ということを明示

している。ACTが反対しているのは，思考の内容がまちがいなく鍵なのだから悪い内容を取り除いて良い認知的内容と置き換えることに常にいちばん力を注がなければならない，という考えである。この考えは，いくつかの限られた状況（たとえば，知識が不足していた場合など）には当てはまるけれども，通常は誇張されていて，実際には，思考が持つ機能や，認知プロセスとその人の関係性といったものを変容することで得られるほどの効果は得られない。

現在進行しているプロセスとしての自己
──持続する自己の意識を強める

　概念化された内容としての自己を知的なレベルで考察するのは，高い機能を維持しているクライエントでは有用なときもあるかもしれない。しかし，ほとんどの場合に，セラピストは，意識が立ち現れてくる視点としての「私／今／ここ」に，体験のレベルで接触できるようにクライエントを助けなければならない。これをおこなう重要な方法のひとつは，「私は」の形式の答えを求める質問を繰り返すことである。ただし，文脈としての自己が，複数の範例から抽出されてくるたぐいのもので，概念化された自己からは区別される必要があると考えられる以上，質問は，幅広く，柔軟になされなければならない。幅広いディメンションにわたって質問をしないと，むしろ文脈と内容を混同させる恐れがある。たとえば，問題点にまつわる質問だけをすると，そうした特定の問題についてクライエントがすでに持っているアイデンティティを一層強める結果になりかねない。また，ポジティブな事柄についての質問だけをして人為的に自尊心をつくりだすと，それはまた別なとらわれ──今度は「ポジティブ」な内容への執着──を生んで，クライエントの苦闘を増やす結果になるだろう。

　ACTのアプローチの利点のひとつは，それがプロセスとしての自己を強めることである。つまり，このアプローチを通じて，今いる世界についての現在進行形で，柔軟で，自発的な気づきが促されるのである。たとえば，何らかの困難な思考と苦闘している人なら，ACTでは，身体のなかにどんな

感じがあるか,どれほど歳を取ったように感じるか,などと質問されるだろう。または,その困難な思考が浮かんだときに感じる「このように行動したい」と思う衝動を,身体の姿勢で表現してみるように,と伝えられるかもしれない。あるいは,その思考に注意を向け続ける間にも,目を開けて今の瞬間のなかに来ることができるかどうかを試してみるように,と言われることもある。言い換えると,注意をこのように柔軟にコントロールしていくACTの取り組みは,視点取得の主要な特徴である,単純な認識を発達させるために必要不可欠なのである。ACTがときおり実存的セラピーや人間主義的セラピーと似て見えるのは,瞬間ごとの即座の体験に対して,このように集中的に関心を振り向けるためだといえる。この類似点は,その人の物語の評価的な内容に対する関心と同じではない。また一般に,「私は」の言明が,誠実で,今の瞬間のなかにあって,柔軟なとき,それにはある種の開かれた感じと脆弱性が伴う。それこそが,ACTで追い求められているものである。

　もしも,クライエントの自己の感覚が不健康な形で過度に外部化されてしまっているようなら,臨床家は,瞬間ごとの即座の体験に頻繁に立ち戻って,効果的にスピードを落としながらそうした体験をクライエントがより詳しく吟味できるようにする必要があるだろう。ときには,その人の「私」があまりにも徹底的に「あなた」に従属してしまって,「私-あなた」の関係が,もはや関係とは呼べないものになっていることもある。このような傾向は,超越した自己の感覚の発達にとっては,「私は」形式の答えを引き出す質問を一切しないのと同じくらい有害である。貧弱な直示的トレーニングしか受けなかった人が「私があなたで,あなたが私だったら,あなたは何を感じているでしょうか?」の質問に答えられないかもしれないのとまったく同じように,自己が過度に外部化された人も,同じ質問に答えられない可能性が高い。

文脈としての自己――視点取得との接触を強める

　「私」の感覚は関係的なものだから,私たちは,その性質を利用して視点

を修正できる。この種の修正は，クライエントの人生に関わりのある他者の視点を探ったり，セラピストがタイミングよく（セラピスト自身ではなく，クライエントの利益のために）自己開示したりすることを通じてなされる場合が多い。とはいえ，これは，クライエント自身の感覚の範囲内で視点を探る方法でも目指すことができる。以下に，簡単なマインドフルネス・エクササイズの一例で，視点取得を促すセッションのはじめにおこなわれるとよいものを記しておこう。これは，先に描写した「**全体，完全，完璧**」エクササイズの冒頭でおこなったものと同じような集中するための短いエクササイズではじまる。クライエントは，自分の呼吸，周囲から聞こえてくる音など，さまざまな感覚に注意を向けるように伝えられる。それから，以下のように続く。

　「では，こうした事柄に注意を向けながら，注意を向けているのがあなた自身だというそのことに**注意を向けて**ほしいのです。あなたは，今，ここにいて，認識しているものを認識しています。よくわからなければ，時間をかけてもかまいませんので，何かの感じかイメージに注意を向けてください……。
　そして，注意を向けているのがあなた自身だという点に注意を向けてください。……その部分をつかみ取って間近で見ようとはしないで──あなたは，別なところから見ているはずです。その認識にただ軽く触れてから，あなたが，自分の人生のなかのこの瞬間に，この場所で，こうした事柄を認識していることに注意を向けてください。……さて，今日のセッションのなかで起きるかもしれないすべてのことについて，考えてください。これまでのところで何が起きているかを眺めるといいかもしれません。困難なことや，うれしいことも眺められるでしょう。恐れていること，願うこと。痛みと価値。今，ここで，そうしたものにすっかり巻き込まれてしまわないでください。そうした問題があるということだけを気にとめて，しばらくは，それらがあなたの周りでわきたつままにしてください。……次に，想像していただきたいのですが，何年も後になって，あなたが今のこの瞬間を振り返っているものとしましょ

う。あなたには，この椅子に座って，たった今気にとめた苦痛や恐れや希望や願いといったものすべてを認識している自分自身の姿が見えます。あなたは成長して賢明になっている，と想像してください。考え過ぎてもよくないですが，その気づきの感覚，今のあなた自身を振り返って眺めている感覚と接触できるかどうか，試してみてください。判断はどのようなものも手放して，見えているその人を，意識のなかでただ優しく抱いてください。もしも，これが実際に起きるとしたら，私たちがまさにはじめようとしているこのセッションに従事する方法について，あなたは，どのようなアドバイスを自分自身にするでしょうか？　答えを急がないで……質問のなかにしばらくただ座り続けてください。……それが実際に起きたら自分に対して言うべきことが何かあるか，考えてみてください。もしもあれば，それが何かに，ただ注目してください。気づかいをする自分や自分自身に対する慈しみの心とつながり合えるかどうか，試してください。今の自分に言わなければならないことは，何かありますか？　そのメッセージとつながってください。あたかも，あなたがまさにそれを声に出して言おうとしているかのように。それでは，ご自分の身体のなかへと戻ってきてください。……私がいる場所を思い描いて。そして，はじめる用意ができたら，目を開いて，あなたのなかに浮かんだメッセージを数分かけて書き出してください」

　このような誘導的なエクササイズを用いると，臨床でおこなう取り組みのための意識の文脈を用意できる。また，時間，場所，人の間を行き来して眺める視点取得スキルは，より俯瞰した視点を持つ助けになる。なお，文脈的認知行動療法のなかで開発されているエクササイズで，他者や自分自身への慈しみを広げるためのものの多くは，どれもがACTのこの部分に簡単に馴染む（たとえば，文献78を参照）。

　メタファーは，意識について，内容と文脈の違いを強調するときには特に役に立つ。次に示す**チェスボードのメタファー**は，ACTで使われる古典的な介入である。

「全方向へ無限に広がるチェスボードがあるようなものです。ボードには，黒の駒，白の駒と，色の違う駒がちりばめられています。チェスのとき，駒は同じ色同士がチームで一緒に戦います。白の駒は，黒の駒と戦います。私たちは，自分の思考，感情，信念といったものを，チェスの駒と考えることができます。そうしたものも，チェスの駒と同じように，ある種のチームのようにして一緒に戦います。たとえば，『悪い』感情（不安，抑うつ，憤りのようなもの）は，『悪い』思考や『悪い』記憶と一緒に動きます。『良い』感情，思考，記憶についても同じです。そこで，どうやら，ゲームの遊び方としては，まずどちらの側に勝ってほしいかを自分で選ぶようです。『良い』駒（たとえば，自信をもたらす思考，コントロールできているという感情，など）はボードの片側に置いて，『悪い』駒を反対側に置きます。それから私たちは白の女王の背に乗って，戦へと出かけて，何であれ，不安，抑うつ，薬物を使おうとする思考，などといったものに対する戦争に勝とうとして戦います。これは戦いのゲームなのです。ところが，ここには論理的な問題があります。というのは，この戦いの姿勢からこそ，自分自身の大部分が自分に敵対するものになる状況が生まれるのです。言い換えると，もしもあなたがこの戦争に参加しなければならないのだとしたら，それは，あなた自身のなかで何かがうまく機能していないことを示しています。また，あなたは，駒と同じ目線の高さから眺めているようなので，それぞれの駒は，あなたと同じ大きさか，ひょっとしたら，それらはあなたの**なかにある**にもかかわらず，あなた自身よりも大きいかもしれません。さて，どういうわけか，理屈には合わないのですが，戦えば戦うほど，駒はますます大きくなります。もしも『不快感を打ち消そうとすればするほど，不快感が大きくなる』が本当だとしたら，あなたがそれらと戦うほど，それらはあなたの人生のなかでますます中心的で，より習慣的，より支配的，そして生活のあらゆる領域により密接につながったものとなるのです。理屈に基づいて考えれば，あなたは，十分な数の黒の駒をチェスボードからはじき出して，やがてそれらを支配できるようになるはずです。ただし，あなたの経験は，そのまったく逆が起きている

と伝えてきます。そして明らかに，黒の駒を意図的にボードからはじき出すことができません。そこで，戦いはいつまでも続きます。あなたは希望を失い，勝ち目がないと感じ，それでいて戦うことを止められません。あなたが白の馬の背に乗っている限り，戦う以外に方法はないように見えます。なぜなら，黒の駒は，命の脅威に思えるからです。それにしても，戦闘地帯での暮らしなど，とんでもありません」

クライエントがこのメタファーを自分の体験と結びつけられるようになったら，メタファーの要点を，自己の問題へ向けてもよいだろう。

セラピスト：では，よく注意して考えてください。このメタファーのなかで，あなたがチェスの駒ではないと考えてみましょう。あなたは誰でしょうか？

クライエント：プレーヤーでしょうか？

セラピスト：それは，あなたがこれまでなろうとしていた立場かもしれません。だたし，気がついてください，プレーヤーの立場では，戦争でどちらが勝つかに多くが賭かっています。そもそも，あなたは，誰と対戦しているのでしょうか？　他のプレーヤーでしょうか？　ですので，あなたはプレーヤーでもないと考えてみましょう。

クライエント：ボードでしょうか？

セラピスト：そのように考えてみるのは，有用かもしれません。ボードがなくては，駒のいる場所がありません。ボードがそれらを支えています。あなたのなかに浮かぶ思考は，もしもそれを考えたことを認識するためにあなたがそこにいなかったとしたら，どうなるでしょうか？　駒には，あなたが必要です。あなたがいなくては，駒は存在できません。でも，**あなたがそれら**を含んでいて，それらが**あなた**を含むのではありません。気がついてください，もしもあなたが駒だとしたら，ゲームの展開はとても重要です。あなたは勝たなければなりません，命がかかっているのですから！　でも，あなたがボードだとしたら，戦いが止むかどうかは問題になりません。ゲームは続いていくかもしれませんが，

ボードにとっては，何が変わるわけでもありません。ボードの立場として，あなたにはすべての駒が見えて，駒を持つこともできるし，それぞれの駒と密接に接触できるし，意識のなかで戦いが展開されるのを眺めることもできますが，それでも何の問題もありません。何の努力も必要ないのです。

　チェスボードのメタファーは，セラピーのなかでよく実際のモノを使って展開される。たとえば，段ボールが床に敷かれて，その上にさまざまな魅力的なものや醜いもの（たとえば，写真，タバコの吸いがら）が置かれる。クライエントには，さまざまなものを乗せておく分にはボードそのものにとって何の労力もいらない点に注目するように伝えるとよいだろう。これは，ただ単純に気づくのには何の労力も必要ないことのメタファーである。このとき同時に，ボードがさまざまなものを物理的に支えている点についても，恐怖を感じる内容に関与して（ウィリングネス），それらをアクセプトすることのメタファーとして伝えてもよい。また，クライエントには，ボードのレベルでは2つのこと，つまり駒を保持することと，駒をゲーム全体として動かすことしかできない点にも注目するように伝えるとよいだろう。特定の駒だけを動かそうと思うと，私たちはボードレベルから離れなければならない。つまり，ボードの仕事は労力を必要としない一方で，駒は全面戦争に従事する。さらに，個々の駒が互いに接触しあうよりも，ボードのほうがそれぞれの駒と接触している。だから，単純な気づきは，切り離しや解離などではない。むしろ，クライエントが1つの思考に執着したり特定の感情と格闘したりするようになると，他の駒が，恐怖のなかで本当の意味でまったく接触されなくなる。グループでセラピーに取り組むときには，チェスボードをグループ全体で演じてみるのもよいだろう。

　クライエントがメタファーを自分の体験と結びつけられるようになれば，ときおり，「あなたは今，駒のレベルにいますか，それともボードのレベルにいますか？」と尋ねて，結びつきを強めるのが有効だろう。クライエントが持ち込む論争や理由などといったものは，どれにしても駒のひとつだといえるので，このメタファーは，クライエントがそうした反応から脱フュー

ジョンするのを助ける。また，ボードレベルという考え方を頻繁に使いながら，心理的内容から眺めているのではなく，むしろ心理的内容を眺めている姿勢を暗示していくのがよいだろう。さらに，あなたが臨床家として意識について話すときには，両手のひらを上に向けて並べて差し出して，そこで話されていることを示す一種の言葉によらない物理的なメタファーとして用いるとよい。

　臨床家は，クライエントが使うメタファーに聞き耳を立てながらクライエントの体験に合ったエクササイズを構築する方法を身につけなければならない。あるクライエントは，波が海の上を動いていくけれども海そのものを動かすわけではないことについて話すかもしれない。別なクライエントは，船が湖の上を動くけれども，湖はそのままだということを話すかもしれない。このように自発的に生み出された「言葉の標識」は，臨床で困難な場面が訪れたときに，見方を持つことを再度伝えるために使える。メタファーは，イメージが豊かで，感覚的で，適切なときに効果を発揮する。クライエントの経験，言葉，そしてイメージのなかから生まれてきたものを使うのがいちばん効果的で，実際にそうしたものが生まれたら，「缶詰」のようにあらかじめ用意されてあったACTのメタファーと置き換えるとよい。

　ACTの臨床家は，自己概念と意識についての考察が，あっという間に過度に知的になりかねないという事実に敏感である。たった今描写したメタファーは，問題を指摘しているけれども，ボードレベルと駒レベルの違いを実際に体験的に作り出すわけではない。そのため，もしもクライエントが，「それなら，私は今までと違ってどのように行動するべきなのでしょうか？どうしたら，ボードレベルに居続けられるでしょうか？」と質問したら，質問に対して直接的に答えないほうがよい。適切な答えとしては，次のようなものだろう——「それについては，先に進むにつれて取り組めるようになると思います。今は，思考や感情を，あなた自身を規定するものとして扱っている限り，それらと格闘するのは避けられない点にただ注目しておいてください」。私たちは，自己を規定するものとしての思考や感情ではなく，むしろそういった心理的内容を規定する文脈としての単純な気づきの経験にこそ直接接触できるように，クライエントを助けなければならない。

観察者のエクササイズ（Assagioliにより開発された「自己同一性のエクササイズ」のバリエーション；文献2のp.211-217）は，ある種の自己の感じ，それは今の瞬間のなかにあって，脱フュージョンのための文脈を提供するものを確立しはじめるように設計されている。エクササイズは，通常，目を閉じた状態でおこなわれる（それが心地悪いクライエントは，目を覆うか，または床の特定の位置にただ視線を落とすだけでもかまわない）。セラピストは，リラックスした注意の状態を作り出して，人々が自己同一化できるようなさまざまな領域へと，段階的にクライエントの注意を差し向けていく。一つひとつの領域が順に検証されていく過程で，セラピストは，ポイントを押さえた瞬間に，そのときに意識されている内容にクライエントの注意を向けさせると同時に，誰かがその内容に注意を向けている点にも注意を向けるように指示する。こうした指示は，短い時間にしても，超越性と持続する感覚が伴う力強い心理状態，つまり内容を認識しているけれども，その内容によって規定されない自己の状態を作り出せる。

「では，今からエクササイズをおこないます。これは，あの特有な位置，つまり，あなたが自分自身の演目の内容ではない状態でいる位置を少しずつ体験しはじめるための方法です。このエクササイズに失敗することは，絶対にありません。私たちは，あなたが感じていることや考えていることを，何でもよいので眺めていきます。だから，何が浮かんできても，それでよいのです！　心地悪くなければ，目を閉じてください。そして椅子のなかで身体を落ち着かせて，私の声に従ってください。注意が彷徨いだしたと気がついたら，ただ，そっと私の声に戻ってきてください。さて，少しの間，この部屋のなかにいる自分に注意を向けてください。部屋を思い描いて。部屋のなかにいる自分を，あなたがいるまさにその場所に思い描いてください。それでは，だんだんと自分の皮膚の内側に入っていって，身体と接触してください。椅子に座っている身体の状態に注意を向けてください。身体が作り出している形や，椅子に触れている皮膚の部分に，正確に注意を向けられるでしょうか。内面にあるすべての身体感覚にも注意を向けてください。それぞれの身

体感覚を眺めていく間も，その感じをただ受け止めて，それから次へと意識を移していってください。（休止）次に，内面にあるどのような感情にも注意を向けて，何かあれば，ただ受け止めてください。（休止）今度は，思考と接触して，しばらくの間，ただ静かにそれを眺めてください。（休止）では，次に注意を向けてほしいのは，あなたがこうした事柄に注意を向けたときに，それらに注意を向けたのはあなた自身のある部分だという点です。あなたはそうした身体感覚，感情，思考に注意を向けました。そして，私たちは，注意を向けたあなたの部分を，『観察者としてのあなた』と呼ぶことにします。ここには，一人の人間がいます，その瞳の奥に。その人は，私がたった今話している事柄を認識しています。そして，その人は，これまであなたが人生を通じて生きてきた人と同じ人です。何らかの深い感覚として，この観察者としてのあなたこそが，あなたが『あなた』と呼んでいるあなたなのです。

　さて，去年の夏の出来事を何か思い出してください。心にイメージが思い浮かんだら，指を挙げて合図してください。けっこうです。では，イメージのなかで，辺りを見回してください。そのときに起きていたことを，すべて思い出してください。景色……音……気持ちを思い出して……そして思い出しながら，あなたは，あのとき，あそこにいて，あなたが注意を向けていた事柄に注意を向けていたことに注目できるかどうか試してください。あなたの瞳の奥にいて，出来事を見て，聞いて，感じていた人を，とらえることができるか試してください。あなたは，あのとき，あそこにいて，今，ここにいます。これを信じるようにと言っているのではありません。私が正しいのだと理屈で説明しようとしているのでもありません。私はただ，何かを認識している体験そのものに注目してほしいのです。そして，何らかの深い感覚として，今，ここにいるあなたが，あのとき，あそこにいたといえるのではないか，と確認しているのです。あなたが認識している事柄を認識している人は，今は，ここにいて，あのときは，あそこにいた。この本質的な，思考のレベルでではなく，何か深い感覚としての体験のレベルでの継続性に注意を向けられるかどうか，試してください。あなたは，人生を通じて，あなた

だったのです。

　今度は，ティーンエージャーだったころの出来事を何か思い出してください。イメージが心に浮かんだら，指を挙げて知らせてください。けっこうです。では，辺りをただ見回して。そのときに起きていたことを，すべて思い出してください。景色……音……気持ち……。ゆっくり時間をとってください。そこで何があったかがはっきりしたら，そのときあなたの瞳の奥にはこうしたものすべてを見て，聞いて，感じた人がいたということを，ちょっとの間だけでもつかめるかどうか，試してください。あなたは，そのときも，そこにいました。そして，あなたが今認識している事柄を認識している人と，ティーンエイジャーとしてのあなたがその特定の状況のなかで認識していた事柄を認識していた人との間に，思考としてではなくて，体験的な事実として本質的なつながりがないかどうか，考えてください。あなたは，人生を通じて，やはりあなたでした。

　最後に，あなたがかなり幼いころ，そう，たとえば6歳か7歳のころに起きたことを何か思い出してください。心にイメージが浮かんだら，指を挙げてください。けっこうです。では，ふたたび辺りをただ見回して。何が起きていたかを見てください。景色を眺めて……音を聞いて……感情を感じて，それからあなたがそこにいて，見たり，聞いたり，感じたりしていた事実をとらえてください。瞳の奥にあなたがいたことに，注意を向けてください。あなたは，そのとき，そこにいて，今，ここにいる。何らかの深い感覚として，今，ここにいる『あなた』が，そのときにも，そこにいたといえるでしょうか。あなたが認識している事柄を認識している人は，今，ここにいて，そのときにも，そこにいました。

　このように，あなたは，人生を通じてあなたでした。どこへ行っても，あなたはそこにいて，注意を向けていました。これが，『観察者としてのあなた』というときに私が意味することなのです。さて，今度は，まさにその視点，あるいはその立ち位置から，自分の生活のなかの領域をいくつか眺めてほしいと思います。まず，身体からはじめましょ

う。身体がたえず変化している様子に注意を向けてください。病んでいるときもあれば，健康なときもあります。休まっているかもしれませんし，疲れているかもしれない。強いときも，弱いときもある。あなたは，かつてはとても小さな赤ちゃんでしたが，やがて身体は大きくなって，年齢とともに変わり続けてきました。ひょっとしたら，身体の一部を，手術のときのように取り除きさえしたかもしれません（身体の細胞は常に死んで生まれ変わっています。平均すると細胞は7歳から10歳です）。身体感覚は，来ては去っていきます。私たちがここで話している間にも，それらは変化しました。このように，こうしたことはすべてが変化していて，それにもかかわらず，あなたは，人生を通じてそこにいました。これは，私たちが，身体を持つ一方で，自分自身をただ単に身体として体験しているわけではないことを意味します。これは，信じるかどうかの問題ではなくて，体験の問題です。今は，ちょっとの間，自分の身体にただ注意を向けて，そしてそうしつつ，ときおり，注意を向けているのがあなた自身だという点にも注意を向けてください（クライエントが注意を向けられるように十分時間をとる）。

　では，また別な領域へ行ってみましょう。役割についてです。あなたがどれほど多くの役割を持つか，または持っていたかに注目してください。時と場合に応じて，私が果たしてきた役割は，［これらをクライエントに合わせる。たとえば『母親……または友人……あるいは娘……それか妻……あるときには尊敬される労働者……別なときにはリーダー……もしくは部下……など』］。形式的な世界では，私は，常に何らかの役割を果たしています。何の役割も果たさないでいようとすると，役割を果たさないという役割を果たしていることになります。たった今も，私の一部分は役割を果たしています……クライエントの役です。それにもかかわらず，そうしている間もずっと，あなたもここにいることに注意を向けてください。あなたが『あなた』と呼ぶあなたの一部分は……観察していて，あなたが何を認識しているかを認識しています。そして，何らかの深い感覚として，『あなた』が決して変わらないことを認識しています。ですので，あなたの役割が常に変化していて，それでい

てあなたが『あなた』と呼ぶあなたが，生涯を通じてずっとそこにいるのだとしたら，あなたは，役割を持つけれども，自分自身が役割そのものだと体験しているわけではないでしょう。これは思考の問題ではありません。観察している事柄と，それを観察しているあなた自身とをただ眺めて，その違いに注意を向けてください。

　では，さらに別な領域へ行きましょう。感情の領域です。感情が常に変化する様子に注目してください。愛情を感じるときもあれば，嫌悪を感じるときもあります。穏やかなときもあれば，緊張することも。喜びに満ちたり，悲嘆に暮れたり，うれしかったり，悲しかったり。たった今でさえ，あなたは感情を体験しているかもしれません……興味，退屈，リラックスした感じ。以前は好きだったけれども，今ではもう好きではないものについて考えてください。以前はあったけれども，今は解消された恐怖についても。感情について確実にいえるのは，それが変化するということだけです。感情の波が押し寄せても，時間とともに過ぎていきます。それでいて，こうした感情が来ては去っていく間にも，ある深い感覚として，『あなた自身』は変化しない点に注目してください。ですので，あなたには感情がありますが，自分自身を**感情そのもののみ**として体験するわけではありません。これを，思考としてではなく，体験として認識できるようにしてください。何らかの，とても重要で，深いところの感覚において，あなたは自分自身を**持続しているもの**として体験します。それを通じて，あなたはあなたです。ですので，少しの間，自分の感情にただ注意を向けて，そしてあなた自身がそれらに注意を向けているのだという点にも注意を向けてください（*沈黙してしばらくの間観察する*）。

　次に，いちばん難しい領域に目を向けてみましょう。自分自身の思考です。思考は，私たちを引っかけて，それ自身のなかへと引き込みがちなので，難しいのです。もしもそうしたことが起きてしまったら，私の声に注意を戻してください。では，思考がたえず変化する様子に注意を向けてください。昔，あなたには，まだ何も知らない時期がありました。それからあなたは学校へ行って，考える方法を新しく学びました。

新しい考え方や新しい知識を身につけました。同じことについて，ある方向へ考えるときもあれば，別な方向へ考えるときもあります。思考があまり意味をなさないときもあります。どこからともなく自動的に湧いてくるように思えるときもあります。思考は，たえず変化します。あなたが今日この部屋へ入ってきたときからでさえ，どれほどさまざまな思考を抱いたかに注意を向けてください。それでいて，何らかの深い感覚として，あなたが思考する内容を認識しているあなたは，変わっていません。ですので，あなたには思考があるけれども，あなたは自分自身をただ単に思考そのものとして認識しているわけではないでしょう。これを信じようとするのではなくて，そのことにただ注目してください。そして，それを認識している間にも，あなたの思考の流れが持続する点に注意を向けてください。また，ときにはあなたがそうした思考にとらわれてしまう可能性もあります。それでも，とらわれたこと自体を認識するその瞬間にも，あなたは，自分のなかのある部分が一歩下がった位置からこうしたことすべてを眺めているという状況もまた認識するのです。では，自分の思考をしばらく眺めてみましょう。そして眺めている間も，思考に注意を向けているのがあなた自身だという点にも注意を向けましょう（*沈黙してしばらくの間観察する*）。
　思考ではなく，体験したように，あなたはただ単に自分の身体……役割……感情……思考ではありません。こうしたものはあなたの人生の内容に過ぎず，**あなた自身**は，むしろそうしたものが起きるアリーナなのです。……文脈……つまり，そうしたものが展開する空間です。あなたが変えようとして苦闘していた事柄は，あなた自身ではない点に注目してください。たとえその戦争がどのように展開しても，あなた自身はそこにいて，**何も変わりません**。自己がつながるこの感じを強みとすることで，手綱を少しだけ緩められるでしょうか？　あなたは変わらずあなただったという知識，また，こうした心理的な内容をあなたの人生を測る尺度とみなしてそれらにすべてを賭けなければならないなどということはないのだという知識は，あなたを守ってくれるかどうか確かめてください。すべての領域で，そこに表れてくる体験にただ注目してくださ

い。そしてそうする間にも，あなた自身がまだここにいて，あなたが認識している内容を認識している事実に注意を向けてください（*沈黙してしばらくの間観察する*）。
　さて，もう一度，この部屋のなかにいる自分を思い描いてください。それから，部屋をイメージして。[*ここに部屋の描写を入れる*]……を思い描いて。そして，部屋に戻ってくる用意ができたら，目を開けてください」

　このエクササイズの後で，クライエントの体験が検証される。ただし，このときに分析や解釈はおこなわれない。「あなた」とつながる体験に特有の感じが何かあったかどうかを聞き出すのは有用である。クライエントが，何かしらの平和または静けさの感覚を報告するのはめずらしくない。エクササイズのなかで呼び出される人生の体験には，クライエントにとって脅威だったり不安を掻き立てたりするものがたくさん含まれている。それにもかかわらず，そうした体験は，エクササイズのなかで，自己そのものを規定するものとしてではなくて自己の内容のかけらや一部として眺められたときには，平和で穏やかに受け止められる（すなわち心理的なウィリングネスの姿勢でアクセプトされる）。
　とはいえ，クライエントのなかには，こうした「文脈としての自己」の取り組みに困惑して，単純な気づきにははっきりとした境界がないように思えるためにそれに直接接触するとブラックホールに落ち込んで消えてしまうのではないか，と恐れる人もいくらかいる。このようなクライエントは，体験の回避のための手段として，意識の持続性そのものを弱めている場合が多い。そのため，効果としては，エクササイズがその人の自己防衛の基本的な形を脅かしている状況になる。こうしたときには（フュージョンと回避を弱める方向に取り組むのみならず）単純な見方を持つことと「今，この瞬間」の認識を強化することで，自己への取り組みを生産的に進められるようになるかもしれない。
　この体験を積極的に取り入れることは，たとえ短くても，一般に有用である。クライエントを**チェスボード**のメタファーへと連れ戻して，そこでの体

験と結びつけてもよいだろう。たとえば：

> 「チェスボードがボードとしてできることには，駒を保持する以外にもうひとつあります。方向を定めて動くことです。一つひとつの駒がそのときに何をしているかは関係ありません。チェスボードは，そこにあるものを眺めて，それを感じて，それでもなお，『さあ，行くぞ！』と言えるのです」

ひとたび視点取得の自己の感覚と接触できると，それをセラピールームのなかへ持ってくるのは簡単になる。「誰がそれに注意を向けているかという点に注意を向けてください」という指示は，はじめにおこなわれるエクササイズやマインドフルネス手法の事実上すべてに組み込んでおこなえる。ただし，一般にこの自己の感覚は，少なくとも，クライエントが，それと接触する経験を持って，「何について」話されているのかがわかるようになるまでは，過度に解釈したり知性化したりしないほうがよい。自己のこの感覚は，検証や分析ができるものではない。なぜなら，比喩的にいうと，それは私たちが**そこから**眺める場所であり，私たちが眺めているものではないからである。自己のこのバージョンに言語的な手法を使ってラベルをつけたり理解したりしようとすると，クライエントたちは完全に混乱した状態になる恐れもある。そうした混乱の感じがあるときには，クライエントが，単純な認識のプロセスをなんとかして概念としての自己と和解させようとしていること，たとえば，「私の問題は，ものごとに対するいくつかの見方を持つ方法を知らないことだ」などを意味する場合が多い。こうした状況が起きたときに対処する方法のひとつは，クライエントを「私の問題は」のおしゃべりに誘っておいてから，「それで，それに気がついているのは誰ですか？」と率直に質問することである。言い換えると，この自己の感覚に関しては，なるべく体験のレベルにとどめておくようにして，それについて偉大な物語を語ったり，それをポイントとして「理解」しようとしたりしないことである。このとき，ACTセラピストは，私たち人間にはただ単に言語化されるもの以上にもっと多くが備わっているという，言葉にしようのない知識を，クライエ

ントが発達させるのを助けているといえる。

他のコア・プロセスとの相互作用

　視点取得は，それについてただ触れるだけで，どのコア・プロセスの取り組みにも追加的に取り入れられる（たとえば，「そして，誰がそのことに注意を向けているのかに注意を向けてください」）。とはいえ，それ以外にも，探る価値のあるコア・プロセス同士の関係がある。

自己と「今，この瞬間」のプロセス

　自己への取り組みは，その本質からして，「今，この瞬間」に柔軟に注意を向けるプロセスの発達を助けるものだといえる。そのため，時として，「今，この瞬間」への柔軟な注意の取り組みと，文脈としての自己の取り組みの区別がつきにくい。これらのプロセスが心理的柔軟性モデルのなかでひとつの反応様式にまとめられているのは，このことも理由のひとつである。話を簡単にする便宜上，視点取得については，単純な気づきが「現れる」ところとしての心理的空間と考えるとよいだろう。他方，「今，この瞬間」への気づきは，注意の自発的な移行で，その人が人生のなかの瞬間に刻一刻と接触できるようにする力と考えるとよい。なお，「プロセスとしての自己」は，「今，この瞬間」への柔軟な注意の一種だともいえるけれど，それがターゲットとするのは持続的な体験である。視点取得は，こうした区別をつけやすくして，それらの間を柔軟に行き来する能力を促す。

自己と脱フュージョンとアクセプタンス

　脱フュージョンとアクセプタンスが必要な領域に対して同じ方法を使うと，視点取得が促されることで，取り組みの効果が飛躍的に伸びる場合がある。たとえば，持続する自己の意識と視点取得エクササイズを用いると，普段なら回避とフュージョンを引き起こすような内容でも，そうした結果を招

く恐れがずっと少ない状態で話題にできるようになる。たとえば：

> 「では，そうした身体感覚にはただ注意を向けるだけにして，ちょっとの間，それらを認識しているのがあなただという点を認識してください。身体感覚がそれ自身を認識しているのではありません。そして，それらを認識したままで，今度は心のなかで思考をつくって，それを，広い部屋の反対側に，紙に書かれた状態で見ているところをイメージしてください。文字はほとんど読めません。そこには，『私は悪い人間だ』と書かれています。それを遠いあそこに置いたままにして，あの思考を認識している人と，紙に書かれた言葉とが，同じものではないことに注意を向けてください」

そのエクササイズが有効だった場合には，その人には，今度は，イメージのなかで紙のところまで歩いていってそれを眺めてから，ふたたび歩き去る場面を思い浮かべるようにと伝えてもよいだろう。こうしたことは，すべて，視点取得の感覚を維持するのを助ける対話をしながらおこなう。逆もまたいえる。つまり，自己への取り組みでクライエントがなかなか進歩できないときに，フュージョンと回避が中心の反応スタイルになるきっかけになっている場合がある。「疑わしいときには自分の中心に戻る」というルールは，ACTと呼ばれるセラピーのダンスを習いはじめたばかりのACTセラピストにとっては，なかなかよい指針である。

自己と価値またはコミットされた行為

価値とコミットされた行為に取り組んでいくと，クライエントは，やがてどこかで心理的な壁と接触する。そうしたときに，オープンな反応スタイルを強める方略に取り組まなければならない場合が多いけれども，ときには，中心にくるプロセスに軽く触れるだけでバランスを保って動き続けるのに事足りるケースもある。

また，自己への取り組みが価値とコミットされた行為への取り組みを自然

に促すこともよくある。スピリチュアルな伝統や宗教的な伝統の多くが，ある種の気づきの姿勢は自己と他者に対する慈しみや万物が相互につながり合っていることへの深い理解へと結びつく，と説くのは決して偶然ではないだろう。この観察は，概念としての自己へのとらわれがその人を周囲の世界との接触から切り離してしまうことを考えるなら，真実といえるのではないだろうか。また，人間はもともと社会的な生き物なので，人々の社会的なものの見方の方向性は，社会の状況と文化的な習慣に大きく影響されている。そのため，概念としての自己にとらわれた状態になると，クライエントは，社会的に教え込まれた道筋をたどっているのが一般的で，大切に抱かれた個人の価値との接触を持たなくなっている。単純な気づきとの接触を繰り返していくと，今までとは違った世界への扉が開いて，クライエントが，自分自身や他者に対して，自由に善意ある動機に従って振る舞えるようになる場合も多い。そうした扉は強制的に開くことはできないけれども，実際に開いたときには，変化をもたらすものとなる可能性が高い。また，自己への取り組みが，お互いに愛情を与え合うことの重要さについての，とても基本的な発見につながる場合もめずらしくない。そして，もしもこれまでクライエントが自分自身の認識を，ひょっとしたら実際にそれに基づいて振る舞うことへの恐怖のために機能停止させていたのだとしたら，自己のプロセスへの取り組みのなかで浮き彫りになる事柄は，価値の選択と，それに伴う行為の意味へと自然に結びつくはずである。この変化は，通常は，結婚，親密さ，子育て，友情といったものについてのその人の価値をはっきりさせてから，そうした結びつきを現実のものにするためにその人がとれる具体的な行為を見極めることを含む。

臨床上の注意事項

問題を悪化させる場合

セラピストが陥りがちな誘惑のトラップのひとつは，クライエントの言語システムについ一緒になって参加して，概念としての自己を意図しないまま

強化するパターンである。こうした傾向が起きていると，一般には，クライエントがなぜ自分自身の思考を信じられないか，なぜ自信がないのか，などといったことについての過度な論理的，合理的な語りの形として表れる。また，問題を悪化させる振る舞いの別な形態には，臨床家またはクライエントが，スピリチュアルな目覚めや「今の瞬間」への認識についての物語にとらわれるようになって，巧妙に今までと同じだったり，巧みにフュージョンされていたりする自己の感じに取り込まれてしまうパターンもある（自分たちがいかに「他の人とは違って」認識に専念しているかについての，一種の誇り高いとらわれといえる）。

　このような誘惑に対抗する方法のひとつとして，より体験的なプロセスとそれに伴う実際の行動変化との結びつきに注意を向けるようにクライエントを導くことが考えられる。しかし，この方法にしても，クライエントが間違って解釈して，セラピストのメッセージは，いかなる概念としての自己にもこだわらないようになったときに幸せが訪れる，ということだと考える恐れがある。こうしたことからわかるように，クライエントにとっても，またセラピストにとっても，一貫した仕方で幸せをもたらすような秘密の方程式などはない点を繰り返し確認するのが重要である。目標は，人生が授けてくるものについては，いつでもその瞬間にそれと一緒にいて，価値づけられた行動の方向へと動いていくことである。さらにまた別な形態で，問題を悪化させる行動としてクライエントによくみられるのは，自分自身を言語的に振り返って，いわば「自分たちがどれほど上手にボードレベルにとどまっているか」を，まるで，それが，達成されれば決して失われないたぐいのものででもあるかのように評価しはじめるパターンである。言い換えると，より大きな自己の感じを経験したことが，今度は，問題解決モードがクライエントをフュージョンされた自己評価（一般にはネガティブでも，ときにポジティブ）の循環へとふたたび組み込むための，新しい機会となっているのである。このような微妙な自己評価プロセスは，概念としての自己を構築するための内容をさらに提供する機能しか持たないので，ACTの臨床家は，こうしたものに常に注意していなければならない。

スピリチュアリティを促すのではなく，活用する

　過去何十年にわたって，心理療法のコミュニティは，スピリチュアリティをセラピストが扱う領域外のものとみなして，その実践を避けてきた。そうした問題について考察するのは，クライエントの個人的領域へ侵入するのと同じだとされてきた。幸いにも，この姿勢は，スピリチュアリティは形態はさまざまであれクライエントの活力ある人生には本質的に不可欠な要素だ，という認識に取って代わりつつある。スピリチュアリティは，いつも必ずというわけではないにしても，何らかの形での見方を持つことを必要としたり可能にしたりするのが一般的である。たとえば，さまざまな文化の宗教に関する文献には，概念としての自己の問題や，自己の意味のより深い形式を探究することのすすめ，について書かれたものが豊富にある。宗教は，「知恵の木から果実を取って食べたこと」による傷をいくらかでも癒す試みのなかで最初に現れた。たしかに，なかには宗教的ドグマの支配的ルールの側面にとりこになるクライエントやセラピストもいて，そうした傾向が彼らをより頑固にするかもしれないことは，私たちも否定しない。しかし，同時に，そのことをもって「赤子を湯船からほうりだし」て，宗教またはスピリチュアルな実践は私たちの実践とは決して併用できないと自動的に考えるべきではないだろう。

　こうした注意点を念頭に置きつつ，どのような宗教的な見方も，それ自体として支持しないことが重要である。ACTは，宗教的信念を変えようとするものではなくて，むしろ，**クライエントにとって機能するのは何か**を見極めるためのプロセスを動かしはじめようとしているのである。ACTの哲学の多くがさまざまな宗教のメッセージと一貫している場合もあるかもしれないが，臨床家が焦点をしぼって強調しなければならない点は，クライエントにとっての機能性の概念であって，特定の信念体系ではない。

　超越的な自己の問題に取り組むときに，宗教に基づいた物語や用語でクライエントがすでによく理解しているものを使うこと自体は，まったく問題ない。たとえば，アクセプタンスは，キリスト教の文脈での恩恵にとてもよく似ている。そのため，このつながりを利用して，アクセプタンスがいかに自

由で，無償で，愛情に満ちた選択であるか，またそれが，よい内容と引き換えに授けられるものではない点を示せる。このつながりは，**恩寵**（grace）が，**無償**（gratis），または**自由**（free）の単語に由来することに気がつけば，簡単に理解されるだろう。同じように，**自信**（confidence）は，**信仰**（faith）と語源が共通で，「自分への忠誠」または「自分への信仰」を意味する。そのため，クライエントによっては，「自分への信仰」の行為を実践するように促すほうが，（自分への信仰が最も少ないものについて）「自信に満ちた」気持ちがわいてくるのを待っているよりも有用かもしれない。

複数の問題を抱えるクライエントと自己の消滅

　機能不全がより重いクライエントでは，圧倒するような個人的トラウマや，環境からの慢性のネガティブなストレスに適応しようとして，一種の自己断片化を起こしている場合がある。そうしたクライエントは，トラウマがもたらす苦痛な結果や慢性の苦悩を振るい落とすように設計された，人間の言語的プロセスの犠牲者だともいえる。トラウマの破壊的な影響は，出来事そのものよりも，むしろ感情への衝撃となるトラウマからクライエントを守ろうとして起きる逃避や回避操作によるもののほうが大きい。私たちが経験するかもしれない感情の回避のなかでも，いちばん破壊的な形態は，持続するプロセスとしての自己が断片化される状態といえるだろう。こうした断片化は，解離，抑制，または否認を通じて起こる。極端なケースでは，これらの断片が，概念としての自己と結びつき，そして——ほら！——おそらく，それぞれに異なった深く浸透した複数の行動パターンが突然表れる。そうしたクライエントは，「今，この瞬間」の体験にさらされたときに不安と恐怖を引き起こすような概念としての自己を抱えている場合が多い。また，機能不全が慢性化しているクライエントも，無感覚，退屈した感じ，空虚さ，または迫りくる闇や自己無効化の感じなどを訴えるかもしれない。思考や感情とそのまま一緒にいるようにと伝えられると，クライエントは，何らかの心理的な死が起きることについての恐怖を訴えるかもしれない。メタファー的に表現すると，クライエントは，ブラックホールに吸い込まれて二度と戻っ

てこられなくなる，と恐れる。たしかに，視点としての自己は，モノ的ではないため，文字どおりの無あるいは消滅のようにも見えるかもしれない。また，観察する自己は概念としての自己へのとらわれを消滅させるのだから，ある意味では，クライエントは正しいともいえる。そこで，先にも記したように，ACTセラピストはクライエントに，「自分自身を毎日殺しなさい」とよく提案する。つまり，ここで（ふたたび殺されるためにだけよみがえっては）殺され続けなければならないのは，視点としての自己ではなく，概念としての自己のほうなのである。

　ACTでは，クライエントたちが視点取得を発達させる能力を欠いているとか，彼らには一貫した自己の気づきを発達させる能力がない，などというようには前提しない。たとえば，解離性障害でも，部屋のなかにクライエントは一人しかいない。クライエントの行動は，内容が断片化されて複数の概念としての自己に影響されて，厄介な私的内容を妨害しているということを気づかないようにしているのである。こうしたクライエントに共通するのは，人生のなかで機能するかどうかとは無関係な，見境のない感情の回避の方略である。このときセラピストにできるのは，クライエントの言葉と行為を注意深く観察して，ひとたび意思疎通ができるようになってその人の自己の安全が確立されたら，クライエントを「部屋のなか」へと連れてくる方向へ取り組むことである。このような解離的な（つまり回避的な）プロセスを弱めるには，体験的エクササイズとメタファーを使ったエクササイズを用いるのがおすすめである。こうした介入は，クライエントが，感情の回避の方略として断片化を用いようとするのを弱めて，「私」，そして一貫した自己の気づきを構築するのを助ける。

前進のサインを読み取るには

　クライエントが，私的体験を観察している感じを報告する（それに捕まっている感じではない）ときには，一般に，観察者としての自己の取り組みがうまくいっている。そうしたときには，自分自身を自分のマインドとは別なものとして眺めていることを示唆するような話しぶりになる。この進歩が特

に注目に値するのは，クライエントの発言が，自発的で，セラピストが言っていた何かを真似るのではなくて，むしろクライエント自身の体験のなかから生まれてきているとうかがえる場合である。この段階で重要なもうひとつのサインは，心から素直に自分自身を笑える能力である。禅仏教では，この能力は，「全知の笑み」と呼ばれる。これは，クライエント自身が自分に関連したプロセスがいかに魅惑的かを楽しめるかを，そしてそれを，人間の本性に備わったいたしかたない要素として笑うことのできる地点から眺めているかを実によく反映している。人間の苦悩を生む大きな要因のひとつは，自分自身を深刻にとらえ過ぎる傾向だといえる。だから，ユーモア，皮肉，またパラドックスといったものを取り入れながら自分自身をもっと軽妙にとらえることは，一般には健全な人生のサインだといえる。最後に，ひとたびクライエントがこのような観察するプロセスを日々の生活のなかで自発的に用いはじめたら，こうした発達は，ますます確実なものになっていく。

第9章 脱フュージョン

　6月16日フロリダ州デイニア（AP通信）――6歳の少女が線路内に立ち入り，走ってきた列車にはねられて死亡した。少女は，兄弟2人といとこに対して，「天使になって，お母さんと一緒にいたい」と話していたという。（中略）情報筋によると，少女の母親（中略）は，病の末期にあった。

――1993年6月17日付ニューヨーク・タイムズ紙

本章で学ぶこと：
- 言語的な内容とのフュージョンが，どのようにして苦悩につながるか
- クライエントが言語の限界を認識できるようにするにはどうするか
- ありのままに体験する能力を妨げる評価的な言語を，どのように扱っていくか
- 非言語的なエクササイズや体験的エクササイズを用いて脱フュージョンを促す方法について

実践的な概説

冒頭の新聞記事の引用からわかるように，走ってくる列車の前に立てば

もっと良い世界へ行けると想像する力が6歳の子どもにもすでにある。「X だから，Yをすれば，Zになるはずで，それはよいことだ」——6歳児でもX，Y，Zに何かを当てはめられる。これは，言語的に問題解決できるためには実際に必要な能力である。ところが，マインドの問題解決モードは，止まるべきときを知らない。そのため，それはいとも簡単に人生を，生きる価値のあるプロセスから，解決しなければならない問題へと変えてしまう。たとえ，結果的にそれがその人を死に追いやることになったとしても。

　人間として生きることの根本的な難しさは，マインドに従ったほうがよいときなのか，マインドをただ認識するだけにして「今，ここ」のなかに居続けたほうがよいときなのかを，見分ける方法を学ばなければならない点にあるといえる。私たちが「頭でっかち（mindy）」になるとき，マインドの絶え間ない分析的な言語プロセスが，私たちの注意を，言語的**プロセスそのもの**から逸らして，むしろ言語的プロセスを通して見る事柄や体験へと向ける。私たちは，思考を内面や外の世界そのもの（representations）として扱うようになり，思考活動（thinking）が継続的におこなわれていることに気づかなくなる。そのため，今のこの瞬間にある言語プロセスが関わっていない多くの刺激にも気づかなくなる。私たち全員にとって，人間としての体験に備わったこの側面は常につきまとう現実である。本質的に決して黙ることがなく，たえず評価し，比較し，予測し，そして計画して止まない「マインド」を誰もが持っている。それでも，私たちの頭のなかでぶんぶん唸り続ける言語マシーンは，**本来は**強力で便利な道具である。ただ，それがマインドレスに私たちをとらえて連れ去ると，破壊的にもなりうるのである。

　第3章で考察したように，フュージョンは言語的また認知的なプロセスと直接的体験とをつなぎ合わせるようなもので，その結果，私たちは，プロセスと体験を区別できなくなる。その本質からしてフュージョンは特定の状況では反応のレパートリーを狭めるといえる。一般に，フュージョンがあると，私たちは，普段から従うようにプログラミングされているルールに合うように状況を象徴的（symbolically）に定式化して，自分の行動を体系立てるようになる。このときに従われるルールは，社会的に教え込まれたもので，そのため**一見すると**「普通で，合理的な振る舞い」に見える。しかし，

こうしたフュージョンには，ルールに対する追従（rule following）が行動を直接引き起こした先行事象や結果との接触を圧倒するという問題がある。また，フュージョンした状態の人は，同じルールに何度も従っていながら，望む結果が起きていないことを本当の意味では認識しないままになっているかもしれない。これは，目指す結果の達成に失敗するたびに，さらに多くのルール追従行動が引き起こされるためである。言語ルールはあまりに多くの領域で有効なため，私たちの日常生活のほとんどの側面で，それが好ましい作動モード（operating mode）として社会的にも支持されて選ばれるようになる。こうしたことの結果として，その人が，習慣的また自動的に自分の言語マシーンとフュージョンする傾向が生まれるといえる。もしも，**フュージョンのプロセスが自発的なもので，また「意図される」べきでなければならない**ものだったとしたら，私たちは，有用性に応じてフュージョンしたりしなかったりを選べるはずである。しかし，残念ながら，フュージョンを意識的に選択することを学ぶまでは，そうしたプロセスは自動的で習慣的なだけでなく，意識すらされない。なぜなら，私たちの言語システムが，言語体系に絡まれ過ぎているぞと「警告」を発して教えてくれることは，まずないからである。

　フュージョンがあるときには，思考の言語プロセスは新しい入力が一切ないままで行動を制御し続けている。状況が苦痛で望まない私的体験を含むようなものだったときには，フュージョンした状態では，その人はそうした体験は「不健康」でコントロールまたは排除されなければならないものだと示唆するようなルールに常に従っているため，ほとんど自動的に体験の回避につながるようになる。望まない思考，感情，記憶，または感覚がそこにあるのを，フュージョンは，そのまま単純に眺めることをできなくする。自動的なプロセスの成り行きとして，フュージョンの結果は，心理的にオープンな姿勢とは反対になる。

　こうした性質のフュージョンを文脈制御（contextual control）のもとに持ってくるために，ACTでは，持続する認知プロセスを，それ自身の認知的産物から区別する方法をクライエントに教える。比喩的に表現するなら，これは，聞き手としての「人間」を話し手としての「マインド」から引き離

すのと同じだといえる。この介入戦略は,「脱フュージョン」と呼ばれる。これはACTが生んだ造語で,言語的出来事に対して,単にそれ自身が主張するとおりのものとしてではなく,それが実際にあるとおりのものとして,よりしっかりと接触することを意味する(ときどき,ACT関連文献のなかで,脱フュージョン(defusion)の用語が拡散を意味する"diffusion"と表記されているのを見かけるが,これは,原稿整理の段階でパソコンなどのスペルチェッカーが正しい用語の"defusion"を綴り間違いとみなして修正し,それを人間の校正者が見落として元に戻さなかったためである)。脱フュージョンは,言語が持つ意味を排除するわけではない。それは,ただ,言語が持つ意味が行動に及ぼす自動的な効果を減らして,言語以外の行動基準がその瞬間によりよく機能できるようにする。脱フュージョンのゴールは,言語を前ではなく後についてこさせることであるが,その方法は形態を変えることではなく機能を変えることで,個人がより自発的に文脈制御へと持ってくることである。言い換えると,脱フュージョンのゴールは,認知的に柔軟な姿勢を自発的にとれる方法を学ぶことだ,ともいえる。たとえば,フュージョンが安全で好ましい場面で,私たちがベッドにもぐりこんで小説を読んでいるようなときには,とやかく言われずに自発的にフュージョンに従うのもよいだろう。逆に,たとえば習慣となってしまった一連の自己批判に対処しようとするときなどはフュージョンが役立たない状況では自発的に一歩下がって,マインドとは離れた位置から進行するプロセス(「私はXについて考えている自分を認識している」)を眺めつつ,その産物(「私は悪い人間だ」)にはとらわれないでいられるようにしたい。いずれにしても,脱フュージョンする能力を身につけるには,練習が必要となる。そして,練習は,普段のマインドの評価的なモードからは踏み出した状態でしかはじめられない。以下のコメディーのようなコメントは,脱フュージョンについて,たしかに的を射ている――「私は,かつて,脳がいちばん重要な臓器だと思っていました。どの臓器がそう伝えてきているのかに気がつくまでは」。

　ACTの取り組みのほぼすべてが,脱フュージョンされた心理的空間のなかでおこなわれる。たとえば,初回のセッションの最初の数分からすでに,クライエントがネガティブな思考との苦闘について語っているときにセラピ

ストは,「つまり,あなたのマインドが言うには,まるで次のようなことですね……」などと言うだろう。このようなやり方で取り組みが言語的に構築されていくことは,それだけでも,自分の思考をまるでそれが他者の言明(verbal statements)であるかのように眺めるようにとクライエントに対して伝えているため,とりたてて大げさに目的を宣言しなくても脱フュージョンを促す効果を持つ。言語プロセスの意味から単純に一歩下がって,それを観察者の視点から眺めはじめることがこの取り組みの本質である。セラピストは,ACTに一致した話し方を用いながら繰り返しモデルとして,この姿勢を示す。たとえば,他には何が現れたか,他に何が**記憶**のテープに記録されているか,他にクライエントのマインドが言いたがっていることはあるか,その思考は何年前からあるのか,その感情は身体のどの部分に表れるのか,などと尋ねるかもしれない。こうした質問のすべてが脱フュージョンの介入である。それらは,一般的な言語のやりとりのルールをわずかに変える。また,ACTでは,メタファーやエクササイズも使われる。ACTセラピストは,クライエントに対して,自分の思考が流れに漂う葉っぱのように目の前を過ぎていくところを眺めるように伝えることがある。または,オペラの一場面のように厄介な思考を声に出して歌い上げることもある。あるいは,そうした思考が,とてもゆっくりと言われたり,ドナルドダックの声で言われたり,空想のなかで床に置かれて,色,大きさ,形,温度,手触りを与えられたりするかもしれない。さらに,マインドフルネスの技法を使って,その瞬間のなかで批判的ではない姿勢で思考に注意を向けられるようにすることもあるだろう。メタファーを通じて脱フュージョンが起きることもあるので,思考について考えるときに,それを,たとえば色付きメガネ,コミック漫画にあるような頭の上に飛び出す吹き出し,またはTシャツに書かれた文字といったものとしてイメージすることもある。また,ただ単に,思考を思考として話題にしたり,困難な思考があってもかまわないかとクライエントに尋ねたり,あるいは行動エクササイズを通じて思考と行動の関係を弱めたりするだけで,脱フュージョンにつながる場合もある。

次に述べるような,ある社会・言語的な共同体のなかで確立された「関係的なさまざまな文脈」によって,フュージョンは維持される。たとえば,理

由を述べたり物語ったりすること，意味があり筋が通っていて一貫していること，そして計画や推論や問題解決することなどへの要請などである。ACTでは，セラピストの仕事は，意表をついた，字義どおりではない方法で話したり振る舞ったりして，こうした文脈を弱めることである。ひとたびクライエントが脱フュージョン・スキルをいくらか確立するのに成功したら，そうするほうが役に立つときにはマインドから一歩下がるプロセスを，そこから強化していける。フュージョンは，それそのものが退治するべき敵なのではない。それ自体は，言語の機能に過ぎず，適切な状況では非常に有用である。同じように，脱フュージョンも，それ自体が本質的に最終ゴールなのではない。脱フュージョンもまた，特定の状況のなかで特定の瞬間に使えると便利なスキルに過ぎない。ACTでは，このスキルをどのように用いるか，また，フュージョンが役に立つときとそうでないときを区別する方法を，クライエントに教えることができる。

臨床的な応用

　言語に対してクライエントが抱いている確信を弱めるよい方法は，その限界を示してみせることだろう。言語は，人間の道具箱のなかにあるただひとつの道具で，すべての仕事に役立つかのように見える。セラピストのゴールは，言語が唯一の道具であるとクライエントが単純に考えてしまっていることを，はっきりとさせることである。たとえば，主に身体の外の世界の問題を解決するときに言語と思考は役に立つ。ところが，「頭のなかの世界（world between the ears）」では，言語知識の主観的で表象的（representational）な性質により，言語と思考は私たちに対してとても危険な力となる。また，私たちは子どものころから，言語は自己理解を発達させるための偉大な道具だとずっと教えられてきたにもかかわらず，実際には，個人的体験を読み解いて理解するうえで言語はごく限られた力しか持たない。私的な言語的（すなわち「メンタル」な）行動のこうした限界を明らかにするためのエクササイズがACTではたくさん用意されている。とはいえ，それらに取りかかるのに先立って，そこから得られる体験を新しい枠組みで眺められ

るようにするためにマインディングにまつわる問題をクライエントと一緒にあらかじめ考察しておくことは有用だろう。次の小話は，それをどのようにしておこなうかの一例である。

> 「おそらく，あなたはすでに，私がマインドの崇拝者ではないと推測されていることでしょう。私は，マインドが役に立たないと考えるのではありません。ただ，頭のなかの世界では本当の意味で効果的に生きることはできない，というだけです。マインドは，人間にとっての生存の脅威を検知する強力な仕組みとして進化してきました。だから，メンタルな内容の大部分がネガティブ，批判的，または危険を警告するものだということは，驚きではないのです。あなたのマインドは，設計されたように働いて，**あなたの生存を助けています**。ただ，同時に，あなたが息をつくための余裕をあまり提供しないのです！　ですので，そうしたほうが一番役に立つときにはマインドのおしゃべりから**自発的**に踏み出て離れられるようにするために，ここでは，その方法を学ばなければなりません。あなたのマインドは友達ではありません，**そして**，あなたはマインドなしでは生きていけません。つまり，マインドは，使うべき道具なのです。私たちは，その使い方を学ばなければなりませんが，今のところ，**あなたが**それに使われている状態だといえるでしょう」

言語的に知識が豊富で正しいことは，人間文化のなかでは強力に，また頻繁に強化される。さらに，言語はひとたび学習されると環境からの直接的な正のフィードバックからは比較的独立したものになるという人間言語の恣意的な点がある。この2つの要因が組み合わさると，結果として，多くの場合にクライエントが気づかないまま，言語が無差別に過度に適用された状態につながる。**座る場所を探す**メタファーは，この点を体験的に伝える。

セラピスト：つまり，座る場所が必要だからといって，椅子について記述しはじめるようなものです。あなたが，とても詳細な記述を椅子についてしたとしましょう。その椅子は，グレーで，金属のフレームがあっ

て，布で覆われていて，とてもがっしりとしています。けっこうです，では，その記述で座ることができますか？
クライエント：まあ，座れません。
セラピスト：そうですか……。ひょっとしたら，記述が十分に詳しくなかったのかもしれません。もしも，私が，椅子について，原子のレベルまでずっと記述できたとしたらいかがでしょう。そうすれば，その記述で座れますか？
クライエント：いいえ。
セラピスト：つまり，こういうことです。ご自身の経験に照らし合わせてください。あなたのマインドは，世界とはああでこうで，あなたの問題はあれだこれだ，などと言っていなかったでしょうか？ 記述，記述。評価，評価，評価。その間にも，あなたはどんどん疲れてきている。あなたには，座る場所が必要なのです。そして，あなたのマインドは椅子について，ますます詳しい記述をよこします。それから，マインドは言います，「どうぞ，かけてください」。記述はけっこうですが，私たちがここで求めているのは体験です。体験についての記述ではありません。マインドは，体験をもたらせません。ただ単に，たった今何が起きたかについて，まくしたてるだけです。そこで，あなたのマインドにはそのまま記述をさせておいて，その間に，私たちは座るための場所を探しましょう。

また，言葉が十分ではないのみならず有害でさえあるような領域での体験を，クライエント自身の経験のなかで指摘してみせることが別な方略として有効である。課題によっては，たとえば食料品店までの道筋を理解するとき——最初の信号までまっすぐ進んで，左に曲がり，などなど——のように，たしかに，ルールにとてもよく合致するものもある。しかし，ルールがまったく助けにならない活動もある。セラピーのなかで，運動について説明するように求めると，このことにより気がつくことができる。たとえば，クライエントがペンを拾ったとしたら，それがどのようになされたのかを説明するように求めるのも一案である。クライエントが説明をしたら（たとえば「ペ

ンの位置まで手を伸ばす」など），セラピストは，自分の手に向かって伸びるように言い聞かせて，これが機能するかどうか試してみせることができる。もちろん，手は，聞こえるはずもないし，伸びもしない。つまり，この行動はもとはといえばノンバーバルなもので，クライエントが説明をしようとしたときになってはじめて言語的に管理されるようになっただけだったのである。それにもかかわらず，言語そのものは，ペンに手を伸ばすことから人間関係を築くことまで，実質的にすべてについて，どのようにしておこなうかを知っていると主張する。言語的理解は，ノンバーバルな理解の最も上のほうに位置しているために，すべての知識が言語的知識だという幻想が生み出されているといえる。実際には，仮にすべてのノンバーバルな知識が突然レパートリーから取り除かれたとしたら，私たちは，なすすべなく崩れ落ちるだろう！

言語の字義性を取り去る

　言語が実際の体験の代わりをはたすことの限界に対して最初の切り崩しをおこなった後で，セラピストは，次に，象徴的機能を取り去られた言語がどのようなものかをクライエントが体験できるようにしなければならない。「ミルク，ミルク，ミルク」のエクササイズ（第3章でも考察）は，Titchener（文献229のp.425）が，意味の文脈説（context theory of meaning）を説明する試みのなかではじめて用いた。これは，言語刺激が何らかの言葉としての（派生された）意味を持つには，字義的で，順序だった，分析的な文脈が必要なことを，なかなか遊び心に満ちた方法で示すエクササイズである。

セラピスト：ちょっとしたエクササイズをしてみましょう。目を開けたままでおこなうものです。これから，あなたに，ある単語を言うようにお願いします。その後で，何がマインドに思い浮かんだかを話してください。では，**ミルク**という単語を言ってください。一度だけ。
クライエント：ミルク。
セラピスト：けっこうです。では，それを発音したとき，何がマインドに

思い浮かびましたか？

クライエント：家の冷蔵庫のなかにミルクがあります。

セラピスト：いいですね。他には？ 「ミルク」と言うときに何が表れますか？

クライエント：目に浮かびます——白くて，ガラスのコップに入っています。

セラピスト：いいですね。他には？

クライエント：味わえるような感じもします。

セラピスト：そのとおり。そして，コップから飲むときにどんな具合か，感じられますか？ 冷たくて，滑らかで，口のなかに広がります。飲むときに，のどが「ごくり，ごくり」と鳴ります。いかがですか？

クライエント：もちろんです。

セラピスト：なるほど。では，こういうことかどうか，考えてみましょう。つまり，あなたのマインドに何がひらめいたかというと，実際のミルクにまつわる事柄と，ミルクに関連したあなたの体験です。実際に起きたことは，私たちが奇妙な音——「ミルク」——を発しただけですが，それによって，こうしたたくさんの事柄が表れました。この部屋にはミルクなどないことに注目してください。一滴もありません。それでも，あなたのマインドが知る限りでは，ミルクはこの部屋にありました。あなたと私は，それを，見て，味わって，感じていました。それにもかかわらず，実際にここにあったのは，単語だけです。では，あなたが，もしやってみようと思ったら，試してみたいちょっとしたエクササイズがあります。ちょっとふざけているので，なんだか気恥ずかしく感じるかもしれません。でも，私も一緒にしますので，ふたりでふざけた感じかもしれません。何をお願いするかというと，**ミルク**の単語を，声に出して，素早く，何度も繰り返して言うことです。それから，何が起きるかに注目します。やってみようと思いますか？

クライエント：思います。

セラピスト：わかりました。やってみましょう。では，何度も繰り返して「ミルク」と言ってください。

（セラピストとクライエントは単語を1分間にわたって繰り返して言い，セラピストは途中でときおり，そのまま続けるように，声を出し続けるように，あるいはもっと速く言うように，などとクライエントを励ます）

セラピスト：はい，止まれ！　ミルクはどこにありますか？

クライエント：なくなりました。（笑）

セラピスト：数分前にはここにあったミルクのメンタルな側面がどうなったのかに，気がつきましたか？

クライエント：40回目くらいで，消えました。聞こえるのは音だけになりました。とても奇妙に聞こえました。実際に，自分が何の単語を言っているのかさえわからなくなるような変な感じがしばらくあって。単語というよりも，鳥の声のように聞こえました。

セラピスト：そうです。滑らかで，冷たくて，ゴクリとしたものは，どこかへ消え去ります。最初に単語を言ったときには，まるでミルクが実際にここに，この部屋のなかにあるかのようでした。でも，そのときに実際に起きていたのは，あなたが単語を1つ言ったことだけです。最初に単語を口にしたとき，それはとても意味に満ちていました。まるで，実体があるかのようにしっかりしていました。でも，それを何度も繰り返して発音するうちに，あなたはその意味を失いはじめて，単語はただの音になっていきました。

クライエント：そのとおりです。

セラピスト：では，あなたが自分自身に向かって何かを話すときにも，こうした言葉がただの言葉に過ぎないことには変わりないのではないでしょうか？　言葉は，煙に過ぎません。そのなかに実体は何もありません。

このエクササイズを用いると，馴染みのある言語プロセスについてさえ，その意味を弱める文脈を確立するのがそれほど難しくないということを，かなり素早く示してみせることができる。また，クライエントを苦しめているネガティブな思考をいくつかの単語で短く言い表せるなら，それに対しても

このエクササイズを用いることができる。たとえば，少なくとも45秒にわたって「私は悪い」という文章をなるべく素早く繰り返して言うというようにする。複数の研究が，ネガティブな自己言及的思考の確信度（believability）とそれに関連する心理的苦痛を単語を繰り返すこのエクササイズが急速に減らすことを示している（たとえば，文献166, 167, 168）。他方で，クライエントたちは，特定の単語（たとえば，死）に結びついた感情も，単語に繰り返し曝されることで弱まるとよく報告する。ただし，感情を弱めること自体はエクササイズの目的ではない。困難な感情を引き起こすすべての単語を繰り返して発言するようにACTセラピストが指示することはない。そのアプローチは，きりがなくて，おそらく有用ではないだろう。なぜなら，そうした単語と，それらが言及する実際の苦痛な出来事との間の言語的関係は，完全に消えることは決してないからである。単語が直接的に刺激する機能を知ることを学んでも，単語から派生した機能（derived functions）を排除できるわけではないし，そんなことを起こす意図はない。この種の介入は，**排除するのではなく**，単語が持つ機能に何かを**付加する**（たとえば，単語の音を**改めて聞く**，単語を発音するのがどのような感じかを感じる，など）ことで，言語的関係から派生されてくる産物に完全にフュージョンされずに，言語プロセスそのものを観察しやすくする。

　大本の部分では，人間の言語的知性は継続する関係的な行為（relational actions）の連鎖的なシステムだといえる。他のセラピーモデルでは，クライエントに言葉が真実であるかを正面から疑うように導く（たとえば，非論理的な思考を観察して打ち負かそうとする）。こうしたセラピーモデルの力点は，関係フレーム理論（RFT）の用語でいう関係的文脈を操作することに置かれる。残念ながらそのアプローチは，機能的文脈も強める可能性がある（問題の思考はますます重要になる場合もある）。ACTでは，むしろ，象徴的な関係づけをおこなう継続的な言語プロセスのほうを明らかにして，クライエントがそのプロセス自体を眺められるようにする。RFTの用語でいえば，**機能的**文脈で扱うことが強調される。機能的文脈で扱われるにつれて，思考プロセスが実際に徐々に――しかも，負の影響のリスクをそれほど伴わずに――力点が変容する（機能的文脈が変わることで言語の関係的文脈

も徐々に変容する）場合が多い。

思考は乗客

　言語を脱フュージョンするには，思考をモノや人とみなして客観視する方法もある。私たちは，外部のものや他の人々については日ごろからごく自然にそれを自分自身とは別なものとして眺めているので，物理的なメタファーを用いて思考も客観視できれば，効果は絶大となる。
　「**バスの乗客**」のエクササイズは，ACTのなかでも中心的な介入で，非柔軟性を誘発しがちな心理的内容の字義を，客観視を通じて取り去ることを狙いとする。この介入には，心理的柔軟性モデルが丸ごと含まれているといえる。

　　「バスがあって，あなたがそのドライバーだと想像してください。バスには，大勢の客が乗っています。乗客はそれぞれ，思考，感情，身体の状態，記憶，そして体験が持つその他の側面です。なかには恐ろしげな客もいて，黒革のジャケットを着て，飛び出しナイフを持っています。さて，何が起きるかというと，あなたが運転していると，乗客たちが，何をしなければならないか，どこへ向かわなければならないかを指図しながら，脅しはじめるのです。『左へ曲がらないとだめだ』『右へ行かないといけない』など。彼らがあなたに与える脅威の内容は，もしも言うとおりにしないと，彼らがバスの後部座席から運転席まで近寄ってくることです。
　　まるで，あなたがこの乗客たちと取引をしたかのようです。取引の内容は，『きみがバスの後ろの座席で丸くなって私の視界にほとんど入らないようにしていてくれれば，おおむねきみの言うとおりにしよう』というものです。ところが，ある日，あなたがこの条件に疲れて言ったとしましょう，『もういやだ！　彼らをバスから放り出してやる！』。あなたはバスを止めて，怖い顔つきの乗客たちと交渉するために後部座席のほうへ行きます。このときに，あなたが最初にしなければならなかった

のは，バスを止めることだという点に注目してください。そのため，今では，あなたはバスをどこへ向けても運転していなくて，乗客たちと交渉しているだけだという点に注目してください。おまけに，彼らはとても強いのです。彼らはバスを降りるつもりがなく，あなたは争いますが，どうにもあまりはかばかしくありません。

　やがて，あなたは乗客たちをなだめる方向に戻って，再び彼らが後部座席のあなたの目に入らない箇所に座っているようにすることでその場を収めようとします。この取引の問題は，あなたが彼らの言いなりにならなければならない点です。じきに，彼らは『左へ曲がれ』とさえ言わなくてもよくなります。なぜなら，あなたには，左への曲がり角へ来たとたんに特定の乗客が周りをうろつきはじめることがわかるからです。やがて，あなたは，まるで怖い乗客など誰も乗っていないかのようなふりをして運転できるほど長けてくるかもしれません。自分に向かって，私が曲がりたいのは左だけだ！　と言い聞かせるだけです。**そして，実際にはこのように言いなりになっていた**にもかかわらず，いずれ乗客たちがまた姿を現したときには，過去には彼らとうまく交渉できていた，ということが取引するうえで強い影響を加えることになります。

　さて，このこと全体のからくりは以下のとおりです。乗客があなたにおよぼす影響力は，100％が次のようなことです。『我々の言うとおりにしないと，前のほうへ出て行って，姿を見せてやるぞ』。それだけです！　たしかに，彼らが前に出てくれば，もっといろんな悪さができそうに見えるでしょう。彼らはナイフや鎖やいろんなものを持っています。あなたが破滅されそうにも見えます。ところが，この取引の内容は，彼らが前のほうに出てきて運転席の隣に立ってあなたの視界に入るという状況を防ぐために，彼らの言うとおりにすることです。本来ならバスをコントロールしているのはドライバー（あなた）です。でも，乗客とのこの秘密の取引に応じることで，あなたは，バスのコントロールを引き渡しています。つまり，コントロールしようとして，実際にはコントロールを放棄したことになるのです！　さて，注目してほしいのですが，左に曲がらないとおまえを破滅させるぞと乗客は主張しますが，

そんなことが実際に起きたためしはありません。乗客たちは，あなたに，自分の意思に反して何かをさせることはできないのです」

バスのメタファーは，セラピーを通じて引き合いに出し続けてもよいだろう。「今は，どの乗客があなたを脅していますか？」といった質問は，セッションの場で感情的な回避をしているときには，クライエントが注意の方向を変える助けになる。

この苦境は物理的に上演すると非常に有効だということを，著者らはグループやワークショップでの取り組みのなかで見出してきた。複数の人が選ばれて，クライエントが苦しんできたさまざまな思考，感情，感覚，または記憶をそれぞれ代表して演じるとよい。「乗客たち」は，クライエントの後ろに並ぶように指示される。次に，クライエントは，自分の人生で価値づけられた方向性を挙げるように伝えられる。それから，その方向性に具体的な形態が与えられる（たとえば，「では，あそこあたりが，前の配偶者との問題があっても子どもたちと一緒にいられる，という状態ですね」）。クライエントは，乗客の一人ずつと対面して，その人が何を支持している役割なのかに注目するように伝えられる。特定の思考や感情を演じてもらう聴衆は，たいていはその思考や感情について何かしら知っているためにその役に選ばれて，それがどんなものなのかを声に出して表現することを指導されている。もしも，ドライバーが乗客と論争したいなら，論争がおこなわれる。しばらくしたら，リーダーは，「**いつもこういう感じですか？**」「これはどのように機能していますか？」あるいは「それで，子どもたちのことはどうですか？」とさえ，尋ねるかもしれない。このときに，ドライバーが，乗客がどこかへ消え去らなければならないと言えば，リーダーは，「おや，それは可能です……あなたがこちらのほうを向けば，彼らが目に入らなくなります」と言って，ドライバーを目的地とは違うほうへ向かわせる。それぞれの乗客がひと通り対面されたころには，ドライバーは，目的地とは逆の方向へ動いていたり，以前よりもさらに苛立っていたりするかもしれない。次に，再び同じプロセスが演じられる。ただし，今度は，ドライバーは，（自己の人生と関係のある象徴として）それぞれの乗客の肩に手を置きながら，一人ひと

りの言うことに最後まで耳を傾ける。そして，ウィリングネスの表現として一人ひとりをバスに乗るように招待するようにと伝えられる。「この方のための場所はありますか？」。それぞれの乗客との交渉が成立して全員が席についたら，ドライバーは再び架空のハンドルを握って運転しはじめるけれども，そうする間にも，「乗客たち」は，恐れられている私的内容（feared obstacles）を使ってクライエントを脅しはじめる。このゲームのなかで，クライエントがハンドルから手を放して，乗客の1人かそれ以上に対して反論したり論争したりしはじめるように引き込むことが乗客たちのゴールである。ドライバーのほうは，おしゃべりをそのままにして運転し続けたり，反論しないで目線を道路に向けて運転し続けたりするのが，どのような感じかを体験するようにと伝えられる。

思考が浮かぶ，思考を持つ，思考を買う

　思考，感情，記憶，イメージ，また関連する身体感覚からなるメンタルな活動は，ある方向から見ると生きることそのものである。**生きている限り，私たちのマインドがこのような活動を放り込んでくるのは止まらない**。同時に，私たちは，メンタルが生み出すものに対して**選択的に注意を向ける**能力も生まれつき備えている。その能力がなかったら，私たちは身動きができないだろう。実際に，私たちは，いつでもどれかひとつのメンタルの事柄にだけ注意を向けて，他には向けない。これは，瞬時に自然にそのようになる。この能力は私たちの基本的な機能の一部なのである。**選択的に注意を向ける**この基本機能は何かの目的がある場合，言語のレンズを通して世界を眺めること（フュージョン）から言語プロセスそのものを眺めることへと注意を変えることで，私たちは自発的にこの基本的な機能と接触することもできる。

　ACTセラピストは，クライエントが，思考が浮かぶ，思考を持つ，そして思考を買う，の3つの状態を区別できるように助ける必要がある。「思考が浮かぶ」は，心理的な出来事（主に思考であるが，感情，記憶，イメージ，感覚などといったものもRFTの意味では言語機能を持つので含まれる）が**内面**にあるのをただ認識することである。「思考を持つ」は，それ自

体がある種の行為だともいえて，言語的産物の形態を変えようとしないけれども，かといって批判も評価も差し控えることである。「思考を買う」は，思考に過剰に同一化するか，思考とフュージョンすることである。ACTでは，思考が浮かんだ状態でそれを持ち続けながらも，**それを買わずにいられるようになる**ように，クライエントをトレーニングする。「思考を買う」という考え方は，クライエントが直面する難問の基本的な性質をうまく強調しているといえる。というのは，私的出来事の内容が「問題」ではない。つまり，感情が何か，思考が何と言っているか，または記憶が何に関するものかといったことではない。これらの言語プロセスは，条件づけられていて，恣意的に適用されて，個人の歴史によって決定される事柄である。そのため，**言語プロセスの産物の内容**と同一化し過ぎると，多様な行動がとれず，柔軟な注意を向けられなくなり，それこそがむしろ本当の問題である。そして，クライエントが世界についての表象（思考）を買うと，持続的な言語プロセスのほうが，思考活動の内容に隠れて見えなくなる。このときクライエントは，文脈（言語プロセスの認識）から，内容（表面的に何と言っているか）へと，注意を移したことになる。多くの場合は挑発的な私的内容がこの重大な注意の転換が起こる原因である。こうしたときに，「思考を買う」という考え方は，比喩的な意味で，この振る舞いを，あたかも一杯のコーヒーを買うかのような自発的な行為として伝えるのである。クライエントが，人生のなかの何らかの出来事，状況，または相互作用に苦しんでいるように見えるときには，私的内容のさまざまな側面を引き出してみて，「では，その思考（感情，記憶）を買ったら，何が起きましたか？」と尋ねるとよいだろう。

フィッシング

すべての心理的内容が等しく作り出されているわけではない。それだからこそ，マインドからの情報で責め立てられているにもかかわらず，その時その時でほとんどの人が注意を変えることが可能であると理解できる。心理的トピックのなかには，他のものと比べて「よりホット」なものがある点をクライエントにしっかりと伝えることが役に立つ。また，ホットな内容はマイ

ンドがまとわりついていることを示すすぐに気づける警告サインであると理解することをクライエントたちに教えられれば，彼らは，予防手段も講じられるだろう。よりホットな内容が注意をとらえるプロセスは，インターネット上で詐欺師がおこなうフィッシングととてもよく似ている[226]。

セラピスト：フィッシングでおこなわれる最初の策略は，実はかなり単純です。あなたのなかに強烈な情動反応を引き起こすようなEメールが送られます。たとえば，誰かがあなたのクレジットカードを違法に使っているようだ，などと知らせる内容です。メッセージには，あなたの社会保障番号，クレジットカード番号，生年月日，運転免許証番号などを入力して送信することでこの違法行為をやめさせるように，と書かれています。もちろん，情報は犯人を捕まえるために使われません。詐欺師たちがあなたのクレジットカードや身分を盗むために使われます。ところが，メッセージをはじめて読んだ瞬間のネガティブな感情状態では，人々は，衝動的に振る舞います。そして，状況全体が仕立てられたものに過ぎなかったことには，後になってからやっと気がつきます。もしも，あなたのマインドが，ときどきこの「詐欺師」のように振る舞うとしたらどうでしょうか？ あなたのマインドは，目の前に動揺するようなメッセージを掲げて，あなたが思考，感情，記憶，または感覚に衝動的にとらわれるようにします。マインドが言っていることは絶対的な真実だと伝えて，反応を求めてきます。インターネットの詐欺師と同じように，あなたのマインドも，与えられる「情報」の生々しいネガティブな性質に基づいて，あなたを引き入れようとしています。ひとたび引っかかると，苦しむことになります。

クライエント：では，そういうふうに引き込まれるのを，どうしたら防げるのですか？

セラピスト：そうですね，インターネット上でフィッシングに遭ったら，どうしますか？ スピードを落として。一歩下がって。マインドがもたらす情報に衝動的に飛びつかないでください。そして，インターネット上のメッセージのときと同じように，こうした誘惑に共通する性質が何

かないかどうか，見てください。それらは，多くの場合に，白か黒か，ネガティブ，誘発的，緊急，といった性質を帯びています。何かしら人生を回避したり人生から脱落したりするように，仕向けます。また，こうした偽の情報の多くは，「私」だけのことという形で受け取るはずです。そうすることで，実際はあなたのマインドがあなたに向かって話しているのに過ぎないときにも，それはあなたがすでに買った思考なのだ，という印象を作り出しています。でも，マインドは，あなた自身と同じではありません。あなたこそが，人間なのです。あなたのマインドは，言語的な道具でしかなくて，あなたの主人ではありません。ただ，とてもやかましい召使いで，ときに狡猾なだけです。

踊りに行かない

　ひとたびフュージョンされた状態になると，「ダンス」がはじまるといえる。ダンスには多くの場合，マインドとの戦いに「勝つ」助けになるはずだと前提された反すうプロセスにクライエントが必然的に従うことを伴っている。ところが，そのダンスの進行は，子どもの遊びの「誰がいちばん大きな数字をつくれるか？」にとてもよく似ている。どんな数字を挙げても，マインドはその後ろにゼロをつけるので，**クライエントに勝ち目はないのである**。脱フュージョンの単純でわかりやすい形は，マインドの活動（minding）に従事しないでいられるようになることである。このアプローチでは，マインドとの戦いが無益であることをダイレクトに体験することが必要になる。以前に見たACTの取り組み初期の「創造的絶望」の段階（第6章参照）とよく似ているといえるだろう。

セラピスト：これまでに話してくださったことでは，不安が本当に高まると，あなたのマインドが，考えをめぐらすためのあらゆる材料を提供しはじめるということですね。でも，考えれば考えるほど，もっと巻き込まれた状態になる。あなたの体験は，何と言っていますか？　マインドとのこのいざこざに，普段は勝ちますか？

クライエント：とんでもない！　ただただ自分のなかで堂々めぐりして，感情が疲れ果ててしまいます。でも，そうなってからでないと，決してやめられないのです。

セラピスト：つまり，マインドと一緒になって考えをめぐらすことで……人生をより良くするための期待どおりな行動力，洞察，または新しいアプローチが，もたらされてきたのですね。では，それをし続けてきたこの数カ月を通じて，実際に有用なものは何かもたらされましたか？

クライエント：あれこれ考えていると，おかしくなるだけです！　自分が，絶対に治らないメンタルな問題を抱えているんじゃないかと，本当に心配になりはじめました。

セラピスト：では，実際には，あなたのマインドは，あなたには治療できないメンタルな問題があるかもしれない，と伝えてきているのですね。どうやら，あなたのマインドは，あなたと，今，ここで，ダンスを踊りたがっているようです。

クライエント：そう，こうしたすごく誘惑的な人たちを差し向けてきて，私はあっという間に踊りに行ってる！

セラピスト：まあ，ほら，あなたのマインドはとても退屈していて，踊りに行きたいのですよ。マインドにとってはダンスは楽しいから。ダンスは取り組みがいのある大問題です。でも，あなたにとって，ダンスは地獄です。

クライエント：そう。地獄とは，私の内面の感じをよく表しています。

セラピスト：さて，あなたはこのゲーム全体を探ってみたわけです……あなたのマインドが一緒にやりたがっているゲームの複合的な構造全体を。これまでの経験ではあなたは決して勝てません。これまでの経験では，マインドとダンスを踊るのは，悪魔と踊るようなものです。あなたのマインドは，何度でもあなたをおびき寄せて，一緒に踊ろうとします。あなた自身は，もう一度踊りのなかに入ってマインドと一緒になってものごとを整理しなければいけませんか？　それとも，ダンスへの誘いを丁寧にお断りするだけにしますか？　つまり，あなたは，一歩下がって，ダンスフロアへ入るのを断ることもできるのです。あなたの人

生ですから。

マインドを観察する練習

　瞑想的エクササイズやマインドフルネスのエクササイズのなかには，思考，感情，記憶などといったものをただ観察するスキルを身につけるうえで役立つものがたくさんある。クライエントを苦しめている挑発的な内容そのものに踏み込まなくとも，この種の練習は役に立つスキルを確立できる。なぜなら，脱フュージョンの方法を学ぶのは，**個々の内容に限定されない**もっと広く一般的なスキルであるために，それほど害のない内容で練習しはじめてもまったく問題がないためである。**パレードする兵隊**のエクササイズとそのバリエーション（**流れに漂う葉っぱ，マインド・トレインをただ観察する**）は，この重要なスキルを確立して，クライエントが，フュージョンと脱フュージョンとを区別して，思考などに引っ張り込まれた状態のときにはどんな感じがするものなのかをよりよくつかめるようにする。

セラピスト：思考を買うとそれがいかに素早く私たちを体験から引き離すか，を示すエクササイズをしたいと思います。あなたにしていただきたいのは，何でもかまいませんので何かについて考えて，そのときに浮かんできた思考を，一つ，また一つ，漂わせることだけです。このエクササイズの目的は，思考を眺めている状態から，思考**から**眺めている状態へ移行したときに，その移行に気づくことです。

　あなたには，自分の左耳から兵隊の恰好をした小さな人たちが行進しながら出てきて，目の前をパレードしていくところを想像するようにお願いします。あなたは閲兵台の上にいて，パレードが通っていくところを眺めています。一人ひとりの兵隊はプラカードを持っていて，あなたのなかに浮かんだ思考のそれぞれは，そうしたプラカードのひとつに書かれた文章です。なかには，思考を言葉にするのに手間取って，むしろイメージとして見る人もいます。あなたもそうでしたら，兵隊が運んでいるそれぞれの看板に，イメージを描いてください。また，兵隊のイ

メージが嫌だと感じる人もいますが，そうしたときに使っている代わりのイメージ，たとえば流れを漂っていく葉っぱもあります。あなたにとって，いちばんいいと思われるイメージを選んでください。

クライエント：兵隊のイメージでかまいません。

セラピスト：わかりました。では，間もなく，まずは集中して，それから，兵隊が運ぶプラカードに書かれた状態で，目の前を思考が通過しはじめるようにお伝えします。さて，課題は次のとおりです。あなたは，動きを止めることも飛び込んで参加することもなくただパレードが進むのを眺めることです。パレードが通り過ぎていくままにするのです。ところが，この課題を何の妨げもなくやり遂げられる見込みは，まずほとんどありません。そして，ここからがこのエクササイズの肝心なところなのですが，ある時点で，あなたは，パレードが止まってしまったと感じるはずです。または，エクササイズの意味がわからなくなったような，あるいは，閲兵台の上ではなくてパレードのなかにいるような感じがするかもしれません。それが起きたら，ちょっとの間一歩下がって，パレードが止まる直前に自分が何をしていたのかを把握できるかどうか，試してほしいのです。それから，先ほどと同じように思考をプラカードに書いてパレードが再び止まるまで行進させることを，繰り返してください。大切な点は，どのような理由であってもパレードが止まったときにはそのことに気づいて，止まる直前に何が起きていたかに注目できるかどうか試すことです。よろしいですか？

クライエント：わかりました。

セラピスト：もうひとつお伝えしておきます。もしもパレードがまったく進まないようで，「エクササイズが機能していない」とか「エクササイズをうまくできていない」などと考えはじめたら，その思考をプラカードに書いて，パレードのなかへ送り込んでください。よろしいですか？では，くつろいで，目を閉じて，はじめに集中してください。(1，2分かけて，クライエントが集中した反応スタイルになるエクササイズをおこなう) さて，パレードをはじめてください。あなたは閲兵台の上に居続けて，パレードが進んでいくままにしてください。パレードが止まっ

たり，自分がそのなかにいるのに気がついたりしたら，注意を向けて，それが起きた直前に自分が何をしていたかに注目できるかどうか試して，それから閲兵台に戻ってパレードを再び進めてください。よろしいですね，では，はじめましょう……何でもかまいませんので，考えたことをカードに記してください……（*2，3分かけて取り組む*）

　エクササイズをするときには，クライエントのために十分な時間をとって，言葉はほとんど使わないようにする。クライエントの反応をなるべく読み取って，他の手がかりも観察しながら，必要なときには「流れるままにして，そして止まったらそのことに気づいてください」などといくらか声をかける。クライエントと対話はしないように。クライエントが目を開いたら，目を閉じてエクササイズを続けるようにと穏やかに伝えよう。もしもクライエントが話しはじめたら，その思考をプラカードに記すように，以下のようにやんわりと伝えるとよいだろう――「それについては，エクササイズが終わったときにもっと話しましょう。でも，今は，私と話す必要はありません。話したいと思う内容は，何でもプラカードに記して，それも目の前を行進させてください」。

セラピスト：では，最後の数人の兵隊が行進していくのを見届けたら，この部屋のなかへ戻ってくることについて考えはじめます。（*1，2分かけて，クライエントが，今，ここへ戻ってくるのを助ける*）お帰りなさい。
クライエント：面白いですね。
セラピスト：何を観察しましたか？
クライエント：そうですね，はじめは簡単でした。兵隊たちが通り過ぎていくのを見ていました。すると，突然，自分を見失って15秒ほどこの場からいなくなっていたことに気がつきました。
セラピスト：つまり，閲兵台からは完全にいなくなっていたかのように。
クライエント：そうです。エクササイズ全体が止まっていました。
セラピスト：何もかもが止まる直前に何が起きていたかに気がつきまし

か？

クライエント：ええと，身体がどんな感じかについての思考をめぐらせていて，それをプラカードに書きつけていました。それから，仕事の状況について考えはじめて，金曜日に予定されている上司とのミーティングについて考えました。ここのところいくつか起きていたマイナスの出来事を上司に話すときにどのように不安になるかもしれないかについて考えていて，そして次に気がついたら，しばらく時間が経っていて，まだ同じことを考えていました。

セラピスト：では，その思考，つまり，「次の金曜日には上司とのミーティングがある」という考えがはじめて表れたとき，思考はプラカードに書かれていましたか？

クライエント：はじめは書かれていました，ほんの一瞬。でも，次の瞬間には書かれていませんでした。

セラピスト：代わりにどこにあったのですか？

クライエント：特にどこということはありませんでした。ただ単に，それを考えていました。

セラピスト：あるいはただ単に，それが，あなたを考えていた。そうともいえますか？ あなたは，ある時点で思考に引っ張り込まれた。思考を買って，世界**を**，思考**から**眺めるようになった。思考が世界を構築するのを許したのです。つまり，あなたは，何が起きるかや，自分がどうするかなどといったことを実際に考えようとしたその時点でパレードは完全に止まりました。パレードを眺める視点はもはやどこにもありません。思考をはっきりと見ることさえできません。代わりに，あなたは，上司とのミーティングに取り組んでいます。

クライエント：まさに，そんな感じでした。まさに。

セラピスト：その思考を，プラカードに戻せましたか？

クライエント：まあ，途中で，思考を流れていくままにしなければいけなかったことを思い出したので，また思考を書き出して，兵隊が運んでいくようにしました。それからしばらくはすべてがうまくいっていたのですが，そのうち，エクササイズ全体がなんだかふざけていると考えはじ

めました。
- **セラピスト**：それで，あなたはその思考にただ気づいただけでしたか？ それとも，思考があなたを考えましたか？
- **クライエント**：私が思考を買ったと思います，たぶん。
- **セラピスト**：パレードはどうなりましたか？
- **クライエント**：止まりました。
- **セラピスト**：そうですね。そして，実際に起きているのは，次のようなことではないでしょうか？ パレードが止まるたびに，それは，あなたが思考を買ったからだった。
- **クライエント**：ぴったりです。
- **セラピスト**：私は，このパレードを100％止めずに続けられる人に会ったことはありません。それは現実的ではないのです。肝心なのは，思考に引っかかるのがどのような感じかをつかむのと，ひとたび引っかかったときに一歩下がるのがどのような感じかをつかむことです。

私的体験が浮かんだ状態でそれをただ持ち続ける姿勢を強めるように設計された練習にクライエントが日々取り組むようにすると，効果的である。この種のエクササイズには，頭のなか（in between the ears）に浮かぶことにただ気づく目的で一日に3回から4回くらいの頻度で5分間の深呼吸の練習をする，などといったことが含まれるかもしれない。**パレードする兵隊**のエクササイズは，毎晩おこない記録してもよいだろう。どれほどしっかりと「マインドを観察」できたかを日々評価して，気づいたことを記録してもよい。ちょうどバードウォッチングする人が，新しく観察した鳥の種の記録をつけるように。こうした取り組みは，脱フュージョンが成された証のひとつである冷静な好奇心という心構えを確立する助けになる。

マインドに名前をつける

人間のマインドが多かれ少なかれいつでもあれこれと評価する「おしゃべり」をしていることをクライエントが認識できるようになったら，今度は，

マインドの利益とクライエント自身の利益を競合させてみせられるようになる。このときに，マインドの評価的な問題解決モードに，あたかもそれが人であるかのように単純に名前をつけるだけで，競合の構造がわかりやすくなる。セラピストのなかには，名前をつけるようにと何気なく伝えて，それ以後はセラピーのなかでずっとその名前を使う人もいる（たとえば，「ボブはそれについて何と言っていますか？」「その後，あなたがこの方向に踏み出して以来，ボブは癇癪を起こしていますか？」）。**マインドがほとんど別な存在であるかのように扱うのは，強力な脱フュージョン方略である。**

　もしもマインドに名前をつける方法がクライエントの個人的な好みに合わないようなら，「反応性のマインド」などと，説明的にラベルをつけてもよい（StrosahlとRobinson[226]の"*Mindfulness and Acceptance Workbook for Depression*"のなかでは実際にそうしている）。それから，セラピストは，「さて，あなたの反応性のマインドは，今回は何について脅しはじめましたか？　私が今話をしている相手は，誰でしょうか？　あなたですか？　それともあなたの反応性のマインドですか？」などと言うとよい。このように名称をつけると，思考とそれを考えている人との間に健全な距離を設けられて，マインドが作り出したものを持つことで起きる問題から一歩下がれるようになる。さらに，メンタルな活動の分析的で評価的な側面にこのように説明的な名前をつけることにはもうひとつのメリットがある。すなわち，いずれセラピストがマインドには他にももっとはるかに役に立つ側面があることを示していくときに，こうしたラベルは，クライエントにとってマインドの活動のそれぞれのモードを必要に応じて区別しやすくする。

　マインドを散歩に連れ出そうのエクササイズでは，マインドがいかに，忙しく，評価し，妨害してくるかについての強烈な体験を作り出せる。このエクササイズでは，セラピストはクライエントと一緒に散歩に出掛ける。ゴールは，クライエントが，どこでも好きな方向へ，好きな速さで散歩することである。目的地は設定されない。ただランダムに歩くだけのエクササイズである。ただし，このときに，クライエントは「人間」の役になり，セラピストは「マインド」の役になる。そして，散歩をする間，セラピストは，ああだこうだと批判するおしゃべりで，クライエントが日々自分のマインドから

聞かされているのと同じようなものを言葉にして話し続ける。この際に，セラピーのなかで浮上した柔軟でない反応を引き起こすような内容または苦痛な主題を用いると効果的な場合が多い。クライエントにとってのゴールは，そうした絶え間なく続くネガティブなおしゃべりにかかわらず，歩き続けることである。もしもクライエントが立ち止まったり，マインドに反論しようとしたりしたら，セラピストは即座に，「マインドにはかまわないで！」と言う。これは，クライエントが苦痛な内容に引き込まれたことの合図で，内容から脱フュージョンしてただ歩き続けなければならないことを意味する。

理由を弱める

　意味づける行為のなかでも特に厄介なクラスは，「理由づけ」と呼ばれるものである。個々の状況において理由は，何らかの好ましくない行為または行為の欠如を，社会的に正当化するために使われることが多い（たとえば，「あまりにも抑うつ気分が重かったから，今日は仕事へ行かなかった」）。こうして自ら生み出したルールは，互いに結びついて，ネガティブな効果をもたらす可能性が高い「自己の物語」が作られがちである。そして，そのときの状況に特有の理由は，マインドの私的出来事（例：抑うつ気分）と顕在的な行動（例：仕事へ行かない）との間に，因果関係があるかのような印象をよく生む。結果として，心理的行為の間につながりを確立した文脈を見逃すことになる。こうした自己の物語は，メタルールのように機能して，文脈と行動の大きなパターンを，自己維持的な認知的ネットワークに強引に作り上げる。たとえば，クライエントたちは，人生のなかで起きた事柄について何らかの形で損なわれて前に進めない状態であると詳しい説明をする場合がよくある。

　言語的な理由づけの有害な影響に対してより敏感になるようにクライエントを導くのは効果がある。なお，1つの単語の字義をはぎとってクライエントの思考の言語作動システムと表面的な面白いゲームをするのと，くたびれた秘蔵の物語から一歩下がること，つまり，活き活きとした意味深い人生を送る機会をクライエント自身の人生がいかにことごとく排除したかについて

の物語とでは，扱っている問題がまったく違う点は理解しておかなければならない。「理由」や自己の物語から脱フュージョンすることは，過去の歴史への洞察と理解を自滅的な方法で使い続けるクライエントにとっては特に重要だといえる。

　セッションのなかで，クライエントが，自分の問題の原因を説明しようとしたり，ものごとがなぜ変われないのかの理由として個人的な経歴を挙げはじめたりすることがよくある。こうした物語については，その不正確さを直接指摘したり，もっとよい人生の物語にしようとして今の物語に反する人生の出来事を指摘してみせたりしても，あまり意味がない。代わりに，行為の真偽よりも機能へとクライエントの注意を向け変えることで，セラピストはこうした行動をいちばん効果的に弱められる。以下のような質問をすると，有用だろう。

- 「それで，その物語はどのように役立っているのですか？」
- 「それで，ご自分の過去についてのその説明は，前に進む助けになっていますか？」
- 「この物語は実際に役に立っていますか？　それとも，あなたのマインドがあなたにこうした説明をさせるのですか？」
- 「あなたは，何かを解決しようとしていますか？　それとも，これは，ただあなた自身のスタイルで（問題の周囲を）掘り回しているだけですか？」
- 「以前にも，こうした事柄を自分自身や他の人に話したことはありますか？　古い話ですか？」
- 「もしも以前にもこの話をしたのでしたら，それを再びすることで何が変わると思いますか？」
- 「もしも神様が，あなたの説明は100％正しいと言ったとして，それはどのように役立ちますか？」
- 「では，全員で投票して，あなたが正しいと決めましょう。次に，どうしますか？」

以下の対話は，ACTセラピストが，さまざまな介入を使いながら，薬物を再び使用したいという衝動と闘っているクライエントの理由づけを弱めていく様子を示す。

セラピスト：では，エクササイズをしましょう。先週の火曜日になぜ（薬を）使ったのかを話してくれませんか。

クライエント：(休止) まあ，職場で起きた例のことで頭にきていたのです。

セラピスト：他に理由は？

クライエント：ええと，よくわかりませんが，たぶん，支援グループがないからかもしれません。ほら，こうしたことについて話す場の。

セラピスト：けっこうです。他にも何か理由はありませんか？　つまり，今挙げたものは，本当の理由のように聞こえます。作り上げた理由を何か話してくれませんか？

クライエント：どういう意味ですか？

セラピスト：ほら，何かをでっち上げてください。どんな理由がつくれますか？

クライエント：誰かに強制されたから，とか？

セラピスト：他には？

クライエント：アスピリンだと思って錠剤を飲みました。

セラピスト：けっこうです。こうした理由を，他人になったつもりで想像できますか？

クライエント：もちろん。

セラピスト：おそらく，たくさんの組み合わせで想像できるのではないでしょうか。そして，お母さんやお父さんなど何人かに尋ねてみれば，理由の一覧表ができると思います。そして，なかには互いに対立するかのようなものさえあるかもしれません。う〜ん，何かが怪しいですね，これらの理由が本当にあなたを行動させている原因だとしたら。

クライエント：どういう意味ですか？

セラピスト：そうですね，あなたがたった今挙げた理由についてはどうで

すか？

クライエント：仕事が原因だ，という理由ですか？

セラピスト：もちろん。そうです。でも，仕事でそれほど悪いことが起きて，それでも薬を使わなかったことはありましたか？

クライエント：ええ，まあ。

セラピスト：でも，もしもその理由が原因だったとしたら，そのときはなぜ薬を使わなかったのですか？

クライエント：ええと，使わない理由が他にもありました。

セラピスト：それらの使わない理由が，どうしたわけか，他の理由よりも強かったのですね。でも，ここに腑に落ちない部分があります。もしも，先週の火曜日にも薬を使わない理由があったか，とお尋ねしたらいかがでしょう。何か思いつきますか？

クライエント：ええ，つまり，もちろんです。

セラピスト：私たちがそのエクササイズをもう一度したとして，ほら，良い理由，悪い理由，母や父の理由，賢い理由，愚かな理由，などですね……どうでしょう，使うのと使わないのとのどちらの視点についても同じくらい長いリストを作れたでしょうか？

クライエント：う〜ん，まあ，多少時間がかかるかもしれませんが。

セラピスト：今ここで試してみたとしましょう。薬を使う理由を挙げられますか？ つまり，もちろんできますね。そして，使わない理由を尋ねたとしても，それについても挙げられます。そこで，薬を使うことについてのどのような理由に対しても，使わない理由もまた思いつけるとは，思いませんか？

クライエント：ええ，もちろんです。

セラピスト：そして，あなたも実際にそうしたのではないかと，賭けてもいいですよ。あなたは，座って，使う理由と使わない理由のリストを考えたでしょう……それから，実際に薬を使ったか，使わなかったか，のどちらかです。そして，ひとたびどちらかの方針を選んだ瞬間に，反対の方針の理由は，全部どこへいったのでしょう？ もしも，実際には，私たちは無限に理由を貯蔵できる倉庫のようなものを持っていて，何を

するにもそのための理由を引き出してこられるとしたらどうでしょうか？　もしかしたらそうでしょうか？　そして，ひょっとして，一緒に生じるこれらのこと，行動することと，行動の理由を挙げることは実際には片方がもう片方を引き起こす原因なわけではない，ということは考えられるでしょうか？　私が推測するところでは，あなたは，十分な理由，しかもとても良い理由を薬を使わない原因にするために生み出そうとしていたのではないかと思います。というのも，あなたには，使用をやめるための本当に強力な理由がありますね？　そうでなければ，この耐えがたいセラピーなど受けないのではないでしょうか？　つまり，あなたにはすばらしい理由がいくつもあるのです！　子どもたちを取り戻すこと以上に強い理由なんて，想像できますか？

クライエント：確かにできません。

セラピスト：ですので，何かがおかしいと思いませんか？　あなたはXやYという理由でこのように行動する。でも，たった今，私たちは，ものごとはそのようには機能しないことを示す証拠を2つ見つけました。ひとつは，私たちには理由のたくわえが無限にあるようだということ。そしてもうひとつは，薬を使わないための考えられるいちばん強力な理由をすでに持っているにもかかわらず，あなたは薬を使ったということです！

　こうした介入のなかには一見したところでは従来の認知療法と似たものもあるけれども，そうした分野においてさえ，認知の形態よりも機能へと繰り返し立ち戻るACTセラピストの手法は注目に値する。理由づけを取り扱う目的は理由を排除することではないし，また，セラピストは理由づけと意味づけの恣意的な本質についてクライエントを脅すべきでもない。人間として，クライエントはいつでも理由を思いつくし，ときにはそれが実際に有用なこともあるかもしれない。皮膚の外側の世界では，出来事の理由を構築していくことは，マインドの問題解決モードがもたらす最たる資産である。適切な状況に適用されれば，それは見事に収支が合う。とはいえ，セラピーのこの局面では，クライエントには，言語プロセスをはっきりプロセスとして

認識して，評価や感情や記憶が浮かんだままそれをただ持ち続けるのと同じように，理由も，浮かんだままそれをただ持ち続けていられるようにしたい。

厄介な言語実践を崩す

　ACTで使われる「言葉の約束事」には，しっかりと形作られた常識的な言語習慣を妨げると同時に，クライエント自身とクライエントのマインドとの間にいくらか距離をつくるように設計されたものも多い。こうした言葉の約束事はさまざまな種類の問題を引き起こす常識的な話し方に取って代わる。RFTの用語でいうなら，こうしたACTの約束事は，個々の認知がどう機能するかを決めるようなより全般的な認知形態に焦点がしぼられた，関係的文脈操作だといえる。

外にある

　一般的な言葉の約束事を崩そうとするときの主要なターゲットのひとつは，クライエントが「でも」の単語を使うことである。「でも」は，例外を示すときによく使われる言葉で，心理的出来事の関係性についての宣言を暗に含んでいる。たとえば，「行きたい，でも，不安だ」という発言について考えてみよう。この単純な言明は，人間の行為との関係のなかで感情がはたしている役割についての深いメッセージを含んでいて，ある対立を指し示す。ここには，2つの事柄——行きたいと思う気持ちと，不安——が示されている。さらに，普通なら行きたいと思う気持ちは行く行動につながるところだけれども，ここでは，不安が行きたいと思う気持ちをどうやら打ち消しているように見える。「行く」は，「不安」と同時には起こりえないらしい。

　「でも」を意味する英単語の「but」の語源をたどると，この言葉の原動力が比較的よくわかる。butは中世初期の古期英語のbe-utanという単語に由来していて，これは「外に，持たずに」という意味である。中世でもルネサンスに近いころの中期英語になると，単語はboutenになり，音声学的には次第に弱まって，buten, bute, そして今のようにbutになった。古期英語

のbe-utanは，それ自体が，be（近代以降のbeと似た意味）と，utan（近代以降のoutの先駆けであるutの一形態）の組み合わせである。つまり，「でも（but）」は，語源学的にいうなら，「外にある（be out）」を意味することになる。働きとしては，それに続くものは何であれ出ていくように仕向けるか，それに先行するものを何であれ脅かすのである。「でも（but）」は，同時に存在する2つの反応が同時には成り立たず，それでもなお「でも（but）」の効果のうちに結びつけられていることを伝える。ひとまずどちらか一方が，なくならなければならないのである。「イェス・バット（はい，でも）」という言語反応をとても上手に使いこなすクライエントと向き合うときに私たちセラピストが経験する困難は，**矛盾を含む**この姿勢がいかにまひをもたらすものになりうるかをよく示している。ACTでは，「でも」を用いると，直接的に指摘される。クライエントの「でも」が，一方に感情や思考，他方に別な感情，思考，あるいは行為さえも位置づけて，両者の間に対立関係を人為的に作り出している場合には，セラピストは，ACTの言葉の約束事を導入して，「でも」を「そして（and）」に置き換えるべきである。

セラピスト：では，私たちのおしゃべりのなかで，いつもとは違うことを試してみたいと思います。文章を話すときに，「でも」の代わりに「そして」を使うようにお願いします。はじめは少しぎこちない感じがするかもしれませんし，「でも」をぜったいに滑り込ませないようにするためには思考のスピードを落とさなければならないことに気がつくかもしれません。でも，うっかり滑り込んだとしても心配しないでください。私がちゃんと対話を止めて，代わりに「そして」を使うように指示をします。

クライエント：何のためにこんなことをするのですか？　なんだか奇妙な感じですが。

セラピスト：私たちは，ほとんどの状況で，自分が使っている言葉については考えもしません。「でも」がそのよい例なのです。間があったり，どこかへ向かいたいと思っているのか，それとも何かをしたいのかが，自分でもよくわからなかったりしたときに，私たちは何も考えずにその

単語を言葉の混沌のなかに投げ込みます。ここでは,「でも」を「そして」に置き換えると,あなたにとってこの対話の印象がどのように変化するかに興味があって,お聞きしたいのです。あるいは,また別なレベルでは,たくさんの「でも」からあなたが抜け出すのを助けようとしている,ともいえるかもしれません。

　このやり方は,クライエントとセラピストが共同して問題に取り組むときの言語的また心理的な視点を大きく広げる。「そして」は,説明的な用語で,規制的ではないため,たくさんの行動様式と関連づけることができる。すべての可能性が開かれているといえるだろう。いちばん好ましくない反応でさえ,それらをなんとか克服して好ましい反応にしなればならないなどということもないので,クライエントにとっては,そうした反応に気がついて報告しても安全だと感じられる。「夫のことは愛しています,でも,彼に対してはあまりにも頭にくる」という発言は,配偶者とこれからも一緒に居続けたいと思っている人にとっては,怒りをとても危険な感情にする。「夫のことは愛しています,そして,彼に対してはあまりにも頭にくる」という発言のほうが,そうした脅威の程度がはるかに低い。それどころか,むしろ,怒りの経験を愛する経験のなかにアクセプトすることが示唆されてさえいる。また,同じ個人のなかには多くの思考と感情が実際に起こりうるのだから,「そして」のほうが,体験的にも真実により近いといえるだろう。「そして」は,思考と感情のプロセスそのものが焦点のときには,いつでも筋が通っている。なぜなら,なんであれ観察されて注意を向けられたものは,結局のところ,**同じ個人のなかで**観察されたのだから。

評価 vs. 記述

　評価は,特に困難なフュージョンの問題をもたらす。個人的な歴史,現在の状況,出来事,または相互作用といったものに対する評価とフュージョンした状態でほとんどのクライエントがセラピーへやってくることを考慮すると,評価と記述を区別するのはとても重要である。なかでもいちばん問題を

起こしやすくて，クライエントもフュージョンしやすいたぐいの評価は，4つの極——「良い」対「悪い」，「正しい」対「間違っている」，「公平」対「不公平」，「責任を取る」対「責任を取らせる」——に関連する。また，クライエントがセラピーのなかで示す評価的な思考の多くは自己言及的で，たとえば「私は，損なわれていて，欠点だらけで，悪い」，あるいは似たような軽蔑的な発言が一般的である。

　こうした評価が真実として抱かれると，クライエントにとって有害になる。それらは，評価だとは認識されずに，むしろ，それが適用されている状況または人に本質的に備わった何かについての記述とみなされるようになる。このように仕掛けられたかぎ針を，振り落とす方法はない。なぜなら，もしもあなたが本質的に「悪い人」なら，これを修正するただひとつの方法は，人であることそのものをやめる以外にないからである。残念ながら，なかにはそのとおりにしてしまうクライエントもいる！　だからこそ，評価の言語プロセスにくさびを打ち込んで，クライエントが，一歩下がって，ものごとの本来の属性から，マインドによって注入された属性を区別できるようにするのは重要である。

　クライエントが自己評価に対してそれが記述であるかのように反応しているときには，表面的に探るだけでそのことがすぐに明らかになる場合が多い。一般に，出来事そのものに本来的に備わった一次的属性と，反応者によって注入された二次的属性の区別を私たちの言語はまったくといっていいほどつけない。ところが，これが，実に大きな問題を生むといえる。なぜなら，クライエントが言語的な産物とフュージョンしているだけでなく，そもそもフュージョンの言語プロセスそのものが，（本来的な）一次的属性と注入された二次的属性を混同させているのである。そして，ときにこのプロセスが社会的なレベルにまで拡張されると，さまざまな宗教的背景の人々を，たとえば彼らが「すべてテロリストだ」というひとつの評価に過ぎない注入された属性を，本来的に備わった属性とみなして，殺害することを正当化する状況さえ生まれかねないのである。「**悪いカップ**」のメタファーを利用すると，評価を，まるで記述のように見せかける様子を示せる。

「私たちを，不必要な心理的葛藤に引き込む性質が言語にはあります。それを避けられるようになるには，このような引き込みが起こる感覚をつかんでおくのが役立つはずです。言語が私たちに投げかけるトリックのなかでもいちばん厄介な部類のひとつは，評価の領域に関連します。そもそも，言語が多少なりとも機能するためには，具体的なものごととそれに対して私たちがつけた名前や記述が対応していなければなりません。そうでなければ，私たちは，お互いに話すことができません。もしも何かについて正確に記述したとしたら，**記述のなかで使った**ラベルは，出来事の形態が変化するまでは変えられません。たとえば，私が『ここにカップがあります』と言ったとしたら，次に別な方角を向いて，それはカップではなくてレーシングカーだと主張することは，何らかの方法でカップの形態を変えない限りできません。たとえば，カップをすりつぶして素材に戻してからレーシングカーの一部として使えるかもしれません。でも，形態に変化がない限り，これはカップ（または何であれそう呼ぶと合意したもの）です。ラベルを行き当たりばったりに変えることはできないのです。

では，評価的な発言についてはどうなるかを考えてみましょう。たとえば，私が，『これは良いカップだ』または『これは美しいカップだ』と言ったとしましょう。この発言は，『これはセラミックのカップだ』または『これは 230 グラムのカップだ』と発言するのと同じように聞こえます。でも，**本当に**同じでしょうか？　仮に，地球上の生き物が，明日，突然すべて死んでしまうと考えてみましょう。このカップは，それでもこのテーブルの上にあるはずです。それが，みんなが死滅する前から『セラミックのカップ』だったとしたら，それはそのときもセラミックのカップです。でも，それはそのときも，良いカップ，または美しいカップでしょうか？　そうした意見を持つために誰かが近くにいなければ，意見そのものもなくなります。なぜなら，『**良い**』または『**美しい**』は，カップに本来的に組み込まれた属性ではないからです。『美しい』は，人とカップとの相互作用のなかで生まれてきた言葉なのです。ところが，ここで注目してほしいのですが，言語の構造がこの違い

を隠している様子がわかるでしょうか？　あたかも，『良い』が『**セラミック**』と同種の記述であるかのように，同じに見えます。どちらも，カップについての情報を追加しているように見えるのです。問題は，もしも『良い』を『セラミック』と同じたぐいの記述だと認めると，それは，『良い』が，『セラミック』がそうなのと同じ仕方で，カップと同じものを意味しなければならなくなることです。そのたぐいの記述は，カップの形態が変わるまでは変わることができません。そして，もしも，誰か他の人が，『いいえ，あれは醜いカップだ！』と言ったらどうなるでしょう。私がそれは『良い』と言い，あなたが『良くない』と言うとしたら，そこには解決されなければならない不一致があるかのように見えます。どちらかの陣営が勝って，もう一方が負けなければなりません――両方が正しいなどということはありえないのです。他方で，もしも『良い』がただの評価または判断に過ぎなくて，カップに備わった何かというよりも，むしろあなたがカップに対しておこなっている何かだとしたら，問題は大きく違ってきます。評価なら，対立していても２つが簡単に共存できます。あなたがカップを美しいと考えるときに，私がそれを醜いと考えることはできます。私たちが別な意見を持つ事実は――カップがセラミックであると同時に金属でできていると主張するときのように――世界の法則を覆さないと解決できないような大問題を生みません。むしろ，それは，出来事はそれぞれの人の視点によって良くも悪くも評価されうる，という単純な事実を反映しているといえます。そして，もちろん，１人の人が複数の視点を持つことも可能です。月曜日に，私はカップを醜いと思った。火曜日には，心境の変化があって，それを美しいと思った。どちらの評価にしても，確固とした事実ではありません。どちらか一方が他方を打ち負かす必要はないのです」

カビーホーリング――要素を分類する

　ときには，私たちの言語オペレーティング・システム（OS）のさまざまな要素が対話のなかに表れるたびに，会話の流れをさえぎって，それを取り出してみせることも役に立つ。この練習は，クライエントを，言語内容の世

界から連れ出して，言語プロセスの世界に引き入れる効果がある。カビーホーリング（cubbyholing）では，セラピストは，クライエントが生み出す言語産物の内容に反応するのではなく，そのときの言語産物の**種類**を分類する。記述，評価，感情，思考，記憶などといったものが，内容から離れてただ単に分類されていき，その間も対話は続けられる。

　ひとたびクライエントがこのプロセスをよく理解したら，この分類を，内容から離れるのではなく通常の対話の一環としておこなうように指示してもよい。たとえば，対話するなかでクライエントは，「私は悪い人間だ」というフレーズを，「私は人間で，自分が悪いという評価を持っている」というふうに言い換える。「不安だ」は，「私は，不安と呼ばれる感情を持っている」と言い換える。「この記憶が恐い」は，「私は父親から虐待された記憶を持つ人間で，私が体験している感情は恐怖だ」となるだろう。言語をこのように変更することは，まさにこの話し方がぎこちないからこそ，言語プロセスからそれに対応する言語産物を引き離すのを促す効果を持つ。私たちは，文字どおり，思考と考える人との間をテコで押し広げているといえて，そのときに利用しているオペレーティング・システムは，そもそものはじめに思考と考える人のフュージョンを生み出したものと同じ体系なのである。

　本章では，脱フュージョン方略の例をいくつか紹介したが，ACTセラピストとクライエントたちは，実際のセラピーの取り組みの過程で他にも何百もの方略を生み出してきている。こうした方略は，急速に増えるACT文献のなかを探せばいくらでも簡単に見つかるが，そこに関連している原理さえわかれば，自分で生み出すこともまた簡単である。言語産物を自動的に用いるスピードを意識的に落として，代わりに，クライエントがそうした言語産物の形態を眺め，性質を理解し，そして有用性を検証できるような，分析的ではない方法を引き出す。意味づけ，字義，理由づけ，そして問題解決の通常の文脈は，そのパラ言語的文脈をセラピーのなかで変えていく方法（言語の限界に注意を向け，違った種類の見方を確立し，矛盾を作り出す，など）によって変容できる。短くいえば，言語ゲームのルールを破ることで，セラピーのなかでセラピストは新しいルールを作っていけるのである。

他のコア・プロセスとの相互作用

脱フュージョンとアクセプタンス

　脱フュージョンの取り組みがアクセプタンスの取り組みへとつながることはめずらしくない。そうした展開になりやすいのは，取り組んでいる問題が，非柔軟性を誘発しがちな私的内容の場合である。たとえば，**マインドを散歩に連れ出そう**のエクササイズは，散歩のときに特に誘発的な題材を扱っているなら，クライエントにとっては動揺する取り組みとなるだろう。そうした状況では，クライエントに対してやんわりと，散歩の間は，苦痛な思考をいくらか持つためのゆとりを確保して，どのような形にしても思考を評価したり変えようとしたりしないように，と指示するとよい。クライエントがそれまでにアクセプタンスの姿勢をほとんど見せていない場合には，誘発性のレベルが低いところからはじめて徐々に高めていくのがよいだろう。苦痛な内容に対するアクセプタンスは，どれほど大きな苦痛をアクセプトしたかの量よりも，どのようにアクセプトしたかの質によって測られるので，脱フュージョンの練習はそれほど誘発的ではない内容を題材にしておこなうのでかまわない。なお，アクセプタンスとの関係では，セラピストは慎重にアプローチしなければならない。そうしないと，クライエントのアクセプタンスのなさが，クライエントが新しい脱フュージョン・スキルを学ぶ能力も妨げる恐れがある。

脱フュージョンと，自己または「今，この瞬間」のプロセス

　誘発性がとても高い私的題材で脱フュージョンを練習しているときに，クライエントの様子が，「ぼーっと」している，下を向いたりよそを見たりしている，情動的に無反応に感じられる，または酔っぱらったように見える，などといったことに気がつくかもしれない。こうした素振りは，クライエントが，苦痛な内容との接触を回避するために「今，この瞬間」から滑り出し

つつあるかもしれないことを示すサインだといえる。こうしたことが起きた場合には，セラピストは，「今，この瞬間」または視点としての自己へと，取り組みの焦点を移行してもよいだろう。たとえば，クライエントに対して，「たった今，何が思い浮かびましたか？ 少しの間でも，この部屋に戻って一緒にいてもらえませんか？ 私と一緒に，今，ここに，居続けられますか？」と，穏やかに尋ねてもよい。プロセスのスピードを落として，クライエントがバランス感覚をいくらか獲得するまで待つことはかまわない。

脱フュージョンと，価値またはコミットされた行為

　ほとんどの場合に，フュージョンの問題は個人的な価値とは関連しない行為や行動回避の問題に変わっていく。先にも考察したように，フュージョンの主な影響のひとつには，行動に没頭させ，柔軟に振る舞うのを過剰に制限するということがある。苦痛な内容を誘発するのを回避したり，そうした内容をコントロールしようとしたりすることが行動の目的だった場合には，必然的に幅広い形態の規制的行動が影響としてみられる。そこで，クライエントを，その人自身の価値や望まれる行為へともう一度つなげることができれば，それが脱フュージョンへの抜け道としての役割をはたせるようになるだろう。また，個人的な価値とつながって，取るべき具体的な行為を見定めることは，脱フュージョン方略を，実生活のなかで実践するための舞台を用意するともいえる。日常生活の状況でなら，脱フュージョンは，知的に理解される必要がない。それはマインドの問題解決モードの束縛をいくらかゆるめることで価値を探究しやすくする方法だといえて，むしろ行動的に体験される。この状況で，クライエントは，価値づけられた人生の場面や行為に臨むと同時に，それらが引き起こす望まない苦痛な内容にも曝される。このように，脱フュージョン方略はセラピーではない日常生活のなか（in vivo）で実践できて，そうしていくなかで，脱フュージョン方略の有用性が，クライエントにとってよりはっきりと見えるようになる。

臨床上の注意事項

脱フュージョンについて言葉で説明する

　脱フュージョンを促すときにセラピストが直面する最大の困難は，一方でクライエントの言語体系に踏み込みつつ，他方では，それが言語体系だと意識し続けながら，体系とフュージョンさせようとするたくさんの誘いをかわさなければならない点である。実際問題として，クライエントに脱フュージョンするようにと，セラピストが言葉を使って説得することはできない。それにもかかわらず，同時に，クライエントに脱フュージョンの仕方を示すには，言葉を使った対話による方法しかない。望みとしては，クライエントの脱フュージョンの直接体験が，脱フュージョンの理屈のように見えるものに打ち勝ってくれることだろう。このプロセスでは，途中で方向を見失いやすい。問題が起きていると示す主要なサインのひとつは，セラピストがクライエントに対して理屈を使い過ぎるようになることである。もちろん，理屈は言語に基づいた操作なわけだから，こうした理屈を使うことが，クライエントがすでに持っている言語体系を強める効果しかもたらさない可能性は大いに考えられる。そのため，セラピーをおこなうには言葉が必要だけれども，それは，むしろメタファーに組み込まれた状態で，直接的に体験するエクササイズを助ける目的で用いられるほうが一般には好ましい。

　この問題のバリエーションともいえる状態が，クライエントが脱フュージョンの理屈に関心を持つようになったときに発生する。脱フュージョンの本当の効用が得られた後でなら，そうした対話も安全かもしれない。しかし，それ以前には，脱フュージョンそのものについての対話に誘い込まれるのは危険だともいえる。脱フュージョンとは何か，またどのようにして脱フュージョンするか，についてのフュージョンされた物語は，それからしてすでにフュージョンのひとつの形態で，ネガティブな内容を引き出しさえする恐れがある。フュージョンについて繰り返し脱明する，脱フュージョンの必要性をクライエントに納得させようとする，また，体験的エクササイズや

メタファーを通じて示すのではなくてただ単に脱フュージョンについて話す，などといった行為は，危険信号である。

メタファーを浴びせる

　メタファーを使うこととACTをおこなうことを同じと考えるのは，脱フュージョンを言葉で納得させようとする問題の裏返しに過ぎない。ACTには具体的な技法や方略がいくつもあるけれども，毎回そのときのセッションの文脈に敏感でいて，いちばんうまく機能しそうなものをセラピストは見極めて選ばなければならない。文脈を考慮しないで1つのセッションのなかに5つも6つもメタファーを詰め込むのは，理屈を使ってクライエントに脱フュージョンすることを納得させようとするのと同じくらい効果がない場合がほとんどである。ACTをはじめたばかりのセラピストが，クライエントの言語行動が果たしている機能を吟味しないまま技法を使っているのをよく見かける。しかし，セラピストが複数のメタファーやエクササイズを次々と示していく間，クライエントは，必ずしもセラピストがしていることにいつでも本当の意味でついてこられるわけではない。正しくおこなわれるときのACTは，クライエントと**良い関係を作り**，クライエントに特有のフュージョンや回避の形態を観察してから，そうした形態を弱める効果を持つようにメタファーやエクササイズをカスタマイズすることにほかならない。もちろん，クライエントの経歴，個人的な苦闘，好み，などといったものに基づいてセラピストが新しいメタファーやエクササイズを開発することは，いつでも歓迎される。

嘲笑ではなくユーモアを

　脱フュージョンは，直観に反する感覚で，皮肉，そして矛盾を含んでいることも多い。こうしたことから，脱フュージョン・エクササイズの多くが，ユーモアをうまく利用する（たとえば，困難な思考を面白い声で言うなど）。ユーモアは，脱フュージョン方略に力を与えられる一方で，クライエ

ントが笑われたと感じない方法とタイミングで示されなければならない。困難な思考をからかったり，クライエントがそうした思考を持っていることをからかったりすることがポイントではない。クライエントを，言語と認知の絞め殺すような力から自由にすることが肝心である。人間をとらえる言葉の矛盾には本質的なユーモアがあるが，批判的で嘲笑的な「ユーモア」からは，解放は起こらない。もしも，ユーモラスなコミュニケーションをおこなうべき方法とタイミングにセラピストが自信がなければ，クライエントがこれまで苦闘してきているもののなかから，あまり挑発的ではない問題に取り組むほうが無難だろう。

脱フュージョンのための脱フュージョン

　本章の先のほうで考察したように，フュージョンは，それ自体として悪いわけではない。また，脱フュージョンが常に良いわけでもない。脱フュージョンのターゲットを正しく選ぶことが，トリートメントのはじめの段階では特に重要だということがこの視点からは示唆される。価値づけられたゴールまたは行為が，通常の言語プロセスが過剰に適用されたことによる障壁のために妨げられている文脈のなかで脱フュージョンの手法がいちばんよく機能する。もしも苦痛な思考，感情，記憶，または感覚がとりたてて障壁になっていないようなら，それとのフュージョンを問題視する理由はない。たとえば，仮に，ドメスティックバイオレンスの被害者が再び新しい危険な関係に従事している状態なら，**安全**という単語へのとらわれからの脱フュージョンは，実際にはクライエントにとってむしろ有害となるかもしれない。いずれにしても，何が障壁として作用しているか，そして，そのために脱フュージョンのターゲットとされるかは，内容がポジティブかネガティブかだけに基づいて決めることはできない。**私は偉大**だ，という言葉からの脱フュージョンは，そのポジティブな自己言及が特定のクライエントでレパートリーを狭める機能を持つとしたら，**私は悪い**からの脱フュージョンとまったく同じほどに自由をもたらすかもしれないのである。

前進のサインを読み取るには

　脱フュージョンの取り組みがうまくいっているときには，条件づけられた私的反応（conditioned private reactions）も，それほど強制的に感じられなくなる。神聖にして犯すべからざるものにも見えた「飲酒の欲求」「自殺への衝動」「強迫性の思考」などは，この認識の移行が起きてみれば，以前ほど謎めいてもロマンティックにも感じられなくなる。一般に，クライエントが脱フュージョンのためのスキルを獲得していることを示唆する明らかな指標は，2つある。1つは，クライエントが，問題のある反応を自発的に認識するようになることである。クライエントは，セラピーでのやりとりの途中で立ち止まって，「私は，今，理屈をこねていますね」「たった今，『私が悪い』と自分で考えていたことに気がつきました」などと言うかもしれない。このとき，クライエントは，そうした反応を，反応とフュージョンした人のレベルではなく，むしろ観察者のレベルから注目しているように見える。2つ目の指標は，「部屋に満ちる感じ」である。脱フュージョンされた心理的空間は，より軽やかで，もっと開かれていて，よりあいまいで，リラックスしていて，そして，より柔軟な感じになる。ともあれ，こうした変化が表れるまでには時間がかかるため，脱フュージョンの取り組みを成し遂げるには，セラピストの側に，介入から効果が観察されるまでに時間差があることを考慮するそれなりの余裕が要求される。クライエントが「感じをつかむ」までにはいくらか時間がかかる場合が多いけれども，ひとたびつかむと，セラピーのスピードが上がりやすい。

第10章 アクセプタンス

風はコントロールできない。できるのは，帆を調節することだけだ。

――民間伝承

本章で学ぶこと：
- 体験の回避がどのようにして心理的硬直性（rigidity）につながるか，また，アクセプタンスがどのように心理的柔軟性を促すか
- アクセプタンスを臨床で役立つ強力な道具にしている性質について
- メタファーとエクササイズを使ってウィリングネスを教える方法
- セッション内でエクスポージャーを使ってアクセプタンスを促す方法
- セッション内で促されたアクセプタンスから現実世界でのアクセプタンスへと移行する方法

実践的な概説

「12のステップ」プログラムを実践していくなかで掲げる「平静の祈り（serenity prayer）」は，おそらく誰もが，一度は読んだり聞いたりしたことがあるだろう[訳注1]。

神よ，与えたまえ，変えられないものを受け容れる心の平静を，変え
　　られるものを変える勇気を，そして違いを知るための知恵を。

　この素朴な祈りがこれほど広く知られるのは，それが，日々の生活のなかにおける根本的な難問に対峙させるからであろう。人生が「非道な運命の矢弾」[訳注2]を放ってきたときには，私たちは何をしたらよいのだろうか？　誕生，死，離婚，拒絶，病，そしていかなるコントロールもおよばないその他無数の人生の出来事——こうしたものの痛みに，どのように対処したらよいのだろうか？　活き活きとした人生を生きていく過程で，そうした苦痛に直面したときにどのように進むべきかということは，誰もが，何度でも繰り返し向き合う重要な問いである。平静の祈りは，人生を健やかに生きるためにはある種の「知恵」が必要だ，と伝えている。私たちは，コントロールできることとできないことを学び，それに応じてエネルギーを振り分け直さなければならないのである。コントロールがおよばない事柄がなかにはあるという事実は，認めるのに勇気がいる辛い現実だろう。なぜなら，それを認めると，おそらくそうした事柄によってもたらされる私的影響も「飲み込まなければ」ならない状態で私たちは取り残されるからである。また，コントロールできるときでも，コントロールすることが苦痛な私的内容を生み出す可能性も考えられるので，それを認めることもまた勇気のいる行為である。このように，活き活きとした人生を生きるには，知恵と勇気の両方が必要だということがわかる。ところが，それをどのように実践するかについては，私たちの文化はほとんど何の指針も示さない。

　前の章で考察したように，フュージョンは，回避を「煽り立て」て，アクセプタンスを不可能ではないにしても難しくする。これは，フュージョンが，それらが言い表していることがそれらそのものであるという体験の幻想

訳注1)「平静の祈り (serenity prayer) は，アルコール依存症克服のための組織である「アルコホーリクス・アノニマス（無名のアルコール依存症者たち）」が「12のステップ」プログラムに採用したことで，広く知られるようになった祈りの言葉。
訳注2) シェークスピアの『ハムレット』からの引用で，有名な「生きるか死ぬか，それが問題だ」に続いて出てくる名文句である。

を作り出すからである。フュージョンがあると，感情，思考，イメージ，そして記憶は，モノ的で言語によって接触できるものになってしまう。たとえば感情について考えてみよう。人間として生きるなかで発生するあらゆる私的体験のうちでも，感情は，いちばん濃密に言語的な評価がまとわりついている部類のひとつである。ある意味では，これは理にかなっているともいえる。なぜなら，感情に適用された評価的な用語は，感情に社会習慣上の機能と力を付与して，情動的な対話を通じて私たちのニーズと欲求を他者に伝えられるようにするからである。たとえば，人でいっぱいの部屋に踏み込んで「のどが渇いた」と一言いえば，水を手に入れるための社会的な支援をほとんど即座に発動できるだろう。この感情（emotion）は単語の語源がまさに示唆するとおり，人々を動き出すように仕向けるもので，それにまとわりついた評価は，その動きがどの社会的方向性をとるべきなのかを指示するといえる。ところが，言語的内容とのフュージョンがある状況では，こうした評価は，残念ながら社会的な機能を助けるだけにとどまらない。それは，内面世界との苦闘も促すようになる。なぜなら，その状況では，もしも不安が「悪い」と評価されるなら，不安の感情そのものが排除されるべきだと推測されることになるからである。

　苦痛な内容が表れたとき，私たちは，ひとまず，それに対してどの姿勢をとるかを選ぶ。そのときに，すぐにも「より良い気持ちになる」には，望まない私的出来事から逃げる，それを回避する，あるいはそれを抑制しようとするなどいくつかの方法がある。そのようにして嫌悪的な感情，状況，または相互作用を逃れたときに得られる即座の安堵感は，あまりにも強力な強化子として作用するため，ほとんどすべての人がある程度は体験の回避をするといえる。たとえ長期的な効果が目を背けたくなるようなものだったとしても，人間の行動は，やはり直後の随伴性に支配されるのである。体験の回避は，まさにこの種の行動的トラップのとてもわかりやすい例だといえる。

回避の影響

　体験の回避には，注目すべき3つのコストが伴う。第一に，今の瞬間が自

分の（今まで生きてきた人生の）歴史とどのようにつながるかの認識との接触を弱めると，体験的な知性も弱めることになる。自分の歴史とのつながりを保っている状態は，自分自身の行為をより意味づけられたものにして，何が機能していて何がしていないのかを読み取ることのできる文脈を作り出す。たとえば，性的または身体的な虐待を受けた歴史を持つ人にとって，虐待の記憶を呼び起こす状況で神経質になるのは必ずしも機能的に**悪い**ことではない。適切に扱われると，そうした神経質さは，さらなる虐待を回避する主な方法となるし，また，他者との間に信頼できて敬意を払える関係を持つことをどれほど深く価値づけているかをその人自身が認識する方法にもなる。当然そうした感情は問題にもなる。たとえば，その人は，健全な親密さに対しても不安を感じるかもしれない。しかし，こうした感情を取り除いたりそれから逃れたりしようとすると，一方ではまた新たな虐待的関係に入り込むリスクを，他方で意味深い人間関係を結べなくなるリスクを，それぞれ冒すことになる。矛盾したことに，こうした感情は，内容として強調され過ぎたとたんに，行動のための賢明な指針としてはもはや使えなくなるのである。

　回避に伴う第二のコストは，回避に従事していることを，自分でさえ認識しないようになるかもしれない点である。それはつまり，本当に回避を望んでいるのかどうかを自分自身で検討する機会を失うことを意味する。この機能不全がどれほど重くなりうるかについては，重篤なトラウマの歴史や解離的な対処行動を持つクライエントなどはその一例に過ぎない。結果として，私たちは人生をあまり自発的にコントロールできなくなり，人生がそれほど自由ではなくなるといえる。

　最後に，回避は，よりポジティブで価値づけられたパターンに向けて行動を進化させるのを妨げるため，実生活にも二次的なダメージをもたらす。感情を回避することで特定の行為や状況を回避することになる。ところが，ほとんどの場合に，成長，また価値に基づいた人生には回避することになった行為が必要となるため，そこへ向かうと回避した状況に再び出あうことになる。

回避に代わるものとしてのアクセプタンス

　ACTでいうアクセプタンスは，刻々と変化していく**体験**に対して，**意図的に開かれていて，受容的で，柔軟な，そして批判的ではない姿勢**を自発的にとることを意味する。すなわち，アクセプタンスは，苦痛な私的体験，状況，出来事，あるいはそうしたものを引き起こすと思われる相互作用と接触することへの「ウィリングネス」によって支えられているといえる。

　アクセプタンスは，自己没頭（self-absorption）と混同されてはいけない。つまり，心理的体験に対してオープンな姿勢をとることが，それ自体として最終目標なのではない。何もしないで朝から晩までただ自分の感情を感じたり，感覚を覚えたりすることで心理的な健康が達成されるものではない。また，何もかもを手放して，意識のなかを去来するすべての記憶を詳細に覚えていることでもない。ACTの実践家が意味する意味でのアクセプタンスは，**柔軟で積極的**な性質のもので，心理的出来事が──高まったときでさえ──刻々と注目されて観察され，そして理にかなっているときにはそうした出来事が行動に関与できるようにするものである。

　アクセプタンスの用語は，ときおり健全でない意味を含んで使われる場合がある。実際に，他者に対するある種の武器のようにして使われかねない（「とにかくもう少し大人になって，アクセプトしなければ！」）。このように使われると，**アクセプタンス**は，乗り切る，耐える，辞退する，または状況をがまんする，といった意味になる。つまり，アクセプタンスも，受動的な形態で使われると必ずしも健康面でポジティブなアウトカムを見込めるわけではないのである[42]。また，**アクセプタンス**は，何かを欲しがったり好んだりすること，何かがここにあってくれればと願うこと，あるいは何かが公平，正しい，正当だと判断することを意味するのではない。変えられる状況を変えないままにしておくことを意味するのでもない。それが意味するのは，自ら選んで，今の瞬間のなかで，体験をありのままに受け止めることである。ACTの著者のなかには，この性質を特に強調するために，**アクセプタンス**の代わりに**エンハンスメント**という用語を使ってきた人もいる[88]。エンハンスメントは，心理的に自己に寄り添って立ち，体験のレベルでは

「今,この瞬間」に起きていることを何でも受け止めることを意味する。

　平静の祈りが示唆するように,変えられる状況もあるけれども,変えようとする試みが逆効果となる状況も同じくらいある。苦悩が起きやすいのは,人々が,状況がどちらなのかを混乱しているか,困難な体験を受け止めなければならないときでも使うことのできるアクセプタンス・スキルを学んでいないか,あるいはその両方の場合である。祈りが伝えていないのは,たとえ**出来事**が**変えられる**ときでも,そうすることによって**変えられない**出来事になる,という点である。たとえば,行動を変化させることはいつでも可能だけれども,新しい行動は,心地よくなかったり,ぎこちなかったり,または自分自身の弱みや過去の痛みを思い出させたりする場合も多い。個人の歴史はまだ書かれていない部分を除いて変えられないし,自発的な感情,思考,記憶,感覚などはゆっくりとしか変化しないため,変化そのものを最後まで成し遂げるためにもアクセプタンス・スキルは必要である。

アクセプタンスは現在進行形のプロセス

　アクセプタンスの重要な特性は,それが継続的に進行する自発的なプロセスだということである。それは,決して同じ状態でとどまらない。アクセプタンスは,人生に対してオープンな姿勢で臨むことの一環だけれども,全般的な姿勢のためには瞬間瞬間を生きる必要がある。そのため,アクセプタンスは,アクセプタンスそのものが高くなったり低くなったりすることをアクセプトすることを含むといえる。このような特性から,私たちはアクセプタンスに関して,上達することはできても,決して完璧にはならないといえるだろう。

アクセプタンスは妥協することではない

　アクセプタンスの用語に含まれる残念な意味あいのひとつに,辞退,あるいは屈服がある。実際には,逆こそが正しいといえる。「今,この瞬間」を受け止めて,変化のプロセスで起きる事柄をアクセプトすることで,むしろ

力を得るのである。たとえば，ドメスティック・バイオレンスの状況に置かれた妻について考えてみよう。この状況では，アクセプタンスはとても妥当だといえるけれども，それは虐待をアクセプトすることを意味するのではない。そうではなくて，それは，もしも何もなされなければ虐待はいつまでも続く可能性が高い，という辛い事実をアクセプトすることを意味するかもしれない。または，虐待が情動に与える有害な影響や，価値を感じる親密さと現実との間の辛いギャップなどを認めることを意味するかもしれない。あるいは，機能しない人間関係を終わらせるか根本的に変えるプロセスの一部として，恐ろしい思考に向き合うことを意味するかもしれない。いずれにしても，それは，あきらめることは意味しない。

アクセプタンスは失敗ではない

　アクセプタンスは，個人的な失敗を認めることではない。むしろ，特定の方略について，それが機能しなかった，または機能できないと認めることである。メタファー的に表現するなら，**アクセプタンス**は，穴から出るための方法として掘る行為は放棄することだといえる。また，**アクセプタンスと有効性**（workability）は，密接な同盟関係にあるといえる。人生の有効性が落ちているときには機能しない方略を放棄することは必要な第一歩だけれども，放棄するという行動をとることは，体験が私たちにずっと伝えている，人生に対する今の私たちのアプローチは機能していないということをアクセプトすることを意味する。

アクセプタンスは耐えることではない

　アクセプタンスは，ただ単に現状を耐え忍ぶことではない。耐えることは，体験そのものに本当に開かれずに，特定の量の苦痛を一定期間許容されることによって多くの場合はその他に価値のある他のものと引き換えるという条件的な姿勢である。ほとんどの人が，歯を治療してもらうときにこの種の忍耐を実践している。アクセプタンスは，もっと能動的な姿勢で，受動的

ではない。それは，何であれそこにある感情を感じることには意味がある，と示唆している。

アクセプタンスはテクニックではなく機能である

　心理的柔軟性のどのプロセスについてもいえるように，アクセプタンスも，技法ではなく機能的なプロセスである。セラピストは，ドアを，そっと，根気よく開いたままで維持して，クライエントが私的体験とより直接的に接触できるようにしているといえる。手法は大切だけれども，手法がクライエントから自発的に生まれてくることのほうが重要である。ACTセラピストは，クライエントに対して，しばらくの間ただ黙って座ったままでいて，特定の感情のための余地を広げるように，と伝えるかもしれない。何をしたいと感じるかについても尋ねるかもしれない。クライエントにとっては見つめるのが辛い事柄に対して，姿勢を開くようにと伝えるかもしれない。あるいは，セッションのなかでさらに多くの苦痛が表れてきたときに，微笑んでうなずくかもしれない。こうした相互作用は，技法として見る限り，あまりうまく機能するものではない。クライエントとのこうしたやりとりが効果を発揮するのは，持続する，わかりやすく，敬意に満ちた自然な開放的な雰囲気のなかである。蛇への恐怖症のあるクライエントの膝の上に蛇を投げ込むことも，実際に効果的かもしれない！　同時に，アクセプタンスの取り組みは，予期しない形で防御を剝ぎ取ることでも，1分あたりどれだけの涙を流したかによって測ることでもない。むしろ，アクセプタンスは（しばしばとてもゆっくりとした）学習のプロセスで，クライエントが「今，この瞬間」にあるものを本当の意味で開かれた仕方で体験しやすくすることだといえる。

アクセプタンスはセラピストにも当てはまる

　アクセプタンスの姿勢を身につけることは，クライエントと同様に，セラピストにとっても重要である。そうでなければ，アクセプタンスが自然で効

果的となるはずはない。セラピストが条件的にしかアクセプトしていない状態では，クライエントが，いちばん脅威となる個人的な内容を持ち出すことはまずない。クライエントのこの反応は，セラピスト自身が心理的苦痛を体験する状況を防ぐかもしれないけれども，クライエントとセラピストが一緒に取り組むための舞台となるはずのアクセプトされた空間を狭めることになる。とはいえ，それは，ACTセラピストがアクセプタンスの「王者」にならなければならないことを意味するわけではない。むしろ，それは，「セラピストも同じように取り組んでいるのだ」ということ，また，クライエントがしていることに興味を持つのに役立つのであれば，セラピスト自身の経験を進んで開示することを意味する。

アクセプタンスは溺れることではなく，価値に基づいた選択である

　アクセプタンスは「すべき」という問題ではない。アクセプタンスが欠如すると何かしらの結果が伴うけれども，アクセプトしたからといって何かが保障されているわけではない。そのため，アクセプトするためには，個人的な価値だけを拠り所にしたある種の飛躍がなければならない。価値に基づいて，今展開するもののなかに飛び込むこと，またそれが展開しているときに飛び込むことが必要となるのである。アクセプタンスでは，自分の感情をただそのまま感じることがそれ自体として最終目標なのではない。それ自体を最終目標にするのは，溺れているのに過ぎない。むしろ，クライエントは，価値づけられた人生を生きるプロセスで起きる事柄を，感じ，考え，感覚し，あるいは記憶するようにと，人生そのものから要請されているといえる。そうした要請を満たすためには，「価値に基づいた選択」として採用された行動的ウィリングネスとアクセプタンス・スキルが必要になる。

臨床的な応用

　セラピーに来るクライエントたちは，アクセプタンス基盤の概念に関し

て，実に幅広い経歴を持っている。そうした以前の経験については，ささいなことでも情報を集めて，セラピーのなかで活用できそうなものがないかどうかを探るのは有用である。以前に瞑想を実践したことのある人，自助本を読んだ人，「手放して，すべてをまかせ」た人，そして，注意を極度に集中しなければならないような競技スポーツに打ち込んだ人など。もしも，クライエントが5年前に禁煙に成功していれば，そのときに喫煙したい衝動を抑制するために何をしたのかを探り出して，今日でもその方法が使えるかどうかを検討するとよい。クライエントが過去に苦しい離婚を経験しているなら，そのときにあったはずの悲嘆，喪失，そして遺棄といったことの感覚をどのように扱ったのかを聞き出すのも重要である。このように考察していくと，クライエントがどれほど「アクセプトする用意ができている」と見込まれるかについて，重要な手がかりが得られるだろう。さらに，「言語的タグ」もいくつか得られるかもしれない。こうしたタグは，ある種のメタファーで，過去に起きた何かをアクセプトしようとする努力を描写するときにクライエントが使う表現である。熟練したセラピストは，これらのタグを，ACTに一貫した要素を指し示すように巧みにセラピーに組み入れて，クライエントが直面している現在の問題に適用していく。クライエントが過去に有用だと見出しているアクセプタンス手法を使うほうが簡単である。クライエントがどれほどアクセプタンスの概念に慣れ親しんでいるか，または慣れていないかに関しては，セラピストが「ACTの耳」で聞いていると，おおよその目途をつけられるようになる。

　臨床での取り組みの非常に早い段階では，役立たない苦闘を手放すのも可能な選択肢のひとつだ，という考えにクライエントを曝すことが有用である。一般に，この段階では，創造的絶望を全面的に導入する必要はまだない。ほとんどのケースで出発点は，クライエントが，それまでのアプローチが機能しない事実と体験的に接触して，それをあきらめるという選択肢について考えはじめることである。第6章で**「穴のなかの人」**メタファーを使ったときに考察したように，大事にしている方略が失敗にしか結びつかないことを認識する能力は，実際にはアクセプタンスの動きだといえる。アクセプタンスを表す別なメタファーの**「モンスターとの綱引き」**は，広場恐怖症に

苦しんでいたある勇敢なクライエントによって生み出された。彼女は，20年来のパニックとの苦闘を捨てて，日ごろからやりたいと思っていたこと（ビジネスをはじめる，学校へ通う，破滅的な結婚生活を終える）をすべてやりながらまさに生きはじめた。彼女が，これらの変容を成し遂げられるようになったのは，不安の感情を，正当な構成要素として自分の人生に取り込むことによってだった。彼女は，自らの突破を次のように描写した。

「私は，モンスターと綱引きをしていることに気がつきました。大きくて，醜くて，とても強いモンスターです。私とモンスターとの間には，穴が開いていて，少なくとも私が見た限りでは底なしでした。もしも綱引きに負けたらこの穴のなかに落ちて破滅する，と考えました。だから，引っ張って，引っ張って，でも私が強く引けば引くほど，モンスターももっと強く引き返してくるようでした。穴のほうに，じりじりと引き寄せられているような気がしました。そのとき，セラピーを通じて，私がしなければならないのは綱引きに勝つことではないと気がつきました……しなければならないのは，綱から手を放すことだったのです」

「綱から手を放す」は，アクセプタンスのプロセスのはじめ方を表すのにぴったりのメタファーだといえる。このメタファーを聞いた後で，「それはどうやってするのですか？」とクライエントが尋ねることもあるだろう。そうした場合には，「穴のなかの人」のときと同じように，直接的に答えないのがよい。そのかわり，セラピストは以下のように答えるとよいだろう——「まあ，それについては今の時点では何と答えるべきかがわかりません。でも，はじめのステップとしては，その綱を持っている限り他には何も試せない点を認識することでしょう」。

このメタファーや他のアクセプタンスのメタファーに対してクライエントがどう反応するか次第で，場合によっては，それらをACTのセッションで使う用語として利用できる。たとえば，クライエントが新しい苦闘を持ち込んできたときには，セラピストは，それを「掘る作業」と描写してもよいだ

ろう。また，もしもクライエントが新しい困難に直面していたら，「綱から手を放す機会」として話題にしてもよい。こうしたメタファーを使うと，言語ルールによって硬直的に維持された行為がどのような結果に結びついていくかが，クライエントにもわかりやすくなる。もしも状況によく当てはまるメタファーをクライエント自身が生み出したら，賢明なACTセラピストなら，それをそのまま利用して，一緒におこなう取り組みにうまく統合していく。

コントロールに代わるものとしてのウィリングネス

クライエントは「コントロールして排除する」アジェンダに代わるものが必要となる。ウィリングネスとアクセプタンスがそれに当たるといえる。ウィリングネスは，クライエントが，価値に基づいて自ら選んで，不快な思考，感情，記憶，感覚，または恐ろしい状況や恐ろしい内容に自分自身を曝すことである。クライエントが彼らの価値に気づいて，回避がいかに価値づけられた行為をさまたげているか気づくようになるにつれて，クライエントは進んでこのような選択をするようになる。ウィリングネスは，アクセプタンスのための前提条件だといえる。言い換えるなら，ウィリングネスがあるからこそ，私たちは望まない体験の前にも立てるようになる。そして，アクセプタンスは，私たちがその体験に対してとる振る舞いである。以下は，第6章ではじめて紹介した性的虐待のサバイバーとの対話である。彼女は，ボーイフレンドと親密になりそうになったときに強い不安を感じて，部屋から立ち去ることでその感情を回避している。先の対話で，セラピストは，回避することで失うと思われるもののコストを引き出して示すと同時に，彼女が不安のない状態よりもボーイフレンドとの関係を保つほうをより重く価値づけることを明らかにしている。

セラピスト：先に，あなたは，怖気づきはじめたときにはベッドルームから立ち去る代わりに何ができるのか，について尋ねましたね。あなたがこれまで使ってきた方略は，状況を逃れて，恐怖と不安をコントロール

しようとすることでした。もしも不安から逃げるのがひとつの方略なら，それに代わるものは，不安とそのまま一緒に居続けることかもしれません。

クライエント：ベッドルームにそのまま居続けて，自分がものすごく怒っているのをただ眺める，ってことですか？

セラピスト：なんと，あなたのマインドにお礼を言わなければ。そのように考えたのはすばらしいことです！　次のことを考えてみてください。不安を感じはじめてもベッドルームに留まり続けると自分がどうなるかについては，直接的な体験は**何一つありません**ね？　あるのは，あなたのマインドが「気が狂ってしまうぞ」と伝えてきている状況だけです。

クライエント：ええ，そこに居続けようとしたことは一度もありません。あまりにも，強烈すぎるのです。

セラピスト：では，ここにあなたの苦境があります。あなたがベッドルームに居続けようとしなければ，いったいどうやって恐怖を扱うための他の方法を発見できるでしょうか？　逃げ出すときにあなたが学んでいるのは，もっと上手に走る方法だけです。つまり，不安から1秒でも長く離れていられるためにジグザグに走ることくらいです。でも，不安と恐怖から逃げていられるのも長くないのは明らかです。それは後ろから追い詰めてきます。

クライエント：つまり，不安と恐怖を取り除くために私が取れるただ一つの方法は，ベッドルームに居続けることだと，おっしゃっているのですか？

セラピスト：そこに居続けたときに，あなたの不安とフラッシュバックと恐怖がどうなるかについては，私には何ともわかりません。ますます強くなりさえするかもしれません。そんなことは誰にわかるでしょう？ベッドルームに居続ける行動のポイントは，こうしたものを排除することではないのです。これらを排除しようとすることはベッドルームから立ち去ることでしようとしていたことと同じです。ただし，予想されるところでは，もしも，あなたがベッドルームに居続けるのが不安と恐怖を打ち負かして排除しようとする意図によるものなら，その方法はうま

くいかないでしょう。

クライエント：では，そうすることでたくさんの苦痛以外に，何が得られるのでしょうか？

セラピスト：それこそが，私たちが足を踏み入れている不思議な循環です。不安と恐怖と一緒にいようとしなければ，それとただ一緒に居続けるのがどのような気持ちなのかを知ることができません。このようにして不安や恐怖はあなたを脅してこれまでの何年間もの期間と同じ状態を続けさせます。どちらの道筋をたどりたいですか？　不安に振り回されて，人生で大切な事柄を逃してしまうほうですか？　それとも，実際にその場面になったときに自分が何をするかは定かではないけれども，ひとまず不安と一緒に居続けることでチャンスにかけてみるか？

クライエント：何か違うことを試さないといけないのですね，そんなことはしたいとは思わないけど！

セラピスト：では，実験をしてみませんか？　この次にベッドルームでボーイフレンドが親密にしようとしてきて，自分で不安な気持ちが表れたのに気がついたら，2分間だけそのままで居続けようとしていられますか？　その2分の間は，ただ，なるべくそのままでいてほしいのです。不安が何をしようともコントロールしようとしないで，あなたにはそれをただ観察してほしいのです。実際にどんな感じがするかを，みてください。好奇心を持って！　そして，2分が経って，必要であれば，絶叫する泣き女のごとくベッドルームから走り出してかまいません。または，不安がある状態にそのままもっと長く居続けることを選んでもかまいません。

クライエント：たった2分ね？　それほど長くないですね。やってみようと思います。

このやりとりのなかで，セラピストの提案は，従来からいわれるエクスポージャーの効果（不安の軽減）を得られるように設計されているわけではない。ここでの目的は，感情を体験するときにそれをコントロールしようとしないこと，また感情を体験しながらもそれに対して新しい様式で（たとえ

ば好奇心を持って）反応してみることである。この主題については，第12章でさらに詳しく見ていく。アクセプタンスのエクササイズの継続時間については特に何のルールもないけれども，短くはじめるのは理にかなっているだろう。肝心な点は，表れてくるかもしれない感覚や思考に対してクライエントがオープンになるのを助けることである。

　ウィリングネスを用いて選ばれた価値と一貫する行為を促進していくことは，ACTの中心的なゴールである。行動的ウィリングネスには，その行動を選ばれた行為という特有の形態にする性質がいくらかある。

ウィリングネスは欲することではない

　ときおり，クライエントがウィリングネスと欲することを混同している場合がある。ウィリングネスかどうかを尋ねる質問に対して，クライエントが，「いいえ，そんな経験は本当に欲しくありません」と答えるのはめずらしくない。しかし，この混同は治療上好ましくない。**欲する**は，何かが「欠乏していて克服されなければならない」ことを意味するもので（たとえば「彼は食料を欲して亡くなった」），なるほど，パニック，衝動，抑うつなどがないのを惜しむ人はいないだろう。とはいえ，問題はその点ではない。ときに，クライエントが，ウィリングネスを差し控えて状況を十分長く回避し続ければ恐ろしい内容はやがて自然に消える，という考えに欺かれている場合がある。以前に，あるACTのクライエントがこのことを次のように話した——「私は，かつては，それに人生がかかっているとでもいうかのようにウィリングネスにならないようにしていました。抵抗していれば，神様か誰かが助けてくれると考えていたのです。まるで，真実の理か，他の何かの力が，私が苦しんでいることに配慮して苦痛を取り除いてくれると信じているようなものでした。でも，ついに，ウィリングネスでなければたった一つのことしか起こらないけれども，ウィリングネスであればたくさんのことが起こりうるのだと理解しました。ですので，今では，私は，人生がかかっているとでもいうかのようにウィリングネスです。というのも，体験が，**実際に人生がかかっている**と伝えてきているのです！」

メタファーは，人生の特定の状況で何の内容が表れるか，またはそれがどのように表れるかについて，クライエントには選ぶ自由がない点をとても効果的に伝える方法である。「**ホームレスのジョー**」のメタファーは，それを体験的に伝える。

「あなたが，新しい家を手に入れたものと想像してください。あなたは，近所の人々全員を，お披露目パーティーに招待します。近隣に住む全員が招待されています。スーパーマーケットにまで案内を張り出しました。さて，近隣の人たちが訪れて，パーティーは上々に盛り上がっていて，そこへ，ジョーがやってきます。スーパーマーケットの裏のゴミ置き場に住むジョーです。彼は，汚いし，臭うので，あなたは考えます。『なんてこと，なんで**彼**が現れたんだ！』。でも，あなたは『誰でも歓迎します』と案内に書いたのです。彼がそこにいる状況を嬉しいと思わなくても，あなたには，本当に，全面的に彼を歓迎できることが可能だと理解できますか？　たとえ彼のことを快く思っていなくても，あなたは彼を歓迎できるのです。彼を好きになる必要はありません。彼の臭いや，ライフスタイル，または着ているものなどを好きになる必要もありません。ドリンクのポンチやサンドウィッチの盛り合わせにむさぼりつく様子を見て，何とも恥ずかしいと感じるかもしれません。それでも，彼に対してあなたが持つ意見や評価は，彼をあなたの家にゲストとして迎え入れることへのウィリングネスとは，まったく別物です。

さて，また別な方法として，あなたは，全員を歓迎すると言ったものの現実には彼は歓迎**されない**，と決意できるかもしれません。でも，そうしたとたんに，パーティーが変わります。今や，あなたは家の前に立って，彼がまた入ってこないように玄関を見張っていなければなりません。または，『けっこうです。あなたを歓迎します』と言ったものの，本心からではなかったとしら。たとえば台所から一歩も出ないで，他の客たちに混じることがない限りにおいて歓迎だ，という意味だったとしたら，あなたは常に彼が台所にいるようにしなければならなくなって，パーティー全体がそれに尽きることになります。その間も，人生の

時間は流れ，パーティーは続き，そしてあなたはジョーを見張るのに専念しています。これでは，人生を高められません。ちっともパーティーらしくありません。忙し過ぎます！　もしも，あなたの好まない感情，記憶，思考といったもので内面に表れてくる私的体験のすべてが，どれもあなたの家の玄関に次々と現れるホームレスだったとしたらどうでしょう？　つまり，問題は次のとおりです。彼らに対して，どのような態度をとりますか？　彼らは歓迎されますか？　彼らが来た事実を快く思っていなくても，彼らを歓迎することを選べますか？　もしも選べないとしたら，パーティーはどのような感じになるでしょうか？」

このメタファーは，ウィリングネスの根底にある幻想の2つの中心的な特徴を明らかにしている。1つ目は，もしも招待されて**かつ望まれた**客だけがパーティーへ来たとしたら人生はすばらしくなる，というもの。2つ目は，来てほしくない客は歓迎しないと選択すれば何らかの形でマインドの平穏が促されるはずだ，というもの。しかし，現実には，逆になる。実際は，ほとんどのクライエントが気づいたことに，1つの反応がパーティーに加わるのを食い止めようと懸命に努力すると，他の好ましくない反応，つまりACTセラピストが「ホームレスの仲良し」と呼ぶものがすぐ後からついてくるのである。

ウィリングネスは「全か無か」の性質を持つ

クライエントは，ウィリングネスを，順を追って段階的に達成できるのではないかと，考えるかもしれない。ところが，「ウィリングネス」は，規模についてはさまざまなものがありうるけれども，**性質**のほうは常に変わらない。ウィリングネスは「全体としての行為」だといえて，「**ジャンプ**」のエクササイズはその点をよく伝える。

「ウィリングネスは，ジャンプすることに似ています。私たちは，いろんなものの上からジャンプできます。［セラピストは本を床に置い

て，その上に立ち，そしてジャンプして降りてみせる〕注目していただきたいのは，ジャンプの性質が，身体を宙に置いて，後は重力に任せることだという点です。2段階ではジャンプしません。たとえば，本の端からつま先を伸ばして床を触ることもできますが，それはジャンプではありませんね！〔セラピストは，本の上に立ったままで，*片方のつま先を床に下ろしてみせる*〕ですので，この小さな本からジャンプするときも，やはりきちんとジャンプをするのです。そして，そのときのジャンプも，もっと高いところからのジャンプと同じ行為なのです。〔*セラピストは，椅子に上って，そこからジャンプしてみせる*〕さて，これもジャンプですね？ 同じ性質ですね？ 私は自分を空中に置いて，後の仕事は重力がしてくれます。でも，注目してください，ここからでは，それほどうまくつま先を下ろすことができません。〔*セラピストはもう一度椅子に上って，不器用につま先で地面を触ろうとする*〕さて，もしも私がこの建物の上からジャンプしたとしたら，それも同じ性質の行為になるはずです。ジャンプそのものは同じです。違っているのは，文脈だけです。それなのに，建物の上からでは，片方のつま先を下ろすことはできません。禅には，次のような言い伝えがあります，『深淵は二歩では越えられない（You can't cross a canyon in two steps）』。ウィリングネスもそれに似ています。ウィリングネスは，文脈や状況を限定する方法でならば制限できます。つまり，ジャンプの規模は選べるという部分です。できないのは，行為の性質を限定して，なおかつ機能するようにすることです。つま先を先に地面につけるのは，どうにもジャンプとはいえないのです。ここでは，私たちはジャンプの仕方を学ばなければなりません。その際に小さくはじめることはできますが，最初からジャンプになっていない限り，根本的に有用なことは何一つしていない状況になってしまいます。ですので，このエクササイズは，心地よくなる方法を学ぶものでも，歯ぎしりするものでも，あるいは徐々に習慣を変えようとするものでもありません。このエクササイズは，ウィリングネスの姿勢を学ぶものなのです」

ウィリングネスは状況の規模によってしか安全に限定されない

　ウィリングネスであるために英雄的な行為が必要なわけではないとあらかじめ伝えられたとしても，「モンスター」を部屋に入れるという考えは，どんなものもクライエントにとってはやはり恐ろしいだろう。行為と反応の馴染みのパターンを手放すとどんなことが起きるかをクライエントたちは知らない。そのため，彼らは，ウィリングネスの価値を理解しつつも，なんとかしてリスクを限定しておきたいと考えるかもしれない。たとえば，広場恐怖症のあるクライエントなら，「心臓がドキドキするのは我慢しようとウィリングネスを保てますが，めまいや吐き気を感じはじめたら，その場から離れます」と言うかもしれない。ウィリングネスを安全に制限する方法はたしかにあるけれども，その目的で一般にとられる行為のほとんどは，むしろ有害である。ウィリングネスは，その性質を変えてしまうと，本当の意味で受け止める（embrace）ことができない。なぜなら，性質を変えると，それはウィリングネスをただ単に制限しているのではなく，破壊していることになるからである。ウィリングネスを安全に制限できるのは，時間と状況の側面だけである。性的虐待のサバイバーとの対話で先に紹介したもののなかで，セラピストは，ベッドルームで過ごす時間を限定するのを許す一方で，同時に，指定された2分の間は全面的に開かれて関心を持つようにと具体的に求めている。同じように，パニック障害のあるクライエントなら，ウィリングネスとアクセプタンスを練習するにあたって，ショッピングセンターへの大旅行を企画する前に，近所のコンビニエンスストアへ出かける状況からはじめてもよいだろう。制限できないのは，ウィリングネスの性質である。半分だけウィリングネスになるのは，半分だけ妊娠するようなもので，どうにも無理なのである。

ウィリングネスでないことのコスト
――きれいな痛みと,きたない痛み

痛みにはきれいなものときたないものがあり,この2つを区別することは重要である。**きれいな痛みは,人生のなかで起きる実際の問題への反応として私たちが感じる元来の不快さである**。それは必ずしも気分の良いものではないけれども,結局のところは通常で,自然で,健全な体験である。それとは対照的に,**きたない痛みは,きれいな痛みをコントロール,排除,または回避しようとして不必要にもがくなかで感じる痛みである**。ほとんどの人が,習慣的に巻き込まれるようになったきたない痛みからどうにかして離れられる選択肢を与えられたなら,きれいな痛みだけを感じている状態に喜んで戻りたいと思っている。残念ながら,その願いには,そもそものはじめにきたない苦痛へとつながったプロセスが含まれている。以下の対話のなかで,セラピストは,性的虐待のサバイバーと一緒に2つの痛みの違いを探っていく。

セラピスト:あなたが置かれた状況をまた別な方法で指摘して,それがあなたにとって筋が通っているかどうかを見てみたいと思います。私が話すことの筋が通っていないようなら,そのように言ってもらえれば,おしゃべりをやめます。つまり,あなたには,叔父からの性的虐待の犠牲になった歴史があります。その行為は,大人が子どもにすることとしてはまったく卑劣としか言いようのないものです。ひどい仕打ちで,あなたに傷をいくらか残しました。あなたは,どの男性との間でも,信頼や親密さの問題が浮上するととても不安になります。そして,不安になるとフラッシュバックを体験します。あいまいな社会的状況では,あなたと同じ経歴の持ち主で正気の人なら誰もがそうなるように,あなたも神経質になります。ところで,こうした感情体験は間違いなく不快ですが,それらは,不健全でも,あなたを損なうものでもありません。それらは,そのとおりのものです。ですので,こうした反応のグループを,きれいな痛みと呼びましょう。つまり,それらは性的虐待のサバイバー

たちが経験するごく普通の感情反応だという意味です。これは，あなたにとって，筋が通っていますか？

クライエント：ええ……でも，何が狙いですか？

セラピスト：そうですね，どうやら，考慮しなければならない感情反応が2セットあるようです。ひとつは，あなたが感じているきれいな痛みですね。そして，もうひとつは，痛みを管理しようとしてあなたがおこなっていることです。後者の反応グループは，痛みに対するあなた自身の評価を含みます。たとえば，あなたが持っている思考のひとつは，不安の感情があるのはあなたが男性と親密な関係になるには不安定すぎることを証明している，というものですね。また別な思考は，性行為の途中にフラッシュバックがある限りボーイフレンドと親密になれない，と伝えてきます。さらに別な思考は，パートナーと一緒に本当の意味で今の瞬間のなかにいることよりも，不安をコントロールするほうが重要だ，というものです。他にも，社会的状況で心配を体験したくない，不安がいかに友情を台無しにしているか，などといったことについての評価があります。こうした反応を全体として眺めてみると，あなたの不安と恐れやすさの全体的なレベルに対して，それがどのような影響をおよぼしていると思いますか？

クライエント：もっとずっと悪くしています。

セラピスト：では，この反応グループを「きたない痛み」と呼びましょう。なぜなら，それらはあなたの苦痛のレベルを高めますが，経験した性的虐待から直接的に持ってきたオリジナルの反応の一部ではないからです。別な言い方をすると，あなたは，オリジナルのきれいな痛みの上に，きたない痛みを上乗せしているのです。筋は通っていますか？

クライエント：つまり，心配になるという私の反応も，問題だと言っているのですか？

セラピスト：まあ，それが問題かどうかは，これから見ていきましょう。この紙切れに大きな円を描きましたので，次のことをしていただけませんか？（クライエントに円を描いた紙とペンを渡す）その円が，あなたが，今，人生で経験している痛みのすべてを表しているものと考えてく

ださい。そして，きれいな痛みから来ている苦痛の割合を，丸いパイを切り分けるようにして示してほしいのです。図のなかにパーセントの目盛をつけてもかまいません。円全体が苦悩の 100 点分だとしたら，そのうちの何点がきれいな痛みからきているでしょうか？

クライエント：50％くらいじゃないかと思います。フラッシュバックや悪夢はちっとも楽しいものではないし，いろんな状況のなかで安全ではないと頻繁に感じているのは情動的にとても苦しいですから。

セラピスト：なるほど。では，フラッシュバックと悪夢についての評価もいくらかあって，それらは実際にはきたない苦しみのグループの一部かもしれません。でも，ひとまずきれいなほうのグループにそのまま入れておきましょう。私が正しく理解できていれば，あなたは，きたない事柄のほうへは，現時点での苦しみの原因の 50％を割り当てるので間違いないですか？

クライエント：そのとおりです。こうした事柄のだいたい半分が，トラウマそのものではなくてトラウマの体験に反応して起きることです。

セラピスト：なるほど。ここで，提案があります。あなたの苦悩のレベルを半分に減らす方法があるとお伝えしたらいかがですか？　興味はありますか？

クライエント：まあ！　半分に。そういうふうに考えたことはありませんでした。

セラピスト：取引の要素としては，苦悩を半分にしたければ，きれいな痛みを，そのとおりのものとして受け容れることにウィリングネスでなければなりません。あなたの評価が伝えてくるものとして受け取るのではだめなのです。あなたは，きれいな痛みそのものに対しては，一切コントロールできません。でも，きれいな痛みを，きたない痛みと混ぜ合わせるかどうかについては，コントロールできます。ちょうど，2 つの大きなダイヤルがついた，音楽用の音量調節機を操作しているような感じです。左側のダイヤルには，「個人史」とラベルがついていて，特定のレベルに固定されています。まったく回せません。右側のダイヤルは，「個人史をありのままに受け容れるウィリングネス」とラベルづけされ

ていて，こちらはダイヤルを回して高くしたり低くしたりできます。ウィリングネスのレベルを下げる方向へダイヤルを回すと，きたない痛みが高まります。ところが，ウィリングネスのレベルを高く設定すると，きたない痛みのレベルは下がります。これまで，あなたは左側の個人史のダイヤルを回そうとしてエネルギーを投入してきました。そして，そうしている間は，調節**できる**2番目の設定があることを，忘れていたのです。

　この種の考察をフォローアップするために，セラピストが何らかのホームワークを出す場合が多い。たとえば，「**ウィリングネス-苦悩-活力**」のエクササイズがある。このエクササイズでは，クライエントは，ウィリングネス，苦悩，そして活力のレベルについて，毎日の評価をつける。このときに，ウィリングネスのレベルを高めるきっかけになったと思える自発的な行為については，些細なものも含めてすべてメモしておくように指示すると役立つ場合が多い。そうしておけば，セラピストは，こうしたウィリングネスを生み出す行為（音楽を聴く，絵を描く，祈りを朗読するなど）をクライエントの日常のライフスタイルに組み込みはじめられる。

　クライエントがアクセプトできないでいる内容を，セラピーの場へ持ち込むことがウィリングネスとアクセプタンスを促す強力な方法のひとつである。苦痛な私的体験をあえて刺激し，クライエントをそうした体験から脱フュージョンさせ，そしてそうした体験のための余地をクライエント自身のなかに作り出すことが目的である。不快さを刺激するのに役立つなら，セラピストとクライエントがセラピールームの外の環境まで出かけてもよいだろう。たとえば，広場恐怖症のあるクライエントなら，近くのショッピングセンターでセラピストと落ち合ってもよい。強迫性障害の症状のあるクライエントなら，セラピストとの面会の場所を自宅に設定して，ためこんだゴミをかき分けてみることもできる。また，代替として，困難な感情を引き出す小道具（手紙や写真など）をセッションへ持ってきて，直接的なエクスポージャーを促す方法もある。この種のエクササイズには，矛盾が組み込まれているといえる。一方で，クライエントは，恐れている経験を，いつ表れるか

わからずにコントロールできないものとして見る傾向がある。他方で，セッション内での取り組みでは，こうした恐れている題材にクライエントが自発的に直面するように要請している。このことは，クライエントに対して，何らかのコントロールがその瞬間のなかで可能かもしれない——でも，クライエントが期待していたやり方でではない——ことを暗に示唆しているといえる。すなわち，クライエントは，条件づけられた自動的な反応が表れるのを管理したいと思っているけれども，ここではその選択はできない。それでも，こうした困難な反応と一緒に座り続けて，それらをありのままに注目することは可能なのである。そして，そうした姿勢を通じて，反応を不必要に高めたり長引かせたりすることは避けられるのである。

アクセプタンスは，ただ単にエクスポージャー療法なのではない

ACTでは，エクスポージャーは，**以前であれば行動レパートリーを狭めたような刺激を，確実にレパートリーを広げるように設計された文脈のなかで体系立てて提示していくことである**。アクセプタンスの介入は，古典的なエクスポージャー療法と形態の面で共通する部分もいくらかあるものの，質的には違っている。この区別がよく理解されていないと，特定の臨床上の誤りへと簡単に結びつくようになる。不安があるなかで動かずにいるようにと指示するのは，たしかにクライエントを不安に曝す取り組みである。しかし，古典的なエクスポージャーが覚醒の程度を下げるためにおこなわれる[56]のに対して，アクセプタンスのゴールはクライエントの不安を排除することではない。実際に，ACTセラピストは，どのような苦痛な思考，感情，記憶，感覚についてもクライエントがそれを全面的にそのままにしておいたときに何が起きるかはわからない，と明言する。良くなるかもしれないし，悪くなるかもしれないし，変わらないということも考えられる。

アクセプタンス・エクササイズの目的は，情動的な覚醒を抑えることではなく，より自由で，柔軟で，価値に基づいた仕方で機能しつつ，苦痛な私的体験があるときにもそのままでいられるようになることである。それこそが

ACTの促す観点で，多くの研究者たちも，変容のプロセスに関する研究のエビデンスに基づいて，エクスポージャーについてはこの見方をしはじめている。定義と目的がそのように理解されているもとでなら，アクセプタンスは（また心理的柔軟性モデル全体も）間違いなくエクスポージャーのひとつの形態と考えてよい。また，まさにその理由から，ACTの理論家たちは，ACTが一種のエクスポージャーに基づくセラピーだと常に主張してきた[90]。たとえば，脱フュージョンは，思考が指しているものにではなく，むしろありのままの思考そのものに接触できるようにする。同じように，アクセプタンスは，感情が個人史上で引き出してくるものよりも，ありのままの感情そのものと接触できるようにする。他も同様である。こうしたプロセスは，エクスポージャーに期待される重要な効果を育む。すなわち，以前であれば行動レパートリーを狭めたような出来事があるときにもクライエントのレパートリーを広げられるようにする。私たちがエクスポージャーに関心を向けるのは，手順的な意味ではなく，こうした機能的な意味においてである。

　アクセプタンスは，「存在しない何かをアクセプトする」ように設計されたトリックではない。アクセプタンスの手法が一般に症状を軽くする効果を持っていても，本来の目的は症状の緩和ではない。私たちは，アクセプタンスを通じて，クライエント自身とクライエントが体験している痛みとの間の文脈的な関係を変容することで，クライエントの心理的柔軟性を高めようと試みている。矛盾していると思うかもしれないが，痛みに立ち向かって，開かれて好奇心のある姿勢でそれを検証しはじめるときに，痛みははるかにやっかいではなくなる場合が多いのである。もちろん，そうならないときもあるだろう。いずれにしても，人生は広がる。

セッションのなかでおこなうアクセプタンスのエクササイズ

　エクスポージャーをベースにしたアクセプタンスのエクササイズをおこなうときには，ちょっとした遊び心のあるラベルをつけると効果的である。たとえば，「ミスター不快を探そう」のエクササイズのように。ミスター（ミ

セスでもよい）不快を探す準備はできているか，とクライエントに尋ねるとよいだろう。もしもクライエントがウィリングでなければ，先の問題をもう一度検討しなければならない（たとえば，「わかりました……では，それに伴うコストを見てみましょう」「もちろんそうしないでいることもできます。ただ，そのために脇へ置くことになる価値は何でしょうか？」）。エクスポージャー・エクササイズの目的をクライエントに伝えるときには，状況を慎重に設定しなければならない。

「私たちは，今からミスター不快を探しに行きます。彼を呼び寄せて，話をし，あなたと彼の関係のなかで何が起きているのかを探り出そうと思います。不快が現れなければ，それでもかまいません。私たちのゴールは，彼がここにいることに対してウィリングな状態を，ただ経験することです。仮に彼が現れたとして，あなた自身がここにとどまって何が起きるかを観察するのにウィリングでないことにいつ気がついても，それもかまいません。これから私たちがすることのなかには，あなたの不快ボタンを軽く押すものもあるかもしれません。でも，そこに仕掛けはなくて，あなたを戸惑わせたり驚かせたりするようなことも何もありません。一つひとつのステップで，私が先に提案をして，あなたがそれをおこなうかどうかを選ぶことができます。ところで，このエクササイズは時間に限定されない点に注意してください。こうしたホットなボタンはいつ何時押されるかわかりません。だから，ボタンが押されるかどうかは，エクササイズをやり通すことにかかわる問題ではありません。時間を測るのも無意味です。あなたがただ耐え抜こうとしているだけなら，それは穴から出ようとして掘っている状態と同じだからです。するべき作業を終えたときになってはじめて，エクササイズをやめます。さて，ミスター不快が現れたら，私たちは，あなたと彼の関係について交渉を試みます。つまり，バスの後部座席から乗客たちを呼び寄せて，あなたと彼らの関係の性質を検証して変容できるかどうかを試みるわけです。関係性のすべてのディメンションについて眺めていきますが，そのときに，あなたが苦闘を手放して，ハンドルを握ったままでい

られる状態をゴールとして目指します」

　エクスポージャー・セッションでは，クライエントには，感情的な不快さや，不安を掻き立てる思考を探すように伝えよう。クライエントが不快を体験しはじめたら，それが何かを非常に詳しく描写してもらおう。特定の構成要素，たとえば身体感覚，感情，記憶，思考，などを探すとよい。それから，一つひとつの要素について，次のように尋ねよう――「［ここに，不安を呼び起こす具体的な思考，感情，記憶，または身体症状などを入れる］との苦闘を手放せるかどうかをほんの少しの間，試してください。それらを，言語的に何と言っているかの内容や，何になるぞと脅しているかとしてではなく，それらをそのものとして持っている（have it）ことにウィリングネスになれるかどうか，試してください」。もしも，クライエントがパニック，悲しみ，または他のネガティブな状態に沈み込みはじめたら，注意を身体の外の環境に戻すように提案するとよい。クライエントには，ネガティブな私的体験を認識したままでいながら，同時に外の環境で起きている他の事柄にも注意を向けるように，と伝えよう。

　「モノ化する」のエクササイズは，ゲシュタルト心理学の伝統から借りてきたもので，主観的な体験を知覚的な属性を備えた物体に変換しようとする作業である。エクササイズは，不安を引き起こす反応からスタートする。感情，身体状態，強迫的な思考，薬物を使うことへの衝動など，そのときに扱っているケースに当てはまるものなら何でもよい。クライエントには，不安を掻き立てる要素を，それが物体であるかのように想像するようにと伝える。次いで，その物体の特徴が探られる。

　セラピスト：では，想像してください。あなたは，自分の抑うつ気分を取り出して，身体の外へ置きます。目の前 1.5 メートルくらいのところです。後でまた元に戻しますので，もしもそれが外に置かれることに対して抗議するようなら，じきに戻すからと伝えてください。この部屋の床に，あなたの目の前に置くことができるかどうか，やってみてください。そして，できたら教えてください。

クライエント：できました。そこにあります。
セラピスト：では，その抑うつの感情に大きさがあるとしたら，どれほどになるでしょうか？
クライエント：（休止）ほとんど，この部屋全体と同じくらいです。
セラピスト：そして，色があったら，何色になりますか？
クライエント：真っ黒です。
セラピスト：スピードがあったら，どれくらいの速さで動きますか？
クライエント：ゆっくりと，重苦しく動きます。

　このプロセスは続いていき，力，表面の肌触り，内部整合性，形，密度，重さ，柔軟性，また他のどのような物理的な次元でも，セラピストが尋ねてみたいと思うものについて質問がされる。クライエントには，質問に対する反応の一つひとつを言葉で表現してもらうけれども，対話はしないようにする。物体について，属性の標本がかなり大きくなってきたら，最初に質問したいくつかの項目に戻って，何か変化がないかどうか（たとえば，先には大きかったものが今では小さくなっていないか）を観察しよう。特に心理的な状況にそれほど変化がない場合には，大きくて，黒くて，ゆっくりと動くなどというこの物体に対して，クライエントの内面に何らかの反応がないかどうかを尋ねてみよう。この質問に対しては，怒りを感じる，拒絶されている，欲しくない，恐い，大嫌いだ，またはそのたぐいの答えが返ってくる場合が多い。そうしたときには，核心となっている強い反応をつかんで，クライエントには，はじめの物体を少し横へずらして，今度の反応を2番目の物体として最初のもののすぐ隣に並べて目の前に置くように指示するとよい。そして，「モノ化する」のエクササイズ全体を，2番目に置いた反応についてもおこなう。次に，最初の物体をもう一度眺めてみよう。一般に，2番目に置いた反応に形が与えられた後では，最初の物体は，より薄く，軽く，弱く，などというように変化する。ときには，こうした属性がスイッチのようにつけたり消したりできる場合がある。2番目の反応が字義どおりに受け取られて，最初の反応を検証するための視点として使われるたびに，最初の反応はより強力になる。反対に，2番目の反応を物体として眺めることでそれ

から字義性を剝ぎ取ると，最初の反応の強さも弱まるのである。

　2番目の反応をモノ化した後でも最初の物体の属性に変化がなければ，セラピストは，体系を維持しているまた別な中核的反応を探すこともできるし，エクササイズをそこでやめることもできる。しかし，期待されたアウトカムが得られなかったときに何が期待されていたのかをクライエントに提示することは，絶対にしてはならない。他方で，クライエントの反応に対して，それがただ単に物体であるかのように，それと格闘せずにセラピストがコメントするのは，反応の性質を深く変容する効果がある。クライエントにとってはこの単純な体験は，反応が実生活のなかで次に起きたときに，それが持つ文脈を変容するかもしれない。反応として同じでも，また，たとえクライエントがまだそれと苦闘していたとしても，違った眺め方をされるのである。また別なバリエーションでACTセラピストがよく使うのは，「**空き缶モンスター**」のエクササイズである。このエクササイズは，通常は，特に苦痛で困難な感情，思考，記憶といったものからはじめられる。ここで紹介する例のなかでは，「パニック」を扱っている。

　セラピスト：抱えている問題と向き合うのは，空き缶や紐でできた巨大なモンスターを目の前にするようなものです。10メートル近くもあるそのモンスターは，向き合うのにウィリングになるなど，ほとんど不可能です。でも，モンスターを，構成要素の空き缶，紐，針金，そして風船ガムに分解してしまえば，それぞれの部分の一つずつなら，扱うのも簡単になります。私たちの問題についても同じことがいえるかどうかを調べるために，ちょっとしたエクササイズをしたいと思います。目を閉じてはじめます。[セラピストは，クライエントが集中して，焦点づけられ，リラックスするために必要ないつものコーチングを追加しておこなう] けっこうです。では，去年の夏に起きた何かを思い出すことからはじめましょう。何でもかまいません。何か思い出したら，教えてください。

　クライエント：家族で湖に行きました。ボートに乗っています。

　セラピスト：さて，そのときに起きていたことをすべて思い描いてくださ

い。自分がどこにいて何が起きているのかに注意を向けてください。そのときとまったく同じように，見たり，聞いたり，においを嗅いだりできるでしょうか？　ゆっくりでかまいません。［*クライエントがついてきているかどうかを確かめるのに十分なだけの言語的反応を引き出して，そうした反応を利用しながらクライエントが記憶のなかへ入っていけるように促してもよい*］では，次に，あなた自身がそこにいたことに注意を向けてください。その瞳の奥に誰かがいたことに注目して，去年の夏以来たくさんの出来事があったけれども，そのときの人物が今，ここにいることにも気がついてください。その人のことを，「観察者としてのあなた」と呼びたいと思います。その視点，または立ち位置から，仕事のときにあらわれるこのパニックの感情と接触してほしいのです。感情を保持できたら，教えてください。

クライエント：*（休止）*できました。

セラピスト：では，まず，身体を観察してください。このときに身体が何をするかを見てほしいのです。パニックの感情との接触を保ったままで居続けながら，身体を観察して，何か気がつくことがあったら教えてください。

クライエント：胸に，締めつけるような感じがあります。

セラピスト：それでは，胸を締めつけるその感じとの格闘を手放せるかどうか，試してください。ここでのゴールは，その感情を好きになることではなくて，それをただ単に特定の身体的な出来事として持ったままでいることです。その締めつける感じがきっかりどこからはじまってどこで終わるかに注目できるでしょうか？　締めつける感じが，皮膚の上に貼られた色のパッチだと想像してください。それがどんな形かわかるでしょうか？　それに注目する間も，この単純な身体感覚に対するどのような防衛または格闘の感じも，手放してください。……もしも，他の感情が押し入ってきたら，それらに対しては後から取り合うからと知らせてください。では，締めつける感じに対して気持ちが少し開いてきたら，教えてください。

クライエント：大丈夫です。

セラピスト：では，胸を締めつけるその反応を脇へ寄せてください。そして，パニックの感情を意識の中心に戻して，もう一度，身体が何をするかを静かに観察してください。さっきとはまた別な反応が表れるかどうか，見てください。観察する間は，「観察者としてのあなた」，瞳の奥にいるあなたの部分で居続けて，その視点から眺めてください。何らかの反応が見えたら，それが何かを教えてください。[セラピストは，2，3の身体反応について，この取り組みを繰り返す。もしもクライエントが何の反応もないと言えば，その状態のままでしばらく居続ける]

では，今度は，元に戻って，仕事のときにあなたが感じた例のパニックの感情と接触してください。そして，接触できたら，教えてください。

クライエント：できました。

セラピスト：けっこうです。それでは，ひき続き身体がする事柄を観察してください。ただし，今度は，とても冷静に，身体のなかで起きていることはどんな些細なものもすべて眺めて，一つひとつにただ触れては次へと進んでいきます。つまり，それぞれの反応について，ただそれを認めていくのですが，ちょうど道行く人に帽子をちょっと持ち上げてあいさつをしていくような感じです。あるいは，一人ひとりの頭を軽く触っては，次の人を探すようなものです。そして，そのたびに，身体感覚と格闘したり立ち去るように仕向けたりせずに，歓迎できるかどうかをみてください。ある意味では，自宅を訪れた人を歓迎するように歓迎できるかどうかを，眺めてください。

身体感覚について一連の手順が済んだら，同じことを，対象となるすべての行動領域，試みるのにクライエントが抵抗を感じる行為，思考，評価，感情，念頭に浮かぶ社会的役割，などについてもおこなう。そこで網羅される体験が苦痛であればあるほど，より良いといえる。特定の反応を，一度に一つずつ扱うようにしよう。たとえば逃げようとする傾向を扱っているときなら，思考，他の行為，感情などといったものをクライエントが同時に扱わないようにしよう。クライエントが何をしているのかがはっきりしないときに

は，説明を求めるのはかまわないが，対話をはじめないようにしなければならない。そして，手放すことの主題へと，常に独創的な方法で立ち戻ろう。一般に，最後に扱うのは記憶の領域になる。それは，この領域が，感情的に特に強力な場合があるからである。ここでは，メタファー的要素を追加すると役立つだろう。

> 「さて，エクササイズの最後のこの部分では，あなたのこれまでの人生のすべての記憶が，小さなスナップ写真としてアルバムに貼られているものと想像してください。まず，アルバムを逆にめくりながら，去年の夏のあの記憶にたどり着いてください。そして，もう一度，情景全体を認識している人物でいる感覚を思い出せるかどうか試してください。できましたか？ けっこうです。さて，では，例のパニックの感情ともう一度つながってください。しっかりとつながったら，写真アルバムを逆にめくりはじめてください。もしも自分が何かの写真に見入っているのに気がついたら，それがパニックに関連しているとは筋が通らなくても，何が見えているかを話してください」

何らかの記憶が接触されたら，クライエントには次のような質問をするとよい——「他に誰が写真に写っていますか？ あなたは何歳ですか？ あなたはどこにいますか？ そのときのあなたの感情と思考は何でしたか？ あなたは何をしていますか？」。クライエントには質問に手短に答えてもらって，対話にはならないようにしよう。

> 「今度は，その記憶のなかに，そのときにあった何かを回避していたかもしれないような箇所を見つけてほしいと思います。自分自身の体験を何らかの仕方で回避していなかったかどうか，眺めてください。そして，今，この機会をとらえて，当時は心理的に行きたくなかったところでも今なら行くのにウィリングネスかどうかを見極めることで，その記憶のなかにあるどのようなトラウマの感じも，洗い出してください。その記憶に対するあなたの反応がどのようなものでも，それをそのとおり

のものとして持ち続けられるかどうか，そのときにあなたに起きた事柄を起きたとおりに持ち続けられるかどうか，眺めてください。これは，あなたがその反応を好むという意味ではありません。反応を**進んで持とうとする**ことです！ *[このプロセスを2つか3つの記憶についておこなう]* けっこうです。では用意ができたら，アルバムを閉じて，この部屋を，あなたが目を閉じてエクササイズをはじめたときの様子のままに思い描いてください。思い描くことができて，戻ってくる準備ができたら，目を開いて現在に戻ってきてください」

このエクササイズは時間がかかるけれども，非常に強力なものになりうる。なぜなら，エクササイズを通じて，長時間にわたって恐ろしい体験に曝されることが，安全な文脈のなかで可能になるからである。そうして確保した時間のなかで，セラピストは，ウィリングネスを下げる「引っかかり (hooks)」，また，そうした体験が買われた場合と買われなかった場合とを比べたときのそれぞれの反応の質に，クライエントが気づくように助けるべきである。ACTセラピストは，プロセスに関心を向けながら，内容に対しては評価的ではないオープンな姿勢を保って，拡大解釈することなく，大きいものも小さいものも含めたすべての反応に注目するのである。

持ったまま動く

ウィリングネスとアクセプタンスの取り組みが進むにつれて，当面の問題は，苦悩を引き起こす内容と心理的にそのまま一緒に居続けることから，望まない体験を「吸い込む」方法を学んで，価値づけられた方向に動いていくことへと変わる。この前進とともに，私たちは再び，アクセプタンスを支持する本来の目的に耳を傾けることになる。すなわち，私たちは，望まない内容に対して開かれてアクセプトした姿勢をとって初めて価値づけられた人生の方向を探求できるのである。つまり，アクセプタンスによって不快な内容も価値づけられた行為を邪魔することなく受け容れることができる。この方向へ焦点を移行するためには，2つの主題について考えると特に有用だろ

う。ひとつは，私たち人間は，自分の皮膚のなかで起きている体験「よりも大きい」，つまり私的出来事は私たちが人生の旅路を持ち歩いている携帯品に過ぎないということである。「**膨らむ風船**」のメタファーは，この点を伝えるのにぴったりの例だといえる。

　「自分のことを，膨らんでいく風船のように考えてみてください。風船の縁は膨らんでいく場所で，そこでは，『あなたは，**風船を持つ**（have）のに十分大きいですか？』と，同じ質問が繰り返されます。あなたは，どれほど大きくなっても，いつでももっと大きくなれます。問題があらわれたら，同じ質問がされて，あなたは『はい』または『いいえ』と答えることができます。『いいえ』と答えると，あなたは縮みます。『はい』と答えると，膨らみます。ちなみに，『はい』と答え続けても，答えるのが少しでも簡単になるとは限りません。なぜなら，あらわれる問題は，その都度先のものと同じくらい困難に感じられるかもしれないからです。それでも，『はい』と答えるのを習慣にすることはできます。そして，そのような経験は力の源になります。困難な問題が起きると，あなたは，『いいえ，次がその問題なのは望みません』と思うかもしれません。でも，人生は，状況が進むにつれて毎回新しい問題を提示してくるもので，あなたはそうした困難の順番を選べない可能性があります」

　このように，より大きな自己の概念と関連づけることで私的内容の「規模を小さくする」のを助けるメタファーは，他にもたくさんある。たとえば，クライエントに，思考，感情，または記憶の特定の組み合わせを，巨大なクルーズ船の甲板に置かれたデッキチェアだとイメージするように伝えてから，次のように尋ねてもよいだろう——「大枠で眺めたときに，船の航海にとっては何がいちばん重要ですか？　デッキチェアのいくつかが風変わりだということでしょうか，それとも，エンジンと，プロペラへの動力伝達系統がどのように機能しているかでしょうか？」。

　セラピーのこの局面で考えるべき2つ目の主題は，クライエントは自分の

歴史を置いてくることはできない，という点である．神経系は，(先にも記したように)引き算ではなく足し算で機能するもので，過去に条件づけられた反応を学習から消し去ることはできない．私たちにできるのは，古い反応の文脈的な意味を変容するような新しい反応を追加することだけである．たとえば，痛みそのものに**なる**のではなくむしろ痛みを**観察する**ようにするのは，痛みの内容の消去ではなく，文脈の移行になる．これは，クライエント自身とクライエントが感じる痛みとの間の関係を位置づけし直す作業だといえる．ACTでは，クライエントに，いわば痛みを持って「一緒に移動する」ようにしてほしいと考える．「**鍵束を持ち歩く**」メタファーは，この要点を物理的に伝える．

　クライエントに，鍵束を持っているか，またちょっと貸してもらえないかと尋ねよう．そして，借りた鍵束をテーブルの上に置いて，次のように伝えよう，「さて，これらの鍵が，あなたが今まで回避してきた事柄をそれぞれ代表すると考えてみましょう．この鍵が見えますか？　これは，あなたが感じている不安です．こちらはいかがですか？　これはお母さんに対する怒りです」．[セラピストは，*主要な問題をクライエントの鍵に割り当てていく*]　それから，クライエントの目の前に鍵束が置かれて，クライエントは次のように質問される――「この鍵束を，どうしますか？」．もしもクライエントが，「置き去る」と答えたら，次のように伝えるとよい――「では，2つのことが起きます．第一に，完全に置き去るのではなく，あなたはおそらく，本当に鍵を置いてこられているか確かめるために繰り返し戻ってくる自分に気がつくでしょう．すると，あなたは出かけられません．そして第二に，鍵がないと，人生はなかなか大変です．鍵なしでは開かないドアもあるかもしれません．さて，鍵束をどうしますか？」．

　このプロセスを続けながら，クライエントが何かの行動を起こすのを待つ．ほとんどのクライエントが，実際に鍵束を取り上げるときには，少し心地悪く感じることになる．なぜなら，ひとつには，エクササイズ全体がちょっとふざけた感じがするし（そのことからしてすでに「鍵」

のひとつだといえる），2つ目として，鍵束は「悪い」事柄のシンボルだからである。でも，だからこそ，その文脈で実際に鍵束を拾う行動は**一歩前進**だともいえる。そして，セラピストは，クライエントが促されずにそれを拾うようになるまで繰り返し鍵束を提示し続けるべきである。もしも，クライエントが「拾うなんて，ふざけている」と言えば，セラピストは鍵の1つを指さして，「その感情ですか？ それは，この鍵です！ では，鍵束をどうしますか？」と尋ねる。クライエントがついに鍵束を拾ったら，「けっこうです。では，次の質問です。今からどこへ行きますか？」などと言うとよい。そして，どの方向へ進むのもクライエントの自由で，実際に動くときにも依然として鍵束を持っていられる点に注目しよう。また，鍵がいつでもどんどん表れ続けることにも注目しよう。つまり，今，質問に前向きに答えることは，同じ質問を人生から繰り返し何度でも問われなくなることを意味するわけではない。セッションとセッションの間にクライエントに出す適当なホームワークとしては，鍵を使う行為を，苦痛な私的体験との苦闘を「手放す」ことと必ず関連づけて考えるようにするとよい。

このメタファーのなかで，個々の鍵は，それぞれの困難な感情，記憶，思考，または反応を代表する。他方で，メタファーそのものは，「鍵束」の重要な側面を2つ強調しているといえる。第一に，鍵を拾い上げて持ち歩いても，そのことによってクライエントがどこへ行くのも妨げられない。第二に，鍵束をウィリングに持ち歩くと，そうでなければ鍵がかかっていて開けられなかったかもしれないドアを，開けられる。古い言い伝えの「痛みは力である」が示唆するのは，私たちは暗闇を通り抜け，反対側に突き抜けることによって信頼，同情，そして正しい振る舞いを学ぶ，ということである。また，実生活のなかで使う鍵束を用いてエクササイズをおこなうことは，重要なゴール（どこへ向かっているのか），そこへ行くための方法（ウィリングネス），そして先へ進むには何を一緒に持っていかなければならないか（個人の歴史と，それが引き出すかもしれない反応）といったことをクライエントに思い出させる物理的な試金石またはリマインダーも提供する。鍵束

は，使う機会が日に何度もあるものなので，セラピーセッションの外でもリマインダーとしての役割を頻繁に果たしてくれる。

他のコア・プロセスとの相互作用

アクセプタンスと脱フュージョン

　アクセプタンスと脱フュージョンの取り組みはあまりにも密接に絡み合っているため，セラピーのなかで，それが置き換え可能なように思えるときさえある。また，クライエントのいちばん大きな問題が，アクセプタンスのなさなのか，フュージョンの高まりなのかが，いつもはっきりしているわけではない。とはいえ，ほとんどの場合に，アクセプタンスとウィリングネスが低い状態はクライエントが何らかの受け容れられない私的題材とフュージョンしているシグナルである。アクセプタンスの取り組みが必要なことを示す一般的なサインには，以下のようなものがある。特定の情動的題材が持ち上がったときに硬直性が高まる感じがする，言葉が急に途切れるか速くなる，身体が緊張する，話の主題が予期しないように変わる，クライエントの唇か声が震えた直後に物語が語られはじめる，クライエントの話す速度が上がる，など。こうしたケースでは，セラピストは，「さて，あなたの反応性のマインドは，今度は何を提供してきていますか？」といった言明を使って，領域を探索のために開くとよい。

アクセプタンスと価値づけ

　アクセプタンスの取り組みは，ごく自然に，価値とコミットされた行為の取り組みを強める。アクセプタンスの実践がクライエントの人生のなかで広がってくると，結果として表れてくる自分自身への慈しみが，人生のより大きな方向性についての思考へとつながっていく。この段階まで成長すると，クライエントは，価値づけられた行為に対してウィリングネスとアクセプタンスを自発的に適用しはじめる。注意の焦点が活き活きとした人生へと移っ

て，軽やかさ，活力，そして可能性の感じが出てくる。取り組む必要のあった昔の問題が，自発的に持ち出されることもある。たとえば，以前にセラピーのなかで辛かったことが，柔軟な仕方で持ち出されてセラピー関係を発展させるかもしれない。マインドフルネスとアクセプタンスの取り組みがセラピーの「実験室」から日々の生活のなかへと人々を自然に移行させるにつれて，生きることに対する好奇心が高まった感覚が，行動レパートリーが広がってきていることの指標となる。

アクセプタンスとコミットされた行為

　アクセプタンスは，コミットされた行為のためにおこなわれるといえて，そのプロセスにはアクセプタンスを実生活のなかで練習することも含まれる。クライエントとセラピストは，コミットされた行為への妨げとなる可能性のあるものを見極めようと取り組んでいくのであるが，その際に，まずはセッションのなかでリハーサルをおこなったり，妨げの影響力を弱めるためにさまざまなエクスポージャー・エクササイズを用いたりする。次に，クライエントは，何であれあらかじめ合意したコミットされた行為を実生活のなかで「実験」して，次回のセッションで，アクセプタンスのプロセスを推し進めることに成功したか失敗したかをセラピストに報告する。このプロセスでは，セラピストは，控え目で患者の立場に立ったアプローチをとらなければならない。というのは，リハーサルや実験のアウトカムがいつでも自動的にアクセプタンスとなるわけではないからである。ときには，誘発的な題材が回避されなければならないたびに，クライエントがコミットメントに対して相対的に逆戻りする場合さえあるだろう。それでも，この一時的な逆戻りは，自己の物語や，個人史上の古びた題材が再生されているというよりも，むしろ活力に満ちた人生を妨げる本物の障壁が少なくともそこに表れてきているという意味では，後退ではなく，セラピーの製粉機にかけるための「穀物」がもっと増えたに過ぎない。

アクセプタンスと自己あるいは「今，この瞬間」のプロセス

　アクセプトするためには，クライエントが常に今の瞬間のなかにいて，回避的振る舞い（avoidance maneuver）の一環として流されないようにしなければならない。そのため，多くのアクセプタンス介入が，クライエントを「今，この瞬間」のなかへ連れてくることからはじまる。これは，なんらかの構造化されたエクササイズ（たとえば，5分間の深い呼吸など）によっておこなわれるか，または，非柔軟性を誘発しそうな題材でクライエントがアクセプトしようとして格闘しているものがあるとセラピストが感じたときに適宜おこなわれる（「あなたがたった今唇を噛みはじめたことに気がつきました。何が思い浮かんだのですか？」など）。同じように，自己の視点取得の能力と接触することも，アクセプタンスの姿勢を維持するためには非常に重要である。クライエントに対して，「あなたは，今，**自分の内面にあるもの**を持ち続けるのに十分な大きさですか？」といった質問をすることは，認識を広げて，起きていることを受け容れるための教示となる。ACTの介入には，認識を広げてそこにあるものをただ観察するようにと伝えるものが，他にもたくさんある。その意味では，アクセプタンスのプロセスと自己のプロセスは，セッションのなかでも外でも，常に持続的に相互作用しているといえる。

臨床上の注意事項

言葉に頼り過ぎる

　アクセプタンスは，随伴性と直接接触することで形成される。そのため，アクセプタンスについて話すことは，クライエントがアクセプタンスのスキルを獲得する助けにはならない。ACTのアプローチをはじめたばかりのセラピストは，アクセプタンスについて「説明」し，そしてまたもや，まるでアクセプタンスが言語によって完全にモデル化できるかのように，「説明」しなければならないと感じるかもしれない。臨床上の前進が遅々としている

ときには，初心者のACTセラピストがアプローチの基本的な前提まで戻って説明したいという強い思いに駆られることも多い。まるで，クライエントが失敗しているのはACTの考え方を十分理解していないからだ，とでもいうかのように。

　説明するよりもはるかに良いアプローチは，もっと体験的になることである。アクセプタンスは，字義的な方法で完全に説明することはできない。むしろメタファー，アナロジー，また体験的エクササイズといったものが，私たちの知識を形成すると同時に，スキルを獲得するための道筋をひらくといえる。アクセプタンスについてただ話すよりも，実際に練習する機会をセッションのなかで探すほうが重要である。

セラピストが生み出すプライアンス

　ACTセラピストが，苦しんでいるクライエントに「優しいまなざし」を向けつつ，アクセプタンスが価値に基づいた選択だという点を忘れないでいることが重要である。アクセプタンスを必要としていることをクライエントに論理的に納得させようとする姿勢からは，良い効果はほとんど生まれない。たしかに，極度にのどを渇かした馬を水場まで連れていったのに馬が飲むのを拒絶していることは連れていった者にとって苦痛なように，もっとウィリングネスでさえあれば変化がすぐそこまできているにもかかわらず，クライエントのアクセプタンスが欠落しているのを見るのは，セラピストにとっては苦しいものである。それでも，アクセプタンスは，強制やコンプライアンスを通じては得られない。クライエントが選択をするのに苦労していれば，セラピストは，クライエントと彼，彼女ら自身を信頼し続けなければならない。実践的に説明すると，状況からくる痛みに対してはオープンな姿勢を保って，クライエントの変化する能力に対しては忍耐と信頼とをモデルとして示すことである。請け負いや元気づけが一般に助けにならないのに対して，小さなジャンプをすることは，それが質的にジャンプになっている限り有用である。今は小さなジャンプに見えても，後になってから巨大な飛躍に展開することもある。

慈しみと妨害

アクセプトするように押したり説得したりする振る舞いの裏返しは，ときにセラピストが，何であれそこにあるものと一緒に居続けるのを選ぶ過酷な現実からクライエントを守りたい，という誘惑に駆られることである。たとえば，トラウマのサバイバーを苦痛な記憶から守りたいと思う衝動があるかもしれない。その衝動の背後には，セラピスト自身の買われた思考——なかには受け容れて生きていくにはあまりに過酷な歴史もある——があるはずである。この種の慈しみによる妨害は，セラピストのなかで何らかの「熱いボタン」が押されたことを示す場合が多い。もしも，引き金を引かれた問題をアクセプトした経験がセラピスト自身に一度もないなら，クライエントも決してアクセプトしないよう誘惑されてしまうことだろう。セラピーでは，本物の慈しみは有用だけれども，クライエントたちが人生から保護される必要はない。むしろ，彼らは人生を今の瞬間のなかで生きるために，もっとエンパワーされなければならない。苦痛な歴史の内容を確実に取り除くただ一つの方法は，強迫的に過去にこだわっている状態を取り除くことである。それは，クライエントにとって勇気のいる振る舞いだけれども，セラピストにとっても同じように勇気のいるアプローチなのである。

前進のサインを読み取るには

トリートメントの初期にはアクセプタンスのレベルがそれぞれ大いに違っていても，クライエントたちは，内面で起きていることをアクセプトするという考えと格闘しているのが一般的で，まして，個人的な痛みを引き起こすような人生の出来事，状況，あるいは相互作用に進んで自らを曝すなどという考えとは**本当に**苦闘している。こうした苦闘は，クライエントが使う言語（「覚えてなどいられません，あまりにも苦痛です」「ただ何も感じずにいたい」など）にも，また，状況的回避の持続するパターン（ウィリングネスをほとんど示さない）にも，はっきりと見て取れる。クライエントが前進を見

せはじめると，変化は，同じこの2つの領域で注目されるのが普通である。クライエントは，恐れている内容に対してより開かれてアクセプトする立場を取りはじめたことを示唆する言葉を，自発的に使うようになる（「これが消え去らないのはわかっています。たとえ好きでなくても，それと取り組まざるを得ません」「彼と言い争うのは苦痛でした。そして，私は，苦痛をただそこにあるままにして言いたいことは言うように，と自分に言い聞かせました」など）。また，クライエントは，セラピーのなかで検討されることさえなかったウィリングネスの行為に，自発的に従事するようになる場合も多い。これは，アクセプタンスの動きが，人生のなかで他の困難な状況にも般化されはじめていることのサインだといえる。セッションの場では，初期にみられた緊張して自己に注意が集中した深刻な調子とは反対に，アクセプタンスは，軽やかで，開かれた，気軽な雰囲気を作り出す。クライエントたちは，「要領を得」はじめる。身体の外と内に対してアクセプタンスの立場をとることで柔らかさと慈しみが育まれることを，体験的知識としてつかみはじめるといえる。「受け容れる（giving in）」は，もはや「あきらめる（giving up）」を意味しなくなる。受け容れることは，クライエントにとって真に自由をもたらすものとなり，セラピストにとってもその一部であることが真に自由であるような，完全に新しい自己と新たな可能性の組み合わせを広げるのである。

第11章

価値とつながる

目的地を決めなければ，流される所にたどり着くだけだ。

――中国のことわざ

本章で学ぶこと：
- 価値をどのように用いて，人生の意味と方向性の感覚を生み出すか
- 価値が，人生のゴールとどのように異なり，どのようにつながっているか
- 選択する行為と判断する行為の違い
- クライエントが価値づけられた方向性を構築するのを，どのように支援するか
- クライエントが行動としての価値づけと感情としての価値づけを区別するのを，どのように支援するか
- 価値を，充実感を生まない社会や共同体の圧力からどのように切り離すか

実践的な概説

ACTでは，一人ひとりのクライエントは，すでに，豊かで有意義な人生を送るために必要なものをすべて持っていると仮定している。しかし，ほと

んどのクライエントでは，価値に沿う方向を見定めて進んでいく能力が，フュージョンと体験の回避によって損なわれているのである。過去，感情，身体状態などについての思考は人生を高める行動を促進しない。そのような思考を字義どおりの意味（literality），コントロール，理由づけの文脈から眺めるときは特にそうである。思考や感情によって，私たちは正反対の方向に導かれ，不適切なプロセス・ゴール（例：特定の感情を排除する，特定の思考しか持たない）に注意を向けてしまう。一方，選択した価値によって，私たちははるかにしっかりと人生のコンパスを読むことができる。価値は，すさまじい個人的逆境に直面したときでも，行動を動機づける力を持っている。そう，クライエントは苦しんでいる……しかし，価値を失ってはいないのだ。ひとたび価値づけが目覚めると，それは活き活きとした人生の力強い要素になりうる。

このシンプルな考え方は，Victor Franklの『夜と霧』[70]に例を見ることができる。Franklは，第二次世界大戦の終戦が近い時期に捕らえられていたナチスの強制収容所から脱走する方法を発見したときのことを描写している。彼が当座しのぎの病院で最後の回診をしたときのことである。彼はなんとしても助けたいと思っていたが死期の近い一人の患者のところへやってくる。患者は彼を見上げてこう言った。「先生も逃げるのですか」。Franklは，心がひどく搔き乱されるのを感じたと描写する。彼は，脱走を一緒に計画した仲間のところへ行き，自分は残って患者たちをケアすると伝えた。そして仕事に戻ってみると，これまでに体験したことのない穏やかさを感じた（文献 70 のp.68）。

人類がこれまでに作り出したなかで最も恐ろしい環境のひとつに在って，それでもFranklが意義と平穏の感覚を体験できたのなら，私たちのクライエントも，どのような個人的な歴史を抱えていようと豊かで有意義な人生を生きる力を持っている。「豊かで有意義」とは苦痛がないという意味ではない。物質主義文化の基準で，豊かで有意義と言っているのではない。クライエント自身の基準で，豊かで有意義という意味である。

我々は，苦悩は人間の条件に普遍的なものだと考えている。長生きすれば，愛する人たちは先に亡くなり，キャリアも終わり，身体は老いる。誰も

がやがて苦しみを受けるという現実の前で，いったい何が人生に尊厳を与えてくれるだろうか？　クライエントに「ついに心理的苦痛から解放されたとしたら，あなたは何をしますか？」と尋ねると，家族，キャリア，社会参加，自己実現などに関する答えが返ってくることが多い。ところが，マインドの問題解決モードは，「そういうことは心理的苦痛を克服するまでは手に入らない」と私たちに語るのである。マインドが語るこの仮定によって，必然的にプロセス・ゴール（すなわち，抑うつ気分や，不安，フラッシュバック，飲酒や薬物への衝動などを減らすこと。自信を増やすこと）に過剰に注意が向くようになり，長期的な結果として，クライエントはより重要な人生のミッションとのつながりを失ってしまう。この分離があまりにも浸透すると，自分にどんな信念があり，人生がどうあってほしいのか，クライエント自身が文字どおり「わからなく」なる。「X（抑うつ，飲酒など）をコントロールすることにこんなに労力を費やさずにすむとしたら，あなたは人生で何をしているでしょうか？」とクライエントに質問すると，「わかりません」という答えが返ってくることは臨床場面でめずらしくない。ACTの重要なゴールのひとつは，日々の苦悩を終わらせようと格闘するうちに見失ってしまった人生の方向性という感覚を，クライエントが構築するのを支援することである。どんなに小さな一歩でも，自分の価値を守り抜く方向への一歩であれば，うんざりするほど変化がなかった人生に新しい活力がもたらされることをクライエントは発見するだろう。

臨床的な応用

　ACTにおいて，価値とは，自由に選ばれるものであり，進行中で，動的で，徐々に展開していく活動パターンがもたらす言語的に構成した結果（consequence）である。そして，それは，価値づけられた活動パターンに従事すること自体に本質的に備わっている，その活動に対する優勢な強化子を確立するものである。第3章でこの定義の構成要素を再検討し，その意味を一つひとつひもといた。臨床実践の際に最も覚えておくべきなのは次の2点であろう。第一に，価値は，たとえ社会に合致したものであっても，他者

や避けるべき感情によって強制されるのではなく，自由に選択される性質を持っているということであり，第二に，価値は本質的な欲求に関する結果を確立するということである。価値は遠い未来にあるのではない。時間的な広がりを持つにもかかわらず，価値は，欲求に関する回避性でない性質を「今，この瞬間」に持っている。まるで，今の瞬間の意味が，時間に沿って延びていくかのようである。

　ある意味では，価値へのプロセスは，ACT内部の多層的な進化論のなかで新しい種類の随伴性を確立するといえる。それは強化随伴性ではなく，関係条件づけとそれが確立する認知的プロセスに基づいた意味的な随伴性である。いったん新しい選択基準が十分に整うと，行動システムはその方向へと自然に進化しはじめる。行動の進化はあらゆる強化子で起こるが，多くの強化子は適応進化のピーク（adaptive peak）[訳注1]に至る。たとえば，体験の回避は強化随伴性に基づいて強化されるが，どこにも進んでいかない。それに対して，価値に取り組むことによって，意味随伴性を確立し，選択された特性やパターンに向かって行動システムが進化できるのである。

行為としての価値づけ――価値は感情ではない

　ACTセラピストが価値について検討するときは，さまざまな区別をおこなう。そのなかでもいちばん重要なものは，「感情としての価値」と「行為としての価値づけ」を区別することである。この2つの側面は，クライエントに完全に混同されていることが多い。配偶者との愛情深い関係を価値づける場合について考えるとわかりやすい。私たちの愛の感情は時間や状況とと

訳注1) adaptive peak：進化生物学の用語。ある生物種の似た遺伝子どうしが近くに並んだ平面を想定し，ある環境における各遺伝子の適応度を縦軸にプロットすると，山や谷のある地形（適応度地形）が描かれるが，山の頂上のことをadaptive peakという。各々の遺伝子の適応進化は地形上の近くの山を登っていく過程と捉えられ，ある山の周辺の遺伝子は進化の過程で自然淘汰されadaptive peakに収束していく。本文では「進化の袋小路」のような意味で用いられており，強化随伴性による行動システムはその結果によってその環境における淘汰を受けて「進化の袋小路」に至るが，価値が確立する意味随伴性による行動システムは進化し続けることを表している。

もに増えたり減ったりする。愛の感情があるときだけ愛情深く（すなわち，敬意を示して，思いやり深く）振る舞うこと，そしてネガティブな感情が湧いてきたときは逆に振る舞うことは，結婚生活に問題ある作用をおよぼす。しかし，これがまさに，私たちが価値と感情を混同したときに，気がつくと陥っている困難なのである。なぜなら，感情は，自由意思のコントロール下に完全にあるものではなく，やって来ては去っていくものだからである。

　この問題は，感情のコントロールと感情の理由づけの文脈のなかで考察した問題と本質的に同じである。愛の感情と愛情深い行為との関連性を支持する文化的文脈は，広場恐怖症のクライエントが不安が高いときに家にいることや，アルコール依存患者が衝動が強いときに飲酒することを支持するのと同じ文化的文脈である。もしもクライエントが，感情的，認知的な障害物がないことを完全に基準にして生きているのなら，コミットされた仕方で価値づけられた方向に進むことはできない。なぜなら，遅かれ早かれ，手ごわい障害物に直面するからである。クライエントが人生の道を歩んでいると，感情的な障害物が否応なく現れ，人生が「あなたは私を引き受けますか？」と問いかけてくる。答えが「いいえ」なら，旅はそこで止まる。つまり，価値の領域では，私たちは気が進まないときでも価値づけ，怒りがあるときでも愛し，絶望するときでも思いやることを学ばなければならないのである。

　感情と行為とを区別するには，クライエントが強い感情を持っていない事柄からはじめるのがよい。以下の会話はその一例である。

セラピスト：ちょっと馬鹿げた例ですが，やってみましょう。あなたは，どれだけ多くの人がチェックの靴下を履いているかに関心はありますか？

クライエント：いいえ，どうして私がそんなことを？

セラピスト：そうですよね。では，今からしていただきたいのは，学生はチェックの靴下を履かなければならない，という本当に強い信念を持つことです。お腹の底から感じるようにしてください。心から支持してください。

クライエント：できません。

セラピスト：まあ，本気でやってみてください。このことを徹底的に強く感じてください。うまくいっていますか？

クライエント：いいえ。

セラピスト：わかりました。では今度は，このことに強い感情を持てないとしても，「自分は，学生にとってチェックの靴下が重要になるように振る舞うのだ」と想像してください。方法をいくつか考えてみましょう。そうだ，チェックの靴下を履いている学生の割合が少ない学生寮を監視することができますね。他には？

クライエント：履いていない学生を殴りつけるとか。

セラピスト：いいですね！　他には？

クライエント：学生に無料でチェックの靴下を配ることもできるかな。

セラピスト：すばらしいです。そして，気づいてほしいのですが，こうした行為は馬鹿げているかもしれませんが，するのは簡単です。

クライエント：そして，チェックの靴下にこだわって時間を無駄にしたあのマヌケなやつとして，いつまでも記憶されるんだ！

セラピスト：そうです，そして，チェックの靴下にこだわったおかげで再流行させた張本人としても記憶されるでしょうね。でも，注目してほしいのですが，もし，あなたがこんなふうに振る舞ったら，あなたがチェックの靴下に何の強い感情も持っていないことなんて誰にもわかりません。他人に見えるのは，あなたのしたこと……行為だけです。

クライエント：確かに。

セラピスト：さて，質問です。あなたがこのように振る舞ったとしたら，実際にチェックの靴下を人生で重要なものとしていることになりますか？

クライエント：もちろん。

セラピスト：けっこうです。では，あなた自身と，重要なものとしてあなたが**しっかり抱いている**ものに基づいて行動することとの間には，何がありますか？　些細な例ですが，チェックの靴下のときに感情が重要ではないなら，それは感情であるはずがありません。

ここでは，ACTセラピストは**行為**を価値づけることに焦点を当てている。意識的にコントロールする努力は，行動の領域では機能するが，私的体験の領域では問題となる。簡単にはコントロールできない出来事（私的出来事）よりも，直接調節できること（顕在的行動）に注目するほうが，はるかに理にかなっているのである。些細なことから始めることで，クライエントは，「何かを重要なものとして抱くのを選択することは，感情の問題では必ずしもない」と理解できるようになる。このことを理解すると，より個人的なことに関わる題材について，感情と価値の結果を混同せずに話しやすくなるだろう。

選択としての価値づけ——価値は判断ではない

　価値は，私たちが選択肢から何かを選ぶ手助けになるので，有用である。人間の場合，選択肢から選ぶ行為は，ほとんど常に，問題解決モードのマインドが存在するなかで生じる。このモードは，特定の行動方針を支持したり反対したりする理由を作り出すのに役立つ。理由とは，原因と結果を言語的に定式化したものであり，「私はなぜXをするべきなのか，またはするべきでないのか？」という問いに答えようとする試みである。このことを正確に述べるため，「理由」に基づいて選択肢から選ぶことを，**選択**（choice）とは区別して，**判断**（decision）と呼ぶ。判断は，予測する，比較する，評価する，メリット・デメリットを検討する，といった言語的意思決定プロセスによって説明され，正当化され，関係づけられ，導かれる。

　価値づけが起こるためには，価値と判断とを混同**し**ないことが重要である。価値は，むしろ**選択**でなければならない。選択とは，選択肢から（理由がある場合には）理由と**ともに**選ぶことであり，理由**のために**選ぶことではない。選択は，言語的な評価や判断によって説明したり，正当化したり，関係づけたり，導いたりする**ものではない**。「選択は理由によっておこなわれるものではない」とは，ある選択を引き起こす過去の事実がないという意味ではない。そうではなく，ある人が選択についておこなう言語的定式化によってその特定の選択がなされるわけではない，という意味である。このよ

うに定義すると，動物は判断はできないが**選択**することはできる。人間がただ追加的に言語行動を持っているからといって，動物がごく自然にできることができないとは考えにくい。

ACTでは，選択された行為と論理的に派生された行為との混同を避けようとする。ACTセラピストが選択と判断の問題をクライエントに切り出すには，以下のように話すのもよいだろう。

> 「価値づけの問題に取り組むために，選択と判断を区別したいと思います。この２つはよく混同されます。判断は，ある理由のために，行動方針の選択肢からどれかを選ぶことです。「理由」とは，原因と結果や賛否について言葉に表した（定式化した）ものです。「理由のために」とは，理由に行為を関係づけ，理由が行為を導き，理由が行為を説明し，理由が行為を正当化する，という意味です。ですので，たとえば，あなたが株に投資しようと判断するのは，その会社が，良い経営状態で，成功しそうな新製品があり，力強く成長しているからでしょう。このような理由が，株の購入を導き，説明し，正当化します。一方，選択は別のものです。選択は，選択肢から特定の理由のためではなく選ぶことです。もっとも，理由のあるところで選択がされるのが普通ですが（なぜなら私たちは言語的存在なので）。

クライエントが選択と判断の違いを理解できるように支援するには，臨床家は，まずこのような方法で違いを知的に説明しておいてから，両手に何かを握って前に差し出して，「どちらかを選んでください，今すぐ！」と言うとよい。そして，「どうしてこちらの手を選んだのですか？」と尋ねる。この選択は些細なことなので，最もよくある反応は「特に理由はありません」だろう（もし理由があれば，こういう些細な選択や似たようなことを，クライエントが理由を作り出す暇がないほど素早く繰り返すとよい）。クライエントが理由なく選択していたら，臨床家は驚嘆しながらこう尋ねるとよい。「そんなことが可能ですか？　ただ**選択する**なんてことができるんですか？　しかも，あなたはそれをやってのけて，それでも空は**落ちて**こなかったんで

すね ?」

　次に，クライエントに「左手か右手を選ぶいろいろな理由を考えながら，まったく同じことをしてください」と言うとよい。たとえば，クライエントは「右のほうがよい」と考えるように促されて，そのあと，どちらかの手をただ単に選ぶように促される。クライエントがこのハードルを越えたら，左右の手が，クライエントが直面しているもう少し重要な選択肢（例：左は「あのテーブルを買う」，右は「買わない」）を表していると伝えて，今度はどちらかの手を，理由の**ために**ではなく，理由**と一緒に**（なぜなら，重要なことであれば自然に選択肢の分析を引き起こすから），単に選ぶように伝える。こうすれば，行為を判断ではなく選択としたまま，ハードルの高さを徐々に上げて価値の領域に達することができる。

　もしも，クライエントが，**なぜ**その選択をしたかという理由を挙げ続けるなら，なぜ各々の理由が正しいのか尋ねる方法もある。そうした質問を2，3回繰り返せば，一般には「わからない」という答えになる。このような反応が，多くの判断の「合理性」を検証する機会となる。理由がほとんど表面的でしかないとき，選択肢から選ぶ行為はどれほど合理的だろうか？　たとえば，クライエントに，なぜペプシコーラではなくてコカコーラを飲むのかと尋ねるとしよう。答えは，普通は「味が好きだから」といったものになる。そこで，「なぜその味が好きなのですか？」と尋ねると，それなりの答えが戻ってくるまでの時間は一般にかなり長くなる。最終的に，「ただ好きなんです」という答えになる。

　このたぐいのエクササイズとして，クライエントに2つの選択肢（例：食べ物の種類）から選ぶよう伝えてもよい。そして，セラピストは「どうしてそちらを選んだのですか？」と尋ねる。これは引っかけ問題なのである。もしも，クライエントが理由を挙げて，その理由の**ために**行為が生じたとしたら，それは選択ではなく判断だったことになる。セラピストは，クライエントが挙げる理由を，答えとして受け容れないことを繰り返してもよい。「でも，私は**あなたの味蕾**（みらい）に選んでくださいと言ったのではありません。私は**あなたに**選んでくださいとお伝えしました。さらに，あなたは，もう一方の食べ物を選びつつ，こちらの食べ物が好きであることに気づいていません

か？」。この路線の質問をしばらく続けていくと，クライエントは「ただ単に」「理由はありません」といったより正確な答えに切り替えることが多い。これは，彼らが選択と判断の違いを理解したことを示している。

　ACTにおいてこの区別が重要なのは，単にそれがどのように価値が機能するかを学ぶ唯一の方法だからというだけでなく，言語的な理屈には合っているが効果のないことが多い臨床的に重要な行動の背後にあるアジェンダを変えることがACTの目的だからでもある。その意味では，「ウィリングネスかコントロールか」は究極的には選択であり，判断ではない。

　選択には他にもメリットがある。たとえば，理屈には合っている行為が機能しないときでも，選択は，クライエントが麻痺に陥るのを防ぐ。同じように，選択は，クライエントの人生の物語の内容と理屈にセラピストが巻き込まれることも防ぐ。しかし，何より，選択と判断を区別することは，クライエントが正当化の理由や説明を思い起こさなくても価値に関与できるために必要である。正当化の理由や説明は，クライエントの問題を最初に引き起こした，相変わらず社会的に容認されている行動パターンへ，必然的に彼らを引き戻してしまう。残る問題の核心は，彼らが何をして，結果として何が起こるか，ということだけである。正しく（そして強制的ではなく）用いられると，選択はクライエントが反応できる（response-able）ように助けるのである。

　選択は，個人の歴史に影響されないという意味で「自由」なわけではない。実際に，選択そのものは，歴史を背景とした行為だといえる。選択が「自由」だといえるのは，それが強制されたものではない，それを衝き動かす「しなければならない」がない，という意味においてである。もしも行動が，厳密に機械的な意味で理由と関係づけられていたら，特定の予測可能な理由が存在するだけで必要かつ十分な条件がそろって，行動が生じることになる。因果関係に関するこの決定論的アプローチは，明らかに間違っている。人間は，愛情深くいられないもっともな理由がたくさんあるときでも，愛情深くいられるのである。たとえば，南アフリカで調停委員会が設立されたことは，過去の犯罪者や迫害者に対する愛の行為と考えることができる。たとえ，彼らの多数の人種差別的犯罪行為に対して嫌悪を示し罰を探す理由

が語り尽くせないほどあっても。

目的はあらゆるところに存在する

　目的（purpose）はクライエントの人生のなかに常に存在する。クライエントがどれほど閉じ込もり，無感覚であっても，目的を回避することはできない。なぜそうなのだろうか？　それは，方向性の感覚を体験しているかどうかにかかわらず，ほとんどの行動には目的があるからである。人生の時計は，たえず時を刻み続け，一方向に，つまり，ある「今の瞬間」から次の「今の瞬間」へしか進まない。あらゆる過去の行動は，その瞬間の歴史を含んでいる。そして，マインドフルで目的がある限り，あらゆる行動は言語的に構築された未来を含んでいる。現実的に考えると，ほとんどの行動には，体験的，または言語的，あるいは両方の目的が**ある**。このことは，たとえクライエントを支配する思考パターンが「私は，本当には自分の人生を取り仕切っていない。人生が私を仕切っているのだ。こんな状況に陥っているのだから，他のことなんてできるわけがない」というものだったとしても，やはり真実である。

　目的はあらゆるところに存在するが，価値は（先に定義したように）そうではない。クライエントはよく，人生で強制されている感覚を抱いたり，人生の犠牲者になっていると信じたり，ただ流されているように感じたりする。彼らが「今，この瞬間」との接触を失って生きているときは，実質的に自動操縦状態にある。こうした状況では，社会教育はそれだけで，高度に複雑な一連の行動（例：毎日仕事をして，洗濯をして，テレビを観て，教会へ行く）を組織する以上の力を持っている。問うべきなのは，クライエントが何をしているかではなく，どのようにしているか，である。同じ行動でも，自動操縦状態では「麻痺させる」ものであるが，個人的な価値を追求するなかで成し遂げたのなら，活力が豊富にあることを反映している。次の会話では，ACTセラピストは，クライエントの行動が，クライエント自身が意識していないときでさえ，特定の目的をいかによく反映しているか，に焦点を当てようとしている。もちろん，目的は価値と同じものではない。追加的な

要素，すなわち選択が必要である。しかし，クライエントの行動が確かに特定の目的を反映しているということを事実だと認めて初めて，この会話の準備が整う。

> **セラピスト**：あなたは，毎日自分がしている選択に気づいていないとおっしゃっているように思います。そして，自分が目的を持っているということに気づいていないから，何の目的にもよらないで行動しているみたいに感じられるようですね。それが本当に可能だとしたら，あなたの活動は毎日完全にランダムになるのではないでしょうか？　壁にぶつかりながら歩き回ったり，靴下を手にはめたり，トイレブラシで歯を磨いたり，間違ったところに仕事に行ったり，とか？　教えてほしいのですが，あなたの人生は，実際にそこまでランダムですか？　それとも，自分の行為を選んでいないと感じているだけですか？
>
> **クライエント**：まあ，**そこまで**めちゃくちゃではないです。でも，自分に起きていることをコントロールできないとたいていは感じていると思います。ものごとを変える方法がないのです。
>
> **セラピスト**：そして，あなたのマインドがここで与えてくること，つまり「私は身動きがとれない」を信じることを選び，あなたは身動きのとれない人のように行動し続ける。そうですね？
>
> **クライエント**：うーん，そうですね。
>
> **セラピスト**：あなたが身動きが取れないと信じているかどうかを聞いているのではないのです。お聞きしているのは，あなたは，自分の行動をある方向に向かわせることができますか？　ということです。そして，教えてほしいのは，あなたはその方向を選ぶことができますか？　ということです。

このことについて，クライエントを威圧するのではなく，選択はおこなわれておらず目的は満たされていないという幻想をやんわりと切り崩すことが重要である。問うべきことは「**どの目的を選択するのか？**」である。行動がどのように機能しているか，行動が何を生み出すかを検証すると，行動の目

的がわかる。多くの場合，クライエントは，自分が果たそうとしている目的が，それほど効果がなく，せいぜい何らかの嫌悪的な結果からのごく短い解放しかもたらさないと気づく。たとえば，満たされない結婚生活を送っているクライエントなら，家では「正しいことをすべて」律儀におこなって，配偶者との，距離はあっても平和な関係を維持しようとするかもしれない。しかし，この一時的な安心感は高くつくことになる。なぜなら，最も苦痛のある問題をしまいこんでいる限り，ふたりの関係が今より満足のいくものに発展する可能性は，まずほとんどないからである。ACTでは，話し合いを次の問いに進めようとする。「もし，ここで目的を選べるとしたら，あなたはどの目的を選択しますか？」

自分の人生にどうあってほしいですか？

ACTの「人生の地平線を設定する」エクササイズで最も力強いもののひとつは，「**自分の人生にどうあってほしいですか？**」と呼ばれる。以下は，何不自由なく暮らせる資産を築き，目標のなさに苦しむクライエントとの会話である。

セラピスト：よろしければ，あるエクササイズをしたいと思います。このエクササイズは，とても面白くて驚くような結果になるかもしれませんし，単に，あなたがこれまでずっと知っていた何かにつながれるようになるかもしれません。何が起こるか見てみませんか。
クライエント：いいですね，やってみたいです。
セラピスト：これは，私が「**自分の人生にどうあってほしいですか？**」エクササイズと呼んでいるものです。少しの間，目を閉じてリラックスして，私たちがこれまでに話していた他のことはすべていったん忘れてください。（*2〜3分間，クライエントがリラックスするのを援助する*）さて，想像してください。何かの運命のいたずらで，あなたは死んでしまいましたが，あなたは魂となって，自分の葬儀に出ることができるとします。葬儀の場で，あなたは，妻や，子どもたちや，友人，一緒に仕

事をしてきた人などが追悼の言葉を述べるのを，眺めて，聞いています。その状況にいることを想像して，葬儀の部屋に感情をこめて入り込んでください。(*休止*) いいですね。今度は，あなたの人生の一部だったこの人たちに，「こんなふうに自分のことを覚えていてほしい」と思うことを想像してください。奥さんには，夫としてのあなたについて何を話してほしいですか？ 奥さんに言ってもらってください。ここでは遠慮しないでください！ あなたが完全に自由に選べるとしたら奥さんにいちばん言ってほしいと思うことを，そのとおりに言ってもらいましょう。(*休止して，クライエントに話してもらう*) では，子どもたちには，父親としてのあなたを，どんなことで覚えていてほしいですか？ ここでも，思い切ってください。子どもたちに**どんなことでも**言ってもらえるとしたら，それはどのような言葉でしょうか？ 実際には，あなたがそうありたいと思うことに沿って生きていないとしても，いちばんそうあってほしいように話してもらってください。(*休止して，クライエントが話せるようにする*) では，友人には，友人としてのあなたのことをどのように話してほしいですか？ 友人に，どのような意味で覚えていてほしいですか？ こういうことを全部，彼らに言ってもらいましょう。どんな気持ちも抑えないで！ いちばん言われたいと思うことを，そのとおりに言ってもらってください。そして，彼らが話すのを聞きながら，それを心に書き留めてください。[クライエントがエクササイズに入り込んだことがかなりはっきりするまで，この作業を続けるとよい。それから，クライエントがセッションに戻れるよう手助けする。たとえば「戻ってきたときにこの部屋がどのように見えるかをイメージしてください。準備ができたら目を開けてください」など]

クライエント：なんだか奇妙でした……死んでいてもその場にいるのを想像するのは。以前，ときどき，突然死ぬことについて考えたことがありました。普段は，みんながどれほど消沈するかということを考えます。デビーと子どもたちにとって，どれほど辛いかを！

セラピスト：すると，死ぬところまで自分を想像するのは，かなり深刻な作業のように感じるのですね。

クライエント：ええ，自分が抱えている問題がすべて，なんだか小さくなるような感じです！　それと同時に，自分の人生が無駄に過ぎ去っていくようで，すごく気分が沈みます。

セラピスト：教えていただきたいのですが……追悼の言葉を聞いたとき，自分をこんなふうに覚えていてほしいことについて，何が際立っていましたか？

クライエント：デビーが，私が愛情深くて，誠実で，気配りのできる夫で，いつも子どもたちを養う父親だった，と言ったとき。それから，チャックが，彼は私がおそらくいちばん長く知っている友人ですが，彼が断酒して私をいちばん必要としたときに，私が彼のためにそこにいてくれた，と言ったときです。これは，2年前に実際にあった出来事です。

セラピスト：では，誰かが立ち上がって，「リチャードを覚えています。彼は，生涯をかけて，自分がただのまぐれ当たりではないことを証明しようとしました」と言いましたか？

クライエント：(笑) いいえ。

セラピスト：誰かが，「リチャード，ここに眠る。彼は，仕事で200万ドルを得ました。だから永遠に尊敬すべき人物です」とは？

クライエント：(笑) いいえ。何を言おうとしているんですか？

セラピスト：いえいえ，なんでもありません……ただ，あなたがこれまでに自分を責め，抜け出そうともがいてきたたくさんのことは，こんなふうに自分を覚えていてほしいと思っていることと何のつながりもない点に気づいてほしいのです。あなたは，何の価値も感じないもののなかに自分自身を容赦なく押し込んでいるようです。

クライエント：真実だとしたら，かなり怖いことですね！

セラピスト：そうですよね。そして，大事なのは，何が真実か，ではないのです！　何がうまくいって，何がうまくいかないか，です！

このたぐいのエクササイズとして，短い追悼の言葉を想像上の墓碑に刻むようにクライエントに伝えてもよい。多くの場合，このエクササイズで，ク

ライエントの価値とその人の現在の行動との間に大きな隔たりがあることが明らかになる。

> **セラピスト**：人が死ぬと，後に残るのは，「その人が何を持っていたか」よりも，「その人が何であろうとしたか」のほうが大きいです。たとえば，アルバート・シュバイツァーについては，聞いたことがありますか？
>
> **クライエント**：もちろん。アフリカの医師ですよね？
>
> **セラピスト**：そのとおりです。では，どうしてあなたがこの人を知っているのでしょうか？　彼は亡くなっています。おそらく，彼が治療した人々のほとんどもすでに亡くなっています。でも，彼は何かを体現したのです。それと同じように，自分の墓碑に，あなたが人生でこうありたいと思うことを，どんなことでも望むとおりに刻めるものと想像してください。何でも許されるとしたら，自分の墓碑銘には何と刻んでほしいですか？　少しの間，考えてみてください。
>
> **クライエント**：「彼は，人生に関わり，同胞を助けた」
>
> **セラピスト**：すばらしい……では，質問です。あなたの人生が現在どうあるかを見ると，今挙げたものになっていますか？　あなたは，本当に，人生に関わって，同胞を助けていますか？
>
> **クライエント**：いいえ。私にできるかわかりません！
>
> **セラピスト**：おっしゃることはわかります。つまり，このままでは，あなたの墓碑銘に刻まれるのは「生涯をかけて，人生に関わるために必要なものを自分がはたして持っているのかどうかに思いをめぐらせた……そして，不確かなまま永眠した」というようなものになりそうです。

　状況やクライエントによっては，葬儀や墓碑のエクササイズを用いると，死にまつわる問題が（ここでは重要ではないのだが）あまりにも誘発されやすいかもしれない。しかし，より誘発的ではないバージョンを考え出すのは簡単である。たとえば，職場でおこなう介入なら，葬儀は，定年退職の送別会に置き換えて，刻まれる墓碑銘は，記念品として贈られる腕時計の裏に彫

られる文章にしてもよいだろう。ACTの文献に，このテーマに関するエクササイズがたくさんある。

「価値の的」の介入

　ここでおこなう簡潔にして的確な介入は，Tobias Lundgrenら[158]によって開発された「価値の的」（Bull's Eye）エクササイズを基にしている。西洋文化圏のほとんどの人は，ダーツやアーチェリーを通して価値の的の概念をよく知っている。こうしたスポーツの目的は，ダーツまたは矢を，いちばん得点の高い的の真ん中，つまり中心（Bull's Eye）に当てることである。一般的には，的の中心から離れるにしたがって得点も下がる。エクササイズでは，セラピストが紙の上に素早く5重から7重の同心円を描いてから話し合いをはじめる。

　セラピスト：では，紙の上に的を描きましたので，見てください。このような的を知っていますか？

　クライエント：ええ，子どものころにダーツ投げをして遊びました。そのとき，これに似た的を使いました。

　セラピスト：わかりました。これから，的を使って，違うタイプの弓矢の腕前を測ってみましょう。測るのは，基本的に，自分の人生に進んでほしいと思っている方向へあなたがどれほど自分の人生の狙いをつけられているか，ということです。あなたは，先ほど，自分の人生の重要な価値のひとつが，自分が人生に関わっている実感を持ち，助けが必要な人を助けることだと発見しましたね。的の真ん中がbull's eye（中心）と呼ばれていることを忘れないでください。ダーツ投げをするときにダーツを命中させたい場所です。いいですね？

　クライエント：いいです。私にはそんなことはあまり起こらなかったのですが，できたときはすばらしい気分でした！

　セラピスト：そして，円は外側に広がっていて，ダーツを外寄りの円に当てたときは得点が低かったですね？　今から，あなたにしていただきた

いのは，あなたがおっしゃったあなたの人生の価値について考えて，この同心円の的の上に，あなたが今の時点で価値を生きている程度を示す位置に印をつけることです。真ん中に印をつけたら，中心を射たという意味です。つまり，あなたは，精一杯人生に関わり，助けを必要とする人を助けるという価値も実現しています。中心から離れた印は，どこにつけるかによって，価値を生きていることがときどきあるか，まったくないか，という意味でしょう。さて，今から，あなたが人生のまさにこの瞬間に的のどの位置にいるかを考えて，そこに印をつけてください。*[セラピストは，クライエントに紙を渡し，クライエントはいちばん外側の円に印をつけてから紙をセラピストに戻す]* どうやら，中心からかなり遠いところに印をつけたようですね。それは，あなたが，今は自分の価値に沿った生き方をしていないと感じているという意味です。間違いないですか？

クライエント：ええ，これはかなり不愉快なことですね。自分はもっとできると思うからです。ただやっていないだけです！ 的に印をつけるのは，「私は失敗しています」と公言しているような気分です。

セラピスト：今の心温まる素敵な思考について，あなたのマインドに感謝しますよ。自分自身が勝者か敗者であると宣言するよりはるかに大事な目的がここにはあります。それは，あなたが自分の人生で実際にどの位置にいるのかを把握することです。私たちは，いたいと思うところからではなく，今いるところからしか出発できません。ですので，これは不愉快な作業かもしれませんが，あなたが今と何か違うことを選択しておこなうのなら，そうするプロセスに必要な最初のステップなのです。

クライエント：わかりました。私はこの円の外にいますが，円の内側に入りたいです。どうしたらそこへ行けますか？

セラピスト：これは現在進行中のプロセスだと考えればいいかもしれません。あなたは１つの円の中にずっと留まるわけではないのです。たとえ中心を射たとしても，「大当たり！ あなたは中心にいます。もう何もしなくても，ずっとここに留まれます」と書かれた証明書を人生からもらえるわけではありません。だから，的の上であなたの位置が常に動

いていることに気づいてください。このエクササイズは，あなたがどこにいるのかを確認して理解するための方法に過ぎません。それ以上でも，それ以下でもありません。もしも，自分の位置が好きでないのなら，何か1つだけ違うことを選択してやってみるといいでしょう。円ひとつ分，中心に近づくかもしれません。大型客船の操縦のようなものです。急には方向を変えられませんが，舵をわずかに切ることはできて，やがて船の進む方向が大きく変わっていくでしょう。

価値づけられた方向を選択する
——コンパスの方向を合わせる

　価値と密接に体験的に接触するプロセスは，ACTで最も心を動かされ，心の奥深くに関わる臨床体験のひとつである。人々は，最も奥深くに大切にしている事柄が自分の傷つきやすいところだということを直感的に知っている。そのため，そうした領域を他者にほとんど見せようとしないだろう。価値に取り組んだ後では，それまで誰とも共有したことのなかった情報を，セラピストが密かに知るようになる可能性が高い。この親近感こそ，適切に使用すれば，価値に基づいた行動変化を推進する強力な治療的作業の基盤として働くだろう。

　ACTにおいて，価値をアセスメントするプロセスは，さまざまなアセスメントや介入に役立つ。第一に，クライエントは，長年にわたって抑圧されてきた価値を認識するようになるかもしれない。このプロセスは，価値づけられた人生の方向と現在の行動が大きく掛け離れていることをクライエントが発見するだろうという意味で，動機づけ的である。私たちは発見されるこのギャップを「価値-行動」の不一致と呼ぶ。それが，ACTでの行動変化のプロセスを刺激して促進する力となることが多い。第二に，セラピストが適切におこなえば，価値について検討することで，セラピーでの会話に対して，ポジティブな力強さに基づいた感覚が生まれる。ほとんどの人は，人生において利他的な動機，すなわち，良き恋人，良き伴侶，良き親，良き友で

ありたいという願いを持っており，こうした動機は人間の社会的性質の基本を成す。価値のアセスメントのプロセスを通じて，セラピーでの会話を，欠陥，欠点，問題に焦点を当てることから，クライエントの人生の完全で純粋なままの土台を強調することへと，動かすことができる。不完全なものに満ちた世界のなかで，価値は完全である。ある人が抱く価値は，他の人から見てあるべき姿ではないかもしれないが，それは，その人自身の内部ではいつでも完全で完璧である。多くのクライエントは，自分は，心の深いところ，最も根本的なレベルでひどく欠落しているという感じを抱いてセラピーへやってくる。価値以上に根本的なものは想像しがたい。そして，自分に完璧な土台があるとわかることは，その人を力づけ，高揚させる力を持っている。クライエントと一緒に価値を見直したあと，セラピストは「この価値に欠けていることはありますか？　価値をより良いものにできますか？」と尋ねるとよい。クライエントが改善できる点を考えられるのなら，改善は，まさにこのように気づくことによって達成されるのである。このような根本的な意味で，クライエントが考えつくことはすべて完全なのである。

　価値を構築するプロセスの第三のメリットは，それを通じて，人生が，遠い将来のどこかではなく「**今**」起きているという認識を引き出せる点である。この認識のもとでも時計の針は進んでいくが，それは悪い意味ではない。奇妙なことに，自分がこの瞬間，どのように人生を生きているかということに比べて，自分の価値について常に考えることに対する社会的支持は(せいぜい) 限定的である。私たちは，この問題について「チェックアウト」された状態でいるように促されている。なぜなら，大衆が「チェックイン」して，広く普及し社会的に構築された「価値」の有用性に疑問を持ちはじめると，現在の社会秩序には間違いなく脅威となるからである。ACTの価値のワークが持つ独特の風味や調子によって，クライエントは，今のこの瞬間のなかに「位置づく」ことができる。そうすることで，特定の行動について具体的に考察して，その行動を変化させたり修正したりできるようになる。ほとんどの場合，そうした行動は，周囲の社会的環境が引き出すのではなく，クライエントのなかから生まれてこなければならない。

　ACTの研究家と臨床家は，価値のツールを幅広く開発してきた。ACT全

体のなかで，価値のワークはそれだけで一冊の本になる (例：文献44)。また，セラピー場面や臨床スタイルの違いで，価値のワークにはさまざまなアプローチが可能である。本章では，幅広く適用できる臨床アプローチのひとつを紹介するが，具体的なニーズがある読者は，Dahl[44]やその他のACTの資料に当たって，より時間のかからない別のアプローチを探すとよい。

以下に紹介する価値のワークのプロセスは，比較的構造化されていて，長いエクササイズのようなものとして有用である（素早くアセスメントするには「**価値の的**」のエクササイズのほうが役立つ）。手順は以下のとおりである。

1. セラピストはクライエントに価値のアセスメントのプロセスを説明する。
2. クライエントは，価値のアセスメント・ワークシート（**図 11.1**）をセッション中，またはセッション間のホームワークとして記入する。このアセスメント書式によって，クライエントは，セッション内のワーク中に浮かび上がってきたテーマを「記録に残す」ことができる。ここで挙げた価値は，その後のACT中に繰り返し参照される。そのため，セラピストは価値を構築するワークをクライエントと一緒に十分におこない，クライエントの主なビジョンが正確に書かれていることを確認する必要がある。その検討プロセスは，次のステップを通して達成される。
3. セラピストとクライエントは，一つひとつの領域で挙げられた価値を検討し，価値についての短い叙述文を共同で作る。それは，ワークシートの自由形式の文章を平易にして，焦点化して，要約したものである（価値に関する語りフォーム，**図 11.2**）。典型的には，セラピストが主にするべきことは，クライエントが価値とゴールを区別できるようになり，価値を単なる具体的な目標ではなく方向性として表現できるようになるのを支援することである。このように，セラピストは，クライエントの語りを，価値の定義を満たす価値の叙述へと洗練させていくプロセスに，ACTの視点から見た，価値に関する専門知識

以下に示したのは，人が価値を置く人生の領域です。誰もが同じ価値を持つわけではありませんし，このワークシートは，あなたが「正しい」価値を持っているかどうかを確認するテストでもありません。このワークシートは誰にも読まれないと思って，ありのままに自分の価値を書いてください。書きながら，一つひとつの領域について，具体的なゴールという点と，もっと全体的な人生の方向性という点から，考えてください。たとえば，具体的なゴールとしては「結婚する」ことに価値を置き，人生の方向性としては「愛情深い夫や妻でいる」ことに価値を置いているかもしれません。前者の「結婚する」は達成できる性質のものです。一方，後者の「愛情深い夫や妻でいる」には終わりがありません。あなたがどんなに愛情深いとしても，いつでも，もっと愛情深くなれます。また，未婚でも，交際相手がいないときでも，あなたは愛情深い夫や妻になる方向へ進んでいけるのです。たとえば，親しい関係にもっとなりやすいように，親しい関係がもっとうまくいくように，自分で準備しておけるでしょう。一つひとつの人生の領域に取り組んでください。領域が重なっていることもあります。たとえば，「家族関係」と「結婚／親密な対人関係」を区別するのは難しいかもしれません。できるだけ区別するようにしてください。記入したゴールと価値を検討するときは，セラピストが手伝います。

　一つひとつのセクションにはっきりと番号をつけて，区別してください。価値を置いているゴールがない領域もあるかもしれません。そういう領域は飛ばして，セラピストと直接話し合ってもかまいません。「邪魔するものが何もなかったとしたら，私は何に価値を置くだろう」と考えて，それを書くのも大事です。ここでは，現実に何を得られると思っているか，また，あなたや他人があなたにどんな価値があると思っているか，を尋ねているのではありません。あなたが，どんなときも大切にしていて，どんなときもそれに向かって進んでいきたいことを知りたいのです。ワークシートに取り組むときは，魔法が起きて何でも可能になったつもりになって，書いてみてください。

注意：臨床で使う際には，各カテゴリーの間に空欄を設ける

1. **家族関係（「結婚／恋人／親密な対人関係」と「子育て」以外）**：ここでは，あなたがどのような兄弟／姉妹，息子／娘，父親／母親でありたいと思っているかを書いてください。家族関係であなた自身がそうありたい人柄を言葉で言い表してください。そういういろいろな家族関係であなたが理想の自分だったとしたら，どのように家族に接するかを説明してください。

2. **結婚／恋人／親密な対人関係**：ここでは，親密な関係を持ちたいと思う相手の人について書いてください。どのような関係でいたいかを書いてください。その関係であなたが果たす役割に注目してみてください。

3. **子育て**：今，または将来，どのような親になりたいですか？

4. **友人／社会的対人関係**：ここには，あなたにとって，誰かの良き友人であることはどのような意味があるかを記入してください。あなたが最高の友人になれるとしたら，友達に対してどのように振る舞うでしょうか？　理想的な友情について説明してみてください。

図11.1．価値のアセスメント・ワークシート

5. キャリア／職業：ここには，どのような仕事をしたいかを書いてください。とても具体的に書いても，とても一般的に書いてもかまいません。（思い出してください，ここは理想の世界です。）したいと思う仕事の種類について書いたあと，なぜそれがあなたには魅力的なのかを書いてください。次に，雇い主や同僚との関係で，あなたがどのような働き手になりたいかを検討してください。職場の人間関係はどのようなものであってほしいですか？

6. 教育／訓練／個人的な成長と進歩：公式のものでも非公式なものでも，教育を受けたいとか，専門的なトレーニングを受けたいと思っているなら，そのことを書いてください。なぜ，そういう教育やトレーニングがあなたにとって魅力的なのかを書いてください。

7. レクリエーション／レジャー：どのようなレクリエーションを楽しみたいか考えてください。趣味，スポーツ，レジャー活動も含まれます。

8. スピリチュアリティ：ここでは，組織になっている宗教という意味では必ずしもありません。スピリチュアリティとは，**あなたにとってスピリチュアリティの意味になることなら，何でもかまいません**。「自然に親しむ」のようなシンプルなことから，「宗教団体に参加する」といった正式なことまで，何でもかまいません。あなたがスピリチュアリティだと思うことなら，何でもいいのです。スピリチュアリティがあなたの人生で重要な領域なら，それがどうあってほしいか書いてください。あなたの価値に重要でなければ，他の領域と同じように，飛ばして次の領域に進んでください。

9. 市民生活：社会活動に参加することが人生で大事な部分である人もいます。たとえば，ホームレスやお年寄りのボランティア活動をする，国・州・地域の政治家に働きかける，野生動物保護団体のメンバーになる，断酒会などの自助グループの支援活動に参加する，ということを重要だと感じる人もいます。このような社会活動があなたにとって重要であれば，そういう分野で進みたい方向について書いてください。この領域の何があなたにとって魅力的なのかについても書いてください。

10. 健康／身体のセルフケア：ここは，身体の健康維持に関係する価値についてです。睡眠，食事，運動，喫煙など，健康に関することについて書いてください。

11. 地球環境／持続可能性：ここには，持続可能性，地球環境への配慮，特に自然環境の領域で，あなたの価値に関することを書いてください。

12. 芸術／美学：ここには，時間をかけて追求することに関した価値を書いてください。たとえば，芸術，音楽，文学，職人技や，この世界にあるあなたにとって有意義な美ならどのような形のものでもかまいません。あなた自身が生み出すものでも，他の人が生み出してあなたが主に味わうものでもかまいません。

図 11.1. 価値のアセスメント・ワークシート（つづき）

セラピストは、クライエントの価値アセスメントのホームワークを検討し、それに基づいて、一つひとつの領域について、一つひとつの領域に対して短い叙述文を作成する。当てはまることがなければ、「なし」と記入する。すべての叙述を作成したら、一つひとつをクライエントに読み上げ、さらに吟味する。プライアンス的な答えには注意しながら、クライエントの自分の価値と一致しているかと合意するような簡潔な叙述にたどり着くまで、このプロセスを続ける。

領域	価値づけられた方向の叙述
家族関係（「結婚／恋人／親密な対人関係」および「子育て」以外）	
結婚／恋人／親密な対人関係	
子育て	
友人／社会的対人関係	
キャリア／職業	
教育／訓練／個人的な成長と進歩	
レクリエーション／レジャー	
スピリチュアリティ	
市民生活	
健康／身体のセルフケア	
地球環境／持続可能性	
芸術／美学	

図11.2. 価値に関する語りフォーム

を適用するのである。
4. 語りが完成したら，クライエントは，価値に基づく生活調査票-2（Valued Living Questionnaire-2；VLQ-2）[264]（図11.3）を記入し，評価を作成する。臨床家にとっても，エクササイズのようなものとして，後で似たような評価用紙をクライエントについて記入しておくと役立つだろう。2つの評価（クライエントとセラピストの評価）をおこなう目的は，ひとつには，臨床家とクライエントが話し合っていない領域を見つけるためであり，そうすることで，検討してさらに明確にする必要がありそうな領域に指針が与えられる。
5. クライエントの価値のアセスメント・ワークシート（ステップ2より）を，セラピストとクライエントが一緒に再検討し，共同して修正する。このプロセスでのセラピストの仕事は，かなり具体的で価値づけられた目標であるものに本来備わっている方向性を明確にすることである。

プライアンスとカウンター・プライアンスに対処する

セラピストは，クライエントが価値を表明する行為に影響を与えている可能性のある他の要因，特に，プライアンスとカウンタープライアンスに関連することも常にアセスメントするべきである。そして，プライアンスまたはカウンター・プライアンスがプロセスに影響している可能性を示すものとして，さまざまな指標のうち，以下の兆候に注意すべきである。

- 価値の表明が，セラピストの存在によってコントロールされている。すなわち，「何がセラピストを喜ばせるか」に関するクライエントの憶測と連動して，コントロールされている。その結果として，セラピストが賛成する，セラピストが非難しない，またはその両方を示唆することが生じるだろう。
- 価値の表明が，全体的に文化の存在によってコントロールされている。それを示すのは，その文化で認められていない，周囲からの承認がな

以下に示したのは、人が価値を置く人生の領域です。一つひとつのあなたの生活の質を知りたいと思っています。それぞれの領域について、複数の面から評価してください。以下の質問を自分に尋ねるときに、みんなが すべての領域に価値を見出すわけではありません。すべての領域で同じように価値を見出すこともありません。あなた自身 の考えに従って、一つひとつの領域を評価してください。

現実性：この価値の領域で、あなたにとってとても重要な出来事が起こる可能性はどの程度ですか？ あなたが考える可能性 を1から10で評価してください。1は可能性がまったくない、10は可能性が非常に高いという意味です。

現時点での重要性：この価値の領域は、人生の今の時点で、あなたにとってどの程度重要ですか？ 重要度を1から10で評価 してください。1はまったく重要ではない、10は非常に重要であるという意味です。

全体的な重要性：この価値の領域は、あなたにとって、人生全体を考えたときに、あなたにとってどの程度重要ですか？ 重要度を1から10で 評価してください。1はまったく重要ではない、10は非常に重要であるという意味です。

活動レベル：この1週間、この価値に沿ってどの程度活動できていましたか？ 活動レベルを1から10で評価してください。 1はまったく活動しなかった、10は価値に沿って大いに活動したという意味です。

活動レベルに対する満足感：この1週間、この価値の領域での活動レベルに対して、どの程度満足していますか？ 満足度を 1から10で評価してください。1はまったく満足できていない、10は完全に満足しているという意味です。

心配：この価値の領域が、あなたが望むように進展しないのではないかと心配になることはありますか？ 1から10で評価し てください。1はまったく心配していない、10は非常に心配しているという意味です。

図11.3. 価値に基づく生活調査-2 (VLQ-2)。Mindfulness for Two, Copyright 2009 by Kelly G. Wilson and Troy DuFrene. New Harbinger Publications, Inc. より許可を得て掲載。

第11章 価値とつながる 497

	現実性	現時点での重要性	全体的な重要性	活動レベル	活動レベルに対する満足感	心配
家族関係（「結婚／恋人／親密な対人関係」および「子育て」以外）						
結婚／恋人／親密な対人関係						
子育て						
友人／社会的対人関係						
仕事						
教育／訓練						
レクリエーション／レジャー						
スピリチュアリティ						
市民生活						
身体のセルフケア（食事，運動，睡眠）						
地球環境（地球環境への配慮）						
美学（芸術，音楽，文学，美）						

図11.3.（つづき）

い，または，名声が知れ渡っている，などであろう。
- 価値の表明が，クライエントの親が表明している価値や，親が思い込んでいる価値にコントロールされている。その結果として，親から承認されることが生じるだろう。その承認は，実際に記録される場合もあるし，言語的に構成される場合もある。
- 価値の表明が，「しなければならない」という性質を持ち，フュージョンや回避を示唆している。
- 価値の表明が，過去についての反すう，未来についての心配，あるいはその両方に重くのしかかられている。

　このような変数から部分的にもときどきでもまったくコントロールされない価値を持っているクライエントは想像しがたい。重要な点は，関連している影響を取り除くことによって，クライエントの人生を方向づける源泉としての価値の効力が有意に変わるかどうかである。また，アセスメントの作業は，たった一回の検討で終わるものではない。価値の「所有者」の問題は，時間とともに何度でも表面化することが多い。こうした問題には，「それに関係する社会的結果が起こらない状況を想像しながら，価値について話してください」とクライエントに指示すると最もうまく扱えるものもある。
　たとえば，高い教育を受けることを価値として支持するクライエントについて考えてみよう。セラピストは，匿名でいなければならないとしたら価値づけのレベル（または価値そのもの）が変わるかどうかを尋ねてもよい。「あなたに教育を高める機会があると想像してください。ところが，取得した学位のことは誰にも話せません。それでも，その学位を得るために努力しますか？」「あなたのお母さんもお父さんも，あなたが教育を受けた事実を決して知ることがないとしたら，それでも教育に価値はありますか？」。別の角度から入っても，コントロールしている変数を見極めるヒントが得られるかもしれない。たとえば，次のように質問してもよい。「あなたが学位を得るためにとても努力して，お母さんもお父さんもそのことを知って誇りに思っていたとしましょう。ところが，学位を得た次の日に，あなたは学んだことをすべて忘れるとしたら，いかがですか？　それでも，同じくらい教育に価

値を感じますか？」。さまざまな想像上の結果を検討していくと，クライエントは，親の承認が「飲み物を掻き回すストロー」，すなわち，ものごとの方向性を決める主因であることに気づいて悔しがるかもしれない。このケースでは，「高い教育を受けること」はまったく価値ではなく，他の価値（すなわち，「人生で関わる人を愛し，愛されること」）に役立つゴールなのである。本当の価値が明確になれば，希望する目標として書き留める。価値は，セラピーの経過を通してその強さが変わったり，初期にアセスメントした機能まで変わったりすることもめずらしくない。

価値を見失う

　価値に基づく生活調査票-2（VLQ-2）では，クライエントは，多くの人生の領域にわたって，回答を生み出すよう求められる。クライエントは，空欄の領域がある用紙を持ってくることが多い。さらに機能不全のクライエントでは，すべての領域の欄が空白か，とても表面的な答えだけのこともある。そのとき，セラピストは，クライエントから反応を引き出すために，根気よく一つひとつの領域を検討する必要がある。多くの場合に役立つのは，クライエントの人生をさかのぼり，ネガティブな出来事のために消えている夢，願い，希望の例を探すことである。場合によっては，クライエントの具体的なゴールの基盤になっている隠れた価値を見つけることや，逆に，十分に描写されているが根拠のない価値に基づいて具体的なゴールを生み出すことを，手助けしなければならないかもしれない。

　また，クライエントが，人生の具体的なゴールとして，達成不可能なことを挙げる場合もめずらしくない。たとえば，10年前に養子に出した子どもの親権を取り戻したいという女性もいるだろう。このような場合，セラピストは，もしその方向へ進んでいくとしたら達成するかもしれない根本的な価値やゴールを見つけようと試みる。このたぐいの問題として，クライエントが「自分は取り返しのつかないことをしてしまい，この領域で手に入る現実的で有意義な人生の成果などない」と主張する根拠として，達成不可能なゴールに注目している場合がある。この後者の可能性のほうが臨床的に扱う

のは難しい。なぜなら，価値は今や現状追認のために採用されており，クライエントは，いかなる変化も不可能か，ぜいぜい表面的な変化しかありえない，という立場だからである。このような状況では，「今，この瞬間」に戻って，クライエントに，この永遠の喪失という感覚と直面するたびに自分に表れる具体的な感情を見極めてもらうと有用なことが多い。また，痛みの源にある価値を見定めるように伝えてもよい（例：「私は，良い母親でいたくて，私の覚醒剤依存がやがて我が子を傷つけると思ったのです。だから，あの子を養子に出したのです」）。ときには，痛みの源が，クライエントが大きな個人的代償を支払って大切に抱いてきた価値ということもある。それでも，セラピストは，この価値が表すこととクライエントが「つながる」のを助けることができる。必ずしも，実際に起きたことに対して非現実的なほど楽観的な立場をとらなくてもよいのである。

他のコア・プロセスとの相互作用

　多くのACTプロトコルでは，価値のワークは介入の後のほうでおこなわれる。そのため，アクセプタンスと脱フュージョンのワークをおこなえば，マインドフルネスの過程にそれほど注意を払わなくても価値に進めると思われがちである。実際には，ACTのマインドフルネスの過程は，価値のワークに対する体験的バリアを取り除き，価値との接触を促し，そして，価値づけられた行動のパターンを発展させそれに沿って行動する能力を促進する。

価値と脱フュージョン

　フュージョンに注目することは，価値に取り組むときには特に重要である。クライエントは，価値についての使い古された物語を携えてセラピーにやってくる場合が多い。よくみられる物語は，次のようなフュージョンした内容を含んでいる。それは，「世界はそういうふうにはなっていないのです」「何をしても，世界に打ちのめされる」「この年齢の人間など誰も雇うはずがない」というものである。また，クライエントたちは，価値に沿った行

為を試すことさえ意味がないという証拠として,自分の苦難の歴史を挙げる。たとえば,「私の人間関係はいつも失敗する」「子どもたちはもうチャンスを絶対にくれない」という絶望的な発言である。ACTでは,こういうネガティブな内容のことを「価値とのフュージョン」と呼ぶ。

価値とのフュージョンを示す代表的な指標は,非柔軟性である。この非柔軟性にはさまざまな形態があって,なかには,特定の価値を強く支持するにもかかわらず行為が伴わない,価値を持っていることさえ否定する,あるいは,特定の領域を価値の対象として考えてみることさえ完全に拒否する,などが含まれる。価値とのフュージョンには,特定のポジティブな結果に硬直的に執着する,またはネガティブな結果を強く回避する,などが含まれる場合もある。その結果,クライエントが価値づけられた領域のなかを先へ進むために必要な柔軟性を失うことになる。

価値のワークにおいて,フュージョンが価値のために役立つように見えるときもある。こういう状況は特に油断ならない。なぜなら,価値とのフュージョンは,良い結果を**いくらか**生み出すことも実際にあるからである(例:「みんなに親切にすれば,みんなも親切にしてくれて,私は大切にされていると感じるだろう」)。問題は,フュージョンが生み出す非柔軟性と鈍感さにある。価値のワークでの最高レベルは,脱フュージョンされた価値づけである。価値は,軽く保持され,それでいて精力的に探求することができる。脱フュージョンされた価値づけの長所は,特定の価値に基づいた行為を手放すことが,長期的にその価値に役立つためには最善であるときに,そのことをより認識できる点である。場合によっては,表面上は価値に反することをすることが,機能的には価値の**ためになる**のである。子どもたちが**いくらか**間違いを犯すままにしておくことは,親として難しいことであろうが,子どもたちの学習体験には欠かせない。子どもをあらゆる危害から遠ざけておくルールに非柔軟に固執すると,過保護になり,子ども自身の自律性を発達させる欲求を妨げるかもしれない。

セラピストは,価値のワークを,クライエントが「するべきもの」として推し進める誘惑に駆られるかもしれない。クライエントが進みたいと思っている価値づけられた方向が明確なときは,なおさらだろう。しかし,そのよ

うにすると，クライエントの側には，価値とのフュージョンをさらに生み出すことになりがちである。クライエントは行動することにウィリングネスであるべきだとしたら，この命令は，クライエントが自分を叱咤するための道具，つまり，「私は悪い」のだと示す証拠をさらに1つ増やすことになりかねない。非柔軟性の持続，行動の欠如，あるいは，持続的な価値の混乱が表れたら，価値のワークを推し進めるのではなく，フュージョンした内容をアセスメントして治療したほうがよい。そして，価値のワークに戻ればよい。

価値と自己

　自己の領域で価値のワークをおこなうとき，最もよくある障害物は，概念化された自己の物語に過度にとらわれることである。そのような発言としては，「私にはもう遅過ぎるのです。私は取り返しのつかない間違いをたくさんし過ぎました」「私には欠陥があって，そのせいで，この領域で何も達成できないのです」（例：「私はそんなに賢くない」「そんなによくない」「熱意が足りない」「愛されるにはふさわしくない」）などがある。ときには，欠陥がわからないのに強く確信して主張することもある。「私の何がおかしいのかはわかりません。でも，私の人生を見てください！」。そうしたテーマが現れたときは，それを合図に，セラピストは，クライエントの「今，この瞬間」の気づきと観察者としての自己を強める作業に取りかかるべきである。ほとんどの場合，自己の物語へのとらわれは，人生の重要な成果に関心を払うことからクライエントを遮蔽する機能を果たしている。「努力していない」「失敗するに決まっている」「ほら，大事なときに限って何かが起こるんです！」といった筋書きの代わりに，そのような物語が現れたまさにその瞬間に浮かんだ感情について検討し，その自己の物語を当事者ではなく聞き手として観察できるようにならなければならない。

価値とアクセプタンス

　人はよく，価値に関連した体験の回避を示す。価値と脆弱性の間には，常

に相互作用がある。私たちは，ある人が何に価値づけているかを知っていれば，その人を傷つける方法も知っていることになる。また，誰かがあなたの好意に価値を置いているなら，あなたに軽蔑されることは苦痛である。相互作用というこの性質は，価値づけられた領域に広くおよぶ。画家が，芸術表現に失敗したときに生じる苦痛を恐れて，特定の対象や人物を描かないこともある。作家が書けないのもこの性質が共通していることが多い。夫婦関係の失敗に苦しんだ末に離婚に至る経験をした人は，親密な関係に発展しうる状況や活動を回避するようになるかもしれない。この回避は短期的な安心感をもたらすが，長期的には，その人は親密な関係に関する価値と一致しないまま取り残される。フュージョンの場合と同様に，そうした回避のサインはクライエントの非柔軟性であり，この種の問題をセッション中に検討するとき，また，価値に一致して行動できるはずの生活状況を回避するときに表れる。見せかけのスタートの繰り返し，心配，価値に基づいて行動することについての反すう，といった反復行動がみられるときは，セラピーの焦点を，価値のワークからアクセプタンス指向の介入へと移すべきである。ときには，短いアクセプタンスのワークでも，クライエントを自由にして，価値にもっと一致して行動できるようになることがある。

価値と「今，この瞬間」

　価値づけられた方向に動けないと，「今，この瞬間」のプロセスが不十分になることが多い。難治性のクライエントでは，価値づけられた方向についての会話は，過去の失敗の反すう的な焼き直し，あるいは，進んでいく道やありうる障害物すべてについての脅迫的な心配に退化していく。離婚して子どもを手放した親なら，子どもの親であるというシンプルな喜びとの接触を失った親として，過去の失敗を反すうすることにとても長い時間をかけるかもしれない。過去のことを考え続けたり，起こりうるネガティブな未来を回避したりすることを繰り返している間，その人は，子育ての価値に沿って行動する機会を「今，この瞬間」に失っているのである。

　セラピストが「今，この瞬間」のプロセスのこうした機能不全に気づいた

ときは，マインドフルネスと「今，この瞬間」に注目した介入をところどころに挟むべきである（例：「たった今，親であることのあなたの価値について会話をしたときに，何が思い浮かびましたか？　このまま，ただじっとして，そうした感情や記憶や評価をそのままにすることに，あなたはウィリングネスですか？」）。フュージョンと回避は「今，この瞬間」に生息するのがとても難しく，過去と未来が最も適していて，過去や未来についての会話のなかで繁栄する。もちろん，個人の価値を生きることについて話し合うのは，本質的に，前に向かって生き，進むことである。将来を計画し，過去から学ぶことも，その一部である。しかし，セラピストは，将来の計画と，価値づけられた領域を「今，この瞬間」にマインドフルに味わうこととの間を，柔軟に行き来する介入を目標にすべきである。

価値とコミットメント

　価値のワークでの目標のひとつは，価値に一致した，見込みのある行為を生み出すことである。それをふまえると，コミットメントをおこない，継続することが，価値のワークの最大の障害物になりうるということは，少し皮肉である。クライエントと一緒に価値に取り組むとき，そうした価値が意味する行為も自然に現れる。長期間，価値づけられた領域を無視したり妨害したりしてきた場合には，その領域で行為を選択するという考えそのものが，または，近々そうした選択をおこなうという考えでさえ，著しいフュージョンと回避を引き起こすことがある。経験からいって，セラピストは，コミットされた行為の検討に移る前に，かなりの労力を注いで価値の心理的な力を理解しなければならない。本質的に，セラピストは，価値づけられた領域でクライエントに行動してもらうことの心理的意味を理解する必要がある。行為は，クライエントの自己の物語とどのように結びつくか？　クライエントがこの領域で行動しはじめたら，何がフュージョンを起こす可能性があるか？　価値のワークで非常に難しい場面に遭遇したときは，コミットメントを明確に取り上げると効果的なことが多い。以下のセッション記録は，そういう会話がどのように進むかを示している。

クライエント：これ以上拒絶されるなんて，考えられません。離婚は，ひどいものでした！　誰かをデートに誘うなんて……もう，どうしてもできません！

セラピスト：つまり，親密な関係のことを話していると，デートについて考えはじめるのですね？

クライエント：ええ，そうです。この話が行き着くところはそこでしょう？　妻が出ていったときだって，理由はわかっていたんです。できるなら，私だって自分自身を置いて出ていったでしょう！　私は何も変わっていないのです。同じことの繰り返しでしょう。そもそも，どうやってそんなことをするんですか？　あのオンラインデートサービスにでもアクセスするんですか？　私は，ただ……心の準備ができません。

セラピスト：おお！　たくさんのことがありますね。圧倒されそうです！　あなたが話しているとき，「全部のことが複雑で不可能だ」とあなたが圧倒されているように感じました。この領域……親密な関係について，私から何かお聞きするのはちょっと気が進まない感じがします。質問をやめてほしいのでしたら，そうします。ただ，ちょっとお聞きしてもよろしいですか？　あなたが「嫌だ」とおっしゃったらいつでも私はあなたに賛成します。話を止めます。それが，私があなたに約束したこと（コミットメント）です。ただ，この痛み全体の中心にあなたにとって大事なことがありそうで，それを私は無視したくないのです……何事もなかったかのように飛ばして進みたくないのです。

クライエント：まあ，わかりました。もちろんこれは大事なことです。これ以上大事なことなんて他にないです。

セラピスト：では，よろしいですか？　少し質問してもいいですね？　ゆっくり進んで，どの段階でもすぐやめるという選択肢を残しておきますね。約束します。

クライエント：わかりました……つまり，私はこのことに向き合わなければならないですね。

セラピスト：うーん，それはわかりません。私は「しなければならない」

という言葉はあまり好きではないのです。私は，あなたの人生のなかで，聖歌隊に参加して，あなたが**しなければならない**ことを伝えるような人物には決してなりたくないのです。こう言えばいかがでしょうか。親密な関係の重要性は私にもはっきりしているので，この価値があなたを動かしている様子を少しも理解しないで，私は本当に**あなたのことがわかる**でしょうか？ それは私にはわかりません。では，こうするのはいかがでしょうか。こんなことが可能なのか，どうやって実現するのか，ということはひとまず横に置いておくというのは。それは別の話なので，また別の日に話してもいいでしょう。でも今日は，今，ここで，親密な関係があなたにとってどんな意味を持つのかを私に伝えることに，あなたはウィリングネスですか？ いわゆる説明を求めているのではありません。私は，頭で理解するのではなく，しっかり味わいたいのです。教科書を読むときの態度というより，絵画を見るときの態度に近いです。教科書は，事実をすべて確認していくところです。絵画は，ただ出あって，味わって，一緒にひとときを過ごすものです。あなたがこれまでに知った親密な瞬間を，待ち焦がれる親密な瞬間を，私にも理解できるように進んで手伝ってくださいますか？ お伝えしたように，それについて何をするか，何かをするかどうかについては，後から話しましょう。でも，今は，親密な関係があなたにとってどんな意味があるのか，という漠然とした感じ（フェルト・センス）を私が理解できるよう手助けすることに，あなたはウィリングネスでしょうか？

ときには，コミットされた行為を一時的にでも脇に置いておくほうが，価値と接触しやすいこともある。このように進めると，アクセプタンスと脱フュージョンのワークを徐々に加えることができ，それらによって，最終的にコミットされた行為が可能になる。ACTは，その核心では行動療法である。ACTの最終ゴールは，価値づけられ活き活きとした人生の行動の道筋を，クライエントが発達させ維持していけるように支援することである。最終的に，**すべての**ACTの技法は，クライエントが自ら選択した価値に沿って生きるのを支援することより下位に置かれる。これは，つまり，脱フュー

ジョンやアクセプタンスといった主要な介入プロセスでさえ、ある意味では二次的だということである。たとえば、ACTは感情を呼び起こすが、感情焦点化アプローチなどとは以下の点で異なる。すなわち、そのようなアプローチは、苦痛な私的体験や回避される私的体験に、それ自体の目的で直面することに関心がないのである。むしろ、ACTでは、ネガティブな思考、記憶、感情、その他の私的出来事のアクセプタンスは理にかなった、称賛に値することであるが、それは、クライエントが価値づけている目標に役立つ範囲においてだけである。クライエントが価値づけられた人生の方向を見出し（本章の内容）、感情的な障害物に直面しながら価値を実行する（次章）のを支援することは、ACTがクライエントに求めるものに方向を与え、尊厳を与える。

臨床上の注意事項

選択を強制する

　親密なセラピー関係には潜在的にダークサイドがあるが、それは価値づけが話題に上ったときに生じる。そのとき、セラピスト、クライエントとも、道徳的判断の領域に引き込まれることが多い。道徳とは、何が善であるかに関する社会的慣習であり、一方、価値とは、価値ある目標に関する個人的選択である。効果を最大にするために、ACTセラピストは、クライエントと一緒になって誠実に取り組めなければならない。たとえば、ほんの数例を挙げれば、暴力、薬物依存、自殺行動の繰り返し、子どもの性的虐待といった、セラピストが道徳的に嫌悪を感じるような過去や現在の問題が見つかるクライエントもいる。価値のアセスメントのワークは、こうした領域を明るみに引き出すことが多い。しかし、ACTセラピストは、「道徳的な捜査官」の役割に引き込まれてはならない。つまり、セラピー関係の影響力を行使して、広く支持される社会の価値観にクライエントが同調するように、公然とも暗黙にも強制してはならない。セラピストは、クライエントが求められているのと同じ動きをしなければならない。つまり、価値づけを本質的に個人

的活動として見るのである。

たとえば，ACTモデルでアルコール依存に取り組むとき，「日常的に酔っ払うことは，その人の価値づけられた方向へ人生を生きることと両立しない」などという前提はない。価値と方向はクライエント自身が選択するため，クライエントがアルコール乱用を選択するのも実際に理にかなった結果なのである。もちろん，私たちの言語と「ポリティカリー・コレクト（政治的に正しい）」という文化は，その選択が絶対に「間違ったもの」のように見せる。なぜなら，アルコール依存を認めるのは社会の利益にならないからである。セラピーは言語的活動であり，それゆえ，社会的なコントロール機能と密接に結びついている。セラピストは，クライエントを非難する方法として選択を用いるというトラップに陥らないようにしなければならない。

「自由選択」は力強い言葉であるが，クライエントを強制するために使ってはならない。通常，こうした強制が生じるのは，セラピストが，「まあ，もちろん，飲み続ける道を選ぶのなら，それもあなたの選択です。選択は，あなたがしなければならないのです。私があなたの代わりにするわけにはいきません。ただ，その結果に耐えるべきときが来たら，それをあなた自身が選択したのだということを忘れないでください」のような態度をとる場合である。このような姿勢は，技術的には正しいかもしれない（それはクライエントの選択であって，クライエントしかその結果を生き抜くことはできない）。しかし，その心理学的な態度は，「あなたがしようとしている選択は，私を失望させるだけでなく，あなたはそうすることで道徳的に間違っている」である。

失望と道徳的判断は，いずれも，セラピストが気づいて軽く押さえておくべきことである。このような反応は，セラピストにとってデータである。クライエントが，この反応を他者から取り入れてきた可能性や，このような反応を内面にたくさん持っている可能性も，十分ある。ときには，こうした反応に穏やかに注意を向けてそれについて質問することで，逆に，クライエントが自分自身の選択にさらに明確に非防衛的に接触できるようになる。もしも説教や裁判でアルコール問題を変えられるなら，世の中にアルコール依存患者はほとんど存在しないだろう，ということは覚えておくに値する。

ごくまれに，クライエントがセラピストの価値とあまりにも掛け離れた価値を示すため，共働的関係が築けないこともある。そうしたケースでは，セラピストはクライエントを他のところに紹介するべきである。とはいえ，大多数のケースでは，クライエントとセラピストの価値観は十分似ているので，価値づけられた人生の方向をめぐる根本的な分裂は起こらないだろう。

価値とゴールを混同する

　価値のワークでよく起こる問題は，本当はゴールなのにクライエントが価値として提示するものを，セラピストがゴールだと見抜けないことである。たとえば，クライエントが「幸せになりたい」と言うことがある。これは価値のように聞こえるが，そうではない。「幸せである」とは，持つことができるものであり，持つことができないものであり，まるでモノのようである。価値とは，方向性，すなわち，行為の**質**である。定義によれば，価値は静的な状態で達成されたり維持されたりするものではない。価値は，生きられなければならないのである。ゴールが間違って価値とみなされるとき，ゴールを達成できないと，価値が打ち消されるように見える。この混同を避ける実用的な方法は，クライエントのゴールや価値についての発言を，次のように詳しく調べることである。「これは，何の役に立ちますか？」「それを達成したとしたら，あなたは何ができるようになるのでしょうか？」。このエクササイズで，言葉にされていない「隠れた価値」が明らかになることがかなり多い。

　「価値」には，実際には目標のための手段であるものがあり，その場合，それは価値ではまったくない。価値について考えるひとつの方法は，**手段としての価値**と**目標としての価値**に分けることである。手段としての価値は，それが特定の目標を生み出すから価値づけられているものである。たとえば，ある人は，裕福になることを価値づけるかもしれない。しかし，富が価値を持つのは，それによって「自分や子どもを守りたい」「恵まれない人を助けたい」といった他の価値を追求できるからである。ここに隠れている価値は，自分，家族，恵まれない人を思いやることである。他によくある手段

としての価値は，個人的な健康を高めることである。健康でいることは，そうでない状態よりも心地よいかもしれないが，健康を守ることにおける本当の価値は，それによって，「旅行する」「結婚式で娘を花婿に引き継ぐ」「生涯の伴侶と老後を送る」といった，人生で価値を置いていることを私たちがすることができるということである。それとは対照的に，目標としての価値は，他の価値づけられた結果も引き起こすかもしれないが，それ自体として価値を置いている人生の結果である。たとえば，ある人が子育てを価値づけているとする。すると，子育てによって，周囲に認められ，仲間から称賛されるかもしれない。しかし，周囲に認められなくなったとしても，その人が子育てに価値を置かなくなるとは考えにくい。これを，お金を価値づける場合と比べてみよう。もしもお金が，そう，たとえば通貨の徹底的な切り下げによって物質的な富を生み出さなくなったら，お金を手に入れることは価値ではなくなるだろう。

　体験の回避がよい例になる。手段と目標の関係を明らかにするには，セラピストは以下のように尋ねるとよい。「不安を避けることが何の役に立ちますか？」「不安を避けることができたら，何ができるようになるのでしょうか？」。この質問に対して，クライエントは，より価値のある人生を生きられるようになる，と答えるかもしれない。そして，セラピストは「不安でないとしたら，あなたは何をしているでしょうか？　より有意義な人生を生きているといえるような，どんなことをしているでしょうか？」と尋ねるとよい。不安の回避は偽の価値であり，ACTの効果の大半は，単に，このことを整理して，価値とつながる行為へとより直接的に進むことから生じるのだ。クライエントは，現在の行為が暗に示している価値が明らかにされると，現在の行為を捨てることが多い。たとえば，クライエントは，「フレッド，ここに眠る。彼は不安を避けることに生涯を捧げた」という墓碑銘はおそらく選ばないだろう。

　現代社会では，モノ的な結果（object-like outcomes），すなわち，達成可能なゴールへの関心が支配的になっている。ほどんどの場合，クライエントは，初めての価値のエクササイズを終えるとき，自分が生み出すものが，価値づけられた方向を選択するエクササイズよりも，ゴールを明確化するエク

ササイズのように見える。セラピストの仕事は，プロセスと結果の混同を見抜いて，クライエントが具体的な行動的ゴールを価値に結びつけられるように支援することである。

価値のワークの順序

　ACTのコア・プロセスを本書で取り上げる順序はセラピーでの順序とはまったく関連がない，ということを繰り返し強調してきたが，価値のワークはこの点で最適な例である。ACTセラピストには，初期のセッションで先に価値のワークを扱うのを好む人もいる。このアプローチの根拠は次のようなものである。すなわち，クライエントが，価値づけられた人生の結果に非柔軟的行動がおよぼす代償に「接触する」だけでなく，自分の価値にも「接触する」ようにすることが，セラピーにとどまって変化を起こすようにクライエントを動機づけるひとつのよい方法なのである。難治性の臨床問題（すなわち，慢性薬物依存，慢性アルコール依存）には，このアプローチのよい候補となるものがある。クライエントをいかにセラピーに関与させ続けるかが主な問題であるときは，特にそうである。また，価値を構築するアプローチの完全版に対して，より「ソフト」なバージョンもあり，その場合は，クライエントの人生の願いについて，そして，その願いに対して「問題行動」がどのような影響をおよぼしてきたかについて，初期のセッションで話し合われる。実際には，コア・プロセス間に常に動的な流れが存在しているので，初期におこなわれる価値の検討が，すぐに「今，この瞬間」の介入に道を譲ることもある（例：「たった今，私たちが，あなたの人生の信条についてと，抑うつがそれにどのような影響をおよぼしてきたかについて話しているときに，何が思い浮かびましたか？」）。ACTの「技」とは（それがあるとしたら），セッション中にクライエントに起きていることに反応して，コア・プロセス間を途切れなく行き来することができる能力である。

　一般に，どのACTプロセスの位置を決めるときにも，「ひとつの型にすべてを当てはめる」アプローチをとることは勧めない。すべてのセラピーは価値のワークからはじめるべきだ，というものではない。価値のワークそれ自

体について魔術的なものがあるわけではない。価値のワークが，他の重要なコア・プロセスとどのように関係していて，どのように結びついているかが重要である。価値のワークを先におこなうことを硬直的に遵守すると，実際には非生産的となりうる臨床状況は多い。たとえば，自己プロセスの機能不全と危険性の高い回避行動（すなわち，自傷，自殺行動）のある，複合的問題を抱えるクライエントなどである。そうしたクライエントで価値のワークをはじめにおこなうと，自己嫌悪が高まり，また，判明したどの価値に沿っても生きていないということをセラピストに非難され拒否された，という感覚を生むおそれがある。

文化に対して鈍感であること

　価値のワークをうまくおこなうと，それは本質的にクライエントの文化に適合している。なぜなら，クライエント自身がアジェンダを設定し，最終的な専門家になるからである。それでも，セラピストは文化の違いについて学び，クライエントに注意深く耳を傾ける必要がある。価値は社会化に不可欠な要素であり，奨励される価値は文化ごとに異なる。特に，特定の価値に，セラピストが所属する文化とは違う文化の特徴がある場合には，その社会的グループをよく知る人に相談することが重要であり，そうすることで，ある選択が一般的でないだけで，それが本当には価値ではないと伝えてしまうことを避けられるであろう。

前進のサインを読み取るには

　価値のワークでは，前進していることは以下のときにわかる。すなわち，クライエントとセラピストが，互いに合意した，行動を動機づける人生の方向性を持っていて，それに人生の具体的な短期的，中期的ゴールと行動戦略が伴ったときである。さらに，クライエントは，このような価値とゴールを具体化する行動計画を作ることにウィリングネスを示しているはずである。その時点で，クライエントが，大切に抱く個人の信念を追求していることが

明らかになり，価値の選択に対して個人的責任を引き受けずに周囲の社会環境の規範や信条を「取り込んでいる」だけではないことが明らかになる。ACTの最終ゴールはクライエントが価値に沿った人生を生きるのを支援することである，という意味で，価値のワークは通常は（いつもではないが）コミットされた行為と結びついている。位置づけのメタファーを使うなら，価値のアセスメントは，地図と周囲の地形を注意深く吟味することであり，コンパスの方向を合わせるようなものである。それに対して，コミットされた行為のワークは，次のように設計されている。すなわち，人を価値づけられた方向へ動かす具体的な行為を見極めてそれに取りかかり，そうした動きが本当に生じていることを知らせてくれる具体的なゴールを見極めてそれに取りかかるように設計されているのである。そして，最終的に，実際の旅路がはじまるにつれて現れてくる，行為に対する潜在的バリアについて設計されているのである。次は，それについて考えよう。

第12章 コミットされた行為

　[ムンバイへの切符を購入して] 独創的な（そして創造的な）活動には，すべて，ある基本的な真実がある。それを無視すると無数のアイディアや素晴らしい計画を台無しにしてしまう。そう，人が決定的に自分自身にコミットするその瞬間に，神の摂理も動きはじめるということだ。その決意から，事の大きな流れがわき起こり，ありとあらゆる予想外の出来事，出会い，有形の支援を，望むように引き起こす。そんなことに出あうとは誰一人，夢にも思わなかったのだ。私は，あるゲーテの対句に深い敬意を覚えた。「できること，できると願うことは，何であれ，はじめよ。大胆な一歩には，才能，力，そして魔法がある！」

　　　　　　　　　　　　　　　　　　——W.H. マーレー（1951）

本章で学ぶこと：
- どのようにして，選択と判断の区別を深めるか
- どのようにして，クライエントが価値のワークを通して具体的な人生のゴールを設定するのを支援するか
- どのようにして，設定したゴールを達成するために用いる行為を明確にするか
- どのようにして，コミットされた行為を弱体化する「トラップ」に取り組むか

実践的な概説

　認知と感情にとても詳しく関心を向けているが，結局のところ，ACTは，その名称から2つの意味で，比較的，本格的な行動療法の一形態である。第一に，ACTは徹底的に行動原理に基づいたセラピーである。理論的起源は，行動主義，行動分析学，機能的文脈主義の哲学に深く根ざしている。第二に，要するに行動的なのである。最終ゴールは，クライエントにとって機能する行動パターンを発展させることであり，それ以下のことは何一つ成功とはみなされない。**機能する**とは，自分の人生を価値づけられた方向へ動かすような行為を，クライエントが実際におこなっていることを意味する。最終的に，クライエントは「進むことで意志を示す」必要があり，その足跡がコミットされた行為なのである。**ACTに含まれるC**（Commitment）と，ACTという言葉自体が，ACTが行動変容を基本とするという根本的な重要性を示している。クライエントが行動を変えない限り，脱フュージョン-アクセプタンス，「今，この瞬間」-視点としての自己，価値について取り組んできた努力のすべてが水の泡になる。

　コミットメントに関する主な誤解のひとつは，それが未来についての約束のように思われることである。この誤解は，セラピー中に以下の形で表れるかもしれない。セラピストが「今から次回お会いするまでの間に，このように行動することにコミットしますか？」と質問すると，クライエントが「はい，コミットします」と答える。そのように明言することはコミットメントの一部かもしれないが，最も重要な部分ではない。実際には，コミットメントは未来のことではまったくない。コミットメントは，置かれた状況のなかで具体的な行動をとることであり，外的，内的な力という文脈に位置づけられた行為である。分かれ道に差し掛かった人が，2つの方向の一方へ一歩を踏み出したまさにその瞬間に，コミットメントが起こる。その人は「私は，あちらではなく，こちらの道を進むのだ」と言う。そして，「こちらの道」の方向への一歩一歩が，「あちらではなくこちらへ」行くコミットメントの一部となる。本章冒頭の引用では，マーレーは，ムンバイへの切符を買った

直後に宣言している。そこから，彼のヒマラヤ登山の旅がはじまるのだ。ヒマラヤ登山は，その切符を買うという行為のなかではじまる。その行為が，「私は登山している」といえる第一歩である。彼は，もはや登山を計画しているのではない。彼は，登山しているのである。

ACTでのコミットメントを定義する

重要な意味で，当然のことながら，コミットメントは個人的価値の表現に不可欠な要素である。価値のために何の行動も起こらないで，何が価値だろうか？　コミットされた行為は，特定の瞬間の特定の行為で構成されている。それに対して，価値は，現在進行中の行動についての，自由に選択され言語的に構築された性質を含んでいる。また，価値に基づく行為とは，特定の価値を具現化するように意図的に設計され，本質的に強化される行為である。たとえば，ある人が，ただプレゼントをもらいたいだけで誰かを愛するふりをするとしたら，その行為は，どのような機能的な意味でも愛情深いとはいえない。なぜなら，その行為が強化されるのは（強化されたとしても），お金によってであり，愛する人が大切にされている様子によってではないからである。行為の質が本質的な強化子の役割を果たすため，価値は，ある意味では副詞的である。たとえば，「愛情深く行動する」は価値でありうる。一方，「誰かに愛してもらう」は価値というよりゴールである。

ACTで用いられる場合，コミットメントも，行動パターンを意図的に，さらに大きく構築していくプロセスを含んでいる。このように，ACTでは，**コミットされた行為とは，価値に基づく行為であり，時間における特定の瞬間に起こり，価値に役立つ行動パターンを生成することと意図的に結びつけた行為である**。コミットメントを続けることは，拡張され拡大を続ける行動パターンの一部として，瞬間瞬間に価値に沿って行動することを意味する。

コミットされた行為は，約束，予言，過去の描写とは異なる。それは未来へと延びていくが，行為が生じるのは「今，ここ」である。この「拡張した現在」の性質は，コミットされた行為の単なる表面的特徴ではなく，機能的

関係からきている。何十年と結婚していながら，愛情に満ちた結婚生活にコミットしていないこともありうる。逆に，愛情に満ちた結婚生活にコミットしても，後で離婚することもある。コミットメントが拠り所とする「強化の源泉」は，現在に在り，具体的な選択と結びついている。

コミットされた行為は，決して完全ではなく，決して一定でもない。その一方で，自分の行為と価値との間にずれを発見し，価値を育て具現化する行動を再び選択するその瞬間に，まさにその行動こそがコミットされた行為となる。

コミットされた行為は，完全に私的な精神活動も含んでいる。Victor Franklが強制収容所のなかで，妻への愛と思いやりを妻に直接伝える行動の権限がまったくなくても，妻を愛し思いやると選択したコミットメントは，その一例である。

本章では，コミットメントのプロセスに取り組む際に典型的に生じる，多くの重要なテーマを検証する。まず，コミットメントは，価値の構築のところで紹介した，選択と判断の区別をさらに深める。本章では，その区別が，どのように価値に基づいた行為と関連しているかを示す。また，表明された価値を体現する行動戦略を，クライエントと共働して発展させる方法を検討する。さらに，コミットされた行為に対するバリアを予測して取り扱うプロセスに取り組む。そのバリアは必然的に現れるものであり，実は，今まで取り組んできたアクセプタンス，脱フュージョン，「今，この瞬間」の気づき，視点としての自己のワークすべてに意味を与えるものなのである。そして，「従来の」行動療法の介入技法であるエクスポージャー，スキル・トレーニング，刺激性制御，反応妨害，行動活性化，ホームワークなどを，どのようにしてACTに一致する枠組みのなかへ統合するかについても見ていく。

臨床的な応用

クライエントは，通常，失敗と敗北の痛みを感じながらセラピーにやってくる。彼らが，自分が抱える問題に対処するために，決意してさまざまな方略を試してきたのは疑いようもなく，多くの場合，障害物に直面した状況で

それを続けるのは難しいとわかっている。なかには，その人の行動が，個人的な価値に沿って生きるというコミットメントではなく，障害物を回避するというコミットメントを反映しているケースもある。こうした態度は，クライエントがセッション中に示す行動のなかにみられることが多い。すべての行動が体系化されていて，クライエントはランダムな行動に従事しているわけではないと仮定すると，行動の機能を観察することで，どんな価値を推論できるだろうか？　とても現実的な意味で，これが，クライエントが現在生み出している「人生の意味」である。ところが，残念なことに当のクライエントは，行動を説明し，分析し，正当化するのに忙し過ぎて，この重要な事実を見過ごしていることが多い。したがって，セラピストは，すべての行動がどの瞬間にも何らかの意味を生み出し，何らかの目的に結びついているという事実に，クライエントが接触できるようにしなければならない。高度に象徴的な世界で生きることは，状況を緩和しない。単に，選択に関連した行動の多様性が拡大するだけである。時は常に過ぎていき，マインドが私たちに何を伝えてこようが，私たちの行動は，睡眠中でさえ進行し続け，私たちの目的を反映し続けているのである。

選択とコミットメント

　コミットされた行為は，意図的に特定の仕方で行動するための選択である。ところが，クライエントは選択の概念に苦労することが多い。というのも，私たちの文化では，選択は，感情的に搔き乱される単語だからである。クライエントは「悪い選択」をしてしまったことを，まるで「良い選択」をすることが必須であるかのように話す。そして，通常，彼らが「悪い選択」と言うときの意味は，行為の結果が嫌悪的だったということである。一方，ACTセラピストはこの単語をこのように道徳的で評価的に用いるのを努めて避ける。ACTでは，クライエントがおこなった選択によって彼らを非難したりしない。選択が可能であること，そして，選択が価値と密接につながれば強力な拠り所となりうることを，クライエントが理解するのを支援しようとする。クライエントが**チェスボードのメタファー**（第8章参照）に十分

ついてこられるなら，セラピストは，それと選択の問題とを結びつけてもよい。

　「選択はチェスボードに似ています。ボードにできることは２つしかありません。全部の駒を保持すること，そして，全部を動かすことです。ある行動方針を選択することは，駒たちに向かって，『私たちは**ここへ動きますよ**』と言うようなものです。これは選択です。このとき，同意するか反論するかは駒が選ぶことではありません。ボードは，あなたがそうすると選択したから，特定の方向へ動きます。こうするためには，あなた自身は，駒がついてこられるところにいなければなりません。駒に責任はありません。このように，『現に持っているものを持つ』ことにウィリングネスであることが，選択する行為を可能にします。**チェスボード**のメタファーのなかでは，動く方向が価値であり，その方向へ行動的な方法で動く選択が，コミットされた行為の一部なのです」

　また，菜園のメタファーも用いられる。このメタファーは，困難で挑発的で混乱させるような反応に直面しながらも，選択によって，私たちがどのようにして定めた道筋を進み続けられるのかを強調している。

　「あなたは菜園を作る場所を選んだと想像してください。その場所で土を耕し，種を植えて，芽が出るのを待っていました。そうしている間に，道のちょうど反対側にも同じように良さそうな場所，ひょっとしたらもっと良いかもしれない場所があることに気づきはじめます。そこであなたは，植えた野菜を引き抜いて，道を渡り，そこに植えました。すると，さらに良さそうな場所に気がつきました。価値は，菜園を作る場所のようなものです。とても早く育つものもありますが，時間をかけて専念する必要があるものもあります。すると，『レタスを食べて暮らしたいですか？　それとも，ジャガイモやビート（砂糖大根）など，もっと栄養のあるものを食べて暮らしたいですか？』という質問になるわけ

です。さて，何度も他のところに移らなければならないと，菜園で作物がどのようにうまく育つかわかりません。また，もちろん，同じ場所に留まると，そこの欠点が目につきはじめるでしょう。地面は，はじめに思ったほど平らではないかもしれませんし，水を遠くから運んでこなければならないかもしれません。植えた作物のなかには，育つまでに永久に時間がかかるように思えるものもあるかもしれません。こんなとき，あなたのマインドは，『どこか別な場所に植えるべきだった』『これでは，いつまでたってもうまくいかないだろう』『こんなところで何かを育てられると考えたのがバカだった』などと話しかけてくるでしょう。**この場所**に菜園を作るというあなた自身の選択が，こうした思考や感情が浮かんでくるときでも，あなたが水をやり，草をむしり，鍬(くわ)で耕すようにするのです。あなたは，もっと大きなパターンを築こうとしています。ただ単に水をやっているのではありません。**自分の菜園**に水をやっているのです。ただ単に鍬を入れているのではありません。**自分の菜園**を耕しているのです」

このメタファーは，よりコミットした行為へとクライエントを導くときにも役に立つ。たとえば，クライエントがより愛情に満ちた婚姻関係を価値づけるのなら，このメタファーを使って，その領域でもっと活動的になるようにクライエントを促すこともできるだろう。配偶者にコーヒーを持っていくことは，ある意味，土地を耕すようなものである。ここで重要なのはコーヒーそのものではない。重要なのは，より大きな**関係性**，すなわち，結婚や菜園とのつながりである。そのつながりが，個々の瞬間の行為に意味を持たせ，価値に基づいた，さらに大きな行動パターンへとつながる力を与えるのである。

プロセスそのものがゴールとなるとき，ゴールはプロセスである

クライエントが行き詰まる理由のひとつは，「幸せと人生の満足感を得る

秘訣はゴールを達成することだ」と信じているからである。彼らは，幸せになるために欲しいものを手に入れようとする。しかし，この生き方は，機能的に欠乏の状態に結びついているため，ある意味，過酷である。ゴールを達成することで幸せになろうとすることは，重要なことが，常に失われていて，いつかたどり着くだろうという願望のなかにしか存在しない世界を生きることである。最も必要とするもの（すなわち，望むものを手に入れること）は，常に，決して存在しない。この欠乏感は動機や方向づけられた行為を生むかもしれないが，その一方であらゆる活力感を押しつぶす。なるほど，ゴールと価値が常に混同されるのも無理はない！

プロセスのレベルでは，非柔軟性と「行き詰まり」は，フュージョン，回避，「今，この瞬間」のプロセスの機能不全，の結果として起きている。もしも「結果X = 良い」なら，「結果Xがない = 悪い」である。このような状態では，定義上，「今」は「X がない」であるため，「今，この瞬間」それ自体が回避されることになる。しかし，皮肉にも，「今，この瞬間」との密接な接触こそが，現在進行形で進化する行動パターンというさらに深い意味でのXを生み出すのに必要なことなのかもしれない。

このジレンマへの最善の回答は，ゴールを，変化のプロセスに従事するための手段として，そして，その人の努力を一貫した方向へ向けるための手段としてだけ用いることである。臨床家の注意は，その瞬間瞬間にプロセスとともに留まることと，言語的メッセージを常に脱フュージョンすることに，向け続けるべきである。このアプローチは，クライエントにとって好ましい結果を望まないという意味ではない。単に，結果，あるいは結果の不在が，クライエントの行動にそれほど硬直的なコントロールをおよぼさない，ということである。生きるプロセスそれ自体が最も関心のある結果となるとき，私たちはもはや，永遠の欠乏という言語的世界を生きてはいない。人生の目的が本当に「生きること」になるとき，私たちは人生の目的を，常に，**まさに今，まさにここ**に持っている。次に紹介する**スキー**のメタファーは，プロセスに適切に注目するという活力が生まれる見方を，また別の形でありありと表現している。

「スキーに行くとしましょう。あなたはリフトに乗って山頂まで行き，今からまさに斜面を滑り降りようとしています。そのとき，一人の男性が寄ってきて，どこへ行くのかと尋ねます。『ふもとのロッジまで行きます』とあなたは答えます。すると，男性は，『それなら手伝いますよ』と言うなり，突然あなたを捕まえて，ヘリコプターに放り込み，ロッジまで運び下ろして，姿を消します。そして，あなたは，ちょっと呆然として辺りを見回し，もう一度リフトに乗って山頂まで行きます。そして，今度もまさに斜面を滑り降りようとしているときに，同じ男性があなたを捕まえて，ヘリコプターに放り込み，またもやロッジまで運び下ろします。かなり不愉快ですよね？ おそらく，あなたはこう言うでしょう。『ちょっと！ 私はスキーをしたいんだよ！』

スキーは，ただ単にロッジに着くことではありません。ロッジに着くだけなら，それを達成する活動は無数にあります。それに対して，スキーはそこに至るまでのある特定のプロセスです。気づいてください。スキーではロッジに着くことが大事ですが，それは，そのおかげで私たちがプロセスをたどれるようになるからです。斜面を滑り降りるスキーでは，上方よりも下方に価値を置く必要があります。滑降用のスキーをつけて，下ではなく上に向かって滑ろうとしても，どうにもうまくいかないのです！ このことを表現するパラドックスがあります。プロセスそのものがゴールとなるとき，ゴールはプロセスである。結果というゴールは必要ですが，本当に重要なのは，私たちがその旅に全面的に参加することなのです」

現代社会では，大部分ではないにしても多くの社会教育が「成功」という物質主義的基準をほとんど機械的にそのまま採用することで成り立っているので，ほとんどのクライエントはとても結果指向になり過ぎている。クライエントは，自分がどれほどうまくこなしているか，他者と比べてどれほど成功しているか，ということを常に監視している。また，クライエントは，自分がしたことやしなかったことが悪い結果に終わったときは，今よりも良い精神状態に達している自分や，過去のことを嘆いている自分を，常に想像し

ている．彼らは，期待した結果がきっかり「予定どおり」に達成されないと，活力を秘めた人生の第一歩から早々に引き揚げてしまうことが多い．

　行動とは，ある方向に向かう道のようなものであるが，それは，道に沿って一歩一歩，一瞬一瞬の進み具合を観察しなければならないという意味ではない．実際に，結果を観察するときにこの先入観があると，必ず活力は減ってしまう．自分が人生でどれくらい幸せかということを見続けていたら，私たちはとても不幸せになるのである．確かに，ときには，価値づけられた方向が思わぬ転回をしても，信念を守り通さなければならない．「登山の道」のメタファーを用いると，「危険なのは，プロセスとしての価値づけとつながることではなく，具体的なゴールへの当面の進捗状況ばかりチェックし続けることなのだ」とクライエントが理解できるようになるだろう．それだけでなく，「人生の苦痛に満ちた局面やトラウマとなる局面でさえ，私たちがそこから何かを学ぶなら，ポジティブな全体の道筋に統合することができる」ということをこのメタファーは示している．

　　「山をハイキングしているとしましょう．登山の道が，特に斜面が急な場合，どのように作られているかはご存じですよね．あちこちに蛇行します．たいていは，ジグザグの「切り返し」があって，登山者は文字どおり進んだり戻ったりします．ときには，すでに達した高さよりも低いところへ戻りさえします．登山道のある地点で，「山頂に到達するというゴールをどれくらい達成できているかを評価してください」とあなたにお願いしたとしたら，私は毎回違った話を聞くことになるでしょう．切り返しモードにいるなら，おそらくあなたは，『うまく進んでいない』『山頂には決してたどり着けない』と言うでしょう．開けた地形が広がり，山頂とそこに至る登山道が見える位置にいれば，『とてもうまく進んでいる』と言うでしょう．さて，想像してください．私たちが，谷を挟んで反対側から，この登山道を歩いている人を双眼鏡で眺めているとします．彼らの調子はどうかと尋ねられたら，私たちは，毎回ポジティブな経過報告をするでしょう．私たちは，ある瞬間に地上からどう見えるかではなく，登山道の全体的な方向が，前進するには重要な

のだとわかるでしょう。この狂気じみた曲がりくねった登山道をたどることが，まさしく山頂にたどり着く方法だとわかるのです」

価値に基づいたゴールと行為を発展させる

　価値の構築と明確化のプロセス（前章の内容）を終えたあと，クライエントに，ゴールを設定し，それを達成するためにできる行為を具体化するよう伝える。コミットされた行為へのバリアが必然的に表れるので，取り組む必要があるのである。このような，ゴール，行為，そして行為のバリアに対するワークは，クライエントの価値という基盤の上にある。こうしたワークは，ACTアプローチで最も応用的なところであり，最も重要でもある。なぜなら，ACTは第一に，この世界に対してこの世界のなかで行動することが目的だからである。

　ゴールは，特定の価値のために具体的に探求し達成すること，と定義される。たとえば，クライエントが社会に貢献することを価値づけるなら，セラピストは，この価値を行動に移す具体的な方法（例：地元の慈善事業に参加する，どこかでボランティア活動をする）について聞くとよい。そして，クライエントは，そのゴールを達成できそうな行動を明確にする。赤十字に電話する，ユナイテッド・ウェイ[訳注1]に寄付をする，地域の炊き出しでボランティア活動をすることなどを決意するかもしれない。セラピストとクライエントは，ホームワークの形になる「行為」を考え出すようにする。ホームワークは，1回だけの行為でもよいし，日常で繰り返す行為にコミットすることでもよい。典型的なゴールと行為には，以下のことが含まれているであろう。

1. **キャリア**：再入学について調べる，新しい仕事に申し込む，昇給を求める，キャリア・カウンセリングを受ける，今の仕事でよく働く
2. **レジャー**：ソフトボールチームに参加する，教会に通う，誰かをデー

訳注1) ユナイテッド・ウェイ (United Way)：寄付の仲介をおこなっているアメリカの慈善福祉団体。

トに誘う，踊りに行く，友達を夕食に招待する，断酒会に参加する
3. **親密な関係**：配偶者と一緒に過ごすための特別な時間を確保する，前の配偶者との間の子どもに電話したり会いに行ったりする，自分の親に電話したり会いに行ったりする，途切れていた友情関係を修復する
4. **個人的な成長**：未払いの税金／養育費／請求書の支払い手続きをする，外国語を習う，瞑想グループに参加する

　効果的な「ゴール-行為」のワークをおこなうのに重要な点は，行為，それに関連するゴール，関連する価値，の三者の関係をよく見ることである。この行為がおこなわれたら，実際にゴールを達成するだろうか？　実際にゴールにつながるだろうか？　行為は，実行可能で，クライエントの能力の範囲内か？　クライエントは，行為とゴールの時間的な関係を理解しているか？　行為には，菜園のメタファーでの「野菜の種」のようなものがあり，それは「地面に植える」必要があり，芽を出すまでに時間がかかる。一方，すぐに結果を生む行為もあり，たとえば，新しいキャリアを求めるというゴールのために満足できない仕事をやめる，などがある。図 12.1 の「ゴール・行為・バリア」フォームは，クライエントが価値と結びついたゴールと行為を発展させるときに用いられる。

　コミットされた行為の計画を作るときは，「行為-ゴール」の領域で，小さくてもポジティブな事柄を積み重ねるように促すのがよいことが多い。常に小さな段階を踏んでいくことは，一貫性なく大胆な段階を踏むことよりも大きな効果がある。このとき重要なのは，「正しい方向への一歩」のように感じる行為，すなわち，クライエントの価値と表明されたゴールに沿ったものとして体験される行為である。その狙いは，コミットされた行為のパターンをより大きく構築するクライエントの力を高めることである。同時に，セラピストが非常に効果的な形で個人的問題を解決するモデルを示し，それがクライエントの直面する他の場面や状況に般化するのである。

　コミットメントのワークは，ACTモデルのなかでも，具体的な問題行動に応じて最も変化する部分である。たとえば，喫煙問題に対するコミットされた行為には，少しずつ本数を減らす，計画的に喫煙する，マインドフルに

下に挙げた価値づけられた方向を踏まえて、このような価値を表すゴール（達成可能な出来事）と行為（クライエントがおこなうことができる具体的なステップ）を、クライエントと一緒に作成する。クライエントがこのような領域で前に進む（行為をおこなう）、ゴールに向かって取り組む）ことと、クライエントがおこなう心理的な事象を同定する。もし、クライエントが公的な出来事（public events）をバリアとして提示するなら、それをゴールの観点から定式化し直し、関連している価値とバリアを並べてみる（この問題を引き起こしたもともとの並びとは違うかもしれない）。そして、このようなゴールに関連する行為とバリアを再度検討する。

領域	価値づけられた方向	ゴール	行為	バリア
家族関係（結婚／恋人／親密な対人関係、および子育て以外）				
結婚／恋人／親密な対人関係				
子育て				
友人／社会的対人関係				
仕事				
教育／訓練				
レクリエーション／レジャー				
スピリチュアリティ				
市民生活				
健康（食事、運動、睡眠）				
地球環境（地球環境への配慮）				
美学（芸術、音楽、文学、美）				

図12.1.「ゴール・行為・バリア」フォーム

喫煙する，禁煙日を設ける，刺激制御の手続きをおこなう，周囲に禁煙宣言する，などが含まれるだろう。抑うつの場合は，行動活性化をおこなう，社会参加する，家族問題を解決する，運動する，仕事に関した問題に取り組む，などが関係するかもしれない。不安を扱うときは，段階的エクスポージャーをおこなう，社会活動を増やす，睡眠衛生を整える，などが伴うだろう。ここで重要なのは，ACTが行動療法の一部分であること，また，ACTモデルによる機能分析が，表面化している個々の問題に特有の，より広範囲の機能的問題の情報を与えてくれる，ということである。コミットされた行為は，時間，場所，個別の行為を通して拡大していく傾向がある。薬物依存を解消するためのコミットメントには，多くの個別の行為が含まれるのである。そのとき，行動科学は，機能するパターンを構築する方法について，たくさんの情報を提供できる。ACTでのコミットされた行為と従来の行動療法とは以下の点でつながっている。すなわち，後者によって，価値に沿う行為の質を発展させていくために構築可能な，広範囲の行動パターンを明確にできるのである。

コミットされた行為を妨げるバリアを見極め，弱体化する

　行動的ゴールを有効に設定するには，クライエントが直面しそうな，コミットされた行為を妨げるかもしれないバリアを，率直に分析することが必要である。一般に，バリアが障害物として機能するのは，それが，望まない苦しい私的出来事を引き起こすからである。バリアには，ネガティブな心理的反応や，外的な要因からのプレッシャーが含まれるだろう。たとえば，充足感のない仕事を辞めようとじっくり考えているクライエントは，「おまえは大きな間違いを犯そうとしている。夢みる仕事を見つけられなかったらどうなる？　そのとき，どうするんだ？」といった思考に出あうことがほとんどである。この比較的単純な思考には，潜在的な形で，フュージョン，「今，この瞬間」のプロセスの機能不全，回避が含まれる。また，恐怖，不安，恥といったネガティブな予期感情も表れるかもしれない。プライアンスやカウンター・プライアンスを引き起こす外的なバリアが表れることもある。

たとえば，配偶者が，クライエントの決断に反対する，お金に余裕がなくなってライフスタイルが制限されることに憤慨する，クライエントのことを献身的でなく「利己的」だと責める，などがありうる。

このような外的なバリアは，さらに多くのネガティブな私的出来事やさらなる回避につながることがある。また，クライエントも，ひとつの価値づけられた行動の方向（例：より満足感があり，やりがいのある仕事人生を求めて努力する）を追及することが，他の価値づけられた方向（例：最も大切な人間関係で親密さを築く）と衝突することを認識するようになるだろう。要は，価値に沿った行為に従事すると，必ず何らかの形で心理的内容が誘発されるということである。特に，その内容がネガティブなときは，行為へのバリアとして機能しうる。クライエントは単なる偶然で人生に行き詰まるわけではない。彼らが行き詰まるのは，苦痛な感情的バリアを回避する手段として，価値づけられた行為を避けるからである。これまでのACTのワークがうまくいっていれば，クライエントは，バリアが自己宣伝してくるものとしてバリアを認識するのではなく，本当にありのままにバリアを認識できる状態にある。

クライエントは，価値づけられた行為を妨げるバリアを，一つひとつの領域で見極められるだろうか？　このワークでは，当然，価値とコミットメントのワークと，ヘキサフレックスの他のプロセス，すなわち，視点としての自己，脱フュージョン，アクセプタンス，「今，この瞬間」のワークとの間を行き来することになる。コミットメントすることでこのような他のプロセスで問題となる側面が活性化され，その次に，コミットメントし続けるためにそれらを再検討するのである。バリアを特定し検討するとき，セラピストは，クライエントが以下の点を考察するのを支援する。

1. これはどんな種類のバリアなのか？　ネガティブな私的出来事や，外的な結果が，他の価値と対立しているか？　プライアンスまたはカウンタープライアンスの問題があるか？
2. このバリアは，受け容れる余地を作って行為し続けられるたぐいのものか？

3. このバリアのどの側面が，最も，防衛せずにバリアを持つウィリングネスを低めている可能性があるか？
4. このようなバリアのなかに，体験の回避の別な形態に過ぎないものはあるか？

バリアを持つことへのウィリングネスと，ウィリングネスへのバリア

　ウィリングネスは，先に（第10章で）アクセプタンスのプロセスの文脈で取り扱った。ここでは，コミットメントのワークとともに，新しいひねりを加えてウィリングネスを紹介する。第10章で強調した点は，クライエントが困難な内的状態にオープンになるのを支援することであった。コミットメントの文脈では，ウィリングネスは，価値に基づいて行動すると恐ろしい内容が誘発されることを十分理解したうえで，そのように行動するという選択である。そのような選択は，たとえばパニック症状のある患者が，不安と恐怖が待ち構えていることをよく認識しつつ，それでもショッピングモールへ行くのを選択する場合にみられるだろう。不幸せな既婚者が，相手から拒絶される可能性があると知りながら，人生の伴侶と結婚にまつわる根本的な問題を話し合うために腰を据えるときにもみられるだろう。いったい誰が，苦痛な個人的内容を自発的に環境から引き出そうとするだろうか？　答えは，「誰もそんなことはしない。そうすることが，包括的な人生の目的のためにならない限りは」である。ウィリングネス，すなわち，行為は，価値が存在することで尊厳が与えられ，それによって，価値を具現化することが可能になる。

　コミットメントを妨げる主なバリアのひとつは，コミットメントを継続できなくなることへの恐れであり，それは，「過去にコミットメントに失敗したということは，この先，コミットメントが不可能だということだ」という物語とのフュージョンと結びついている。実際は，大切にしていることにコミットできない痛みは，過去にコミットメントに失敗した痛みと力強い同盟を結ぶ。ただし，それは，この双子のような痛みの源を，受け止めることが

できて，脱フュージョン，アクセプタンス，行動的ウィリングネスを通して高めることができる場合だけである。

道行く泡のメタファーは，ウィリングネスと，価値づけられた方向へ進む能力とのつながりを表している。

「自分が石けんの泡のようなものだと想像してください。どのように大きな泡が小さな泡とぶつかって，どのように小さな泡が大きな泡に吸収されるかを見たことがありますか？　さあ，自分がそのような石けんの泡だと想像して，自分で選んだ道を進んでいるところを想像してください。突然，別の泡が目の前に現れて，『とまれ！』と言います。あなたは，少しの間その場に立ち尽くします。迂回しようとしたり，上や下を通ろうとしたりしても，もうひとつの泡が素早く動いて行く手を妨げます。さて，あなたには選択肢が２つしかありません。価値を置く方向へ進むのをやめるか，目の前の泡とぶつかって，それを自分の内側に含んだまま進み続けるかです。この２つ目の動きこそ，ウィリングネスが意味するものです。あなたのバリアは，主に感情，思考，記憶などです。実際にはあなたの内側にありますが，外側にあるように見えます。たとえば，小さな泡は言うかもしれません。『おまえはこの道にコミットできない。なぜなら，おまえは過去にコミットし続けられなかったのだから』。『ウィリングネス』は感情や思考ではありません。それは，バリアが尋ねてくる質問『あなたは私を内側に持つことを選択しますか？　しませんか？』に答える行為です。あなたが価値を置く方向に向かい，新しい行動パターンを作るには，『はい』と答えなければなりませんが，その答えを**選択**できるのは**あなた**だけです。たとえば，コミットできないという恐れを持ち，**そして**，コミットメントできますか？」

ACTセラピストは，このようなテーマ，すなわち，ウィリングネス，選択，価値づけ，行為，バリアをクライエントの状況に合うように織り合わせる。バリアを乗り越えるウィリングネス，バリアに対処することに目的を与

える価値づけられた方向，予測できない結果に直面しても行為するという選択がなければ，力強くて活き活きとした人生を送ることは本当に不可能である。

　コミットメントのワークでは，繰り返しというACTの性質が強調される。コミットされた行為は玉ねぎの皮をむくのに似ている。玉ねぎの皮を一層むくと，別の層が現れる。コミットされた行為を，単純な公式「構築された価値 → コミットされた行為」と見る誘惑に駆られやすい。愛情深い配偶者でいることがクライエントの主な価値として浮かび上がると，それはコミットされた行為の一系列を意味する。ところが，そのコミットされた行為が継続すると，価値を生きる別の道も明らかになる可能性が高い。このように，コミットされた行為が価値に戻ってきて，愛情深い配偶者でいることが何を意味するのかをクライエントがさらに深く考えるようになる。このような推敲が次々に新しいコミットされた行為を生み出すだろう。同じように，すべてのACTプロセスが相互に行き来する。推敲された価値は，人を，過去にそういう生き方ができなかったことと心理的に接触させることがある。そういう失敗が苦痛である限り，アクセプタンスが必要であろう。クライエントは，価値について近視眼的であったことに，とても苦しく接触するかもしれない。その場合は，「どうすればそんなマヌケになれるんだ？」という思考が，脱フュージョンのワークの重要なターゲットになるだろう。また，過去の失敗に強い執着があると，クライエントは「今，この瞬間」との接触を失うかもしれない。このように，新しくコミットメントをおこない，それを継続していくと，クライエントはACTプロセスを何度も再循環する。臨床上の前進は，ほとんど確実に，他のすべてのACTプロセスを異なる文脈の競技場のなかで何度も再訪するということであろう。

コミットされた行為と従来の行動療法アプローチ

　行動療法と認知療法の文脈主義の波にはACTもその一部として含まれているが，その力強い成長パターンを考えると，「新しい」ものが「従来の」ものとどのように関係するのかについて，常に混乱が付きまとう。たとえ

ば，ACTを従来の行動的アプローチに対立するものと理解する人がいる。一方で，ACTは基本的に「違う瓶に入った同じワイン」だと考える人もいる。実際は，事実上すべての古典的な行動的介入がACTと矛盾なく両立できる。本章のはじめで言及したように，本当のところ，ACTは本格的な行動療法である。ただ，徹底した分析と，行動的な考え方に基づいた認知へのアプローチが特徴なだけである。以下では，コミットされた行為が，多くの従来の行動的介入と簡単に適合する様子を見ていく。

エクスポージャー

　第10章でついでに触れたが，ACTは，エクスポージャーの本質を文脈的な視点から見ることを基盤とした，エクスポージャーに基づいた介入である。従来のエクスポージャーの目標が症状の軽減や除去なのに対して，ACTの目標は，コミットされた行為を継続するときの心理的柔軟性である。

　行動レパートリーの拡大は，ある程度までは，感情的，認知的，行動的な柔軟性そのものを育むことで進めることができる。たとえば，従来のエクスポージャー・セッションを広場恐怖症に苦しむ人にショッピングモールでおこなうときは，ACTの実践家なら次のようにするだろう。クライエントが新しい行動に対してオープンであることを観察し，近くの最も変な髪型をした人を見つけてもらったり，クライエントの足の裏がどのように感じるかを話し合ったり，マインドが提案してくるのとは逆の行動をわざとしてもらったりする（例：パニック発作が起きて変な人だと思われることをクライエントが恐れているなら，一緒に一番近い洋服店にまっすぐ入っていき，すぐにハンバーガーを注文する！）。こうした「変わり者」戦略は，以前であれば行動レパートリーを狭めていた刺激があるところでも，心理的行為の柔軟性を高めるように設計されている。しかし，すでに価値のワークにクライエントと取り組んできたのなら，実験的行為を選択することを，価値に基づいた行為とコミットされた行為に，さらに密接に結びつけることができる。たとえば，広場恐怖に苦しむ人に，愛する人に贈るプレゼントを買うまでは

ショッピングモールを出ないことにコミットするよう伝えてもよい。

　最も伝統的な形で体系化されている現実エクスポージャー（*in vivo* exposure）でさえ，ACTで重要な役割を果たす。たとえば，エクスポージャーを，苦痛な内容があるにもかかわらず「今，この瞬間」に留まり続ける練習のひとつとして用いることができる。エクスポージャーの最中，クライエントは，脱フュージョンや，思考をありのままに見ることを練習することができる。苦痛な状況にとどまりながら，個人的な価値に目を向け，それに沿って行動することができる。そして，さらに柔軟な行為でさえ重視する行動パターンを，その状況にコミットする形のひとつとして，獲得するのである。重要なのは，ACTでのエクスポージャーは症状の軽減を目指さないということである。したいことをするために，以前ならレパートリーを狭めた刺激がある状況での心理的柔軟性を育むことが目的である。

　著者の1人（カーク・D・ストローサル）が受け持ったなかに，3人の子どもがいる38歳の女性で，10年以上にわたって蝕まれるような慢性的な不安を経験していた人がいる。不安に対して恐れること，それに没頭すること，そして，不安を生む可能性がある状況を回避することによって，彼女の人生は荒廃していた。以下の会話は，セラピー初期の面接からである。

セラピスト：私がちゃんと理解できているか，確認させてください。あなたが不安に対してとる姿勢は，不安を許容しない，常に警戒する，不安を引き起こす可能性のあることを避ける。それでいいですか？

クライエント：だいたいそんなところです。かなりおかしくて気がめいる感じに聞こえますよね？

セラピスト：私が思うに，あなたが子どもたちと一緒にやりたいと思っていて，子どもたちもやってほしいと言っていて，それでもあなたがやっていない活動のすべてが気のめいる部分ではないでしょうか。あなたがそれをしないのは，子どもたちと出かけたら不安を感じるかもしれないからですね。

クライエント：母親失格の気分です。私が，映画には行かない，一緒に公園には行かない，買い物には連れていかない，と言ったときに，子ども

たちがどれほどがっかりしているかわかります。こういうことは，全部，夫に任せています。
セラピスト：そして，あなたは「私にとって子どもたちがすべてだ」とおっしゃっていました！　「子どもたちのためでなければ，ずっと前に不安に圧倒されたときに自殺していたかもしれない」とおっしゃっていましたね。ですので，あなたが「子どもたちにとってベストな母親でいたい」という素敵な価値を持っていて，それを精いっぱい実現する方法を見つけたいと願っていることが，私にもわかります。しかし，困ったことに，「不安さん」は，あなたの価値に話をさせずに，何ができるか，何ができないかについて話してくるのですね。
クライエント：そのとおりです。そんなふうに考えたことは全然なかったですが，そのとおりのことが起きています。私の不安が，私のことについて選択をしているんです。
セラピスト：その結果として，あなたは，子どもたちをがっかりさせていると感じています。あなたの信念とは逆の生き方になっているのです。さて，ここで控えめに考えてみるとしたら，あなたがそうなりたいと思っている「母親」や「友人」に，あなたが実際になりはじめている，と自分でわかる行為として，何が**できる**でしょうか？　大げさに考えないでかまいませんし，一度に何もかも変える必要もありません。ささいなことでかまいません。あなたが軌道に戻りつつあると教えてくれる何かです。もちろん，この小さな一歩でさえ踏み出すときは，あなたは「不安さん」に背かなければならないでしょう。何を選んでも，ある程度，不安に曝されます。あなたは不安になります。すごく不安にすらなるかもしれません。でも，まさにその瞬間に，あなたは，自分の人生にどのような意味があってほしいか，つまり，「なりたいと夢見てきた母親になるか，または，不安を感じないで生きようとするか」を選択できるのです。どちらの方向へ進みたいですか？
クライエント：自分で言うのも怖いのですが……「お母さん」になりたいです！　いちばん下の息子はサッカーが大好きですが，サッカーチームに入らせていません。なぜなら，練習で息子を車で送り迎えするのが，

本当に不安だからです。自分で運転するのは嫌いです。どこかに行くときは，いつも夫に一緒に乗ってもらわないとだめなんです。

セラピスト：では，あなたが息子さんだけを乗せて運転しているところを想像してください。何が表れますか？

クライエント：心臓の鼓動が速くなるのを感じます。不安が襲ってくるときは，それが最初の症状です。

セラピスト：他には？

クライエント：息苦しさを感じて，胸に痛みがあります。めまいを感じはじめます。ちゃんと運転できないのでは，と心配で，車を路肩に止めたほうがいいのかもしれない。お腹まで気持ち悪くなります。家に帰りたい，そうしたら安全でいられます。危険な状況にいると感じます！

セラピスト：このようなこと全部と一緒に，そのまま座っていてください。動かないで。何もしないで，あなたの周りを流れるままにしてください。

クライエント：とても心地悪いです。

セラピスト：確かにそうですね。そうだと思います！　こういうこと全部を表れたままにして，サッカーチームの入会に向かって車を運転し続けることを想像できますか？　この旅は，不安と不安の対処法の話ではありません。これは，「そうすれば不安になるとしても，あなたがなりたいと思う母親になる」という話なのです。

　この短いやりとりが示しているのは，ACTがエクスポージャーの作業を，価値づけられた人生の行動パターンと合うという観点から，どのように作り直すか，ということである。一つひとつのエクスポージャー・エクササイズ自体が，コミットメントの行為なのである。実際に，このクライエントがたどる一歩一歩は，どれほど小さくても，彼女の価値のためにコミットされた行為であろう。自分自身の恐怖に向き合いつつ大切なことから目を逸らさずにいるには，ものすごく大きな勇気が必要になる。

　このクライエントは，2週間後，フォローアップ・セッションに再来した。彼女はノートの1ページを切り取って持っていた。紙の片面が，この2

週間に彼女がした活動でびっしりと埋められていて，その多くは何年もなかったものだった！　そして，一つひとつの活動の隣に，それをしているときに感じた不安の程度を数値で書き込んでいた。不安の値は5から10の範囲で，多くは8か9だった。ところが，非常に多くのエクスポージャーをおこなったにもかかわらず，不安の値は，その2週間に下がる傾向にはなかった。この事実について，以下の会話がおこなわれた。

セラピスト：あなたはこのような活動を全部おこなって，そして多くの場合，不安はとても高かったのですね。どうやってやり通したのですか？

クライエント：こういうことをすると，本当に気分がよかったのです。内面が健康になった感じでした。「私はもう一度生きているんだ！」という感じです。不安は，本当に本当に心地悪くて大嫌いです！　でも，これが，私が人生で望むことなんです。自分の影に怯えて家にひきこもる人になるのではなくて，子どもたちと夫のためにそこにいたいのです。いつか不安が消え去ってくれればと願っています。そうなれば素晴らしいでしょう。でも，どんなふうに感じようが，とにかくこういうことをしていきます！　来月の結婚記念日に夫を映画に連れていくとさえ決めました。私たちは，12年前に出会って以来，一度も映画に行ったことがないのです！

薬物療法

　薬物療法アプローチであっても，価値とコミットメントの文脈に位置づけることが可能なものがある。ACTを薬物療法と対立するものと考えがちであるが，適切に管理された優れた科学的知識に基づく薬物療法は，ACTの重要な味方となりうる。物質乱用に対する薬物療法の分野で，優れた科学的知識が示すことを，臨床家がより偏見なく利用できるよう支援する無作為化比較試験にACTが用いられた[238][訳注2]。同じメッセージは，クライエントにも当てはまる。たとえば，監視下で抗酒薬を服用することは，禁酒を続けるには効果的かもしれないが，クライエントは屈辱として体験することが多

い。著者の1人（ケリー・G・ウィルソン）がセラピーをおこなった事例では，価値とコミットメントのアプローチが採用された。クライエントは，長い病歴のなかで，アルコール摂取で危険な破滅的な期間を繰り返していた。結婚生活を守る努力として，アルコール依存の夫は，確実に妻に監視されながら抗酒薬を毎日服用することに合意した。臨床場面での以下の会話は，その行為全体に屈辱を感じたという夫の感覚を扱っている。

クライエント：スーには，抗酒薬を毎日飲むことと，彼女がそれを見張っていてかまわないことを，伝えました。

セラピスト：そうすれば結婚生活のチャンスをもう一度与えてもいい，と彼女が言ったのですか？

クライエント：はい。

セラピスト：それについてどう思いますか，ティム？

クライエント：まあ，それしか彼女が留まる方法はないですから。その条件がなければ，彼女はもう一度やり直してみることなんてできないでしょう。ほら，子どもたちや他のこともあるし。

セラピスト：なんだか，これを「**しなければならない**」ように感じますか？

クライエント：そうしないと，彼女は去ります。

セラピスト：うーん，この状況は少し心配ですね。つまり，状況が進んでいく方向がいくつかあるということです。たとえば，毎朝あなたが朝食のテーブルにつくと，そこに彼女がいて，あなたは自分自身に言うかもしれません，「なんてざまだ。なんでこんなことをしなきゃならないんだ？　彼女は，私を小さな子どもか何かのように見張っている」と。そして，おそらく奥さんはそれに気づいて，怒るでしょう。こんなふう

訳注2）この無作為化比較試験では，薬物アルコール専門カウンセラー59人が無作為に2群に分けられ，それぞれACTワークショップまたは教育的ワークショップを受け，その後，両群とも物質乱用に対する薬物療法のワークショップを受けた。その結果，ACT群では，有意に，カウンセラーの薬物療法利用に対するウィリングネスが増加し，より多くの患者が薬物療法家に紹介された。

に。「ちょっと，これは私のせいじゃないわ！　人のせいにしないでよ！」。そういうこと全部を口にしなかったとしても，それは紛れもなくそこにあって，あなたとの間にくさびを打ち込んでいます。

クライエント：まあ，私はそうしてもかまいません。つまり，私は自分を信用してないんです！

セラピスト：いいですか，それがまさに私が言いたいことなのです。今は，抗酒薬が，あなたとあなた自身の間にくさびを打ち込んでいるのです。さて，別の考え方もあります。試しにやってみましょう。あなたとスーが結婚したときのことを覚えていますか？　1分ほどじっとして，目を閉じたまま，その日の彼女を心に描くかどうか，やってみてください。

クライエント：ええ。素晴らしい日でした！　おっかなくて，幸運で，それが私にとってどういう意味か，どう言えばよいかわかりません。

セラピスト：そうですね，でも，あなたはあの日，言いましたね？　みんなの前に立って，スーの前で。あなたは彼女の瞳を見つめました。そして，言ったのです，「誓います」と。覚えていますか？

クライエント：もちろんです。

セラピスト：では，私の言うとおりにしてください。しばらく目を閉じて，椅子に身体を落ち着けて，そしてほんの少しの間，呼吸ごとに優しく息が入ってきては出ていく流れに気づいてください。(*30秒ほど止まって，呼吸に注意を向けるように少し指導する*) ティム，あの祭壇にいるあなたとスーを想像してみてほしいのです。スーの瞳を見つめたことを思い出せるでしょうか？(*クライエントがイメージを思い浮かべられるよう十分に止まる*) 彼女がそこにいるのが見えますか？　少しの間，何年も前に見つめたその瞳とただ一緒にいてください。ほんの少しの間，これを味わってください。(*休止*) ティム，あなたはそこに立って，彼女の夫になるというコミットメントをしたのです。自分自身の言葉，「誓います」が聞こえるでしょうか。では，息をして，目をそっと開けてください。あの瞬間が見えましたか？(*ゆっくりと優しく言う*)

クライエント：はい，彼女が見えました。私はそこにいました。

セラピスト：永遠に，でしたね？　わかりますね……「富めるときも，貧しいときも，病むときも，健やかなるときも」

クライエント：はい。

セラピスト：ティム，こうしてはいかがでしょう？　あなたが毎朝，スーと一緒に朝食のテーブルに着くのはいかがですか。そして，少しの間，彼女の瞳を見て，もう一度，「誓います」と言っては。それから，薬を飲むのです。あなたが薬を飲むたびに，それを，あの誓いの一種の再確認のようなことにできる方法はないでしょうか？

ACTのモデルでは，心理療法，または薬物療法，あるいはその両方を含めた必須のセラピーであれ，裁判所の要請であれ，体調の要請であれ，配偶者の要請であれ，大切に抱かれた価値の文脈に設定し，それを実際にやり遂げること自体をコミットされた行為として位置づけることができる。

スキル・トレーニング

スキル・トレーニングは，いつでも行動療法の大黒柱であり続けてきたし，ACTの重要な構成要素でもある。私たちは，学者ぶらずに，すべての認知療法と行動療法が実際にはスキル・トレーニングの形態にほかならないと断言しよう。特定の状況の歪んだ思考に挑戦するのも，不安なときの自己対話を変えるのも，初めて会う人に向かって視線を合わせたまま微笑むことを学ぶのも，スキルである。マインドフルネスと「今，この瞬間」の気づきも，視点取得も，スキルである。このような理解の構造こそが，行動主義に，他のアプローチを上回る明確な利点をもたらしている。問題は，無意識の葛藤のような見えない力から発生するのではない。むしろ，**スキル不足**から発生するのである。

事実上，すべてのスキル・トレーニングは，価値の文脈に位置づけて，コミットされた行為としてマインドフルにおこなうことができる。一つひとつの行為は，スキル・トレーニングをおこなっているときの一瞬一瞬で，トレーニングが働きかけている，より大きな価値へのコミットメントや再コ

ミットメントの役割を果たしうる。新しいスキルを学ぶとき,ぎこちなさを感じ,自己との対話に直面するが,それは,アクセプタンスと脱フュージョンの焦点となり,そしてスキルを学んで展開することに力を与えるはずである(この点に関する肯定的なエビデンスについては,文献238を参照)。

　こうした要素を,スキル・トレーニングを実行するのに必要な時間に,明らかに追加する必要はない。むしろ,スキル・トレーニングはACTの空間内だけでおこなえばよいし,それがかえってスキルの作業の効果を高めるだろう。たとえば,ソーシャル・スキル・トレーニングをおこなうときでは,価値に沿った,偽りのない,「今,この瞬間」に集中した「はい,私は,私の価値に従って,この課題をアクセプトします」というコミットメントにマインドフルに接触した瞬間,クライエントとトレーニングの関係が変わり,そのトレーニングが将来の行動に対して実際に大きな影響を与える可能性が高くなる。

ホームワーク

　ホームワークは,行動療法に伝統的に不可欠な要素であり,よく知られている利点がある。治療セッション中に教わったスキルを,クライエントの人生の文脈に統合する必要がある。セッションとセッションの間に何らかの形で練習しなければ,そうした統合が自然に起こると確信する理由はない。ACTの視点から見ると,ホームワークを用いて障害物やバリアを活性化することで,クライエントが,自然な状況のなかでバリアに直面しながら粘り強く存在するのに必要なスキルを学ぶことができるのである。ACTセラピストはクライエントと協働してホームワークの課題を作成するが,そのとき,課題がクライエントの価値と明確につながり,ホームワークの実践が価値のためのコミットされた行為を構成するようにする。たとえば,抑うつに苦しむクライエントなら,価値づけられた出来事の計画づくり(valued event scheduling)を,行動活性化に似た方法でおこなうかもしれない。社交不安のあるクライエントには,そこに行くと不安が誘発され,そして,その人が進みたい方向へのコミットされた一歩となる場所について尋ねるかも

しれない。また，先のない仕事に就いていて倒産を恐れている人には，オンライン講座について調べたり，地元のコミュニティーカレッジの職業カウンセリングを探したりすることを勧めるかもしれない。こうしたホームワークであれば，一歩一歩を，価値づけられた行為を拡大するためのコミットメントとして，明確に実践できる。

随伴性マネジメント

　随伴性マネジメント方略は，さまざまなセラピー場面で頻繁に使われるもので，典型的には，患者が，特定のトリートメント目標を達成することで特典や他の賞品をもらう。段階分けシステム，トークン・エコノミー，尿検査で薬物反応陰性のときにもらえるクーポン券，持ち帰り用のメサドン（麻薬鎮痛薬）などは，随伴性マネジメントのよい例である。こうした方略は，ACTに反しているように見えるかもしれない。というのも，典型的には，スタッフが，行動を指示する立場でもあり，適切な振る舞いに対して強化をおこなう立場にもいるからである。しかし，この短所が深刻な問題になるのは，スタッフ自身が圧倒されて，随伴性マネジメント手法が懲罰的になる場合だけである。随伴性マネジメントを患者の価値に直接結びつけると，それが自己調節に取って代わるのではなく，自己調節を促すことができるし，それと同時に，本来有効なセラピーの戦略を懲罰的に用いてしまうことをある程度防止できる。それには多少余分に努力が必要であろうが，外的な随伴性と自由に選択された価値を一直線に並べることができれば，セラピーが成功する可能性が高くなる。

刺激性制御の方略

　ACTの枠組みのなかにも，完全に目的にかなっていて有用な刺激性制御の方略がたくさんある。たとえば，肥満の治療を受けている人が，好ましくない食品を自宅からすべて排除する場合，その行動は，自罰としてすることもできるし，マインドフルに，固い決意で，価値づけられた方向への一歩と

してすることもできる。後者の場合，家から食品を排除するのは，「身体に悪い食品を食べられなくするため」ではなく，「健康な環境をつくって暮らすため」となる。また，再発予防は，刺激性制御の方略によって大きく決まる。大量飲酒の兆候を見分ける方法を学び，そうした兆候が生じる状況に立ち入らないようにするのは，回避のように見えるかもしれない。しかし，そうした考え方は，必ずしも回避だとは限らない。アルコール依存症のクライエントが禁酒すると決意すれば，酒場で時間を過ごすのをやめるだろう。節度のある飲み方にしたいと感じる人なら，金曜日の夜を特定の深酒仲間と一緒に過ごすことをやめるかもしれない。そうした行為は，単純に回避とみなされなくてもよい。ACTには，困難な体験を見つけてアクセプトすることに人生を費やさなくてはならない，とするものはないのである。さらにいうと，誘惑的な運命には何の美点もない。価値づけられた行為がクライエントを厳しい道に置いたのなら，そのとき適切なコミットされた行為は，恐れている内容をありのままに気づき，たえずアクセプトして，そして自分の価値に沿って行動することである。同じように，自分の環境を整えて，恐れられた内容が必要以上に誘発されないようにしたり，自分の価値とゴールのために最も役立つ新しい活動を探したりするのも，適切なコミットされた行為である。

行動活性化

あらゆる行動的手法のうち最もACTと統合しやすいのは行動活性化である。なぜなら，ヘキサフレックスの右側全体が，行動活性化そのものだからである。最新の行動活性化手法[48]は，ACTと100％合致する。そして，相対的に単純であることと経験的に支持されていることから，ACTセラピストが，より本格的なACTの介入をはじめる前に行動活性化のコースを用いることはめずらしくない。

ここで簡潔に全体像を述べても，ACTのアプローチと行動的手法をどのように全面的に統合するかを十分には説明できない。そのような仕事は，本一冊では不可能である。心理的柔軟性モデルはあまりにも幅広い（そのう

え，行動的なステップは領域によって違う）ので，こうした手法を統合する方法を十分詳しく解説するのは，応用心理学を文脈的行動主義の視点から十分詳しく解説するのと同じである。重要なのは，ACTと行動的手法を併用するのは，ACTに何かを「追加」することではない，ということである。むしろ，ACTは行動的手法を用いるための**文脈**として設計されている。言い換えるなら，心理的柔軟性を発達させるということは，行動療法と認知療法をいかにおこなうかというセラピーの焦点にほかならないのである。

他のコア・プロセスとの相互作用

コミットメントとフュージョン

　フュージョンは，ほぼ間違いなく，コミットされた行為に対する主な障害物のひとつである。フュージョンにはいくつかの形があり，「コミットされた行為の基礎としての『理由』」とのフュージョンも含まれる。ある行為が「理由」に基づいており，かつ，その「理由」が変わるとしたら，「判断」そのものも論理的には変わらなければならない。深い意味で，このような起こりうる事態が示しているのは，コミットメントを，論理的な「判断」に基づいておこなうよりも「選択」としておこなうほうがよいということである。「理由」は，人が直接コントロールできないことを指し示すことが多い。そのため，「理由」の数や妥当性が変わると，コミットメントの程度も，潮の満ち引きのように大きくなったり小さくなったりするであろう。コミットメントを，世界のものではなく私たちのものにするつもりなら，コミットメントの拠り所は，私たちのコントロールがおよぶ領域に設定しなければならない。

　結婚は，選択することと判断することとの違いを，とてもわかりやすく示す。結婚はコミットメントである。それにもかかわらず，結婚したカップル全体の半分が離婚に至る。なぜこんなことになるのだろうか？　ひとつには，人々がコミットメントの仕方を知らないからである。人々は，コミットメントを，（ACTの意味での）心からの「選択」としてではなく，「判断」

や「理由」に基づいておこなおうとする。そうするとき，人々は，自らのコミットメントを大きな危険にさらしている。たとえば，ある男性がある女性と結婚するのが「彼女が美しいから」だとしよう。もしも，その後，女性が容姿を大きく損なう事故に遭ったとしたら，彼女を愛して一緒にいたいと願う「理由」はもはや通用しない。たとえそのように反応したくないとしても，男性は，理屈が自分に告げてくることに対処するのに苦しむかもしれない。なぜなら，結婚するというもともとの行為は，その「理由」に基づき，つながり，その「理由」によって説明され，正当化されていたからである。そして，その「理由」は今や変わってしまったのである。この種のことは，人々が結婚して，その後，配偶者に対して以前と同じ愛の感情をもはや抱いていないと気づいたときはいつでも起きている。私たちの文化では，愛とは選択の一種ではなく感情だと主に考えられているため，愛の感情のために結婚するのはとても理にかなうこととみなされる。しかし，愛の感情は極めて予測不可能である。だからこそ，私たちは，愛のことを，偶然に出あう出来事かのように語る。たとえば，恋に落ちる，愛が冷める，などと言う。そうならば，まったく同じように，私たちが結婚に落ちたり，結婚が冷めたりしても，驚きではないはずだ。

　価値づけられた領域で選択することをクライエントが学べば，ものごとは違うように機能する。ここで，結婚が，結婚するという**選択**に基づくものであり，愛が，相手を価値づけて特別な存在として抱く**選択**だとみなされるとしたら，結婚の誓いを守る可能性がどれほど高くなるかを考えてみよう。そのような行為は，理に合わない（unreasonable）のではなく，理由がない（a-reasonable）のである。選択に基づいたコミットメントは，その人を，ルール支配行動の弱点から防護する。選択として抱く限り，コミットメントを放棄することを説明し正当化することは起こりえない。なぜなら，選択そのものは，説明され正当化される必要がないからである。どんな理由が「一緒に付いてきて」，それが後になって変わるとしても，その選択は理由に衝き動かされていたわけではないため，選択そのものは変わる必要がない。このように言語的な「覆い」が存在しないことは，それ自体が，コミットメントの維持を支援する強力な随伴性である。（離婚する選択のときのように）

コミットメントが変わりつつあっても，言語的な覆いが存在しないことによって，より大きな価値を，正面に，真ん中に，抱き続けることができる（例：相手に敬意を払い，子どもたちを守るように離婚する）。

フュージョンの最も一般的な形態は，理由（または理由を失うこと）がコミットされた行為に対する障害物となるときにみられる。フュージョンにはさまざまな形があり，ヘキサフレックスの他の側面と特異的に関連しているため，以下の節で考察しよう。

コミットメントと「今，この瞬間」

困難が生じるのは，クライエントが，「今，ここ」ではなく未来のこととしてコミットメントをおこなう場合である。未来とは，構成されたものである。現実には存在しない。私たちは，「未来はこうで**なければならない**」という思考とフュージョンするとき，過度に用心深くなることがある。そして，未来の想像に時間をかけすぎると，「今，この瞬間」に行動する機会を失いかねない。また，ほとんど同じような仕方で，過去とのフュージョンもコミットメントを弱める可能性がある。過去の失敗を思い出すことに時間のすべてを使っている場合，クライエントは，この瞬間のなかで行動するにはより不利なところにいる。

心配と反すうは，悪い結果の予測因子として知られている。ACTの視点から見ると，どちらも，嫌悪制御の支配下にあるルール支配行動の例である。これによって，クライエントは，重要な入力に鈍感になり，状況が変わっていくなかでコミットし続けるために必要な柔軟性を失う。このように，「今，この瞬間」のプロセスは，コミットされた行為にとって重要な味方である。

コミットメントとアクセプタンス

恐れている内容をアクセプトしていないことも，コミットメントの大きな障害となりうる。一連の体験，思考，感情，行動傾向，身体状態をアクセプ

トできないものだと判断する限り、私たちは、コミットメントをおこなって継続していく自らの能力に限界を設定してしまう。本当に有意義な人生の領域であっても、そこで苦しい思考や感情が起こる可能性があるだけでなく確実に起こるような領域のことを考えるのは困難を伴う。職業の選択は、その選択そのものに関する不安を生み出す。プロポーズは、結婚の将来に関する不安を生み出す。このような領域のどこで体験した喪失であっても、それは悲しみや失望をもたらし、犯した失敗の記憶を呼び覚まし、人生の他の領域におよぶ、この挫折の持つ大きな意味についての思考を呼び起こす。本書の著者は3人とも、子どもの親であり、他にも多くの親を知っている。しかし、子育てが、少なくとも一時でも、人生で最も痛みを伴う経験のひとつであったことがない、という人をまったく知らない。親になることは心を身体の外に置くようなもの、と言われてきた。これには幾ばくかの真実がある。

　重要な意味で、コミットメントをおこなうことは、心を身体の外に置いたままの状態で、進んで生きることである。価値のためなら心理的に苦しむことにウィリングネスでいる能力が育まれて初めて、コミットメントが可能になるのである。私たちは、この種のアクセプタンスをクライエントに教えることができる限り、彼らがコミットメントをおこなって継続していけるように彼らを解放することができる。

コミットメントと自己

　概念化された自己とのフュージョンも、同じように、活動に対する深刻な障害物となりうる。たとえば、「私は負け組であり、何かをやり遂げられるわけがない」という思考とフュージョンしているクライエントは、何の計画もはじめないだろう。また、児童虐待の経験に基づいた自己の物語は、決して誰も信用しないという結果を招くかもしれない。多くの場合、コミットメントに伴って自分自身が傷つきやすくなるため、その人は、本当に手放し傷つきやすくなることにウィリングネスではないかもしれない。それに対して、自己の物語を**ただ**の**物語**として眺めることができるクライエントは、コミットメントするときに表れる思考や感情を観察し、継続するのが苦痛なと

きでも継続するときに，はるかに有利なところにいるのである。

コミットメントと価値

　コミットメントと最も密接につながっているコア・プロセスは，価値づけである。コミットメントは，行為と価値の間に刻一刻とあるつながりで構成されており，価値に基づいたより大きなパターンに役立つものである。価値を明確にせず，価値と接触しないでいると，コミットされた行為をうまく導いて時間をかけて再調整することができない。こうしたケースでは，行動は，ひとつの「気分のよい」選択肢から次の選択肢へとさまようままになる。また，価値とコミットメントの間には反復性のプロセスがあり，トリートメントのなかで使うことができる。ある人が価値づけられたパターンを構築すると，コミットされた行為のありうる形が新しく明らかになる。同じように，いったん，ある人が一定期間コミットメントを続けると，その人の存在する世界が変わることが多い。配偶者に対して親切にし続けると，配偶者の行動が変わる可能性が高い。そして，配偶者の行動に起きた変化は，次に，二人の関係が進むであろう別の方向，すなわち，別の価値づけられた行動パターンを明らかにするかもしれない。価値を構築することとコミットメントを実践することは，お互いがお互いを育て，うまくいけば高潔なサイクルを作り出す。

臨床上の注意事項

再発しても価値は不変である（価値が変わる瞬間まで）

　クライエントが，コミットメントへの注目を失って敗北主義に陥ることはめずらしくない。まるで，そのクライエントが不完全な価値を持っていることを示しているかのようである。クライエントがこの現象をセラピー中に示したら，セラピストが尋ねるべき質問は，「この再発の間に，あなたが持つ価値のどれが変わりましたか？」というものである。クライエントに，この

質問にとても具体的に答えてもらうことが大切である。通常，クライエントの価値はどれも変化していない。基本的な価値は，変化するよりむしろ洗練されていくものである。その一方で，価値づけられた行動パターンを達成する自信は，大きく変化しうる。クライエントは間違いなく，やっかいな思考（「私はできそこないだ，あきらめるべきだ」），感情（恥辱，怒り），記憶（同じような過去の失敗）と苦闘している。そこで，最も重要な質問は，「さて，今からどうしましょうか？」である。ACTセラピストは，以下のように話してもよいだろう。

> 「あなたの価値が変わっていない限り，『今からどうしましょうか？』への答えは，『以前はどうしましたか？』への答えと同じです。仮に，たった今，まさに『今，この瞬間』に，セラピー中のここで，あなたが価値を置く方向へ動きたいとしたら，何をするでしょうか？ あなたが西へ向かうことにコミットしていて，途中で曲がるところを間違って10マイル逆行したと気づいたとしたら，車の向きを変えて再び西へと向かうのを妨げるものが何かありますか？ 仮に，サンフランシスコを目指して西へ車を走らせているときに，あなたのマインドが，車が壊れるぞ，この先で道が閉鎖されているぞ，居眠り運転をして事故を起こすぞ，などと言ってきたとしても，あなたは西に向けて運転を続けませんか？ 西に行きたいのなら，車に乗って出発してください！」

これは，価値が変化することはない，という意味ではない。価値は選択であり，選択は変わりうるし，実際に変わる。ただし，価値が変わるのは**その人の明らかな選択**によってであり，単に一時的に再発したかもしれないと評価することによってではないのである！

コミットされた行為の主体はセラピストではなくクライエントである

　コミットメントの作業では，人生を変える可能性のある行動に従事するようクライエントに求めることもある。そのため，価値づけられた行為の結果として起こりうる広範囲のことを，クライエントが完全に認識しているのを確かめることが重要である。ここで起こりうる問題は，クライエントに対するセラピストの個人的なアジェンダが，クライエントの選択に過度に影響するかもしれない，ということである。クライエントは，セラピストの承認を求めるあまり，行為の影響力の大きさを理解しないまま，その行為に不本意ながら従う。ACTセラピストは，自分自身の価値がこのようにクライエントに注ぎ込まれていないかどうか，注意深く観察し，クライエントを保護する必要がある。ときには，次のように質問するのも有効だろう。「ちょっとした変な理由で，私が明日から来なくなり，別のカウンセラーがあなたと一緒にここに座っているとしたら，それでもあなたは，こうした行為を100％の確信を持って支持しますか？　それほど確信を持てなくなるような価値はありますか？」。セラピストは，そこに表れているものがクライエントの価値とゴールだということを，間違いなく理解しなければならない。少しでも疑いがあるなら，価値を選択するプロセスに立ち戻るべきである。

何もしないでいることも選択である

　セラピストがよく巻き込まれる可能性のあるトラップは，セラピーを「成功」とみなすにはクライエントの行動が変わらなければならないと考えてしまうことである。クライエントがコミットメントを放棄したり，以前の回避行動に戻ったりしたときに，セラピストは，クライエントに，ゴールと行為に取り組み続けるよう圧力をかけはじめる。これは，メッセージを変えずに声の大きさだけを変えるという，一般的な子育ての習慣と同じである。つまり，やさしく言っても子どもが行動しないなら大きな声で言う，という習慣である。このアプローチは，少数の子ども（貴重な少数！）にはうまく機能

するかもしれないが，クライエントにはあまり機能しないのは確実である。言い換えると，セラピストが，クライエントをより強く押せば押すほど（これは，セラピストの側の非アクセプタンスの行為である），通常は，クライエントもより抵抗的になる。最悪の場合，このプロセスは，相互の対立，「抵抗」という解釈，そして，クライエントによる突然のセラピーの終結，にまで至る可能性がある。セラピストが認識すべき重要な点は，クライエントが価値づけられた行為を選択するようにどれほど丁寧に舞台を設定しても，その選択をおこなえるのはクライエントだけである，ということである。ある計画に沿って行動しないことを選択するのも，それが実際に選択になっている限り，正真正銘の選択である。そのような状況にあるクライエントと一緒に取り組むとき，最も優しく誠実な方法は，クライエントそのものと，その人が直面しているジレンマを，ともに全面的に承認することである。セラピストは，「これが私の人生だとして，あなたが現に見ている結果を私が今見ているとしたら，私自身，前に進まないことを選択しているところを十分想像できます」と話してもよい。

密かに紛れ込むプライアンス

　プライアンスは，価値の介入の場合とまったく同じように，コミットメントのワークにも常に伴うリスクである。プライアンスは，無数の表れ方がありうる。コミットされた行為が存在せず，社会的な影響が相当あるときには，クライエントはコミットされた行為を「しなければならない」と同じだとみなす傾向にあるだろう。「私は，子どもたち（または配偶者）のために，**こうしなければならない**のです」は，「私は，過去に過ちを数多く犯したので，子どもたちに何かをするべきなのです」と並んで一般的なテーマである。この種の「動機」は，コミットされた行為に対する重大なバリアに行き当たると，簡単に壊れる可能性が高い。あらゆる種類のプライアンスに対して優れた戦略となるのは，コミットメントをクライエントの価値までさかのぼり，そして次のように尋ねることだろう。「もしも，あなたが親として決して間違いを犯したことがないとしたら，つまり，あなたがこれまで地球上

にいたなかで絶対的に最高の親だとしたら，それでもなおあなたはこの行為に価値を置くでしょうか？」

感情的な動揺を扱う

コミットメントをおこなうと，ほぼ確実に，恐ろしい思考，感情，記憶が数多く呼び起こされる。こうした困難な心理的状態は，「今，この瞬間」から私たちを追い出し，回避されるべきものとして体験され，そして，内容を超越した自己意識との接触を私たちから奪うことが多い。

多くの場合，価値の観点から見て行為が重要であればあるほど，表れる私的体験がますます苦痛で厄介なものとなる。そのため，大切な選択をおこなう場面では，コミットされた行為のプロセスを「休止」して，クライエントがコミットメントのプロセスの良い面と悪い面に単に接触するようにするのは良い方法である。このとき，クライエントの価値が変化したかどうか，また，クライエントの価値を違うように体験したかどうかを尋ねるとよい。脱フュージョンとアクセプタンスの戦略を使って，クライエントがこの感情の嵐に優しく取り組めるようにするとよい。そのとき，クライエントは，思考を**思考**として，記憶を**記憶**として，感情を**感情**として気づくのである。

前進のサインを読み取るには

コミットメントについての検討は，セラピーの初期には，高レベルのフュージョンと回避につながるだろう。そのような検討は，典型的には，**しなければならない**，**できない**，**いつも**，**決してない**，のような，フュージョンと回避の指標となる言葉を特徴とするだろう。また，できそうなコミットされた行為を挙げるように言われたとき，クライエントは何度も，**わからない**と言ったり，言葉に詰まったりするかもしれない。クライエントの注意は，コミットメントを続けられるかどうかという予測や，続けられないことへの恐れに向くだろう。さらにセラピーが進むと，クライエントは，コミットされた行為の小さい例から大きな例までを作り出す能力においても，コ

ミットメントのワークをしているときに表れる苦痛な感情，記憶，思考をアクセプトする能力においても，さらに流動性と柔軟性を示すだろう。このような繰り返しの過程には，コミットメントを続けられなかったという苦痛に満ちたプロセス，苦痛から学ぶこと，そして，力を取り戻して必要なコミットメントをおこなって継続するプロセスに戻ること，が含まれる。最終的に，クライエントの人生にどこまでも広がるコミットされた行為のパターンのなかに，そして，どこまでも広がるパターンの感情的，認知的意味に取り組む際の柔軟性のなかに，コミットメントにおける前進のサインがはっきり見えるだろう。

第IV部

前進し続ける科学的アプローチを構築する

第13章

文脈的行動科学，そして，ACTの未来

　科学理論はどれも，時間の経過とともに，いずれは不十分とみなされるようになる。今のところ，このことに例外はなく，現在理解されているモデルとしての心理的柔軟性や，手法としてのACTにしても，それが最終的に歴史のゴミ箱から逃れられると考える理由など何一つない。理論的に，あるいは，臨床的に永久不滅のモニュメントを建てることが大切なのではない。さまざまな領域の人間行動に対する私たちの科学的理解に関して，その前進（progress）を作り出すことこそ重要なのである。

　本書では，私たちが前進し続けるであろうと信じている方法，モデル，原理，そして哲学を紹介してきた。たくさんに見えるかもしれないが，知識の限界を見極める訓練を積んだ目には，けっして十分とはいえない。もしも，人間の条件という途方もない難題を扱える包括的な心理学の構築がゴールであるとしたら，我々には発展のための絶え間ない方略が必要である。言い換えれば，今役立っている真実を半分捨て去ってよりよい考えを生み出し，そしてその後，さらによい考えを生み出すために，それらの考えすら捨て去るといった，そんな方法が必要になる。このときの狙いは，発展し続けるポジティブな流れを構築することである。こうした作業は，応用科学のなかでおこなうのはなかなか難しい。なぜなら，苦しみは，今，まさにここにあって，ニーズは差し迫っているからである。このような状況では，何らかの計画がない限り，実践家も臨床科学の研究者も，手当たり次第にあるものに飛びつきがちになる。その衝動は理解できるものの，長期的に前進し続けるためには，それだけでは足りない。継続的な前進にとって有効な方略が必要と

なる。

　ACTの関係者たちは，**文脈的行動科学**（contextual behavioral science；CBS）のアプローチがそのような方略であると信じている。実際，ACTのコミュニティは，CBSのコミュニティそのものである。CBSは，ACTの国際学会の名称（文脈的行動科学学会〔Association for Contextual Behavioral Science：ACBS〕；www.contextualpsychology.org）であり，それがACTの取り組みの核心だといえる。RFTの研究者，文脈主義の哲学者，進化論者，普及を担う者，研究に関する戦略家，コミュニティを取りまとめる人々，そして臨床家たちといったACBSのさまざまなメンバーが協力しながら取り組まなければ，ACTは，ただ単におもしろい技術のひとつでしかなくなり，これまでにこの分野が何十年にもわたって苦しんできたのと同じ流れにやがて呑み込まれていくだろう。

　応用科学は，データだけを基盤にしてうまく構築できるものではない。症候群や障害に応用した技法に関するデータは特にそうである。また，見栄えのいい脳画像に基づいてゆるく理論づける方法もだめである。力強くて有効な心理学が確立されない限り，応用科学も構築されない。

　CBSのコミュニティが到達したとても興味深い結論は，行動科学とその応用は共同体である，というものである。すなわち，応用心理学者と基礎心理学者は，みんな同じ船に乗っているのである。実践家と研究者も同じ船に乗っている。予防科学者たちとセラピーの開発者たちも，進むか沈むかの，運命共同体なのである。

文脈的行動科学のアプローチ

　文脈的行動科学（CBS）は，行動科学のなかで**体系を構築する**にあたり，**自然主義的で帰納的なアプローチ**を採用し，**歴史と状況のなかに埋め込まれた行為の進化**を強調する。そして，歴史と状況のなかの行為という分析単位を，**さまざまなレベルの分析や知識の発展そのものにまで拡張する**[訳注1]。伝統的な行動分析学から拡張されてきたものとして，CBSは，いくつかの重要なステップを強調する（文献107, 240を参照）。以下に，それぞれのステップ

の概略を箇条書きしてから，一つひとつをもう少し詳しく吟味していこう。

1. **哲学的な前提や分析の前提を詳しく説明する**。CBSは，機能的文脈主義に基づいた一元論の帰納的なアプローチであり，知識の形成（knowing）を，多様性と選択的保持に基づいたプラグマティックな活動とみなす哲学的な前提である。
2. **文脈主義の原理を分析的で抽出的な理論へと体系立てた，基本的な説明をつくる**。CBSは，進化論的科学に基づいている。さらに厳密にいうなら，関係フレーム理論によって補完された行動原理に基づく。CBSの基盤にある科学的アジェンダは，行動学的にも神経生物学的にも，幅広い範囲の基礎科学の主題について検証されている。
3. **病理，介入，健康に関するモデルで，それぞれが基本的な説明と結びついたものを開発する**。心理的柔軟性は人間の機能に関する統一的なモデルで，その主要な領域の一つひとつが，RFTによって補完され進化論的科学の文脈に位置づけられた行動原理と結びついている。
4. **プロセスや原理と結びついた技法や構成要素を構築して，検証する**。ACTは介入的なアプローチで，心理的柔軟性モデルの観点から主要な変化のプロセスを引き起こすとされる具体的な方法で組み立てられている。
5. **理論的なプロセスおよびそれが病理と健康にどのように関係するかを，測定する**。心理的柔軟性とその要素を測定するための尺度が開発され続けていて，モデル全体との関連が検証されている。尺度の改善のためには，心理測定の一貫性だけでなく，セラピーでの有用性，概

訳注1）ここでの「歴史」とは個々人の学習の「履歴（history）」，「状況」とは行為が生じる際の「環境（先行事象および結果）」を表しており，両者ともに行動に影響を与えている「文脈」である。すなわち，「文脈のなかの行為」が文脈的行動科学における分析単位である。そして，この分析単位は，外顕的行動のみならず内潜的行動も含めたさまざまなレベルの行動の分析において用いられる。また，「進化」とは特定のゴールに向けて淘汰されるプロセスを意味する。そのため，文脈的行動科学のゴールを持つことによって，科学的活動そのものも「状況（結果）」による影響を受けるために，知識の発展という「進化」がもたらされる。本書の第2章を振り返りながら，この章を読み進むことをお勧めする。

念としての有用性，また理論的整合性も重要である。

6. **モデルを適用したときの効果を分析する際に，媒介や調整を強調する**。介入手法と理論的に重要なプロセスとの間の結びつきは大切である。そのため，媒介モデルや調整モデルの研究のような，変容のプロセスに注目する分析的手法も大切になる。そうした研究がこれまでに何十件もおこなわれて，診断横断的なアプローチとしての心理的柔軟性モデルの主要な側面が検証されてきた。

7. **研究プログラムを，幅広い領域のさまざまな分析レベルで検証する**。CBSが応用的ゴールとして目指すことは，ACTをはるかに超えて広範である（たとえば，教育分野でRFTを応用したときの有用性は，CBSが最終的に成功するか失敗するかの鍵を握るといえる。文献195または文献32を参照）。また，ACT自体も，従来の臨床心理学の範疇を超えている。なぜなら，ACTが応用される問題の領域は，すでに驚くほど幅広くて，その多く（偏見，学習，組織としての機能など）がDSMに記載されることは決してないだろうからである。

8. **有効性，普及，そしてトレーニング方略を，早いうちから継続して検証する**。CBSのプラグマティックな哲学に沿って，トレーニング，普及，そして有効性の検証は，研究プログラムのなかでも初期からおこなわれる。プラグマティックにいうと，方法は，現実世界のなかでの実践で得られるアウトカムに基づいて評価されなければならない。いくら金ぴかに輝いていても，舗装されていない裏道を走れないリムジンのような介入では，研究資金も足りないうえに過剰労働な私たちの予防とセラピーの供給システムのなかでは，生身の人間にとっては何の役にも立たないだろう。

9. **開かれていて，多様で，ヒエラルキーのない，開発のためのコミュニティをつくる**。CBSの大胆なアジェンダを受け容れるために，コミュニティ全体に心理的柔軟性モデルが使われてきた。モデルを組織的な取り組みにまで広げて適用することで，CBSコミュニティは，この数年間に飛躍的な成長を遂げた。

本章では，どれほどの進化が達成されているかを評価するために，ここに挙げた主要なステップのそれぞれをざっと検証していこう。

哲学的な前提や分析の前提を詳しく説明する

第2章では，科学に関する哲学についていくらか触れてから，Skinnerの「徹底的行動主義」を拡張した心理学的プラグマティズムの一種である機能的文脈主義[104]についても概観した。また，文脈主義の核となる分析単位を「文脈のなかの行為」と定義して，その真理基準を「有効であること（successfully working）」と定めた。そして，機能的文脈主義を，その特有のゴールによって区別した。そのゴールとは，行動の予測と影響である。すなわち，歴史的および状況的文脈のなかで文脈そのものと相互作用する生体について，正確性（precision），範囲（scope），深度（depth）を持ちながら行動を予測して影響を与えること，である[93] 訳注2)。

ACTとRFTのすべての側面が，またCBSでは全般にわたって，こうした前提に関連している。たとえば，思考や感情は行為の原因ではない，という考え方について検討してみよう。文脈主義者は，原因とは目標をどのようにして達成するかを説明するための方法，と考える。そのため，原因は文脈から独立した個別の実体として存在するのではない。第一に，それぞれの「原因」は，関連する要素間の関係が保持される文脈を前提としていなければならない。たとえば，ガス漏れは，地下にある熱水のボイラーが爆発する「原因」とみなされるかもしれないが，爆発には酸素が必要なことについては誰も言及しないだろう。それは前提とされている。可燃性の金属を真空中で溶接しているときには，「真空でなくなったことが爆発の原因だ」と言うかもしれないが，溶接からの火花については誰も言わないだろう。ここでも，それは前提とされている。爆発が起きるには，燃料，酸素，熱，そして発火源

訳注2)「正確性」は，説明が関連する変数をどれだけ具体的に特定できるかを示す。「範囲」は，いかにより少ない概念でより多くを説明できるかの程度を指す。「深度」は，異なる分析レベル（たとえば社会学や生物学のレベル）で発展した有用な概念とどの程度一貫しているかを指す。

がなければならないものの，個別に見るなら，こうした要素のどれ一つとして爆発の原因ではない。むしろ，それらが一緒になることが，爆発そのものとなる。

　これと同じように，ACTの理論家たちは，思考と感情が行為の原因だ，という考え方を否定する。なぜなら，この考え方は，これらの関係が保持される文脈を前提としていて，その文脈が特定されるまでは，行動を予測して**影響を与える**というゴールは達成されないからである。さらに，ひとたび前提となっている文脈が特定されてみれば，こうした考えがこの特定の文脈のなかでしか適用できないというまさにその事実が，思考や感情，行為はどれもが従属変数に過ぎなくて，「独立」変数となるかもしれない変容可能な文脈特性ではないことを示している[訳注3]。このように，メンタルな原因は，「影響を与える」というゴールが達成されるのを原理的に可能にする文脈変数が特定されるまでは，本質的に不完全とみなされる[21]。ACTの理論家たちは，歴史的また状況的文脈のうちの，思考を生み出す文脈のみならず，**思考と感情と行為との間の相互関係**を生じさせる文脈にまで関心を持っている。直前の文章のゴシックで示した部分が，従来のモデルでは見逃されている場合が多く，ACTでは臨床上の重要な焦点となる。

　とはいえ，こうした前提については，注意しなければならないことがある。私たちは，自分の哲学とは違った領域の考え方に対して，哲学を使って攻撃しようとする，ものすごく強い誘惑に駆られやすいのである（たとえば，文脈主義者が要素的実在主義者（elemental realism）たちについて抗議するなど）。この傾向は，無益な行為のなかでも特にそそられがちになる行動形態といえる。ところが，知的な敵をその**前提**と**価値**の面で非難する行為は，実は自分自身の通常は潜在的な前提と価値に基づいた分析をよりどころにしている。言ってみれば，子どもが「やーい，やーい」と冷やかすのと同じ行動を大人がしているのがこの振る舞いである。冷やかすのは大いに楽しいかもしれないけれども，正当ではない。

　定義からして，前提は，分析の**結果**ではない。むしろ，分析を可能にする

訳注3）ACTやその背景となる行動分析学において，「独立」変数とは介入において従属変数に影響を与えるために操作する変数を指している。

ものである．そのため，実質的には，「私の基準には，私の前提と価値のほうがあなたの前提と価値よりもよく当てはまる．だから，私の前提と価値がベストである」などとはいえないのである．我々が正当にいえるのは，「これが私の前提です．（評価的ではなく）記述的な意味で，そちらではなくこちらの前提を持ったときに起きるのはこういう事柄です」ということだけである．同じように，別な前提に出あったときに，自分の前提との違いについて評価的ではない仕方で指摘するか，あるいは，一時的にその別な前提を採用してみて，それが一貫性を持って適用されているかを眺めたり，それ自身の目的に対して相対的にどのような結果をもたらすかを眺めたりすることである．それ以外は，すべて教条主義となる．

　率直にいえば，Skinnerはそうした意味で教条的だった．彼は，予測と制御が，ただ単に科学者としての**彼自身の**ゴールなのだと言明するのではなく，科学の目的である（文献219のp.35）と主張した．Jamesも，同じ意味で教条的だった．たとえば，彼は，宗教的体験の有用性について論じる際に，その評価とア・プリオリなゴールとの結びつきに言及していなかった．機能的文脈主義の前提は，正しいわけでも，真実でも，正解でもない．そうではなくて，それらはただ単に「我々の立ち位置」というだけである．我々は，前提が何かを明らかにして，それに対して責任を持とうとしているのである．

　ACTを批判する者は，彼ら自身の心理学のなかでこの点を見逃していることが多く，結果として彼らの批判が教条的になっている場合もある．たとえば，要素的実在主義者たちは，ほとんどいつも彼らの立場の真実性を主張するが，そのような主張を可能にしている彼ら自身の前提そのものを見落としている．こうした哲学的な違いに基づいたACTに対する批判は，しばしば脱線した無益な議論に陥る．そうして，無駄な時間が，思考は行動かどうか（これはただ単に定義の問題である），あるいは，思考が行為の原因となるか（これも同じで，**原因**というときにそれが何を意味するかと，その用語と概念が哲学的に果たす役割次第である），といったことをめぐる議論に費やされるようになる．ACTに向けられたこうした批判のなかでも意外なものは，ACTが，ただ単に要素的実在主義の立場から離れただけでなく，む

しろ，そもそも認知が存在するのかどうか，認知は重要なのかどうか，疑問を投げかけている，という意見である（認知に関する実験的プログラムを構築するためにどれほど多くの時間がCBSコミュニティのなかで費やされたかを考えるなら意外といえるだろう）。この種の対話は，本当の問題，つまり前提を見えなくするため，非生産的である。

　前提を明確にしなければならない理由は，もうひとつある。それは，基盤となる前提を共有しているけれども説明の仕方が違う仲間や，別な分析レベル（たとえば，生物学的，社会学的，人類学的など）で現象を扱う仲間との間に，橋渡しをしてくれる点である。本書を通じて伝えてきたように，CBSは，進化論的科学が掲げる前提を共有する。たしかに，機能的文脈主義を，多様性と選択的保持の原理に基づいた科学の哲学を扱うひとつの方法に過ぎないと考えることもできるだろう。また，進化それ自体が示すように，有効であることこそが重要なアウトカムで，その他のすべての概念や用語は副次的なものに過ぎない，ともいえる。それでも，進化のマインドレスなプロセスとは違って，私たち人間の場合には，有効であることを，科学的な問題としても臨床的な問題としても，どの基準を選ぶかということと結びつけられるのである。本書は，こうした概念を全面的に展開する場ではないけれども，次の2つの節では，その点をいくらか広く眺めてみよう。

文脈主義の原理を理論へと体系立てた，基本的な説明をつくる

　人間の認知を理解するためには，変容可能な文脈特性（歴史と状況）に注目した原理が必要だという考え方へのコミットメントのもとで，膨大な時間がRFTを発展させるために費やされてきた。私たちの派生的関係反応は遺伝的に進化してきた能力と社会的コミュニティによって強化された歴史との組み合わせのなかから現れてくる，とRFTは主張する。人間の言語と認知を分析する際のこの完全に進化論的な方法は，系統発生および個体発生レベルの多様性と選択（淘汰）だけに基づいている。

　RFTは理論ではあるが，仮説演繹法によるものではない。むしろ，分析

的／抽出的で，機能分析の上位集合の一種といえる[訳注4]。言語的出来事は，単純に，学習された反応の単位である関係フレームに組み込まれているから，その心理的機能を持つ出来事となる。この優美なほどシンプルな定義は，言語的出来事と非言語的出来事との線引きをとてもわかりやすくする。たとえば，言語ルールが「言語的」なのは，それらの要素が関係フレームに含まれることでルールの効果が決まるからである。しぐさ，合図，絵などは，関係フレームに組み込まれていて効果を持つのであれば「言語的」だけれども，そうではない場合には「非言語的」である。人間の「マインド」は，関係フレームづけする私たちの行動レパートリーを指す表現だといえる。

　ややこしいのは，このように定義されると，人間の行動のほとんどが，少なくともある程度は言語的だといえてしまう点である。派生的関係反応はほかの一般的な学習プロセスの作用の仕方を変容するため，人間の行動を分析するときには，注目の焦点範囲を広げなければならない。たとえば，私たちが木を目にしたときに，「木」という文字であり，それは「植物」で，「光合成をする」もので，特定の「細胞構造」を持っていて，などと見ている場合，木は，観察者に対して言語刺激として機能していることになる。人間が，刺激機能の言語的に派生した性質を避けるのは難しい。なぜなら，人間の世界では，「非言語的」な刺激でさえ，関係フレームに取り込まれると，あっという間に言語的な部分をそなえるようになるからである。私たちが知っていることの大部分は，実際にはただ言語的に「知っている」のに過ぎないのである。

　英語の**知る**という単語"know"は，興味深い語源を持つ。それは，ラテン語でそれぞれかなり違った意味の2つのルーツを持っている。「感覚で知る」を意味する*gnoscere*と，「マインドで知る」を意味する*scire*である。人間の通常の概念としては，マインドで知る（ものごとを意識的に知る）ことは，なじみがあって自然に感じられる。奇妙で理解するのが難しく思えるのは，無意識的で非言語的な（感覚で知る）プロセスのほうだろう。ところが，CBSのアプローチでは，これが逆転する。CBSの心理学者たちにとっ

訳注4）RFTは人間の言語と認知を「説明」するための理論ではない。「予測と影響」というゴールのために有効な分析をしていくための理論である。

ては，直接体験を通じて知ることや随伴性形成行動は，比較的よく理解できる。それに対して，むしろ言語知識または「マインドで知る」ほうが，理解するのが難しい。

　RFTは，言語知識を，高度に精巧で相互につながり合った派生的刺激関係のネットワークの結果と考える。私たちの「マインド」には，そうしたネットワークが一杯に詰まっている[訳注5]。こうした関係反応は，それがなければできない活動を可能にするけれども，その反面，文脈によって制御されないと，人間の苦悩の根源となる。

　ACTの手法は，RFTの分析単位を参考にしながら，文脈を変えることで言語が持つ機能を変容させる方法を強調する。「心理療法」と呼ばれる一種の社会的／言語的なコミュニティが機能するのは，一部には，それが，既存の認知的関係がそれまでとはまた違った機能を持つような新しい文脈を確立できるからだといえる。

　CBSと進化の主題は重要なので，RFTを発展させる努力がどのように行動心理学と生物学的視点の歴史と一致するのかについて，簡単に考察しておく価値はあるだろう。1970年代に，個体発生における淘汰と遺伝的進化がどのように作用し合うのかをうまく説明できないこともあって，普遍原理としての学習理論の人気がなくなった。批判者の代表例としてSeligman[206]が挙げられる。彼は，味覚嫌悪[72]に関する議論をもとに普遍原理による説明の不適切さを指摘し，「レバー押しと唾液分泌によって発見された学習の法則は，不十分であると疑うだけの理由がある」（文献206のp.417）と述べている。言語と認知についても同じように，「道具的条件づけと古典的条件づけは，言語の分析のためには不十分である」（文献206のp.414）と指摘している。Seligmanはたくさんある例の1つに過ぎない。この流れが雪だるま式に膨らむにつれて，結論とされたのは，「従来からの条件づけに関する文献が提示する結論の**すべて**が，認知理論のなかで前提とされているようなより高度

訳注5）「ネットワークが一杯に詰まっている」という表現は，理解しやすくするためのメタファーであるが，私たちのなか（あるいは脳のなか）に「ネットワーク」というものが存在するかのように誤解する危険性が含まれる。実際には，「関係反応の学習の履歴（すなわち歴史）」である点に注意されたい。

なメンタルプロセスに起因する（文献29のp.27；強調箇所は著者らによる）」ということである。そして，認知革命がはじまって，勢いが高まっていた。

学習理論にあると想定されたこうした生物学的限界は行動心理学を脇へ押しやったが，そうかといって，心理学の進化主義的説明が，新しい認知的アプローチを活気づけたわけでもなかった。進化論心理学者たちは，やがて，遺伝的に特化した適応に関する膨大な数の仮説の袋小路へと踏み込むことになった[230]。そうしたアプローチは，臨床の課題に結びつけるのが難しく，また根本的な問題として，メインストリームの心理学を生物学的進化の領域から一層遠ざけることになった。

CBSの視点では，人間言語は系統発生的淘汰と個体発生的淘汰の両方のプロセスの結果だと考えて，どちらについても純粋に進化論的な見方をする。そして，進化論的な見方に基づくRFTは，普遍原理のアプローチを個体発生淘汰のレベルで見事に提供して，より特化した適応プロセスもそれに取り込むことができる。結局，進化論的心理学が普遍原理に対して冷笑的な姿勢をとったとしても，進化それ自体がそうした説明体系であることを忘れてはならない。

派生的関係学習の有用性は，個体同士が協力し合う種という文脈のなかで，適応上の利点を後の世代へと伝えていくだろう。しかし，本書で著者らが主張するのは，派生的関係学習の一種であるフュージョンと体験の回避のプロセスが過剰に支持された結果として，レパートリーを狭めるとともに不適切でもあるような選択（淘汰）基準に結びついてしまう，という点である。そのため，ACTのゴールは，健全な多様性と柔軟性を生み出して，今の環境との有効な接触を最大限にして，そして，行動の選択と保持のプロセスが目的と意図を持てるようにすることである。この見方は，進化論的科学と完全に一致する[124, 259]もので，将来的にACT，CBS，また進化論的科学の間のつながりが強まっていくのはたしかに見える（そうした努力の例としては，文献179, 239, 260を参照）。

病理，介入，健康に関するモデルで，行動原理と結びついたものをつくる

　心理的柔軟性モデルは，臨床家が使いやすいように工夫されている。知識の開発と活用に際してのCBSアプローチの特徴のひとつは，専門的な説明と結びついた「中級レベルの用語」の必要性を認識している点である。心理的柔軟性モデルのなかで使われるそうした用語は，どれも専門的なRFTと行動原理に結びついているけれども，それらは中級レベルの用語である。そのため，実践家たちは臨床でモデルを応用しはじめるにあたって，行動原理全体またはRFTの内的な作用まで理解している必要はないのである。

　本書を通じて，読者は，わかりやすい用語の間を行き来するACTのダンスと，それとはまた別なレベルにある，より厳密な理論的分析を見てきた。心理的柔軟性モデルをゆるやかにわかりやすく示すのは比較的簡単である。本書のなかで使われる6つのプロセス，文脈としての自己，「今，この瞬間」，脱フュージョン，アクセプタンス，価値，コミットされた行為は，中級レベルの用語である。これらは，わかりやすいように工夫されている。

　しかし，水面下には，完全に専門的なボトムアップの説明がある。注意深い読者なら，それがときおり本書のページのところどころに顔を出すのに気がついているだろう。臨床家は，本格的にACTに興味を持ちはじめる時点で，ごく自然に，そのようなより専門的なRFT，行動原理，また機能的文脈主義を理解しようとしはじめる。また，そうした関心は，彼らの臨床での取り組みを深めもする。実際にどのようにしてRFTと行動原理を臨床レベルに適用していくかについては，書籍が何冊も書かれている（文献231 など）。入口から高度な専門知識を要求するような体系は，どれも的外れとなる運命にあるといえるだろう。また，逆に根底でこの種の専門知識に基づかない体系も，一貫性と漸進性を欠く運命をたどるだろう。CBSの方略は，この2つの落とし穴の両方を避けようとする。

　最後に一点つけ加えておく価値があるだろう。今日では，進化的な随伴性が複数のレベルで，すなわち個人間でも，グループ間でも起きていることが，広く受け容れられるまでになったように見える[258]。個人レベルの適応

は，身近な環境を見るとその人にとって利益をもたらすため，本質的に利己性を促す。他方で，グループレベルの適応は，身近な環境だけを見るなら個人にとって不利益かもしれないけれども，協力を促しがちである[259]。後者の結論は，次のような実験で示すことができる。

　たとえば，あなたが，養鶏場を経営していて，卵をたくさん採りたいと考えているとしよう。養鶏場では，1つのケージあたり9羽の雌鶏が飼育されている。ここで，1つ目の条件では，あなたは，養鶏場のなかでいちばんよく卵を産むニワトリだけに繁殖を許すとしよう。2つ目の条件では，9羽全体でいちばんたくさん卵を産むケージのニワトリだけに繁殖を許すとしよう。1つ目の条件では，選ばれたニワトリは，どの個体もよく卵を産む。それに対して，2つ目の条件では，ほとんど卵を産まないニワトリも含まれている。では，次の質問に答えてみよう。5，6世代経ったときに，卵がより多く採れる養鶏場になっているのは，どちらの繁殖方略を採用したときだろうか？　驚きとともに非常に示唆に富む結果であるが，ケージ単位に注目した後者の方略体系のほうが，はるかにたくさん卵が採れるようになるのである[182]。その理由は，個体に対して適用される選択基準は，ケージ内での絶えない闘争，攻撃によってニワトリが死ぬ確率が高まり，また生き残ったニワトリにとっても高いレベルのストレスにつながるからである。卵をたくさん産む個々の雌鶏は，必ずしもチームのよいメンバーだとは限らない。もちろん，そうした個体は，他のトリを脅して，ケージの仲間の犠牲のうえにより多くの食料を獲得できるので，ある意味では成功しているともいえるだろう。それでも，卵を産むのに生産的な環境をそなえたケージは，むしろ，そこに住むニワトリたちがうまく共存し続ける方法を知っているケージである。こうしたケージでは，5，6世代も経てば，トリたちは穏やかで協力的となる。

　これと同じように，人間の経験のさまざまに違った特性も，人間言語そのものによって個々に区別されて，いつの瞬間にも競合している。しかし，全体として見るなら，私たちの衝動，行為，感情，そして思考は，すべてが，人間と呼ばれる1つの集合に格納されているのである。体験の回避，認知的フュージョン，あるいは概念としての自己といった心理的非柔軟性のプロセ

スは，個々の体験に対する個人的な選択基準を作り出して，内的な闘争と自己に向けられた攻撃を招く。たとえば，体験の回避は，悲しみの感情が好まれないことを意味する。また，フュージョンでは，あいまいさと混乱が好まれない。そして，概念としての自己は，ナラティブと矛盾する材料は好まれないことを意味する。

それに対して，アクセプタンスとマインドフルネスのプロセスは，心理的ニワトリでいっぱいのケージに向かって，「みんな，ここにいる資格があるんだよ。さあ，みんなで卵を産もう！」と声をかけるようなものといえる。本質として，ACTは，選択基準（価値に基づいた行為）を人間全体（体験の集合）のレベルに設定しようとする。そして，争いがいつまでも続く原動力となる個々の利益（たとえば，「正しい」ことが意図せずにフュージョンを維持する，望まれない感情が一時的に減ることが意図せずに体験の回避を維持するなど）を取り除いて，内的な闘争には立ち入らないようにする。ACTのアプローチは，内的な協調と全体性を促すことを狙いとしていて，それは，集合的な体系のなかで何が利他性と協力関係の発達の鍵となるかについて，進化論的科学が伝えてくるものと一致する。

プロセスや原理と結びついた技法や構成要素を構築して，検証する

心理的柔軟性モデルは，ACTのトリートメント技術と構成要素を生み出して展開していくための，概念的な足場を提供する。研究者たちは，これまでにACTの構成要素に対して小規模な研究を数多く積み重ねて，それぞれの要素と特定の変容プロセスとの関連を検証してきた。このアプローチは理にかなった方略だといえるだろう。なぜなら，トリートメント・パッケージ全体を扱うような大規模な検証は，こうしたさまざまな構成要素，プロセス，または原理の間のつながりをきめ細かく検証するのには向いていないからである。さらに，そうした大規模な構成要素研究は，費用がかかり，件数も少なく，また何年も遅れるため，結果として影響力が落ちることにもなる。

心理的柔軟性モデルのそれぞれの主要領域では，小規模な構成要素または手法に関するデータが蓄積されている。主要領域に含まれるのは，脱フュージョン（文献167など），アクセプタンス（文献149など），文脈としての自己[257]，「今，この瞬間」へ柔軟な注意（文献145など），そして価値[41]である。また，心理的柔軟性モデルは，ACTそれ自体をはるかに超えて広く有用だということが示されている（文献24, 180など）。

　研究は，ACTのどのプロセスについても少なくとも1つ，ほとんどで複数がおこなわれている。こうした研究のなかには，実際は小規模な臨床試験といえるものもある。たとえば，Levittら[149]は，パニック障害のある患者にACTの手法を用いた場合，パニック感へのエクスポージャーに取り組むのによりウィリングネスだったことを見いだした。ACTの手法は，影響力のある他の手法のなかから，従来のCBT，心理教育的手法，ディストラクション，抑制，そしてリラクセーションと比較されている。また，いくつかの研究では，トリートメントの主要な方法論（treatment issues）に注目している。たとえばMcMullenら[175]は，よく統制された研究のなかで，痛みから注意を逸らすように促す指示が出された条件，または何の指示もない条件と比べると，ACTの理論に基づいた指示を出すだけでも痛みへの耐性を高める効果があることを示した。さらに，ACTのメタファーとエクササイズが追加されたときには，効果がはるかに大きくなることを見いだした。Masuda, Hayesら[167]は，単語を繰り返して発音する脱フュージョンエクササイズが，ネガティブな自己評価的思考の苦痛度と確信度を下げること，また，苦痛度よりも確信度のほうがよりゆっくりと低下して，低下の効果は，単語を繰り返すエクササイズが30秒程度のときに最大だったことを見いだした。

　こうした，とてもプラグマティックであってなお概念的にも興味深い研究は，ACTモデルで示されるプロセスが一貫した方式で機能する構成要素を生み出す，というエビデンスをますます蓄積している。個々の比較の効果量は違っているものの，どれにしても，効果はほぼ決まってポジティブである。

　ACTに関しては，技法と理論との間のつながりがあまりにも重要なた

め，ACTをただの技法としてしか理解しないことはほとんど意味がない。ACTは，心理的柔軟性モデルの応用そのものである。ただ単に技法の集合として眺めることは，ACTが本来発揮できるはずの価値を大きく制限するし，実際にはACTを効果的に実践するのを難しくするだろう。

　ここで一点注意を喚起しておこう。とてもよく開発されたトリートメント・アプローチでも，時間とともに，さらに発展する。世界中に広がったACTのコミュニティには，何千もの実践家，研究者，また学生が含まれている。ほとんど毎週のように，ACTモデル全体のどこかで，誰かが，何らかの技術的要素を，つけ加えたり，差し引いたり，または改善したりしている。ますます多くのセラピストがアプローチに関心を持ちはじめるのに従って，この過程のスピードも速まっているようである。また，さまざまな持ち味のあるACTが，多様な問題や状況に合わせて発展している。たとえば，組織のなかで取り組んでいて，1つのケース全体を扱うのに4, 5回のセッションしか許されないときには，通常はもっとセッションを重ねられる外来患者の状況と比べて，アプローチの要素のいくつかだけを強調して，他は大きく削減しなければならないかもしれない。また，ACTは，セラピーそのものの外でおこなえるけれども，そうしたときにはアクセプタンス＆コミットメント・トレーニングと呼ばれる場合が多い（この名称も「ACT」と略せるものとして意図的に選ばれた）。組織のなかでおこなわれるACT[58]は，たとえばアダルトビデオに過度にのめり込むことに対するACT[234]とは，趣がずいぶん違ったものになる。また，小児の慢性疼痛に対するACT[256]も，精神病に対するACT[3, 74]とは大きく違う。ACTがただ単に技法でしかないとしたら，どれを本物と呼べばよいのだろうか？

　また，ACTをただ単に技法として使おうとすると，それを「教科書どおりに」適用しようとする傾向も生まれる。たしかに，無作為化比較試験をおこなうなら，ACTセラピストをトレーニングするときにマニュアルを用いる必要があるだろう。しかし，経験を積んだACTセラピストは，その瞬間ごとにそれぞれのクライエントのニーズに合うように工夫して手順を修正することを学ぶ。まさにそれこそが，著者らが本書を，今のようにプロセス間を行き来する構成にした理由である。もしも，ACTがただ単に地図のよう

に定義された技法セットに過ぎないとしたら，経験豊かなセラピストがモデルのなかを優雅にダンスするのを見たら，その人はACTを実践していない，と主張しなければならなくなる。そして，教科書どおりに進めている新人のセラピストこそが本物のACTをおこなっている，といわなければならないだろう。それは，ナンセンスである。有能なACTセラピストは，単に**形態的に定義されたもの**としてではなく，ACTを**機能的に定義されたもの**として用いているのである。

　ACTの雰囲気と感触は，この分野に何十年も存在し続けている古臭い区割りの壁を超えて広がっていく。おそらく，ACTは，すべての伝統的なメンタルヘルスの専門家たちにも，何かしらをもたらすのではないだろうか。ACTは，いちばん深いところにある臨床問題を真剣に受け止めて，慎重に構築された発展のためのモデルに従う。

　また，盛んに議論されてきた科学と実践との間の分裂については，科学が何を提供できるかについて実践家が関心を欠いている，などと責任を押しつけることはできないと考える。むしろ，その分裂は，臨床科学の研究者と実践家の自然なアジェンダの解離を反映しているというべきだろう。実践家は，技法に結びついた限られた原理で，そのときの臨床場面でどの構成要素が重要か，いつそれを使うべきか，そして変容プロセスのうちのどれが決定的に重要なのか，を伝えてくれるものを必要とする。しかし，臨床科学が彼らに提供しているのはそういうものではない。なぜなら，学術領域には，エッセンスを抽出してシンプルにしようとする動機となるものはないからである。臨床科学の現場では，職業としての研究がかかっていて，安定的な雇用であるテニュアの身分でいることは困難で，論文をどんどん書かなければならない。これは，倹約の原則よりも，むしろ手を広げることを奨励する状況である。

　純粋な技法は，限定された状況でなら比較的うまく機能できる。だから料理のレシピを書き出すといったことには，何の問題もない。しかし，心理療法と行動変容が実践されるのは，一般に限定された状況のなかで**はない**。私たちは，単に心理的手順が書かれただけのレシピ本を集める以上のことをしなければならず，人間の苦悩を理解して，それを扱うベストな方法を理解し

なければならないのである。私たちには，人間の能力と，それをどうしたらいちばん伸ばせるかについての理論が必要である。そして，そのために，断片的になるのではなくシンプルになっていく方略が必要である。我々が必要としているのは本当に機能する統一的な診断横断的モデルで，それは，明らかに関連しない事柄をほとんど無限に教えてくれるのではなく，関連する少数の事柄一式を教えてくれるものでなければならない。これは，当初からACTのゴールだった。人間に関連する幅広い問題を取り扱えて，明確な哲学に基づいていて，適応的または適応的でない機能についてのしっかりとした基礎科学的な理解に基づくようなアプローチである。

理論的なプロセスおよびそれが病理と健康にどのように関係するかを測定する

　機能的文脈主義のゴールは，予測して影響を与えるための手法が，正確なだけでなくて，範囲を持つことも求める。範囲を持つには，良い技術だけでなく，良い理論が必要になる。原理やプロセスに基づいて手法を構築するステップと，原理や理論，またトリートメントの要素やパッケージの間にあるつながりを検証することとは，別な作業である。そこで，機能的文脈主義のゴールが達成されるためには，心理的困難に関与していると思われる主要なプロセスを測定するための測度を持って，そうしたプロセスが精神病理と行動との間に持つ関係性を検証できなければならない。

　心理学の分野でひとたび確立された理論がなかなか揺らがないのには理由がある。一度理論が形成されると，すべての関連する尺度は，どの概念を用いて，どのように測定するかをその理論に基づいているため，理論そのものが間違っていると示すことが難しくなる。**強化**のような概念であれば，観察や測定と強化という用語は非常に強くつながり合っている。そのため，ある出来事が強化子として機能しなかったとしても，用語の定義の正確さ，または測定の仕方を問題視する余地はほとんどない。これに対して，心理学で一般的に使われる他の用語では，様子がかなり違う。もしも，そう，たとえば自尊心の尺度が予測されたアウトカムを示さなかったとしたら，そこには，

自尊心の尺度そのもの，またはこうした測定結果が収集される際の条件に問題がなかったかどうかを疑う余地はいつでもある。CBSの方略では，中級レベルの用語をあえて使うことで，同じように尺度や測定条件そのものが問題視される危険が生まれるといえる。けれども，CBSの方略は，これらの中級レベルの用語を基礎的な行動プロセスに結びつけることによって，また，理論的用語と測度としての条件の結びつきを強めることによって，このような危険を限定的にし，実証における問題がテストのおこなわれる条件についての懸念よりも，むしろ理論そのものへと帰属されるようにしている[95]。

ACTに関連したプロセスの尺度は，日進月歩で開発され続けている。本書の内容も，既存の尺度をすべて網羅しようとするものだったとしたら，すぐに古びているだろう。そこで，そうしたプロセスの尺度は本書の中心部分でごくいくつかしか触れていない。ACTの尺度の祖父といえるのは，Acceptance and Action Questionnaire（AAQ）[26, 113]である。AAQは，アクセプタンス，脱フュージョン，そして行為を測定する。幅広く用いることのできるこの一般的測度は，内容から独立しているわけではない。不安や抑うつを測定する要素が含まれているものの，体験の回避と心理的柔軟性をかなり広く測定して，精神病理の多くの形態をうまく予測する[109]。しかし，ターゲットが絞られた実践の場合には，AAQでは範囲が広すぎる。その結果，AAQのさまざまなバージョンとして，特定の機能領域と結びついた，問題ある具体的な思考，感情，行為について質問する形式もたくさん登場している。特化したAAQ形式の数は今では非常に増えていて，慢性疼痛[170]，てんかん[157]，糖尿病[86]，体重増加[151]，精神病[207]，喫煙[77]，物質乱用[160]，などが含まれる。また，脱フュージョンをさまざまな領域で測定するための尺度もある（文献238, 255, 273など）。価値の尺度も，登場しはじめている（文献157, 264など）。マインドフルネスの尺度は急速に増えていて，ACTの主要なプロセスの理解に知見をもたらしつつあることが知られている[6, 7]。研究者たちは，心理療法のセッション中の行動に示されるACTプロセスを見分けることを学びはじめたり[119]，ACTプロセスの潜在的測度を開発しはじめたり（文献147など）もしている。そして，視点取得の尺度は，私たちが自己の

感覚についてどのように考えるかを変容しつつある（文献 174 など）。

心理的柔軟性モデルに含まれる数々のプロセスは，これまでのところ，精神病理と人間の適応力について実にうまく説明してきたといえる。今では，心理的柔軟性モデルの基本的な主張と関連した研究が発表されない週はほとんどないといっていい。心理的柔軟性は，単なる相関関係ではなく，さまざまな領域の文献を整理し体系立てているように見える（実証的レビューや概念的レビューについては，文献 28, 109, 137 を参照）。

実験的課題において，心理的柔軟性は苦痛耐性と課題の持続を調整する[40, 274]。しかし，非柔軟性は，病理と単純に相関するわけではない。むしろ，それは，長期的なアウトカムが望ましくないことを予測する脆弱性の因子であり，本来のアセスメント時にその人がどのような状態であるかをコントロールする要素だといえる（文献 25, 163 など）。心理的に硬直した人は，たとえば家族に認知症の人を抱える状況や[223]，戦闘地域で過ごす[181]といった困難な人生経験に対して，うまく反応できない。彼らは，長期的に見ると，出来事や感情のポジティブな体験がより少なく，人生に対する満足感もより低い[128, 134]。体験の回避と心理的柔軟性は，実際に，さまざまな情動調節方略の効果を**媒介**する（文献 233 など）。たとえば，Kashdan ら[134]は，認知的再評価などといった対処方略が不安と人生のアウトカムとの関係に与える影響は，体験の回避と心理的柔軟性によって，完全に**媒介**されることを見いだしている。

モデルを適用したときの効果を分析する際に媒介変数と調整変数を強調する

媒介と調整に注目することで，理論，技術，そしてアウトカムの間にあるそれぞれの関係の有用性と一貫性を検証できる。CBS にとっては，ACT が常に他のアプローチよりも成功することが大切なのではない。実際，これまでもそうだったわけではなく（文献 65 など），たとえばクライエントが食べ物に支配されていない状況では，食への衝動に対処するうえで ACT は相対的に優れてはいないことが見いだされている。重要なのは，モデルの違いを説

明できることと，それに基づいて，実証的に支持されたプロセスに結びついた，実証的に支持される手順を開発するためのターゲットが研究者と臨床家に示されること，である[201]。ACTの研究者たちは，実証的な臨床の他のどの伝統に比べても，より長い間，より一貫して，媒介と調整を探るのにコミットしてきた。この主張はいくらか大胆に聞こえるかもしれないが，文献で裏づけるのは比較的簡単である。

　ACTに関する媒介分析は20件余りが存在して，なかには分析を終えて今まさに書き上げられようとしていてまだ出版されていないものも含まれる。ACTの媒介変数としてうまく機能する一般的な測度や領域に特化した測度には，アクセプタンスと心理的柔軟性（文献77, 83, 146, 150, 157など），脱フュージョン（文献75, 113, 157, 238 273など），そして価値（文献157など）が含まれる。また，現時点で手に入るすべての研究で，フォローアップ段階に示されたアウトカムの違いの半分弱が，介入直後にみられた心理的柔軟性やその構成要素の程度によって媒介されていた[147]。こうした結果はACTと介入待機群との比較についてだけみられるわけではない。たとえば，Zettleら[275]は，グループ形式のACTと，Beckの抑うつのための認知療法[19]を，対比して検証した。その結果，ACTのほうがよいアウトカムを生み，それは認知的フュージョンの程度の違いによって媒介されたものだった。さらに，ACTではない観点から持ち込まれた媒介変数がACTの介入に代わりに適用されたときには，これまでに報告されているすべてのケースで，機能しないか，心理的柔軟性理論から導き出される媒介変数ほどにはうまく機能しなかった。

　媒介の意味は，これまで誤解されることが多かった。統計的にいうと，効果的な媒介変数であるためには，トリートメントと媒介変数との間に関係性があるとともに，媒介変数とアウトカムとの間にも，**トリートメントを統制する形で**関係性がなければならない。このことが意味するのは，媒介は，相関関係に基づいた従来のプロセス分析とは違って，ただ単にそのトリートメント・モデルや用語に慣れ親しんできたから生じるわけではないということである。なぜなら，ただ単に適応した結果としての媒介は，トリートメントを統制する形でアウトカムとは関係していないからである。言い換えると，

たとえ統制群のなかであっても，媒介変数とアウトカムとの間に関係性がなかったとしたら，効果的な媒介は期待できない。

とはいえ，媒介が因果関係になっていることはほとんどない。心理学で群を抜いていちばん一般的な媒介変数は，クライエント自身が提供するプロセス尺度（自己報告，行動的なもの，神経生物学的なものなど）である。たしかに，こうしたものは理論的に重要な従属変数である。しかし，第2章で指摘したように，従属変数を原因と考えることで，変容可能な独立変数を探す作業が遅れる恐れがある[100]。媒介分析では，従属変数を原因と考える代わりに，むしろ，問題に機能的に関連している道筋を見つけ出す機会を提供する。

指摘しておかなければならないのは，ACTに関連しておこなわれる媒介モデル研究に関しては，ほとんどが，アウトカムが変化したあとで媒介変数を測定している点である（ただし，すべてではない；文献77, 109, 157のなかで再分析されたとおり文献273など；文献157参照）。それは，アウトカムが変わったために媒介変数も変化していて，その逆ではないかもしれないことを意味する。媒介分析が時間的な順序を逆転させていない場合には，機能的に関連した道筋を見極めるうえで特に役立つけれども，そうかといって時間的な順序に沿っていない媒介分析の重要性を軽視するのは間違っている。なぜなら，時間的な順序を崩すことでもたらされる統計的な利点をすべて考慮するなら，媒介分析は，そうしたケースでも一貫して効果的なはずだからである。このように，どの介入手法を用いたとしても，アウトカム研究の大半が，ごく少ない概念によって効果的に媒介されるという結果を示すだろう。もしもそうならないとしたら，理論，または理論に含まれる概念の測定のどちらかに問題が潜んでいるはずである。そして，どちらで失敗しているにしても，修正する責任を負うのは，批判者たちではなくて，トリートメントを支持する者たちである。これまでに知られている範囲では，現在，一般的な臨床手法のなかでこのテストに合格できるのは，ACTだけである。

調整についても，同じようにACTの文献が検証されているが，さらに多くの取り組みが必要だといえる。調整変数は，誰がどのトリートメントに反応するかを見極める。Masudaら[165]は，個人がより高いレベルの体験の回

避を示している場合には，メンタルな疾患に対するスティグマをターゲットとした介入は，心理教育を通じておこなっても，ACTと比べてそれほど効果がないことを見いだした。Forman, Hoffmanら[65]は，食べることへの過度な欲求について，ACTの介入を従来のCBTモデル（文献31から引用）と比べたときに，環境のなかにある食料に対してその人が示す感受性の高さに応じてアウトカムが違うことを発見した。食料に支配された人たちは，CBTを受けたとき，あるいはまったくセラピーを受けなかったときと比べて，ACTによってセラピーを受けたときのほうがよいアウトカムとなった。

研究プログラムを，幅広い領域のさまざまな分析レベルで検証する

おそらく，心理的柔軟性モデルは，臨床に関連する特定の障害だけでなく，より広く，人間の機能全般に当てはまると思われる。そうした考えは，無作為化比較試験を特定の障害の狭い範囲だけに注目しておこなっても検証できない。さまざまな不安障害，あるいは不安と気分に関連した障害について，統一されたプロトコルがこれまでにいくつか確立されており，今のところ，ACTほど短期間のうちにこれほど広い範囲の問題領域に適用されるようになったアプローチは，他に知られていない。それを示すものとして，トップレベルの3ジャーナル（"*Journal of Consulting and Clinical Psychology*", "*Behaviour Research and Therapy*", "*Behavior Therapy*"）に掲載された無作為化比較試験（RCT）または対照群を設けた時系列研究に絞って，考えてみよう。最初のACTマニュアル[112]が出版されてから，これらのジャーナルにはじめて掲載されたRCTは，精神病に取り組んだものだった[3]。それ以降の8年間で，3誌に掲載された対照群を設定した研究のなかで取り組まれた内容は，糖尿病[86]，慢性疼痛[43]，職場でのストレス[58]，外国人学生のストレス，不安，および抑うつに対する介入と予防[184]，多剤乱用[98]，背部痛[246]，皮膚かきむしり[236]，禁煙[77]，抜毛症[266]，心理的障害のある人々に対する偏見の低減[165]，精神病性症状への対処[74]，強迫性障害[234, 236]，インターネット上のアダルトサイトの問題ある閲覧[234]，物質乱用カウンセ

ラーたちのスティグマ化しがちになる姿勢や燃え尽きを減らすこと[98]，そして，カウンセラーたちがエビデンスに基づいた薬物療法を学んで用いるのを妨げるバリアを克服する支援[238]，などである。また，これらのジャーナルには，ACTを大きく参考にしたアプローチが，全般性不安障害[199]，および境界性パーソナリティ障害[81]に適用された研究も掲載されている。3誌上で過去8年間におこなわれた評価の分析レベルは，グループと個人へのACT，自助形式のACT，入院患者と外来患者へのACT，民族的マイノリティと民族的マジョリティのそれぞれのクライエントに対するACT，予防研究と介入研究，患者とセラピストと学生のそれぞれに関する研究，人口集団に基づいた研究，そして，2時間未満の介入から40時間を超える介入まで幅広い。この3誌の他にもACTに関連するすべての文献が考慮されたとしたら，取り組まれる内容もその評価における分析レベルも，間違いなくもっとずっと多様になるだろう。とはいえ，ここに挙げた幅広い例だけでも，重要な点を十分伝えている。これほど短期間に，これだけ広い問題領域に適用されたアプローチは，心理学の分野ではACTを置いて他にないのである。

　総合的に見ると，ACT文献のなかにみられるグループ間の効果量は，中程度（介入直後に $d = 0.66$ で，フォローアップ時に $d = 0.65$）[109]である。それぞれ独自におこなわれた3つのメタ解析は，全般に似た数値となっている[187, 193, 194]。なかには，メインストリームのCBTと比較したときにACTの研究には相対的な弱点がある，と指摘する著者もいる[187]。たしかに，ある程度はそういえるだろう。ただし，その弱点は，得られた助成金の金額を考慮すると消える程度である[73]。そのため，それは，主として文献蓄積の歴史がまだ比較的浅いことから来ているといえるだろう。さらに，Öst[187]が分析で用いた基準は，ACT研究の相対的な強みを無視していた。つまり，ACTの研究が，実証的に支持された手法による介入をこれまでに受けたことのないまったく新しい領域のなかで展開されていて，変化のプロセスのほうにはるかに多く注目するものだ，という点が考慮されていない[73]。

　他の手法と比較したときに，アウトカムの面でACTのほうが弱いと示された領域はどこだろうか？　この点に関するデータはまだ限られているけれ

ども，一般には，この弱点がみられるのは，それほど主要ではない問題[272]か，それほど強く巻き込まれているわけでも回避的でもないクライエント[65]の場合がほとんどである。いずれにしても，ACTを，予防のために，あるいはより一般の集団にどのようにして普及させていくかに関しては，学ぶべきことがまだまだ多い。そうした領域では，技法が進化するまでは，アウトカム面でのACTの弱さは引き続き見込まれるだろう。他にも，特殊な条件の集団に適用するためにモデルが変更されなければならない場合もあるだろう。それでも，これまでのところ，ACTのアウトカムが弱いときでも，それは心理的柔軟性モデルそのものの弱点によるのではなく，むしろ技法によるもののように見える（Follette[63]がこの点を実証的に区別する方法を説明している）。また，心理的柔軟性のプロセスが変化してもアウトカムが変わらなかったという例は，まだ報告されていない。心理的柔軟性のプロセスが変化しなかったケースはあって，そうしたケースでは，アウトカムの優位性は一貫しなかった（文献272など）。ある意味では，CBSの方略がそれに尽きるといえる点は，まさにそうした失敗のケースを探し出して，そこからさらに先へと発展できるようにするということである。そうするための最善の方法は，モデルを適用する範囲をできる限り押し広げていき，弱点に遭遇したら（そしてそれは必ず遭遇される）そのときに改革をする用意を整えておくことである。

有効性，普及，そしてトレーニング戦略を，早いうちから継続して検証する

　CBSの科学者たちは，存在論的な意味での「真実」を発見してその知識が有用かどうかを見極めようとしているのではない。むしろ，知識が真実とみなされるのは，それが彼らにとって役立つからである。有効性と普及は主要なアウトカムと位置づけられるため，CBSの研究者たちは，当初からそれらを強調してきた。実際に，現代と呼ばれる時期になってからの最初のACT研究は，有効性に関する研究[227]で，ACTのトレーニングを受けた臨床家の外来におけるトリートメントのアウトカムが全般的に改善されること

を示したものだった。それ以来，有効性の研究が数多くおこなわれてきた（文献 64, 146, 244, 245 など）。

　また，他の手法のなかで用いられる指導的技法にACTがどのような影響を与えるかについても研究されている（文献 161, 238 など）。さらに，ACTは，複数の文化（文献 156 など）や，民族的マイノリティ集団（文献 74 など）のなかでも有効なことが示されている。こうした領域は，どれも，将来に発展が期待される肥沃な土壌だといえる。

開かれていて，多様で，ヒエラルキーのない，開発のためのコミュニティをつくる

　ACTとRFTを開発する人々のコミュニティは，開かれていて，多様で，世界に広がるもので，そこには臨床家，基礎科学者，応用科学者，学者，そして学生たちが含まれる。そうしたCBSのコミュニティには，はっきりとした特徴がある。それは，とても国際的で，さまざまな背景を持った専門家たちを含み，ヒエラルキーを制限しようと努め，そして，手法，手順，道具を無料もしくはとても安く共有し合う伝統を持つ，というものである。開発のためのコミュニティをこのように広く多様なものに作り上げることは，CBSのアプローチにとっては必要不可欠だといえる。なぜなら，機能的な科学の発展は，ときとして緩慢で，幅広いアジェンダと結びついたときにだけコミュニティ全体が理にかなったスピードで発展できることもあるからである。幅広い範囲の，考え，状況，背景，専門，そして文化がそろってはじめて，知識を文脈に合うように適切に状況づけていくなかで，その盲点を素早く見つけられるようになる。たとえば，広く普及して有効なことが主な関心事だった場合には，その路線を追求する臨床家は，いちばんはじめから関わって，広い文脈のなかで知識を状況づけていく必要がある。また，進化的な視点から眺めると，グループ内で協力関係が生まれる見込みが高まるのは，競合する個人の成果に注目するときではなくてグループ全体の利益に注目するときだと，あらゆることが示唆している。実証的な臨床科学では，トリートメントの開発者がアプローチの発展をコントロールしようとする（た

とえば，どの要素を加えてどれを差し引くかを決める，セラピストを資格づけする，アプローチのなかで何が適切で何がそうでないかを他人に指図する）瞬間に，進化の基本ルールが侵害される。そうする代わりに，ACTとRFTの開発では，文脈的行動科学学会（Association of Contextual Behavioral Science；ACBS）が開発を促して支援する役割を担う。ACBSは結成されてから数年しか経っていないにもかかわらず，4,000人のメンバーを抱えて，そのうちの半数以上がアメリカ以外の国に住んでいる。

　CBSのコミュニティは，開かれていて柔軟であり続けるために，多くの対策を施してきた。たとえば，ACBSはセラピストの資格づけを差し控えてきた。ACTのトレーナーたちは，無償のピア・レビュー・プロセスを通じて「認められ」なければならなくて，開発した手順を無償または低いコストで提供することに合意する旨の価値の言明に署名しなければならない。ほとんどの手順がインターネットのウェブサイトに掲載されて，いくらかの会費を支払った後に，無料でダウンロードできるようになっている。会費は，「価値に基づいて」いて，メンバー自身が決める（最低は1ドル）。心理的柔軟性モデルに一致した手順が「ACT」と呼ばれるかどうかは，開発者に任されている。また，誰も，入口で自らの指向がACTに合うかどうかを確認するように求められない。科学的な価値と文脈的な前提さえ押さえていれば，他はすべてが無条件で誰にでも解放される。

　CBSのコミュニティがなぜこのようになっているかを説明するのは難しくない。つまり，それは，心理的柔軟性を大きく拡張したものなのである。脱フュージョンの部分には，考えを共有し，積極的に批判を受ける姿勢が当てはまる。アクセプタンスの部分は，開かれた姿勢，浸透性，そして不必要なヒエラルキーがないこと。「今，この瞬間」との柔軟な接触は，データの共有と，エビデンスおよび探求にコミットすること。自己の超越的な感じは，他者の視点を理解しようとする姿勢。そして，個人の価値とコミットされた行為の領域にくるのは，開かれていて明確に体系化された価値と，コミュニティによる具体的な行為のすべてをその価値に結びつけることである。

　CBSのコミュニティの外にいる人々は，CBSの拡張的なゴールと情熱に

対して，懸念を抱くこともある。しかし，この拡張的なゴールは，人間に備わる複雑性の問題に尺度を合わせることで，そこに切り込んでいけるかもしれない原理を発達させる。これは，基礎行動科学のもともとのビジョンと完全に一貫している。Skinner はひとつの例を示したといえる。一種の科学的ユートピア物語の *Walden II*（1948）[訳注6] を書いたとき，彼はまだ駆け出しの動物研究者に過ぎなかった。Skinner のおこなったことは，尊大または恐ろしいことのようにさえ見えるかもしれないけれども，実際にはそのどちらでもない。なぜなら，行動科学の知識を使って社会を組織立てることについて日ごろから考えておくのは，その科学が目指している究極のゴールについて思い出させてくれるため，意味のあるエクササイズだともいえるからである。また，そうした提言は，研究が実際にそのレベルでおこなわれるようになるまでは，「社会はこう組織立てるべきだ」と知識に基づいて要求していることにはならない。同じように，CBS の伝統は，そのウェブサイトにも記してあるとおり，「人間としての条件という途方もない難題を扱うのにより適した心理学の構築」にコミットしているのである。これは，大志であり，学問の主張ではない。

　CBS 分野が情熱的なのは，発見した新しいモデルが，自分自身に当てはまり，クライエントたちにも広く適用できて，本格的な基礎研究プログラムに基づいていて，そしてコミュニティそれ自体のなかに反映されていることに，人々が興奮しているからである。情熱は，科学的な価値とのつながりを保たれる限り，素晴らしい力となる。そうしたつながりは，CBS コミュニティそのもののなかに反映されている。本書が，何らかの形で，少しでもそのよい例となっていれば何よりである。

まとめ

　文脈的行動科学のアプローチの科学的な前進を評価するためには時間が必要だけれども，現在までのところ，その結果は期待できそうである。哲学的

訳注6）邦訳書に『ウォールデン・ツー』（誠信書房，1983）がある。

な土台は，かなりしっかりと確立されている。RFTの基礎科学の取り組みは，急速に進んでいて，ACTそれ自体も含めてメインストリームの基礎領域（文献46など）と応用領域の両方にますます影響をおよぼすようになってきている。心理的柔軟性モデルは，まさに飛び立ったところで，モデルに含まれるそれぞれの側面は，文脈的なタイプのCBTに浸透していき[114]，社会心理学やパーソナリティ心理学のなかへと広がりつつある。構成要素とプロセスに関するエビデンスは支持的で，さらに説得力を高めている。アウトカムも良好で，このうえなく広範である。この点は，ACTが発展しはじめてからまだどれほど日が浅いかを考慮するなら，目を見張るべきといえる。ほとんどのケースで，アウトカムは，すでによく確立された介入によって達成されるものと同じくらいポジティブに見えるし，なかには，ACTのほうがよく見えるケースもある。非常に大規模で，とても熱心な開発コミュニティが世界的に形成されて，人々の多様なグループを引き寄せ合っている。

　10年前に本書の初版を出したときには，希望しか提供できなかった。この第2版では，より成熟したモデルと，公平な視点の観察者なら誰もが多くの人にとって有用だと同意するだろう一連の手法を提示できた。今後に一層の前進がもたらされるかどうかは，起こるかもしれない批判や問題に対して開発のためのコミュニティがどのように反応するか，また，目の前にある機会がどれほど徹底的に，注意深く，そして創造的に探索されるか，にかかっているといえる。若い研究者，臨床家，理論家，そして学生たちが，どこにエネルギーを投入するかで，将来を決めていくだろう。私たちが人生に影響を与えることになる人々の利益のために，本書が，そうした投資を賢明で価値あるものに思えるようにしたなら，何よりの幸せである。

文　献

1) Addis, M. E., & Jacobson, N. S. (1996). Reasons for depression and the process and outcome of cognitive-behavioral psychotherapies. *Journal of Consulting and Clinical Psychology, 64,* 1417–1424.
2) Assagioli, R. (1971). *The act of will.* New York: Viking.
3) Bach, P., & Hayes, S. C. (2002). The use of Acceptance and Commitment Therapy to prevent the rehospitalization of psychotic patients: A randomized controlled trial. *Journal of Consulting and Clinical Psychology, 70*(5), 1129–1139.
4) Baer, R. A. (2003). Mindfulness training as a clinical intervention: A conceptual and empirical review. *Clinical Psychology: Science and Practice, 10,* 125–143.
5) Baer, R. A. (Ed.). (2006). *Mindfulness-based treatment approaches: Clinician's guide to evidence base and applications.* San Diego, CA: Elsevier.
6) Baer, R. A., Smith G. T., & Allen, K. B. (2004). Assessment of mindfulness by self-report: The Kentucky Inventory of Mindfulness Skills. *Assessment, 11,* 191–206.
7) Baer, R. A., Smith, G. T., Hopkins, J., Krietemeyer, J., & Toney, L. (2006). Using self-report assessment methods to explore facets of mindfulness. *Assessment, 13,* 27–45.
8) Baer, R. A., Smith, G. T., Lykins, E., Button, D., Krietemeyer, J., Sauer, S., et al. (2008). Construct validity of the Five Facet mindfulness questionnaire in meditating and nonmeditating samples. *Assessment, 15*(3), 329–342.
9) Barlow, D. H., Allen, L. B., & Choate, M. L. (2004). Toward a unified treatment for emotional disorders. *Behavior Therapy, 35,* 205–230.
10) Barnes-Holmes, D., Hayden, E., Barnes-Holmes, Y., & Stewart, I. (2008). The Implicit Relational Assessment Procedure (IRAP) as a response-time and event-related-potentials methodology for testing natural verbal relations: A preliminary study. *Psychological Record, 58,* 497–516.
11) Barnes-Holmes, D., Hayes, S. C., & Dymond, S. (2001). Self and self-directed rules. In S. C. Hayes, D. Barnes-Holmes, & B. Roche (Eds.), *Relational frame theory: A post-Skinnerian account of human language and cognition* (pp. 119–140). New York: Kluwer/Plenum Press.
12) Barnes-Holmes, D., Murphy, A., Barnes-Holmes, Y., & Stewart, I. (2010). The Implicit Relational Assessment Procedure (IRAP): Exploring the impact

of private versus public contexts and the response latency criterion on pro-white and anti-black stereotyping among white Irish individuals. *Psychological Record, 60,* 57–66.
13) Barnes-Holmes, D., O'Hora, D., Roche, B., Hayes, S. C., Bissett, R. T., & Lyddy, F. (2001). Understanding and verbal regulation. In S. C. Hayes, D. Barnes-Holmes, & B. Roche (Eds.), *Relational frame theory: A post-Skinnerian account of human language and cognition* (pp. 103–117). New York: Kluwer/Plenum Press.
14) Barnes-Holmes, Y., Barnes-Holmes, D., & McHugh, L. (2004). Teaching derived relational responding to young children. *Journal of Early and Intensive Behavior Intervention, 1,* 4–13.
15) Barnes-Holmes, Y., Barnes-Holmes, D., Smeets, P. M., Strand, P., & Friman, P. (2004). Establishing relational responding in accordance with more-than and less-than as generalized operant behavior in young children. *International Journal of Psychology and Psychological Therapy, 4,* 531–558.
16) Barrett, D. M., Deitz, S. M., Gaydos, G. R., & Quinn, P. C. (1987). The effects of programmed contingencies and social conditions on response stereotypy with human subjects. *Psychological Record, 37,* 489–505.
17) Baumeister, R. F. (1990). Suicide as escape from self. *Psychological Review, 97,* 90–113.
18) Baumeister, R. F., Campbell, J. D., Krueger, J. I., & Vohs, K. D. (2003). Does high self-esteem cause better performance, interpersonal success, happiness, or healthier lifestyles? *Psychological Science in the Public Interest, 4,* 1–44.
19) Beck, A. T., Rush, A. J., Shaw, B. G., & Emery, G. (1979). *Cognitive therapy of depression.* New York: Guilford Press.
20) Berens, N. M., & Hayes, S. C. (2007). Arbitrarily applicable comparative relations: Experimental evidence for a relational operant. *Journal of Applied Behavior Analysis, 40,* 45–71.
21) Biglan, A., & Hayes, S. C. (1996). Should the behavioral sciences become more pragmatic?: The case for functional contextualism in research on human behavior. *Applied and Preventive Psychology: Current Scientific Perspectives, 5,* 47–57.
22) Bishop, S. R., Lau, M., Shapiro, S., Carlson, L., Anderson Carmody, N. D. J., Segal, Z. V., et al. (2004). Mindfulness: A proposed operational definition. *Clinical Psychology: Science and Practice, 11*(3), 230–241.
23) Blanco, C., Okuda, M., Wright, C., Hasin, D. S., Grant, B. F., Liu, S. M., et al. (2008). Mental health of college students and their non-college-attending peers: Results from the National Epidemiologic Study on Alcohol and Related Conditions. *Archives of General Psychiatry, 65,* 1429–1437.
24) Bonanno, G. A., Papa, A., LaLande, K., Westphal, M., & Coifman, K. (2004). The importance of being flexible: The ability to both enhance and suppress emotional expression predicts long-term adjustment. *Psychological Science, 15,* 482–487.
25) Bond, F. W., & Bunce, D. (2003). The role of acceptance and job control in mental health, job satisfaction, and work performance. *Journal of Applied Psychology, 88,* 1057–1067.
26) Bond, F. W., Hayes, S. C., Baer, R. A., Carpenter, K. M., Orcutt, H. K., Waltz, T., et al. (in press). Preliminary psychometric properties of the Acceptance and

Action Questionnaire–II: A revised measure of psychological flexibility and acceptance. *Behavior Therapy*.
27) Borkovec, T. D., Alcaine, O., & Behar, E. (2004). Avoidant theory of worry and generalized anxiety disorder. In R. G. Heimberg, C. L. Turk, & D. S. Mennin (Eds.), *Generalized anxiety disorder: Advances in research and practice* (pp. 77–108). New York: Guilford Press.
28) Boulanger, J. L., Hayes, S. C., & Pistorello, J. (2010). Experiential avoidance as a functional contextual concept. In A. M. Kring & D. M. Sloan (Eds.), *Emotion regulation and psychopathology: A transdiagnostic approach to etiology and treatment* (pp. 107–136). New York: Guilford Press.
29) Brewer, W. F. (1974). There is no convincing evidence for operant or classical conditioning in adult humans. In W. B. Weimer & D. S. Palermo (Eds.), *Cognition and the symbolic processes* (pp. 1–42). Hillsdale, NJ: Erlbaum.
30) Brown, R. A., Lejuez, C. W., Kahler, C. W., & Strong, D. (2002). Distress tolerance and duration of past smoking cessation attempts. *Journal of Abnormal Psychology, 111*, 180–185.
31) Brownell, K. D. (2000). *The LEARN program for weight management*. Dallas, TX: American Health.
32) Cassidy, S., Roche, B., & Hayes, S. C. (2011). A relational frame training intervention to raise intelligence quotients: A pilot study. *Psychological Record, 61*, 173–198.
33) Catania, A. C., Shimoff, E., & Matthews, B. A. (1989). An experimental analysis of rule-governed behavior. In S. C. Hayes (Ed.), *Rule-governed behavior: Cognition, contingencies, and instructional control* (pp. 119–150). New York: Plenum Press.
34) Centers for Disease Control and Prevention. (2007). Leading causes of death reports. Atlanta, GA: Author. Retrieved March 15, 2010, from *webappa.cdc.gov/sasweb/ncipc/leadcaus10.html*.
35) Chambers, R., Chuen Yee Lo, B., & Allen, N. B. (2008). The impact of intensive mindfulness training on attentional control, cognitive style and affect. *Cognitive Therapy and Research, 32*, 303–322.
36) Chantry, D. (2007). *Talking ACT: Notes and conversations on Acceptance and Commitment Therapy*. Oakland, CA: New Harbinger/Context Press.
37) Chawla, N., & Ostafin, B. D. (2007). Experiential avoidance as a functional dimensional approach to psychopathology: An empirical review. *Journal of Clinical Psychology, 63*, 871–890.
38) Chiles, J., & Strosahl, K. (2004). *Clinical manual for assessment and treatment of suicidal patients*. Washington, DC: American Psychiatric Association.
39) Ciarrochi, J., Blackledge, J. T., & Heaven, P. (2006, July). *Initial validation of the Social Values Survey and Personal Values Questionnaire*. Presented at the Second World Conference on ACT, RFT, and Contextual Behavioural Science, London.
40) Cochrane, A., Barnes-Holmes, D., Barnes-Holmes, Y., Stewart, I., & Luciano, C. (2007). Experiential avoidance and aversive visual images: Response delays and event related potentials on a simple matching task. *Behaviour Research and Therapy, 45*, 1379–1388.
41) Cohen, G. L., Garcia, J., Apfel, N., & Master, A. (2006). Reducing the racial achievement gap: A social-psychological intervention. *Science, 313*, 1307–1310.

42) Cook, D., & Hayes, S. C. (2010). Acceptance-based coping and the psychological adjustment of Asian and Caucasian Americans. *International Journal of Behavioral Consultation and Therapy, 6*, 186–197.
43) Dahl, J., Wilson, K. G., & Nilsson, A. (2004). Acceptance and Commitment Therapy and the treatment of persons at risk for long-term disability resulting from stress and pain symptoms: A preliminary randomized trial. *Behavior Therapy, 35*, 785–802.
44) Dahl, J. C., Plumb, J. C., Stewart, I., & Lundgren, T. (2009). *The art and science of valuing in psychotherapy: Helping clients discover, explore, and commit to valued action using Acceptance and Commitment Therapy*. Oakland, CA: New Harbinger.
45) Davis, R. N., & Nolen-Hoeksema, S. (2000). Cognitive inflexibility among ruminators and nonruminators. *Cognitive Therapy and Research, 24*, 699–711.
46) De Houwer, J. (2011). Why the cognitive approach in psychology would profit from a functional approach and vice versa. *Perspectives on Psychological Science, 6*, 202–209.
47) Dempster, M., Bolderston, H., Gillanders, D., & Bond, F. (n.d.). Cognitive Fusion Questionnaire. Available at *http://contextualpsychology.org/CFQ*.
48) Dimidjian, S., Hollon, S. D., Dobson, K. S., Schmaling, K. B., Kohlenberg, R. J., Addis, M. E., et al. (2006). Randomized trial of behavioral activation, cognitive therapy, and antidepressant medication in the acute treatment of adults with major depression. *Journal of Consulting and Clinical Psychology, 74*, 658–670.
49) Dougher, M. J., Auguston, E., Markham, M. R., & Greenway, D. E. (1994). The transfer of respondent eliciting and extinction functions through stimulus equivalence classes. *Journal of the Experimental Analysis of Behavior, 62*, 331–351.
50) Dougher, M. J., Hamilton, D. A., Fink, B., & Harrington, J. (2007). Transformation of the discriminative and eliciting functions of generalized relational stimuli. *Journal of the Experimental Analysis of Behavior, 88*, 179–198.
51) Dugas, M. J., Freeston, M. H., & Ladouceur, R. (1997). Intolerance of uncertainty and problem orientation in worry. *Cognitive Therapy and Research, 21*, 593–606.
52) Dymond, S., May, R. J., Munnelly, A., & Hoon, A. E. (2010). Evaluating the evidence base for relational frame theory: A citation analysis. *The Behavior Analyst, 33*, 97–117.
53) Dymond, S., & Roche, B. (2009). A contemporary behavioral analysis of anxiety and avoidance. *The Behavior Analyst, 32*, 7–28.
54) Elliot, A., Sheldon, K., & Church, M. (1997). Avoidance personal goals and subjective well-being. *Personality and Social Psychology Bulletin, 23*, 915–927.
55) Farley, T., & Cohen, D. A. (2005). *Prescription for a healthy nation: A new approach to improving our lives by fixing our everyday world*. Boston: Beacon Press.
56) Farmer, R. E., & Chapman, A. L. (2008). *Behavioral interventions in cognitive behavior therapy: Practical guidance for putting theory into action*. Washington, DC: American Psychological Association.
57) Flaxman, P. E., & Bond, F. W. (2010). A randomised worksite comparison of

acceptance and commitment therapy and stress inoculation training. *Behaviour Research and Therapy, 43*, 816–820.
58) Flaxman, P. E., & Bond, F. W. (2010). Worksite stress management training: Moderated effects and clinical significance. *Journal of Occupational Health Psychology, 15*, 347–358.
59) Fletcher, L., & Hayes, S. C. (2005). Relational Frame Theory, Acceptance and Commitment Therapy, and a functional analytic definition of mindfulness. *Journal of Rational Emotive and Cognitive Behavioral Therapy, 23*, 315–336.
60) Fletcher, L. B., Schoendorff, B., & Hayes, S. C. (2010). Searching for mindfulness in the brain: A process-oriented approach to examining the neural correlates of mindfulness. *Mindfulness, 1*, 41–63.
61) Foa, E. B., Steketee, G., & Young, M. C. (1984). Agoraphobia: Phenomenological aspects, associated characteristics, and theoretical considerations. *Clinical Psychology Review, 4* 431–457.
62) Folkman, S., Lazarus, R. S., Gruen, R. J., & DeLongis, A. (1986). Appraisal, coping, health status, and psychological symptoms. *Journal of Personality and Social Psychology, 50*, 571–579.
63) Follette, W. C. (1995). Correcting methodological weaknesses in the knowledge base used to derive practice standards. In S. C. Hayes, V. M. Follette, R. M. Dawes, & K. E. Grady (Eds.), *Scientific standards of psychological practice: Issues and recommendations* (pp. 229–247). Reno, NV: Context Press.
64) Forman, E. M., Herbert, J. D., Moitra, E., Yeomans, P. D., & Geller, P. A. (2007). A randomized controlled effectiveness trial of Acceptance and Commitment Therapy and Cognitive Therapy for anxiety and depression. *Behavior Modification, 31*, 772–799.
65) Forman, E. M., Hoffman, K. L., McGrath, K. B., Herbert, J. D., Bradsma, L. L., & Lowe, M. R. (2007). A comparison of acceptance- and control-based strategies for coping with food cravings: An analog study. *Behaviour Research and Therapy, 45*, 2372–2386.
66) Forsyth, J., & Eifert, G. (2007). *The mindfulness and acceptance workbook for anxiety: A guide to breaking free from anxiety, phobias, and worry using Acceptance and Commitment Therapy.* Oakland, CA: New Harbinger.
67) Foster, T. (2003). Suicide notes themes and suicide prevention. *International Journal of Psychiatry in Medicine, 33*, 323–331.
68) Fournier, J. C., DeRubeis, R. J., Hollon, S. D., Dimidjian, S., Amsterdam, J. D., Shelton, R. C., et al. (2010). Antidepressant drug effects and depression severity. A patient-level meta-analysis. *Journal of the American Medical Association, 303*, 47–53.
69) Frances, A. (2010). DSM in philosophyland: Curiouser and curiouser. *Bulletin of the Association for the Advancement of Philosophy and Psychiatry, 17*(2), 3–7.
70) Frankl, V. (1992). *Man's search for meaning* (4th ed.). Boston: Beacon Press.
71) Franks, C. M., & Wilson, G. T. (1974). *Annual review of behavior therapy: Theory and practice.* New York: Brunner/Mazel.
72) Garcia, J., Ervin, F. R., & Koelling, R. A. (1966). Learning with prolonged delay of reinforcement. *Psychonomic Science, 5*, 121–122.
73) Gaudiano, B. (2010). Evaluating acceptance and commitment therapy: An analysis

of a recent critique. *International Journal of Behavioral Consultation and Therapy, 5,* 311–329.
74) Gaudiano, B. A., & Herbert, J. D. (2006). Acute treatment of inpatients with psychotic symptoms using acceptance and commitment therapy. *Behaviour Research and Therapy, 44,* 415–437.
75) Gaudiano, B. A., Herbert, J. D., & Hayes, S. C. (2010). Is it the symptom or the relation to it? Investigating potential mediators of change in Acceptance and Commitment Therapy for psychosis. *Behavior Therapy, 41,* 543–554.
76) Gifford, E. V., Kohlenberg, B., Hayes, S. C., Pierson, H., Piasecki, M., Anonuccio, D., et al. (in press). Does acceptance and relationship focused behavior therapy contribute to bupropion outcomes?: A randomized controlled trial of FAP and ACT for smoking cessation. *Behavior Therapy.*
77) Gifford, E. V., Kohlenberg, B. S., Hayes, S. C., Antonuccio, D. O., Piasecki, M. M., Rasmussen-Hall, M. L., et al. (2004). Applying a functional acceptance-based model to smoking cessation: An initial trial of Acceptance and Commitment Therapy. *Behavior Therapy, 35,* 689–705.
78) Gilbert, P. (2009). *The compassionate mind: A new approach to life's challenges.* London: Constable-Robinson.
79) Gödel, K. (1962). *On formally undecidable propositions of Principia Mathematica and related systems.* New York: Basic Books.
80) Grant, B. F., Dawson, D. A., Stinson, F. S., Chou, S. P., Dufour, M. C., & Pickering, R. P. (2004). The 12-month prevalence and trends in DSM-IV alcohol abuse and dependence: United States, 1991–1992 and 2001–2002. *Drug and Alcohol Dependence, 74,* 223–234.
81) Gratz, K. L., & Gunderson, J. G. (2006). Preliminary data on an acceptance-based emotion regulation group intervention for deliberate self-harm among women with Borderline Personality Disorder. *Behavior Therapy, 37,* 25–35.
82) Gratz, K. L., & Roemer, L. (2004). Multidimensional assessment of emotion regulation and dysregulation: Development, factor structure, and initial validation of the Difficulties in Emotion Regulation Scale. *Journal of Psychopathology and Behavioral Assessment, 36,* 41–54.
83) Graves, S. B. (1999). Television and prejudice reduction: When does television as a vicarious experience make a difference? *Journal of Social Issues, 55,* 707–727.
84) Greco, L. A., Lambert, W., & Baer, R. A. (2008). Psychological inflexibility in childhood and adolescence: Development and evaluation of the Avoidance and Fusion Questionnaire for Youth. *Psychological Assessment, 20,* 93–102.
85) Greenberg, L. S., & Safran, J. D. (1989). Emotion in psychotherapy. *American Psychologist, 44,* 19–29.
86) Gregg, J. A., Callaghan, G. M., Hayes, S. C., & Glenn-Lawson, J. L. (2007). Improving diabetes self-management through acceptance, mindfulness, and values: A randomized controlled trial. *Journal of Consulting and Clinical Psychology, 75*(2), 336–343.
87) Haeffel, G. J. (2010). When self-help is no help: Traditional cognitive skills training does not prevent depressive symptoms in people who ruminate. *Behaviour Research and Therapy, 48*(2), 152–157.
88) Harris, R. (2008). *The happiness trap.* New York: Shambala.

89) Hayes, S. C. (1984). Making sense of spirituality. *Behaviorism, 12*, 99–110.
90) Hayes, S. C. (1987). A contextual approach to therapeutic change. In N. Jacobson (Ed.), *Psychotherapists in clinical practice: Cognitive and behavioral perspectives* (pp. 327–387). New York: Guilford Press.
91) Hayes, S. C. (1989a). Nonhumans have not yet shown stimulus equivalence. *Journal of the Experimental Analysis of Behavior, 51*, 385–392.
92) Hayes, S. C. (Ed.). (1989b). *Rule-governed behavior: Cognition, contingencies, and instructional control.* New York: Plenum Press.
93) Hayes, S. C. (1993). Analytic goals and the varieties of scientific contextualism. In S. C. Hayes, L. J. Hayes, H. W. Reese, & T. R. Sarbin (Eds.), *Varieties of scientific contextualism* (pp. 11–27). Reno, NV: Context Press.
94) Hayes, S. C. (2002). Buddhism and acceptance and commitment therapy. *Cognitive and Behavioral Practice, 9*, 58–66.
95) Hayes, S. C. (2004). Acceptance and commitment therapy, relational frame theory, and the third wave of behavior therapy. *Behavior Therapy, 35*, 639–665.
96) Hayes, S. C. (2009). *Acceptance and commitment therapy* [DVD]. Washington, DC: American Psychological Association.
97) Hayes, S. C., Barnes-Holmes, D., & Roche, B. (2001). *Relational frame theory: A post-Skinnerian account of human language and cognition.* New York: Plenum Press.
98) Hayes, S. C., Bissett, R., Roget, N., Padilla, M., Kohlenberg, B. S., Fisher, G., et al. (2004). The impact of acceptance and commitment training and multicultural training on the stigmatizing attitudes and professional burnout of substance abuse counselors. *Behavior Therapy, 35*, 821–835.
99) Hayes, S. C., & Brownstein, A. J. (1986). Mentalism, behavior–behavior relations and a behavior analytic view of the purposes of science. *The Behavior Analyst, 9*, 175–190.
100) Hayes, S. C., Brownstein, A. J., Haas, J. R., & Greenway, D. E. (1986). Instructions, multiple schedules, and extinction: Distinguishing rule-governed from schedule-controlled behavior. *Journal of the Experimental Analysis of Behavior, 46*, 137–147.
101) Hayes, S. C., Brownstein, A. J., Zettle, R. D., Rosenfarb, I., & Korn, Z. (1986). Rule-governed behavior and sensitivity to changing consequences of responding. *Journal of the Experimental Analysis of Behavior, 45*, 237–256.
102) Hayes, S. C., Follette, V. M., & Linehan, M. M. (Eds.). (2004). *Mindfulness and acceptance: Expanding the cognitive behavioral tradition.* New York: Guilford Press.
103) Hayes, S. C., & Gregg, J. (2000). Functional contextualism and the self. In C. Muran (Ed.), *Self-relations in the psychotherapy process* (pp. 291–307). Washington, DC: American Psychological Association.
104) Hayes, S. C., Hayes, L. J., & Reese, H. W. (1988). Finding the philosophical core: A review of Stephen C. Pepper's *World Hypotheses*. *Journal of the Experimental Analysis of Behavior, 50*, 97–111.
105) Hayes, S. C., Hayes, L. J., Reese, H. W., & Sarbin, T. R. (Eds.). (1993). *Varieties of scientific contextualism.* Reno, NV: Context Press.
106) Hayes, S. C., Kohlenberg, B. K., & Hayes, L. J. (1991). The transfer of specific and general consequential functions through simple and conditional equivalence classes. *Journal of the Experimental Analysis of Behavior, 56*, 119–137.

107) Hayes, S. C., Levin, M., Plumb, J., Villatte, J., & Pistorello, J. (in press). Acceptance and Commitment Therapy and contextual behavioral science: Examining the progress of a distinctive model of behavioral and cognitive therapy. *Behavior Therapy*.
108) Hayes, S. C., Levin, M., Vilardaga, R., & Yadavaia, J. (2008, September). *A meta-analysis of mediational and component analyses of ACT*. Paper presented to the European Association for Behavioral and Cognitive Therapies Annual Congress, Helsinki, Finland.
109) Hayes, S. C., Luoma, J., Bond, F., Masuda, A., & Lillis, J. (2006). Acceptance and Commitment Therapy: Model, processes, and outcomes. *Behaviour Research and Therapy, 44*, 1–25.
110) Hayes, S. C., Nelson, R. O., & Jarrett, R. (1987). Treatment utility of assessment: A functional approach to evaluating the quality of assessment. *American Psychologist, 42*, 963–974.
111) Hayes, S. C., & Plumb, J. C. (2007). Mindfulness from the bottom up: Providing an inductive framework for understanding mindfulness processes and their application to human suffering. *Psychological Inquiry, 18*, 242–248.
112) Hayes, S. C., Strosahl, K. D., & Wilson, K. G. (1999). *Acceptance and Commitment Therapy: An experiential approach to behavior change*. New York: Guilford Press.
113) Hayes, S. C., Strosahl, K. D., Wilson, K. G., Bissett, R. T., Pistorello, J., Toarmino, D., et al. (2004). Measuring experiential avoidance: A preliminary test of a working model. *Psychological Record, 54*, 553–578.
114) Hayes, S. C., Villatte, M., Levin, M., & Hildebrandt, M. (2011). Open, aware, and active: Contextual approaches as an emerging trend in the behavioral and cognitive therapies. *Annual Review of Clinical Psychology, 7*, 141–168.
115) Hayes, S. C., & Wilson, K. G. (1994). Acceptance and Commitment Therapy: Altering the verbal support for experiential avoidance. *The Behavior Analyst, 17*, 289–303.
116) Hayes, S. C., & Wilson, K. G. (2003). Mindfulness: Method and process. *Clinical Psychology: Science and Practice, 10*, 161–165.
117) Hayes, S. C., Wilson, K. W., Gifford, E. V., Follette, V. M., & Strosahl, K. (1996). Experiential avoidance and behavioral disorders: A functional dimensional approach to diagnosis and treatment. *Journal of Consulting and Clinical Psychology, 64*, 1152–1168.
118) Hayes, S. C., Zettle, R. D., & Rosenfarb, I. (1989). Rule following. In S. C. Hayes (Ed.), *Rule-governed behavior: Cognition, contingencies, and instructional control* (pp. 191–220). New York: Plenum Press.
119) Hesser, H., Westin, V., Hayes, S. C., & Andersson, G. (2009). Clients' in-session acceptance and cognitive defusion behaviors in acceptance-based treatment of tinnitus distress. *Behaviour Research and Therapy, 47*, 523–528.
120) Hildebrandt, M. J., Fletcher, L. B., & Hayes, S. C. (2007). Climbing anxiety mountain: Generating metaphors in acceptance and commitment therapy. In G. W. Burns (Ed.), *Healing with stories: Your casebook collection for using therapeutic metaphors* (pp. 55–64). Hoboken, NJ: Wiley.
121) Hofmann, S. G., Sawyer, A. T., Witt, A. A., & Oh, D. (2010). The effect of mindfulness-based therapy on anxiety and depression: A meta-analytic review. *Journal of Consulting and Clinical Psychology, 78*, 169–183.

122) Hollon, S. D., & Kendall, P. C. (1980). Cognitive self-statements in depression: Development of an automatic thoughts questionnaire. *Cognitive Therapy and Research, 4,* 383–395.
123) Holman, E. A., & Silver, R. C. (1998). Getting "stuck" in the past: Temporal orientation and coping with trauma. *Journal of Personality and Social Psychology, 74,* 1146–1163.
124) Jablonka, E., & Lamb, M. J. (2005). *Evolution in four dimensions—genetic, epigenetic, behavioral, and symbolic variation in the history of life.* Cambridge, MA: MIT Press.
125) Jacobson, N. S., Dobson, K. S., Truax, P. A., Addis, M. E., Koerner, K., Gollan, J. K., et al. (1996). A component analysis of cognitive-behavioral treatment for depression. *Journal of Consulting and Clinical Psychology, 64,* 295–304.
126) Jaynes, J. (1976). *The origin of consciousness in the breakdown of the bicameral mind.* Boston: Houghton Mifflin.
127) Jha, A. P., Krompinger, J., & Baime, M. J. (2007). Mindfulness training modifies subsystems of attention. *Cognitive Affective and Behavioral Neuroscience, 7,* 109–119.
128) John, O. P., & Gross, J. J. (2004). Healthy and unhealthy emotion regulation: Personality processes, individual differences, and life span development. *Journal of Personality, 72,* 1301–1333.
129) Joiner, T., Pettit, J. W., Walker, R. L., Voelz, Z. R., Cruz, J., Rudd, M. D., et al. (2002). Perceived burdensomeness and suicidality: Two studies on the suicide notes of those attempting and those completing suicide. *Journal of Social and Clinical Psychology, 21,* 531–545.
130) Ju, W. C., & Hayes, S. C. (2008). Verbal establishing stimuli: Testing the motivative effect of stimuli in a derived relation with consequences. *Psychological Record, 58,* 339–363.
131) Kabat-Zinn, J. (1990). *Full catastrophe living: Using the wisdom of your body and mind to face stress, pain and illness.* New York: Delacorte.
132) Kabat-Zinn, J. (1994). *Wherever you go, there you are: Mindfulness meditation in everyday life.* New York: Hyperion.
133) Karekla, M., & Panayiotou, G. (2011). Coping and experiential avoidance: Unique or overlapping constructs? *Journal of Behavior Therapy and Experimental Psychiatry, 42,* 163–170.
134) Kashdan, T. B., Barrios, V., Forsyth, J. P., & Steger, M. F. (2006). Experiential avoidance as a generalized psychological vulnerability: Comparisons with coping and emotion regulation strategies. *Behaviour Research and Therapy, 9,* 1301–1320.
135) Kashdan, T. B., & Breen, W. E. (2007). Materialism and diminished well-being: Experiential avoidance as a mediating mechanism. *Journal of Social and Clinical Psychology, 26,* 521–539.
136) Kashdan, T. B., Ferssizidis, P., Collins, R. L., & Muraven, M. (2010). Emotion differentiation as resilience against excessive alcohol use: An ecological momentary assessment in underage social drinkers. *Psychological Science, 21,* 1341–1347.
137) Kashdan, T. B., & Rottenberg, J. (2010). Psychological flexibility as a fundamental aspect of health. *Clinical Psychological Review, 30,* 467–480.
138) Kashdan, T. B., & Steger, M. (2006). Expanding the topography of social anxiety:

An experience-sampling assessment of positive emotions, positive events, and emotion suppression. *Psychological Science, 17,* 120–128.

139) Kessler, R. C., Berglund, P., Demler, O., Merikangas, K. R., Walters, E. E., & Jin, R. B. (2005). Lifetime prevalence and age-of-onset distributions of DSM-IV disorders in the National Comorbidity Survey replication. *Archives of General Psychiatry, 62,* 593–602.

140) Kirsch, I., Deacon, B. J., Huedo-Medina, T. B., Scoboria, A., Moore, T. J., & Johnson, B. T. (2008). Initial severity and antidepressant benefits: A meta-analysis of data submitted to the FDA. *PLoS: Medicine, 5,* 260–269(e45).

141) Kohlenberg, R. J., & Tsai, M. (1991). *Functional Analytic Psychotherapy: A guide for creating intense and curative therapeutic relationships.* New York: Plenum Press.

142) Kollman, D. M., Brown, T. A., & Barlow, D. H. (2009). The construct validity of acceptance: A multitrait–multimethod investigation. *Behavior Therapy, 40,* 205–218.

143) Kupfer, D. J., First, M. B., & Regier, D. A. (Eds.). (2002). *A research agenda for DSM-V.* Washington, DC: American Psychiatric Association.

144) Langer, E. J. (2000). Mindful learning. *Current Directions in Psychological Science, 9,* 220–223.

145) Langer, E. J., & Moldoveanu, M. C. (2000). Mindfulness research and the future. *Journal of Social Issues, 56,* 129–139.

146) Lappalainen, R., Lehtonen, T., Skarp, E., Taubert, E., Ojanen, M., & Hayes, S. C. (2007). The impact of CBT and ACT models using psychology trainee therapists: A preliminary controlled effectiveness trial. *Behavior Modification, 31,* 488–511.

147) Levin, M., Hayes, S. C., & Waltz, T. (2010). Creating an implicit measure of cognition more suited to applied research: A test of the Mixed Trial–Implicit Relational Assessment Procedure (MT-IRAP). *International Journal of Behavioral Consultation and Therapy, 6,* 245–262.

148) Levin, M. E., Hildebrandt, M. J., Lillis, J., & Hayes, S. C. (2011). *The impact of treatment components in acceptance and commitment therapy: A meta-analysis of microcomponent studies.* Manuscript submitted for publication.

149) Levitt, J. T., Brown, T. A., Orsillo, S. M., & Barlow, D. H. (2004). The effects of acceptance versus suppression of emotion on subjective and psychophysiological response to carbon dioxide challenge in patients with panic disorder. *Behavior Therapy, 35,* 747–766.

150) Lillis, J., & Hayes, S. C. (2007). Applying acceptance, mindfulness, and values to the reduction of prejudice: A pilot study. *Behavior Modification, 31,* 389–411.

151) Lillis, J., & Hayes, S. C. (2008). Measuring avoidance and inflexibility in weight-related problems. *International Journal of Behavioral Consultation and Therapy, 4,* 372–378.

152) Lipkens, R., Hayes, S. C., & Hayes, L. J. (1993). Longitudinal study of derived stimulus relations in an infant. *Journal of Experimental Child Psychology, 56,* 201–239.

153) Longmore, R. J., & Worrell, M. (2007). Do we need to challenge thoughts in cognitive behavior therapy? *Clinical Psychology Review, 27,* 173–187.

154) Luciano, C., Gómez-Becerra, I., & Rodríguez-Valverde, M. (2007). The role of multiple-exemplar training and naming in establishing derived equivalence in an infant. *Journal of Experimental Analysis of Behavior, 87,* 349–365.

155) Luciano, C. M., Valdivia-Salas, S., Ruiz-Jimenez, F. J., Cabello Luque, F., Barnes-Holmes, D., Dougher, M. J., et al. (2008, May). *The effect of several strategies in altering avoidance to direct and derived avoidance stimuli.* Paper presented at the annual conference of the Association for Behavior Analysis, Chicago.
156) Lundgren, A. T., Dahl, J., Melin, L., & Kees, B. (2006). Evaluation of acceptance and commitment therapy for drug refractory epilepsy: A randomized controlled trial in South Africa. *Epilepsya, 47,* 2173–2179.
157) Lundgren, A. T., Dahl, J., Yardi, N., & Melin, L. (2008). Acceptance and Commitment Therapy and yoga for drug-refractory epilepsy: A randomized controlled trial. *Epilepsy and Behavior, 13,* 102–108.
158) Lundgren, T., Dahl, J., Stroshal, K., Robinsson, P., Louma, J., & Melin, L. (2011). The Bulls-Eye Values Survey: A psychometric evaluation. *Cognitive and Behavioral Practice.*
159) Luoma, J. B. (2007, May). *Distance supervision and training on a budget: Data-based and personal perspectives.* Paper presented at the Third Annual International Conference on Clinical Supervision, Buffalo, NY.
160) Luoma, J. B., Drake, C. E., Kohlenberg, B. S., & Hayes, S. C. (in press). Substance abuse and psychological flexibility: The development of a new measure. *Addictions Research and Theory.*
161) Luoma, J. B., Hayes, S. C., & Walser, R. (2007). *Learning ACT.* Oakland, CA: New Harbinger.
162) Luoma, J. B., Kohlenberg, B. S., Hayes, S. C., & Fletcher, L. (2011). *Slow and steady wins the race: A randomized clinical trial of acceptance and commitment therapy targeting shame in substance use disorders.* Manuscript submitted for publication.
163) Marx, B. P., & Sloan, D. M. (2005). Peritraumatic dissociation and experiential avoidance as predictors of posttraumatic stress symptomatology. *Behaviour Research and Therapy, 43,* 569–583.
164) Masuda, A. (Ed.). (in press). *Mindfulness, acceptance, and cultural diversity.* Oakland, CA: New Harbinger.
165) Masuda, A., Hayes, S. C., Fletcher, L. B., Seignourel, P. J., Bunting, K., Herbst, S. A., et al. (2007). The impact of Acceptance and Commitment Therapy versus education on stigma toward people with psychological disorders. *Behaviour Research and Therapy, 45*(11), 2764–2772.
166) Masuda, A., Hayes, S. C., Sackett, C. F., & Twohig, M. P. (2004). Cognitive defusion and self-relevant negative thoughts: Examining the impact of a ninety year-old technique. *Behaviour Research and Therapy, 42,* 477–485.
167) Masuda, A., Hayes, S. C., Twohig, M. P., Drossel, C., Lillis, J., & Washio, Y. (2009). A parametric study of cognitive defusion and the believability and discomfort of negative self-relevant thoughts. *Behavior Modification, 33*(2), 250–262.
168) Masuda, A., Price, M., Anderson, P. L., Schmertz, S. K., & Calamaras, M., R. (2009). The role of psychotherapy flexibility in mental health stigma and psychological distress for the stigmatizer. *Journal of Social and Clinical Psychology, 28,* 1244–1262.
169) Masuda, A., Twohig, M. P., Stormo, A. R., Feinstein, A. B., Chou, Y. Y., & Wendell, J. W. (2010). The effects of cognitive defusion and thought distraction on emotional discomfort and believability of negative self-referential thoughts. *Journal of Behavior Therapy and Experimental Psychiatry, 41,* 11–17.

170) McCracken, L. M., Vowles, K. E., & Eccleston, C. (2004). Acceptance of chronic pain: Component analysis and a revised assessment method. *Pain, 107*, 159–166.
171) McHugh, L., Barnes-Holmes, Y., & Barnes-Holmes, D. (2004). Perspective-taking as relational responding: A developmental profile. *Psychological Record, 54*, 115–144.
172) McHugh, L., Barnes-Holmes, Y., Barnes-Holmes, D., & Stewart, I. (2006). Understanding false belief as generalized operant behaviour. *Psychological Record, 56*, 341–364.
173) McHugh, L., Barnes-Holmes, Y., Barnes-Holmes, D., Stewart, I., & Dymond, S. (2007a). Deictic relational complexity and the development of deception. *Psychological Record, 57*, 517–531.
174) McHugh, L., Barnes-Holmes, Y., Barnes-Holmes, D., Whelan, R., & Stewart, I. (2007). Knowing me, knowing you: Deictic complexity in false-belief understanding. *Psychological Record, 57*, 533–542.
175) McMullen, J., Barnes-Holmes, D., Barnes-Holmes, Y., Stewart, I., Luciano, C., & Cochrane, A. (2008). Acceptance versus distraction: Brief instructions, metaphors, and exercises in increasing tolerance for self-delivered electric shocks. *Behaviour Research and Therapy, 46*, 122–129.
176) Mendolia, M., & Baker, G. A. (2008). Attention mechanisms associated with repressive distancing. *Journal of Research in Personality, 42*, 546–563.
177) Mitmansgruber, H., Beck, T. N., & Schüßler, G. (2008). "Mindful helpers": Experiential avoidance, meta-emotions, and emotion regulation in paramedics. *Journal of Research in Personality, 42*, 1358–1363.
178) Moerk, E. L. (1990). Three-term contingency patterns in mother–child interactions during first language acquisition. *Journal of the Experimental Analysis of Behavior, 54*, 293–305.
179) Monestès, J. L. (2010). *Changer grâce à Darwin. La théorie de votre évolution.* Paris: Odile Jacob.
180) Moore, M. T., & Fresco, D. M. (2007). Depressive realism and attributional style: Implications for individuals at risk for depression. *Behavior Therapy, 38*, 144–154.
181) Morina, N. (2007). The role of experiential avoidance in psychological functioning after war-related stress in Kosovar civilians. *Journal of Nervous and Mental Disease, 195*, 697–700.
182) Muir, W. M., Wade, M. J., Bjima, P., & Ester, E. D. (2010). Group selection and social evolution in domesticated chickens. *Evolutionary Applications, 3*, 453–465.
183) Murray, W. H. (1951). *The Scottish Himalaya expedition.* London: Dent.
184) Muto, T., Hayes, S. C., & Jeffcoat, T. (2011). The effectiveness of Acceptance and Commitment Therapy bibliotherapy for enhancing the psychological health of Japanese college students living abroad. *Behavior Therapy, 42*, 323–335.
185) Neff, K. (2003). The development and validation of a scale to measure self-compassion. *Self and Identity, 2*, 223–250.
186) O'Hora, D., Pelaez, M., Barnes-Holmes, D., & Amnesty, L. (2005). Derived relational responding and human language: Evidence from the WAIS-III. *Psychological Record, 55*, 155–176.

187) Öst, L. G. (2008). Efficacy of the third wave of behavioral therapies: A systematic review and meta-analysis. *Behavior Research and Therapy, 46*, 296–321.
188) Ottenbreit, N. D., & Dobson, K. S. (2004). Avoidance and depression: The construction of the cognitive-behavioral avoidance scale. *Behaviour Research and Therapy, 42*, 293–313.
189) Paez-Blarrina, M., Luciano, C., Gutierrez-Martinez, O., Valdivia, S., Rodriguez-Valverde, M., & Ortega, J. (2008a). Coping with pain in the motivational context of values: Comparison between an acceptance-based and a cognitive-control-based protocol. *Behavior Modification, 32*, 403–422.
190) Paez-Blarrina, M., Luciano, C., Gutierrez-Martinez, O., Valdivia, S., Ortega, J., & Rodriguez-Valverde, M. (2008b). The role of values with personal examples in altering the functions of pain: Comparison between acceptance-based and cognitive-control-based. *Behaviour Research and Therapy, 46*, 84–97.
191) Pankey, J. (2007). *Acceptance and commitment therapy with dually diagnosed individuals.* Unpublished doctoral dissertation, University of Nevada, Reno, NV.
192) Pepper, S. C. (1942). *World hypotheses: A study in evidence.* Berkeley: University of California Press.
193) Powers, M. B., Vörding, M., & Emmelkamp, P. M. G. (2009). Acceptance and commitment therapy: A meta-analytic review. *Psychotherapy and Psychosomatics, 8*, 73–80.
194) Pull, C. B. (2009). Current empirical status of acceptance and commitment therapy. *Current Opinion in Psychiatry, 22*(1), 55–60.
195) Rehfeldt, R. A., & Barnes-Holmes, Y. (2009). *Derived relational responding: Applications for learners with autism and other developmental disabilities.* Oakland, CA: New Harbinger.
196) Rehfeldt, R. A., Dillen, J. E., Ziomek, M. M., & Kowalchuk, R. E. (2007). Assessing relational learning deficits in perspective-taking in children with high-functioning autism spectrum disorder. *Psychological Record, 57*, 23–47.
197) Robinson, K. S. (2000). *The martians.* Crocket, CA: Spectra.
198) Robinson, P. J., Gould, D. A., & Strosahl, K. (2010). *Real behavior change in primary care: Improving patient outcomes and increasing job satisfaction.* Oakland, CA: New Harbinger.
199) Roemer, L., Orsillo, S. M., & Salters-Pedneault, K. (2008). Efficacy of an acceptance-based behavior therapy for generalized anxiety disorder: Evaluation in a randomized controlled trial. *Journal of Consulting and Clinical Psychology, 76*, 1083–1089.
200) Rogers, C. A. (1961). *On becoming a person: A therapist's view of psychotherapy.* Boston: Houghton Mifflin.
201) Rosen, G. M., & Davison, G. C. (2003). Psychology should list empirically supported principles of change (ESPs) and not credential trademarked therapies or other treatment packages. *Behavior Modification, 27*, 300–312.
202) Rosenfarb, I., & Hayes, S. C. (1984). Social standard setting: The Achilles heel of informational accounts of therapeutic change. *Behavior Therapy, 15*, 515–528.
203) Ruiz, F. J. (2010). A review of acceptance and commitment therapy (ACT) empirical evidence: Correlational, experimental psychopathology, component and

outcome studies. *International Journal of Psychology and Psychological Therapy, 10,* 125–162.

204) Schultz, M. M., Furlong, E. T., Kolpin, D. W., Werner, S. L., Schoenfuss, H. L., Barber, L. B., et al. (2010). Antidepressant pharmaceuticals in two U. S. effluent-impacted streams: Occurrence and fate in water and sediment, and selective uptake in fish neural tissue. *Environmental Science and Technology, 44,* 1918–1925.

205) Segal, Z. V., Williams, J. M. G., & Teasdale, J. D. (2002). *Mindfulness-based cognitive therapy for depression: A new approach to preventing relapse.* New York: Guilford Press.

206) Seligman, M. E. P. (1970). On the generality of the laws of learning. *Psychological Review, 77,* 406–418.

207) Shawyer, F., Ratcliff, K., Mackinnon, A., Farhall, J., Hayes, S. C., & Copolov, D. (2007). The Voices Acceptance and Action Scale (VAAS): Pilot data. *Journal of Clinical Psychology, 63*(6), 593–606.

208) Sheldon, K. M., & Elliot, A. J. (1999). Goal striving, need-satisfaction, and longitudinal well-being: The Self-Concordance Model. *Journal of Personality and Social Psychology, 76,* 482–497.

209) Sheldon, K. M., Kasser, T., Smith, K., & Share, T. (2002). Personal goals and psychological growth: Testing an intervention to enhance goal-attainment and personality integration. *Journal of Personality, 70,* 5–31.

210) Sheldon, K. M., Ryan, R., Deci, E., & Kasser, T. (2004). The independent effects of goal contents and motives on well-being: It's both what you pursue and why you pursue it. *Personality and Social Psychology Bulletin, 30,* 475–486.

211) Shenk, C., Masuda, A., Bunting, K., & Hayes, S. C. (2006). The psychological processes underlying mindfulness: Exploring the link between Buddhism and modern contextual behavioral psychology. In D. K. Nauriyal (Ed.), *Buddhist thought and applied psychology: Transcending the boundaries* (pp. 431–451). London: Routledge-Curzon.

212) Sidman, M. (1971). Reading and auditory–visual equivalences. *Journal of Speech and Hearing Research, 14,* 5–13.

213) Sidman, M. (2008). Symmetry and equivalence relations in behavior. *Cognitive Studies, 15,* 322–332.

214) Simons, J. S., & Gaher, R. M. (2005). The distress tolerance scale: Development and validation of a self-report measure. *Motivation and Emotion, 29,* 83–102.

215) Singh, N. N., Lancioni, G. E., Singh Joy, S. D., Winton, A. S. W., Sabaawi, M., Wahler, R. G., et al. (2007). Adolescents with conduct disorder can be mindful of their aggressive behavior. *Journal of Emotional and Behavioral Disorders, 15*(1), 56–63.

216) Singh, N. N., Lancioni, G. E., Winton, A. S. W., Adkins, A. D., Singh, J., & Singh, A. N. (2007). Mindfulness training assists individuals with moderate mental retardation to maintain their community placements. *Behavior Modification, 31*(6), 800–814.

217) Singh, N. N., Lancioni, G. E., Winton, A. S. W., Adkins, A. D., Wahler, R. G., Sabaawi, M., et al. (2007). Individuals with mental illness can control their aggressive behavior through mindfulness training. *Behavior Modification, 31*(3), 313–328.

218) Skinner, B. F. (1948). *Walden two*. New York: Macmillan.
219) Skinner, B. F. (1953). *Science and human behavior*. New York: Free Press.
220) Skinner, B. F. (1969). *Contingencies of reinforcement: A theoretical analysis*. New York: Appelton-Century-Crofts.
221) Skinner, B. F. (1974). *About behaviorism*. New York: Vintage Books.
222) Skinner, B. F. (1989). The origins of cognitive thought. *American Psychologist, 44*, 13–18.
223) Spira, A. P., Beaudreau, S. A., Jimenez, D., Kierod, K., Cusing, M. M., Gray, H. L., et al. (2007). Experiential avoidance, acceptance, and depression in dementia family caregivers. *Clinical Gerontologist, 30*(4), 55–64.
224) Stahl, L., & Pry, R. (2005). Attentional flexibility and perseveration: Developmental aspects in young children. *Child Neuropsychology, 11*, 175–189.
225) Strosahl, K. (1994). Entering the new frontier of managed mental health care: Gold mines and land mines. *Cognitive and Behavioral Practice, 1*, 5–23.
226) Strosahl, K., & Robinson, P. J. (2008). *The mindfulness and acceptance workbook for depression: Using acceptance and commitment therapy to move through depression and create a life worth living*. Oakland, CA: New Harbinger.
227) Strosahl, K. D., Hayes, S. C., Bergan, J., & Romano, P. (1998). Assessing the field effectiveness of acceptance and commitment therapy: An example of the manipulated training research method. *Behavior Therapy, 29*, 35–64.
228) Substance Abuse and Mental Health Services Administration, Office of Applied Studies. (2009). *The NSDUH Report: Suicidal thoughts and behaviors among adults*. Rockville, MD: Author.
229) Titchener, E. B. (1916). *A text-book of psychology*. New York: Macmillan.
230) Tooby, J., & Cosmides, L. (1992). The psychological foundations of culture. In J. Barkow, L. Cosmides, & J. Tooby (Eds.), *The adapted mind: Evolutionary psychology and the generation of culture* (pp. 19–136). New York: Oxford University Press.
231) Törneke, N. (2010). *Learning RFT: An introduction to relational frame theory and its clinical applications*. Oakland, CA: New Harbinger.
232) Trevathan, W. R., McKenna, J. J., & Smith, E. O. (2007). *Evolutionary medicine* (2nd ed.). New York: Oxford University Press.
233) Tull, M. T., & Gratz, K. L. (2008). Further examination of the relationship between anxiety sensitivity and depression: The mediating role of experiential avoidance and difficulties engaging in goal-directed behavior when distressed. *Journal of Anxiety Disorders, 22*, 199–210.
234) Twohig, M. P., & Crosby, J. M. (2010). Acceptance and commitment therapy as a treatment for problematic Internet pornography viewing. *Behavior Therapy, 41*, 285–295.
235) Twohig, M., & Hayes, S. C. (2008). *ACT verbatim for depression and anxiety*. Oakland, CA: Context Press/New Harbinger.
236) Twohig, M. P., Hayes, S. C., & Masuda, A. (2006). Increasing willingness to experience obsessions: Acceptance and commitment therapy as a treatment for obsessive–compulsive disorder. *Behavior Therapy, 37*, 3–13.
237) Twohig, M. P., Hayes, S. C., Plumb, J. C., Pruitt, L. D., Collins, A. B., Hazlett-Stevens, H., et al. (2010). A randomized clinical trial of acceptance and commitment therapy vs. progressive relaxation training for obsessive compulsive disorder. *Journal of Consulting and Clinical Psychology, 78*, 705–716.

238) Varra, A. A., Hayes, S. C., Roget, N., & Fisher, G. (2008). A randomized control trial examining the effect of acceptance and commitment training on clinician willingness to use evidence-based pharmacotherapy. *Journal of Consulting and Clinical Psychology, 76*, 449–458.

239) Vilardaga, R., & Hayes, S. C. (2011). A contextual behavioral approach to pathological altruism. In B. Oakley, A. Knafo, G. Madhavan, & D. S. Wilson (Eds.), *Pathological altruism* (pp. 25–37). New York: Oxford University Press.

240) Vilardaga, R., Hayes, S. C., Levin, M. E., & Muto, T. (2009). Creating a strategy for progress: A contextual behavioral science approach. *The Behavior Analyst, 32*, 105–133.

241) Vilardaga, R., Luoma, J. B., Hayes, S. C., Pistorello, J., Levin, M., Hildebrandt, M. J., et al. (2011). Burnout among the addiction counseling workforce: The differential roles of mindfulness and values-based processes and worksite factors. *Journal of Substance Abuse Treatment, 40*, 323–335.

242) Villatte, M., Monestès, J. L., McHugh, L., Freixa i Baqué, E., & Loas, G. (2008). Assessing deictic relational responding in social anhedonia: A functional approach to the development of theory of mind impairments. *International Journal of Behavioral Consultation and Therapy, 4*(4), 360–373.

243) Villatte, M., Monestès, J. L., McHugh, L., Freixa i Baqué, E., & Loas, G. (2010). Adopting the perspective of another in belief attribution: Contribution of relational frame theory to the understanding of impairments in schizophrenia. *Journal of Behavior Therapy and Experimental Psychiatry, 41*, 125–134.

244) Vowles, K. E., & McCracken, L. M. (2008). Acceptance and values-based action in chronic pain: A study of effectiveness and treatment process. *Journal of Clinical and Consulting Psychology, 76*, 397–407.

245) Vowles, K. E., & McCracken, L. M. (2010). Comparing the influence of psychological flexibility and traditional pain management coping strategies on chronic pain treatment outcomes. *Behaviour Research and Therapy, 48*, 141–146.

246) Vowles, K. E., McNeil, D. W., Gross, R. T., McDaniel, M. L., Mouse, A., Bates, M., et al. (2007). Effects of pain acceptance and pain control strategies on physical impairment in individuals with chronic low back pain. *Behavior Therapy, 38*, 412–425.

247) Watters, E. (2010). *Crazy like us: The globalization of the American psyche.* New York: Free Press.

248) Watzlawick, P. (1993). *The situation is hopeless, but not serious.* New York: Norton.

249) Wegner, D., & Zanakos, S. I. (1994). Chronic thought suppression. *Journal of Personality, 62*, 615–640.

250) Weil, T. M., Hayes, S. C., & Capurro, P. (2011). Establishing a deictic relational repertoire in young children. *Psychological Record, 61*, 371–390.

251) Wells, A. (2000). *Emotional disorders and metacognition: Innovative cognitive therapy.* Chichester, UK: Wiley.

252) Wells, A. (2008). *Metacognitive therapy for depression and anxiety.* New York: Guilford Press.

253) Wells, A., & Davies, M. I. (1994). The Thought Control Questionnaire: A measure of individual differences in the control of unwanted thoughts. *Behaviour Research and Therapy, 32*, 871–878.

254) Wenzlaff, R. M., & Wegner, D. M. (2000). Thought suppression. *Annual Review of Psychology, 51*, 59–91.
255) Wicksell, R. K., Ahlqvist, J., Bring, A., Melin, L., & Olsson, G. L. (2008). Can exposure and acceptance strategies improve functioning and quality of life in people with chronic pain and whiplash associated disorders (WAD)?: A randomized controlled trial. *Cognitive Behaviour Therapy, 37*, 1–14.
256) Wicksell, R. K., Melin, L., Lekander, M., & Olsson, G. L. (2009). Evaluating the effectiveness of exposure and acceptance strategies to improve functioning and quality of life in longstanding pediatric pain: A randomized controlled trial. *Pain, 141*, 248–257.
257) Williams, L. M. (2006). *Acceptance and commitment therapy: An example of third-wave therapy as a treatment for Australian Vietnam War veterans with posttraumatic stress disorder.* Unpublished dissertation, Charles Stuart University, Bathurst, New South Wales, Australia.
258) Wilson, D. S. (2006). Human groups as adaptive units: Toward a permanent consensus. In P. Carruthers, S. Laurence, & S. Stich (Eds.), *The innate mind: Culture and cognition* (pp. 78–90). Oxford, UK: Oxford University Press.
259) Wilson, D. S. (2007). *Evolution for everyone: How Darwin's theory can change the way we think about our lives.* New York: Delta.
260) Wilson, D. S., Hayes, S. C., Biglan, A., & Embry, D. D. (2011). *Evolving the future: Toward a science of intentional change.* Manuscript submitted for publication.
261) Wilson, D. S., & Wilson, E. O. (2007). Rethinking the theoretical foundation of sociobiology. *Quarterly Review of Biology, 82*, 327–348.
262) Wilson, K. G., & DuFrene, T. (2009). *Mindfulness for two: An acceptance and commitment therapy approach to mindfulness in psychotherapy.* Oakland, CA: New Harbinger.
263) Wilson, K. G., & Hayes, S. C. (1996). Resurgence of derived stimulus relations. *Journal of the Experimental Analysis of Behavior, 66*, 267–281.
264) Wilson, K. G., Sandoz, E. K., Kitchens, J., & Roberts, M. E. (2010). The Valued Living Questionnaire: Defining and measuring valued action within a behavioral framework. *Psychological Record, 60*, 249–272.
265) Wood, J. V., Perunovic, W. Q. E., & Lee, J. W. (2009). Positive self-statements: Power for some, peril for others. *Psychological Science, 20*, 860–866.
266) Woods, D. W., Wetterneck, C. T., & Flessner, C. A. (2006) A controlled evaluation of Acceptance and Commitment Therapy plus habit reversal for trichotillomania. *Behaviour Research and Therapy, 44*, 639–656.
267) World Health Organization. (1947). Preamble to the Constitution of the World Health Organization as adopted by the International Health Conference, New York, 19–22 June 1946; signed on 22 July 1947. Geneva: Author.
268) Wulfert, E., Greenway, D. E., Farkas, P., Hayes, S. C., & Dougher, M. J. (1994). Correlation between a personality test for rigidity and rule-governed insensitivity to operant contingencies. *Journal of Applied Behavior Analysis, 27*, 659–671.
269) Xu, J., Kochanek, K. D., Murphy, S. L., & Tejada-Vera, B. (2010, May). Deaths: Final data for 2007. *National Vital Statistics Reports, 58*(19). Available at *www.cdc.gov/nchs/data/nvsr/nvsr58/nvsr58_19.pdf.*

270) Yadavaia, J. E., & Hayes, S. C. (in press). Acceptance and Commitment Therapy for self-stigma around sexual orientation: A multiple baseline evaluation. *Cognitive and Behavioral Practice*.
271) Yalom, I. D. (1980). *Existential psychotherapy*. New York: Basic Books.
272) Zettle, R. D. (2003). Acceptance and commitment therapy vs. systematic desensitization in treatment of mathematics anxiety. *Psychological Record, 53*, 197–215.
273) Zettle, R. D., & Hayes, S. C. (1986). Dysfunctional control by client verbal behavior: The context of reason giving. *Analysis of Verbal Behavior, 4*, 30–38.
274) Zettle, R. D., Petersen, C. L., Hocker, T. A., & Provines, J. L. (2007). Responding to a challenging perceptual-motor task as a function of level of experiential avoidance. *Psychological Record, 57*, 49–62.
275) Zettle, R. D., Rains, J. C., & Hayes, S. C. (2011). Processes of change in acceptance and commitment therapy and cognitive therapy for depression: A mediational reanalysis of Zettle and Rains (1989). *Behavior Modification, 35*, 265–283.

監訳者あとがき

　本書は，1999年に初めて，アクセプタンス&コミットメント・セラピー（ACT）に関する書籍として公刊された"*Acceptance and Commitment Therapy: An experiential approach to behavior change.*"(Guilford Press)の第2版の翻訳書である。本書は，言わばACTのバイブル（最新版）であり，今まで公刊されてきたACTに関する書籍（日本オリジナルのものも含め）の底本である。つまり，この本には，ACTの重要なエッセンスが凝縮されている。

　本来なら，日本においても，上述の「初版本」をまず翻訳して，それから他の書籍を公刊・翻訳すべきところであったかもしれない。しかし，初版本が公刊された当時（2000年前後），日本では，認知行動療法が本格的に実施されるようになったばかりであり，当然のことながらACTについては，「知る人ぞ知る」しかも「海のものとも山のものともつかぬ」代物という見方がなされていた。また，たとえかなり無理をして翻訳本を出版しても，その内容の難解さ故に，ほとんどの読者が通読できなかったことだろう。

　それから十数年が経過し，日本におけるACT関連書籍の公刊状況から考えて，いよいよ「真打ち」（つまり，本書のこと）を紹介してもよいのではないかと判断した。とはいえ，それでもまったくのガイドなしには本書の内容を理解するのは，依然として難しい。そのガイド役（副読本）としては『ACTハンドブック：臨床行動分析によるマインドフルなアプローチ』（星和書店）が最適である。その本は，本書の姉妹本（解説本）という想定で企画され，日本人の手によって執筆されたものだからである。さらに，この『ACTハンドブック』を副読本として利用しても本書の理解が難しい場合は，行動分析学の基礎的な知識が不十分であると考えられる。その場合は，『臨床行動分析のABC』（日本評論社）と『関係フレーム理論（RFT）をまなぶ：

言語行動理論・ACT入門』（星和書店）に当たられたい。

　ヘイズ博士も述べているように，「ACTが掲げる目的は，ACTそのものの普及ではない。目的は前進（プログレス）」である。つまり，その前進によっては，今のACTが数十年後に見た目にはまったく異なるものになっている可能性もある。そして，その前進に何らかの形で参加することがACTを志向するサイエンティスト・プラクティショナーに求められる。本書の読者が，このような世界的なエンタープライズに参加してくれることを切に願うものである。

　最後に，今回も翻訳編集作業にご尽力いただいた桜岡さおり氏（星和書店編集部）に感謝申し上げる。

監訳者を代表して
武藤　崇

索　引

「12のステップ」プログラム　429
ACBS　556
Acceptance and Action Questionnaire
　　（AAQ）　117
ACTアドバイザー　215
ACTの耳　164
ACTの目　164
CBS　556
DSM-5　12
FAP　223
Frankl　154
I'm RFT With it　233
IRAP　84
James　47
Kabat-Zinn　322
Pepper　47
Psy-Flex プランニング・ツール　210
Skinner　85, 136
Walden Ⅱ　582

あ

アウトカム・ゴール　269
アクセプタンス　35, 108, 116
アセスメント　201
頭でっかち（mindy）　386
穴のなかの人　306, 438
慈しみ　145, 469
今，この瞬間　125, 319
意味の文脈説（context theory of
　　meaning）　393
インフォームド・コンセント　281
ウィリングネス　237, 440
嘘発見器　290, 292

影響　58
エビデンス　156
エンハンスメント　433
オーグメンティング　86
オープンな（open）　106

か

解釈　58
概念としての自己　350
概念としての自己に対する執着　130
回避　28
鍵束を持ち歩く　463
確信度（believability）　114, 396
価値　148, 242
価値づけ（valuing）　105
価値の的（Bull's Eye）　487
価値判断（judgment）　183
合併症　9
過度に知性化　249
カビーホーリング　421
関係条件づけ（relational conditioning）
　　84
関係性ネットワーク（relational
　　networks）　71
関係的プロセス（relational process）　92
関係的文脈（relational context）　78
関係フレーム（relational frames）　70
関係フレームづけ　70
関係フレーム理論　62
観察者のエクササイズ　369
感情（emotion）　262
感情の回避（emotional avoidance）　116,
　　253

機械主義（mechanism）　44
記述的文脈主義　49
軌跡　168
気づくことを練習　327
機能的文脈（functional context）　78
機能的文脈主義（functional contextualism）　46
機能分析　60, 167
機能分析的心理療法（functional analytic psychotherapy；FAP）　223
逆説的な（paradoxical）方法　259
逆転移　255
クライエントの参照枠　277
形相主義（formism）　44
ケース・フォーミュレーション　48, 163
結果　168
原因　561
嫌悪制御　34
言語　22
「健康こそがノーマル」論　5
言語的な自己知識　176
言語的に構築された結果　150
言語の字義性　393
高次の連合条件づけ　69
行動活性化　542
行動障害　325
行動的ウィリングネス　123
ゴールの達成（successful working）　48
コミットされた行為　148
コミュニティ　245
コモンセンス　43
コントロールこそが問題　287
コントロールと排除　267
混乱　40

さ

作動モード（operating mode）　387
三重反転（triple reversals）　139
恣意的な文脈制御（arbitrary contextual control）　70
恣意的に適用可能（arbitrarily applicable）　72, 77
字義性をはぎとる（deliteralize）　104
字義どおりの意味（literality）　472
刺激性制御　541
刺激等価性クラス　66
刺激般化勾配（stimulus generalization gradients）　69
自己意識（self-awareness）　93
思考抑制の逆説的効果　82
自己知識（self-knowledge）　93
自己の消滅　382
自己没頭（self-absorption）　433
自殺の例　15
持続する意識　130
持続する意識としての自己　135
持続する自己　361
持続する自己意識（ongoing self-awareness）　130
実在論（ontology）　45, 55
視点取得　130
自動操縦（autopilot）　103
自動操縦状態　349
自分自身を毎日殺しなさい　350
社交的快感喪失（social anhedonia）　140
従事した（engaged）　106
集中した（centered）　106
自由に選ばれた価値　149
状況の回避　267
消去バースト（extinction burst）　128
進行中で，動的で，徐々に展開していく活動パターン　150
深度　49, 559
シンボルを用いた活動（symbolic activity）　23
真理基準（truth criteria）　43
心理的アクセプタンス　123
心理的硬直性（psychological rigidity）　88

心的柔軟性　99, 155
随伴性マネジメント　541
スキル・トレーニング　539
筋書き　359
スピリチュアリティ　137, 240, 381
スピリチュアリティと超越する感覚　143
座る場所を探すメタファー　391
正確性　49, 559
生活の質（QOL）　10
正の（positive）ヘキサフレックス　104
セイレーン　28
責任（responsible）　310
絶望からはじめよう　266
セラピー関係　221
セラピーでの合意（therapeutic agreement）　281
先行事象　168
漸進的筋弛緩法　329
「全体，完全，完璧」のエクササイズ　357
選択（choice）　242, 243, 477
相互的内包（mutual entailment）　71
創造的絶望（creative hopelessness）　266, 302
「損なわれている状態こそがノーマル」論　18
その数字は何ですか？　299

■■■■■■■■■　た　■■■■■■■■■

タートル（the turtle）　207
体験の回避　32, 116
第三の波　146
脱フュージョン（defusion）　35, 108, 388
多様性　245
単純反転（simple-reversal）　139
知恵　236
チェスボード　364
チェスボードのメタファー　519
注意コントロール・セラピー（attentional control therapy）　129
注意の硬直性　325
超越的な感覚としての自己　349
調整変数　574
調整要因（moderation）　107
直示的（deictic）　138
チョコレートケーキのエクササイズ　297
ディメンショナルなアプローチ　99
適応進化のピーク（adaptive peak）　474
等位　73
統一された診断横断的モデル　14
統合モデル　97
トラッキング　86
トリートメントの合意事項（treatment agreement）　281

■■■■■■■■■　な　■■■■■■■■■

内容（content）　139
二重反転（double-reversal）　139
認知的フュージョン　29
認知の回避　116

■■■■■■■■■　は　■■■■■■■■■

媒介　574
媒介変数　574
媒介要因（mediation）　107
バスの乗客　397
派生的刺激関係　66
発達障害　325
パラドックス　39, 237
範囲　49, 559
反実在論　58
判断（decision）　477
非実在論　57
フィッシング　401
複合的内包（combinatorial entailment）　71
複数の範例による訓練（multiple exemplar training）　71

膨らむ風船　462
不敬　246
仏教　345
負のヘキサフレックス　103
フュージョン　28, 108
プライアンス　86
プラグマティズム　47
プラグマティックな真理　52
プログレス（前進）　159
プロセス・ゴール　268
プロセスとしての自己　351
文化的に形成された抵抗　260
分析のゴール　48
文脈（context）　139
文脈主義（contextualism）　47
文脈制御（contextual control）　78, 387
文脈的行動科学　38, 41, 556
文脈的行動科学学会　41, 556
文脈的な認知行動療法　322
文脈としての自己　125, 130, 137, 352
文脈のなかの行為　50
ペースを落とす　332
ヘキサゴン・ケース・フォーミュレーション・ツール　204
ヘキサフレックス　100
ヘキサフレックス・ケース・モニタリング　205
部屋のなかの象　262
変化のアジェンダ（change agenda）　257
偏見（スティグマ）　145
ホームワーク　339, 540
本質的な強化子が優勢になる　151

ま

マインディング（minding）　109
マインド　27, 277
マインドに名前をつける　409
マインドの不一致に基づくモード　112
マインドの夕陽モード　328

マインドフルな取り組み（mindful engagement）　94
マインドフルネスストレス低減法　322, 323
マインドフルネス認知療法　129, 323
マインドフルネス方略　322
マインドレス　26
「ミルク，ミルク，ミルク」エクササイズ　114
矛盾　237
無常さ　246
メタ認知療法　129, 322
メタファー　39, 305
もがき　30
持ったまま動く　461
モデリング　227
モンスターとの綱引き　438
問題解決モード　327
問題を外在化する　282

や

薬物療法　536
役割モデル　226
有効性（workability）　235, 257, 266, 302, 435
有効であること　559
ユーモア　246
ユダヤ・キリスト教　19
良い感じ方をする　34
要素的実在主義（elemental realism）　44, 560
予測　58
予測と影響　49
欲求制御　34
より良い（better）　259
夜と霧　472

ら

理由づけ（reason giving） 252
理由を弱める 411
ルール支配行動 84
ルールに対する追従（rule following） 387
連合言語学習（associative verbal learning） 69

■著者

スティーブン・C・ヘイズ（Steven C. Hayes, Ph.D.）
ネバダ大学心理学科教授（Nevada Foundation Professor）。キャリアを通して，人間の言語と認知の性質を分析し，それを応用して人間の苦悩を理解して軽くすることを研究の焦点としてきた。

カーク・D・ストローサル（Kirk D. Strosahl, Ph.D.）
ワシントン州ヤキマの中央ワシントン総合診療所（Central Washington Family Medicine）のプライマリー・ケア心理学者。主に低所得の一部保険または無保険のクライエントを対象に，一般医療の実践にACTを導入することを促している。

ケリー・G・ウィルソン（Kelly G. Wilson, Ph.D.）
ミシシッピ大学心理学准教授。また，同大学の文脈的心理学センター（Center for Contextual Psychology）所長およびACTトリートメント開発グループ（ACT Treatment Development Group）のディレクターでもある。

■監訳者

武藤　崇（むとう　たかし）
埼玉県生まれ。臨床心理士。
1992年に筑波大学第二学群人間学類を卒業，1998年に筑波大学大学院心身障害学研究科修了（博士〔心身障害学〕；筑波大学）。筑波大学心身障害学系技官・助手（1998～2001年），立命館大学文学部助教授・准教授（2001～2010年）を経て，2010年より同志社大学心理学部教授，現在に至る。ACBS（The Association for Contextual Behavioral Science）の日本支部である「ACT Japan」の代表（2010年～現在）。また，ネバダ大学リノ校客員研究教授として，S. C. ヘイズ博士の研究室に所属（2007～2008年）。著書・訳書に『ACTハンドブック』（編著，星和書店，2011），『ACTをはじめる』（共訳書，星和書店，2010），などがある。

三田村　仰（みたむら　たかし）
茨城県生まれ。臨床心理士，産業カウンセラー。
2004年に日本大学文理学部を卒業，2006年に日本大学大学院文学研究科修了（修士〔心理学〕；日本大学），2009年に関西学院大学大学院文学研究科を満期退学，2011年に博士（心理学；関西学院大学）を取得。同志社大学心理臨床センター嘱託相談員，同志社大学心理学部および同大学院心理学研究科嘱託講師，京都大学大学院医学研究科教務補佐員，CBTセンター非常勤カウンセラー，京都文教大学臨床心理学部特任講師等を経て，現在，みどりトータル・ヘルス研究所カウンセリングルーム非常勤心理士（2006～現在），関西福祉科学大学社会福祉学部講師（2014～現在）。著書・訳書に『不安障害のためのACT』（共訳・共監訳，星和書店，2012），『ACTハンドブック』（分担執筆，星和書店，2011），などがある。

大月　友（おおつき　とむ）
千葉県生まれ。臨床心理士。
2002年に筑波大学第二学群人間学類を卒業，2004年に新潟大学大学院教育学研究科修了，2007年に広島国際大学大学院総合人間科学研究科を修了（博士〔臨床心理学〕；広島国際大学）。2004年より悠学館心理カウンセラー（非常勤：2004～2008），2008年より早稲田大学人間科学学術院助教（2008～2010），専任講師（2010～2012）を経て，2012年より准教授，現在に至る。著書・訳書に『関係フレーム理論（RFT）をまなぶ』（分担訳，星和書店，2013），『ACTハンドブック』（分担執筆，星和書店，2011），『エビデンス・ベイスト心理療法シリーズ　社交不安障害』（共訳，金剛出版，2011），などがある。

■訳者

三田村　仰
　監訳者参照
　（まえがき，第1～6章担当）

武藤　崇
　監訳者参照
　（まえがき，第1～6章担当）

工藤 由佳（くどう　ゆか）
　慶應義塾大学 精神神経科学教室大学院（博士課程），医師
　（第7,8章担当）

伊井 俊貴（いい　としたか）
　名古屋市立大学大学院医学研究科 精神・認知・行動医学分野大学院（博士課程），医師
　（第9,10章担当）

近藤 真前（こんどう　まさき）
　名古屋市立大学大学院医学研究科 精神・認知・行動医学分野大学院（博士課程），精神保健指定医，精神科専門医
　（第11,12章担当）

大月　友
　監訳者参照
　（第13章担当）

小島 美夏（こじま　みなつ）
　カナダのバンクーバー在住の翻訳家
　（全般）

アクセプタンス&コミットメント・セラピー(ACT)〈第2版〉
マインドフルな変化のためのプロセスと実践

2014年9月9日　初版第1刷発行
2022年5月26日　初版第2刷発行

著　者　スティーブン・C・ヘイズ，カーク・D・ストローサル，
　　　　ケリー・G・ウィルソン
監訳者　武藤　崇，三田村　仰，大月　友
発行者　石澤雄司
発行所　㈱星和書店
　　　　〒168-0074　東京都杉並区上高井戸1-2-5
　　　　電話　03（3329）0031（営業部）／ 03（3329）0033（編集部）
　　　　FAX　03（5374）7186（営業部）／ 03（5374）7185（編集部）
　　　　http://www.seiwa-pb.co.jp
印刷・製本　双葉工芸印刷株式会社

Printed in Japan　　　　　　　　　　　　　　ISBN978-4-7911-0883-1

- 本書に掲載する著作物の複製権・翻訳権・上映権・譲渡権・公衆送信権（送信可能化権を含む）は㈱星和書店が保有します。
- [JCOPY]〈（社）出版者著作権管理機構　委託出版物〉
本書の無断複製は著作権法上での例外を除き禁じられています。複製される場合は，そのつど事前に（社）出版者著作権管理機構（電話 03-5244-5088，FAX 03-5244-5089, e-mail：info@jcopy.or.jp）の許諾を得てください。

関係フレーム理論(RFT)をまなぶ
言語行動理論・ACT入門

N・トールネケ 著　山本淳一 監修　武藤崇、熊野宏昭 監訳
A5判　396p　2,800円

認知行動療法やACTの基礎理論である関係フレーム理論の概念を、豊富な臨床例を用いて簡潔に説明する。

ACT(アクト)をはじめる
セルフヘルプのためのワークブック

S・C・ヘイズ、他 著　武藤崇、原井宏明、吉岡昌子、岡嶋美代 訳
B5判　344p　2,400円

新世代の認知行動療法と言われるACTを自分で行うためのワークブック。うつや否定的思考を改善してよりよく生きる方法を身につけられる。

よくわかるACT(アクト)
明日からつかえるACT入門

ラス・ハリス 著　武藤崇 監訳・訳　岩渕デボラ、他 訳
A5判　464p　2,900円

ACTの超・入門書。クライエントとの対話例やメタファー、臨床に使えるワークシートが豊富で、明日からでもACTを臨床場面で使いこなすことができる。

発行：星和書店　http://www.seiwa-pb.co.jp　価格は本体(税別)です

ACTハンドブック
臨床行動分析によるマインドフルなアプローチ

武藤 崇 編　A5判　384p　3,200円

ACTの哲学や理論から、ACTのトリートメント・モデル、そのエビデンス、他のセラピーやトリートメント・モデルとの比較・対照まで、本書一冊で、ACTの全体像を知ることができる。

マインドフルネスそしてACTへ
二十一世紀の自分探しプロジェクト

熊野宏昭 著　四六判　164p　1,600円

「ACT＝アクセプタンス＆コミットメント・セラピー」と、マインドフルネスという2600年前にブッダが提唱した心の持ち方を結びつけながら、今を生きるためのヒントを探る。

不安障害のためのACT
実践家のための構造化マニュアル

G・H・アイファート、J・P・フォーサイス 著
三田村 仰、武藤 崇 監訳・訳　荒井まゆみ 訳
A5判　464p　3,400円

本書は、不安障害で苦しんでいる人に対するアクセプタンス＆コミットメント・セラピーという心理療法について、その実際の面接の始まりから終わりまでを描いたガイドラインである。

発行：星和書店　http://www.seiwa-pb.co.jp　価格は本体(税別)です

ACTをまなぶ
セラピストのための機能的な臨床スキル・トレーニング・マニュアル

ルオマ、ヘイズ、他 著　熊野宏昭、高橋 史、武藤 崇 監訳
A5判　628p　3,500円

近年際立って関心の高まっているACTは、文脈的認知行動的介入であり、言語がもつ有害な機能と言語能力が人間の苦しみにおいて果たす役割に対して、解毒剤になりうるものを提供する。

『ACTをまなぶ』学習用DVD
ACTをみる：エキスパートによる面接の実際

J・B・ルオマ、S・C・ヘイズ、R・D・ウォルサー
熊野宏昭、高橋 史、武藤 崇 監訳
DVD1枚　収録時間：2時間7分　[A5付属テキスト] 104p　6,000円

DVDの視聴で『ACTをまなぶ』を120％活用できる！
※DVDには字幕がついておりませんが、スクリプトのすべてを掲載した読みやすい日本語テキスト付き。

ACTを実践する
機能的なケース・フォーミュレーションにもとづく臨床行動分析的アプローチ

P・A・バッハ、D・J・モラン 著
武藤 崇、吉岡昌子、石川健介、熊野宏昭 訳
A5判　568p　4,500円

アクセプタンス＆コミットメント・セラピーを実施する上で必要となるケース・フォミュレーションを主として解説。また、行動を見るための新鮮な方法も紹介。

発行：星和書店　http://www.seiwa-pb.co.jp　価格は本体(税別)です